Die Lamars könnten so glücklich sein. Vater Leo bekommt den langersehnten Job als Kompositionslehrer an einer kleinen Universität, Mutter Lana hat ein Haus mit Garten, und die drei Kinder Harry, Elena und Maddie erobern sich nach dem Umzug aus der Großstadt Detroit ihr sommerlich romantisches Dorf. Doch eine dunkle Vergangenheit wirft ihren Schatten auf die Idylle. Vor allem Lana, die mit ihren überspannten Nerven und seltsamen Leiden die Familie tyrannisiert, scheint von Dämonen verfolgt. Warum schließt sie sich stundenlang in ihrem Zimmer ein? Warum hinkt sie? Was hat es mit der scheußlichen Narbe an ihrer Hüfte auf sich? Warum streitet sie sich so unversöhnlich mit Leo? Und wieso kann sie es nicht ertragen, wenn er auf dem Piano «diesen Jazz» spielt? Der neue Anfang droht ein schreckliches Ende zu nehmen. Mit viel Phantasie versuchen die Kinder, die zerbrechende Ehe ihrer Eltern zu retten.

Und eines Tages finden sie in einer Kiste auf dem Speicher Lanas alte Tagebücher und entdecken eine aufregende Welt. – New York in den fünfziger Jahren, das Harlem der Schwarzen in den wilden Tagen von Cool Jazz und Blues – gefährliches Nachtleben, düstere Clubs, Drogen und Prostitution, Gewalt und Rassenhaß. Sie lesen von Lanas herzloser Mutter Mimi, von Lanas großem Geheimnis und von «jener schrecklichen Nacht»...

«Hier ist eine Vollblutschriftstellerin am Werk, die ihre Leser bis zur letzten Seite zu fesseln weiß.» («Münchner Merkur»)

Janice Deaner, geboren 1966 in Port Huron/Michigan, studierte Film in Buffalo, Washington und New York, wo sie auch heute lebt. «Als der Blues begann» ist ihr erster Roman.

Janice Deaner

ALS DER BLUES BEGANN

Roman

Deutsch von
Adelheid Zöfel

rororo

Rowohlt

Die Originalausgabe erschien 1993
unter dem Titel «Where Blue Begins»
im Verlag Dutton, New York

Einmalige Sonderausgabe November 1996

Veröffentlicht im Rowohlt Taschenbuch Verlag GmbH,
Reinbek bei Hamburg, Dezember 1995

Umschlaggestaltung Walter Hellmann
(G+J Photonica; Jonnie Miles)
Gesamtherstellung Clausen & Bosse, Leck
Printed in Germany
1600-ISBN 3 499 22106 3

Für Nik Malvania

Ich möchte den folgenden Menschen für ihre Hilfe und Inspiration danken:

Meiner Mutter und meinem Vater,
Irving Paul Lazar, Mary Lazar, Alan Nevins,
Bruce Kaplan, Peter Mayer, Robert Dreesen,
meinen Freunden Deborah und Gene Anderson,
Helene Leff und meiner Schwester
Sandra Deaner.

1

Die Schwierigkeiten fingen an, als ich zehn Jahre alt war. Das heißt, eigentlich ging alles schon vorher los, aber richtig gemerkt habe ich es erst mit zehn. In dem Jahr, 1967, zog meine Familie von Detroit in eine Kleinstadt im Staat New York, und da kam dann alles raus. Es war, als hätte es sich im Lauf der Jahre immer mehr aufgestaut, um dann in diesen saftigen grünen Hügeln auszubrechen, weit weg von allem, was wirklich zählte.

Da war mein Vater, den wir alle Leo nannten. Und meine Mutter, die wollte, daß wir sie Mama nennen, was wir aber nie taten. Wir riefen sie lieber bei ihrem Vornamen – Lana, oder, wie Leo sie nannte, La. Da waren meine ältere Schwester Elena und mein jüngerer Bruder Harry und ich, Maddie.

Leo war über einsachtzig, und seine Arme schienen im Vergleich zum Rest seines Körpers zu dick und zu lang. Sein Gesicht hatte etwas Wildes, als wäre er sein Leben lang auf Wikingerschiffen gefahren. Sein ganzer Körper war mit weichen braunen Haaren bedeckt, mal mehr, mal weniger dicht. Dadurch sah er oft aus wie ein gelehriger Affe. Ich sehe ein Bild vor mir: Leo am Long Island Sound, wie er sich gegen ein Segelboot stemmt – ein unkoordinierter Adonis. Er beugte sich vor, den Rücken zu einem Muskelbuckel gekrümmt, während seine massigen Arme mühsam das Ding aufzurichten versuchten. Einen Moment lang tat er mir leid. Er schien sich in seinem Körper nie ganz wohl zu fühlen – als wäre er in Wirklichkeit ein schmächtigerer Mann, der sich in diesem kräftigen Körper abstrampelte. Manchmal dachte ich, es hätte besser zu ihm gepaßt, wenn er größer und schmaler geboren worden wäre. Aber der Eindruck, er könnte bösartig wie ein Affe oder ein Wikinger sein, verschwand sofort, wenn man seine Augen sah – sie waren groß und weich und kühl blau. Vor allem aber so unschuldig wie die eines Babys.

Er war Pianist, aber er sah immer ein bißchen fehl am Platze aus, wenn er auf der zierlichen kleinen Bank saß, die Lana ihm gekauft hatte, und seine dicken Finger über die blassen Tasten gleiten ließ. Mir kam es jedesmal wie ein Wunder vor, wenn er seine Finger in Bewegung setzte und Inventionen von Bach oder Sonatinen von Clementi spielte, als gäbe es keine Luft und keine Schwerkraft, als hätten die Finger letzten Endes weniger mit Leo zu tun als mit Gott.

Seine Familie kam aus Lansing, Michigan. Dorthin fuhren wir jedes Jahr ein paarmal, an Feiertagen und im Sommer, um seinen Vater und seine drei Schwestern und die ganzen Kinder (zwölf insgesamt) zu besuchen. Seine Mutter war gestorben, bevor ich geboren wurde, aber ich hatte trotzdem nie das Gefühl, daß sie wirklich fort war. Überall im Haus befanden sich gerahmte Fotos von ihr – auf Couchtischchen, auf Fenstersimsen und an den Wänden. Auch zwei große Ölgemälde von ihr hingen dort, zwar nicht über dem Kamin, sondern eines im Hauseingang, als schwebte sie dort, um einen zu begrüßen, das andere oben an der Treppe zum zweiten Stock, als wollte sie einem gute Nacht sagen. Sie hieß Laramie, und alle taten, was sie konnten, um die Erinnerung an sie wachzuhalten.

Lana andererseits hatte nicht viel Familie, jedenfalls meines Wissens nicht. Da war ihre Mutter Mimi, die im Gegensatz zu Laramie quicklebendig war und über die trotzdem kaum gesprochen wurde. Es gab keine Fotos von Mimi und schon gar keine

Ölgemälde, und mit zehn konnte ich mich nur an eine einzige Begegnung mit ihr erinnern, und zwar in ihrem Haus am Long Island Sound. Meines Wissens war sie Lanas einzige Verwandte. Man erzählte uns, ihr Vater sei gestorben, als sie noch klein war, also blieb nur noch Mimi übrig – Mimi mit ihrem Sommerhaus am Long Island Sound und ihrem Apartment in New York City, in dem ich aber, soweit ich mich erinnern konnte, noch nie gewesen war.

Lana war blasser als alle Frauen, die ich kannte. Sie war groß, fast so groß wie Leo, und dabei so schmal und zart wie ein Schwan, obwohl ihr schimmerndes schwarzes Haar eher an eine Porzellanpuppe erinnerte. Sie ist nicht so leicht zu beschreiben wie Leo, und ich kenne keinen, der es je richtig hingekriegt hat, außer Mimi, als sie sagte: «Lana ist eine kapriziöse Prinzessin.»

Lana war Schriftstellerin; jedenfalls wollte sie eine sein, und meine frühen Erinnerungen an sie kreisen großenteils um einen dick gepolsterten grauen Sessel in einer Ecke ihres Schlafzimmers, wo sie las und in dicke, gebundene Notizbücher schrieb, die für alle tabu waren, auch für Leo. Lana schloß die Bücher immer in ihren Schreibtisch ein, zusammen mit den Artikeln, die sie heimlich aus der *New York Times* ausschnitt. Manchmal fanden Elena und ich im Müll die Zeitungen, die auf der Vorderseite riesige Löcher hatten. Mehr als einmal versuchten wir, den Schreibtisch aufzubrechen, um herauszufinden, was für Artikel es waren, aber alles war stets fest verrammelt und verriegelt. Am Schreibtisch arbeitete Lana immer morgens, wenn Elena und ich uns auf den Schulweg machten, und wenn wir nach Hause kamen, saß sie in dem grauen Sessel und schien noch emsiger zu schreiben.

Sie hinkte leicht, und im Haus benutzte sie einen dunklen Mahagonistock, in dessen Griff Elefanten eingraviert waren. Der Stock stammte aus New York City, erzählte mir Elena, und sooft er uns berührte oder wir ihn berührten, gruselte uns ein bißchen, als besäße er eine dunkle Macht. Keiner von uns wußte, warum Lana den Stock brauchte, außer Leo, und einen der beiden danach zu fragen kam uns fast wie eine Sünde vor.

Manchmal litt sie auch an einer Krankheit, die weder Elena noch ich richtig verstanden, und wir konnten genausowenig darüber reden wie über den Stock. Die Krankheit hatte verschiedene Phasen, wie der Mond. Manchmal zitterten Lanas Hände, oder sie konnte nicht richtig atmen, und hin und wieder zwang die Krankheit sie, sich an merkwürdigen Stellen zu verkriechen, zum Beispiel drunten in der Lücke zwischen dem Boiler und der feuchten kalten Wand. Nur wenn die Krankheit ganz schlimm wurde, blieb sie tagelang im Haus; dann rief sie Leo nachts gequält irgendwelche Sachen zu, die wir nicht verstanden. Sie war sehr empfindlich, was ihr Leiden betraf, als hätte es etwas Entstellendes, und was alles noch verschlimmerte, war, daß sie glaubte, sich ständig dafür entschuldigen zu müssen.

Leo war sich ziemlich sicher, daß der Umzug in die Berge nördlich von New York ihr guttun oder sie sogar heilen würde. Er ging so weit, ihr ein phantastisches Bergpanorama direkt vor dem Fenster zu versprechen. Doch von uns fünfen war Lana diejenige, die den Gedanken an ein Leben in diesen Bergen nicht ertragen konnte. Sie hatte Angst, das Übereinkommen, das sie und Leo vor langer Zeit getroffen hatten, könnte seine Gültigkeit verlieren – ein Übereinkommen, das etwas damit zu tun hatte, daß Lana schrieb und Leo sich um uns kümmerte. Außerdem befürchtete sie, die Isolation in den Bergen würde sie umbringen. Jedesmal wenn Leo begeistert davon anfing, sagte sie: «Tja, ich werde mich bestimmt köstlich amüsieren, wenn ich dann mit den Farmersfrauen Tee trinke und dabei Rezepte und Putztips austausche. Du meine Güte, eine von ihnen wird doch wohl wissen, wie ich meine Wäsche noch sauberer kriege.» Hausarbeit war ihr grenzenlos zuwider.

Leo freute sich auf den Umzug. Für ihn bedeutete er mehr Geld und einen Job, auf den er stolz sein konnte. Man hatte ihm eine Stelle an der Colgate-Universität in Hamilton angeboten, als Dozent für Musiktheorie und Komposition. Nach fünf Jahren Klavierunterricht in unserem Wohnzimmer sehnte er sich nach einer Veränderung – je einschneidender, desto besser.

Seine Schüler – meistens Mädchen zwischen fünf und fünfzehn – kamen entweder frühmorgens oder dann wieder nach der Schule. Die letzte ging kurz nach acht. Lana trieb es auf die Palme, mitanhören zu müssen, wie diese Mädchen Mozart und Haydn runterhackten, während sie zu schreiben versuchte, aber sie sagte selten etwas dazu. Sie stopfte sich nur Watte in die Ohren, zog graue Ohrenschützer über und spielte ihre Mozartplatten auf Elenas Plattenspieler. Manchmal, wenn ich zu ihr ins Zimmer kam, nahm sie die Ohrenschützer ab, und wenn eines der Mädchen sich gerade durch die Tonleitern hangelte oder ein kurzes Stück wie «Swans on the Lake» herunterhämmerte, schloß Lana ganz fest die Augen und bat Gott um Geduld. Sie mußte sich damit abfinden, denn wenn Leo nicht im Haus war und sich um mich, Harry und Elena kümmerte, konnte sie nicht schreiben.

Einmal, nach Harrys Geburt, ging Leo eine Weile arbeiten und baute Häuser, und Lana mußte das Schreiben aufgeben, um zu kochen und zu putzen und uns zu versorgen. Nach ein paar Wochen hörte sie praktisch zu sprechen auf, und wenn sie doch etwas sagte, dann nur Sätze wie: «Reich mir das Salz» oder: «Häng deine Kleider auf.» Als noch ein paar weitere Wochen vergangen waren, brüllte sie nur noch Sachen wie: «Ich spüle diese Teller, damit ich sie wieder in den Schrank stellen kann, damit ich sie dann wieder rausholen und benutzen kann, damit ich sie wieder abspülen und in den Schrank stellen kann, damit ich sie rausholen und benutzen kann, damit ich ...»

Leo kam also zurück und begann wieder Klavierunterricht zu geben. Ich glaube nicht, daß ihm das besonderen Spaß machte, denn immer, wenn eine Schülerin gegangen war, spielte er die Stücke, die sie geübt hatte, um die Luft von den Mißtönen zu reinigen. Er sagte es zwar nie, aber ich glaube, es verletzte seinen Stolz, daß er sich mit einem Strom kleiner Mädchen abplagen mußte, während er doch viel lieber komponiert hätte. Das war es, was er sich von diesem neuen Job erhoffte – die Freiheit zu komponieren. Ein paar seiner Stücke hatten ihm ja den Job an der Colgate-Universität überhaupt erst eingebracht, und er hoffte, wenn er erst dort wäre, dann würde die Musik wieder aus ihm herausströmen. Andererseits befürchtete er, daß durch die vielen Jahre als Klavierlehrer seine Musik für immer verstummt war. Als ich einmal abends allein mit ihm im Wohnzimmer saß, sagte er: «Ich habe Angst, daß ich mein Talent verloren habe, Maddie. Seit Jahren habe ich keine Musik mehr in meinem Kopf gehört.»

Harry war damals vier Jahre alt, also war es ihm ziemlich schnuppe, daß wir umzogen. Wenn die Leute ihn danach fragten, ahmte er Leo nach und sagte: «Wir ziehen nach Ostküste», als wäre Ostküste der Name einer Stadt. Charakterlich sanft und gelassen, glich er Leo, dem er auch sehr ähnlich sah, obwohl er Lanas weiße Haut und ihre perfekte Nase hatte.

Elena war auf Lanas Seite, was den Umzug anging – sie konnte den Gedanken, in den Bergen zu wohnen, auch nicht ertragen. Sie war zwölf und schon eine richtige Schönheit, und die Vorstellung, das alles dort oben in den Bergen zu verplempern, brachte sie schier um. Sie hatte lange schlanke Beine (um die ich sie beneidete) und Lanas schwarzes Haar. Die Kombination von Leos wilden Zügen und Lanas Porzellangesicht machte sie sehr exotisch, wie eine italienische Dame von Welt, mit blasser, weißer Haut.

«Wir werden da droben vor Langeweile sterben, Maddie», sagte sie eines Abends zu mir, als wir nebeneinander in unserem Bett lagen. «Weißt du, was die Leute dort machen?»

Ich wußte es nicht, aber ich stellte mir vor, daß sie viel Zeit in den Wäldern verbrachten.

«Sie melken Kühe», sagte Elena, «und sie schaufeln Mist

und gehen zu Dorftänzen, wo lauter Stroh auf dem Boden liegt. Kannst du dir vorstellen, wie langweilig das wird?»

Ich fragte Leo, und er versicherte mir, wir würden nicht auf einer Farm leben und auch keine Kühe melken, aber er war immerhin bereit zuzugeben, daß wir vielleicht Gelegenheit haben würden, alle miteinander zu einem Dorftanz zu gehen. Ich hatte Angst davor, daß Elena sich langweilte, denn wenn unser Leben ihr nicht paßte, beschwerte sie sich immer lauthals beim Essen darüber, worauf Lana sich Vorwürfe machte und ihre Entschuldigungslitanei herunterbetete, die mir dann unweigerlich spätabends noch im Kopf herumging, wenn ich einschlafen wollte.

Lana hatte die schlechte Angewohnheit, alle unsere Sünden, auch die von Leo, auf sich zu nehmen, bis der Druck zu stark wurde. Dann überkam sie entweder eine Woge des Kummers oder eine so erbitterte Wut, daß ihr Ton selbst Elena zum Weinen bringen konnte. In mein Gedächtnis eingegraben hat sich die Erinnerung an einen Abend, als ich neun war: Ich mußte Lana erzählen, warum ich in Mitchell Allens Garage die Hosen heruntergelassen hatte. Lana saß in ihrem Polstersessel und schrieb in eines ihrer Notizbücher. Sie trug ein marineblaues Kleid mit kleinen weißen Knöpfen vorn. Es war ein bißchen zu elegant, um darin zu Hause herumzusitzen und zu schreiben, aber Lana vertrat die Theorie, daß es einem mit der Zeit besserging, wenn man sich gut anzog; und weil wir alle sie glücklich machen wollten, sagte keiner etwas, wenn sie wie ein Filmstar zum Abendessen erschien.

Jetzt rauchte sie eine von Leos Zigaretten, und ich mußte sie einfach anstarren, wie sie daran zog und dann den Rauch durch den Mund blies, als wäre es etwas wirklich Schönes. «Komm her, Maddie», sagte sie zärtlich. «Komm, setz dich zu mir.» Sie machte mir eine Sesselecke frei, und wie immer versuchte ich beim Hinsetzen, einen Blick auf das Geschriebene zu erhaschen. «Der Wind blies ihnen stets in den Rücken», las ich, «wie eine unerbittliche Macht...» Schnell klappte Lana das Notizbuch zu, ehe ich weiterlesen konnte.

Sie musterte mich aufmerksam, mit belustigten grauen Augen. Ihr Blick wanderte voller Zuneigung über mein Gesicht. Lana konnte eigentlich nur auf zwei Arten dreinsehen – amüsiert, so wie jetzt, worauf ich immer hoffte, oder derart intensiv und glühend, daß man sich fragte, was eigentlich in ihrem Kopf vor sich ging. Es war immer etwas, das weit weg war von unserem Leben, etwas, woran sonst kaum jemand dachte, etwas, das sie verzehrte und manchmal tagelang gefangenhielt. Einmal, als wir am Strand des Lake Huron saßen und zuschauten, wie sich die Wellen brachen, fragte ich sie, was sie dachte, und sie sagte: «Ich denke ans Meer, Maddie. Wie es rauscht und rauscht, ohne sich um dich oder mich zu scheren. Es kommt und geht und kommt und geht, wie die Sonne und der Mond, und es ist ihm ganz egal, wer geboren wird und wer gestorben ist oder gerade stirbt. Alles geht einfach weiter und weiter», sagte sie. Die Art, wie sie das sagte, hatte etwas sehr Trauriges, und plötzlich tat es mir leid, daß ich die Frage gestellt hatte.

Aber jetzt bedachte sie mich mit freundlichen, verschmitzten Blicken, so daß ich das Gefühl hatte, wir wären irgendwie gleich alt. Ich konnte den angenehmen Gardenienduft an ihr riechen, als hätte sie eine Blume im Haar, und ich hatte nur einen Wunsch: ihr etwas Lustiges zu erzählen. Wir alle brachten Lana gern zum Lachen, vor allem ich, weil es ein absolut hinreißendes Lachen war – spontan und impulsiv und vor allem echt.

«Elena hat mir erzählt, daß sie dich heute in Mitchells Garage gesehen hat, Maddie. Stimmt das?»

Ich nickte und blickte auf meinen Schoß, während meine Finger miteinander rangen.

«Sie meint, du hättest deine Hosen heruntergelassen. Stimmt das?»

Obwohl Lana immer sehr direkt war, konnte ich mich nie so

richtig daran gewöhnen – ihre Art, etwas ganz unvermittelt zu fragen, als wäre es nichts Heikles, sondern etwas, wonach man sich auch bei Tisch erkundigen könnte.

Es zuckte in meinem Magen, und mein Herz kam ein bißchen aus dem Takt, aber schließlich antwortete ich: «Ja.»

«Warum?»

Ich wußte, es war immer das beste, Lana die Wahrheit zu sagen, wie sehr sich auch alles in mir dagegen sträubte. Lana konnte den Unterschied zwischen Wahrheit und Lüge erkennen, als hätte sie einen eingebauten Lügendetektor im Gehirn. Lügen duldete sie nicht, selbst wenn sie der Wahrheit sehr nahe kamen. Sie saß dann immer endlose Minuten schweigend da und wartete darauf, daß man sich von der Lüge verabschiedete. Darum sagte ich lieber gleich die Wahrheit. Ich sagte, ich hätte wissen wollen, wie er aussah, und deshalb mußte ich ihm zeigen, wie ich aussah. Das sei nur fair gewesen, sagte ich.

«Warst du enttäuscht?» Ich konnte an ihren Augen sehen, daß sie eher amüsiert als wütend war und daß schon nichts passieren würde, solange ich mich an die Wahrheit hielt.

«Ein bißchen», gab ich zu, und als sie wissen wollte, warum, sagte ich, weil sein Ding fast so klein war wie das von Harry und aussah wie eine Art tote rosarote Schildkröte.

«Sie sehen alle ziemlich gleich aus, Maddie», sagte Lana. «Du brauchst also nicht darum zu bitten, noch andere sehen zu dürfen.»

Ich merkte, wie ihre Miene von ehrlicher Belustigung zu düsterer Grübelei wechselte, und mir wurde ganz komisch ums Herz. Ihre Augen zogen sich zusammen, bis ich die Furchen zwischen ihren Brauen sehen konnte, und als sie sagte: «Ach, Maddie, wenn du mir nur nicht so ähnlich wärst», fühlte ich mich äußerst unwohl, und mein Gesicht glühte vor Scham.

«Tut mir leid», sagte ich. «Ich werde versuchen, nicht so zu sein.»

«Nein, mein Schatz. Tut mir leid, daß ich das gesagt habe. Ich hätte es nicht tun sollen.»

Sie sagte das ganz zärtlich und nahm mich so fest in die Arme, daß es mir den Atem verschlug. Aber ihr Gesicht war ganz verzerrt, und ich wußte, ich hatte sie wieder mal aufgeregt.

Dann ließ sie mich gehen. Ich verschwand sofort in dem unfertigen Besenschrank vor ihrem Schlafzimmer, wo ich meistens hinging, wenn ich mich verkriechen wollte. Es war sehr eng da drinnen und kahl, wie in unserem nie fertiggestellten Obergeschoß. Ich hatte das Gefühl, daß die Wände mich bargen und ich mich in der dumpfen Düsternis verstecken konnte. Leise schob ich die Besen zur Seite, um mich nach hinten durchzuarbeiten, wo ich mich auf meine vier Buchstaben setzte. Zwischen dem Schrank und Lanas und Leos Schlafzimmer war eine kleine Öffnung, und wenn Lana nicht dort ihre Kisten gestapelt hätte, hätte ich mühelos durchkrabbeln können. Aber wenn ich den Hals verrenkte, konnte ich durch eine Lücke zwischen den Kisten auf das Bett sehen.

Ich hörte, wie Lana drinnen im Zimmer ihre Papiere ordnete und die Tische zu beiden Seiten aufräumte, wo sich immer die Bücher stapelten, die sie gerade las – dicke Wälzer mit Bandwurmtiteln wie *Weißer Imperialismus im neunzehnten und zwanzigsten Jahrhundert* –, von Männern mit Namen wie Aaron von Bernavitz und Dr. Ephraim Whitingham. Dann setzte sie sich auf den Bettrand und starrte aus dem rückwärtigen Fenster. Wenig später rief sie nach Leo, und als dieser nicht antwortete, rief sie etwas lauter.

Leo kam aus der Küche und stellte sich so vor Lana, daß ich sie nicht mehr sehen konnte.

«Was ist denn?» fragte er.

«Weißt du, was Maddie heute gemacht hat?»

Mein Herz pochte, und ich verbarg mein Gesicht in den Händen.

«Elena hat sie in Allens Garage erwischt, wie sie mit Mitchell Zeigen gespielt hat», sagte Leo.

«Sie hat gesagt, sie wollte wissen, wie er aussieht, und deshalb mußte sie sich ihm auch zeigen.»

Leo ging aus dem Weg und setzte sich zu Lana aufs Bett. «Sie hat eben Sinn für Gerechtigkeit, Lana», meinte er. «Reg dich doch nicht so darüber auf.»

«Ich rege mich nicht *darüber* auf», erwiderte sie. «Ich rege mich nicht auf, weil sie sich ihm gezeigt hat oder weil sie ihn sehen wollte. Ich rege mich auf, weil...» An dieser Stelle brach ihre Stimme, und sie blickte wieder zum Fenster.

«Weil was?»

Lana schloß die Augen, und obwohl ich keine Tränen erkennen konnte, sah ich, wie sie mit flinken Fingern welche wegwischte. «O Gott», schluchzte sie. «Sie ist wie ich. Ich sehe sie an, und ich sehe mich selbst, und als sie mir erklärt hat, warum sie es gemacht hat, da konnte ich mich selbst hören. Meine Güte, Leo», fuhr sie fort, «wenn ich sehe, wie sehr sie mir gleicht, dann möchte ich nach oben gehen, wenn sie schläft, und...»

«Und *was*?»

«Ich will nicht, daß sie so wird wie ich. Sieh doch nur, was aus mir geworden ist.» Sie schloß die Augen, ließ den Kopf auf Leos Schulter sinken und weinte leise.

«Nun komm», tröstete Leo. «Das bildest du dir doch nur...»

«Nein, überhaupt nicht», beharrte Lana. «Sie hat's. Sie hat meine Veranlagung. Ich hab dir immer gesagt, eine von ihnen wird so. Lieber Gott, Leo, ihre Leidenschaft für Jungen, die Art, wie sie am Teetischchen sitzt und denkt...» Lana hielt inne und richtete sich abrupt auf. «Sie ist im Besenschrank, Leo. Ich weiß, daß sie dort ist, geh und hol sie.»

Ich wartete nicht erst ab, bis Leo sich in Bewegung setzte, sondern rappelte mich blitzschnell hoch und raste aus dem Schrank, nach draußen zu der Tanne am Ende der Einfahrt. Ich kletterte so hoch, wie ich mich eben noch traute. Dort saß ich lange und zitterte. Ich wußte, daß ich gekränkt worden war, obwohl ich nicht sagen konnte, wie. Schließlich kam Leo. Er lockte mich mit dem Versprechen herunter, mir etwas auf dem Klavier vorzuspielen.

Nein, der Umzug in die Berge machte mir nichts. Eigentlich freute ich mich sogar darauf. Es war im Grunde das Beste, was mir passieren konnte, trotz allem. Mit acht hatte ich etwas Schreckliches durchgemacht, das mich nicht mehr richtig glücklich werden ließ, und ich glaube nicht, daß ich es ganz überwunden hätte, wenn wir geblieben wären. Ich war in der dritten Klasse ohne mein Zutun zur einsamen und verhaßten Stinklaus geworden, und obwohl die Bezeichnung nicht mehr im Schwange war, als wir umzogen, hinterließ die Sache doch häßliche Schrammen in meiner Psyche. Eine Stinklaus war damals das Schlimmste, was jemand sein konnte – es bedeutete, man hatte Läuse oder Flöhe, und warum dieser Titel ausgerechnet mir zufiel, die ich doch jeden Abend von Leo gebadet wurde, war mir lange schleierhaft.

In der Grundschule kursierten Gerüchte über meine Familie. Es hieß, in unserem Obergeschoß gebe es Gespenster, was stimmte, und es hieß, wir seien arm, was auch keine Lüge war. Außerdem gingen jede Menge Geschichten über meine verrückte Mutter um, und es wurde gemunkelt, sie komme nur nach Einbruch der Dunkelheit aus dem Haus. Die Kombination von Armut, Gespenstern im Haus und einer durchgedrehten Nachtschwärmerin von Mutter genügte, um mich zu einer Vorzugskandidatin zu machen, aber ich glaube, was mich letztlich ans Messer lieferte, waren die Innenseiten meiner Unterarme. Da hatte ich ewig Ausschlag, weil ich jeden Abend für Leo das Geschirr spülte, und keine Creme half. Wenn der Ausschlag richtig schlimm wurde, wickelte Leo meine Arme in Mull und schickte mich so in die Schule. Man stelle sich vor – ein armes Mädchen mit einer verrückten Mutter und Gespenstern im Obergeschoß sitzt mit verbundenen Armen im Klassenzimmer.

In unserem Obergeschoß lebten Gespenster, weil es nie richtig fertiggestellt wurde. Leo baute unser Haus selbst, und er schaffte es immerhin, den größten Teil des Erdgeschosses abzuschließen, ehe Harry auf die Welt kam. Aber als es dann ein Kaiserschnitt wurde, ging das für den Ausbau des ersten Stocks gesparte Geld dafür drauf. Elena, Harry und ich hatten unsere Zimmer da oben in dieser kahlen Etage. Die Wände bestanden aus offenliegenden Balken, dazwischen Streifen gelber Isolierwolle, die mit glänzender Silberfolie bedeckt waren, auf der etwa alle dreißig Zentimeter in blauen Buchstaben JOHN MASON ISOLIERUNGEN stand. Der Fußboden war aus Spanplatten, und da nicht einmal ein Flickenteppich darauf lag, holte man sich dort dauernd Splitter.

Elena und ich teilten uns ein Zimmer, Harry hatte ein kleineres auf der anderen Seite des Flurs. Außer dem großen Eisenbett, in dem Elena und ich schliefen, bestand die Einrichtung nur noch aus einer gegen die Wand gelehnten Tür, an die wir unsere Kleider hängten. Der Schrank war nichts als ein Loch in der Wand, das Leo mit seinen eigenen Kisten gefüllt hatte. Eine dieser Kisten war lang und aus Holz und, wie Elena meinte, voller Vipern.

Die Treppe bestand aus rohen Holzstufen, die nicht fugenlos mit der Wand abschlossen, und einmal ließ Harry Leos Wecker in einen der Spalte fallen. Den ganzen Nachmittag ertönte im Treppenhaus ein unheimliches Ticken. Es war, als hätten die Gespenster plötzlich Herzklopfen.

Wegen der Gespenster hielt sich keiner von uns viel dort oben auf, außer zum Schlafen. Nach vier Uhr schlichen wir brav auf Zehenspitzen durch unsere Zimmer, um die Gespenster nicht zu stören, und nur wenn es unvermeidlich war, gingen wir allein nach oben. Sie kamen kurz vor Ausbruch der Dunkelheit heraus, und obwohl sie eigentlich nicht böse waren, paßte es ihnen nicht, wenn wir nach oben kamen. Sie wohnten im Speicher. Ich schaute ein paarmal hinein, als Elenas Katze Junge hatte, aber nur von der Tür aus und mit einer Taschenlampe. Der Speicher zog sich den Flur entlang und um unser Zimmer herum und war an beiden

Enden offen, was das Treppensteigen genauso gruselig machte wie das Betreten unseres Zimmers. In Harrys Zimmer lauerte ein ähnliches Schreckensding – ein riesiger, unfertiger Wandschrank, der gut einen Meter tief nach unten ins Dunkle ging, und dort, so erzählte uns Elena, versteckten sich die Geister und warteten nur darauf, daß einer von uns hineintappte.

Elena war es, die die Sache mit den Gespenstern verriet. Als sie zehn war und ich acht, lud Lana Elenas Freundin Georgia ein, bei uns zu übernachten. Als es Zeit war, nach oben und ins Bett zu gehen, meinte Elena zu Leo, sie und Georgia würden schon mal allein hochgehen und sich ausziehen, und er könne dann mich und Harry nachbringen. Sie wollte nicht, daß Georgia etwas davon mitbekam, drum ging sie die Treppe hinauf, als wäre in unserem Obergeschoß alles in bester Ordnung, als gäbe es dort oben keine Gespenster. Harry und ich standen am Fuß der Treppe und schauten ihr nach. Sie bemühte sich, ganz normal zu gehen und nicht zu schleichen wie sonst, aber ich konnte an ihren zögernden Bewegungen sehen, daß es sie fast umbrachte, die Gespenster so zu stören, und als Georgia mit normal lauter Stimme sagte: «Wie wär's, wenn ich deine Hausschuhe anziehe und du meine?», drehte sich Elena schnell um und sagte: «Pssst, sei still.» Georgia sagte nichts mehr, und Elena ging immer langsamer, bis die beiden schließlich wie zwei Mumien die Stufen hinaufkrochen. Als sie oben waren, blieb Elena stehen. Sie starrte auf die Tür, hinter der, wie ich wußte, die Gespenster waren. Und in dem Moment legte Georgia ihr die Hand auf die Schulter. Da stieß Elena einen Schrei aus, den schrillsten und schönsten, den ich je gehört hatte, und die beiden kamen die Stufen heruntergestürzt wie ein Wasserfall.

In der folgenden Woche war mein Ausschlag ziemlich schlimm. Leo mußte meine Unterarme wieder mit Mull umwickeln. Wenn es kalt gewesen wäre, hätte ich einen Pullover anziehen können, aber es war Mai, und Lana hatte unsere Pullover schon weggepackt. Immerhin konnte ich ein Kleid anziehen, das

Dreiviertelärmel hatte, aber das genügte nicht – nicht, nachdem Georgia überall herumerzählt hatte, daß wir Gespenster im Haus hatten.

Am Mittwoch nachmittag der darauffolgenden Woche bemerkte ich eine Gruppe von vier Jungen, die miteinander tuschelten und dabei zu mir herübersahen. Nachdem mir mehrere Mädchen nacheinander aus dem Weg gegangen waren, begriff ich, daß Georgia allen von den Gespenstern erzählt hatte. Aber erst am Donnerstag in der Mittagspause tauchte das Wort zum erstenmal auf. Als ich nach dem Essen ins Freie ging, steuerte ich gleich auf das Karussell zu. Das Karussell zog mich stärker an als alle anderen Spielgeräte; es drehte sich schon ziemlich schnell, aber ich sprang trotzdem auf und ließ mich vom schwindelerregenden Tempo und vom Gekreisch der anderen Kinder davontragen, die es wie ich genossen, so hemmungslos im Kreis zu wirbeln. Ich warf den Kopf zurück und sah den blauen Himmel, der sich über mir drehte und drehte. Ich schloß die Augen, um die Lust auszukosten, und lehnte mich gegen jemanden, ohne es richtig zu merken, und da passierte es. Es begann mit einem Schrei, schrill und verängstigt, als wäre das Karussell aus der Verankerung gesprungen. Jemand schubste mich, und als ich mich umdrehte, sah ich einen Jungen, der brüllte: «Hilfe, ich muß zur Desinfektion – die Stinklaus hat mich angefaßt!» Wieder wurde ich von hinten geschubst und dann von der Seite, und dann überrollte alle eine plötzliche Panikwelle, aus einem Schrei wurden zwei, dann vier und dann so viele, daß ich nicht mehr mitzählen konnte. Erst als alle Kinder vom Karussell sprangen, als hätte es Feuer gefangen, sich im Dreck rollten und «Stinklaus» riefen, begriff ich, daß das ganze Geschrei mir galt. Der Junge, der es angezettelt hatte, stieß das Karussell an, daß es immer schneller kreiste. Dazu rief er meinen neuen Namen. Ich stand alleine da und drehte mich, während die Gesichter der Kinder an mir vorbeisausten – ein verschwommener Wirbel von zusammengekniffenen Augen, sich bewegenden

Mündern und widerlichen Geräuschen. Ich schloß die Augen, hielt mir die Ohren zu und blieb reglos stehen, bis alles vorbei war.

Der nächste Tag war nicht viel besser. Ich blieb hinten an der Tür, weil ich hoffte, ich könnte die Mittagspause dort verbringen, aber ein Lehrer entdeckte mich und scheuchte mich nach draußen. Das Karussell lockte, aber ich ließ es lieber sein. Statt dessen versuchte ich mein Glück am Klettergerüst. Niemand schien mich zu beachten, also schnappte ich mir eine der Schaukeln, die gleich daneben hingen. Während ich mich immer höher und über alles hinwegschwang, vergaß ich die ganze Sache. Ich sah, wie meine Beine sich streckten, wenn ich den höchsten Punkt erreichte, und kam so in Schwung, daß die Schaukel oben leicht anschlug. Ich fühlte, wie mein Kleid sich um mich schlug, als wollte es meine Konturen nachzeichnen, als wäre es eine elementare, rhythmische Lebensfunktion, wie mein Herzschlag. Da hörte ich jemanden «Stinklaus» rufen, und gleich darauf spürte ich, wie etwas gegen meinen Hinterkopf schlug. Es war ein dumpfer Knall, den ich von innen und von außen hörte, und mir wurde sofort übel. Ich faßte hin, und als ich meine Finger anschaute, sah ich, daß sie blutig waren. Die Welt wurde immer langsamer. Meine Beine verloren ihre Spannkraft und scharrten auf dem Boden hin und her, bis die Schaukel stillstand. Erst dann drehte ich mich um. Der Angreifer war ein großer, dünner Junge, den ich schon öfter gesehen hatte, aber nicht kannte; ich wußte nicht einmal, wie er hieß. Ich sah den Stock, mit dem er mich geschlagen hatte, und mich packte eine Mordswut. Ich haßte diesen Jungen mehr, als ich je irgend jemanden gehaßt hatte, Elena eingeschlossen. Ich wollte nur noch eins: mit dem Stock auf seinen blöden Kopf eindreschen. Ich schleuderte die Schaukel nach rechts, und als ich den Stock kaum einen Meter von dem Jungen entfernt liegen sah, rannte ich los. Immerhin schaffte ich es so, den Jungen zu vertreiben. In meinem schnellsten Tempo rannte ich hinter dem mickrigen Hänfling her, quer über den Spielplatz, und schrie dabei aus Leibeskräften: «Du dürrer Scheißer.» Es ärgerte mich schrecklich, daß mir nichts Kränkenderes einfiel. Erst später begriff ich, daß diese Verfolgungsjagd mir wenig nützte. Ein Mädchen, bei dem zu Hause Gespenster spuken und dessen Mutter als übergeschnappt gilt, sollte sich gut überlegen, ob es einen Jungen über den ganzen Schulhof hetzt, die Arme in Mull gewickelt, einen Stock in der Hand und den Kampfruf «Du dürrer Scheißer!» auf den Lippen. Wer bisher noch nichts von der Stinklaus gehört hatte, wußte spätestens jetzt Bescheid.

Ich kriegte ihn nicht und schaffte es auch nicht, nah genug an ihn heranzukommen, um ihm den Stock an den Hinterkopf werfen zu können, aber als ich eine Stunde später im Behandlungszimmer des Arztes saß und mit sechs Stichen an der Kopfhaut genäht wurde und merkte, wie Lanas Gesicht von Minute zu Minute düsterer und bleicher wurde, da schwor ich mir, es ihm heimzuzahlen, koste es, was es wolle.

Das Schlimmste von allem war Lanas Reaktion am Abend. Während des ganzen Essens konnte ich ihrem prüfenden Blick nicht entgehen. Sie sah mich dauernd an, als wollte sie sich versichern, daß ich noch am Leben war. Mehr als einmal faßte sie unter den Tisch und drückte mein Knie. Ich konnte mir das nur so erklären, daß sie den Druck ihres schlechten Gewissens weitergeben mußte. Immer wieder sah ich sie an, in der Hoffnung, daß ihr Gesicht weicher würde, aber sie war ganz in Gedanken versunken, und ich hatte Angst, all das könnte ihre Krankheit wieder zum Ausbruch bringen.

«Komm, La», sagte Leo schließlich. «Erzähl uns eine Geschichte.» Wir redeten ihr alle gut zu – ihr Schweigen war einfach zu gräßlich. Nach vielen «Komm, Lana» legte sie endlich ihre Gabel weg.

«Du hast es so gewollt, Leo», sagte sie, und während unsere Blicke an ihrem in Falten gelegten Gesicht hingen, begann sie: «Es war einmal ein hübsches kleines Mädchen mit langen schwarzen

Haaren, das hatte eine Mutter, die liebte es von Herzen. Die Mutter war nicht böse und auch nicht gemein – sie war nur einfach keine gute Mutter. Sie hatte einen schrecklichen Ehrgeiz, und...»

«Nicht, La», unterbrach Leo sie.

Sie sah uns an, zuerst Leo, dann Elena, dann mich, und erhob sich ganz vorsichtig vom Tisch. «Tut mir leid, Maddie», sagte sie noch, bevor sie sich umdrehte und ging.

Wir sahen ihr nach, und Leo versuchte dann, alles auszubügeln, indem er uns eine von Lanas Geschichten erzählte, eine Geschichte über einen Hyänenjungen, der unsterblich in ein Hyänenmädchen verliebt ist, aber nicht lange genug zu lachen aufhören kann, um sie zu bitten, ihn zu heiraten. Ich konnte nicht lachen, nicht einmal, als Leo den Hyänenjungen nachahmte, weil ich dauernd Lanas Stimme im Ohr hatte, wie sie sagte: «Tut mir leid, Maddie.»

Als Leo vom Tisch aufstand, um zu Lana zu gehen, schlüpfte ich schnell in den Besenschrank und arbeitete mich zu der Stelle vor, von der aus ich zwischen den Kisten ihr Bett sehen konnte. Lana saß auf ihrem Sessel, deshalb hatte ich sie nicht im Blick, aber Leo hockte auf dem Bettrand und malte mit einem Kugelschreiber einen Kreis auf seine Hose.

«Es stimmt», hörte ich Lana sagen.

«Es stimmt nicht, und selbst wenn – so was sagt man nicht vor den Kindern, Lana. Sie sind doch noch klein und verletzlich.»

«Tut mir leid, aber ich finde, sie müssen wissen, daß ihre Mutter keine gute Mutter ist und daß es ihr wahnsinnig leid tut, daß sie keine sein kann.»

«Sie lieben dich, La. Hast du ihre Gesichter gesehen, als du gesagt hast, du erzählst eine Geschichte? Hast du Maddies Gesicht gesehen? Sie hatte schon fast vergessen, was heute passiert ist», sagte er. Seine Stimme war ruhig und besänftigend, wie die eines erfahrenen Priesters.

«Es ist meine Schuld, daß sie das Kind Stinklaus genannt haben», sagte Lana bitter. «*Stinklaus*, Leo. Was für ein furchtbares Schimpfwort. Wenn ich nicht wäre, dann wäre das Haus fertig, und kein Kind würde herumerzählen, daß es bei uns Gespenster gibt. Du könntest aus dem Haus gehen und mehr Geld verdienen, wenn ich die Kinder versorgen könnte – wenn ich nicht schreiben würde. Und wenn ich eine gute Schriftstellerin wäre, würde sich das Ganze vielleicht sogar lohnen, aber...»

«Sag das nicht. Das stimmt nicht», entgegnete Leo. «Du bist eine gute Schriftstellerin, und du bist eine gute Mutter für die Kinder. Wie oft muß ich dir das noch sagen, Lana? Mein Gott...»

«Sie ist genau wie ich», fuhr Lana fort, als hätte Leo gar nicht den Mund aufgetan. «Du hättest sehen sollen, wie ihre kleinen Hände gezittert haben, als der Arzt anfing...»

«Sie ist genäht worden. Herrgott, Lana, wer würde da nicht zittern?» Er warf den Stift quer durchs Zimmer und vergrub sein Gesicht in den Händen.

«Wenn ich mir vorstelle, daß sie aufwächst, nur um zu werden wie ich, dann möchte ich am liebsten nachts nach oben gehen und... und sie *ersticken*.»

Alles wurde ganz verschwommen, und ich steckte mir die Finger in die Ohren und klemmte den Kopf zwischen die Knie, um nichts mehr zu hören. Ich verließ den Schrank, als ich anfing, Geräusche von mir zu geben. Mit zugestöpselten Ohren schaffte ich es, meine Angst vor den Gespenstern so weit zu überwinden, daß ich die Treppe hoch in mein Zimmer rasen konnte, wo ich angezogen ins Bett kroch. Ich lag lange da, starrte auf das Muster von Balken und Isoliermaterial und horchte auf den schmerzhaften Klang von Lanas Stimme, die durch den Heizungsschacht zu mir hochdrang.

Es dauerte mindestens eine Stunde, bis sie endlich verstummte und auch Leo nicht mehr zu hören war. Ein paar Minuten später hörte ich Lana die Treppe heraufkommen und meinen Namen rufen. «Ich bin hier», sagte ich. Ich hatte Angst, sie könnte sich noch einmal bei mir entschuldigen. Sie blieb in der Tür stehen, eine schmale, elegante Silhouette vor dem kalten Licht des Flurs. An ihren zerzausten Haaren konnte ich sehen, daß sie wieder einmal ihre Zustände gehabt hatte.

«Du siehst so klein aus in diesem Bett, Maddie. Wie ein Engelchen. Hattest du denn keine Angst vor den Gespenstern?»

«Nein», sagte ich.

Es war, als würde sie zu mir herüberschweben. Ihr Gesicht blieb im Dunkeln, bis sie sich zu mir setzte. Ich wollte sie gar nicht ansehen, weil ich befürchtete, ihr Gesicht wäre ernst und voller Falten, aber es war weich und ruhig, und ich wußte, sie hatte die Dämonen, von denen sie manchmal besessen war, abgeschüttelt. «Wie fühlst du dich?» fragte sie.

Ich brachte kein richtiges Wort zustande, aber ich gab ein Geräusch von mir, ein leises Ächzen, das meine Erleichterung und gleichzeitig meine Traurigkeit ausdrückte.

«Wie geht's deinem Kopf, Schätzchen?»

Ich ächzte wieder und genoß es, wie Lanas Finger mir über Wangen und Stirn glitten. Sie streichelte mich, als wäre ich etwas ganz Besonderes.

«Weißt du was?» sagte ich mit dünner Stimme.

«Was?»

«Ich verstecke mich hinter dem großen Baum vor der Schule, und wenn der dürre Junge vorbeikommt, haue ich ihm mit Leos Schraubenschlüssel auf den Hinterkopf.»

Lana lachte übermütig, und ich war stolz, daß ich sie zum Lachen gebracht hatte, obwohl sie doch vor einer Stunde noch geweint hatte. Ich fand, daß ich es immer besser konnte, doch dann hörte sie auf und sagte, ich dürfe den dürren Jungen nicht mit Leos Schraubenschlüssel schlagen. «Du darfst überhaupt niemand mit einem Schraubenschlüssel schlagen, Maddie. Er ist zu schwer, und du könntest jemand damit umbringen. Du machst folgendes: Wenn du ihn siehst, begrüßt du ihn immer ganz höflich, und dann starrst du ihn an, so fest du kannst. Du mußt richtig durch ihn hindurchschauen, damit er weiß, mit dir muß er rechnen.»

Danach passierte noch etwas anderes, was mich wieder völlig aus der Bahn warf und die Flucht in die Berge verlockender denn je machte. In dem Herbst, als ich acht war, verliebte ich mich in einen Jungen namens Andrew Simmons. Seine Familie war im Sommer nach Detroit gezogen und wohnte vier Häuser von uns entfernt. Ich kann gar nicht richtig sagen, was ich an ihm so anziehend fand, außer daß er das blasseste Gesicht hatte, das ich je gesehen hatte, und einen wunderschönen rosigen Schimmer auf den Wangen, wie Harry im Winter.

Ich fand es sehr schade, daß Andrews Mutter, eine engherzige religiöse Fanatikerin, ihn und seinen älteren Bruder Nathan nur selten zum Spielen auf die Straße ließ. Gott weiß, warum. Wir wußten nur, daß die Simmons Zeugen Jehovas waren und daß Andrew und Nathan keine Malbücher ausmalen durften, in denen der Osterhase oder der Weihnachtsmann abgebildet waren.

Ich bekam Andrew nur selten zu sehen, drum verbrachte ich viel Zeit damit, im Keller herumzulungern und mir auszumalen, wie es wäre, ihn zu küssen. Ich hatte einmal mit Lana einen Film gesehen, in dem mich am meisten die Kußszenen beeindruckt hatten. Ich sah ganz genau hin, als sich die Lippen des Mannes und der Frau berührten und ihre Köpfe sich etwa eine Minute lang hin und her bewegten, und das wollte ich auch gern probieren. Wenn ich es nicht mehr aushielt, dazuliegen und zu phantasieren, ging ich zu Andrews Haus und wartete, daß er ans Fenster kam. Ich konnte nicht anders. Das Gefühl war einfach stärker als ich.

Hin und wieder ließ seine Mutter ihn und Nathan doch heraus, und eines Tages sah es so aus, als könnte sich mein Wunsch, mit meinen Lippen seine zu berühren, tatsächlich erfüllen. Die beiden Jungen kamen zu uns in den Garten, und wir spielten Fangen unter der Tanne, bis Elena vorschlug, jeder solle mit Leos

Taschenmesser den Namen der Person, die er liebte, in den Baum ritzen. Sie ging ins Haus und holte das Messer, und als sie wiederkam, gab sie es Andrew. Während ich zusah, wie er den Baum hinaufkletterte, malte ich mir aus, wir würden unter den dichten Fliederbusch des Nachbarn schlüpfen, um uns zu küssen – es war nur noch eine Frage der Zeit, glaubte ich. Als er endlich wieder herunterkam, reichte Elena mir das Messer, und ich kletterte zu dem Ast hinauf, auf dem er gesessen hatte. Ich sah das Herz, und dann wurde mir schwarz vor Augen. In dem grob geritzten Herzen stand in klaren Großbuchstaben der Name ELENA.

Ich konnte nicht antworten, als Elena von unten immer wieder meinen Namen rief. Ich saß einfach nur auf dem Ast. Das Harz drang durch den Stoff meiner Hose. Ich starrte hinunter auf ihre wackelnden Köpfe und konnte mich nicht rühren. Nach einer Weile glitt mir das Taschenmesser aus der Hand und fiel zu Boden. Ich begriff, daß etwas nicht stimmte, als Leo unten erschien und «Maddie!» rief und als dann auch noch Lana auftauchte. Sie rief: «Ich komme hoch, Schatz.» Ich sah ihren Kopf und ihre Hände näher kommen und kletterte zum nächsten Ast und dann zum übernächsten. Plötzlich hörte ich Elenas Stimme: «Du wirst mal genau wie Lana.» Da kletterte ich nicht mehr weiter.

Leo gab Elena eine Ohrfeige und schrie sie mit eisiger Stimme an: «Das reicht!» Wie der Blitz rannte Elena davon, quer durch den Nachbargarten, und verschwand hinter dem Nebenhaus.

Ich vergaß die beiden da unten, als Lanas Hände meine Füße berührten und meine Beine hinaufkrochen. Sie kletterte bis zu meinem Ast, und nachdem sie ihr marineblaues Kleid zurechtgezupft hatte, legte sie den Arm um mich und fragte mich ganz atemlos, was passiert sei. Ich starrte auf ihre Strümpfe, die an den Knien von der rauhen Rinde zerrissen waren, und berührte einen Harzfleck an ihrer Wade, der aussah wie ein klebriger Vierteldollar.

«Sag mir, was los ist, Schatz», sagte sie.

Ich blickte nach unten und stellte fest, daß Nathan und Andrew nicht mehr in unserem Garten waren, sondern auf der anderen Straßenseite Steine gegen ein Verkehrsschild warfen. Harry war inzwischen auch erschienen und starrte wie Leo mit schiefgelegtem Kopf zu mir und Lana hinauf.

«Komm schon, Maddie», bohrte sie. «Ich bin nicht hier hochgeklettert, um die Aussicht zu genießen.»

Sie sah mich mit glühenden Augen an, und ich begriff, daß ich es ihr erzählen mußte. Lana liebte es, wenn man ihr solche Sachen erzählte, und je mehr Einzelheiten man lieferte, desto glücklicher war sie. Sie saß dann da, das Gesicht direkt vor einem, die Augen groß und verschlingend, und nickte gierig mit dem Kopf, als könnte sie durch diese Bewegung alles aus einem herauspumpen. Es war komisch, aber man hoffte immer irgendwie, daß die Geschichte, die man zu erzählen hatte, Lana nicht enttäuschte, sondern gut und unterhaltsam genug für sie war. Also erzählte ich ihr von dem Messer und daß Elena vorgeschlagen hatte, wir sollten den Namen der Person, die wir liebten, in den Baum ritzen. Dann zeigte ich ihr die Stelle, wo Andrew Elenas Namen eingeritzt hatte und nicht meinen.

Sie legte den Arm um mich und beugte sich vor, um durch die Zweige auf Andrew und Nathan hinunterzuschauen, die immer noch Steinchen gegen das Schild schleuderten. «Maddie», flüsterte Lana, «ich verspreche dir, in ein paar Jahren blickst du auf die ganze Sache zurück und fragst dich, wie du dich je für so ein kränkliches, blasses Jüngelchen interessieren konntest.» Sie wartete einen Augenblick, um diesen Satz wirken zu lassen, ehe sie fortfuhr: «Wenn du mir versprichst, daß du es nicht weitererzählst, dann sag ich dir was.»

«Ein Geheimnis?» fragte ich. Ich spürte, wie sich in meinem Bauch etwas umdrehte, das so groß war wie ein Wal. Lanas Geheimnisse waren erstklassig. Sie waren Schätze, die Elena und ich sammelten, wertvolle Informationen, die uns das Gefühl gaben, ein Stück von Lana zu besitzen. Ich hatte schon zwei – Elena drei.

«Ja, aber du mußt mir versprechen, daß du es nicht weitersagst.»

Nachdem ich das hoch und heilig versprochen hatte, strich sie mir mit einer zärtlichen Bewegung die Haare zurück und legte beide Hände an mein Ohr. «Männer werden für dich nie das Wichtigste sein», flüsterte sie. Dann hielt sie einen Augenblick inne, und ihr Atem blies warm in mein Ohr. «Du wirst etwas ganz Großartiges mit deinem Leben machen, Maddie.» In meinem Magen zuckte es, als sie *etwas ganz Großartiges* sagte. Andererseits war es nicht gerade eines ihrer besten Geheimnisse. Die besten waren die über sie selbst. Aber es war besser als gar keins, und mir gefiel die Vorstellung, ich würde eines Tages etwas Großartiges machen, aber es änderte nichts daran, daß auf der anderen Straßenseite mein kränklicher, blasser Freund stand, dessen Herz Elena gehörte.

Lana zog die Schuhe aus und warf sie Harry zu. Während er sie aufhob, schälte sie sich aus ihren zerrissenen Strümpfen und ließ sie Leo auf den Kopf fallen. «Fang mich auf, Leo», rief sie. Sie kletterte zum niedrigsten Ast und ließ sich in Leos Arme fallen. Dann standen sie beide unter mir und riefen mit ausgebreiteten Armen: «Spring, Maddie, spring!» Sie feuerten mich so begeistert an, daß ich alles vergaß und mich in ihre Arme plumpsen ließ.

Aber nachdem sie ins Haus gegangen waren, fiel mir alles wieder ein – die ganze Sache mit Andrew. Ich beobachtete ihn eine Weile von hinter dem Baum, bis ich es nicht mehr aushielt. Dann schlich ich mich in den Keller und dachte weiter an ihn. Er ging mir einfach nicht aus dem Sinn, selbst wenn ich mich zwang, an Lanas Geheimnis zu denken; und der Gedanke an ihn griff meinen Magen an, als wäre ein Stück des Ganzen aus meinem Gehirn dorthin gerutscht und würde jetzt dort glühen. Ich ging alles immer wieder durch, jede Einzelheit, und erklomm im Geiste hundertmal den Baum, um mir das Herz anzusehen, in das Elenas Namen eingegraben war, als würde die Wirkung nachlassen, wenn ich mich dem Schmerz aussetzte.

Nach einer Weile kam Leo herunter und setzte sich zu mir auf das vermoderte alte Sofa.

«Wie geht's Lana?» fragte ich.

«Ganz gut», meinte er. «Sie macht sich eher Sorgen um dich.»

«Ja, aber Elena hat gesagt, ich bin wie Lana, und das ist noch schlimmer als Elenas Name droben im Baum.» Außerdem machte ich mir Gedanken wegen des Abendessens – was würde Lana sagen, nachdem sie jetzt den ganzen Nachmittag überlegt hatte? Irgendwie wuchsen bei ihr die Sachen immer ins Unendliche.

Leo beugte sich vor, faßte mich am Kinn und flüsterte mir dann direkt ins Gesicht. Ich spürte seinen warmen Atem auf meinen Lippen, und seine Augen waren so dicht vor meinen, daß ich sie richtig hervorquellen sah. «Lana ist eine tolle Frau», sagte er, «und ich wäre stolz, wenn du wie sie wärst.»

Wir hörten Lana oben herumlaufen, drum ging Leo. Ein paar Minuten später rief er herunter, ich solle Elena suchen. Ich ging nach oben und dann nach draußen ins Freie und schlenderte zu unserem Fort. Ich wußte, daß sie dort war. Sie saß in ihrem Schlafzimmer (wir hatten die Zimmer mit Steinen markiert) und schnitzte mit Leos Taschenmesser an einem Stock. Ich trat durch unsere Tür und stand im Wohnzimmer beim Kamin, wo die Tannen hoch über mir aufragten und das Licht in tausend Splitter teilten.

«Hi, Lana», sagte sie und fing an zu lachen. Das war kein Theater – es brachte sie wirklich zum Lachen, wenn sie mich Lana nannte. Einen Moment lang stand ich nur da und sah sie an. Ich bewunderte ihre Dreistigkeit und die elegant lässige Art, wie sie die Beine vor sich ausstreckte. Trotzdem haßte ich sie.

«Sie hat mir ein Geheimnis erzählt», sagte ich.

Als hätte ich einen Knopf gedrückt, wurde Elenas Gesicht plötzlich ganz leer, und sie hörte schlagartig auf zu lachen. *«Stimmt das?»*

Ich nickte betont langsam und bedächtig, wie jemand, der eine Verbeugung in die Länge zieht.

Elenas Wutausbrüche gefielen mir immer schon. Sie bahnten sich nicht langsam an – sie explodierten und brachen in krampfartigen Zuckungen aus ihr heraus, und ihre Arme und Beine und ihr Mund bewegten sich in wilder Harmonie dazu. Sie packte den Stock und Leos Taschenmesser wie ein Speerwerfer, sprang auf die Füße und schrie «Das ist nicht fair!» in die ruhige, geheiligte Welt der Bäume. «Scheiße, Maddie», schrie sie. «Scheiße!»

Sie rannte durch die Wände ihres Phantasieschlafzimmers und dann aus unserem Haus, während ich hinter ihr her sauste. «Sieh mal, wer jetzt Lana ist!» rief ich voller Schadenfreude. *Sieh mal, wer jetzt Lana ist.*

Ich rannte hinter ihr her über die Wiese, durch den Nachbargarten und dann die Treppe zu unserer Küche hinauf, wo Leo gerade ein Huhn zerlegte. Elena stürmte an ihm vorbei hinauf in Lanas Zimmer. Leo hinter ihr her. Lana saß in ihrem Sessel und schrieb, oder jedenfalls hatte sie bis eben geschrieben – jetzt starrte sie Elena fassungslos und mit auf dem Blatt erstarrter Hand an.

«Du hast ihr ein Geheimnis erzählt!» schrie Elena. «Das ist nicht fair, Lana. Jetzt hat sie genauso viele wie ich.»

Es schien fast unmöglich, aber Elena war den Tränen nahe. Als Lanas Blick von ihr zu mir wanderte, spürte ich das ganze Ausmaß meiner Schuld. Ich hätte es Elena nicht erzählen dürfen. Wenn man sagt, man hat ein neues Geheimnis, ist das fast so schlimm, wie wenn man das Geheimnis selbst verrät. Aber in der Hitze des Gefechts hatte ich das ganz vergessen. «Das ist nicht fair», schrie Elena. Während ich eine klägliche Entschuldigung murmelte, sah Lana mit unruhigen Augen zu Leo. In ihrem Blick lag eine merkwürdige Mischung von Gefühlen – Belustigung, Wut, Angst und auch eine Spur Hilflosigkeit. Ich glaube, die beiden hatten nicht geahnt, wie wertvoll Lanas Geheimnisse für uns waren. Daß wir sie voller Hingabe zählten und sammelten, das wußte Lana gar nicht, vermute ich. Und ihr war auch nicht klar gewesen, wie eifersüchtig wir ihre Geheimnisse bewachten und daß wir sie als unsere wertvollsten Besitztümer hüteten.

Lana schloß einen Augenblick fest die Augen und erhob sich dann. Als sie sich bückte und ihren Stock aufhob, der neben dem Sessel lag, traten Elena und ich ehrfürchtig ein Stück zurück. Wir bemühten uns, nicht auf ihr Humpeln zu achten, doch dann machte Lana einen Schritt und verzog schmerzlich das Gesicht, und wir erstarrten beide.

«Hast du dir an der Hüfte weh getan?» fragte Elena.

«Was ist passiert?» schloß ich mich an.

«Als ich auf den Baum geklettert bin.» Sie verzog wieder das Gesicht und trat zwischen mich und Elena. Dabei blickte sie mit glühenden, gequälten Augen zu Leo. «Geh jetzt bitte, Leo, und nimm Maddie mit. Ich möchte mit Elena reden.»

Sie legte die Hand auf Elenas Kopf. Ich sah noch, wie ihre Hand sanft über Elenas schwarzes Haar strich, doch Leo schob mich aus dem Zimmer. Ich wollte in den Besenschrank entwischen, um zu hören, was sie redeten, denn ich mußte unbedingt wissen, ob Lana Elena ein neues Geheimnis erzählte – aber Leo ließ mich nicht. Da ging ich statt dessen in den Keller, setzte mich an meinen Teetisch, trank abgestandenes Wasser aus einer Teetasse und dachte beunruhigt an Lana und ihren Stock.

An diesem Abend lagen Elena und ich nebeneinander im Bett und horchten, jede still für sich, auf Lanas klagende, unverständliche Stimme, die durch den Kamin zu uns heraufdrang. Dazwischen immer wieder, wie ein leiser, unvermeidlicher Refrain, Leos Stimme, die über uns hinwegspülte wie Wasser über eine brennende Wunde.

«Es ist der Stock», wisperte ich.

«Es ist nicht nur der Stock. Es ist, weil du dich so aufgeregt hast – über den Jungen und über das, was ich gesagt habe. Und weil du mir was von dem Geheimnis erzählt hast. Und *dann* erst der Stock.» Sie schwieg einen Augenblick, und ich spürte, wie sie ein leiser Schauer überlief. «Ich glaube, es geht ihr schlechter, Maddie. Glaub ich echt.»

Ich dachte einen Augenblick darüber nach, aber der Gedanke war unerträglich, also schob ich ihn schnell wieder weg. «Hat sie dir ein neues Geheimnis erzählt?»

«Kann ich nicht sagen.»

«Ich weiß», murmelte ich. «Tut mir leid, daß ich gefragt habe.»

Elena drückte unter der Decke meine Hand und sagte dann etwas, das mich noch lange wach hielt, nachdem sie schon eingeschlafen war. «Wenn man es sich richtig überlegt», sagte sie, «ist Lana eigentlich selbst ein totales Geheimnis.»

Ich ging in Gedanken immer wieder durch, was ich über Lana wußte, und erst da wurde mir klar, wie recht Elena hatte. Das einzige, was ich über sie mit Sicherheit sagen konnte, war, daß sie 1927 geboren und in New York City aufgewachsen war. Damals, glaube ich, packte mich diese quälende Neugier, und von da an war ich besessen von dem Wunsch zu erfahren, was mit Lana passiert war, warum sie einen Stock trug und warum sie manchmal von einer Krankheit überwältigt wurde, für die niemand einen Namen hatte.

2

Zwei Wochen später zogen wir in den Staat New York. Lana war immer noch dagegen, und zudem schmerzte ihre Hüfte so stark, daß sie ihren Stock noch häufiger brauchte. Leo mußte den größten Teil der Packerei übernehmen, und er tat es mit einer derart altjüngferlichen Pingeligkeit, daß Lana anfing, ihn Ethel zu nennen. Elena bemühte sich plötzlich hingebungsvoll um Lana und brachte ihr Tee in den Porzellantassen, die Mimi Lana geschenkt hatte. Ihr Verhalten machte mich sofort mißtrauisch. Entweder wollte Elena etwas Bestimmtes, oder Lana hatte ihr ein so wunderbares und so interessantes Geheimnis erzählt, daß sie dadurch wie verwandelt war.

Ich nahm an, Lana könnte ihr, nachdem Leo mich an jenem Nachmittag aus dem Zimmer geschoben hatte, das Geheimnis ihres Stocks erzählt haben. Oder zumindest einen Teil davon. Als ich Elena fragte, warum sie auf einmal Lanas Sklavin sei, schaute sie mich an, als wäre ich schwachsinnig.

«Sie hat Schmerzen, Maddie», erklärte sie. «Weißt du, was das heißt, wenn man Schmerzen hat?» Ich war nicht ganz sicher, aber immerhin wußte ich jetzt, daß Lana ihr etwas über den Stock erzählt hatte. Als ich es nicht mehr mitansehen konnte, wie Elena die Porzellantassen in ihr Zimmer trug, beschloß ich, Lana selbst zu fragen.

Sie war oben und saß auf Harrys Bett, faltete seine Kleider und legte sie in einen braunen Koffer. Das Licht fiel durchs Fenster auf die nackten, schäbigen Rippen und Knochen unseres unfertigen Hauses. Lana wirkte in dieser Umgebung wie eine Rose – eine deplazierte Rose.

«Hallo», sagte sie leise und berührte mein Gesicht. «Hilfst du Ethel?» (Womit sie Leo meinte.)

Ich brummelte nur «Hm-mmm». Mein Blick fiel auf ihren Stock, der auf dem Bett lag und es in zwei Hälften zerteilte. Ich konnte der Versuchung, ihn zu berühren, nicht widerstehen. Mit den Fingern strich ich über den Schaft und dann ganz langsam über den Griff, wo man die Form der geschnitzten Elefanten nachtasten konnte. Ich ging um Lanas Beine herum und kletterte auf Harrys Bett, neben den Stock, der nun auf der einen Seite mein Knie und auf der anderen Lanas Knie berührte. «Ich wüßte gern was über deinen Stock», sagte ich vorsichtig. Ich berührte ihn mit den Fingerspitzen.

Lana legte Harrys kleine Hosen über ihre Beine und blickte mich mit ruhigen, ernsten Augen an. «Was möchtest du denn wissen?» fragte sie mich. Schon die Erwähnung des Stockes ließ sie dahinschwinden. Das Lächeln verschwand von ihren Lippen, aber ich drückte mich trotzdem enger an sie.

«Ich wüßte gern, warum du ihn hast», sagte ich leise. Als ich die Traurigkeit in ihre Augen steigen sah, blickte ich schnell weg, auf die nackten Dielen, wo ein warmer Lichtfleck leuchtete.

Lana nahm meine Hand, die ständig den Stock betasten mußte, und sagte: «Schätzchen, ich weiß, du bist neugierig, und es ist gut, wenn man neugierig ist, aber du kannst nicht immer alles wissen. Es ist sehr persönlich, und das mußt du einfach respektieren. Jeder hat das Recht, persönliche Dinge für sich...»

«Aber ich sag's nicht weiter», unterbrach ich sie. Ich wußte, es war taktlos, sie wegen des Stocks zu bedrängen, aber es tat weh, so abgewimmelt zu werden.

«Ich weiß. Es hat nichts damit zu tun, daß ich dir nicht vertraue. Du bist nur einfach noch zu klein, um das zu verstehen.» Sie strich mir mit der Rückseite der Finger über die Wange, als könnte diese Berührung meine Neugier vertreiben.

Als der Druck in mir immer stärker wurde und mein Herz wie ein verirrter Vogel gegen meine Rippen flatterte, fragte ich Lana: «Wann sagst du es mir dann?» Ich merkte, daß ich den Stock umklammerte, und als mir Tränen in die Augen traten, sagte Lana rasch: «Wenn du dreizehn bist. Und jetzt geh bitte.»

Das war für mich eine Ewigkeit, eine Zeitspanne, die viel zu weit in die Zukunft reichte, um mich zu trösten. So lange konnte ich nicht warten, aber das Leben kommt einem oft auf seltsamen Wegen zu Hilfe – bereits ein paar Abende später erfuhr ich in unserem Motelzimmer etwas über den Stock.

Wir waren den ganzen Tag durch Kanada gefahren, Leo in einem Umzugslaster und Lana beharrlich hinter ihm in unserem Kombi. Wir Kinder hockten abwechselnd hoch oben neben Leo im Fahrerhaus. Vor allem Harry und ich stritten uns darum, während Elena ganz zufrieden damit war, neben Lana auf dem Beifahrersitz zu sitzen, die Straßenkarte zu studieren und ihr aus einer Thermoskanne Tee einzugießen. An diesem Abend nun übernachteten wir in einem kleinen Motelzimmer an der Straße, wo wir den Proviant verzehrten, den Leo für uns eingepackt hatte. Wir badeten, und anschließend lud Lana uns alle zu sich ins Bett ein, damit wir uns gegenseitig Phantasiegeschichten erzählten. Weil Lana keinen Fernseher im Haus duldete, war das unsere einzige Form der Familienunterhaltung geworden. Harry erzählte von einem Walfisch, der mit den Menschen reden konnte. Elena erzählte die Geschichte einer Wasserschildkröte, die über dreihundert Jahre lang in einem Teich lebte und das Leben einer Familie beobachtete, bis sie schließlich die Ururururenkel der ursprünglichen Siedler kannte. Meine Geschichte drehte sich um ein Mädchen, das heiratete, als es zehn Jahre alt war. Leo fing an, von einem amerikanischen Offizier zu erzählen, der die Gedanken der Nazis lesen konnte, aber Lana neckte ihn dauernd, kitzelte ihn und sagte: «Na, unsere Ethel erzählt aber tolle Märchen!», so daß er seine Geschichte nie richtig zu Ende brachte.

Lana erzählte eine Fortsetzung-folgt-Geschichte. Sie lehnte sich in die Kissen zurück, wir vier umlagerten sie, und dann erzählte sie uns eine wirklich tolle Geschichte von einem Bären und einer Spätzin.

Der Bär war der größte im ganzen Wald, begann sie, *aber er war so sanftmütig, daß kein anderer Bär etwas mit ihm zu tun haben wollte. Eines Tages flog aus Versehen eine kranke kleine Spätzin in seine Höhle. Sie hatte den Flügel gebrochen. Als sie merkte, daß sie in der Höhle des Bären gelandet war, erschrak sie schrecklich. Sie dachte, er würde sie bestimmt sofort auffressen, aber der Bär hob sie hoch, wusch sie und versuchte, ihren Flügel heil zu machen. Er kümmerte sich so gut um die Spätzin, daß er ganz vergaß, seinen Winterschlaf zu halten. Schließlich fiel es ihm doch noch ein, aber er konnte nicht einschlafen, sosehr er sich auch bemühte. Die Spätzin versuchte, ihn in den Schlaf zu singen; stundenlang lag sie bei ihm und sang, aber der Bär döste nicht einmal ein. Er schaffte es nicht, weil er wußte, wenn er schlief, würde die Spätzin sterben, doch sie wußte, daß der Bär sterben mußte, wenn er keinen Winterschlaf machte. Also übte die Spätzin heimlich fliegen, damit ihr Flügel besser wurde. Wenn der Bär hinausging, um Nahrung zu suchen, machte sie Übungen mit ihrem Flügel, schlug auf und ab, wodurch er immer kräftiger wurde. Sie übte jeden Tag, bis sie schließlich wieder fliegen konnte. Sie sagte dem Bären, er könne jetzt seinen Winterschlaf halten. «Ich kann wieder fliegen», sagte sie. Der Bär freute sich, doch dann wurde er traurig – sie würde wegfliegen, und dann war er wieder ganz alleine. Aber sie versprach, im Frühling zu ihm zurückzukommen, und nachdem sie ihn in den Schlaf gesungen hatte, flog sie davon.*

Hier brach Lana ab und sagte, wir sollten warten bis zur nächsten Folge. Elena und Harry schliefen ziemlich schnell ein, aber ich konnte nicht schlafen. Ich sah dauernd den Bären vor mir, wie er friedlich seinen Winterschlaf hielt und glaubte, die Spätzin würde wiederkommen, während der Vogel immer weiter weg flog. Ich weiß nicht warum, aber die Vorstellung quälte mich.

Ich war immer noch wach, als Lana frisch gebadet ins Bett kam. Sie und Leo begannen leise miteinander zu reden. Ich wollte mit Harry die Plätze tauschen, weil er näher bei ihrem Bett lag, aber sein Mund stand schon offen, also stützte ich mich ein bißchen auf den Ellbogen, damit mein Ohr nicht auf dem Kissen lag.

«Es tut weh», sagte Lana, während sie zu Leo humpelte.

«Ich hab es schon befürchtet. Komm her, ich massier dich ein bißchen.»

Lana drehte sich auf die Seite, mit dem Rücken zu mir, die rechte Hüfte nach oben, und dann zog sie ganz langsam ihr blaues Nachthemd hoch, über die Beine und die Schenkel, bis ich die Rundung ihres weichen, weißen Hinterns sah. Ich dachte zwei Dinge gleichzeitig: daß ich noch nie Lanas nackten Körper gesehen hatte, geschweige denn ihren Hintern, und daß ich etwas sehr Intimes beobachtete, das eigentlich nicht für meine Augen bestimmt war. Aber ich konnte einfach nicht anders. Ich verfolgte fasziniert, wie Leos dicke Finger das blaue Nachthemd entfernten. Zum erstenmal im Leben sah ich einen entblößten Frauenkörper. Die Art, wie die Hüfte graziös vom Schenkel her anstieg und dann allmählich in das perfekte Tal der weißen Taille überging – das war so wunderschön, daß ich einen Augenblick lang ganz vergaß, was Leo machte. Aber als mein Blick auf die Haut unter seinen massierenden Fingerspitzen fiel, sah ich etwas, das ich nie vergessen sollte: eine breite, purpurfarbene Narbe, die sich von Lanas weicher Haut abhob wie ein Stück dunkles Hanfseil – ein tastbarer Krakel, eine mindestens fünfzehn Zentimeter lange Zickzacklinie, die Leo routiniert beklopfte, als hätte er das schon hundertmal getan.

Dann merkte ich plötzlich, daß mein Arm unter mir eingeschlafen war, und ich mußte mich anders hinlegen, damit das schreckliche Prickeln und Piksen aufhörte. Ich schwöre, ich machte so gut wie kein Geräusch dabei, und die Bewegung war so minimal, daß Lana unmöglich etwas gehört haben konnte, aber sie zog sofort ihr Nachthemd herunter, und ich hörte ihre Stimme.

«Maddie», sagte sie, ohne den Kopf zu drehen. «Die Spätzin ist im Frühling wieder zum Bären zurückgekehrt.»

Ich ließ den Kopf leise in mein Kissen zurücksinken und schloß die Augen ganz fest, als wäre das ein Beweis dafür, daß ich geschlafen hatte. Lanas Stimme kam wieder hinter ihrem Rücken hervor, über Harry hinweg, direkt zu mir. Sie machte mir angst. «Ich spüre deinen Blick», sagte Lana und drehte sich zu mir um, und obwohl ich mir alle Mühe gab, die Augen geschlossen zu halten – ich schaffte es nicht. «Ich kenne dich, Maddie.» Als sich unsere Blicke einen Moment begegneten, hatte ich das unheimliche Gefühl, daß sie recht hatte: Sie kannte mich, durch und durch, besser als ich selbst. Als wäre ein Licht oder etwas ähnlich Ungreifbares und Geheimnisvolles durch mich hindurchgegangen, wußte ich, daß Lana eine starke, mächtige Frau war.

Reglos lag ich zwischen Harry und Elena und wagte kaum zu atmen. Ich hatte zum erstenmal ein Gefühl, das ich von nun an öfter haben sollte und das es mir unmöglich machte einzuschlafen. Ganz elektrisiert kam ich mir vor, als liefen durch meine Glieder kleine Stromkreise, die plötzlich und ohne Vorwarnung angeknipst wurden. Es war ein unangenehm kribbeliges Gefühl – wie bei einem Läufer, den man mit zusammengebundenen Beinen an einen Rollstuhl fesselt.

Der Anblick der Narbe ließ mich nicht mehr los. Narben faszinierten mich. Das war schon immer so gewesen, und die Narbe an Lanas Hüfte war die beste, die ich je gesehen hatte. Ich hörte immer gern, woher die Leute ihre Narben hatten; ich wollte sie mir in aller Ruhe ansehen und möglichst mit dem Finger darüberfahren. Eine unserer Nachbarinnen in Detroit hatte eine tolle

Narbe seitlich am Knie gehabt: weiß und schmal mit kleinen hellen Punkten an den Seiten. Die Nachbarin erlaubte mir sogar, die Narbe zu berühren und Fragen zu stellen.

Ich wollte Lanas Narbe unbedingt aus der Nähe betrachten, sie studieren und anfassen, aber ich wußte, daß ich nicht fragen konnte, ob ich sie mir genauer ansehen dürfe – und woher sie die Narbe hatte, konnte ich auch nicht fragen. Aber ich mußte dauernd an die Narbe denken, und dadurch fing der Strom an, durch meine Glieder zu fließen. Schreckliche Gewalttaten schossen mir durch den Kopf, eine nach der anderen. Ich sah Schlachtermesser und riesige Äxte, die sich in Lanas weiße Hüfte gruben. Ich sah Autos und Planierraupen, die sie anfuhren. Ich sah sie nachts schluchzend und allein eine dunkle, regennasse Straße entlangstolpern, und plötzlich raste ein Laster in sie hinein. Ich sah sie eine dunkle, mondlose Straße in New York City hinunterlaufen, gejagt von einem riesigen Mann mit einer Säge. Und dann sah ich sie von einem hohen Turm herunterstürzen und von der starken Strömung im Long Island Sound weggespült werden.

Ich stemmte mich gegen diese Bilder, bis mein ganzer Körper derart aufgeladen war, daß ich nicht mehr stillhalten konnte. Während ich unter der Decke hin und her ruckelte, um die Spannung loszuwerden, begriff ich, was diese Spannung hervorrief – die Nerven. Schlicht und einfach die Nerven. Ich hatte sie, merkte ich voller Entsetzen – lieber Gott, ich hatte Lanas Nerven. Das hier war das erste unübersehbare Symptom. Während ich dalag und spürte, wie sie unter meiner Haut zuckten – ein ganzes Bataillon, ziepend und zerrend –, da wußte ich, daß ich in Schwierigkeiten war. Ich konnte sie richtig vor mir sehen – kleine schwarze Insekten, die mit ihren winzigen Fäusten von unten gegen meine Haut hämmerten und mit ihren kleinen Mündern schrille Schreie ausstießen, während ihre sechs gestiefelten Füße erbarmungslos auf meinen Adern herumtrampelten.

Ich schlief die ganze Nacht nicht, meine erste wirklich schlaflose Nacht. Ich merkte, wie Leo einschlief und später auch Lana, und ich lag wach und hatte Angst, was mir die Nerven bringen würden, oder besser gesagt, *wozu* sie mich bringen würden. Ich konnte es mir zwar nicht recht vorstellen, aber ich wußte, es war bestimmt schrecklich.

Es beruhigte mich, am nächsten Tag mit Leo im Umzugswagen zu fahren, weil Leo keine Nerven hatte – jedenfalls konnte ich keine bemerken. Er redete vor allem von der kleinen Stadt, in die wir jetzt fuhren, und füllte meinen Kopf mit so vielen netten Bildern, daß meine Nerven schließlich einschliefen. Ich konnte es kaum erwarten, endlich diesen von lauter Wiesen und Wäldern umgebenen Ort zu sehen, wo nur freundliche Menschen wohnten, die dauernd fragten, wie es einem ging. Leos Beschreibung war so verlockend, daß ich ganz enttäuscht war, als wir ankamen. Ich hatte mir vorgestellt, alle Leute würden im Wald wohnen, und war richtig schockiert, als ich Autos sah, die ganz normal auf geteerten Straßen fuhren. Noch enttäuschender war allerdings die Größe des Ortes. Er war winzig.

Leo hielt an einer Ampel und verkündete: «Da sind wir, Maddie», und während wir darauf warteten, daß es grün wurde, sah ich mich um. Links von mir war eine Bank. Daneben das Blue Bird Restaurant. Im Fenster lauter Backwaren. Auf der anderen Straßenseite befand sich ein Drugstore, über dessen Eingangstür ein Mörser mit Stößel hing, und auf der Markise des Kinos stand in Großbuchstaben DIE REIFEPRÜFUNG.

Die Ampel schaltete auf Grün, und Leo fuhr weiter, an noch ein paar Geschäften und dann an einem kleinen grünen Park vorbei. Das war's – nur zwei Straßenblocks. Mehr nicht.

«Na, gefällt's dir, Maddie?» Leo sah mich an und lächelte, und seine kühlen blauen Augen strahlten, als hätte er mir gerade etwas Wunderbares gezeigt.

«Ist das alles?» wollte ich wissen. Ich fragte mich langsam, ob

Leo uns hereingelegt hatte und ob es vielleicht doch so furchtbar werden würde, wie Lana und Elena befürchteten.

«Ach komm, Maddie», sagte er, «sei doch nicht wie Elena. Ich hab darauf gezählt, daß es dir hier gefällt. Das ist ja auch nur das Zentrum. Den Campus hast du noch gar nicht gesehen, und wart nur, bis du erst unser Haus siehst.» Ich merkte, daß seine Hände das Lenkrad umklammerten und daß sich zwischen seinen Brauen eine dunkle Falte bildete.

Ich sagte nichts, sondern wartete ab, denn ich wollte ihn nicht kränken. Er tat mir richtig leid, weil ich wußte, was Lana und Elena hinter uns sagten. «Folgen sie uns noch?» fragte ich. Ich hatte Angst, Lana könnte kehrtgemacht haben, als sie die beiden mickrigen Straßenblocks gesehen hatte. Womöglich war sie schon wieder auf dem Weg zurück nach Detroit.

«Klar, sie sind hinter uns. Wart's nur ab, Maddie. Wart, bis du unser Haus siehst.» Er fuhr eine von Bäumen und großen Häusern gesäumte Straße hinunter. Die meisten Häuser waren weiß mit schwarzen Fensterläden. Ich mußte zugeben, es sah sehr hübsch aus. In der spätnachmittäglichen Junihitze wirkte alles sehr einladend, fast vollkommen. Sämtliche Häuser hatten große Fenster und Veranden mit Blumenkästen, in denen Petunien, Stiefmütterchen und Ringelblumen blühten. Die Rasenflächen hatten ein sattes Grün, und ich konnte den angenehmen Duft von sonnengewärmtem, frisch gemähtem Gras riechen. Auf den Wiesen vor den Häusern lagen immer wieder Fahrräder herum, was auf jede Menge Kinder schließen ließ, und riesige Gärten hinter den Häusern luden zum Kicken und Fangenspielen und sogar zum Zelten ein.

«Okay, Maddie, das ist es», sagte Leo, als er in die Einfahrt eines großen, alten grauen Hauses mit langen, schmalen schwarzen Fensterläden bog. Das Haus hatte zwei Stockwerke, und vorne ragte eine riesige, mit Fliegengittern geschützte Veranda heraus, die seitlich ums Haus herum weiterging. Ich starrte mit offenem

Mund darauf. Daß dieses enorme graue Wunderding unser Haus sein sollte, konnte ich gar nicht glauben. Leo fuhr langsam noch ein Stück weiter, und ich sah, daß das Haus eine Garage hatte und einen scheinbar endlosen Rasen, von dem man auf die grünen Hügel in der Ferne blickte.

Innen war das Haus unglaublich geräumig. Wir gingen die hinteren Stufen hinauf und kamen als erstes in die Küche. Sie war lang und schmal, und durch die Tür gelangte man in ein großes Eßzimmer mit drei hohen Erkerfenstern. Gleich links davon lag das Wohnzimmer, ebenfalls mit Erkerfenstern, aber noch größer. Dahinter lag ein kleines Schlafzimmer. Vom Eßzimmer ging ein langer, schmaler Flur ab, der auf die Veranda führte, und rechts davon war ein schönes offenes Treppenhaus mit einem dunklen Mahagonigeländer.

Das Hausinnere war etwas heruntergekommen – die Tapete alt und nicht gerade schön, die Böden abgetreten und ziemlich stumpf –, aber Elena, Harry und ich waren so froh, richtige Wände und Fußböden zu haben, daß uns das nicht im mindesten störte. Wir bemerkten es kaum, bis Lana uns darauf aufmerksam machte.

Zu viert folgten wir Lana, als sie von einem Raum zum anderen stapfte und Leo Anweisungen gab, was alles getan werden mußte, um das Haus wohnlicher zu machen. Leo war so glücklich, endlich hier zu sein, daß er sich sofort einverstanden erklärte, alle Zimmer zu tapezieren und die Fußböden abzuziehen, aber auch das heiterte Lana nicht auf. Für sie war die Größe von Hamilton eine noch schlimmere Enttäuschung als für mich, und dieses Haus, so groß und in so schlechtem Zustand, machte sie ganz fertig.

Es ging ihr noch schlechter, als wir anfingen, die Zimmer aufzuteilen. Oben lagen zu beiden Seiten des Flurs jeweils zwei miteinander verbundene Schlafzimmer, das heißt, man mußte immer durch das vordere Zimmer gehen, um zum hinteren zu gelangen. Elena schlug nun folgendes vor: Sie nahm zwei Zimmer, während ich das Zimmer hinter Lanas und Leos Schlafzimmer bekam, und Harry konnte unten schlafen. Harry fand die Vorstellung, alleine unten zu schlafen, ganz furchtbar, und Lana wollte mich nicht in dem Zimmer neben ihrem haben. «Dann schläft sie überhaupt nie», erklärte sie. «Sie bleibt die ganze Nacht wach und horcht an der Tür.» Was *ich* wollte, kam gar nicht zur Sprache – zwischen Harrys Geheul und Lanas und Elenas Gezeter war kein Platz.

Leo schlug vor, wir sollten doch erst mal alle in die Stadt gehen und ein Eis essen. Ich glaube, er wußte, daß es sowieso nicht um die Schlafzimmer ging, sondern um ihre Wut darüber, daß wir, wie Lana sagte, in diesem jämmerlichen Kaff gelandet waren. Aber niemand hatte Lust auf Eis, und Lana tappte mit ihrem Stock den düsteren Flur hinunter. Als wir ihr folgen wollten, drehte sie sich um und rief: «Ich will alleine sein.»

Eigentlich hatte niemand die Absicht gehabt, Lana dann tatsächlich allein im Haus zu lassen, aber es kam trotzdem so. Elena rannte davon, und Leo ging sie suchen. Harry und ich suchten Leo. Wir gingen vier Blocks auf und ab, beäugten die unbekannten Häuser und lauschten mit halbem Ohr den Geräuschen eines Softballspiels. Der Himmel über uns war wunderbar blau, nur ganz hoch oben schwebte ein Hauch weißer Wölkchen. In der Ferne konnten wir die trägen grünen Hügel sehen, wie weiche, gepolsterte Wände, die diese kleine Stadt umgaben, um sie zu wärmen und zu schützen.

Wir fanden weder Elena noch Leo, also gingen wir langsam wieder nach Hause. Wir überquerten den Rasen hinter dem Haus und betraten die Küche. Ich zuerst. Harry kam hinter mir her gestolpert. Lana stand in dem leeren Raum. Sie drehte sich mit einer abrupten Bewegung nach uns um. Ich sah sie und erstarrte.

«Wo wart ihr? Ich habe euch überall gesucht!» Sie schrie fast, und als sie ihren Stock über den Kopf hob, erschrak ich plötzlich furchtbar. Ihre Haare waren zerzaust und wild, die obersten Knöpfe ihres beigen Kleides standen offen. Noch nie hatte ich ihre

Augen so gesehen, so hart und bitter, und als sie auf mich zuging, wußte ich nicht, was tun. «Wo wart ihr?» schrie sie wieder. Ich deutete mit meinen dünnen Fingern vage nach draußen und registrierte voller Erstaunen, welche Wirkung meine Sprachlosigkeit auf Lana hatte.

Sie rannte in der schlechtbeleuchteten, leeren Küche herum und fuchtelte mit dem Stock in der Luft. Ich glaube, sie hatte nur einen Wunsch: wieder in Detroit zu sein, umgeben von all ihren Sachen. Es sah richtig so aus, als suchte sie nach ihnen. Sie wandte sich plötzlich von uns ab und schlug mit dem Stock auf die Arbeitsplatte. «Ich dulde es nicht, daß ihr vor mir weglauft!» schrie sie. «*Hört ihr?* Ich bin noch keine fünfzehn Minuten hier im Haus, und schon seid ihr alle weg!» Ein gequältes Stöhnen drang aus ihrem Inneren, ein verwundetes Ächzen, das aus irgendeinem dunklen Winkel kam, herausgepreßt von starken, unsichtbaren Händen.

Sie rannte hinaus, und Harry und ich fanden sie später auf den Stufen der Terrasse, wo sie in dem schwachen, diffusen Licht der Straßenlampe saß. Sie wirkte klein und mädchenhaft, wie sie so die Knie gegen die Brust drückte. Wenn der Stock nicht neben ihr gelegen hätte, dann hätte ich die Arme um ihren Hals geschlungen. Aber da lag er und grenzte sie schweigend gegen uns ab. Mit den Spitzen unserer staubigen Schuhe berührten wir den Griff.

«Wo ist Elena?» fragte Lana. Ich hörte an ihrer sanften Stimme, daß sie ihre Wut abgeschüttelt hatte.

«Wissen wir nicht», sagte ich zaghaft und kniete auf unserer Seite des Stocks nieder. «Wir haben sie gesucht.»

Lanas Hände wanderten über mein Gesicht, und ihre Finger betasteten meine Wangen, als ob sie blind wäre und versuchte, mich zu erkennen. «Tut mir leid, daß ich so ausgerastet bin, Maddie. Leo ist Elena suchen gegangen, und dann habe ich dich und Harry gesucht – und diese *Küche*...» Sie schwieg und schüttelte sich. «Sag, daß du mir verzeihst.»

Ihre Art, die Dinge so zu verdrehen, bis schließlich alles ihre

Schuld war, machte mir immer ein schlechtes Gewissen. Es war ein ganz komisches Gefühl – als würde man jemands Haus abbrennen, und dann kommen die Besitzer, um sich zu entschuldigen, sie hätten ja die Streichhölzer herumliegen lassen.

«Komm her, Harry-Barry», sagte sie und breitete die Arme aus. «Ich hab dich vorhin erschreckt, stimmt's? Ich bin ja auch herumgestapft wie Godzilla.» Harry fiel ihr in die Arme und vergrub sein Gesicht an ihrem Hals. «Ich wette, du hast gedacht: ‹O nein, Lana hat sich in einen Gorilla verwandelt! O nein, was machen wir nur mit einer Gorillamutter?›»

Sie richtete sich auf und ahmte einen Gorilla nach: Sie schnaubte und kratzte sich und schwang die Arme über unseren Köpfen. Mit einer Gorillastimme brachte sie ihre Entschuldigungen vor, und sie machte das so toll, daß ich ganz vergaß, was in der Küche passiert war. Lana war wunderbar – sie besaß die Fähigkeit, alles wiedergutzumachen.

Ein paar Minuten später kam Leo mit Elena im Arm nach Hause. Das ruinierte alles. Elenas Haare waren zerwühlt und verschwitzt, ihre marineblaue Bluse klebte an den Rippen. «Ich habe sie drunten auf dem College-Sportplatz gefunden, wie sie über die Hürden sprang», sagte Leo. Elena sah auf den Boden und verdrehte den Kopf, als plante sie schon den nächsten Fluchtversuch.

«Ich hab's mir überlegt, Elena», sagte Lana. «Ich finde, die beste Lösung ist, du suchst aus. Du kannst eines der oberen Schlafzimmer nehmen – oder das Schlafzimmer unten, da hast du so viel Ruhe, wie du möchtest.»

Wir folgten Elena und Lana durchs Haus, zuerst zum unteren Zimmer, dann zu den beiden miteinander verbundenen Zimmern oben, und dann warteten wir geduldig auf ihre Entscheidung. Mich interessierte ihre Wahl natürlich am meisten, weil sie auf mein eigenes Schicksal so viel Einfluß hatte. Was sie ablehnte, konnte ich nehmen.

Das untere Schlafzimmer paßte Elena nicht – es hatte nicht

genug Fenster –, also wanderten wir alle nach oben. Wir standen in den beiden miteinander verbundenen Zimmern und warteten auf ihr Urteil. Zwischen den beiden Räumen war eine kleine Tür, die nicht richtig zuging, und das störte uns beide. Der Fußboden im hinteren Schlafzimmer war so uneben und aufgeworfen, daß die Tür einen Spaltbreit offenblieb. Das vordere Zimmer war zwar etwas kleiner als das hintere, aber dieses hatte eine Tür zu einem Speicher, den Elena gar nicht erst besichtigen wollte. Wegen ihrer Gespensterangst kam das Zimmer für sie nicht in Frage.

Sie nahm das vordere Schlafzimmer, und als nächste durfte ich auswählen – entweder das hintere Schlafzimmer mit dem Speicher oder den fast fensterlosen Raum unten. Auf mein Bitten öffnete Leo ganz langsam die Speichertür, und wir spähten alle hinein. Harry, Elena und ich hielten Ausschau nach den typischen Gespensteranzeichen. Es war sehr heiß in dem Speicher, und es roch angenehm modrig. Die Dachsparren waren verstaubt, und die Schräge war bei der Wand so niedrig, daß sogar ein Zwerg nur mit Mühe hätte stehen können. Der Fußboden bestand aus alten Holzbohlen mit breiten Ritzen dazwischen, und am entgegengesetzten Ende war ein kleines Fenster, das auf unseren Garten hinter dem Haus hinausging. Neben dem Fenster stand ein alter roter Polstersessel, und was die Gespenster anging – ich spürte kein einziges. Ich ließ Elena nicht merken, daß mir der Speicher eigentlich ganz gut gefiel, sondern tat so, als ob ich zwar ein bißchen Angst hätte, aber tapfer genug wäre, die Gespenster in Kauf zu nehmen. Das gab ihr das Gefühl, gewonnen zu haben.

Harry mußte man gut zureden, bis er glaubte, daß er mit dem unteren Schlafzimmer ein gutes Geschäft machte. Leo und Lana rannten mit ihm die Treppe hinunter und erklärten, das dunkle kleine Kabuff sei im Grunde das beste Zimmer im ganzen Haus. Als er Bedenken anmeldete, weil es so weit weg von allen war, ließ ihn Lana die Treppe zu ihrem Zimmer hinaufrennen, um ihm zu zeigen, wie schnell das ging.

«Nicht mal eine Minute», hörte ich sie rufen. «Es waren nur vierzig Sekunden, Harry. Probier mal, ob du es noch schneller schaffst. Vielleicht schaffst du es ja sogar in dreißig Sekunden.» Inzwischen hatten wir uns alle oben an der Treppe versammelt, um Harry anzufeuern, als er von seinem zu Lanas Schlafzimmer sprintete – in zweiunddreißig Sekunden.

Ich rannte dann mit ihm die Treppe hinunter, zog ihn nach draußen und schloß die Tür hinter mir. Über uns war der blaue Himmel, der langsam in dämmriges Grau überging, und eine rötliche Sonne versank wie ein glühender Kinderball. Die Luft duftete nach Ringelblumen und Flieder, und sie war so warm und frisch, daß sie mich aufzusaugen schien, als wäre ich ein fleischgewordener Teil von ihr. Es war wirklich ein Paradies, dachte ich, und als wäre der Anblick der grünen Gärten und Topfpflanzen und der alten Ulmen eine Verheißung, wußte ich irgendwie, daß es mir hier gutgehen würde.

Wir gewöhnten uns an unser neues Haus und lernten die Stadt kennen, was nicht lang dauerte – es gab nur einen Supermarkt, ein Schuhgeschäft, einen Kleiderladen, eine Bank und ein Postamt. Die ganze Innenstadt bestand nur aus vielleicht fünfzehn Straßen, und schon Ende Juni kannten wir sie alle auswendig.

Wir fanden uns auch bald auf dem Colgate-Campus zurecht, der fast wie eine Stadt für sich war. Er lag ein paar hundert Meter vom Park und nur eine Straße von unserem Haus entfernt: eine gepflegte grüne Rasenfläche mit alten Ulmen und einem riesigen Teich, auf dem etwa ein Dutzend weiße Schwäne schwammen. Das Gelände zog sich einen gewaltigen Hügel hinauf, der steiler war als alle Hügel, die ich bisher gesehen hatte; und die großen, alten Steingebäude, die verstreut zwischen den Bäumen thronten, sahen unter ihrer Efeuhaut uralt und majestätisch aus. Man mochte an der kleinen Stadt noch soviel bemängeln – am Campus hatte Lana bestimmt nichts auszusetzen, das wußte ich.

Da wir sonst niemanden kannten, wurden Elena und ich gute Freundinnen. Wir radelten gemeinsam durch die lauen Tage, und kurz vor Sonnenuntergang gingen wir hinunter zum Sportplatz, um Hürdenlauf zu üben. Wir nahmen abwechselnd unsere Zeiten mit Leos Stoppuhr, und Ende Juni hatte Elena sich bereits um drei Sekunden verbessert, während ich mich nur um eine Sekunde steigerte. Nach einer Weile wurde ich ihr Coach. Ich feuerte sie vom Rand der Aschenbahn mit aller Kraft an – *Schneller, Elena, schneller* –, während sie wie eine graziöse Gazelle rannte und sprang.

Ein paarmal zelteten wir nachts im Garten. Wir überlegten uns, was wir den Leuten über uns erzählen sollten, falls wir je welche kennenlernten. Ich fand, wir sollten uns an die Wahrheit halten und nur die schlimmsten Sachen weglassen – zum Beispiel, daß Lana verrückt war und ich eine Stinklaus –, aber Elena wollte lieber eine Geschichte erfinden. Sie wollte sagen, wir kämen von der Ostküste und hätten den Sommer immer am Long Island Sound und den Winter in New York verbracht, wie Mimi.

Ich konnte mich nur undeutlich an den Sound erinnern. Und an New York City überhaupt nicht. Das einzige, woran ich mich noch aus dieser Zeit erinnerte, war ein kleines Haus in einem Vorstadtbezirk in New Jersey und eine fette Babysitterin namens Babs. Aber das war so weit weg und so vage, daß es eigentlich nicht zählte.

«Und außerdem wären wir reich», sagte Elena in die Dunkelheit unseres Zeltes. «Sehr reich.»

Obwohl mir diese Geschichte sehr viel besser gefiel als unsere eigene, fand ich doch, daß wir sie nicht erzählen konnten. «Es ist zu sehr gelogen.»

«Es ist gar nicht gelogen, Maddie. Du und ich, wir kommen beide von der Ostküste. Wir haben in New York gewohnt. Wir sind nicht in New Jersey und auch nicht in Detroit auf die Welt gekommen, du dumme Nuß, sondern in New York City. Nur Harry ist in Detroit geboren worden.»

Der Gedanke, daß sie die Wahrheit sagen könnte, jagte mir eine Gänsehaut über die Arme. Ich hatte nicht gewußt, daß ich in New York City geboren war, in der Stadt, wo Lanas geheimnisvolles Leben erblüht und dann, soweit ich wußte, in sich zusammengefallen war. Daß ich ein Teil ihres unendlichen Geheimnisses war, ohne auch nur das geringste darüber zu wissen, machte mich wahnsinnig.

Elena erzählte diese Geschichte allerdings nie, sondern sagte, unser Vater sei Komponist und unsere Mutter Schriftstellerin und wir seien von Chicago weggezogen, weil wir die Ruhe und den Frieden der Berge suchten. Wenn sie Chicago erwähnte, griff ich nicht ein. Diese eine Lüge wollte ich ihr lassen. Ich wußte, daß sie eine Lüge erzählen mußte, und solange sie die schrecklichen Sachen ausließ, war es mir egal.

Wir gingen morgens im Colgate-Bad schwimmen und begleiteten dann Leo bis zum Mittag bei seinen Erledigungen auf dem Campus. Er machte eine wundersame Verwandlung durch, die keiner von uns übersehen konnte. Er begann zu singen und Geschichten zu erzählen, er kam beschwingt zur Tür herein und ging beschwingt wieder hinaus – er freute sich, wenn er kam und wenn er ging. Keiner von uns hatte richtig begriffen, wie sehr er es gehaßt hatte, die Klavierschülerinnen zu unterrichten – bis wir sahen, wie erleichtert er war, als er sie endlich loshatte. «Die Musik in meinem Inneren ist nicht gestorben, Maddie», sagte er zu mir, «sie ist noch da, Gott sei Dank. Der Quell ist nicht versiegt.»

Er hielt auch sein Versprechen Lana gegenüber – er arbeitete nur morgens im College. An den Nachmittagen kam er nach Hause, um sich ans Klavier zu setzen und ein Musikstück zu komponieren, dem er den Titel «Meiling» gab; es sollte der erste Song eines geplanten Musicals werden.

Mit Lana war es anders. Es war überdeutlich, daß sie keine solche Verwandlung durchmachte. Sie freundete sich nicht mit dem Ort an, wie Leo es gehofft hatte. Nichts gefiel ihr hier, und obwohl sie es für sich behielt, konnte ich sehen, daß sie lieber woanders gewesen wäre. Ich merkte das an der Art, wie ihr Blick schweifte, wenn wir hinten im Garten saßen.

Als ihre Kleider nur noch an ihr schlotterten und ihre Hände zu zittern begannen, fingen Elena und ich an, sie aufmerksam zu beobachten, weil wir wissen wollten, ob ihr die Krankheit gefolgt war. Lana tat eigentlich nichts richtig Ungewöhnliches, aber wir sahen sie öfter neben dem Picknicktisch im Gras liegen – zweimal sogar im Dunkeln. Sie lag einfach da und starrte in den Himmel. Elena meinte, das sei eigentlich nicht so komisch, aber ich wußte trotzdem, daß irgend etwas nicht stimmte. Lana lag nicht im Gras wie andere Leute. Vielleicht war es die Art, wie sie die Arme ausstreckte und wie sich ihre Hände ins Gras krallten.

Als sie einmal morgens mit mir ins Blue Bird Restaurant ging und mir etwas erzählte, was sie eigentlich gar nicht erzählen wollte, da dachte ich, daß das Leben in diesen trägen Hügeln etwas an sich haben mußte, was sie sehr ermüdete. Sie bestellte Eier, und ich bestellte Pfannkuchen, und während wir auf unser Essen warteten, bekamen wir mit, wie sich am Nachbartisch ein junges Paar laut über eine Frau unterhielt, die weggelaufen war.

«Sie hat doch gar kein Geld», sagte das Mädchen. «Sie kommt nicht weit, glaub mir.» Sie strich ihre langen roten Haare über die Schulter zurück und setzte sich aufrecht hin.

«Aber sie kommt bestimmt nicht wieder», meinte der Junge. «Diesmal kommt sie nicht zurück, das weiß ich. Sie ist weg, und zwar für immer, Lindy.»

Endlich brachte uns die Kellnerin die Pfannkuchen und die Eier, und während Lana Sahne in ihren Kaffee goß, sah ich, wie ihr Blick in die Ferne schweifte. «Meine früheste Erinnerung ist, daß ich ausgerissen bin», sagte sie. «Da war ich zwei Jahre alt. Ich bin mit Teddy zum Laden in der Second Avenue gegangen, um Süßigkeiten zu kaufen, und während er im Laden war, bin ich abgehauen.»

«Wer ist Teddy?» fragte ich. Ich wollte sie eigentlich nicht unterbrechen, aber sie hatte den Namen Teddy bisher noch nie erwähnt.

Lana sah mich komisch an, und eine hitzige Röte kroch ihren Hals hoch und breitete sich auf ihrem Gesicht aus. «Er war mein älterer Bruder.»

«Ich hab gar nicht gewußt, daß du einen Bruder hast.»

Als sie nervös an ihrer Kaffeetasse herumfingerte, wußte ich, sie hatte es gar nicht sagen wollen. Ich war richtig schockiert. Ich konnte mir nicht vorstellen, daß Lana einen Bruder hatte. Es war wie bei mir – ich erzählte auch nie von Harry. Mein Bild von Lana veränderte sich drastisch. Ich sah sie plötzlich ganz anders – nicht mehr allein mit Mimi am Long Island Sound, sondern mit ihrem Bruder in einer Hollywoodschaukel.

Lana sah mich kurz an. Ihr Blick wanderte über mein Gesicht. «Er hieß Theodore», sagte sie, «aber wir nannten ihn immer nur Teddy.» Sie schaute wieder auf ihren Teller und zupfte nervös an den winzigen Knöpfen ihrer perlweißen Bluse herum.

«Warum habe ich ihn noch nie gesehen?»

Als die Röte von ihrem Gesicht wich, wurde mir ganz schlecht. «Ach, mein Schatz», sagte sie leise, «Teddy ist im Krieg gefallen.»

«In welchem Krieg?» Ich wußte nicht, warum, aber das Herz hämmerte mir in der Brust.

«Im Zweiten Weltkrieg, Maddie – dem schlimmsten Krieg aller Zeiten.» Sie schwieg und legte ihre Gabel weg. Und als hätte die Erinnerung an diesen furchtbaren Krieg ihr für immer den Appetit verdorben, spuckte sie einen Bissen ihres Rühreis in die Serviette und stopfte sie unter ihren Teller. Ich starrte Lana über den Tisch hinweg an und wünschte mir inständig, ich hätte sie nie gefragt.

«Manche Dinge im Leben sind zu furchtbar», sagte sie, und ihre Augen wanderten von meinem Gesicht weg. Sie blickte aus dem Fenster und beobachtete teilnahmslos die vorbeifahrenden

Autos. Ich überlegte, ob ich mich entschuldigen sollte. Ich hätte ihr am liebsten einen Witz erzählt, aber mir fiel keiner ein.

Später, am Abend, saß ich draußen im Garten. Ich blickte zu den Hügeln in der Ferne, die so reglos und beständig waren wie große, träge Elefanten, und grübelte über dieses neueste Geheimnis nach. Ich versuchte mir vorzustellen, wie Teddy ausgesehen hatte, und fragte mich, wie er ums Leben gekommen war und wie seine Familie es erfahren hatte. Wo lag er begraben? überlegte ich. Aber mehr als alles andere beschäftigte mich, warum Lana uns nie von ihm erzählt hatte. Ich konnte irgendwie verstehen, warum sie uns nicht unbedingt von ihrem Stock erzählen wollte, aber warum sie uns nicht gesagt hatte, daß sie einen Bruder namens Teddy hatte, konnte ich mir nicht erklären. Außerdem beunruhigte es mich, daß es ihr einfach so herausgerutscht war. Vielleicht verlor sie ja die Kontrolle über sich, oder die Krankheit höhlte ihren Verstand aus.

Als sie uns die nächste Folge der Geschichte vom Bären und der Spätzin erzählte, war ich so gut wie sicher, daß es eine wahre Geschichte war. Es dauerte Wochen, bis sie sich schließlich entschloß weiterzuerzählen, und als sie es dann tat, konnte ich hinterher nicht schlafen.

Wir versammelten uns alle auf ihrer Matratze. Lana sagte gleich, die Spätzin sei zur Höhle des Bären zurückgeflogen und habe gewartet, bis er im Frühjahr aufwachte. *Er freute sich sehr, als er sie sah, doch schon nach ein paar Minuten merkte er, daß irgend etwas mit ihr nicht stimmte. Sie war so still, und als er sie fragte, was los sei, fand sie nicht die richtigen Worte, um es ihm zu sagen. Er gab ihr ein bißchen Baumsirup zu trinken und legte ihr ein paar Blätter um die Schultern und machte hinten in der Höhle ein kleines Feuer, um sie zu wärmen.*

Viele Tage vergingen, und die Spätzin sagte kein Wort. Sie aß auch nichts. Als der Bär sah, wie dünn sie war, ging er hinaus und suchte ihre Lieblingswürmer. Er wärmte die Würmer über dem Feuer und fütterte sie langsam damit. Nach ein paar Tagen fand die Spätzin endlich die Kraft, ihm zu sagen, was passiert war.

Obwohl ihr Flügel besser war, so berichtete sie, war er doch nicht so stark gewesen, daß sie mit den anderen Vögeln gen Süden fliegen konnte. Von Anfang an hing sie zurück, und niemand wartete auf sie, außer einer mickrigen, zerzausten Spatzenfrau. Nach einer Weile hatte die mickrige Spatzenfrau jedoch genug davon, immer auszuruhen und zu warten, also sagte die Spätzin zu ihr, sie solle doch versuchen, die anderen einzuholen, ehe es zu spät war. Sie flog davon und ließ die Spätzin auf einem verschneiten Feld allein zurück. Diese versuchte nun allein zu fliegen, aber der Wind war zu stark. Zwei Wochen lang bemühte sie sich voranzukommen, aber sie konnte nicht sehr lange fliegen, weil der Wind sie behinderte. Ihr Flügel war nicht ganz verheilt, und sie schonte ihn immer mehr – bis sie überhaupt nicht mehr fliegen konnte. Als eine heftige Windböe kam, barg sie den Flügel unter ihrem Bauch, wodurch sie die ganze Höhe verlor, die sie sich mühselig erarbeitet hatte. Schließlich gab sie die Hoffnung auf, je nach Süden fliegen zu können. Sie mußte irgendwie anders überleben, bis sie zum Bären zurückkehren konnte.

Die erste Nacht war entsetzlich – sie stimmte einen Klagegesang an, in der Hoffnung, jemand würde sie hören, aber sie war ganz allein. Vor Erschöpfung schlief sie ein. Als sie am Morgen erwachte, tobte ein Schneesturm, und sie sang den ganzen Tag, in der Hoffnung, jemand würde ihr helfen, aber niemand kam. Auf ihrem Weg zurück zum Bären wanderte sie wochenlang über endlose Felder und durch die Wälder, und dabei sang sie klagend, bis sie den Klang ihrer eigenen Stimme nicht mehr hören konnte. Da sang sie nicht mehr. Von Tag zu Tag wurde sie schwächer. Ein Monat verging, und als sie sich an einem warmen Nachmittag etwas besser fühlte, wollte sie wieder singen, doch als sie den Schnabel aufmachte, kam nur ein scheußlicher Laut heraus.

Das berichtete sie dem Bären, und sie versuchte für ihn zu singen, doch der einzige Laut, den sie zustande brachte, war ein schrilles Krächzen. Schlimm genug, daß sie nicht fliegen konnte, sagte sie, aber jetzt konnte sie nicht einmal mehr singen.

Den ganzen Frühling und den ganzen Sommer hindurch übte der Bär stundenlang mit ihr, bis sie in der Höhle herumfliegen konnte. Er gab ihr die besten Würmer zu essen und massierte ihr jeden Abend stundenlang den Flügel, um ihn zu kräftigen. Er ging mit ihr hinaus in den Wind und zwang sie, gegen den Wind zu fliegen, bis sie aufhörte, ihren Flügel zu schonen. Aber sie konnte immer noch nicht wieder singen, und der Bär wußte nicht, wie er ihr da helfen sollte. Er versuchte es, aber es war nicht so wie mit dem Fliegen. Je mehr er sich bemühte, desto schlimmer wurde das Gekrächze.

Schließlich kam der Winter, und der Bär konnte keinen Winterschlaf machen. Er sorgte sich zu sehr, die Spätzin könnte wieder wegfliegen, und obwohl sie ihm zu zeigen versuchte, daß alles in bester Ordnung war, indem sie tapfer in der Höhle hin und her flog, konnte er nicht einschlafen. Er brauchte es, daß sie ihn in den Schlaf sang, aber das konnte sie nicht. Die Spätzin wußte, daß sie weiterleben würde – sie konnte wieder fliegen. Sie brauchte nicht zu singen, um zu überleben, aber sie wußte, wenn sie wegflog, ohne den Bären in den Schlaf zu singen, würde er sterben. Also mußte sie unbedingt wieder singen lernen, aber sie wußte nicht, wie.

Soviel erzählte uns Lana. «Bis zum nächstenmal», sagte sie, und mit diesen Worten schickte sie uns ins Bett.

Ich konnte nicht einschlafen. Ich spürte Lanas Geschichte unter der Haut, und mir wurde ganz übel davon. Ich lag im Bett, starrte auf die Wand und merkte, wie sich meine Nerven zu regen begannen. Ich wußte noch nicht viel über sie, aber ich begriff allmählich, daß sie immer nachts aufwachten, wenn ich eigentlich schlafen sollte. Vielleicht waren sie wie Katzen, dachte ich. Oder wie Vampire. Aber egal, wie sie waren – sie benahmen sich sehr ungezogen, und obwohl ich es ungern zugab, wußte ich doch, daß es immer schlimmer wurde mit ihnen.

Ich schaute durch die Tür zwischen unseren Zimmern zu Elena hinüber. Leo hatte die Tür nie repariert. Sie klemmte immer noch und stand deshalb offen, so daß ich Elena genau sehen konnte. Sie lag auf dem Rücken, die Hände auf dem Bauch gefaltet, während das Licht der Straßenlampe sanft ihr Gesicht beschien und es mit einem weichen Schimmer übergoß.

«Elena», flüsterte ich durch die Dunkelheit, «meinst du, Lana ist die Spätzin?»

Elena rührte sich lange nicht, und die Stille trennte uns wie ein tiefer Burggraben. «Ich weiß nicht, Maddie», antwortete sie endlich leise. «Ich hab das auch schon gedacht, aber eigentlich glaube ich nicht, daß sie uns so was von sich erzählen würde.»

«Warum nicht?»

«So dumm ist sie nicht.»

«Vielleicht macht die Krankheit ihr Gehirn kaputt», wisperte ich.

«Das glaube ich nicht, Maddie.» Elena drehte sich um, als sollte dies das Schlußwort sein, aber ich konnte immer noch nicht schlafen. Ich hatte viel zu große Angst, daß Lana etwas Schreckliches zustoßen könnte.

Wenig später merkten wir, wie ihre Hände zitterten, auch wenn sie nur in ihrem Schoß lagen, und wie sie manchmal außer Atem kam, selbst wenn sie nur dasaß. Es war die Krankheit, dachten wir besorgt, aber erst, als ich Lana den Hügel hinaufschleppte, um Miss Thomas zu besuchen, wurde mir richtig klar, daß ihr Leiden wiedergekommen war.

Harry und ich entdeckten Miss Thomas eines Nachmittags, als Leo fort war und Elena und Lana einen Mittagsschlaf machten. Ihr altes braunes Haus lag auf dem Hügel gleich hinter unserem Garten. Es lockte mich unglaublich, wie es da zwischen den Bäumen hervorlugte, und ohne viel zu überlegen, nahm ich Harry dorthin mit. Es war ein sehr altes Schindelhaus mit einem Garten, der sich kaum vom Wald absetzte. Der Rasen bestand aus riesigen Büscheln von Wiesenblumen, und überall waren Futterkästen für Vögel. Sie hingen an den Bäumen und an speziellen orange Pfosten, sie standen auf alten Baumstümpfen und auf Eimern und auf kleinen roten Sägeböcken. Außerdem standen hier und da kleine Statuen auf dem Rasen – Steinfiguren von Männern mit dicken Bäuchen und herunterhängenden Ohrläppchen, die mit verschränkten Beinen dasaßen.

Das Haus selbst hatte breite, schräg ansteigende Dachtraufen, von denen faszinierende Gegenstände herunterhingen, die sich alle ständig bewegten – Windharfen aus Metall und aus Holz, die träge in der Juniluft klimperten und hohe, friedliche Töne von sich gaben; Laternen in allen Variationen, die meisten orange mit seltsamen schwarzen Zeichen darauf, und feine Papierflugzeuge, die an Fäden auf und ab schwebten.

Ich hatte mir nie richtig überlegt, wer hier wohnte – bis wir jemanden wie wild an dem Fenster über uns rütteln hörten. Erschrocken blickten wir hoch, und da sahen wir eine alte Frau, die das Fenster zu öffnen versuchte. Harry klammerte sich an mich, und ich klammerte mich an ihn. Das Fenster flog auf, und die Frau streckte den Kopf heraus, fast wie ein Pferd. So etwas hatte ich noch nie gesehen. Sie sah alt und verrunzelt aus, mit grauen Haaren wie Stahlwolle, und sie trug eine Brille, deren Gläser so dick wie Windschutzscheiben waren und die ihre Augen derart vergrößerte, daß sie aussahen wie riesige schwarze Oliven. Die Augen machten einem angst, aber die Frau lächelte freundlich, und es ging eine wunderbare Wärme von ihr aus.

«Hallo, ihr Kuckucksvögelchen, ich will euch was Tolles zeigen», rief sie. Ihre Begeisterung war so ansteckend, daß ich richtig spürte, wie sie mich erfaßte. «Ihr werdet's nicht glauben, sag ich euch – ihr werdet's nicht glauben.» Harry und ich standen da und starrten zu ihr hinauf, sprachlos angesichts der unglaublichen Energie, die von ihr ausging.

«Kommt rein», rief sie, und dann kam ihr Arm zum Vorschein, dick und unförmig, und sie winkte uns übertrieben zu, als würde ihre Einladung desto glaubhafter, je heftiger sie gestikulierte. «Kommt an die Tür. Ich laß euch rein.» Genauso heftig, wie sie das Fenster aufgerissen hatte, warf sie es jetzt wieder zu. Und weil Harry und ich immer noch glotzten, beugte sie sich ans Glas, und da war wieder ihr Arm, der uns einlud, wie ich noch nie irgendwo eingeladen worden war.

Ihr Gesichtsausdruck und ihr massiger Arm sagten mir, daß sie uns etwas Interessantes zeigen würde. Einen Augenblick lang vergaß ich ganz, daß Lana und Leo uns immer sagten, wir dürften nichts von fremden Leuten annehmen. Ich wollte unbedingt sehen, was es war, also nahm ich Harry an der Hand und zerrte ihn durch die Wiesenblumen zur Tür.

Die Tür ging auf, und da stand die Frau. Jemanden wie sie hatte ich noch nie gesehen. Ich mußte dauernd auf ihre Arme starren. Die Haut hing hinten herunter und schwabbelte hin und her wie riesige Truthahnbartlappen. Mich ließ der Gedanke nicht los, wie es wäre, sie mit der Schere abzuschneiden. Ihre Beine waren allerdings noch komischer. Sie staken aus ihrem blaßgrauen Kleid heraus und waren ohne Übertreibung die dürrsten, längsten Beine, die ich je bei einer erwachsenen Frau gesehen hatte. Sie sahen aus wie die Beine einer hungernden Biafranerin, stelzenartig langgezogen, ausgetrocknet und dann zu einer faltigen, kreppartigen Hühnerhaut gealtert. Ich konnte mir nicht vorstellen, wie sie auf ihnen laufen konnte oder warum sie überhaupt solche Beine hatte, aber mir blieb keine Zeit, groß darüber nachzudenken. Sobald die Frau die Tür aufstieß, begann sie wieder wild herumzufuchteln, wodurch Harry und ich sofort wie von einem Magneten ins Haus gezogen wurden.

«Das gefällt euch bestimmt», versicherte sie uns begeistert. Ihre Stimme war erfüllt von etwas, was ich nicht benennen konnte. Ich wußte nur, daß ich diese Stimme noch öfter hören wollte, weil sie interessante Geschichten versprach. Sie klang nicht schön – sie war alt und dünn und zitterte ziemlich –, aber trotzdem war sie einzigartig und erinnerte mich an die simplen Tonfolgen, die Leo manchmal mit der rechten Hand auf dem Klavier spielte.

Es war so faszinierend, wie sie auf ihren Beinen den Raum durchquerte, daß ich zuerst ganz vergaß, ihr zu folgen. Ihre Beine bewegten sich anders als alle, die ich bisher gesehen hatte. Ich mußte an den Vogel Strauß denken, den ich einmal durch den Zoo hatte rennen sehen. Die Knie waren wie eingerastet, und ich konnte mir nicht erklären, wie die Frau so schnell laufen konnte.

«Kommt mit, ihr zwei Kuckucksvögelchen», rief sie und winkte mit dem Arm. Ich hatte eine Schwäche für Leute wie diese Frau – für Leute, die solche Arme und Beine hatten und nicht versuchten, sie zu verstecken, Leute, die einen *Kuckucksvögelchen* nannten, ehe sie wußten, wie man hieß.

Wir folgten ihr durch einen wunderschönen Flur mit kleinen bunten Fenstern, durch die das Licht zu lauter gedämpften, diffusen Farben gebrochen wurde. Die Frau ging mit ruckartigen Bewegungen vor uns her, wie von einer unsichtbaren Kraft angetrieben. Endlich blieb sie vor einer Doppeltür aus Holz stehen und drehte sich nach uns um. «So was habt ihr noch nie gesehen», sagte sie. «Wartet's nur ab, ihr Kuckucksvögelchen.» Ihre Augen hinter der Windschutzscheibenbrille waren unglaublich riesig. «Es wird euch den Atem verschlagen.» Sie hob die Arme über den Kopf, als wollte sie ein Orchester dirigieren, dann senkte sie sie wieder und stieß die Tür auf.

Was ich nun sah, übertraf alle meine Erwartungen. Wir befanden uns in einer geschlossenen Veranda mit vielen langen Fenstern. Die weißen Spitzenvorhänge wehten träge in dem leichten Luftzug. Von der Decke hingen über hundert Vogelkäfige mit ganz verschiedenen Vögeln. Die Frau schloß die Tür, ergriff mit blitzenden Augen einen schwarzen Stock und verkündete: «So, und jetzt aufgepaßt!» Sie hob den Stock über den Kopf und ging dann mit verblüffender Schnelligkeit von Käfig zu Käfig, um alle Türen zu öffnen, als hätte sie ihr ganzes Leben über nie etwas anderes getan, und die Vögel flatterten heraus in die stille Luft.

Sie war nicht still dabei – in ihrer Begeisterung gab sie ganz verrückte Töne von sich. Sie krächzte, und mit einer Stimme, die mir wie ihre eigene Vogelstimme vorkam, rief sie die Namen der Vögel. Sie sah aus wie eine Irre, wie sie da auf ihren Stelzenbeinen herumrannte und die Käfige aufriß, die lappigen Arme wild über dem Kopf schwingend. Sie krähte und pfiff und krächzte und peitschte die Vögel in eine herrliche Ekstase. Sie flogen über unsere Köpfe hinweg, glitten auf und ab; sie kreischten mit ihr und erfüllten die Luft mit ihrem seidigen Flügelschlag. Da waren Tauben und Spatzen, Drosseln und schreiende Ziegenmelker, Finken und Papageien. So viele verschiedene Farben und Formen, und ihre Rufe so variabel wie die menschliche Stimme – manche zankten, manche jagten einander, manche paarten sich. Sie flogen alle über unseren Köpfen und stießen immer wieder nach unten.

Harry geriet völlig außer sich und rannte schreiend hinter der Frau her, während sie die Käfige öffnete, aber ich rührte mich nicht vom Fleck. Ich stand ganz erstarrt da, schaute ihr zu und staunte über die Kraft ihrer altersschwachen Gliedmaßen und ihrer Stimme, mit der sie uns alle in einen phantastischen Rausch versetzte.

«Ist das nicht herrlich?» schrie sie. *«Ist das nicht herrlich?»* Sie war ganz außer Atem, und ich entdeckte kleine Schweißperlen auf ihrer Stirn und Oberlippe. «Seht nur, wie viele das sind. Sind die nicht großartig? Sind sie nicht das Höchste?» Ich wußte nicht genau, was sie mit «das Höchste» meinte – ich wußte nur, das hier war etwas Magisches. Mein Herz klopfte wie rasend. Und die Zeit blieb stehen, so wie ich es mir später immer wieder ersehnte. Mir gefiel dieses Gefühl besser als alles, was ich kannte, und ich wünschte mir gleich, daß es mich immer begleiten möge.

Und das wollte ich Lana schenken. Ich wollte, daß ihr Herz auch so schnell schlug und daß die Zeit für sie auf eine Art stillstand, wie sie es nie vergessen würde. Ich konnte nicht sagen, was ich ihr zeigen wollte, weil das ja alles verdorben hätte, also dauerte es ein paar Tage, bis ich sie überreden konnte mitzukommen. Ihre

Hüfte tat immer noch weh, und als wir den Berg hinaufsahen, fürchtete ich schon, es könnte nicht klappen, aber sie meinte zu Harry, er solle vor ihr gehen und sie ziehen. Ich sollte von hinten schieben. «Okay, wenn ich ‹eins› sage, dann ziehst du, Harry. Und du schiebst, Maddie. Und wenn ich ‹zwei› sage, dann hört ihr auf. Verstanden?» Wir nahmen unsere Plätze ein, und sobald Lana «eins» sagte, schob ich, während Harry zog, und so kamen wir gut voran.

Ich war lange genug hinter ihr, um mehr über ihren Körper herauszufinden, denn unter dem dünnen Baumwollstoff ihres Kleides fühlte ich die gewölbte Linie ihrer Narbe. Meine Finger berührten sie nur zufällig und kurz, aber doch so lang, daß ich unter der Narbe noch etwas anderes spürte – etwas Flaches und Hartes, das sich überhaupt nicht wie ein Knochen anfühlte. Ich mußte an die Bilder denken, die ich vor mir gesehen hatte – der Lastwagen, der gegen ihre Hüfte raste, der Verrückte mit der Säge, die Strömung im Long Island Sound –, und ich überlegte, ob vielleicht ein Stück des Lastwagens oder der Säge oder sogar ein bißchen von einem gesunkenen Schiffsrumpf in Lanas Hüfte steckte.

Ich konnte die Stelle nicht sehr lange betasten, denn Lana sagte, ich solle aufhören. Sie legte meine Hände auf ihre Taille, und während ich darauf wartete, daß sie ihre Anweisungen gab, spürte ich, wie dünn sie war. Ich merkte, wie sie zitterte; sie atmete heftig, als wäre sie gerade den Berg hinaufgerannt. Als wir schließlich den Wald erreichten und sie sich an einen Baum lehnen mußte, um Luft zu holen, wußte ich, sie war wieder krank.

Als wir zu dem Haus kamen, wünschte ich mir für Lana, daß Miss Thomas den Flur entlangkommen und verkünden würde, wir hätten so etwas in unserem ganzen Leben nicht gesehen. Sonst war es nicht richtig, und als sie es nicht tat, hielt ich sie zurück. Ich konnte nicht anders. Sie war kurz davor, alles zu ruinieren oder ihm zumindest seine Einmaligkeit zu nehmen.

«Machen Sie's wie letztes Mal», sagte ich.

Sie verstand. Sie wandte sich uns zu und erklärte voller Enthusiasmus: «Das wird euch den Atem verschlagen.» Dann hob sie ihre riesigen, lappigen Arme, um sie dramatisch wieder zu senken und die Tür aufzustoßen. Wir traten schnell ein, und sie schloß die Tür hinter uns. Dann rief sie, genau wie beim letztenmal: «So, und jetzt aufgepaßt!» Sie hielt plötzlich den schwarzen Stock in der Hand, rannte auf ihren grotesken Beinen hin und her und befreite die Vögel, die sie krächzend und schreiend zu einem wunderbar chaotischen Rausch aufputschte. Harry lief wieder hinter ihr her, quietschend und krächzend, während ich erstarrt dastand und mein Herz genauso wild und genauso schnell klopfte. Es war alles perfekt, und als die Vögel über unseren Köpfen hin und her flogen und dabei mit den Flügeln denselben Takt schlugen wie mein Herz, da schaute ich mich nach Lana um.

Sie stand nicht mehr neben mir wie am Anfang, und einen Augenblick lang dachte ich, sie sei hinausgelaufen. Ich drehte mich um und sah, daß sie an der Tür lehnte und nach Luft rang. Sie neigte den Kopf zur Seite und umklammerte ihre Kehle, und als sie sich über die Stirn fuhr, merkte ich, daß ihre Hand zitterte. Ihre Augen zuckten nervös hin und her, und als sie von den Vögeln zu mir blickte, da wußte ich, sie machten ihr schrecklich angst. Ich lief schnell zu ihr, und sie legte den Arm um mich, als könnte ich sie stützen. Ihre Beine waren so wackelig, ich fürchtete schon, sie würden umknicken.

«Oh, Maddie», keuchte sie, «können wir uns hinsetzen?» Ihre Stimme war so hoch und erbärmlich dünn, daß es mir durch und durch ging.

Ich entdeckte in der Ecke einen Korbstuhl. Wir kämpften uns zu ihm durch, ich seitlich an sie gedrängt, als wären wir siamesische Zwillinge mit einem gemeinsamen Bein. Der Stuhl war voller Vogelkot, zum Teil noch ganz frisch, aber das kümmerte Lana nicht. Sie ließ sich auf den Sitz plumpsen, beugte sich vor und atmete schwer. Harry sah sie und kam zu uns gerannt, und als er sich in ihre Arme schmiegte, schien sie sich wieder zu fangen. Sie zog Harry an sich und vergrub ihre Nase in seinem Haar. Als wäre der saubere Babygeruch seines Kopfes eine Art Riechsalz, kam sie wieder zu sich.

Am Abend beobachtete ich sie in unserem Garten. Sie saß an dem Picknicktisch und schrieb im spärlichen Licht von Leos Kerosinlampe. Leo hatte mir gesagt, sie sei draußen, und weil ich an den Speicher denken mußte und an das kleine Fenster, das auf den Garten hinausging, schlich ich mich nach oben und tappte zu dem Polstersessel, wobei ich nur einmal mit dem Fuß in einer Ritze steckenblieb. Ich machte kein Licht, damit man mich nicht sehen konnte, aber die Tür ließ ich vorsichtshalber offen, falls mir doch irgendwelche Gespenster begegneten und ich weglaufen mußte. Ich kletterte auf den roten Sessel und öffnete das Fenster, bis ich Lana richtig sehen konnte. Sie beugte sich über einen weißen Briefblock und schrieb wie besessen. Ihr Haar war zu einem provisorischen Knoten zurückgezurrt, und um die Schultern hatte sie sich einen schwarzen Pullover gelegt. Ehe ich etwas sagte, sah ich zu, wie ihr Stift laut über eine ganze Seite kratzte.

«Hi, Lana», sagte ich schließlich. Ich kniete mich mit bloßen Knien auf den staubigen Fußboden.

Lana stieß einen Schrei aus, so schrill und wunderschön wie Elena. «Wo bist du, Maddie?» Ihre Hand flatterte zu ihrem Herzen, als wollte sie verhindern, daß es aus der Brust sprang.

«Hier oben, auf dem Speicher», erklärte ich und drückte mein Gesicht dichter an das Fliegengitter.

Ihr Blick schoß so schnell nach oben, daß ich erschrak. «Was machst du da?» Der Stift glitt ihr aus der Hand, und das Licht der Kerosinlampe flackerte sanft über ihr Gesicht.

«Ich sitze hier.» Lana starrte zum Fenster hoch, und obwohl ich wußte, daß sie mich nicht gut sehen konnte, spürte ich ihre Augen, als hätten sie mikroskopisch kleine Fühler. «Es tut mir so leid», sagte ich leise.

«Was tut dir leid, Schätzchen?» Sie war weit weg von mir, aber ich sah trotzdem, wie sich auf ihrer Stirn eine dunkle Falte bildete.

«Es tut mir leid, daß dir die Vögel nicht gefallen haben.» Ich hatte nicht damit gerechnet, daß ich das sagen würde. Es kam irgendwo tief aus meinem dunklen Inneren.

«Aber Schätzchen – sie haben mir gefallen», sagte sie sanft. «Bitte, sag so was nicht. Sie waren wunderschön, und deine Freundin Miss Thomas ist sehr nett.»

«Aber dein Herz hat nicht ganz schnell geklopft.» Ich verlagerte mein Gewicht von einem schmerzenden Knie aufs andere und preßte mein Gesicht gegen das schmutzige Fenstergitter, als könnte ich ihr dadurch näherkommen.

«Doch, es hat ganz schnell geklopft», entgegnete sie. «Es hat so schnell geklopft, daß ich fast hingefallen bin.»

Dann trat Stille ein. Ich wußte, Lana wartete, daß ich etwas sagte. Sie setzte ihr Schweigen bewußt ein, weil sie darauf zählte, daß es mir all meine kleinen Geheimnisse entlocken würde, aber ich wußte nicht, was ich noch sagen sollte. Ich horchte also auf das betörende Zirpen der Grillen und beobachtete das Flickern der Glühwürmchen.

«Tut mir leid, Maddie», sagte Lana. «Tut mir leid, daß ich heute nachmittag nicht in Form war. Ich fühlte mich ... Da kamen einfach zu viele Sachen auf mich zugeflogen und dann – aber sie waren toll. Das war eine einmalige Entdeckung. Ehrlich. Ich bin sehr stolz auf dich. Du weißt, was gut ist.» Sie lächelte, aber als sie sich die Haare aus der Stirn strich, sah ich ihre Hand zittern.

Später, nachdem sie zu Bett gegangen war, horchte ich auf ihre Stimme. Sie drang jetzt nicht wie in Detroit durch das Ofenrohr zu mir, sondern durch das Heizungsgitter im Fußboden. Die Stimme war hoch und schneidend und ohne Worte, und da wußte ich, daß ihr die Krankheit gefolgt war.

3

Lana versank nicht in einem dunklen Abgrund, wie Elena und ich befürchtet hatten. Barbara Lamb gab in ihrem luxuriösen Garten eine Begrüßungsparty für uns, und irgendwie veränderte sich dadurch für Lana einiges.

Barbara war ein herausragendes Mitglied der Hamiltoner Gesellschaft und betätigte sich auf allen üblichen Gebieten: Kuratorin der United Church, Elternvertreterin an der Schule, eine führende Persönlichkeit bei den konservativen Daughters of the American Revolution – aber was sie vor allem auszeichnete, war ihre Funktion als Moderatorin der Radiosendung «Frauen ergreifen das Wort» beim WDRA in Utica.

Unter großem Aufwand organisierte sie diese nachmittägliche Einladung. Sie borgte Tische von der United Church und deckte sie mit weißen Tüchern und knallroten Servietten. Auf jedem Tisch stand in der Mitte eine große Vase mit rosaroten Gladiolen, die sie eigenhändig in ihrem Garten geschnitten hatte. Und an jede Stuhllehne band sie einen weißen Ballon, auf dem in dunkelroten Buchstaben WILLKOMMEN stand. Sie lud acht ihrer besten Freundinnen ein, die meisten von ihnen Professorengattinnen, und eine Frau namens Garta, die nicht einen Augenblick lang so tat, als würde sie dazugehören.

Wir gingen mit knirschenden Schritten Barbara Lambs kiesbestreute Einfahrt hinunter, Harry und ich neben Lana, und Elena als Nachhut. Lana trug ihre perlweiße Bluse und einen langen gelbbraunen Rock, und ihre Haare waren sorgfältig zu einem französischen Knoten frisiert. Sie hatte absolut keine Lust auf diese Party, aber sie wußte, daß sie keine andere Wahl hatte, als hinzugehen – die Stadt war zu klein, um Leute vor den Kopf zu stoßen und zu erwarten, daß man trotzdem mit ihnen zurechtkam. Lanas Hände zitterten, aber selbst wenn sie sich besser gefühlt hätte, wäre sie nicht gern gekommen. Einladungen, bei denen jeder etwas zu essen mitbrachte, was dann an geliehenen Kirchentischen verspeist wurde, interessierten Lana nicht.

Als die Auffahrt schließlich zu Ende war, standen wir auf einmal Barbara Lamb gegenüber. Sie war groß, fast einsachtzig, und so dünn, daß sie richtig schlaksig wirkte. Sie wollte Lanas Arm nehmen, aber Lana hielt sich an mir und Harry fest, also überquerten wir Barbara Lambs geschmückten Rasen in einer langen Reihe, vor uns Barbara, Elena wieder als Nachhut. Ich spürte, wie Lana zitterte, und als sie zu sprechen begann, wußte ich, daß es ihr sehr schlecht ging – ihre Stimme war leiser als normalerweise und einen Ton zu hoch. Sie hätte bestimmt am liebsten kehrtgemacht und wäre verschwunden.

Barbara Lamb führte uns zu einer Ansammlung von Liegestühlen, wo mehrere Frauen saßen. Sie waren alle etwa in Lanas Alter, Ende dreißig, Anfang vierzig, aber ich brauchte sie nur anzusehen, um zu wissen, daß keine von ihnen Lanas Freundin werden würde. Da war Ester Hill, eine nette, grauhaarige ältere Dame, und dann Charlene Parks, kompakt und stämmig – sie kam mir eher wie ein Mann vor. Neben ihr saß Patty Shepard. Sie hatte einen ätzenden Südstaatenakzent und schmatzte und schnalzte beim Reden, daß es wie eine Parodie klang. Außerdem war da noch Joan Thayer – nicht mit einem Colgate-Professor verheiratet, sondern mit einem Mann, der ein Fuhrunternehmen besaß, und ich vermute, das gab ihr eine Sondergenehmigung, nicht so damenhaft sein zu müssen. «Warum trägst du bloß so hohe Absätze, Barb?» sagte sie. «Damit bleibst du doch nur ständig im Gras hängen!»

Als Barbara Lamb uns weiterführte, wurde plötzlich die Hintertür aufgestoßen, und eine korpulente Frau erschien. Sie war jung, jünger als die übrigen, und unleugbar anders. Sie war massig, nicht fett, sondern einfach massig, und dadurch, wie sie da in der Tür stand, zog sie jegliche Aufmerksamkeit auf sich. Sie trug ein Paar riesige Zehensandalen und ein übergroßes Männerhemd über abgeschnittenen Blue jeans. Ihre kurzen braunen Haare wirkten spröde und strohig, wie durch zu viele Dauerwellen strapaziert; sechs große Eiterpickel entstellten ihr Gesicht, ein dunkler Haarflaum bedeckte ihre Wangen, und an ihrem Kinn sprossen stoppelige Barthaare.

Sie war nicht normal. Irgend etwas stimmte nicht mit ihr. Das wußte ich gleich. Nichts Äußerliches – nicht, daß aus ihrem Körper etwas herausragte oder so. Es war etwas anderes, was sie uns auch gleich vorführte.

«VERDAMMT NOCH MAL, JIMMY!» schrie sie über unsere Köpfe hinweg. Es war kein lautes Schimpfen – es war ein ungebremster, gellender Schrei, so wie man eigentlich nur schreit, wenn man in höchster Gefahr schwebt. Wir drehten uns alle um und blickten zum Sandkasten, wo wie gelähmt vor Schreck ein splitternackter Vierjähriger stand.

Die Frau stürmte in ihren blauen Plastiksandalen die Stufen hinunter, ohne uns zu beachten. Unaufhaltsam wie ein Panzer überquerte sie den Rasen, die Augen stur auf den armen Nackedei gerichtet.

«VERDAMMT NOCH MAL, JIMMY, WAS HAB ICH DIR GESAGT?» Die Luft bebte nach, als hätte gerade etwas die Schallmauer durchbrochen, und der kleine Junge hielt sich die Ohren zu. Er konnte nur im Sandkasten stehen und sich auf das Schlimmste gefaßt machen.

Als sie mit einem ihrer großen Füße in den Sandkasten trat, versuchte Barbara Lamb, uns abzulenken, indem sie ein Tablett mit Crackern herumreichte. Niemand bediente sich. Wir waren alle gefesselt von dieser Frau.

«WAS HAB ICH DIR GESAGT, JIMMY?» schrie sie wieder. Sie dämpfte ihre Stimme nicht im geringsten. Im Gegenteil, sie schrie noch lauter – die Entfernung war ihr egal, für sie galt nur ihre maßlose Wut. Sie riß dem Jungen die Hände von den Ohren und zerrte ihn rücksichtslos an den Armen hoch, so daß er nur noch mit den Zehen den Boden berührte. Dann schlug sie ohne jede Selbstbeherrschung auf ihn ein. Das brutale Klatschen wurde nur noch von Jimmys Klagegeheul übertönt.

«WENN DU DICH NOCH MAL AUSZIEHST, SCHNEID ICH DIR DEIN WÜRSTCHEN AB, HAST DU GEHÖRT?» zeterte sie.

Das war nun doch zuviel für Barbara Lamb. Sie eilte recht unelegant über den Rasen, um den Jungen zu retten, und ihre elfenbeinfarbenen Absätze blieben dauernd im Gras stecken.

«Garta!» rief sie beschwörend. *«Garta!»* Am Sandkasten blieb sie stehen und legte ihre Hand auf Gartas Arm. Der Junge schwebte immer noch in der Luft, und erst nachdem Barbara Lamb Garta einigermaßen besänftigt hatte, landete er wieder auf den Füßen. Er ging in die Knie und rollte sich wie ein Häufchen Elend zusammen. Barbara sammelte hastig seine verstreuten Kleider auf und begann ihn anzuziehen, aber Garta wollte es verhindern.

«Das soll Lizzy machen», kläffte sie. «Es ist ihre Schuld. Sie hätte auf ihn aufpassen sollen.» Das Gift stieg wieder in ihre Augen. «LIZZY», schrie sie, während ihr Blick Barbaras Rasen absuchte. «LIZZY, KOMM UND ZIEH DEINEN BRUDER AN!» Sie dämpfte ihre Stimme auch jetzt nicht – als wäre sie allein und in ihrem eigenen Garten. *«LIZZY!»* Da niemand kam, machte sich Barbara Lamb doch daran, den kleinen Jungen anzuziehen.

«Das kleine Miststück ist bestimmt in der Stadt und kauft sich diesen Quatsch», sagte Garta grimmig. «Sie wollte unbedingt so ein Taschenmesser aus dem Kaugummiautomaten. Gus hat ihr 'nen Vierteldollar gegeben, obwohl ich ihr gesagt habe, sie hat's nicht verdient.»

Barbara Lamb murmelte etwas in der Richtung, es sei doch nur ein Vierteldollar, und zog den Jungen weiter an. Garta überquerte schnaubend den Rasen, erwiderte steif die freundlichen Begrüßungen von Ester Hill, Charlene Parks und Patty Shepard und verschwand dann türenknallend im Haus.

Ich lief schnell zurück zu den Frauen, weil ich hören wollte, was sie über Garta zu sagen hatten. Charlene Parks fand als erste die Sprache wieder. «Tja», meinte sie und setzte sich gerade hin, «der Zorn Gottes ist über uns hereingebrochen» – was bei Patty Shepard einen gackernden Lachanfall auslöste. Ester Hill schüttelte ihr graues Haupt, als wollte sie den Bann brechen, in den Garta uns alle geschlagen hatte, und Barbara Lamb bot wieder ihr Tablett mit Crackern an. «Ich weiß, ich weiß», sagte sie kopfschüttelnd. «Ich habe mich da auf was eingelassen mit Garta…» Sie unterbrach sich, als könnte sie uns unmöglich sagen, was genau das war, und fuhr dann fort: «Sie braucht unsere Hilfe.»

Damit verschwand sie im Haus, und die Frauen wandten sich nun wohlwollend Lana zu und stellten all die Fragen, die man normalerweise einem Neuankömmling stellt. Ich wartete darauf, daß jemand nach ihrem Stock fragte; es konnte nur eine Frage der Zeit sein. Da war der Stock, neben ihr, entspannt ruhte ihre Hand auf dem geschnitzten Griff, als wäre er ein Teil von ihr, so wichtig für sie wie ihre eigenen Beine. Joan Thayer war schließlich diejenige, die betont desinteressiert und gelangweilt fragte: «Wozu dient denn der Stock?» Als handelte es sich um eine modische Spielerei, die Lana mit sich herumtrug, ein Accessoire, nicht wichtiger war als ein Hut oder ein Paar Handschuhe.

Ich spürte sofort Elena hinter mir. Lana lächelte und verlagerte den Stock ein bißchen. «Ich werde alt», sagte sie und lachte. Darauf verlor niemand mehr ein Wort über dieses Thema.

«Als ob sie es denen erzählen würde!» flüsterte mir Elena zu.

Wenig später erkundigte sich Lana nach Garta. Ich hatte gewußt, daß das kommen würde. Es ging nicht, daß jemand wie Garta wie ein blaubeschuhter Stier aus dem Haus gestürzt kam, ohne daß Lana wissen mußte, warum. Da Barbara Lamb noch im Haus war, wandte sich Lana an Charlene Parks: «Ist Garta mit Barbara verwandt?»

Charlene Parks schüttelte den Kopf, und während Lana nach der nächsten Frage suchte, traten die Angesprochenen aus dem Haus.

«Garta», sagte Barbara Lamb, wobei sie Garta elegant auf Lana zuführte, «das ist Lana. Lana, das ist Garta.»

Lana streckte die Hand aus, und Garta, die so etwas offenbar nicht gewohnt war, wischte sich mit einer schnellen Bewegung die ihre hinten an den Shorts ab.

«Schön, Sie kennenzulernen», sagte sie unbeholfen.

Lana antwortete entsprechend, und sobald sie die Hände wieder sinken ließen, plumpste Garta in einen Stuhl und holte eine Zigarette aus einem roten Lederetui mit Glitzersteinen.

«Garta ist seit neuestem Mitglied unserer Kirchengemeinde», sagte Barbara zu Lana.

Lana nickte höflich, und Garta verdrehte die Augen. «Na ja», meinte sie. «Wenn man's so nennen will.» Nervös scharrte sie mit ihren blauen Sandalen im Gras. «Ich und Mitglied von einer Kirche – zum Piepen. Und glauben Sie mir, es gibt genug Leute, denen das gar nicht schmeckt.» Sie verdrehte wieder die Augen, schlug die Beine übereinander und konzentrierte sich darauf, mit dem Ende ihrer Zigarette ein Haar abzubrennen, das aus einem großen Muttermal seitlich von ihrem Knie herauswuchs.

«Das stimmt nicht», wandte Barbara Lamb ein. «Wir freuen uns sehr, daß Sie bei uns sind.»

Einen Augenblick schwiegen alle, während Garta das Haar verbrannte, und als Barbara Lamb annahm, daß nichts mehr kommen würde, stellte sie Lana eine tödliche Frage.

«Welcher Kirche gehören Sie an, Lana?»

Elena schubste mich vom Fußteil des Liegestuhls.

«Wir gehören keiner Kirche an», antwortete Lana. Das stimmte. Und wir würden auch nie einer angehören, wenn es nach Lana ging. Sie hielt nicht viel vom Christentum.

«Nein?» war alles, was Barbara Lamb herausbrachte.

«Nein, tun wir nicht», sagte Lana, und ich wußte gleich, daß sich zwischen Lana und Barbara Lamb nicht mehr viel abspielen würde.

Die Hintertür öffnete sich wieder, und heraus kam eine alte Negerin mit einem riesigen Tablett. Sie trug eine gebügelte und gestärkte Dienstmädchentracht mit einem ziemlich lächerlich aussehenden weißen Hütchen. Sie wirkte traurig, und als Lana sie sah, ließ sie ihren Stock fallen und eilte die Stufen hinauf, um der alten Frau zu helfen. Als sie ihr gerade das Tablett abnehmen wollte, kam Barbara Lamb angelaufen, um es zu verhindern. Wieder entstand ein peinlicher Augenblick. «Nein, nein, Lana», sagte sie beschwörend. «Gus macht das schon. Setzen Sie sich ruhig wieder hin. Sie können das nicht tragen.» Alle Blicke fielen auf Lanas Stock, der nicht weit von Gartas blauen Sandalen im Gras lag.

Gus ging langsam und umsichtig die Stufen hinunter, ohne ein Wort zu sagen, ohne jemanden anzusehen. Behende schlüpfte sie zwischen Lana und Patty Shepard durch und stellte das Tablett auf einen Tisch. «Ach Gottchen», ächzte sie leise, und mit geübten Handgriffen stellte sie die Sachen vom Tablett.

Niemand beachtete sie, nur Lana. Und natürlich Elena und ich. Wir hatten noch nie ein richtiges Dienstmädchen gesehen, geschweige denn ein schwarzes, und voller Neugier beobachtete ich den Kontrast zwischen ihrer weißen Kleidung und ihrer dunkelbraunen Haut.

«Gus», hörte ich Barbara sagen, «ich habe Ihnen doch gesagt, ich möchte diese hübschen roten Tomaten kleingeschnitten um den Schüsselrand dekoriert.» Sie lächelte geduldig dazu, und ich überlegte krampfhaft, was an dieser Unterhaltung nicht stimmte. Barbara hatte sehr freundlich mit Gus gesprochen, aber trotzdem war die Eiseskälte nicht zu überhören.

Gus nahm wortlos die Salatschüssel und tappte in ihren weißbesohlten Schuhen die Treppe hinauf.

«GUS», rief Garta, «HAST DU LIZZY EINEN QUARTER GEGEBEN?»

Gus nickte. «Sie hat mir geholfen, den Mais zu putzen, als sie bei mir war.»

«GIB IHR KEIN GELD, GUS. SIE VERPLEMPERT ES NUR AN DER KAUGUMMIMASCHINE IM LADEN.»

Gus wollte etwas sagen, überlegte es sich aber anders und ging ins Haus.

Erst als sie verschwunden war, schaute ich wieder zu Lana. Elena sah sie ebenfalls an und kniff mich in den Arm. Es schokkierte mich richtig, wie Lana aussah – gerade noch hatte sie ganz ruhig und gelassen gewirkt, und jetzt war ihr Gesicht rot, und ihre Augen glühten. Es mußte etwas mit Gus zu tun haben – was, wußten wir nicht –, aber irgend etwas an Gus hatte diese Veränderung ausgelöst.

Gleich darauf nahmen wir zum Essen Platz. Lana schien die Fassung wiedergefunden zu haben, aber jedesmal, wenn Gus vorbeikam und ein Tablett brachte oder holte, merkte ich, daß Lana sie beobachtete. Sie konnte den Blick nicht von ihr wenden.

Das Essen war ziemlich gut und verlief friedlich, bis Garta drüben bei der Garage Lizzy entdeckte.

«LIZZY!» brüllte sie. Wir drehten uns alle um. Ich sah Lizzy nicht sofort, aber sie tat mir jetzt schon leid.

«LIZZY!» brüllte Garta wieder. Ein etwa zehn- bis zwölfjähriges Mädchen trat aus dem Schatten der Garage. Sie ließ den Kopf hängen und stopfte die Hände tief in die Taschen ihrer grünen Shorts. Sie sah ganz anders aus als die Leute, die ich kannte. Ihre Haare waren pechschwarz und lockig, und ihre Haut war braun, kaum heller als die von Gus.

Garta erhob sich und rannte über den Rasen, wobei ihre blauen Sandalen laut gegen ihre Fersen klatschten. Lizzy rührte sich nicht von der Stelle – sie blieb reglos stehen, genau wie Jimmy, und erwartete Gartas Attacke. Als Garta vor ihr stand, holte sie mit der Hand aus, als wollte sie zuschlagen, doch dann besann sie sich eines besseren (schließlich schauten wir alle zu); sie packte Lizzy nur am Arm und schüttelte sie heftig.

«ICH HAB DIR DOCH GESAGT, DU SOLLST NICHT WEG!» zeterte sie, und die Furunkel in ihrem Gesicht liefen rot an.

Lizzy blickte auf, und jetzt konnte ich ihr Gesicht sehen. Als erstes fielen mir ihre Augen auf. Sie waren schwarz und riesig und vor allem furchtlos. Anscheinend hatte sie nur anstandshalber den Kopf gesenkt, weil Garta so wütend war – aus reiner Gewohnheit sozusagen.

«WO WARST DU?» schrie Garta und krallte ihre Finger in Lizzys Arm.

«Drunten im Laden», antwortete Lizzy. Ihre Stimme verblüffte mich – sie war sehr klar und kräftig für ein Mädchen ihres Alters, man kann wohl sagen, einzigartig. Sie besaß eine ungewöhnliche Kraft, als könnte Gott sie dazu benutzen, die Wahrheit zu sagen.

«ICH HAB DIR DOCH GESAGT, DU SOLLST DA NICHT HIN, DU MISTSTÜCK! ICH HAB DIR GESAGT, DU SOLLST AUF JIMMY AUFPASSEN! FÜR WEN HÄLTST DU DICH EIGENTLICH?»

Gartas Stimme wurde so schrill, daß sich meine Nackenhaare sträubten. Barbara Lamb befürchtete offenbar, es könnte zu einer weiteren öffentlichen Prügelszene kommen – sie sprang vom

Tisch auf und lief zu den beiden hinüber. Als wäre Verstärkung nötig, stelle Gus ihr Tablett ab, um ebenfalls hinzulaufen – in einem Tempo, das ich ihr nie zugetraut hätte. Barbara Lamb hielt Kurs auf Garta, Gus auf Lizzy. Gleich darauf war Lizzy unter Gus' Arm in Sicherheit, während Garta sich gegen Barbara Lamb wehrte. Ich sah hinüber zu Lana – sie war so absorbiert von diesem kleinen Drama, daß ihr der Mund offenstehen blieb.

«NIMM SIE BLOSS NICHT IN SCHUTZ, GUS», schrie Garta. «SIE KRIEGT NICHTS ZU ESSEN.»

«Sie kriegt wohl was zu essen!» brüllte Gus zurück. Ihre Stimme zitterte zwar vor Aufregung, duldete aber keinen Widerspruch.

«Natürlich kriegt sie etwas zu essen», sagte Barbara Lamb.

Garta stapfte in Richtung Haus, und Barbara Lamb folgte ihr in ihren elfenbeinfarbenen Stöckelschuhen. Gus behielt Lizzy im Arm und führte sie hinüber zu den Tischen, wo sich alle, bis auf Lana, Elena und mich, eifrig essend über ihre Teller beugten.

Weil sie Barbara Lamb nicht das letzte Wort lassen wollte, drehte sich Garta noch einmal um und rief: «DU KLEINES DRECKSTÜCK, WENN WIR HEIMKOMMEN, BRING ICH DICH UM!»

Uns allen lief es kalt den Rücken hinunter, denn bei Garta konnte man sich das durchaus vorstellen.

Lizzy schlüpfte leise auf den Stuhl neben mir. Gus füllte ihren Teller, und während Lizzy wartete, steckte sie die Hand in die Tasche und fischte etwas heraus. Sie machte das sehr geschickt und unauffällig, und als ich sah, was sie herausgeholt hatte, begriff ich, warum. In der Hand hielt sie den Preis – das Taschenmesser, das sie so unbedingt hatte haben wollen, daß sie sogar den Zorn ihrer Mutter in Kauf nahm. Es war nichts besonderes, ein rotes Plastikding, eine ärmliche Kopie von Leos Messer, aber so, wie sie es hielt und wie sie es anschaute, hätte man es für das beste Taschenmesser der Welt halten können.

Gus kam gleich wieder mit einem Teller Essen zurück und legte die Arme um Lizzy. Erst da fiel mir auf, daß Lizzy Gus viel ähnlicher sah als Garta. Ihre braune Haut hatte fast den gleichen schimmernden Glanz, ihr Haar die gleiche Farbe, und sogar ihre Nasenflügel bebten auf die gleiche exotische Art. Ich fragte mich, ob Gus vielleicht ihre richtige Mutter war und Garta sie aus irgendeinem unerfindlichen Grund adoptiert hatte.

«Kleines», hörte ich Gus flüstern, «komm zu mir, wenn du fertig bist.»

Als Gus ging, nahm Lizzy ihre Gabel und begann stumm und langsam zu essen. Elena und ich mußten sie dauernd anschauen – Lana auch. Lana war absolut fasziniert von ihr.

Lizzy stand vom Tisch auf, als sie ihr halbes Sandwich gegessen hatte. Ich sah sie erst wieder, als Lana mit mir und Harry in Barbara Lambs Haus ging, weil wir auf die Toilette mußten. Sie saß mit Gus in einem kleinen Raum neben der Küche, wo Barbara Lamb die Waschmaschine und den Trockner untergebracht hatte. Gus hockte an einem kleinen Tisch und aß und hörte zu, wie Lizzy ihr die Finessen ihres Taschenmessers beschrieb.

«Mit diesem Teil kann man Flaschen aufmachen», erklärte sie. «Damit kann man Fingernägel schneiden, aber wahrscheinlich nur bei Babys. Und das hier ist ein Löffel.»

Lana betrat den heißen, stickigen Raum, in dem zur Belüftung nur ein kleiner Metallventilator surrte, und streckte Gus die Hand hin.

«Hallo, ich heiße Lana», sagte sie. «Wir sind uns gar nicht vorgestellt worden.»

Gus blickte mit einer Mischung aus Erstaunen und Angst zu ihr auf, und erst als Lana ihre Worte wiederholte, reichte Gus ihr die Hand. «Freut mich, Lana», sagte sie. «Ich heiße Gus.» Sie schwieg einen Augenblick und musterte lächelnd Lanas Gesicht. «Kenne ich Sie?»

«Nicht daß ich wüßte», sagte Lana. Dann blickte sie nach unten, als wollte sie ihr Gesicht vor Gus verbergen, und auch Gus wandte höflich den Blick ab. So standen die beiden mehr als eine Minute betreten da, während irgend etwas Unausgesprochenes zwischen ihnen geschah.

Ich beobachtete Lizzy, die an ihrem Taschenmesser herumfingerte, bis mich das Schweigen schließlich zwang, etwas zu sagen. «Wie alt bist du?» fragte ich Lizzy. Ich mußte das bei Kindern immer wissen – auf die Art konnte ich einschätzen, ob sie für mich oder für Elena waren.

«Zehneinhalb», sagte Lizzy, und das hieß, sie war mein.

Für Barbara war es ein ziemlicher Schock, als sie hörte, daß Lana ausgerechnet Garta als erste zu sich einlud. Wir hatten an dem Nachmittag bei Barbara Lamb nicht viel über sie erfahren. Lana hatte ein paar Fragen gestellt, wie zum Beispiel: «Sind Gus und Lizzy verwandt?», aber Barbara wußte nicht, daß Geheimnisse nirgends besser aufgehoben waren als bei Lana – sie hatte Lanas Fragen einfach ignoriert und die Unterhaltung in ungefährlicheres Fahrwasser gesteuert.

Also kam Garta zu uns zum Mittagessen. Wir saßen zu siebt an dem alten Picknicktisch in unserem Garten, über uns ein makellos blauer Himmel. Garta trug ihre riesigen blauen Zehensandalen und wieder ein übergroßes Herrenhemd, diesmal über schwarzen abgeschnittenen Hosen. Die Haare hatte sie aus dem Gesicht gezurrt und zu einem kurzen Pferdeschwanz gebunden, der wie ein kleines Strohbündel von ihrem Hinterkopf abstand. Lana trug ihr dunkelblaues Kleid mit den kleinen Knöpfen, und den ganzen Nachmittag wehte es in der Junibrise wie eine Rauchfahne um sie herum.

Lana reichte Platten mit Broten und Kartoffelchips, und wir aßen, während Garta redete. Lana gab den Anstoß dazu, was allerdings nicht schwierig war. «Sind Lizzy und Gus verwandt?» Das war alles, was Lana fragen mußte, und schon setzte Garta sich aufrecht hin, als wollte sie zu einer längeren Erklärung ausholen. «Gus ist Lizzys Oma», begann sie. «Klar, Barbara sagt das nicht gern so offen. Gus ist bei ihr, seit sie hergekommen ist, und Barbara betrachtet sie als Teil der Familie, obwohl sie nicht immer sonderlich nett zu ihr ist, stimmt's, Lizzy?»

Lizzy blickte von ihrem Teller auf, gab Garta aber keine Schützenhilfe – sie zuckte nur die Achseln und widmete sich dann wieder ihrem Salamibrot.

«Barbara sagt nie, daß Gus Lizzys Oma ist», fuhr Garta fort, «weil Lizzy dann eine Negerin wäre, und Barbara paßt es nicht in den Kram, wenn jemand gleichzeitig weiß und schwarz ist, so wie Lizzy.» Sie führte mit ihren großen Händen ihr Brot zum Mund und biß kräftig zu. «Sie ist Mulattin», sagte sie, den Mund voller Salami und Brot. «Ihr Vater war Nigger Joe. So haben ihn die Leute genannt. Er ist Gus' Sohn. Vor elf Jahren haben sie ihn fortgejagt, nachdem er mir einen dicken Bauch gemacht hat. Und jetzt hab ich eine Mulattin zur Tochter.» Garta schob sich einen Kartoffelchip in den Mund. «Joe und ich wollten eigentlich heiraten, aber mein Vater hat's nicht erlaubt», sagte sie kauend. «Und bald darauf haben sie ihn aus der Stadt gejagt – meine Brüder und ihre Freunde. Gus war total fertig. Joe war ihr Liebling, ihr einziger Sohn. Seither hat sie sich unheimlich verändert.»

«Und wo ist Joe jetzt?» fragte Lana.

«Ach, irgendwo in New York. Er wohnt bei Gus' Schwester. Ein paarmal ist er heimlich hergekommen, um Lizzy und Gus zu besuchen. Gus meint, er kommt jetzt im Sommer wieder, aber ich glaub's nicht. Gus sagt immer, er kommt, und dann kommt er doch nicht. Mir ist das ja wurst – er hat mir noch nie auch nur 'nen Penny für Lizzy geschickt. Er droht dauernd, er wird kommen und meine Ehe mit Don kaputtmachen. Ich sag ihm dann immer, er soll erst mal Geld sehen lassen, aber das tut er nie. Don zahlt für Lizzy.»

Sie blickte zu Lizzy hinüber und sah, daß sie Jimmy etwas ins Ohr flüsterte.

«HÖR AUF ZU FLÜSTERN, LIZZY. ICH REDE GRADE, MERKST DU DAS NICHT?»

«'tschuldigung», sagte Lizzy. Wieder senkte sie den Kopf auf die gleiche unterwürfige Art wie bei Barbara Lambs Garage. Ich beobachtete sie, wie sie dasaß, den Kopf gehorsam gesenkt, und als sie zu mir aufblickte, rollte sie die Augen und klapperte mit den Lidern, als wollte sie sagen: Garta ist total blöd. Das gefiel mir.

Dann erzählte uns Garta von ihrer Familie. Sie ließ kaum etwas aus. Ob Lizzy das peinlich war, konnte ich nicht feststellen. Am ehesten sah sie noch gelangweilt aus, als hätte Garta ihre Lebensgeschichte schon so oft und in so vielen Gärten zum besten gegeben, daß es ihr zum Hals heraushing. Elena und ich jedoch waren begeistert. Wir vergaßen sogar weiterzuessen. Daß eine Mutter so offen und ehrlich über ihre Familie und ihr Leben reden konnte, wunderte uns maßlos.

Im Verlauf des Mittagessens erzählte uns Garta sämtliche Details über ihre Familie, die ihr einfielen – über ihre Mutter, ihre vier Halbschwestern, ihre beiden Halbbrüder, ihre Großmutter, ihre Urgroßmutter und ihre fünf Tanten. Ihre Urgroßmutter väterlicherseits, sagte sie, hatte drei uneheliche Kinder. Sie war zweimal verheiratet gewesen, hatte aber ihre Kinder nie in der Ehe bekommen. Die beiden Halbbrüder waren im Knast gewesen, der ältere zweimal, der jüngere nur einmal. Eine der Tanten hatte eine Affäre mit dem Mann der anderen Tante gehabt, zwei andere waren geschieden. Die mittlere Schwester war vor kurzem zum drittenmal weggelaufen, und die jüngste hatte eine Affäre mit einem vierzigjährigen verheirateten Mann. All das hatte zur Folge, daß die Großmutter, Esther Hodges, ihre Tage und Nächte größtenteils betend auf Knien verbrachte.

Während ich zuhörte, wie Garta ihr Leben ausbreitete, wurde mir zum erstenmal so richtig klar, wie seltsam es war, daß wir nichts über Lana wußten. Binnen einer Stunde erfuhr ich mehr über Garta, als ich je über Lana erfahren hatte, mit der ich doch seit zehn Jahren zusammenlebte. Ich fühlte wieder diesen Stich und diese Empörung, daß ich so ganz und gar von Lanas Leben ausgeschlossen war. Das war der Hauptgrund, weshalb ich Lizzy an jenem Nachmittag soviel erzählte.

Als Garta mit ihrer Geschichte fertig war, standen Elena, Lizzy und ich vom Tisch auf. Eine Weile trieben wir uns noch im Garten herum, warfen uns einen Baseball zu und horchten, was Lana und Garta redeten. «Sie wollen doch nichts Schlechtes über ihren Vater sagen, Garta», hörten wir Lana sagen. «Sie haben doch bestimmt früher mal viel von ihm gehalten. Schließlich hätten Sie ihn fast geheiratet. Es ist nicht nett, wenn Sie ihn einen Nigger nennen. Sie wollen doch nicht, daß die Kleine sich für minderwertig hält, weil sie Mulattin ist.»

Als Lizzy das zu unangenehm wurde, gab sie mir mit ihrem Taschenmesser heimlich ein Zeichen. Sie sagte, sie wisse, wo wir soviel Eis kriegen könnten, wie wir nur wollten. Nachdem Elena ins Haus gegangen war, folgte ich Lizzy aus dem Garten, die Straße hinunter, über den Colgate-Rasen. Wir liefen einen steilen Hügel hinauf – den Herzinfarkthügel, wie Lizzy ihn nannte –, krochen leise hinten an der Mensa entlang und huschten durch den großen Dienstboteneingang ins Gebäude. Dort schlichen wir uns in einen riesigen Kühlraum, wo wir von mindestens fünfzig Eimern mit Eis umgeben waren – Schokolade, Vanille und Erdbeer. Die Pappdeckel waren schwer abzukriegen, drum schnitt Lizzy mit der Schere ihres Taschenmessers Vierecke heraus, und wir aßen das Eis mit dem Löffel. Deshalb hatte sie das Taschenmesser so unbedingt haben wollen.

Garta arbeitete in der Mensa, erzählte mir Lizzy, als wir an einem grünen Abhang in der Sonne dösten und uns die Eiseskälte aus den Knochen wärmen ließen. Deshalb kannte sich Lizzy dort so gut aus. Gelegentlich gab es auch Schokoriegel, sagte sie. Mit Kartoffelchips und Fritos konnte man so gut wie sicher rechnen; fast immer gab es einen großen Vorrat an Coca-Cola und Root

Beer; und manchmal bekam man auch Cornichons und schwarze Oliven – zwei Dinge, die wir seltsamerweise beide mochten.

«Sie würde mich umbringen, wenn sie wüßte, wir sind da reingeschlichen», sagte Lizzy. Wieder fielen mir ihre Augen auf. Sie waren riesig und glänzten und zeigten keine Angst. Ich dachte, mit solchen Augen betrachtet Gott bestimmt wunderschöne Landschaften. «Meine Mom ist manchmal echt gemein. Aber Lana ist nett. Da hast du Glück.»

Ich nickte – sie hatte recht. Garta war gemein, Lana war nett, und ich hatte großes Glück. Im Augenblick fand ich allerdings, daß ich eher deswegen Glück hatte, weil Garta nicht meine Mutter war, als weil Lana meine Mutter war. Wenn ich mir überlegte, daß Garta so ohne weiteres über ihr Leben redete, ärgerte ich mich wieder sehr über Lanas Heimlichtuerei.

«Lana ist auch nicht vollkommen», sagte ich fast bitter. Ich lehnte mich zurück auf die Ellbogen und starrte in den blitzblauen Himmel. «Sie ist sehr heimlichtuerisch, mußt du wissen. Ich weiß fast nichts über ihre Familie. Ihre Mutter hab ich erst einmal gesehen, soviel ich weiß, und ich hab nicht mal gewußt, daß sie einen...» Ich unterbrach mich, oder besser, eine plötzlich aufsteigende Panik unterbrach mich und verhinderte, daß ich das Wort *Bruder* aussprach. Bei dem Gedanken, daß ich dieses Geheimnis fast preisgegeben hätte, wurde mir ganz schlecht.

«Du hast doch ihren Stock gesehen, oder?» fragte ich statt dessen, obwohl das auch nicht viel besser war. Ich kniff die Augen zusammen und starrte hinunter auf den Teich und auf die efeubewachsenen Rückwände der Universitätsgebäude.

Lizzy nickte und stützte sich ebenfalls auf die Ellbogen.

«Keiner von uns weiß, warum sie ihn hat.» Ich erzählte Lizzy noch von Lanas Narbe und schilderte sie in allen Einzelheiten, wie das nur ein echter Narbenfan tun kann. Ich sagte, sie sei dunkellila und sehe aus wie ein Stück Seil, das auf der Hüfte liegt, und darunter sei etwas Hartes, vielleicht Metall von einem Schiffsrumpf.

Mein Blick wanderte den Hügel hinunter. Wir waren so hoch oben, daß die Schwäne wie schwimmende weiße Punkte aussahen. «Vielleicht ist sie im Long Island Sound von der Strömung gepackt worden», sagte ich. «Und dann wurde sie meerauswärts getrieben, und ein Stück von einem Schiff oder sonstwas auf dem Meeresgrund ist in ihrer Hüfte steckengeblieben.» Ich merkte an Lizzys Augen, daß sie das alles unglaublich spannend fand, also redete ich weiter. «Manchmal denke ich auch, sie ist vielleicht eine dunkle Straße entlanggegangen und von einem Laster erwischt worden. Oder ein Mann in New York hat mit einer Axt oder so was auf sie eingeschlagen, und das Blatt steckt noch in der Hüfte.» Trotz der heißen Sonne schauderte uns beiden angesichts dieser grausigen Möglichkeiten.

«Oder jemand hat versucht, sie lebendig zu begraben», flüsterte Lizzy und drehte sich auf die Seite, «und dann haben sie Lana mit der Schaufel getroffen, und die steckt jetzt noch drin. Oder jemand hat sie aus dem Fenster gestoßen, und ihre Hüfte ist jetzt voller Glas.» Ihre Augen wurden bei dieser Vorstellung noch größer.

Oh, wie genoß ich ihre Begeisterung. Ich legte mich entspannt in das warme, duftende Gras zurück und zitterte richtig bei dem Gedanken, eine Freundin gefunden zu haben. Noch nie hatte ich eine Freundin gehabt. Es fühlte sich wunderbar an. Sie lag neben mir, auf die Ellbogen gestützt, und wir blickten beide schweigend hinüber auf die grünen Hügel.

«Und weißt du, was sie auch noch tut?» begann ich wieder. Wir hörten, wie in der Ferne ein Rasenmäher gestartet wurde, und irgendwo in meinem Hinterkopf meldete sich der Gedanke, das könnte damit zu tun haben, daß ich Lanas Geheimnis erwähnt hatte.

«Was?» Lizzy drehte den Kopf, und ich spürte ihren Blick auf meinem Gesicht.

«Sie schneidet Artikel aus der Zeitung aus und verschließt sie dann in ihrer Schreibtischschublade.» Ich hatte das Gefühl, gar nicht schnell genug reden zu können. «Dann wirft sie die Zeitungen weg. Elena und ich haben schon ein paarmal den Müll durchwühlt und die Zeitungen gefunden, aber das hat nicht viel gebracht, weil sie immer den ganzen Artikel ausschneidet.»

«Kauf doch einfach noch eine Zeitung und sieh nach, welche Artikel fehlen», meinte Lizzy. «Das ist doch kein Problem.»

«Aber es ist keine normale Zeitung. Lana muß sie extra bestellen. Die Zeitung gab es in Detroit nicht. Es war eine aus New York – die kriegt man nicht in Detroit.»

«Wie heißt sie?»

«Die *New York Times*», sagte ich. Als hätte die Erwähnung von Lanas Zeitung ihn dazu gebracht, hörte ich plötzlich einen Specht gegen einen Baum hämmern. Das machte mich ein bißchen nervös, aber aufhören konnte ich trotzdem nicht.

«Vielleicht kriegt man die hier.»

«Nein – sie kommt immer noch mit der Post. Aber weißt du was?» Ich rückte ein bißchen näher zu Lizzy.

«Was?» Sie schaute mir in die Augen, und der Atem blieb hinten in meiner Kehle stecken.

Ich blickte kurz über die Schulter, ehe ich etwas sagte, um mich zu versichern, daß Elena nicht plötzlich irgendwo aufgetaucht war. «Ich glaube, die Artikel haben was mit der Narbe zu tun», wisperte ich. «Ich bin ziemlich sicher.» Es lief mir kalt über den Rücken, als ich das sagte. Erstens hatte ich noch nie laut über Lanas Geheimnisse gesprochen, und zweitens hatte ich bisher die Verbindung zwischen den Zeitungsartikeln und der Narbe gar nicht so gesehen. Aber jetzt fand ich es absolut einleuchtend.

«Ehrlich?» fragte Lizzy. Sie war fasziniert.

«Ehrlich.»

Ich legte mich ins warme Gras zurück und freute mich, daß es mir gelungen war, Lizzy zu fesseln. Trotzdem war mir leicht übel – nicht, weil ich die Geheimnisse selbst verraten hatte, ich kannte sie ja gar nicht, sondern weil ich ihre Existenz preisgegeben hatte. Aber ich wollte weiterreden und Lizzy von Teddy und von der Krankheit erzählen, an der Lana manchmal litt – und für die ich keinen Namen hatte. Es gefiel mir sehr, wenn ich sah, wie ihre Augen genauso hemmungslos neugierig glitzerten wie meine, und ich empfand sie als eine Art Verbündete in bezug auf Lanas Heimlichtuerei. So wie mir Gartas Offenheit gefiel, mochte Lizzy Lanas Verschlossenheit. Eine Mutter zu haben, deren Leben ein Geheimnis war und bei der man sich darauf verlassen konnte, daß sie auch das eigene als Geheimnis beließ, kam ihr vor wie der Himmel auf Erden.

Lizzy *hatte* ein Faible für Heimlichtuerei, wirklich.

4

Ich war erstaunt, wie schnell Lizzy Teil der Familie wurde, mit welcher Selbstverständlichkeit sie durch unser Haus ging, mit uns am Eßtisch saß und in unseren Betten schlief. Lana akzeptierte sie und Garta vorbehaltslos, wie ich das bei ihr noch nie erlebt hatte, und als Garta bei ihrem Job in der Mensa Sommerurlaub hatte, verbrachten wir viele Nachmittage gemeinsam in unserem Garten oder am Lake Morraine, und Lana versuchte, ihren Zauber auf Garta auszuüben.

Sie saß stundenlang mit ihr herum und opferte ihr ganze Schreibnachmittage. Geduldig hörte sie zu, wenn Garta weinte und über all ihre Probleme klagte und Lana ihre verwurstelten Gedanken präsentierte, damit diese sie entwirren und ihr dann zurückgeben konnte. Nie war genug Geld da, beschwerte sich Garta ständig. Don, ihr Mann, vertrank das meiste, und dann verprügelte er sie in seinem Rausch. Garta schob die Ärmel hoch oder zog die Hosenbeine nach oben, um Lana die neuesten blauen Flekken zu zeigen, und entweder verschleierte sich Lanas Blick, oder sie legte Garta kalte Kompressen auf.

Garta haßte ihren Job in der Mensa. Stundenlang schilderte sie Lana die Leute, die dort arbeiteten, bis ins letzte Detail. Sie waren allesamt Arschlöcher, Garta zufolge, und niemand, nicht einmal Florence Nightingale, wäre mit ihnen ausgekommen.

Garta hatte Krankenschwester werden wollen, erzählte sie Lana, und sie wäre es auch geworden, wenn Lizzy nicht gewesen wäre.

Anscheinend war immer Lizzy das Problem – erstens war sie nicht Dons leibliche Tochter, sagte Garta, und außerdem war sie noch Mulattin. «Es ist doch gleichgültig, welche Hautfarbe sie hat», sagte Lana dann immer mit Nachdruck. «Schwarz, gelb, grün, rosa – mir ist das egal. Sie ist ein Mensch, Garta, vergiß das nie!»

Lana liebte Lizzy sehr, so daß Elena und ich manchmal richtig eifersüchtig wurden, und wenn Garta mit ihr schimpfte, nahm Lana sie immer in Schutz. «Garta», sagte sie dann, «genau das meine ich. Lizzy steht einfach nur hier und atmet, und du schreist sie an.»

Oft gab Lana Garta Listen mit Vorschlägen, was sie tun sollte, um dieses gräßliche Etwas zu überwinden, das sie zu Garta machte. Lizzy entdeckte diese Listen immer im Müll, und wir studierten sie dann ungestört in meiner Speicherkammer, um etwas über Lana zu erfahren.

1. Wenn du merkst, daß du auf Lizzy und Jimmy wütend wirst, dann beobachte dich selbst. Überleg dir, was du tust und warum.

2. Wenn Lizzy und Jimmy sich gut benehmen (und das tun sie oft), mußt du sie loben. Das bestärkt ihre guten Seiten.

3. Versuche, nichts Negatives zu ihnen zu sagen. Das bewirkt nur mangelndes Selbstbewußtsein, und dadurch werden sie viel eher böse, was wiederum deine Wut steigert. Du mußt den Teufelskreis durchbrechen – sonst geht es immer so weiter.

Lana gab ihr häufig solche Listen, und wir merkten mit der Zeit, daß sie alle die gleiche Botschaft enthielten: Durchbrich den negativen Kreislauf, in den dein Leben geraten ist, Garta.

Durch Gartas Anwesenheit schien Lanas Krankheit in sichere Ferne verbannt, und wenn sie wieder anzurücken drohte, vertrieb ein Besuch von Garta sie gleich wieder.

Lanas und Leos Verhältnis änderte sich durch Garta und ihre häufigen Nachmittagsbesuche. Lana schrieb immer noch am Morgen, wenn Leo zum College ging, um seine Lehrveranstaltungen vorzubereiten. Nachmittags kam er wie immer eine Weile nach Hause. Er versuchte, am Klavier zu arbeiten und Songs für sein Musical zu komponieren, während wir durchs Haus tobten oder im Garten herumschrien. Er konnte sich nicht konzentrieren, und wenn es regnete, war er uns regelrecht im Weg. Nach und nach ging er immer öfter ins Theater, das auf halber Strecke am Herzinfarkthügel lag. Dort konnte er in aller Ruhe an dem Flügel auf der leeren Bühne komponieren.

Elena überlegte, was aus ihrem Abkommen geworden war, aber da keiner der beiden zu merken schien, daß es Stück für Stück gebrochen wurde, sagten wir nichts. Sie waren glücklich miteinander, mindestens so glücklich wie sonst, wenn es Lana gutging. Abends machten sie lange Spaziergänge, Hand in Hand, und sie saßen oft draußen im Garten und schauten zu, wie wir im Dämmerlicht Fangen spielten.

Leo ging manchmal mit uns ins Kino, und mindestens zweimal in der Woche pilgerten wir alle zum Blue Bird Restaurant, um ein Hot Fudge Sundae zu essen. Oft waren Garta, Lizzy und Jimmy mit von der Partie. Leo hielt nicht besonders viel von Garta, aber er sagte nie etwas, wenn Lana sie einlud. Er begriff Gartas Wert.

Da Lana sehr beschäftigt war und Leo zufriedener, als ich ihn je erlebt hatte, schienen sich meine Nerven in warme Sommerluft aufzulösen. Eine Zeitlang jedenfalls verschwand Lanas Heimlichtuerei aus meinen Gedanken. Lizzy zeigte mir und Elena die Stadt von einer ganz neuen Seite und sorgte dafür, daß wir uns in diesen Hügeln immer mehr zu Hause fühlten. Sie ging mit uns in den Wald, wo das Wasser gut zwölf Meter von einer Felswand in die Tiefe stürzte. Sie schleppte uns zu ihrer Lieblingswiese ganz oben auf einem Hügel, wo man das Gefühl hatte, die ganze Welt sehen zu können. Sie demonstrierte uns, wie man durch eine Hintertür in die katholische Kirche eindringen konnte, falls es uns je nach Abendmahlswein oder Oblaten gelüsten sollte, und sie führte uns auch zur Campus-Kapelle oben auf dem Herzinfarkthügel. Diese Kapelle stand vierundzwanzig Stunden am Tag offen, sagte Lizzy – falls wir je weglaufen wollten.

Manchmal hingen wir nachmittags an Shortys Tankstelle in der Stadt herum und beobachteten verstohlen die Jungs beim Rauchen und beim Billardspielen. Zweimal schlichen wir uns auch in ihr Versteck hinter der Tankstelle, inspizierten ihre Bierdosen und Weinflaschen und blätterten neugierig in ihren *Playboy*-Heften. Lizzy wohnte im Zentrum, in einer Wohnung direkt über dem Kino, also sahen wir uns auch ziemlich viele Filme an. Von dem alten Mann im Vorführraum bekamen wir immer Freikarten. Ende Juli hatten wir *Die Reifeprüfung* fünfmal gesehen.

Lizzy kannte sich auch in der Colgate-Bibliothek aus. Wir gingen ein paarmal heimlich die Treppen ins Kellergeschoß hinunter, wo Lizzy uns einige der Gegenstände aus dem Zweiten Weltkrieg vorführte, die dort in Glaskästen aufbewahrt wurden.

Sie war fasziniert von den Nazis, und einmal verbrachten sie und ich einen ganzen Nachmittag damit, Bücher mit entsetzlichen Fotos aus den Konzentrationslagern anzusehen. Lizzy schleppte mich zu den Regalen ganz hinten im zweiten Stock. Mit meiner Hilfe erreichte sie das oberste Regal, von wo sie ein fettes Buch mit dem Titel *Deutschland unter den Nazis: Der 2. Weltkrieg* herunterwuchtete. Sie schleppte es zu einem großen Tisch beim Fenster und legte es dort ab. Ich saß neben ihr, und ehe sie das Buch aufschlug, flüsterte sie: «Die Nazis waren Mörder, Maddie. Sie haben ganz viele Juden umgebracht.» Das sagte sie so ernst, daß es mir kalt den Rücken hinunterlief. Sie schlug das Buch auf und blätterte langsam und bedächtig die Seiten um, bis sie zu einem Bild mit nackten Männern und Frauen in einer Gemeinschaftsdusche kam.

«Die Nazis haben den Leuten gesagt, sie sollen duschen», wisperte Lizzy. «Sie mußten sich ausziehen und wurden dann in diese

Duschen gebracht. Aber da kam kein Wasser raus, sondern Giftgas, und sie sind alle gestorben.»

Zack – sie blätterte zur nächsten Seite und bedeckte sie mit den Händen.

«Manchmal wurden sie auch in Öfen gesteckt.» Lizzy sprach mit einer so glühenden Intensität, daß ich sehr beeindruckt war. Sie nahm die Hände von der Seite, und da waren sie – Fotos von nackten, ausgemergelten Körpern, die in riesige Öfen geschoben wurden.

Zack – wieder blätterte sie um.

«Die Leichen wurden draußen nackt aufgestapelt. Manche haben die Nazis verbrannt, und manche haben sie in Gruben geworfen.» Langsam nahm sie die Hände von der Seite, und ich sah die fürchterlichsten Bilder, die ich je zu Gesicht bekommen sollte: abgezehrte menschliche Wesen, die zu riesigen Haufen übereinandergeworfen waren, leblos daliegend in unmenschlichen Posen, Arme, Beine und Köpfe verdreht und so ineinander verschlungen, daß man das Gefühl hatte, es konnten gar keine Menschen sein.

Mir blieb der Mund offenstehen – ich hatte nicht geahnt, daß es etwas so Entsetzliches geben könnte.

«Solche Sachen haben die Nazis gemacht», flüsterte Lizzy. Das waren alle Fotos, drum klappte sie das Buch zu und legte die Hände darauf. Wir schwiegen eine Weile, als ob wir der toten Juden gedenken würden. Als sie den richtigen Augenblick für gekommen hielt, sah Lizzy mich an und erzählte mir etwas Ungeheuerliches. «Hier in der Stadt lebt ein Nazi», sagte sie leise. Ihre Augen blitzten. Es war, als hätte sie die letzten paar Wochen und die vergangenen Stunden damit zugebracht, mich zu indoktrinieren und auf diesen Moment vorzubereiten.

«Ehrlich?» Ich konnte es nicht fassen.

Sie führte mich zu Minnie Sharp, der Frau, die angeblich einen Nazi bei sich versteckt hielt. Ich folgte Lizzy den Herzinfarkthügel hinunter, über drei Straßen und dann einen zweiten Hügel hinab, in ein Wäldchen, wo vor Jahrzehnten jemand an einen Baum ein Holzschild genagelt hatte, auf dem in zittriger roter Schrift BETRETEN VERBOTEN stand.

«Das hat sie mit Blut geschrieben», erklärte Lizzy. Im Wäldchen war es so still, daß mich richtig gruselte. Sie führte mich an dem Schild vorbei auf eine kleine Kuppe, von der man Minnie Harps verfallenes Haus sehen konnte. Der ganze Anstrich war abgeblättert, und es stand groß und nackt da, wie etwas, dem man die Haut abgezogen hat. Der Rasen war mit hüfthohem Unkraut überwuchert. An verschiedenen Stellen waren riesige Büsche gewachsen, die wie Monster aussahen und zum Teil mehr als drei Meter hoch waren.

«Sie ist wahrscheinlich auf der anderen Seite vom Haus», flüsterte Lizzy. «Manchmal kommt sie raus, um Blumen zu pflanzen.»

Ich konnte mir nicht vorstellen, wo und warum sie Blumen pflanzen sollte. Der Rasen war eine einzige Katastrophe, und niemand hätte die angepflanzten Blumen überhaupt bemerkt. Ich begriff, daß Minnie Harp, wer immer sie sein mochte, nicht war wie andere Leute.

Wir rannten zu einem großen Baum an der Grenze zwischen Wald und Rasen. Dahinter versteckten wir uns, bis Lizzy fand, wir könnten uns ungefährdet näher heranpirschen. Also rannten wir zu einem anderen Baum. Das hohe Gras kitzelte uns an den Ellbogen. Schließlich kamen wir zu einer großen Ulme im Vorgarten. Wir versteckten uns dahinter und spähten ganz vorsichtig zur Vorderfront des Hauses. Es sah aus wie ein kaputter Zahn, der aus dem Gras ragte.

«Früher war das mal ein Pfarrhaus», erklärte Lizzy. «Minnie Harps Vater war Prediger. Angeblich hat er sie nie aus dem Haus gelassen. Jetzt ist er schon lange tot, und sie kommt nur ganz selten raus. Sie geht nie weg von hier. Ein Botenjunge vom Victory bringt ihr die Lebensmittel, und damit hat sich's – sie kriegt *nie* Besuch.»

Mich schauderte bei dem Gedanken.

Minnie Harps Rasen war voller Insekten und Käfer, die unsere nackten Beine hochkrabbelten, und die Julisonne war so grell, daß ich die Augen zusammenkneifen mußte. Aber außer dem Summen der Insekten und dem Klopfen meines Herzen konnte ich nichts hören – die Stille war richtig unheimlich.

«Guck dir mal die Fenster an», sagte Lizzy leise.

Links von der Eingangstür ragte ein riesiges Erkerfenster hervor, und rechts von der Tür befand sich eine Veranda ganz aus Fenstern. Der Vordereingang bestand aus einer dunklen, von zwei hohen Fenstern flankierten Holztür, und darüber, im ersten Stock, waren auch noch etliche Fenster. Aber nicht die Anzahl verblüffte mich – sondern die Tatsache, daß jedes einzelne sorgfältig mit altem, vergilbtem Zeitungspapier zugeklebt war. In ihrem zwanghaften Bedürfnis, ungestört zu sein, hatte Minnie Harp alle Fenster hermetisch abgedeckt.

«Das macht sie, damit niemand den Nazi sehen kann», erklärte Lizzy.

Genau in diesem Augenblick wurde eine Seite der klapprigen Kellerluke rechts vom Haus aufgerissen. Ein grauer Kopf tauchte auf und überblickte den Rasen. Lizzy und ich tauchten schnell wieder hinter den Baum. Da Minnie Harp niemanden sehen konnte, öffnete sie auch die andere Seite der Luke. Sie landete mit lautem Geklapper auf dem hohen Gras. Gleich darauf kam ein Besen herausgeflogen, und plötzlich war die ganze Luft erfüllt von Minnie Harps schmucklosem Summen.

«Sie ist eine alte Jungfer», flüsterte Lizzy. «Und sie ist nur einmal in ihrem Leben weggefahren. Im Krieg, nach Deutschland. Sie war Krankenschwester.»

Langsam tauchte Minnie aus dem Keller auf. Sie zog etwas Schweres hinter sich her, das wir aber noch nicht sehen konnten. Die ganze Zeit summte sie laut, und erstaunlicherweise war ihre Stimme gar nicht so übel. Früher war sie vielleicht sogar eine ganz gute Sängerin gewesen. Die Stimme war ungeübt, wild und ungezügelt – vielleicht wie die von Garta, dachte ich unwillkürlich, falls Garta je singen würde.

Schließlich, nach einigen Mühen, kam Minnie heraus. Wir konnten jetzt sehen, was sie herauszerrte: Es war eine betagte Matratze, eine von der Sorte mit schwarzen Nadelstreifen. Sie war so dreckig, daß wir sogar von unserem Beobachtungsposten hinter dem Baum die alten gelben Pißflecken sehen konnten. Minnie zog sie ins hohe Gras und blickte sich dann nach dem Besen um.

Sie war kaum größer als einssechzig. Dick war sie auch nicht gerade, aber trotzdem hatte sie etwas Respektgebietendes an sich: Sie ragte drohend aus dem Gras und wirkte sehr beweglich und kräftig, ja stark. Die Haare hatte sie am Hinterkopf zu einem schlampigen Knoten gebunden. Sie trug ein verschossenes schwarzes Baumwollkleid und trotz der Hitze eine durchlöcherte braune Strickjacke und dicke Strümpfe mit Naht.

Ihre Bewegungen waren ausladend und abrupt. Sie stampfte, statt zu gehen, vielleicht, weil das Gras so hoch war, und sie betrachtete alles mit einem merkwürdigen Blick, als ob sie halbblind wäre oder alles zum erstenmal sähe. Als sie ihren Besen erspähte, schnappte sie ihn und begann mit weit ausholenden, energischen Schlägen die Matratze auszuklopfen, wobei riesige Staubwolken aufwirbelten und sie einhüllten. Das schien sie aber nicht zu stören. Sie summte eher noch lauter und gab mit ihren Schlägen den Rhythmus an. Hm, hm, hm, peng. Hm, hm, hm, peng, peng.

«Seit sie aus dem Krieg zurück ist», flüsterte mir Lizzy ins Ohr, «hat sie kein Wort mehr gesprochen. Angeblich war sie eine Verräterin, und man hat ihr die Zunge rausgeschnitten.»

«Echt?» Ich war fasziniert.

Lizzy nickte. «Sie kann nicht singen. Sie muß summen, weil sie keine Zunge mehr hat.»

Das war eine gräßliche Vorstellung, die mich lange nicht mehr loslassen sollte.

«Und sie versteckt einen Nazi in ihrem Haus.»

Es überlief mich kalt; ich dachte an die grauenhaften Fotos, die ich gerade gesehen hatte, und mir drehte sich der Magen um.

In der folgenden Woche schickte Esther Hodges ihre Enkelin zu einem kirchlichen Ferienlager in den Poconos-Bergen, Pennsylvania, was bedeutete, daß ich auf mich gestellt war. Garta kam nachmittags vorbei, und Lana hörte ihr zu, gab gute Ratschläge und schrieb ihre Listen, aber ohne Lizzy war es halb so spannend. Elena und ich fanden es bald langweilig, den beiden zuzuhören, und wir begleiteten lieber Leo nachmittags bei seinen Erledigungen auf dem Campus. Einmal nahm er uns ins Theater mit, um uns den Flügel zu zeigen. Ich weiß, er hatte es nicht beabsichtigt, aber an diesem Nachmittag plauderte er etwas über Lana aus.

Er öffnete langsam die Tür, und wir traten ein. Andächtig flüsterte er: «Das ist das Theater», als wäre es einer von Gottes auserwählten Zufluchtsorten. Seine Stimme jagte mir Ehrfurcht ein. Und daß er den Gang so leise und feierlich hinunterging, auch. Die Stille im Raum hüllte uns ein, wie ich das bisher nur aus menschenleeren Kirchen kannte. Die Luft war so kühl und feucht, als müßte irgendwo eine unterirdische Quelle sein. An beiden Seiten waren hohe, schmale Fenster, und die Stuhlreihen aus rotem Samt wirkten wie strammstehende Soldaten. Die roten Samtvorhänge an der Bühne waren zurückgezogen, und ein paar Lichtbündel drangen durch die Vorhänge an den Fenstern und durchbohrten wie Blitzstrahlen das Dunkel. Auf der Bühne stand nichts außer dem Flügel und einem langen Tisch.

Wir gingen hinter Leo den Gang entlang. Keiner von uns sagte ein Wort. Wir folgten ihm die Seitentreppen zur Bühne hinauf und warteten am Rand, während er hinter dem Vorhang verschwand, um irgend etwas zu tun. Ein paarmal machte es klick, und dann erschienen plötzlich drei große Lichtkegel auf der Bühne – zwei nebeneinander im Zentrum, und der dritte bestrahlte den Flügel.

Ich bekam eine Gänsehaut, weil ich wußte, gleich würde etwas passieren. Ich spürte es körperlich, als würde es sich auf meiner Haut zusammenbrauen. Harry spazierte in einen der Lichtkegel und stampfte auf dem Rand herum. Obwohl ich am liebsten in den anderen Kreis gelaufen wäre, wartete ich neben Elena, bis Leo zurückkam. Er schob sich an dem schweren roten Vorhang vorbei, und zum erstenmal, seit wir dieses Heiligtum betreten hatten, redete er.

«Wollt ihr was hören?» fragte er.

«Ja.» Es war ganz komisch – wir antworteten alle drei gleichzeitig.

«Dann kommt mal her.» Er ging zum Klavier und setzte sich auf die Bank. Blitzschnell war ich bei ihm, dicht gefolgt von Elena.

«Das muß aber ein Geheimnis bleiben», sagte er, und ich zitterte.

Soviel ich wußte, besaß keiner von uns ein Geheimnis von Leo. Ich jedenfalls nicht, und einen Augenblick machte es mich traurig, daß ich mein erstes Geheimnis mit den anderen teilen mußte und es uns allen gehören würde.

«Ihr dürft es niemandem erzählen», sagte er. «Vor allem nicht Lana.» Der Wind bewegte die Vorhänge, und ich sah ein nervöses Funkeln in seinen Augen. Aber nur einen Moment. Als der Luftzug sich legte, verschwand es wieder.

«Wir sagen es nicht weiter», versicherte ich, ehe Leo weiterreden konnte. «Ich schwör's.»

Elena schwor ebenfalls, und Harry machte mit dem Finger ein schiefes Kreuz über dem Herzen. Danach rollte Leo seine weißen Hemdsärmel hoch und nahm die richtige Haltung ein. Er hob die Hände hoch über die Tasten und sah uns mit blitzenden Augen an.

«Seid ihr soweit?» fragte er.

Wir nickten, und während ich mit angehaltenem Atem darauf wartete, daß seine dicken Finger die hellen Tasten berühren würden, drückte sich Elena an mich und kniff mich in den Arm. Leos

Finger senkten sich, aber auf halber Höhe hielten sie inne. «Ich hab noch was vergessen. Ich wollte euch sagen, daß ich das für Elena geschrieben habe, bevor sie auf die Welt kam.» Er nahm die Arme wieder hoch, und ehe er sie wieder senkte, sah ich Elena an – sie leuchtete regelrecht.

Leos Finger berührten die Tasten, und ungelogen – wir waren gelähmt von diesen neuen Klängen: Sie waren schräg und kühn und so schmissig, daß sie mir sofort unter die Haut gingen. So etwas hatte ich noch nie gehört, und ich konnte Elena an der Nasenspitze ansehen, daß es ihr genauso ging. Leos Finger rasten über die Tasten, sein Kopf wippte hin und her, als wären seine Schultern eine Wabbelwippe. Mit den Füßen klopfte er laut den Takt, ja, er trampelte richtig – aber gleichzeitig hatte ich ihn noch nie so entspannt gesehen. Was sonst immer in ihm rumpelte und knirschte, war jetzt so glatt und fließend, daß man es gar nicht bemerkte. Zum erstenmal schien er auch die richtige Größe zu haben, als brauchte er die Masse und den ganzen Körperumfang, um diese Musik zu spielen.

Harry schüttelte die Lähmung als erster ab. Seine kleinen Füße begannen sich blitzschnell hin und her zu bewegen, und sein Kopf wippte wie Leos, während er mit den Händen die Luft bearbeitete, als wäre sie ein Klavier. Meine Füße, Beine und Arme fingen auch wieder an zu funktionieren, und ich konnte sie nicht stillhalten. Die Musik trieb mich an, und gleich darauf ergriff sie auch Elena, die im Gegensatz zu Harry und mir ein echtes Gefühl dafür hatte – sie begann zu tanzen, richtig zu tanzen. Elena vertrieb uns aus den Lichtkegeln. Sie sah so wunderbar aus, daß Harry und ich ihr einen ganzen Kreis überließen und uns den anderen teilten, wo wir herumhüpften, als stünden wir in Flammen.

Die Musik war in meinem Rückgrat. Ich spürte, wie sie sich auf und ab bewegte und dabei ein derartiges Gewitter auslöste, daß mir ganz schwindelig wurde. Das Ganze machte mir genausoviel Spaß wie Miss Thomas' Vögel, wenn nicht noch mehr, und ich wünschte mir, es würde nie aufhören. Ich wollte, Leo würde nie aufhören, diese Musik zu spielen. Ich wollte, Elena würde für immer und ewig mit ihren perfekten Beinen tanzen, während Harry und ich in diesem Lichtkegel herumhüpften.

Was ist das? fragte ich mich. Was ist das für eine verrückte Musik, die einem in die Ohren fliegt und direkt in die Beine geht und einen innerlich zum Kochen bringt?

«Was ist das, Leo?» rief ich. «Was ist das?»

«Jazz», brüllte er zurück. «Das ist Jazz – verrückt und wunderbar!»

Kaum hatte Leo das Wort *Jazz* ausgesprochen, da hörte Elena auf zu tanzen. Panik ergriff sie, und sie rannte von der Bühne, den Gang hinunter. Ihre Absätze klackten laut über den Holzboden. Die Musik endete abrupt – Leo sprang auf und eilte an den Bühnenrand.

«Elena!» rief er. «Bitte, Elena!» Aber sie war schon zur Tür hinaus.

«Hol sie zurück, Maddie», sagte er zu mir, und ich rannte los, quer durch das Theater, hinter ihr her.

Ich sah sie den Herzinfarkthügel hinunterlaufen und versuchte sie einzuholen. In mir drehte sich alles. Warum hatte Leo diese Musik noch nie gespielt? Zumal sie schon so alt war wie Elena? Und warum war die Musik ein Geheimnis? Und warum – *warum* – war Elena weggelaufen, sobald sie das Wort *Jazz* gehört hatte? Das Wort summte in meinem Kopf herum wie eine Biene, und ich mußte an den Nachmittag denken, als Elena noch ein Geheimnis von Lana bekommen hatte. Der Jazz mußte etwas damit zu tun haben, anders konnte ich es mir nicht erklären, aber ich wußte nicht, was. Doch ich konnte Lana in dieser Musik spüren, als würde sie aus dem Zentrum herausstrahlen.

Elena rannte zum Sportplatz hinunter, und unter Aufbietung meiner letzten Kräfte holte ich sie ein, als sie gerade bei der zweiten Runde in die Kurve ging. Ich hatte Seitenstechen und war so außer Atem, daß ich kaum ein Wort herausbrachte.

«Warum bist du weggelaufen?» fragte ich keuchend. Ich versuchte Schritt zu halten, schaffte es aber nicht. Ich sah ihre schwarzen Haare wild hin und her fliegen, während sie über die heiße Aschenbahn stampfte. «Es hat dir doch gefallen, Elena.» Sie ballte die Fäuste und steigerte ihr Tempo. «Hat es was mit Lanas Geheimnis zu tun?» rief ich ihr nach.

«Nein», antwortete sie so schnell, daß ich nicht wußte, was ich davon halten sollte.

Sie rannte vor mir her, und die Wadenmuskeln glitten unter ihrer Haut auf und ab wie kleine, kompakte Knäuel. Mit jedem ihrer graziösen Schritte entfernte sie sich weiter von mir. Die Welt der grünen Bäume und der knirschenden Aschenbahn sauste vorbei, und mit jedem meiner ungelenken Schritte wurde der Wunsch, wenn schon nicht die ganze, so doch wenigstens einen kleinen Teil der Geschichte herauszufinden, immer quälender.

«Ich sag dir alle meine Lana-Geheimnisse, wenn du mir deine sagst.» Ich konnte selbst kaum glauben, daß ich das vorgeschlagen hatte, bis Elena herumwirbelte und stehenblieb – so abrupt, daß ich fast mit ihr zusammengestoßen wäre.

«Was?» schrie sie. Ihre Brust hob und senkte sich wie bei einem Rennpferd, und sie war so außer Atem, daß sie kaum sprechen konnte.

«Ich sag dir meine Lana-Geheimnisse, wenn du mir deine sagst», keuchte ich.

Elena beugte den Oberkörper vor, um Luft zu holen, und als sie sich wieder aufrichtete, sagte sie: «Alle deine Geheimnisse gegen eins von meinen.»

«Das ist nicht fair!» rief ich empört.

«Ich habe vier, Maddie, und du nur drei. Das wäre auch nicht fair.» Sie warf den Kopf zurück und schluckte die heiße, schwüle Luft.

«Dann eben drei gegen drei», schlug ich vor. Ich zerrte an meinem verschwitzten Hemd, das mir am Rücken klebte, und kauerte mich auf die heiße Aschenbahn.

«Nein, eins gegen drei.»

«Also gut, das letzte.» Das letzte Geheimnis wollte ich unbedingt erfahren, und das war mir so wichtig, daß ich bereit war, alle meine dafür herzugeben.

«Einverstanden», sagte Elena. Sie drehte sich um und begann langsam zu laufen, als würde diese leichte, regelmäßige Bewegung helfen, die Geheimnisse aus uns herauszuholen. Ich zog gleich mit ihr, und wir trabten über die Bahn, einander mit wippenden Ellbogen berührend. «Du fängst an.»

«Warum soll ich anfangen?» protestierte ich. «Ich muß dir drei erzählen und soll auch noch anfangen! Das ist nicht fair, Elena. *Du fängst an, und dann bin ich an der Reihe.*»

Wir liefen schweigend ein Stück weiter. Elena versuchte, das Schweigen für sich einzusetzen, damit ich zuerst redete. Ich wollte unbedingt das letzte Geheimnis hören, das Lana ihr erzählt hatte, aber gleichzeitig konnte ich mich nicht von meinen Geheimnissen trennen. Sie waren mein einziger Besitz. Außerdem hatte ich Angst, es könnte etwas Schlimmes passieren, wenn ich sie preisgab. Der Druck in meinem Kopf wurde immer stärker und steigerte sich zu einem klopfenden Schmerz. Mich bedrückte die Vorstellung, daß Lanas Geheimnisse aus meinem Mund herauskamen, eins nach dem anderen, und in die süße Sommerluft entschwanden, von wo ich sie nie wieder zurückholen konnte. Wer wußte, was sie anrichteten, wenn sie erst einmal an der Luft waren, wo sie jahrhundertelang herumschweben konnten.

«Ich kann nicht, Elena», sagte ich. Schweißtropfen rollten mir kribbelnd den Rücken hinunter. «Ich kann nicht.» Es war, als könnte ich mich von Lanas Geheimnissen so wenig trennen wie von meiner Haut.

«Ich auch nicht», meinte Elena und beschleunigte ihr Tempo.

Ich hielt mit, und das Schweigen schwang zwischen uns wie ein Seil, das uns verband.

Als wir aufblickten, sahen wir Leo und Harry über die Wiese auf uns zulaufen. Harry hing an Leos rechter Hand, und seine kleine Füße schleiften durchs Gras. Leo sah aus, als renne er mit aller Kraft, um irgendeine Katastrophe zu verhindern. Sofort blieben Elena und ich stehen. Ich hatte Leo noch nie so schnell laufen sehen und fand es faszinierend, wie er vorwärtspreschte und wie sich seine Beine mit der Grazie entwurzelter Baumstämme bewegten. Er wirkte gekränkt, und als ich sein Gesicht sah, blieb mir das Herz stehen. Es war von tiefen Furchen durchzogen – zwei verliefen quer über die Stirn und zwei gleich unter den Augen durch seine Wangen. Sein Gesicht sah aus, als ob es aus sieben unbeweglichen Teilen bestünde, die an diesen Einschnitten zusammengeschweißt waren.

«Wo habt ihr zwei denn nur gesteckt?» schrie er von weitem.

«Hier», rief Elena zurück. Sie schirmte die Augen gegen die Sonne ab, um besser sehen zu können, wie Leo rannte.

Er erreichte die Aschenbahn, Harry kam hinter ihm her. «Wir haben euch nirgends gefunden», sagte er nervös. Er beugte sich vor und rang nach Luft. Als er sich wiederaufrichtete, sah er ganz verängstigt aus, als hätte er etwas Schreckliches angerichtet. «Wo wart ihr denn?»

«Hier», antwortete ich. «Wir waren die ganze Zeit hier.» Die Sonne war so heiß, daß ich mir vorkam wie auf einem Grill.

«Ihr seid nicht nach Hause gegangen?» Der Schweiß lief ihm vom Haaransatz herunter, als wäre unter seinen Locken irgendwo ein Wasserhahn versteckt.

Wir schüttelten beide den Kopf, und ich vermutete, daß er Angst hatte, wir wären nach Hause gegangen und hätten Lana alles über den Jazz erzählt. Es machte mir viel aus, daß Leo derart durcheinander war. Bei Lana war ich das gewöhnt, aber nicht bei Leo.

Wie gingen über den Campus zurück und machten einen Umweg am Teich vorbei, weil Harry die Schwäne sehen wollte. Während er am Ufer herumtrampelte, um die Schwäne zu verjagen, gingen Leo und Elena schon ein Stück voraus. Sie redeten so leise miteinander, daß ich es kaum hörte.

«Entschuldige bitte, Elena», hörte ich ihn sagen. «Ich hab es nicht gewußt.» Mehr konnte ich nicht verstehen, weil er so leise redete.

«Was hast du nicht gewußt?» fragte Elena. Sie warf ihr feuchtes Haar über die Schultern und begann schneller zu gehen, als wollte sie ihn loswerden.

Ich lief hinter ihm her und packte ihn am Hemd. «Was hast du nicht gewußt, wegen Elena?» Meine Stimme klang verzweifelt. «Was hat Elena gewußt, und wieso kann ich es nicht erfahren? Ich möchte es auch wissen, Leo.»

Leo kniete auf dem Gehweg nieder und schloß mich in seine kräftigen Arme. «Ich weiß, mein Schatz. Ich weiß.» Ich merkte, wie er zitterte, als würde ihn die Macht meines Verlangens erschrecken.

«Warum kann ich es nicht wissen?» fragte ich. Es war, als gäbe es da draußen eine riesige, dunkle Welt, eine Welt, die mir verschlossen war; sobald ich in die Nähe kam, wurde die Tür zugeschlagen.

«Was willst du wissen?» fragte er. Ein Schweißstrom rann ihm vom Haaransatz übers Gesicht.

«Ich will wissen, was Elena weiß», sagte ich und stampfte mit dem Fuß auf den kochend heißen Gehweg.

«Was weiß sie denn?»

«Das weiß ich ja nicht!» schrie ich. Als hätte der Klang meiner lauten Stimme sie geweckt, meldeten sich plötzlich meine Nerven. Sie flüchteten sich zu meinen Schenkeln, wo sie auf meinen Muskeln herumturnten.

«Entschuldige, Maddie», sagte Leo. «Entschuldige.» Er kniff

seine blauen Augen gegen die Sonne zusammen. «Lana mag es nicht, wenn ich Jazz spiele.»

«Warum nicht?»

«Tut mir leid, Maddie. Ich kann dir nicht sagen, warum.»

Auf einmal nahm Elena Harry hoch und begann zu rennen. Ehe ich etwas sagen konnte, packte mich Leo an der Hand und zerrte mich hinter sich her. Er wollte nicht, daß Elena vor ihm nach Hause kam. Er wollte auf alle Fälle verhindern, daß sie Lana etwas erzählte. Wortlos eilten wir hinter den beiden her, ich in Leos Schlepptau. Immer wieder sah ich zu ihm auf, um festzustellen, ob sein Gesicht wieder normal war, aber es war immer noch zerfurcht.

Zu Hause ging Elena mit Harry in den Garten; ich rannte gleich ins Bad, um meine Nerven mit heißem Wasser zu beruhigen. Sie zippelten immer noch in meinen Schenkeln, und ein paar waren auch schon in die Rückseiten meiner Arme gewandert. Ich wußte nicht, was tun, also machte ich mich daran, abwechselnd heißes Wasser über ihre Köpfe zu gießen und sie zu boxen.

Ich sah Leo am Bad vorbeigehen, und nachdem er in sein Zimmer gegangen war und leise die Tür hinter sich geschlossen hatte, machte ich eine phantastische Entdeckung. Ich stellte das Wasser ab, um zu horchen; ich konnte ihn genau hören. Als wäre ich im selben Zimmer. Seine Stimme hatte etwas sehr Seltsames. Sie war glatt und drängend – wie vorhin, als er sich so nervös auf dem Gehweg bei mir entschuldigt hatte. Ich forschte nach einer Tür oder einer falschen Wand oder nach sonst einer Erklärung dafür, weshalb ich sie so deutlich hören konnte. Da merkte ich, daß sie aus einem kleinen Metallgitter gleich rechts vom Waschbecken kam, das etwa so groß wie eine Cornflakes-Schachtel war. Als ich mich hinkauerte, um es genauer zu untersuchen, entdeckte ich, daß ich durch dieses Gitter nicht nur hören konnte, sondern auch sehen – direkt in Lanas und Leos Schlafzimmer. Es war ein Lüftungsloch, und es war besser als der alte Besenschrank, viel besser.

Ich sah Leo am Bettrand sitzen, vornüber hängend wie ein Affe, während Lana auf dem Fußboden saß und in einem Stapel Fotos wühlte. Daran, wie sie die Fotos behandelte, merkte ich, daß sie wütend war.

«Welches Stück hast du gespielt?» Ihre Stimme klang aggressiv, fast bitter.

«Elenas», erwiderte Leo tonlos und fuhr sich mit seinen dikken Fingern durchs Haar.

«Was sonst noch?» Sie knallte zwei Fotos auf den Boden.

«Sonst nichts, La. Nur das eine Stück», flüsterte er.

Sie hielt die Hände still und starrte auf ihre Fotos. «Warum hast du das getan, Leo?»

Über die Schulter blickte sie ihn an, und Leo sackte noch mehr in sich zusammen. «Weil ich diese Musik liebe, La. Und Elena brauchte ein bißchen Aufheiterung. Du hättest sehen sollen, wie sie getanzt haben...»

«Ja, das hätte ich sehen sollen», unterbrach Lana ihn scharf. Sie stand auf und ging durchs Zimmer, zum offenen Fenster, von dem ein leiser Lufthauch kam. Leo trat blitzschnell hinter sie. Der Schweiß lief ihm übers Gesicht und tropfte vorne auf sein weißes Hemd.

«Es tut mir ja so leid, La. Ich weiß nicht, warum – ich hab gedacht –»

«Hast du ihnen sonst noch was erzählt?» Ihre Stimme klang verbittert, und als sie die Stores beiseite riß, konnte ich richtig sehen, was für ein Gewitter sich über ihrer Stirn zusammenbraute.

«Nein», sagte er. «Nichts.»

Sie drehte ihm den Rücken zu, und er stand lange hinter ihr und kämpfte mit dem Wunsch, sie zu berühren. Er hob die Hand ein paar Zentimeter und ließ sie wieder sinken, dann wiederholte er die Bewegung. Schließlich legte er die Finger vorsichtig auf ihre Schulter, so ähnlich, wie er die hellen Tasten berührte, wenn er etwas Schönes spielte. Die ganze Unbeholfenheit wich von ihm; mit langsamen Bewegungen drehte er Lana zu sich, um sich dann sehr gewandt niederzuknien und mit seinen dicken Armen ihre schmale Taille zu umschlingen, so vorsichtig und zart, daß es aussah wie ein langsamer, trauriger Tanz. Er vergrub sein Gesicht an ihrem Bauch, und ich hörte ihn flüstern: «Ich mußte es dir sagen, La. Es tut mir so leid. Sag, daß du mir verzeihst.»

Ihre Hand lag reglos auf seinem Kopf, doch gleich darauf fuhr sie ihm mit den Fingern durchs Haar, wie sie es schon tausendmal getan hatte. Da wußte ich, sie hatte ihm verziehen.

Es war alles wieder gut zwischen ihnen, aber meinen Nerven war das egal. Tagsüber lagen sie auf der Lauer und schleppten sich, heiß und klebrig, wie sie waren, von einem Muskel zu anderen, und nachts erhoben sie sich unter meiner Haut, wie um zu protestieren, und piksten mich. Warum durfte Leo den Jazz nicht spielen, fragte ich mich, und was meinte Lana, wenn sie sagte: «Hast du ihnen sonst noch was erzählt?» Das ließ mich nicht los. Ich wälzte die Worte im Kopf hin und her, als würden sie dadurch verständlicher. Statt dessen spürte ich aber nur eine große Dunkelheit in meinem Kopf, eine riesige schwarze Masse, durch die Dämpfe und Nebel zogen wie Wind.

Nicht viel später machte ich eine wunderbare Entdeckung, die mir – zumindest an der Oberfläche – etwas Hoffnung gab. Es war meine tollste Entdeckung, besser noch als das Metallgitter im Bad. Das geschah an einem heißen Nachmittag, ein paar Tage, nachdem Lizzy aus den Poconos zurückgekommen war. Es hatte geregnet, und Elena und ich brachten ein verletztes kleines Rotkehlchen nach Hause, um es Lana zu zeigen. Wir waren mit Leo auf dem Heimweg von seinem Büro, als wir sahen, wie sich das Vögelchen auf dem Gehweg abquälte. Seine Flügel waren feucht und klebrig; vermutlich hatte ein Hund oder eine Katze es erwischt. Elena nahm es hoch, legte es vorsichtig in meine weiße Bluse, die ich wie eine Hängematte hielt, und wir nahmen es mit heim, weil wir es Lana zeigen wollten.

Als ich die Tür öffnete, hörte ich Lana Leos Namen rufen. Sie klang so aufgeregt, ich konnte mir gar nicht vorstellen, was los war. Noch ehe Leo im Haus war, erschien sie im Flur. Sie kam auf uns zugerannt und fuchtelte wie wild mit dem Stock.

«Leo», rief sie wieder, sobald er in der Tür erschien. Sie wirkte völlig durcheinander, als ob sie gerade einen Mord beobachtet hätte. Man hatte das Gefühl, sie würde sich auflösen, in tausend kleinen Fetzen durch die Luft wirbeln und dann zu Boden flattern. Ich dachte gar nicht mehr an das Rotkehlchen, und als ich mich nach Leo umdrehte, sah ich, daß in seinem Gesicht wieder diese schrecklichen Falten standen. Er rannte an uns vorbei, um Lana in die Arme zu nehmen, wie wenn er dadurch verhindern könnte, daß sie sich weiter auflöste.

«Was ist passiert?»

«Meine ganzen Notizbücher, Leo», schluchzte sie. «Sie sind weg. Die alten Kisten – sie sind weg, und meine ganzen Notizbücher – alle weg. Wir haben sie verloren.» Ihr Gesicht war rot und fleckig und von Panik zerfurcht.

«Sie sind in der Speicherkammer», sagte Leo rasch. «Ich hab sie dort abgestellt, als wir ausgepackt haben, La.» Seine Finger kneteten heftig ihre Schultern, als wären sie die Ventile für ihren Dampf.

«Alle?» fragte Lana.

«Ja, La, alle. Ohne Ausnahme.» Als er ihr die Haare aus den Augen strich, konnte ich fast sehen, wie die Spannung von ihr wich.

«Die Notizbücher? Alle?»

Er nickte, und sie ließ die Arme sinken. Sie hatte noch gar nicht richtig gemerkt, daß wir auch da waren, und als sie uns ansah, wußte ich, daß sie sich schämte. Wir warteten ab, was sie tun würde. Nach einer Weile fing sie an, Leo zu schubsen; sie tänzelte wie ein Boxer um ihn herum, trommelte mit den Fäusten gegen seine Brust, und mit jedem dumpfen Schlag ließ unsere Spannung nach.

«Du hast sie also in die Dachkammer gebracht, eh?» rief sie und boxte ihn. «Du hast sie dorthin gebracht, um mich reinzulegen, stimmt's? Das hast du absichtlich gemacht, stimmt's, LEE-OO? Was meinst du, Harry?»

Lana war sehr komisch, wie sie da wie ein Boxer um Leo herumhüpfte und ihn mit ihrer leisen, tiefen Stimme beschimpfte. Aber trotzdem gingen mir die Notizbücher nicht aus dem Sinn. Ich mußte dauernd an sie denken. «Sie sind in meiner Dachkammer», sagte ich mir immer wieder, doch die Vorstellung machte mir angst. Immerhin waren es Lanas Notizbücher, und ich befürchtete, sie könnten Tag und Nacht von unsichtbaren Gespenstern bewacht werden.

Als ich an diesem Abend einzuschlafen versuchte, spürte ich richtig die Notizbücher in der Dachkammer. Sie übten die gleiche nervenaufreibende Anziehungskraft auf mich aus, die ich empfunden hatte, wenn ich vor Andrews Haus wartete und seine Mutter ihn nicht herauslassen wollte – nur war das Gefühl jetzt viel stärker, viel schlimmer. Meine Nerven gerieten dermaßen unter Spannung, daß ich spürte, wie sie anschwollen und dann zu vibrieren begannen, und ich hatte Angst, ich könnte explodieren oder durchdrehen. Außerdem hörte ich das kleine Rotkehlchen, das ich am Nachmittag gefunden hatte, in dem Karton neben meinem Bett rascheln, und das trockene Gras kratzte ständig an der Pappe, wenn der Vogel sich bewegte. Nach einer Weile hielt ich es nicht mehr aus. Ich stand auf und ging im Zimmer auf und ab, hüpfte zwischendurch ein bißchen und schwang die Arme wie Windmühlenflügel, bis mich meine Nerven schließlich zur Speichertür führten.

Sie hatten mein Gewissen eingeschläfert, und meine Hände legten sich ganz selbstverständlich auf die Klinke. Ich öffnete die

Tür und knipste das Licht an. Tatsächlich, da waren Lanas Kisten. Leo hatte viel Gerümpel in der Kammer gelagert, aber die übereinander gestapelten Kisten vor den staubigen Dachsparren entdeckte ich gleich. Ich schlich ganz leise zu ihnen hinüber und legte meine Hand auf eine, als ob mich das beruhigen müßte. Sie waren nicht zugeklebt, nur die Klappen waren ineinandergeschoben. Lange starrte ich darauf. Der Gedanke, daß sie Lanas Geheimnisse enthielten, hielt mich zurück. Noch nie war ich so nahe an Lana herangekommen, und als mir schlagartig bewußt wurde, daß die Antworten vielleicht nur ein paar Zentimeter von meinen heißen Fingern entfernt waren, begann mein Herz zu rasen. Ich vergaß die unsichtbaren Gespenster und zog die Klappen auseinander. Mit den Händen berührte ich eines ihrer gebundenen Notizbücher. Behutsam nahm ich es heraus, wie ein neugeborenes Baby, und als ich es näher ansah, jagte es mir große Angst ein.

Ich setzte mich auf den Holzfußboden und legte das Notizbuch vorsichtig vor mich hin. Wieder starrte ich es lange an. Irgendwie erwartete ich fast, daß es etwas tun würde – was, wußte ich auch nicht. Nach einer Weile merkte ich, daß ich zitterte und daß sich auf meiner Stirn kleine Schweißbäche gebildet hatten. Ich wischte sie mit dem Handrücken ab, und dann schlug ich ganz vorsichtig die erste Seite des Notizbuchs auf.

Lanas energische Handschrift sprang mir entgegen, und ich dachte daran, wie oft ich schon versucht hatte, wenigstens einen Blick darauf zu werfen. Jetzt hatte ich ihre Worte vor mir, sie gehörten mir, aber weil mein Herz so raste und mein Kopf von Panik erfüllt war, verstand ich nichts. Langsam beugte ich mich vor, bis ich ganz dicht über der Seite hing und mein Gesicht keine zehn Zentimeter mehr von ihren Worten entfernt war. Ich fühlte mich zugleich angezogen und so abgestoßen, daß es mich fast erdrückte. Die Welt begann zu schrumpfen, bis sie nur noch aus meinen zitternden Händen und aus Lanas dunkler Schrift bestand.

5. Juni 1947

Ein großer Teil meiner Vergangenheit hüllte mich heute morgen ein, als ich aus einem Traum erwachte, den ich schon öfter gehabt habe. Es war der gleiche Traum, der gleiche schreckliche Traum, und als ich aufgewacht bin, stand er ganz deutlich vor mir, und ich spürte nicht nur, wie meine Vergangenheit über mich kam – ich fühlte mich in sie zurückversetzt. Meine Gefühle machten einen Zeitsprung von vier Jahren, und mit all meinen Sinnen lebte ich wieder in jenem verlorenen Sommer, in jenem verlorenen Heim, mit meinem verlorenen Geliebten. Ich liege mit ihm im Bett. Wir küssen uns leidenschaftlich, und unsere Kleider gleiten von unseren Körpern, eins nach dem anderen. Ich bin sehr verletzlich, denn mein Verlangen ist so stark, so elementar wie Hunger. Ich bin so besessen von ihm, so unentrinnbar mit ihm verbunden, daß ich an nichts anderes mehr denken kann, als daß ich ihn noch näher bei mir haben möchte, näher, näher, in mir. Ich möchte ihn aufessen, ihn verschlingen. Ich bin ausgehungert bis zum Wahnsinn, ich will ihm so nah sein wie nur irgend möglich, ich möchte ein Fleisch sein. Wir küssen uns. Unsere Lippen verschmelzen miteinander, verwischen –

Ich hörte jemanden in meinem Zimmer und wußte sofort, es war Lana. Ich hatte ganz vergessen, wieviel Macht sie hatte – sie *spürte*, wenn jemand ihre Notizbücher las. Ich wünschte mir sehnlichst, im Boden zu versinken. Ich blickte mich in der Kammer um, konnte mich aber nicht vom Fleck rühren. Statt dessen saß ich wie erstarrt da, und mein Herz hämmerte. Die Tür öffnete sich knarrend, quälend langsam, sie quietschte in den alten Angeln und ich wartete darauf, daß ihr Stock im Licht erschien. Als erstes sah ich einen bloßen Fuß, und dann stand sie plötzlich da. Das dunkle Haar fiel ihr über die Schultern, und als sie ins Licht trat, sah ich, daß es gar nicht Lana war. Es war Elena.

«Was machst du da, Maddie?» fragte sie und kniff die Augen zusammen wegen des Lichts. Ich blickte auf das Notizbuch und dann zu Elena. Sie begriff sofort. *«Maddie!»* rief sie in einem Ton, der mein Gewissen weckte.

Ich wollte das Buch nehmen und wieder in die Kiste packen, aber Elena war schon neben mir und riß es mir aus der Hand.

«Wieviel hast du gelesen?» wollte sie wissen.

«Nur ein bißchen. Nur einen Absatz auf der ersten Seite.» Ich fühlte mich wie aus dem Wasser gezogen, kraftlos und todunglücklich.

«Zeig's mir.»

Ich zeigte ihr die Stelle, und während ich ihr beim Lesen zusah, merkte ich, wie furchtbar es aussah, wenn jemand Lanas Notizbücher las und in ihr Leben eindrang. «Wir dürfen das nicht lesen», sagte ich und nahm ihr das Buch weg.

«Was du nicht sagst, Maddie!» Sie schnappte es sich wieder und las weiter. Ihre Augen rasten regelrecht über die Wörter.

«Lies nur soviel wie ich, dann sind wir quitt.» Ich legte meine Hand auf den Teil, den ich nicht gelesen hatte, und da Elena nicht protestierte, wußte ich, daß sie sich genauso unwohl fühlte wie ich.

Nachdem sie den Abschnitt gelesen hatte, versenkten wir das Notizbuch vorsichtig in der Kiste, als würden wir einen Sarg ins Grab hinablassen. Dann versuchten wir mühsam, die Klappen wieder richtig hinzukriegen. Als mehrere Autos hintereinander vorbeifuhren und der Nachbarhund laut bellte, hielten wir den Atem an und warteten, ob Lana davon aufgewacht war. Aber wir hörten nur den zirpenden Chor der Grillen und die Geräusche unseres alten Hauses, das langsam zur Ruhe ging.

Als der Hund zu bellen aufhörte, drückte ich mich an Elena und legte meine verschwitzte Hand auf ihren Arm. «Was bedeutet das alles?» Ich spürte Lanas starke Worte durch meinen Körper jagen, als hätten sie ein Eigenleben.

«Es hat was damit zu tun, warum Männer und Frauen im gleichen Bett schlafen.» Einen Moment lang sah sie mich in dem schwachen gelben Licht an, und ich sah die Angst in ihren Augen.

«Wir hätten es nicht lesen sollen, Maddie», flüsterte sie, und auf ihrer blassen Stirn bildete sich eine tiefe Falte. Sie umklammerte meine Hand, zog mich in mein Zimmer und ans Fenster. Da standen wir, zwei Gespenster in weißen Nachthemden. Elena zitterte vor Aufregung, und als das Rotkehlchen in der Schachtel neben uns zu schrappen begann, packte mich große Angst.

«Da ist der Mond, Maddie», flüsterte Elena laut und zerrte an meinem Handgelenk. Der Mond war eine kleine weiße Sichel am schwarzen Himmel, und Wolken zogen an ihm vorbei wie weiche Zornesschwaden. «Wir müssen beim Mond schwören, daß wir es nie wieder tun.»

«Du zuerst», sagte ich.

Ich beobachtete, wie sich ihre Augen auf die Mondsichel richteten. «Ich schwöre beim Mond, daß ich nie wieder Lanas Notizbücher lese», flüsterte sie entschlossen.

Das Rotkehlchen zuckte in seinem Bett aus trockenem Gras und klopfte mit dem verletzten Flügel gegen die Schachtel. Elena kniff mich in den Arm. «Mach schon, Maddie», sagte sie, als hätte der Mond keine Zeit.

«Ich schwöre beim Mond», wisperte ich, «daß ich nie wieder Lanas Notizbücher lese.»

Ich merkte gar nicht richtig, was ich sagte.

Am nächsten Morgen hatte ich in Miss Thomas' Vogelzimmer einen kleinen Zusammenbruch. Ich wachte sehr früh auf, weil irgend etwas jämmerlich schrie. Es war das Rotkehlchen, das immer noch in der Schachtel neben meinem Bett lag. Sein kleiner Kopf bewegte sich hin und her, während der Rest des Körpers klamm, schwer und reglos auf dem trockenen Gras ruhte.

Ich nahm die Schachtel und rannte über den Flur in Lanas Zimmer, doch als ich sah, daß sie in Leos Armen schlief, blieb ich stehen. Ich dachte an Elenas Worte – «Es hat was damit zu tun, daß Männer und Frauen im gleichen Bett schlafen» –, und plötzlich schämte ich mich, daß ich sie überhaupt so sah. Ich überlegte, ob ihre Lippen verschmolzen waren und sie sich gegenseitig aufgegessen hatten. Ich überlegte mir auch, wie es wohl aussah, wenn zwei Leute das machten. Egal, wie es ging – es konnte offenbar rückgängig gemacht werden, denn sie waren ja immer noch zwei Personen, intakt und nicht aufgegessen, und sie atmeten, jeder für sich. Trotzdem konnte ich sie nicht wecken. Sie waren irgendwie unberührbar, ihr warmes Zusammensein in diesem Bett unergründlich und heilig.

Während das Rotkehlchen verzweifelt in seiner Schachtel herumruderte, zog ich mich rasch an und rannte dann, so schnell ich konnte, den Hügel zu Miss Thomas' Haus hinauf und durch den Wald. Als ich zu ihrer Wiese kam, blieb ich wie erstarrt stehen. Sie trug ein knallrotes Kleid mit weißen Troddeln und saß in einer Haltung im Gras, die ich nicht beschreiben konnte. Sie kniete (wenn man es so nennen konnte), die Beine halb unter sich, halb auf beiden Seiten herausragend, als könnte sie die Knie nicht richtig beugen. Sie hockte zwischen diesen Steinfiguren, vor einer mit einem ganz dicken Bauch, und dabei murmelte sie etwas, was ich beim besten Willen nicht verstehen konnte. Sie wiederholte immer wieder die gleiche Kette von Lauten – es klang wie Na-Mo-Ari-Hun-Tanun. Und sie sprach mit einer Stimme, die ich noch nie gehört hatte: rhythmisch und gleichmäßig, vor allem aber flach und ohne jede Modulation. Ich dachte, Miss Thomas hätte den Verstand verloren, und gerade, als ich mich umdrehte und wieder im Wald verschwinden wollte, um sie nie wieder zu besuchen, sah sie mich.

«Bist du's, Maddie?»

Ich blickte sie an. Sie schien wie immer, und als sie ihren lappigen Arm über den Kopf hob und mir winkte, wußte ich, daß sich ihr Wahnsinn wunderbarerweise im Morgennebel aufgelöst hatte.

«Guten Morgen», rief sie. «Was verschafft mir das Vergnügen deines Besuchs?»

Mehr brauchte ich nicht. Sofort war ich bei ihr, um ihr meinen Vogel zu zeigen. Als sie ihn hochhob und an ihr Ohr hielt, war für mich die Welt wieder in Ordnung.

«Da bist du hier richtig», sagte sie. Dann erhob sie sich und überquerte auf ihren merkwürdigen Beinen den Rasen, während mein Vogel und ich ihr folgten. Ich konnte den Blick nicht von ihr wenden. Ihre Arme ruderten durch die Luft, als wollten sie wettmachen, was die Beine nicht leisten konnten. Ich merkte außerdem, daß sie gar keinen Hintern hatte – als wäre jemand nachts unter ihr Kleid gekrochen und hätte ihn abgesägt.

«Wir geben dem Vogel ein bißchen von Miss Thomas' Wunderbarem Lebensrettungstrank», erklärte sie. Wie sie «Wunderbarer Lebensrettungstrank» sagte – das klang, als würde sie im Zirkus ankündigen, sie wage jetzt ein hochgefährliches Kunststück. Ich brauchte ihr nur zuzuhören, und schon begann mein Herz zu pochen.

Sie führte mich in einen kleinen Schuppen, der mit ihrem großen Vogelzimmer verbunden war. Es war ein winziger, warmer Raum mit sehr viel Licht. An den Wänden standen Regale, auf denen lauter Gläser mit Lebensmitteln und Kräutern und Medikamenten verstaut waren. In einer Ecke stapelten sich mehrere alte Vogelkäfige wie ein Haufen weggeworfener Muschelschalen. Vogelnester waren säuberlich auf dem Boden aufgetürmt, und auf den Fenstersimsen standen riesige Glaskästen, die aussahen wie Meeresaquarien.

Sie räumte ein Stück Tisch frei und zog ein Paar weiße Handschuhe an. Dann holte sie den Vogel aus der Schachtel, legte ihn auf den Tisch und begann ihn wie ein Arzt zu untersuchen. Ich mochte sie sehr dafür, daß sie nicht lange herumredete, sondern gleich handelte – als wäre dieser arme Vogel das Allerwichtigste auf der Welt. Ich stellte mich dicht neben sie, um sehen zu können, was sie machte. Sie säuberte das Rotkehlchen mit einem feuchten Tuch und redete dabei die ganze Zeit mit ihm und sagte, es würde alles wieder gut, ganz bestimmt, und zwischendurch fragte sie mich völlig unvermittelt: «Wie heißt dein Vogel denn?»

Ich schämte mich, weil ich ihm keinen Namen gegeben hatte. Da schleppte ich ihn hierher, als wäre er mein wertvollster Besitz, dabei hatte ich nicht einmal einen Namen für ihn.

«Howard.»

«Howard!» rief sie. «Aber es ist doch ein Mädchen. Ein kleines Vogelmädchen. Du mußt dir einen besseren Namen einfallen lassen. Wie wär's zum Beispiel mit Venus oder Aphrodite?»

Ich entschied mich für Aphrodite, und Miss Thomas nickte zustimmend. Sie nahm nun ein Glas mit weißem Puder vom Regal und holte aus einer kleinen Schublade ein sauberes Reagenzglas. Dann gab sie mir einen kleinen Zinneimer und sagte, ich sollte aus ihrem Regenfaß Wasser holen. «Wir müssen den Trank zusammenmischen», erklärte sie.

Ich ging über den Rasen, wobei ich mit halbem Ohr auf das Schlaflied horchte, das Miss Thomas für Aphrodite sang. Das Regenfaß befand sich an der Seite des Hauses, unter einer Holzabdeckung, die an der Traufe hing und sich an einem Seil auf und ab bewegen ließ. Ich tauchte den Eimer ein und füllte ihn mit Wasser, und als ich mich umdrehte, sah ich etwas, womit ich nicht gerechnet hatte. Auf der anderen Straßenseite, auf einer Wiese mit lauter hohen Ulmen, stand ein Junge. Sein Haar war so schwarz wie meines. Das Gesicht konnte ich nicht deutlich sehen, aber ich sah, daß er gerade, braungebrannte Beine hatte.

Ich merkte, daß ich ihn anstarrte, und wollte gerade wegschauen, da hob er den Arm und winkte mir zu, als hätte er mir seit Jahren zugewinkt. Ich erschrak, winkte aber zurück. Wir standen beide einen Moment lang so da und starrten uns über Miss Thomas' unordentlichen Rasen hinweg an, als müßte gleich etwas passieren. Schließlich wurde die Situation so peinlich, daß ich mich abwandte und in den Schuppen zurückging.

Miss Thomas lenkte mich sofort ab: Sie lag bäuchlings auf

dem Fußboden und brummelte irgend etwas, den Kopf unter einem Regal. Ihre Beine zappelten wie zwei betrunkene Schlangen, und sie murmelte wieder diese merkwürdigen Wörter. Ich wußte nicht, was tun, also rief ich leise ihren Namen. «Miss Thomas!»

Sie drehte sich sofort um, und irgendwo unter ihrem zerzausten Haar sah ich, wie sich ihr Mund bewegte. «Oh, Maddie – Gott sei Dank!» sagte sie. Langsam schob sie sich rückwärts, ihr ganzer Körper rutschte auf mich zu, bis ihr Kopf unter dem Regal hervor war. Dann richtete sie sich mühsam wieder auf. So etwas hatte ich noch nie gesehen, und als sie mir ein schwarzes Kabel in die Hand drückte, kapierte ich immer noch nicht.

«Steck du ihn rein», sagte sie.

Es war der Stecker für einen der Glaskästen, erklärte sie mir schließlich. Und dieser diente als Brutkasten, in dem sie den Vogel warm halten wollte. Immerhin begriff ich, daß dieses Herumkriechen nichts mit ihrem seltsamen Verhalten heute früh zu tun hatte. Trotzdem war ich sehr verunsichert. Ich steckte den Stecker ein und schaute ihr dann zu, wie sie in dem Reagenzglas das weiße Pulver mit Wasser vermischte. Ich hielt ein wachsames Auge auf sie, damit nichts schiefging.

«Wer ist der Junge auf der anderen Straßenseite?» fragte ich.

«Ach, das ist Louis Bartalucci. Er ist sehr nett.»

Ich hatte zwar Angst davor, es zu erfahren, aber ich fragte trotzdem: «Wie alt ist er?»

«Ich glaube, zwölf», antwortete sie. Das Herz zuckte mir in der Brust. Elena war zwölf, genau zwölf.

Der Vogel begann wieder zu schreien, und als Miss Thomas mit ihrer seltsamen Vogelstimme zu glucksen anfing, erdrückte mich auf einmal die Welt in diesem Schuppen. Ich hatte das Gefühl, nichts zu verstehen. Wieder eine ganze Welt, zu der ich keinen Zugang hatte; und aus Gründen, die ich nicht verstand, durfte ich nichts wissen. Lana hatte einen Stock und eine Narbe, und ich wußte nicht, warum. Sie hatte einmal einen Mann aufgegessen, und jetzt konnte ich ihr Notizbuch nicht mehr lesen, weil ich es beim Mond geschworen hatte. Jazz war Gift, und Leo durfte keinen Jazz mehr spielen – aus Gründen, die ich vermutlich nie erfahren würde. Minnie Harp hatte keine Zunge mehr und einen Nazi, Louis Bartalucci war so alt wie Elena, und vorhin hatte ich herausgefunden, daß Miss Thomas manchmal den Verstand verlor. Ich gab mir alle Mühe, ruhig neben ihr stehen zu bleiben, aber es ging nicht, ich mußte auf und ab hüpfen, und als das auch nichts half, ging ich zur Tür und rannte schließlich nach draußen.

«Was ist los, Maddie?» wollte Miss Thomas wissen. Sie kam gleich hinter mir hergelaufen.

Ich spürte einen klebrigen schwarzen Klumpen in meinem Kopf, und plötzlich traten mir Tränen in die Augen. Ich wußte, ich konnte sie unmöglich fragen, was sie vorhin auf dem Rasen gemacht hatte. Die Worte tobten auf meiner Zunge und klopften gegen meine Zähne, weil sie unbedingt herauswollten – *Was haben Sie vorhin auf dem Rasen gemacht, Miss Thomas?* –, aber ich preßte die Lippen zusammen und hielt die Augen fest geschlossen.

«Was ist los?» fragte sie noch einmal.

Ich gab einen furchtbaren Laut von mir, der mir sehr peinlich war, weil er so dumpf und klagend klang, aber wenigstens zeigte er ihr das Durcheinander in meinem Kopf. Sie ging in die Knie, und plötzlich war ihr freundliches, unförmiges Gesicht direkt vor mir. «Sag mir, was los ist», flüsterte sie.

Ich starrte in ihre großen schwarzen Augen, und weil ich fand, daß es die ehrlichsten und unschuldigsten Augen waren, die ich je gesehen hatte, stieß ich in einem einzigen Satz die ganze elementare Wahrheit hervor: «Ich versteh nicht.»

«Was verstehst du nicht, kleines Kuckucksvögelchen?» fragte sie und strich mit der abgeflachten Innenseite ihrer großen krummen Daumen über meine Wangen. «Sag mir, was du nicht verstehst.»

Eine Weile stand ich da und dachte kreuz und quer – an den Wirrwarr mit Lana und Leo und an all das, was ich nicht wußte und was mich verrückt machte. Schließlich fiel mir die letzte dieser befremdlichen Fragen ein, und ich stellte sie jetzt Miss Thomas: «Warum essen Leute andere Leute?»

Wenn sie schockiert war, ließ sie es sich nicht anmerken. Sie holte nicht einmal tief Luft und riß auch nicht die Augen weit auf. Sie erwiderte nur meinen Blick und sagte ganz ruhig: «Ach, das tun sie nicht, Maddie. Nur Kannibalen essen Menschen, aber hier gibt es keine Kannibalen. Ich hab das in meinem Leben noch nie erlebt, und ich kenne viele Leute.»

Ich sah sie an und unterdrückte den brennenden Wunsch, ihr von Lanas Notizbuch zu erzählen und daß sie einmal einen Mann gegessen hatte. Eine Welle der Angst durchflutete mich bei dem Gedanken, daß ich beim Mond geschworen hatte, nie wieder ihre Notizbücher zu lesen. Wie sollte ich das machen? Wie in Gottes Namen sollte ich dieses Gelübde halten?

«Miss Thomas, ist der Mond mächtig?»

«Oh, ja», flüsterte sie, wobei sie das Ja in die Länge zog, als wollte sie mir zeigen, wie mächtig er war. «Er zieht den Ozean einmal am Tag von einer Seite der Erde zur anderen, und wenn er voll ist, dann macht er, daß sich die Leute verlieben.»

«Was ist, wenn man etwas beim Mond schwört?» fragte ich, in meinen Ärmel schniefend.

«Dann muß man es halten, Kuckucksvögelchen. Man muß alle Versprechen halten, aber was man beim Mond schwört, ganz besonders.»

5

Es war, als hätte unser Blick in Lanas Notizbuch den Stein ins Rollen gebracht, denn danach passierte etwas Schreckliches. Lana und ich gingen vom Einkaufen nach Hause; es war ein warmer, schwüler Nachmittag, mit dunklen Wolken, die aussahen, als würden sie jeden Moment platzen und sich über uns entleeren. Wir waren in der Stadt gewesen, um neue Socken für Elena und Unterwäsche für Leo zu kaufen, und auf dem Rückweg begann es zu nieseln. Lana klappte ihren schwarzen Regenschirm auf, und wir drängten uns beide darunter und genossen es, für uns zu sein.

Lana war bester Laune an diesem Tag und strahlte die Art von Energie aus, die ich so mochte. Sie begann mich zum Spaß unter dem Schirm zu schubsen. «Hören Sie auf, mich zu stoßen, Lady!» rief sie. «Sehen Sie nicht, daß ich behindert bin?» Sie lachte und rempelte mich wieder. «Ein bißchen mehr Respekt, wenn ich bitten darf!»

«Aber Sie schubsen doch *mich* die ganze Zeit.»

«Aber, aber, aber, aber», sagte sie, und dann rempelte sie mich wieder.

Wir gingen weiter, schwangen die Hände in der warmen, feuchten Luft. Ich fühlte mich ihr sehr nahe. Sie war herzlich und zugänglich, und wenn es je möglich war, sie etwas zu fragen, dann unter diesem Schirm, gemeinsam im Regen. Ich wußte, nach dem

Stock konnte ich mich nicht erkundigen – das war eine Nummer zu groß –, aber vielleicht wenigstens nach Mimi.

«Lana», sagte ich und schaute zu, wie sich meine Füße vorwärts bewegten, «warum kennen wir eigentlich Mimi nicht?»

«Sie wohnt weit weg, mein Schatz.»

«Warum rufst du sie nie an oder schreibst ihr Briefe?» Ich blickte schließlich doch zu ihr auf und sah direkt in ihre sanften Augen. Sie machte ein so merkwürdiges Gesicht, daß mir die Frage herausrutschte: «Du magst sie nicht?»

Sie bemühte sich, nicht zu lächeln, aber ich sah, daß es um ihre Mundwinkel zuckte. «Maddie, das darfst du nicht sagen.» Dann breitete sich das Lächeln auf ihren Lippen aus, und sie begann zu lachen.

«Du magst sie nicht?» wiederholte ich. Ich war durcheinander. Offenbar hatte ich recht, aber warum lachte sie dann? Daß jemand seine Mutter nicht mochte, ging ja noch – aber dann noch darüber lachen?

«Ich erzähl dir ein Geheimnis über Mimi», sagte Lana.

Als ich stehenblieb und mir die Haare hinters Ohr strich, krachte plötzlich ein Donnerschlag aus dem grauen, regnerischen Himmel, und Lana sagte, sie würde es mir erzählen, sobald wir auf der Veranda wären. Unser Haus war nur noch ein paar Meter entfernt, aber mir kam es viel weiter vor, und als der Himmel sich öffnete und es zu schütten begann, fürchtete ich schon, Lana könnte keine Lust mehr haben, mir das Geheimnis zu erzählen, oder schlimmer noch – sie könnte es vergessen.

«Komm schnell», sagte ich und zog sie an der Hand. Ein Blitzstrahl zerschnitt den Himmel, und wieder erschütterte lauter Donner die ruhige Luft. Während ich Lana den nassen Gehweg entlangzerrte, passierten uns langsam fahrende Autos, deren Scheibenwischer mühsam gegen den Regen kämpften. In der Ferne hörte ich Musik und fröhliches Kindergeschrei. Irgendwo war etwas Schönes los, aber ich konnte nur an Lanas Geheimnis denken. Als wir zu unserer Einfahrt kamen, blieb Lana abrupt stehen, um zu horchen, und plötzlich hörte ich es auch. Unter dem Krachen des Donners und dem Rauschen des Regens schwang der Jazz. Er kam aus unserem Wohnzimmer, und ich hörte Harry drinnen quietschen und lachen. Lana riß sich von mir los und rannte die Einfahrt hinunter. Ihre nassen schwarzen Schuhe hämmerten über den Kies, der Regen prasselte auf ihren Schirm. Mit jedem ihrer hastigen Schritte sah ich mein Geheimnis weiter entschwinden.

Da zerriß wieder ein Blitz den Himmel, und es donnerte laut. Ich eilte hinter Lana her. Sie durfte nicht durch das offene Fenster schauen, und vor allem durfte sie nicht den Jazz hören. Aber sie war schon dort und starrte hinein, den Regenschirm achtlos nach hinten gekippt, so daß der Regen ihre schwarzen Haare und ihr blaßblaues Kleid durchnäßte. Ich sah, wie die Krankheit sie überfiel: Sie konnte plötzlich nicht mehr atmen, und ihre Hände begannen zu zittern. Sie faßte sich hektisch ans Herz und dann an die Kehle.

Ich stellte mich auf die Zehenspitzen und schaute durchs Wohnzimmerfenster. Was ich da sah, mußte in Lanas Augen ein grauenvolles Spektakel sein: Leo wiegte sich auf der Klavierbank vor und zurück, die Augen nach oben verdreht, die Schultern im Rhythmus des Jazz zuckend. Es war nicht dieselbe Melodie wie beim letztenmal, merkte ich, aber genauso mitreißend und lebendig, und sie fuhr einem genauso in die Füße wie die erste. Dann fiel mein Blick auf Elena – sie tanzte mitten im Zimmer und schleuderte ihre schlanken Beine in die Luft wie eine Cancan-Tänzerin, während Harry kreischend im Kreis herumstampfte und den Kopf vor und zurück warf wie ein Indianer beim Kriegstanz.

Als Lana genug gesehen hatte, schmiß sie den Schirm auf den Boden, packte ihren Stock und rannte zu unserer Garage hinunter. Ich sauste hinter ihr her, aber ehe ich sie erreichte, setzte sie schon mit dem Wagen zurück, und so laut ich auch brüllte – sie war nicht aufzuhalten.

«Lana!» schrie ich. *«Lana!»*

Sie fuhr hastig rückwärts aus der Garage, an mir vorbei, und ließ mich am Rand der Einfahrt stehen. Es goß in Strömen, ich war schon völlig durchweicht, der Regen rauschte über die Windschutzscheibe, und die Scheibenwischer fegten mit einem quietschenden Schwippschwappgeräusch darüber hin, was meine Angst nur noch steigerte. Ich rannte hinter dem Wagen her und schlug mit der Faust auf die Kühlerhaube. *«Lana, bleib stehen!»*

Sie streckte den Kopf aus dem Fenster. «Geh ins Haus, Maddie», rief sie laut, um das Pladdern des Regens zu übertönen. Sie fuhr über den Regenschirm, ohne sich dadurch aufhalten zu lassen. Ich rief wieder, sie solle anhalten, aber sie bog rückwärts in die Straße ein, schaltete und schoß vorwärts. Ich rannte bis ans Ende der Einfahrt, aber es half alles nichts – Lana brauste die regennasse Straße hinunter und verschwand um die Kurve. Als ich mich umdrehte, sah ich Leo, Elena und Harry stumm und bleich auf der Veranda stehen. Als hätten sie eine schwere, unverzeihliche Sünde begangen, starrte ich sie strafend an, besonders Leo, und in meiner Wut schrie ich so laut, daß die ganze Nachbarschaft es hören konnte: «Ihr habt alles kaputtgemacht, ihr... ihr... ihr *Schweine*!»

Ich machte kehrt und rannte los. Wohin, wußte ich nicht, aber irgendwie sah ich in Gedanken die samtgrünen Wiesen des Campus vor mir, als könnten die mich beruhigen. Ich überquerte die Straße und rannte in Richtung Teich, wo die Schwäne heiter im Regen herumschwammen. Mit gesenktem Kopf trabte ich im strömenden Regen den Herzinfarkthügel hoch, während gleich über den Baumwipfeln immer wieder Blitze am Himmel zuckten. Beim Theater lehnte ich mich neben einem der hohen offenen Fenster an die Mauer und horchte auf meinen keuchenden Atem. Ich starrte hinein, auf eine Pfütze direkt unter dem Fenster auf dem Holzfußboden, und dann zur Bühne, wo Leo uns erst vor kurzem hingeführt und in wenigen Augenblicken völlig verwandelt hatte. Was war das mit diesem Jazz? fragte ich mich verzweifelt. *Was war damit?*

Ich hörte jemanden kommen, und als ich mich umdrehte, sah

ich Elena mit kräftigen Schritten den Hügel heraufstürmen, den Kopf vor Anstrengung gesenkt. Sie war klatschnaß, ihr langes Haar klebte an Armen und Schultern und die weiße Bluse an den Rippen. Ich konnte mich nirgends verstecken, und da ich nicht einfach weglaufen konnte (sie hätte mich in ein paar Sekunden eingeholt), hievte ich mich auf den niedrigen Fenstersims und kletterte hinein.

Auch dort war alles feucht – die ersten paar Sitze waren klatschnaß, und die Pfütze auf dem Fußboden hatte sich noch vergrößert. Ich hatte Angst weiterzugehen, also kauerte ich mich neben die Pfütze und schloß die Augen. Als ich draußen Elenas quietschende Schritte hörte, hielt ich die Luft an. Dann spürte ich plötzlich ihre Fingerknöchel auf dem Kopf.

«Komm schon, Maddie», keuchte sie. «Du hast hier nichts verloren.»

Ich blickte auf. Elenas Brust hob und senkte sich heftig unter der nassen Bluse, und ihr Gesicht war so verzerrt, daß ich wußte, sie hatte geweint. «Hier erwischen sie dich gleich», stieß sie hervor.

«Mir egal.» Ich senkte den Kopf und blies Luft zwischen meinen Knien hindurch.

Elena kletterte durchs Fenster und plumpste auf den nassen Sitz neben mir. Sie ließ den Oberkörper auf ihren Schoß sinken, und ich hörte ihre rohe, schrille Stimme: «Was ist, wenn sie nie mehr wiederkommt?»

Dieser Gedanke war mir auch schon durch den Kopf geschossen, aber er war so furchtbar, daß ich ihn nicht lange denken konnte.

«Warum habt ihr das gemacht, Elena?»

Sie sah mich an und sagte durch einen Schleier schuldbewußter Tränen: «Er hat einfach angefangen zu spielen – ich konnte gar nichts daran ändern, Maddie, ich hab mitgemacht, und Harry, der wird ja immer ganz –»

«Ich weiß», sagte ich. Und ich wußte es wirklich. Ich dachte daran, wie die Musik mich gepackt hatte, und konnte mir genau vorstellen, wie es passiert war.

«Warum bist du neulich weggelaufen, Elena?»

Sie wischte sich mit dem Handrücken übers Gesicht und richtete sich auf. «Das kann ich dir nicht sagen – da muß ich erst eins von deinen Geheimnissen hören», sagte sie

«Ich sag dir eins, aber nur, wenn wir's eins zu eins machen, Elena. Nicht zwei gegen eins.» Da war ich unnachgiebig. Ich meinte es ernst, und Elena wußte das.

«Einverstanden», sagte sie. «Aber du fängst an.»

Ich besaß ja das Halb-Geheimnis, das mir Lana von Teddy erzählt hatte. Zwar hatte sie gesagt, es solle unter uns bleiben, aber trotzdem war es nicht das gleiche, wie wenn ich ein richtiges Geheimnis preisgeben würde. Ich horchte eine Weile auf den Regen und ließ die Stille wirken. Als der Wind die roten Vorhänge bewegte, befand ich, daß es besser war, wenn wir uns aus Respekt vor Lana die Geheimnisse ins Ohr flüsterten. Dann konnte die Luft sie wenigstens nicht hören, und irgendwie wurde es dadurch besser oder doch weniger schlimm.

Elena machte ihr Ohr frei, und ich preßte meine Lippen dagegen. «Sie hatte einen älteren Bruder, der Teddy hieß.»

Mit offenem Mund starrte mich Elena an. «Ehrlich?» Ihr Gesichtsausdruck war wunderbar – schon allein dafür hatte es sich gelohnt, ihr das Geheimnis zu erzählen.

Ich preßte meine Lippen wieder an ihr Ohr und enthüllte den Rest. «Er ist im Zweiten Weltkrieg umgekommen.»

«Ehrlich wahr?» Elena war fassungslos. «Im Zweiten Weltkrieg?»

Ich nickte, und sie schauderte.

«Mein Gott, Maddie! Ich glaub's nicht!» Ich wußte genau, was sie empfand. Ich hatte mich ja genauso gefühlt. Drum ließ ich sie eine ganze Weile ruhig dasitzen, damit sie darüber nachdenken konnte. Sie starrte lange an die Decke und horchte, wie der Regen auf das Dach prasselte. «Was denkst du – warum hat sie uns das nie gesagt?» fragte sie schließlich.

«Vielleicht war sein Tod irgendwie eine Schande.»

«Nein, das glaub ich nicht.» Sie schwieg einen Augenblick. «Sie möchte nicht, daß wir etwas über sie wissen. Wir sollen nichts wissen, weil Lana nicht normal ist. Sie ist einfach nicht normal.»

Ein Donnerschlag zerriß die Stille und ließ die Fenster klirren, was mich an Elenas Geheimnis erinnerte. «Jetzt bist du dran», sagte ich zu ihr.

Sie sah mich einen Augenblick lang an und senkte den Kopf, und dann quälte sie mich mit einem endlosen Schweigen. Ich wußte, wieviel es mir ausgemacht hätte, mich von einem richtigen Lana-Geheimnis zu trennen, also ließ ich ihr Zeit, sich langsam darauf einzustellen. Sie zeigte mir auch, wie nervös sie war, indem sie ständig mit den Fingernägeln an der Rückseite des Sitzes vor ihr kratzte.

«Okay, Maddie», flüsterte sie schließlich. Ihre Lippen berührten den Rand meines Ohrs, und als sie tief Luft holte, schloß ich die Augen. «Lana mag keinen Jazz», wisperte sie. Dann entfernte sie sich von meinem Ohr, als wäre das ihr ganzes Geheimnis.

«War das alles?» flüsterte ich laut.

Sie sagte nichts. Sie rührte sich nicht einmal.

«Willst du mich auf den Arm nehmen, Elena?» schrie ich. «Glaubst du, ich hätte das nicht gewußt? Glaubst du das wirklich?»

«Schon gut, Maddie. Halt die Klappe.» Ich spürte wieder ihre Lippen und ihren Atem und dann ihre Hand, die leicht meine Schulter berührte. «Sie haßt Jazz, weil die Musik sie an etwas Schreckliches erinnert, das ihr passiert ist.» Elenas Stimme war verkrampft und voller Tränen. «Es hat was mit dem Stock zu tun. Den Rest weiß ich auch nicht. Aber ich sag dir was. Die Melodie, die Leo heute gespielt hat – die hat er für Lana komponiert.»

Danach drehte sie sich weg, ließ den Kopf in den Schoß sinken und vergoß die unterdrückten Tränen der Schuldigen. Ich empfand so vieles auf einmal, daß ich nichts anderes tun konnte, als ihr nasses Haar streicheln und ihr versprechen, daß ich Lana nie etwas erzählen würde, gar nichts.

Lana kam an diesem Abend nicht nach Hause. Wir aßen schweigend unser Essen – ich, Elena, Harry und Leo. Wir hatten Angst, sie könnte nie wiederkommen, aber keiner wagte, das auszusprechen. Leo war außer sich. Sein Gesicht war nicht zerklüftet, sondern flach und abgespannt, als hätte es keine Muskeln. Er war bedrückend schweigsam und horchte wie gebannt auf jedes vorbeifahrende Auto. Zweimal sah ich, wie er gedankenverloren aus dem Fenster starrte und nach ihr Ausschau hielt. Ich wollte ihn fragen, warum er diese Musik gespielt hatte, obwohl er doch wußte, sie würde bald nach Hause kommen, aber das war, als fragte man jemanden, warum er das Streichholz angezündet hat, mit dem das Haus in Brand gesteckt wurde. Ich überlegte allerdings, ob er es vielleicht darauf angelegt hatte, daß sie ihn ertappte. Warum sonst sollte er diese Melodie gespielt haben, *ihre* Melodie, wenn ihm klar war, daß sie demnächst heimkam? In diesem Moment begann ich, an Leo zu zweifeln.

Elena war immer noch durcheinander wegen des Geheimnisses, denn nach dem Abendessen verdrückte sie sich gleich. Als ich sie durch die Hintertür verschwinden sah, schlich ich mich in die Küche, um Lizzy anzurufen.

«Lana ist fort», flüsterte ich. «Sie ist heute nachmittag mit dem Auto weggefahren und bis jetzt noch nicht zurückgekommen.»

Lizzy sagte, ich solle kurz warten, während sie in den großen Wandschrank kroch. Ich hörte, wie sich quietschend eine Tür öffnete, und dann ein paar Poltergeräusche. «Was ist passiert?» fragte sie schließlich.

Ich überlegte, was eigentlich passiert war, und merkte, die Frage war gar nicht so einfach zu beantworten. Wenn ich die Wahrheit sagte, nämlich: «Leo hat Jazz gespielt», war das keine richtige Antwort. Es waren noch ein paar zusätzliche Erklärungen nötig. Deshalb schlug ich vor, wir sollten uns bei Einbruch der Dunkelheit am Schwanenteich treffen.

Es hatte aufgehört zu regnen, aber der Himmel war immer noch grau und voller schwarzer Wolkenwirbel. Wir trafen uns auf der Brücke und gingen hinunter zum Ufer, wo wir uns hinter den Binsen versteckten. Ich wußte nicht recht, wieviel ich Lizzy erzählen wollte. Irgendwie wollte ich ihr vom Jazz erzählen, aber ich beschloß, Elenas Geheimnis nicht zu erwähnen. Das wäre fast so gewesen, als würde ich eins von Lanas Geheimnissen preisgeben, und so verdorben war ich nicht. Aber sie sollte wenigstens über den Jazz Bescheid wissen. Es war an der Zeit, daß sie davon erfuhr.

«Leo hat Jazz gespielt», flüsterte ich und bohrte meine Fersen in die feuchte Erde.

«Was?» Sie hatte nicht die blasseste Ahnung, wovon ich redete.

«Er spielt diese Musik, die man Jazz nennt. Das ist so 'ne Musik, die bringt die Leute zum Tanzen.» Ich scharrte mit den Füßen im nassen Gras, als müßte sie es sich dadurch besser vorstellen können, aber es half nichts.

Ich erzählte ihr, wie ich die Musik zum erstenmal im Theater gehört hatte, als Leo seine Elena-Melodie spielte, und wie sehr sich Lana hinterher darüber aufgeregt hatte. «Und heute hat er wieder Jazz gespielt», sagte ich. Ich blickte in den grauen Himmel, und es überlief mich kalt. «Lana und ich waren einkaufen, und als wir heimkamen, hat sie die Musik aus dem Wohnzimmer gehört. Da ist sie sofort ins Auto gestiegen und weggefahren.»

«Hat sie noch nicht angerufen?» fragte Lizzy.

Ich schüttelte den Kopf, warf ein paar Kieselsteine in den See und sah zu, wie sie versanken.

«Komisch», flüsterte Lizzy.

«Verstehst du jetzt, was ich meine, wegen Lana?»

Lizzy nickte.

«So geht das schon mein ganzes Leben.» Ich nahm einen Stock und schleuderte ihn mitten in den See, wo er neben einem Schwanenpaar schwamm.

«Vielleicht ist sie zu ihrer Mutter gegangen», schlug Lizzy vor. «Vielleicht sucht sie sich da einen Job.»

«Lana kann Jobs nicht leiden», erinnerte ich sie. «Sie schreibt, und außerdem ist Mimi ihre Mutter, und mit der redet sie nie. Wir wissen nichts über Mimi, das hab ich dir doch gesagt.» Ich dachte an Lanas Gesicht, als ich sie gefragt hatte, ob sie ihre Mutter nicht leiden könne. «Ich glaube, Lana haßt sie.»

Lizzy starrte durch das Schilf auf einen unbestimmten Punkt in der Ferne. «Dann ist sie nicht zu ihr gefahren», sagte sie. Wenn jemand das verstand, dann Lizzy.

Es wäre nicht nötig gewesen, und unser Gespräch führte eigentlich auch gar nicht darauf hin, aber ich erzählte Lizzy trotzdem von Teddy. Es war ja kein echtes Geheimnis, nicht im eigentlichen Sinn des Wortes, so wie Lana uns das beigebracht hatte, aber trotzdem zwang ich Lizzy zu schwören, es niemals weiterzuerzählen.

«Großes Ehrenwort», sagte sie und malte mit dem Finger ein Kreuz über ihr Herz.

«Sie hatte einen Bruder, der Teddy hieß und im Zweiten Weltkrieg umgekommen ist», sagte ich. «Wir haben überhaupt nicht gewußt, daß sie einen Bruder hat. Sie hat uns das nie erzählt.» Meine Kehle war plötzlich wie zugeschnürt, und ich hatte das Gefühl, als hockte mir etwas Elefantenschweres auf der Brust. Ich hatte dieses Halbgeheimnis laut ausgesprochen und konnte es nie wieder zurücknehmen. Wenn ich es ihr wenigstens ins Ohr geflüstert hätte – aber daran hatte ich gar nicht gedacht. Ich lehnte mich zurück ins nasse Gras und schloß fest die Augen.

«Vielleicht hat der Jazz etwas mit dem zu tun, was ihr passiert ist», wisperte Lizzy nach einer Weile. «Vielleicht erinnert die Musik sie daran.»

Meine Ohren klingelten, und mein Magen verkrampfte sich säuerlich. Das war Elenas Geheimnis. Lizzy hatte Elenas Geheimnis erraten.

«Vielleicht wurde gerade Jazz gespielt, als Mimi ihr erzählte, daß Teddy tot ist», sagte sie, «und jetzt kann sie diese Musik nicht mehr hören, weil sie dann immer daran denken muß, daß Teddy tot ist.»

«Aber was ist dann mit ihrer Hüfte und dem Stock?» fragte ich.

«Vielleicht ist sie durchgedreht, als sie es erfahren hat, und dann ist sie aus dem Fenster gesprungen und hat sich die Hüfte gebrochen.»

«Aber was ist mit dem Metall in ihrer Hüfte?» fragte ich leise.

«Vielleicht war Mimis Auto unter dem Fenster geparkt, und Lana ist daraufgestürzt. Vielleicht ist es ein Stück vom Kotflügel.»

«Ich weiß nicht», sagte ich nur, aber ich bezweifelte es stark.

«Vielleicht stand sie am Long Island Sound am Dock, als Mimi es ihr erzählt hat, und vielleicht ist sie dann ohnmächtig geworden und ins Wasser gefallen, und die Strömung hat sie erfaßt. Vielleicht ist sie gegen ein gesunkenes Schiff geknallt.»

«Aber was ist dann mit dem Jazz? Wie konnte sie Jazz hören, wenn sie unten am Dock war?» wollte ich wissen.

«Vielleicht hatten sie einen Plattenspieler dabei.»

«Wie hätten sie den anschließen sollen?»

«Mit einem Verlängerungskabel.»

«Ich glaube, damals gab's noch gar keine Verlängerungskabel», wandte ich ein. «Das ist nämlich schon ganz lange her.»

«Stimmt.»

Es war inzwischen dunkel geworden, und Lizzy sagte, sie sei von zu Hause abgehauen, ohne Garta Bescheid zu sagen. Ich sagte, sie müsse heimgehen, und begleitete sie bis zum Kino, über dem Garta im ersten Stock wohnte. Wir hingen noch etwa eine halbe Stunde draußen herum und warteten, daß die Sitzflächen unserer Shorts trockneten. Unsere Hosen hatten große nasse Flekken, weil wir beim Teich im nassen Gras gehockt hatten, und Lizzy befürchtete, Garta würde sagen, sie hätte in die Hose gemacht. «Und dann krieg ich was ab», sagte sie.

Als ich nach Hause kam, war Lana immer noch nicht da. Elena war von ihrem schlechten Gewissen offensichtlich so erschöpft, daß sie schon im Bett lag und schlief. Leo saß im Garten am Picknicktisch und starrte hinauf in den Himmel. Ich beobachtete ihn eine Weile vom Speicherfenster, bis Lanas Kisten mich vertrieben. Es tat mir leid, daß ich beim Mond geschworen hatte, ihre Notizbücher nie mehr anzurühren. Allerdings tat es mir noch mehr leid, daß ich Miss Thomas gefragt hatte, wie mächtig der Mond sei. Ich hätte es lieber nicht so genau gewußt.

Als ich schließlich ins Bett ging, fiel mir wieder ein, was ich am Schwanenteich gemacht hatte, und meine Nerven meldeten sich erbarmungslos. Ich hatte laut über Lana und über den Jazz und über Teddy gesprochen. Ich hatte es Lizzy nicht etwa ins Ohr geflüstert, wie ich es hätte tun sollen. Und nun war alles an der Luft, und es konnte fliegen und davonschweben und wachsen – und Lana weh tun. Vielleicht fuhr sie gerade eine Straße entlang, und da kam sie wie ein Bumerang aus der Dunkelheit und traf sie am Kopf. Ich hatte außerdem Angst, die Wörter, die Elena und ich im Theater gesagt hatten, könnten schwarze Hände bekommen und Lana tiefer und tiefer in die Nacht stoßen.

Am nächsten Morgen wachte ich schon früh auf, weil ich Lana die Treppe heraufkommen hörte. Es war ein Geräusch, das eindeutig zu ihr gehörte. Ich hätte es überall erkannt – zwei energische Schritte und dazwischen das Klopfen des Stocks. Ich warf meine Decke zurück und tappte auf Zehenspitzen durch Elenas

Zimmer (sie schlief noch fest). Durch eine Ritze in der Tür konnte ich Lana sehen. Sie trug immer noch das blaue Leinenkleid, das jetzt total zerknautscht und voller Wasserflecke war, und ihr Haar hatte sie hinten zu einem lockeren Zopf geflochten. Sie ging schnell über den Flur und ins Schlafzimmer, wo sie die Tür hinter sich zuknallte. Ich wußte, die Wut, die sie gestern abend umgetrieben hatte, war noch nicht verflogen – mit kalten, klammen Fingern kroch sie meine Wirbelsäule hoch, und trotz der morgendlichen Hitze überlief es mich kalt.

Ich blieb wie erstarrt hinter der Tür stehen und wartete auf den Klang ihrer wütenden Stimme und auf Leos besänftigende Antworten, aber ich hörte nichts – nur irgendwo in der Ferne das Rattern eines schläfrigen Rasenmähers. Es war, als hätte Lana die Tür hinter sich geschlossen und sich dann in Luft aufgelöst.

Ich schlich leise den Flur hinunter ins Bad und kauerte mich vor das Gitter. Das graue Morgenlicht drang durch das offene Schlafzimmerfenster und fiel auf Leo, der schlafend auf der Bettdecke lag, noch immer in seinen schwarzen Hosen und dem weißen Hemd. Lana konnte ich nicht sehen. Ich verrenkte mich, um festzustellen, ob sie vielleicht in ihrem Schreibzimmer war, doch auch da war sie nicht. Meine geringen Kenntnisse der physikalischen Welt sagten mir, daß sie irgendwo im Zimmer sein mußte, aber ich konnte sie einfach nicht entdecken. Es war auch nichts zu hören, nicht einmal ein Rascheln. Die Stille hing drückend in der Luft – selbst der Rasenmäher hatte aufgehört zu schnurren.

Ich wartete, zusammengekauert und reglos und mit schmerzenden Beinen – bis durch die Stille ein Schuh geflogen kam, ein schwarzer Schuh, der Leo genau auf den Rücken traf. Leo schreckte hoch, ein schlummernder Riese, der abrupt aus dem Schlaf gerissen wird, und das erste Wort aus seinem Mund war ein atemloses, winselndes *«Lana»*.

Sie saß in dem Sessel in der Ecke, für mich außer Sichtweite.

«Wie kannst du nur schlafen!» rief sie. Ihre Stimme kam mir

ganz unbekannt vor. Sie hatte nichts Sanftes, sie war hart und gehässig. Es war eine Stimme, die ich noch nie gehört hatte.

Leo setzte sich auf, rieb sich den Schlaf aus den Augen und antwortete schnell und abgehackt, wie alle, die sich schuldig fühlen: «Ich wollte nicht... Ich habe gewartet, aber – ich habe gedacht, du hättest uns –»

«Verlassen?» fuhr Lana dazwischen. Ehe Leo antworten konnte, stand sie auf und stürmte durchs Zimmer auf ihn zu. Ihr Gesicht war rot und verzerrt und voller Schmerz. «Wie konntest du nur, Leo!» schrie sie mit verhaltener Stimme. «Du hast versprochen, es nicht zu tun. Du hast es mir versprochen – und dann spielst du diese Melodie, als hätte sie nichts zu bedeuten. Ich höre sie durchs Fenster, und dann sehe ich Elena und Harry tanzen. Ausgerechnet die Melodie, Leo – du hast keinerlei Achtung vor mir, Herrgott noch mal.» Ihre Stimme wurde etwas lauter. «Warum die? *Warum ausgerechnet die?*»

«Ich liebe diese Melodie», flüsterte er laut. Er schob seine aufgerollten Ärmel über die Ellbogen und zog wütend die Schuhe an.

«Dann spiel sie weit weg von mir. Aber du spielst mir diese Melodie oder irgendeines von diesen Stücken nicht in meinem Haus, nicht vor meinen Kindern. Um eins habe ich dich gebeten, Leo – ich habe dich gebeten, nie –»

«Es ist meine Musik, Lana. Sie gehört mir, und sie ist schön, und die Kinder lieben sie.»

Bei diesem letzten Satz nahm Lana ihren Stock und schleuderte ihn gegen die Wand. Er landete mit einem dumpfen Knall auf dem Boden, und sie trat näher ans Bett. «Ich dulde sie nicht in meinem Haus, Leo. Ich dulde es nicht, daß meine Kinder –»

«Sie sind nicht nur deine Kinder, La –»

Sie beugte sich zu ihm hinunter, bis ihre Augen noch gut zwei Handbreit von seinen entfernt waren. «Ich habe *gewußt*, daß das passiert. Ich habe dir gesagt, du kannst es nicht lassen. Ich wußte es schon in New York. Ich wußte, wir kommen nicht darüber weg.

Ich hab es dir damals schon gesagt, verdammt – ich hätte nicht auf dich hören sollen, und jetzt –»

«Es ist nicht wieder da, La», flüsterte Leo beschwörend. «Du steigerst dich jetzt nur unheimlich rein.» Mit seinen dicken Fingern fuhr er sich durch die braunen Haare, und sein Gesicht fiel wieder auseinander.

«Du hast angefangen, Leo, und jetzt ist es nicht mehr aufzuhalten. Ich bin nicht dumm, ich weiß, wie die Menschen sind, aber ich dulde es nicht, Leo. Ich lasse nicht zu, daß es mich *verfolgt.*» Dieses letzte Wort war ein Schrei, und gleich darauf begann sie vor Wut zu zittern. Sie hob den Stock auf, wirbelte herum und schlug damit auf die Holzdiele direkt vor Leo.

«Ich dulde es nicht. Hörst du?!» Wieder schlug sie mit dem Stock auf den Boden, als wollte sie ihre Worte unterstreichen, und dann ging sie auf Leo los. Sie war außer sich vor Wut, und ich hatte das Gefühl, wenn sie sich nicht bald beruhigte, würde sie platzen und in hundert verschiedene Richtungen auseinanderfliegen. Ihre Stimme war heiser, ihr Körper so angespannt, daß ich unbewußt den Kopf zwischen die Schultern zog. So hatte ich Lana noch nie gesehen – sie war kaum wiederzuerkennen.

«Beruhige dich, La», schrie Leo. Er sprang auf und wollte sie packen, als könnte seine Berührung sie zusammenhalten, aber sie entzog sich ihm blitzschnell.

«Was hast du ihnen gesagt?» schrie Lana.

«Nichts, La, nur daß es eine Melodie ist, die ich für –»

«Was sonst noch?»

«Nichts – ich schwör's dir.» Wieder fuhr er sich mit den Fingern durch die Haare.

«Ich glaub dir nicht!» rief sie. «Du kannst es nicht ertragen, daß sie es nicht wissen. Wenn es nach dir ginge, würdest du ihnen die ganze gottverdammte Geschichte erzählen, stimmt's?»

«Nein, das würde ich nicht, aber sie sind neugierig, La. Sie möchten wissen, wer du bist. Ich glaube –»

«Was du glaubst, ist mir egal.» Sie drehte sich abrupt um, die Augen zusammengekniffen, die Fäuste geballt. «Du hast mir versprochen, daß wir nie darüber reden und daß wir es ihnen nie erzählen. Das ist der einzige Grund, warum ich mit dir gegangen bin. Ich habe gewußt, daß es so kommt. *Ich hab's dir gleich gesagt.*» Dieser letzte Satz endete in einem lauten Schluchzen, und sie rannte zum Fenster, als wollte sie sich hinausstürzen.

Leo rannte hinter ihr her, packte sie und schloß sie in die Arme. Er redete besänftigend auf sie ein und strich ihr mit den Händen übers Gesicht. «Ich hab ihnen nichts erzählt. Das schwör ich dir. Ich habe nur die Melodie gespielt.»

«Aber irgendwann erzählst du's ihnen. Das weiß ich genau – und was mach ich dann?» rief sie mit erstickter Stimme.

«Nein, das tu ich nicht, La. Ich verspreche es. Herrgott noch mal – ich erzähl es ihnen nicht, und ich spiele auch die Musik nie wieder. Okay?»

Er hielt ihr Gesicht in den Händen. Sie starrten einander lange an, als wollten sie sich vergewissern, daß sie immer noch dieselben Menschen waren. Dann sank Lana auf die Knie, eine anmutig zusammengekauerte Gestalt. Sie brach in Tränen aus, Leo kniete sich neben sie, berührte sie sanft mit den Händen und streichelte ihr Gesicht und ihren Nacken, als wollte er sie heilen.

«Wohin bist du gestern abend gegangen?» fragte er sie. Seine Stimme war wieder sanft, ohne Wut. «Bist du zurückgegangen?»

«Fast», stieß sie hervor. «Ich bin bis zur George-Washington-Brücke gefahren, aber –»

Leo zuckte sichtbar zusammen. Wo war «zurück»? fragte ich mich. Wo war die George-Washington-Brücke? Aber leider redeten sie nicht weiter. Statt dessen schluchzte Lana bitterlich beim Gedanken an das, was ich nicht wußte, und Leo drückte sie an sich, um sie von dort zurückzuholen, wo sie hingegangen war – wo immer das sein mochte.

Ich verstand gar nichts mehr. Offenbar kannte ich diese beiden Menschen nicht, die da vor mir knieten, in dieser Pose des – ja, was für eine Pose war es überhaupt? Ich hatte keine Ahnung, wovon sie redeten und wohin Lana gefahren war und warum sie so verzweifelt schluchzte. Woher kam das alles? Erst gestern hatte sie mich doch noch auf dem Gehweg gekitzelt und geschubst!

«Ich habe Angst, es kommt wieder, Leo. Ich spüre, wie es wieder losgeht.» Ihre Stimme war voller Panik, und ihre Finger krallten, und dann stieß Leo sie plötzlich weg, um sie zu schütteln.

«Wehr dich, La. Du mußt dagegen ankämpfen.»

Wogegen sollte sie sich wehren? fragte ich mich. Wogegen ankämpfen? Aber kaum waren diese Fragen in meinem Kopf aufgetaucht, da geschah etwas ganz Neues, das mich völlig faszinierte. Lana stieß einen furchtbaren Schrei aus, und Leo nahm sie hoch und hielt sie in den Armen wie ein Baby. Da lag sie, an ihn gedrückt, während er sie wiegte und ihr beruhigend zuredete, wie eine Mutter, die ein weinendes Kind tröstet.

«Es kommt wieder, ganz bestimmt», keuchte sie. «Ich spüre es. Unterwegs mußte ich an den Rand fahren. Als ich an der Brücke war, hat es mich wie eine riesige Welle überrollt.» Der Gedanke daran brachte sie wieder zum Weinen, und Leo begann erneut seine besänftigende Litanei. Es war die Krankheit, soviel begriff ich, die Krankheit, die Lana nie benennen konnte, selbst jetzt vor Leo nicht.

Ich kann gar nicht sagen, was es für mich hieß, Lana so zu sehen. Ich hatte ihre Qualen noch nie richtig zu Gesicht bekommen. Ich hatte sie nur gehört, gedämpft und unverständlich, durch die Heizrohre daheim in Detroit. War es das, was dabei vor sich ging? Und wenn ja – was *war es*?

Ich konnte nicht lang darüber nachdenken, weil nun wieder etwas ganz anderes anfing. Leo stand auf, trug Lana zum Bett und legte sie darauf, als wäre sie leicht wie eine Feder. Er hielt sie eine Weile in den Armen und sah sie von der Seite an, und seine Augen waren so feucht und weich wie tintenblaue Teiche. Dann geschah es – so schnell, daß es gar nicht paßte. Von diesem Augenblick der Hingabe gingen sie blitzschnell in Raserei über. Leo suchte Lanas Mund, sie suchte seinen, und ihre Lippen und ihre Zungen und ihr Atem vermischten sich, und ihre Körper verrenkten sich seltsam, als versuchten sie, sich aus ihrer Haut zu winden. Die Art, wie ihre Münder sich küßten und ihre Körper sich aneinanderdrängten, erinnerte mich an zwei ausgehungerte Menschen, die sich auf ihre Nahrung stürzen, um endlich die Qualen des Hungers zu stillen. Da fiel mir Lanas Notizbuch ein. *Ich möchte ihn aufessen, ihn verschlingen.* Und einen Augenblick lang war ich wie gelähmt vor Angst. Was würden sie tun? Würden ihre Körper miteinander verschmelzen oder, schlimmer noch, sich auflösen?

Vielleicht war es meine Rettung, daß Elena ins Bad gestolpert kam. Ich war noch nicht soweit, das mitansehen zu können. Ich stand schnell auf und setzte mich auf den Badewannenrand, während sie pinkelte.

«Lana ist wieder da», sagte ich. Meine Hände zitterten, also steckte ich sie unter meine Beine und hielt mich an dem kalten Porzellan fest.

«Ehrlich?» Der Schlaf wich augenblicklich aus ihren Augen. «Woher weißt du das?»

«Ich hab sie die Treppe raufkommen hören.»

Leo kam wenig später aus dem Schlafzimmer und sah uns im Bad hocken. Gleich darauf erschien Lana in der Tür. Ihre Augen waren tief und strudelnd wie die Mitte eines klaren, unergründlichen Flusses. Ich konnte sie gar nicht lang ansehen. Sie näherte sich der Tür, und ehe sie noch «Guten Morgen» sagen konnte, kippte sie mit dem Oberkörper nach vorn und hielt sich die Seiten, als müßte sie sich übergeben. Leo führte sie rasch ins Zimmer zurück und schloß die Tür hinter sich, und dann hörten wir nur noch seine leise murmelnde Stimme. Elena drückte sich an die Wand und schloß die Augen. «Lieber Gott», sagte sie leise. «Jetzt bleibt sie *tagelang* da drin. Komm, Maddie, wir verduften.»

Sie stürmte aus dem Bad, ihr weißes Nachthemd blähte sich wie ein Segel, und als ich sie die Vordertreppe hinabpoltern hörte, kauerte ich mich schnell vor das Gitter und ging auf meinen Beobachtungsposten. Lana lag im Bett, unter einer beigen Afghandecke, die Schultern ihres blauen Leinenkleids lugten unterhalb ihrer Ohren heraus. Ihr Zopf hatte sich aufgelöst, und ihre Haare lagen jetzt auf dem Kopfkissen. Leo saß bei ihr, mit dem Rücken zu mir, und streichelte ihr Gesicht.

«Ich sollte runtergehen und ihnen Frühstück machen», sagte Lana. Ihre Stimme war hoch und dünn, und sie legte ihren Arm auf die Stirn.

«Ich mach das schon, La», erklärte Leo. «Mach dir keine Sorgen, du kannst –»

«Ich sollte aber – sie wollen doch wissen, was los ist», stieß sie gequält hervor. «Ich müßte mich wenigstens sehenlassen.» Sie schwiegen beide einen Augenblick. Lana dachte anscheinend an etwas Schreckliches, denn als sie weiterredete, klang ihre Stimme noch schlimmer. «O Gott, Leo», klagte sie, «was für eine Mutter –»

«Du bist eine wunderbare Mutter», unterbrach er sie. Er berührte ihr Gesicht mit den Fingerspitzen und malte kleine Kreise auf ihre Wangen. «Ruh dich erst mal aus, La, und wenn du dich besser fühlst –»

«Was willst du ihnen denn sagen?»

«Ich sage ihnen, du fühlst dich nicht –»

«Was sollen sie denken, um Gottes willen – daß ihre Mutter durchdreht?»

Ich hörte in der Küche das Telefon klingeln. Elena nahm ab und rief dann von unten an der Treppe ganz laut meinen Namen. *«Madddiiieee!»* Ich rannte hinunter – Lizzy war am Apparat.

«Ist sie heimgekommen?» flüsterte Lizzy. Sie war wieder im Schrank. Ich konnte hören, wie sie sich Platz schaffte.

«Ja, sie liegt droben im Bett.» Ich wandte Elena den Rücken

zu. Sie saß am Eßtisch, starrte aus dem Fenster und wickelte sich die Haare um die Finger.

Lizzy legte die Hand an den Hörer. «Mir ist eingefallen, wie wir rausfinden können, welche Artikel Lana aus der Zeitung ausschneidet.»

Schweigen an meinem Ende der Leitung. Daß Lana droben im Zimmer lag und mit etwas Furchtbarem kämpfte, während Lizzy und ich heimlich darüber redeten, wie wir das Rätsel ihrer Zeitungsartikel lösen konnten – das war mir nicht ganz geheuer. Trotzdem wollte ich es hören.

«Wie?» fragte ich. Ich schloß krampfhaft die Augen, als würde das helfen, ihre Worte und deren Wirkung nicht weiterdringen zu lassen als bis zu mir.

«Wir warten auf den Postboten und schnappen uns die Zeitung, bevor Lana sie liest. Dann schreiben wir alles ab, und wenn sie einen Artikel ausschneidet, wissen wir genau, welcher es war.»

Ich schämte mich, daß ich daran nicht schon selbst gedacht hatte. Es war eine derart einfache und naheliegende Lösung – ich hätte eigentlich längst darauf kommen müssen. Trotzdem war ich auch froh, endlich einen Zugang zu Lanas Heimlichtuerei gefunden zu haben, und sei er auch noch so winzig. Aber ich hatte Angst, wie sich unsere Entdeckung auf Lana auswirken könnte. Elena und ich hatten ihr Notizbuch gelesen, und Leo hatte den Jazz gespielt, und nun lag Lana oben in ihrem Bett, und es ging ihr sehr schlecht. Was würde mit ihr passieren, wenn ich herausfand, was es mit den Artikeln auf sich hatte, die sie so sorgsam ausschnitt und versteckte? Ich dachte an ihre Wut und wie sie dann zusammengebrochen und in Leos Arme gesunken war und er sie wie ein Baby gewiegt hatte. Hatten diese Artikel auch soviel Macht? Immerhin versteckte Lana sie, oder?

Ich bat Lizzy, in einer Viertelstunde am Schwanenteich auf mich zu warten. Wir trafen uns an der Brücke, und durch den morgendlichen Dunst gingen wir hinunter zum Ufer des Teichs, wo wir uns ins taufeuchte Gras setzten. Am Himmel hing eine dichte Decke aus gelblichem Grau, durch die wir das gedämpfte und diffuse Licht der Sonne sehen konnten. Es war schon heiß, also zogen wir die Schuhe aus und kühlten die Füße im Wasser. Wir saßen eine Weile schweigend da und beobachteten, wie das Wasser unsere Füße umspülte, und obwohl ich wußte, ich sollte es lieber nicht tun, weil es Lana dann bestimmt noch schlechter ging, erzählte ich Lizzy, was passiert war. Diesmal flüsterte ich es ihr ins Ohr und gab es nicht der Luft preis, was hoffentlich etwas half. Als ich fertig war, sah ich Lizzy an – ihre Augen waren so groß und feucht, daß ich das Gefühl hatte, ich könnte in ihnen versinken.

«Meine Güte, Maddie», flüsterte sie. «Ich kann mir gar nicht vorstellen, daß Lana so schreit.»

Ich überlegte, ob ich ihr auch erzählen sollte, daß Lana schluchzend zusammengebrochen und zu Boden gesunken war, aber ich entschied mich vorerst dagegen. Statt dessen erzählte ich ihr den Teil, wie die beiden anfingen, einander aufzuessen, und sie versuchte, es mir zu erklären.

«Sie haben sich nicht richtig gegessen, Maddie. Sie wollten wahrscheinlich was Unanständiges machen.»

«Was Unanständiges?»

«*Das* Unanständige», flüsterte sie bedeutsam.

«Ich weiß nicht, was das heißt.»

Sie beugte sich zu mir und flüsterte mir ins Ohr. «Das heißt, man macht ein Baby.»

«Lana und Leo wollten ein Baby machen?» Wenn ich an ihre Umarmung dachte, wußte ich, das war ausgeschlossen. Es lag nicht einmal im Bereich des Möglichen.

«Man macht nicht jedesmal ein Baby, wenn man es tut, Maddie», erklärte Lizzy. Sie schob ihr dichtes Haar von der rechten Schulter auf die linke.

«Wenn man was tut?»

«Das weißt du nicht?»

«Nein.» Ich hatte noch nie davon gehört.

«Man zieht die Kleider aus, und der Mann steckt sein Ding in die Frau, und so macht man ein Baby.» Sie pflückte einen Teichkolben aus dem Wasser und rührte damit in den Kieseln am Ufer.

«Woher weißt du das?»

«Ich hab's schon oft gesehen.»

«Wann?»

«Als ich noch im gleichen Zimmer wie meine Mom und Don geschlafen habe.» Sie schleuderte den Teichkolben wie ein Speerwerfer mitten in den See und tunkte die Füße noch tiefer ins Wasser.

Ich glaubte ihr vorbehaltlos. Wenn es eine Mutter gab, die einen derart intimen Akt zu einer öffentlichen Angelegenheit für ihre Kinder machen konnte, dann war das Garta. Ich bezweifelte nicht im geringsten, daß Lizzy genau wußte, wovon sie redete, und von dem Augenblick an war Lizzy für mich die alleinige Autorität und Informationsquelle auf diesem Gebiet.

Wir legten uns beide ins Gras zurück, blickten in den gleichmäßig grauen Himmel und horchten auf den morgendlichen Straßenverkehr, auf das ferne Schnurren der Rasenmäher. Die Sonne schimmerte durch die stumpfe, bleierne Schicht, und eine leichte Brise bewegte die Teichkolben in der Nähe und kühlte unsere erhitzte Haut.

«Was ist mit den Zeitungen, Maddie?» fragte mich Lizzy.

«Die Idee find ich gut», antwortete ich. «Aber jetzt ist Lana krank, und ich glaube nicht, daß sie Artikel ausschneidet. Der Jazz hat ihre Krankheit zurückgebracht. Du wirst es selbst sehen», sagte ich. «Wenn du das nächste Mal kommst, wirst du sehen, was ich meine.»

6

Lana war die nächsten beiden Wochen mehr oder weniger außer Gefecht. Sie kam zwar aus ihrem Zimmer, kümmerte sich um Harry und half Leo mit dem Abendessen, aber sie war nicht wie sonst. Sie redete kaum, und wenn, dann klang ihre Stimme so hoch und erstickt und überhaupt nicht wie ihre eigene, daß es mir richtig weh tat. Außerdem zitterte Lana oft, und weil sie sich noch zusätzlich etwas an der Hüfte getan hatte, als sie die Einfahrt hinuntergerannt war, brauchte sie ihren Stock noch mehr. Sie humpelte durchs Haus und entschuldigte sich ständig.

Elena und ich stellten unsere Vermutungen an, was für eine Krankheit es eigentlich sein könnte. Elena dachte an die Parkinsonsche Krankheit, was das Zittern erklärt hätte, während ich die Theorie vertrat, sie leide an alten, ausgewachsenen Nerven.

«Aber die Nerven bringen die Leute nicht zum Zittern, Maddie», wandte Elena ein.

Elena verstand nichts von Nerven. Sie wußte nicht, was sie anrichten konnten – Zittern war da noch eins der harmloseren Übel. Elena besaß keine Nerven, jedenfalls nicht so wie ich, und deshalb konnte sie auch die Symptome nicht erkennen.

Als wir Lana einmal vornübergekrümmt in ihrem Schreibzimmer antrafen, befürchtete Elena gleich Magenkrebs. Lizzy entwikkelte auch ihre Theorien; die glaubwürdigste war, Lana könnte ein

Herzleiden haben. Ihre Großmutter, Esther Hodges, hatte so was, erzählte Lizzy, und sie zitterte und keuchte immer durchs Haus. Wenn sie sich überanstrengte, weil sie schwere Sachen die Kellertreppe hinauf- oder hinunterschleppte, dann mußte sie sich hinsetzen und sich vorbeugen, um wieder Luft zu kriegen.

Egal, was es war – es war auf jeden Fall so ernst, daß Lizzy und ich unseren Plan, die *New York Times* abzuschreiben, erst einmal verschoben. Wir hatten beide nicht den Mumm zu derartigen Geheimaktionen, während Lana so unübersehbar krank war. Außerdem las sie sowieso keine Zeitung, und Artikel schnitt sie erst recht keine aus. Statt dessen beobachteten wir sie durch das Gitter im Bad. Es wurde unsere Aufgabe – der Hauptzweck unserer gemeinsamen Nachmittage –, auf den kalten Badezimmerkacheln zu kauern und Lana zu bewachen.

Aber sie konnte sich nicht in ihrem Schreibzimmer verkriechen. Leo kam fast nie mehr nachmittags nach Hause, also mußte Lana Harry versorgen und uns Frühstück und Mittagessen machen, ganz zu schweigen von der Wäsche. Leo hatte sich daran gewöhnt, daß Lanas ganze Zeit von Garta mit Beschlag belegt wurde, aber mehr noch hatte er sich daran gewöhnt, allein an dem Flügel auf der leeren Bühne zu arbeiten. Er bereitete immer noch das Abendessen für uns zu, putzte zwischendurch und hielt Lana nachts in den Armen, aber er weigerte sich, seine Vormittage und Nachmittage zu opfern, auch wenn Lana noch so schwach war.

Lizzy und ich hörten mit, wie sich die beiden eines Abends im Schlafzimmer darüber stritten. Es war nicht lange nach Lanas Rückkehr. Lizzy wußte nichts von ihrem Abkommen, merkte aber gleich, daß irgend etwas zwischen ihnen in die Brüche ging.

«Du kommst also nachmittags nicht mehr nach Hause? Willst du das damit sagen?» fragte Lana. Sie blickte aus dem hohen Schlafzimmerfenster, und die Abendschatten krochen langsam über unseren Rasen. Als sie an den Vorhängen zupfte, zitterte der Spitzenstoff in ihrer Hand.

Leo saß am Bettrand und zog sich gerade die Schuhe aus. «Ich hab mich an den Flügel da oben gewöhnt. Und an die Stille.»

Er starrte auf ihren Rücken, aber sie bewegte sich nicht.

«Das heißt, ich bin allein», hörten wir Lana sagen. Sie stellte es ganz nüchtern fest, wie eine Tatsache. Dann wandte sie sich Leo zu, und im schwindenden Licht wirkten ihre Augen noch dunkler und durchdringender. «Du hast mir versprochen, daß es hier genauso wird wie früher, aber das stimmt nicht», sagte sie scharf. Es klang, als hätte sie ein Messer in der Stimme.

Leo schob die Schuhe unters Bett. «Es gefällt mir da droben im Theater. Für mich ist ein Traum in Erfüllung gegangen, und den gebe ich nicht auf. Fünf Jahre habe ich in diesem beschissenen Wohnzimmer gehockt, Lana –»

Als sie ihm wieder den Rücken zukehrte, redete er nicht weiter. «Ich weiß, Leo», sagte sie kaum hörbar. «Ich verstehe das, aber du vergißt mich dabei.» Die Wörter quälten sich aus ihr heraus.

«Ich vergesse dich nicht dabei. Ich lebe, verdammt noch mal. Ist das so furchtbar?»

Lana drehte sich wieder um und streckte demonstrativ ihre zitternden Hände aus. Sie hielt sie lange so, damit er sie genau sehen konnte. «Du hast Glück», flüsterte sie wütend. Dann ließ sie die Arme sinken, ging aus dem Zimmer, und Leo blieb allein auf der Bettkante sitzen. Als sie weg war, kniff er die Augen zusammen, und ich wußte irgendwie, Lanas Krankheit wurde für ihn immer schwerer zu ertragen.

Lizzy sah mich im Halbdunkel des Badezimmers an und flüsterte: «Aber nachts nimmt er sie noch in die Arme, oder?»

«Ich glaub schon.»

«Sonst müssen wir es tun», sagte sie.

Lizzy hatte sich inzwischen so eng an mich geklammert und sog Lanas Geschichte derart gierig auf, daß es mir fast unmöglich wurde, sie von etwas auszuschließen. Im Lauf der Zeit fühlte ich mich immer mehr verpflichtet, sie ins Vertrauen zu ziehen und ihr alles über Lanas Leben weiterzugeben – das bißchen, das ich wußte. Wir bangten gemeinsam um Lana, und in der Stille des Speichers überlegten wir, was Lana geschrieben, gedacht oder gefühlt haben mochte, während wir sie durch das Badezimmergitter beobachteten.

«Ich wette, sie hat an das gedacht, was ihr passiert ist», sagte Lizzy. «Hast du gesehen, wie sie immer wieder den Stock angefaßt hat? Und ich wette, an Mimi hat sie auch gedacht. Hast du gesehen, wie sie sich dauernd die Augen gerieben hat? Ich hab irgendwo gelesen, daß die Leute sich die Augen reiben, wenn sie an ihre Mutter denken.»

Gegen Ende Juli glaubte Lizzy, die endgültige Antwort gefunden zu haben. Wir saßen oben im Speicher, beim offenen Fenster, Lizzy auf dem roten Sessel, ich ausgestreckt auf dem staubigen Holzfußboden. Elena war im Garten und stieß Harry auf der Schaukel an, während Lana in einem Korbsessel im Schatten saß, mit ihrer dunklen Sonnenbrille.

«Ich hab's, Maddie», erklärte Lizzy. Sie schlug träge ein Bein über das andere und verschränkte die Arme hinter dem Kopf. «Ich wette, Mimi war sehr neugierig und hat Lanas Notizbücher gelesen, als sie noch ein Mädchen war, und das hat Lana wahnsinnig gemacht. Also angenommen, sie hat Lanas Notizbücher gelesen – und Lana ist wütend geworden und weggelaufen, Mimi hinter ihr her, und vielleicht hat sich Lana dabei die Hüfte gebrochen. Mimi hat sie verfolgt, über die Straße in New York – falls sie gerade in New York waren –, und da ist Lana von einem Auto erwischt worden. Oder vielleicht waren sie ja auch am Long Island Sound, und als Lana weggerannt ist, hat Mimi sie mit dem Auto gesucht und sie überfahren. So war's wahrscheinlich, und jetzt redet Lana nicht mehr mit ihr.»

«Glaub ich nicht», sagte ich und rollte mich auf den Bauch. «Versuch's mit was anderem.»

Lizzy war unermüdlich, wenn es darum ging, Vermutungen

über Lana anzustellen. Sie konnte den ganzen Nachmittag damit verbringen, in der heißen, stickigen Dachkammer zu hocken und zu überlegen, was Lana passiert war. Es machte meine Nerven verrückt, hinter dem roten Sessel, auf dem Lizzy meistens saß, Lanas Kisten stehen zu sehen und zu wissen, ich hatte geschworen, sie nicht anzurühren – und gleichzeitig zu wissen, daß sie vermutlich die Antwort auf die Frage enthielten, was Lana *wirklich* passiert war. Aber ich konnte Lizzy nichts von den Notizbüchern erzählen. Das ging nicht. Ich hätte eine Katastophe heraufbeschworen. Lizzy mochte Lana zwar sehr, aber sie hatte noch kein Gefühl dafür, *wie* ernst sie Privatgeheimnisse nahm.

Wenn Lizzy dann abends nach Einbruch der Dunkelheit nach Hause ging, war ich allein mit Lanas Krankheit und ihren Kisten und meinen Gedanken. Nach einer Weile konnte ich überhaupt nicht mehr schlafen. Zu viele Puzzleteile fehlten – ich konnte keine Ruhe finden. Die Welt schien dunkel und vage, ja nebelhaft und ungreifbar, und sie trieb dahin, ohne Sinn und Ordnung. Meine Nerven kamen scharenweise anmarschiert, starteten Abend für Abend ihren Großangriff unter meiner Haut und boxten mit den Köpfen gegen die Decke. Was wäre, wenn Leo wieder Jazz spielte? überlegte ich dann. Und was wäre, wenn Lana recht hatte – daß er angefangen hatte und nicht mehr aufhören konnte? Aber womit aufhören?

Nachts horchte ich immer auf den gepeinigten Klang ihrer Stimme. Wenn sie nicht durch die Heizung im Fußboden drang, ging ich ins Bad und spähte durchs Gitter. Meistens lagen sie und Leo völlig bekleidet auf der Bettdecke, Lana eng zusammengerollt in seinen Armen. Ihre Augen waren so fest geschlossen, als müßte sie eine stumme und erbitterte Schlacht kämpfen. Sie kämpft dagegen an, dachte ich dann – aber wogegen?

In der letzten Julinacht schlich ich nach unten, und im Schimmer des Mondlichts holte ich mir den Band W von Leos *Encyclopedia Britannica* aus dem Regal, um die George-Washington-Brücke nachzuschlagen. Da stand, sie wurde 1931 erbaut und verbindet den Staat New Jersey mit der Insel Manhattan, auch bekannt als New York. Ich lehnte mich an das Bücherregal und sah auf meine ausgestreckten Beine. *Zurück* hieß also New York City. Lana wäre fast nach New York City zurückgegangen. Warum? Mimi, dachte ich. Sie war dorthin gefahren, um Mimi zu besuchen, aber dann hatte sie es sich anders überlegt. Ich dachte an das Geheimnis, das sie mir noch nicht erzählt hatte, das Mimi-Geheimnis, und obwohl ich wußte, es war unmöglich, wollte ich es hören.

Ich legte mich auf den Fußboden im Wohnzimmer und verschränkte die Hände hinter dem Kopf. Hatte ich den Mut, zu ihr zu gehen und sie zu fragen? Wie würde sie reagieren? Ich horchte auf Harrys tiefe Atemzüge im Nebenzimmer und beobachtete, wie die Scheinwerfer der vorbeifahrenden Autos die Wände erleuchteten und dann wieder verschwanden. Es ist nur eine Frage, dachte ich. Was ist schon *eine* Frage im Leben? Der Holzfußboden kühlte meine heiße Haut, und irgend etwas in dieser absoluten Stille gab mir Mut. Ich stellte den Band W der Enzyklopädie wieder zurück ins Regal und wanderte leise die Treppe hinauf. Vor Lanas Tür blieb ich stehen. Ich war höflich. Ich klopfte.

«Wer ist da?» fragte Lana.

«Ich bin's.»

Sie sagte, ich solle hereinkommen, also öffnete ich langsam die Tür und trat ins Zimmer. Leo schlief auf dem Bauch, ein weißes Laken bedeckte seinen Rücken, und die kleine Schwanenhalslampe auf dem Nachttisch brannte. Lana ließ sie die ganze Nacht an, wenn sie krank war – die Dunkelheit machte ihr angst und ließ die Dämonen, mit denen sie rang, noch größer erscheinen. Lana saß aufrecht im Bett und las ein Buch von Eudora Welty, während aus dem Radio leise Musik drang.

«Was gibt's, Maddie?» flüsterte sie. Sie sah fiebrig aus, und als sie mein Gesicht berührte, merkte ich, daß ihre Hand zitterte.

«Ich möchte dich was fragen, Lana.»

Sie rückte beiseite, um mir im Bett Platz zu machen. Sie fröstelte, aber es war so warm, so drückend, daß ich wußte, an der Temperatur konnte es nicht liegen. Nein, sie zitterte – nicht nur ihre Hände, sondern ihr ganzer Körper. Wahrscheinlich sollte ich jetzt nicht fragen, das war bestimmt sehr ungezogen, aber ich fragte trotzdem. Ich hatte mich schon zu viele Nächte gequält.

«Du wolltest mir ein Geheimnis über Mimi erzählen.» Ich betonte das Wort *Geheimnis* und zog das Laken bis unters Kinn.

Lana starrte mich ungläubig an. «Oh, Maddie. Daran denkst du noch?»

Ich nickte, und ein sanfter Lufthauch blies ihr eine Locke übers Gesicht. «Es war nichts, mein Schatz», flüsterte sie leise. «Ehrlich. Wir haben gespielt, und ich hab nur Spaß gemacht.»

«Das stimmt aber nicht», sagte ich. Im Radio kam jetzt ein Marsch, dessen schwerfälliger Rhythmus mich deprimierte. «Du hast gefragt, ob ich ein Geheimnis über Mimi hören will.» Ich preßte einen Finger auf die Lippen, als ob ich mich selbst zum Schweigen bringen wollte.

«Nicht heute abend, Maddie. Es ist schon spät, und ich will nicht an Mimi denken. Ich bin zur Zeit wirklich nicht ganz auf der Höhe.» Ihre Stimme versagte, und ihr Gesicht verzog sich gequält. «Ich war nicht immer so. Früher war ich ganz anders.» Sie drehte sich weg, damit ich ihr Gesicht nicht sehen konnte. «Entschuldige, Maddie», flüsterte sie. Dann drückte sie meine Hand, als wäre das alles, was sie noch konnte, und ich begriff, daß ich gehen mußte.

Ich erfuhr das Geheimnis über Mimi trotzdem. Lana erzählte es mir ein paar Tage später, als ich durchdrehte und mich hinter einem Faß unten an der Kellertreppe versteckte.

Elena und ich waren mit den Rädern zur Schule gefahren, um uns die Klassenlisten anzusehen, die dort an der Eingangstür angeschlagen waren. Ich hatte Angst, sie und Louis Bartalucci könnten in der gleichen Klasse sein, aber ich wollte es trotzdem wissen.

Wir ließen unsere Fahrräder im Gras liegen und gingen die Betonstufen zur Eingangstür hinauf, wo die sechs Listen mit Klebestreifen am Glas befestigt waren. Ich blickte mich um, weil ich sicher sein wollte, daß außer uns niemand da war.

«Ich kriege Mr. Laraway», sagte Elena. «Was das wohl für ein Arsch ist. Und du kriegst Mrs. Devonshire, Maddie. Mrs. Devonshit.» Seit Lana krank war, benützte Elena mit Vorliebe derbe Schimpfwörter.

Ich schob sie beiseite, und noch vor meiner eigenen Liste überprüfte ich die von Elena. Ich mußte nicht weit lesen, denn an zweiter Stelle stand Louis Bartalucci, gleich unter Robert Anderson.

«Verdammter Mist», murmelte ich leise.

«Was hast du gesagt?»

«Ich hab gesagt, verdammter Mist!» brüllte ich.

«Warum?»

Ich antwortete nicht, sondern rannte die Stufen hinunter und sauste mit meinem Fahrrad los, ohne auf Elena zu achten. Sie war völlig perplex, kam aber gleich hinter mir hergestrampelt. «Was ist los, Maddie?» rief sie in die diesige Dämmerluft. «Ist es wegen Mrs. Devonshire? Weil du Mrs. Devonshit kriegst?»

Ich raste blindlings durch die sommerlichen Straßen und fühlte mich verraten und verkauft. Sie würde ihn mir wegschnappen. Noch ehe der erste Schultag vorüber war, gehörte er ihr. Er würde nicht mal erfahren, wer ich war. Neid fraß mich auf. Ich warf mein Fahrrad auf die Wiese im Garten und floh die Kellertreppe hinunter, wo ich mich zwischen einem alten Faß und der Außenwand versteckte. Ich quetschte mich in die dunkelste Ecke, und der feuchte Schmutz drang langsam durch meine Shorts.

Elena knallte ihr Fahrrad ebenfalls ins Gras und rannte zur Kellertreppe. Ich sah ihre schlanken Beine vor dem verblassenden blauen Himmel. «Was soll der Scheiß?»

Ich konnte nicht reden. Meine Brust war ganz eng, und mein Herz pochte bis in die Ohren.

Sie scharrte mit den Füßen, und dann war es eine Weile still. «Da unten sind Gespenster, Maddie.» Sie stieß einen überzeugend schrillen Schrei aus, der mir furchtbare Angst einjagte. «Da drüben ist gerade eins vorbeigehuscht!» Elena schrie wieder, diesmal noch lauter, und warf einen Stein.

Ich konnte mich nicht bewegen. Also blieb ich einfach hinter der Tonne sitzen. Eine Spinne kroch mir das Bein hinauf, und meine Sitzfläche wurde immer feuchter. Ich konnte auch nicht sprechen, und wenn Elena noch so oft fragte, was eigentlich los sei. Als erst Lanas und dann Leos Beine oben an der Treppe auftauchten, wußte ich, daß mit mir wieder irgend etwas nicht stimmte.

«Ich komm runter, Maddie», sagte Lana.

Sie leuchtete mit einer Taschenlampe nach unten, aber der Strahl traf mich nicht. Ich beobachtete, wie sie herunterkam, den Stock immer vorneweg, und der Lichtstrahl suchte tanzend alles ab. Ich kroch noch tiefer in die Ecke, bis ich mit der nackten Schulter über den groben Zement schubberte. Ich weiß nicht, ob es das Licht war oder der Anblick von Lanas Gesicht dahinter – jedenfalls begann ich plötzlich zu zittern. Als hätte jemand die Tür zum Nordpol aufgestoßen, bebte ich am ganzen Körper.

Lana schob das Faß ein Stückchen weg und leuchtete mich mit der Taschenlampe an.

«Maddie, was ist denn mit dir los?» Sie sah aus wie eine Riesin, wie sie da in der Dunkelheit vor mir stand.

Ich schlang die Arme um mich und verbarg mein Gesicht zwischen den Knien. Lana rückte das Faß weg und kauerte sich neben mich. Das mochte ich an Lana – daß sie überhaupt nicht an sich selbst dachte, wenn jemand in Not war, sondern sich einfach in den Dreck setzte, wenn man gerade selber drin war.

«Was ist los, Maddie? Du zitterst ja!» Sie klemmte sich die Taschenlampe zwischen die Knie und zog mich an sich.

Ich konnte nicht antworten, weil Elena immer noch oben an der Treppe stand. Ich sah ihre Beine neben denen von Leo.

«Sag's mir, Maddie.»

«Erst, wenn Elena weg ist», stieß ich hervor. Meine Stimme war auch ganz zittrig.

Lana leuchtete mit der Taschenlampe die Treppe hinauf und richtete den Strahl auf Elenas Beine. «Leo, nimm bitte Elena mit rein und laß sie nicht wieder raus.»

Wir beobachteten, wie sich die Beine entfernten, und kurz bevor sie verschwanden, rief Elena: «Du bist genau wie Lana, Maddie. Total!» Daran, wie sie das sagte, merkte ich, daß sie nicht anders konnte. Es machte sie rasend, daß ich hier unten hockte.

«Wir sprechen uns noch, Elena!» rief Lana wütend. Wir hörten, wie die Hintertür aufging und dann knallend ins Schloß fiel. Danach war es wieder still.

«Erzähl's mir, mein Schatz. Ich muß es wissen, also erzähl's mir.» Wenn Elenas Worte sie geärgert hatten, war ihr das nicht anzumerken, denn ihre Stimme war zärtlich und klar und wieder ganz ihre eigene.

Ich starrte auf den Lichtkegel der Taschenlampe und heftete meine Augen auf die dunklen Holzsplitter und die zerrissenen Spinnweben. «Ich hab Louis' Namen auf Elenas Liste gesehen», sagte ich matt. «Louis ist ein Junge, den ich mal bei Miss Thomas gesehen habe. Und sie nimmt ihn mir bestimmt weg. Ich weiß es. Sie hat mir ja auch Andrew weggenommen.» Diese Wunde, die nun schon ein Jahr alt war, wollte einfach nicht heilen.

Während ich mit den Tränen kämpfte, zog mich Lana enger an ihre Brust. Sie strich mir das Haar zur Seite, und ich spürte ihre Lippen warm auf meinem Ohr. «Denk an das Geheimnis, das ich dir gesagt habe», flüsterte sie. «Männer werden für dich nie das Wichtigste im Leben sein. Du machst mal was Großartiges aus deinem Leben, Maddie. Erinnerst du dich?»

Natürlich wußte ich es noch, aber das tröstete mich jetzt wenig. Es war zu weit weg, und vorstellen konnte ich es mir sowieso nicht richtig.

Ich lehnte mich an ihre Brust, und unter der dünnen Seide ihres marineblauen Kleides konnte ich ihren schnellen Herzschlag nicht nur hören, sondern auch richtig spüren. Ihr Herz klopfte so rasch und so stark und erinnerte mich so sehr an Aphrodites Herz, daß ich Angst bekam, gleich könnte etwas Furchtbares passieren. Ich legte die Hand auf mein eigenes Herz, um zu überprüfen, ob es auch so rasant schlug wie ihres, aber das tat es nicht. War das ihre Krankheit? überlegte ich. Vielleicht hatte sie tatsächlich ein schwaches Herz, wie Lizzy vermutet hatte.

«Lana, hast du ein schwaches Herz?»

«Nein, mein Schatz», antwortete sie. Sie lachte sogar. «Nicht, daß ich wüßte.» Ich weiß nicht warum, aber ich glaubte ihr.

Ich blickte die Treppe hoch. Die Sonne war hinter den fernen Hügeln untergegangen, und Nacht hatte sich über alles gesenkt. Ich starrte auf den Lichtstrahl über uns und bemerkte in einer zerfetzten Spinnwebe ein paar zarte Insektenflügel. Irgendwo aus dem Keller kam lautes Grillengezirpe; jemand rief «Roy!» aus einem Fenster, dann Stille.

«Was für ein Geheimnis über Mimi wolltest du mir erzählen?» fragte ich leise. Der Gedanke an Louis und Elena verblaßte in der Dunkelheit.

«Oh, Maddie», seufzte Lana. Sie setzte sich anders hin, wodurch die Taschenlampe etwas verrutschte und das Licht nach vorn auf die Stufen schien.

«Aber Lana, du hast gesagt –»

«Ich weiß, aber –»

«Aber ich hab doch gewartet. Ich warte schon ganz lange.» Ich kniete mich hin.

«Schatz, ich kann mich gar nicht mehr richtig erinnern.»

«Es ging um Mimi», sagte ich hastig. «Du wolltest mir ein Geheimnis über Mimi erzählen.»

Lana schwieg eine ganze Weile, und meine Verzweiflung stieg ins Unerträgliche. Wenn ich sie gehen ließ, ohne daß sie mir das

Geheimnis erzählte, würden meine Nerven wieder aufmucken, und ich würde überhaupt nie mehr schlafen können.

Ich drängte. «Bitte, Lana. Ich warte schon die ganze Zeit.»

«Also, meinetwegen», sagte sie schließlich. «Ich erzähl dir ein Geheimnis über Mimi.»

Ich fand nie heraus, ob sie mir dasselbe Geheimnis erzählte, das sie mir damals schon hatte erzählen wollen, oder ob sie sich an diesem Abend für ein anderes entschied. Aber es war ein Geheimnis. Man konnte es drehen und wenden, wie man wollte, es war ein Geheimnis, und ich sollte noch lange darüber nachgrübeln. Ich fand auch nie heraus, warum sie aus der Vielzahl von Geheimnissen ausgerechnet dieses auswählte.

Ich strich mir die Haare hinters Ohr und legte es an ihren Mund. Ich spürte, wie ihre Lippen mühsam das erste Wort formten.

«Maddie», flüsterte sie. Dann schwieg sie, holte tief Luft, setzte sich anders hin und rückte die Taschenlampe zurecht, so daß der Strahl wieder senkrecht nach oben ging. Ihre Lippen näherten sich wieder meinem Ohr, und ich spürte ihren warmen Atem. «Maddie», flüsterte sie. «Mimi war eine *schreckliche* Frau.»

Ich war sprachlos. Eine *schreckliche* Frau? Ihre Mutter war eine schreckliche Frau? Als hätte das Wort *schrecklich* es heraufbeschworen, erinnerte ich mich plötzlich an etwas, woran ich mich bisher nie erinnert hatte. Ich saß zwischen Lana und Mimi am Strand, buddelte um ihre Füße herum und bedeckte sie mit Sand. Leo und Elena waren am Wasser. Elena rannte mit den Wellen vor und zurück, und Leo kämpfte mit einem Segelboot. Ich konnte mich nicht erinnern, was gesprochen wurde, aber mir fiel ein, daß Mimi etwas Seltsames tat. Ohne jeden ersichtlichen Grund zog sie den Fuß aus dem kleinen Grab, das ich für ihn ausgehoben hatte, und bekickte Lana und mich mit Sand. Sie war wegen irgend etwas furchtbar wütend, und ich sah noch vor mir, wie sie durch den Sand davonstapfte, ganz verschwommen in der flimmernden

Hitze. Dann fiel die Tür zu meiner Erinnerung wieder zu; mehr kam nicht.

«Lana», sagte ich mit stockendem Atem. «Ich weiß noch, wir waren mal am Strand, und Mimi wurde wegen irgendwas wütend und hat uns mit Sand bekickt. Worüber war sie so wütend?»

«Ach, mein Schatz, ich weiß nicht. Das kann alles mögliche gewesen sein. Vielleicht hat ihr mein Kleid nicht gefallen, oder sie fand, ich hätte zuviel zu Mittag gegessen, oder vielleicht habe ich auch nicht richtig gerade gesessen. Keine Ahnung.»

«Warum war Mimi so schrecklich?»

Lana drehte sich so abrupt zu mir, daß ich erschrak.

«Bitte, Maddie, sag das nicht. Sprich das nie laut aus.»

Schon wieder war es mir passiert – ich hatte ein Geheimnis der Luft preisgegeben.

Ihre Augen blitzten, und sie drückte mir schnell den Finger auf die Lippen, als wollte sie mich für immer zum Schweigen bringen. «Es ist unser Geheimnis, Maddie», wisperte sie. «Und wir reden nie wieder darüber.» Ihr Atem war ganz hektisch geworden, und als sie mich einen Augenblick an ihre Brust drückte, spürte ich wieder, wie schnell ihr Herz klopfte – sogar noch schneller als vorher.

«Ich versprech's, Lana. Hoch und heilig.»

Sie zitterte furchtbar, weil sie an irgend etwas dachte – woran, würde ich nie erfahren, das spürte ich. Und dann stand sie plötzlich auf und zog mich ebenfalls hoch.

Ich ging mit der Taschenlampe hinter ihr her, während sie mit ihrem Stock mühsam die Kellerstufen hinaufstieg. Ich folgte ihr in die Küche, durchs ganze Haus, an Leo, Elena und Harry vorbei, die Treppe hinauf, bis zur Schwelle ihres Zimmers. Ich wäre auch mit ihr hineingegangen, doch sie drehte sich um und sagte: «Tut mir leid, Maddie.» Der schreckliche Entschuldigungsblick erschien auf ihrem Gesicht, und ich wußte, sie konnte mich nicht ins Zimmer lassen.

Ich ließ sie gehen und schlich ins Bad, wo ich sie durch das Gitter beobachtete. Sie krümmte sich in ihrem Sessel nach vorn und japste nach Luft, wobei sie etwas sagte, was ich erst nicht verstand. «Lieber Gott, hilf mir», hörte ich sie schließlich sagen. «Lieber Gott, hilf mir.»

Am nächsten Tag gingen Elena und ich hinunter zum Sportplatz, und nachdem ich sie an den Hürden getriezt hatte, wanderten wir den Herzinfarkthügel hinauf, und ich fragte sie, was sie von Mimi wußte. Ich saß neben ihr im kühlen Gras im Schatten einer Ulme und wartete darauf, daß sie sich erinnerte. Der Himmel über uns wechselte zwischen strahlendem Blau und grauen Wolken, wodurch sich auch unter dem Baum die Beleuchtung ständig veränderte.

Elena lag im Gras und fuhr sich mit dem Handrücken über die schweißnasse Stirn. «Warum willst du das wissen?»

Ich mußte aufpassen, daß ich nicht übertrieben wißbegierig wirkte, denn das hätte nur dazu geführt, daß Elena eine größere Gegenleistung gefordert hätte, als ich zu geben bereit war. Also antwortete ich möglichst beiläufig: «Weil sie mich interessiert. Sie ist doch Lanas Mutter, und ich kann mich kaum an sie erinnern.»

Elena lag eine Weile still da und blinzelte in die Sonne. «Ich erinnere mich an etwas, Maddie, und ich erzähl's dir auch, aber erst mußt du mir sagen, warum du gestern abend die Kellertreppe runtergerannt bist.»

Ich konnte ihr unmöglich die Wahrheit sagen – das ging nicht. Egal, wie wichtig es mir war, ihre Erinnerungen an Mimi zu erfahren – von Louis durfte ich ihr nicht erzählen. Es würde sie direkt zu ihm führen, und das wollte ich mir nicht antun.

«Weil ich nicht in die Schule will», log ich.

Sie schien zufrieden mit dieser Antwort. Auf diese Weise saßen wir beide im gleichen Boot, und sie fühlte sich nicht so allein.

«Warum?» wollte sie wissen.

«Ich hab Angst, daß mich die Kinder wieder ärgern. Vielle rufen sie mich ja nicht Stinklaus, sondern was anderes, was Schlimmeres.»

«Ich schlag jeden grün und blau, der dir was nachruft», sagte sie. «Wenn dich irgendeiner beschimpft, polier ich ihm die Fresse, das versprech ich dir, Maddie.» Sie sah mich an, und ihre Mundwinkel gingen nach oben – die Vorstellung gefiel ihr.

«Was weißt du noch von Mimi?» fragte ich.

Elena drehte sich auf die Seite. «Ich war vielleicht drei, glaub ich», begann sie. «Ich weiß nicht mehr alles, aber ich erinnere mich noch, wie ich in Mimis New Yorker Wohnung mit den Buchstabenwürfeln gespielt habe. Du hast auf dem Boden auf einer Decke geschlafen. Das weiß ich noch – ich hab die Klötze nämlich immer absichtlich auf deinen Po fallen lassen, damit du aufwachst. Mimi und Lana fingen plötzlich an, sich zu streiten, das weiß ich noch, aber ich hab keine Ahnung, was sie gesagt haben. Ich weiß nur noch, daß Lana auf den Heizkörper unter dem Fenster geklettert ist und geschrien hat: ‹Soll ich springen? Sag, soll ich springen?› Mimi hat ihr mit einem Besen gegen die Beine geschlagen und die ganze Zeit geschrien, sie soll sofort runterkommen, aber Lana schrie nur immer: ‹Soll ich springen?›» Elena schloß den Mund und schaute mich an, ein Auge gegen die Sonne zusammengekniffen. «Das ist alles, was ich noch weiß.»

Sie drehte sich auf den Rücken und starrte hinauf in den wechselhaften Himmel. Ihre Geschichte machte mich sprachlos. Wenn ich so etwas gesehen hätte, dann hätte ich Elena bestimmt längst davon erzählt. «Warum hast du mir das noch nie erzählt? Warum nicht?»

«Ich weiß auch nicht, Maddie. Ich hab mich bis jetzt nie so richtig dran erinnert. Es ist ja auch lange her, und außerdem ist die Geschichte irgendwie so komisch.»

Elena brauchte nur Mimis Wohnung in New York zu erwähnen, und schon fingen meine Nerven an zu zucken. Es machte sinnig, daß ich dort auf dem Fußboden gelegen hatte, Lana und Mimi sich stritten, und daß ich mich absolut ran erinnern konnte. Ich schloß die Augen und stemmte gen die Zeit, um mich zu dem Tag zurückzuversetzen, als ic app ein Jahr alt war, aber es ging nicht. Ich hätte genausogut noch in Lanas Bauch gewesen sein können, so wenig konnte ich mich erinnern.

Mir war jedoch klar, daß Elena bestimmt noch mehr wußte und sich vielleicht auch daran erinnerte, wenn ich ihr gut zuredete. Jetzt, während wir hier auf dem Hügel in der Augusthitze schmorten, war nicht der richtige Zeitpunkt, aber nachts, wenn sie in ihrem Bett lag und ich in meinem. Ich würde sie fragen, wenn es still und dunkel war und sie die Augen schließen und in den Gewässern ihrer Erinnerung nach weiteren Bruchstücken von Mimi fischen konnte.

Ich wartete, bis nach dem Abendessen niemand mehr in der Küche war, um Lizzy anzurufen und ihr von Elenas Mimi-Erinnerungen zu erzählen. Harry schlief schon, und Lana war nach oben in ihr Schreibzimmer gegangen, wo sie über ihren Schreibtisch gebeugt irgend etwas Geheimes auf weißes Papier kritzelte. Leo saß im Wohnzimmer und studierte irgendwelche Partituren, wobei er immer wieder mit der rechten Hand eine Tonsequenz klimperte, und ich konnte sehen, wie Elena draußen im Garten mit einem alten Glas Leuchtkäfer fing.

Ich kletterte auf den Küchenhocker und wählte Lizzys Nummer. Als Lizzy sich meldete, legte ich die Hand an die Sprechmuschel. «Lizzy», flüsterte ich, «ich hab was über Mimi erfahren.»

«Hier ist gerade ein Riesenkrach», flüsterte sie zurück. «Gus ist da, und meine Mom und Don streiten sich. Ich hocke im Schrank.»

«Was ist passiert?»

«Weiß ich nicht. Hörst du's?» Sie öffnete die Schranktür einen Spalt und hielt den Hörer hinaus. «Hör mal!» flüsterte sie laut.

Ich drückte den Hörer fest ans Ohr, was eigentlich gar nicht nötig war. «VERDAMMT NOCH MAL!» hörte ich Garta brüllen. «DU GOTTVERDAMMTER SCHEISSKERL, DU!» Ihre Stimme klang unerträglich schrill und laut, noch schlimmer als sonst.

Lizzy holte den Hörer wieder herein und schloß die Tür. «Was hast du über Mimi erfahren?» Ich hörte lautes Gepolter und schnelle Schritte und dann wieder Gartas Stimme.

«Ich sag's dir morgen.» Elena war aus dem Garten hereingekommen und suchte im Kühlschrank nach etwas Eßbarem. Das Glas mit den Leuchtkäfern hatte sie ins oberste Fach gestellt, neben einen Milchkarton, während sie das Obstfach durchwühlte. Sieben Leuchtkäfer glühten in dem Glas und gingen an und aus wie kleine Lämpchen.

«Sag's mir jetzt», sagte Lizzy.

«Ich kann nicht», flüsterte ich. Dann hörte ich wieder einen Schrei von Garta. «DU ARSCHLOCH!» Darauf folgte etwas, was ich nicht verstand, und dann hörte ich, wie mit lautem Krachen irgend etwas Größeres umgestoßen wurde.

«Warum nicht? Ist Elena da?»

«Ja», sagte ich. Elena war ohne eigenes Verschulden unsere Gegenspielerin geworden.

Ich hörte ein dumpfes Poltern draußen vor Lizzys Schrank. Vielleicht war Garta zu Boden gestürzt. «Das klingt aber wirklich schlimm bei euch», sagte ich.

«Ich weiß. Ich muß aufhören. Ich ruf dich später wieder an.»

«Soll ich kommen?»

Ich hörte Gartas Stimme. «LIZZY!» brüllte sie, und Lizzy legte auf.

Ich saß auf der hinteren Veranda, blickte hinauf in den perfekten Nachthimmel und bat den Mond, Lizzy zu Hilfe zu kommen, obwohl ich nicht sicher war, ob die Macht des Mondes so weit reichte. Mehr als zehn Minuten saß ich so und starrte auf die fahle

Scheibe des Mondes. Danach wußte ich nicht, was tun, also ging ich nach oben, um Lana durch das Badezimmergitter zu beobachten. Sie lag neben Leo auf dem Bett, auf der Zudecke, zusammengerollt. Immer wieder durchlief sie ein Zittern, wie eine Welle, und als sie die Hände in die Seiten krallte, dachte ich, sie hätte vielleicht doch Magenkrebs, wie Elena gesagt hatte. Ich überlegte, ob ich ihr erzählen sollte, daß Garta und Don in Gartas Wohnung stritten, aber sie sah viel zu krank aus.

Ich ging durch Elenas Zimmer und kroch in mein Bett. Elena lag unter einem Laken, das Glas mit den Glühwürmchen in der Hand, und sah zu, wie sie aufleuchteten und wieder verglommen. Ich lag lange da und konnte nicht einschlafen. Meine Nerven waren noch unruhiger als sonst – sie kratzten ständig an meinen Adern. Die Vorstellung, daß Lizzy sich im Schrank verkroch, während Garta, Don und Gus aufeinander losgingen, machte mir große Angst. Wenn Garta beteiligt war, geriet immer alles aus den Fugen. Es gab dann kein Halten mehr. Ich sah sie richtig vor mir, wie sie in ihren riesigen blauen Zehensandalen durch die Wohnung wütete und Vasen und Porzellanteller gegen die Wand pfefferte.

«Garta und Don haben sich furchtbar gestritten, als ich gerade Lizzy angerufen habe», flüsterte ich zu Elena hinüber. Ich drehte mich auf die Seite, damit ich sie durch die Tür sehen konnte.

«Hast du es Lana erzählt?»

«Nein, sie sieht heute abend furchtbar krank aus.» Ich kickte meine Bettdecke weg – es war zu heiß.

«Ich weiß. Ich hab sie in ihrem Zimmer liegen sehen. Sie sieht aus, als würde sie gleich sterben, Maddie.» Elena schüttelte das Glas, um zu sehen, wie die Glühwürmchen durcheinanderwirbelten.

«Vielleicht hat sie wirklich Magenkrebs, Elena», sagte ich. «Sie hat sich wieder die Seiten gehalten.»

Da hörten wir Gartas Stimme unter unseren offenen Fenstern.

Elena und ich sprangen aus den Betten und schauten hinaus. Als würde sie gegen einen heftigen Sturm ankämpfen, stapfte Garta über unseren Rasen, Lizzy im Schlepptau. Ihre Bluse hing in Fetzen, was ihre Brust teilweise entblößte, und ihr Haar war zerzaust, als käme sie direkt aus einem Wirbelwind.

Sie fiel in unser Haus ein, und innerhalb kürzester Zeit hatten sie und Lizzy Lanas Herz wieder mit Beschlag belegt. Lana nahm die Angelegenheit sofort in die Hand, brachte Gartas Äußeres in Ordnung, verarztete ihre Wunden und setzte sich schließlich mit ihr an den Eßtisch, um sich ihre Geschichte anzuhören, so wie sie aus ihr herauskam – mit tränenreichen Schluchzern durchsetzt. Es hatte alles damit angefangen, daß Gus einen Brief von Joe vorbeibrachte, den er Lizzy und Garta geschrieben hatte und in dem er ihnen sagte, er liebe sie. Don bekam mit, wie der Brief vorgelesen wurde, und stürmte in die Küche, wo sie gerade saßen. Wie ein wildgewordener Bär stieß er den Tisch um, packte Gus am Nacken und stieß sie zur Tür hinaus. «Hau ab, du Niggerweib! Rühr hier nicht die Scheiße auf!» hatte er gebrüllt. *«Hau bloß ab!»*

Während Garta Lana die Vorgänge bis in alle Einzelheiten schilderte, beobachteten Elena, Lizzy und ich voller Staunen, wie die Krankheit von Lana abfiel. Mit jedem Wort richtete Lana sich gerader auf, und ihr Blick wurde fester. Als Garta sagte, Don habe Lizzy auf den Boden geschubst, unterbrach Lana ihren Redefluß, um Lizzy sorgfältig zu untersuchen, ob sie auch nicht verletzt war. Dann hielt sie Lizzy so lange in den Armen, daß ich ganz eifersüchtig wurde. Und als Garta weitererzählte, sahen wir alle, daß Lanas Hand auf dem Tisch lag und nicht zitterte. Später kam noch Gus vorbei, und nachdem Lana Elena, Lizzy und mich ins Bett geschickt hatte, horchten wir auf ihre Stimme, während sie bis spät in die Nacht mit Gus und Garta redete. Ihre Stimme war klar und fest, ja kraftvoll.

Keine von uns verstand so recht, was es mit Gartas Geschichte und ihrem aufgelösten Zustand auf sich hatte, daß Lanas Krankheit dadurch eine andere Wendung nahm und zurückwich – aber als wir am nächsten Morgen aufwachten, war Lana wie früher. Sie zitterte nicht mehr, und ihre Stimme klang wieder wie ihre eigene. Aus irgendwelchen undurchschaubaren Gründen schien sie wieder uns zu gehören. Wir konnten nur dankbar sein.

Nachdem Garta und Lizzy sich frühmorgens verabschiedet hatten – sie flohen zu einer Freundin von Garta in Binghamton –, zog Lana Elena und Leo hinaus auf den Flur, und oben an der Treppe rief sie Harry zu, er solle doch versuchen, seinen bisherigen Rekord von genau einunddreißig Sekunden zu brechen. Er nahm immer wieder zwei Stufen auf einmal, um schneller zu ihr zu kommen, und als er endlich oben angelangt war, flog er in ihre Arme. Sie drückte ihn an sich, und es war, als würde diese Umarmung uns alle von dem Kummer befreien, sie verloren zu haben. Durch Harry konnten wir sie wieder bei uns begrüßen.

Sie schickte uns in ihr Schlafzimmer und sagte, wir sollten auf ihr Bett klettern. Dann eilte sie die Treppe hinunter, versprach aber, gleich wiederzukommen. Sie kam fünfzehn Minuten später mit Mimis Silbertablett zurück, auf dem Tassen mit heißer Schokolade, Teller mit Toastbrot, Schüsseln mit geschältem Obst und eine große Platte mit Rührei standen. Sie stellte das Tablett auf ihre Kommode und verbeugte sich langsam und graziös. «Dieses Frühstück ist zu euer aller Ehren», sagte sie. Sie sah bildschön aus im Morgenlicht, und als Leo Beifall klatschte, lachte sie, und dann verneigte sie sich wieder.

Wir paßten genau auf, als sie mit dem Tablett zu uns gehumpelt kam. Ich zuckte zusammen, als ich sah, wie sich das Gewicht auf ihre kranke Hüfte verlagerte, aber falls es weh tat, ließ sie es sich nicht anmerken. Ihr Gesicht strahlte, und ihre Energie erfüllte das ganze Zimmer. Sie stellte das Tablett mitten aufs Bett und setzte sich uns gegenüber. Dann deckte sie eine Schale mit fünf zusammengerollten feuchten Waschlappen auf, und wie eine Zauberin entfaltete sie einen nach dem anderen, um uns die Hände zu waschen.

«Es tut mir so leid, daß ich manchmal meinen Verstand verlege», sagte sie. «Manchmal verliere ich ihn sogar, aber ihr sollt wissen, ich finde euch alle wunderbar.» Da spürte ich ihre Traurigkeit, als wäre sie meine eigene, aber stärker noch spürte ich ihre Hilflosigkeit angesichts von – ja, wovon? Das, was da immer wieder Besitz von ihr ergriff, war etwas – das wurde mir plötzlich klar –, wogegen sie machtlos war.

Sie brachte unser Frühstück in Gang und machte es zu einem der eindrücklichsten meiner ganzen Kindheit. Es war ihr furchtbar, uns die letzten Wochen «allein» gelassen zu haben, und als sie wieder anfing, sich zu entschuldigen, unterbrach Leo sie. Ihre Schuldgefühle machten ihn wahnsinnig, und er sagte, es sei doch höchste Zeit für ein paar Geschichten. Er habe schon so lange keine mehr gehört. Harry fing an und erzählte uns seine Lieblingsgeschichte: von einem Pferd, das einen zahmen Jungen als Haustier hatte. Ich war die nächste, und meine Geschichte handelte von einem Mädchen, das Gedanken lesen konnte und dafür die Leute nur anzusehen brauchte. Elena erzählte eine ziemlich gute von einem Mädchen, das schneller laufen konnte als alle Menschen auf der Welt – so schnell, daß sie, wenn sie richtig loslegte, nur noch ein undeutlicher Fleck in der Landschaft war. Und Leo erfand eine Geschichte von einem Musiker, der so viele Hände und Münder hatte, daß er allein ein ganzes Orchester spielen konnte.

Dann erzählte uns Lana die nächste Folge vom Bären und der Spätzin – eine der letzten, was wir damals natürlich nicht wußten. Sie legte sich mitten aufs Bett, Leo an ihrer Seite, und Elena, Harry und ich streckten uns neben ihnen aus. Die Welt draußen vor den Fenstern rührte sich kaum. Ein paar Vögel sangen in den Bäumen, hin und wieder fuhr langsam ein Auto vorbei, und ein paar Häuser weiter hörten wir einen Hund bellen. Sonst war alles still, und die Sonne schien ungehindert durch die offenen Fenster.

Die Spätzin konnte nicht singen, erzählte Lana, *und je mehr sie sich bemühte, desto schlimmer wurde ihr Gekrächze, bis der Bär ihr schließlich verbot weiterzuüben. Der Bär wurde von Tag zu Tag schwächer. Er mußte endlich seinen Winterschlaf halten, und die Spätzin wußte, sie mußte etwas unternehmen, sonst würde der Bär sterben.*

Also faßte die Spätzin einen Entschluß. Sie übte nicht mehr jeden Nachmittag mit dem Bären fliegen, sondern ging allein hinaus. Sie müsse ohne ihn fliegen lernen, erklärte sie, aber sie flog nicht, sondern begab sich statt dessen zu einem Baum am Waldesrand, und in der ungestörten Stille dort versuchte sie zu singen. Sie glaubte, sie sei allein, doch über ihr im Baum hockte ein Spatz, der sie voller Neugier beobachtete.

«Was ist mit dir passiert, daß du nicht mehr singen kannst?» fragte er.

Seine Stimme war leise und zärtlich, und als die Spätzin zu ihm hinaufblickte, waren seine Augen so sanft und freundlich, daß sie ihm antwortete.

«Ich habe so lange geweint und geklagt, daß ich meine Stimme nicht mehr hören konnte», sagte sie. «Und jetzt kann ich nicht mehr singen.» Der Spatz kam auf ihren Zweig heruntergeflogen und setzte sich neben sie. «Der Bär wird sterben, wenn ich nicht wieder singen lerne. Er wird von Tag zu Tag schwächer, und ich muß wieder singen. Ich muß einfach.»

«Ich weiß eine Lösung», sagte der Spatz. «Sag dem Bären, du kannst wieder singen, und wenn er sich zum Schlafen niederlegt, dann machst du den Schnabel auf, und ich verstecke mich hinter einem Stein und singe für dich.»

Die Spätzin fand die Idee großartig, und die beiden flogen zur Höhle des Bären, um sein Leben zu retten. Sie kamen dorthin, ehe der Bär von der Jagd zurückkehrte, und die Spätzin versteckte ihren neuen Freund hinter einem Stein gleich neben der Stelle, wo der Bär schlief. Als der Bär dann nach Hause kam, sagte sie zu ihm, sie könne wieder singen. Als er ihre Stimme hören wollte, sagte sie, er solle sich hinlegen und die Augen schließen.

«Du wirst mir sehr fehlen», sagte sie. «Ich verspreche dir, im Frühling komme ich zurück, und jetzt singe ich dich in den Schlaf.»

Der Bär schloß die Augen. Da öffnete die Spätzin den Schnabel, und der Spatz hinter dem Stein begann wunderschön zu singen. Es dauerte eine Weile, doch schließlich sank der Bär in tiefen Schlaf.

Die Spätzin hatte Angst, sie könnte es nicht schaffen, nach Süden zu fliegen – ihr Flügel war in den Wochen, in denen sie nicht geübt hatte, wieder ganz steif geworden, und der Winter war schon ziemlich weit vorgerückt. Die ganze Unternehmung ängstigte sie schrecklich. Das erzählte sie dem Spatz. Er fliege nie nach Süden im Winter, sagte er, seit vielen Jahren nicht mehr, und sie müsse es auch nicht tun. «Du kannst diesen Winter mein Gast sein», schlug er vor, und er nahm sie mit sich zu seinem Baum.

In seinem Nest war es gemütlich und warm, und die beiden lebten ein paar Wochen glücklich und zufrieden miteinander. Sie verspeisten seinen Eichelvorrat und tranken literweise Baumsirup. Der Spatz erzählte der Spätzin interessante Geschichten und schmeichelte ihr mit Komplimenten, und nach und nach verliebte sie sich in ihn. Sie gab ihre Flugübungen gänzlich auf, denn er meinte, sie könne sich die Mühe sparen – es sei zu kalt jetzt. Und da war es doch viel angenehmer, gemeinsam im Warmen zu sitzen. So wurde ihr Flügel immer steifer, bis schließlich die ganze Arbeit des Bären dahin war.

Vielleicht wäre alles gutgegangen, wenn sie genügend Nahrung für den ganzen Winter gehabt hätten, aber kein Monat war vergangen, da hatten sie schon alles aufgegessen. Der Spatz sagte, das sei kein Grund zur Sorge, und mit Schaufeln, die er aus Eichelschalen und Baumrinde hergestellt hatte, begaben sie sich hinaus in den tiefen Schnee. Der Spatz zeigte ihr, wie man Wurzeln und Würmer tief aus der Erde ausgrub, und ein paar Tage arbeitete er unermüdlich an ihrer Seite. Es war harte Arbeit, zumal ihr Flügel nicht so kräftig war, doch da sie nicht locker ließ, konnte sie schließlich mit der Schaufel die gefrorene Erde durchstoßen und einen schönen Wurzelklumpen ausgraben.

Eine Woche verging, und der Spatz ging nicht mehr mit ihr hinaus.

Er sagte, er sei krank, und bat sie, für ihn zu gehen. Er versprach, wenn er sich besser fühle, werde er für sie losziehen, und sie könne dann zu Hause bleiben und sich ausruhen. Die Spätzin liebte ihn von Herzen, deshalb ging sie gern hinaus und suchte allein nach Nahrung. So ging es mehrere Wochen: Die Spätzin arbeitete den ganzen Tag draußen in der Kälte, der Spatz schlief friedlich in seinem Nest – bis die Spätzin krank wurde.

Sie wurde immer dünner, und ihre Lungen waren sehr angegriffen, sie hatte schon fast eine Lungenentzündung. Sie hoffte, der Spatz würde es merken und sein Versprechen einlösen, doch er sagte kein Wort. Da brach sie eines Tages im Wald zusammen, unter einer großen Ulme nicht weit von der Höhle, wo der Bär seinen Winterschlaf hielt.

Sie kämpfte gegen den Schnee, der unaufhaltsam auf sie fiel, aber sie hatte kaum noch Kraft. Mit schwacher Stimme rief sie den Spatz um Hilfe, doch er hörte sie nicht. So lag sie viele Stunden um Hilfe rufend und gegen den Schnee kämpfend, bis ihre Stimme und ihre Kraft dahinschwanden. Kurz vor Einbruch der Dunkelheit betäubte die Kälte sie ganz und gar, und ohne Schmerz glitt sie hinüber ins Unbewußte. Da lag sie nun, ohne etwas zu spüren, und der Schnee fiel auf sie, bis keine einzige Feder ihres Flügels mehr zu sehen war.

7

Lizzy und Garta kamen ein paar Tage später aus Binghamton zurück, und entgegen Lanas Rat zogen sie wieder bei Don ein. Garta kam am nächsten Tag mit Lizzy und Jimmy zu uns, und während sie sich mit Lana unterhielt, verschwanden Lizzy und ich in der Dachkammer, um ungestört reden zu können.

«Lana geht's viel besser», sagte ich. Ich saß auf dem roten Sessel, während Lizzy auf dem staubigen Fußboden unter dem offenen Fenster lag. Lana und Garta waren mit Harry und Jimmy draußen im Garten, und Gartas Stimme dröhnte lautstark zu uns herauf. «Du müßtest sie sehen – sie schreibt die ganze Zeit. Aber nicht wie sonst, sondern ganz schnell, als müßte sie sich unheimlich beeilen. Und wenn sie fertig ist, dann geht sie mit mir und Elena am Lake Morraine schwimmen.»

«Ausgerechnet wenn ich weg bin, wird sie wieder gesund», murrte Lizzy. Sie war enttäuscht, weil sie die Verwandlung verpaßt hatte. Sie drehte sich auf die Seite und stieß mit der Spitze ihres großen Zehs das Fenster weiter auf, um Lana besser sehen zu können. Lana und Garta saßen auf Korbsesseln im Schatten und tranken Limonade, die Füße auf der wackligen Bank, die zu unserem alten Picknicktisch gehörte. Lana trug ihre Sonnenbrille und ein weißes Kleid, während Garta ein blaues Männerhemd anhatte und eine Kool-Zigarette nach der anderen paffte.

«Sie sieht echt gut aus», sagte Lizzy. «Ich kann es sogar von hier aus sehen, sie hat mehr Farbe im Gesicht, und sie zittert auch nicht mehr.» Ich kauerte mich neben Lizzy, und eine ganze Weile blickten wir zufrieden auf Lana hinunter, als wäre sie unser Kind, das gerade eine besonders schwierige Phase überwunden hatte.

Lizzy schloß das Fenster wieder halb und lehnte sich gegen die rauhe Wand. «Wenn es ihr jetzt bessergeht, können wir ja mit der Zeitungsaktion anfangen, finde ich.» Sie sah mich an, und ihre Augen funkelten.

Ich rückte von ihr ab und setzte mich wieder auf den Sessel. Die ganze Woche hatte mir vor diesem Augenblick gebangt. Ich hatte gewußt, wenn Lizzy herausfand, wie sehr sich Lanas Zustand gebessert hatte, dann würde sie auf der Zeitungsaktion bestehen. Aber daß ich mich derart unwohl fühlen würde, hätte ich nicht gedacht. Ich sagte mir zwar, daß es nur eine Zeitung war und wir nicht Lanas Intimsphäre verletzten, wenn wir die Artikel abschrieben – es war nicht dasselbe wie mit den Notizbüchern –, aber flau im Magen war mir trotzdem.

Ich wollte lieber warten, bis Lana wieder richtig gesund war, doch Lizzy meinte, wir sollten zuschlagen, solange Lana so in Form war. Das überzeugte mich zwar nicht ganz, aber ich folgte ihr die Vordertreppe hinunter zur Veranda, wo wir auf den Postboten warteten. Als er uns die *New York Times* vom 5. August in die Hand drückte, schlug mir das Herz bis zum Hals, und Lizzys Augen glühten wie zwei dunkle Monde.

Wir mußten entscheiden, wo wir die Artikel abschreiben und wo wir sie dann aufbewahren wollten. Es mußte ein guter, sicherer Ort sein und jederzeit zugänglich. Lizzy schlug den Speicher vor, doch damit war ich überhaupt nicht einverstanden.

«Aber da machen wir doch sonst alles», sagte sie.

«Wir reden doch nur, sonst nichts, Lizzy. Das mit der Zeitung ist was anderes.» Es kam mir vor, als würden wir jemandem das Essen klauen und es dann an seinem eigenen Tisch verspeisen. «Es ist Lanas Speicher», sagte ich mit Nachdruck, «und was wäre, wenn sie die Abschriften findet? Vielleicht macht es sie wieder krank. Denk doch bloß dran, was passiert ist, als Leo den Jazz gespielt hat.»

«Stimmt», meinte Lizzy.

Ich plädierte für einen neutralen Ort, im Wald oder so, aber Lizzy fand, wir sollten in Gartas Wohnung gehen.

«Ich kann die Sachen unter meiner Matratze verstecken, und wenn meine Mutter sie findet, ist es völlig schnuppe. Sie hat ja keine Ahnung, was das ist. Ich kann sagen, es ist ein Spiel oder so was.»

«Und wenn wir die Zettel brauchen, und Garta ist im Haus?» fragte ich. Ich sah Garta vor mir, wie sie in voller Größe mit ihren blauen Sandalen auf Lizzys Bett stand.

«Dann holen wir sie uns einfach. Garta ist zwar gemein, aber in die Wohnung läßt sie mich immer.» Lizzy kniff die Augen zusammen und sah mich von der Seite an. Danach sagte ich nichts mehr über Garta. Klar – Garta war gemein, aber Lizzy hatte doch das Recht, unter ihrer Matratze ein Stück Papier aufzubewahren, oder?

Sie stopfte die Zeitung vorn in ihre Shorts, und wir rannten zur Haustür hinaus und zu Gartas Wohnung über dem Kino. Lizzy hatte mir die Wohnung schon ein paarmal von der Straße aus gezeigt, aber ich war noch nie dort gewesen. Im Kino lief *Bonnie und Clyde*, und als wir die verdreckte, ausgetretene Treppe hinaufgingen, hörten wir gedämpft die Filmstimmen.

Der alte Mann, der Lizzy immer Freikarten fürs Kino schenkte, kam mit einem grauen Kaffeebecher aus dem Vorführraum und wartete oben an der Treppe auf uns. Er war schon über sechzig, ein kräftiger, untersetzter Mann mit hängenden Schultern und faltigen Hosen. Er hatte einen silbernen Bürstenhaarschnitt und zwei goldene Schneidezähne. Mir fiel auf, daß der Zeigefinger an seiner rechten Hand verkrüppelt war. Der Mann hieß Art, und nachdem Lizzy mich ihm vorgestellt hatte, streckte er mir die Hand mit dem krummen Finger hin. Ich wußte nicht, was tun, also schüttelte ich sie.

Er gab uns ein paar Freikarten, und während er die Stufen hinunterschlurfte, schloß Lizzy die Tür zu Gartas Wohnung auf. Ich sagte nichts, als ich eintrat, aber ich war schockiert. Lana und Leo waren arm, aber eine solche Verwahrlosung hatte ich noch nie gesehen. Die verkrustete giftgrüne Tapete war alt und blätterte ab, so daß speckig glänzende Fasergipsplatten herausguckten. An manchen Stellen konnte man die alte, brüchige Lattenverschalung sehen. Die Spüle war grauschwarz gesprenkelt, im Bad stand eine blecherne Duschkabine mit so vielen Rostlöchern, daß sie richtig gepunktet aussah, und die Farbe der Toilette erinnerte an einen Blumentopf.

Garta und Don bewohnten das einzige Schlafzimmer in der Wohnung. Es war ein winziger, fensterloser Raum, den das Doppelbett ganz ausfüllte. Ideal für einen Zwerg. Aber immerhin hatten sie ein Schlafzimmer. Im Gegensatz zu Lizzy und Jimmy – was mich sehr beunruhigte. Lizzys Matratze (ein Bett hatte sie nicht) lag neben der von Jimmy in einer Ecke des Wohnzimmers. Wenn wir unsere Abschriften der *New York Times* darunter versteckten – wie sicher waren sie da?

«Wo ist der Wandschrank?» fragte ich Lizzy. Ich wollte ihn sehen, weil Lizzy immer in diesem Schrank telefonierte, aber ich hatte außerdem noch ein morbides Interesse daran – dort hatte sie sich versteckt, als Don Garta durch die Wohnung geprügelt hatte.

Lizzy öffnete den Schrank – ein dunkles, vollgestopftes Kabuff, gut einen Meter im Quadrat, bis auf den letzten Zentimeter vollgepropft mit der Garderobe von vier Personen. Es muffelte, als würde sich hier ständig ein Dutzend verschwitzter Leute aufhalten.

Wir stemmten die Matratze hoch, und Lizzy holte unser Arbeitszeug hervor: einen Stapel weißes Schreibmaschinenpapier, drei Filzstifte und ein dickes Holzlineal, auf dem sowohl Inches als auch Zentimeter mit roten Zahlen markiert waren. Als ich sah, wie gut sie diesen Tag vorbereitet hatte, wurde mir ein bißchen mulmig.

Wir setzten uns auf die Matratze, falteten die Zeitung auseinander und legten sie vor uns auf den zerkratzten Holzfußboden. Erst da merkten wir, wie aufwendig unser Vorhaben war. Die Zeitung Wort für Wort abzuschreiben war schlicht unmöglich, also einigten wir uns darauf, nur die Überschriften auf der ersten Seite und den dazugehörigen ersten Satz zu kopieren.

«Rot für die Überschriften», sagte Lizzy und hielt den roten Filzstift hoch, «grün für den ersten Satz und schwarz für die Umrisse.» Ich fand das eigentlich viel zu umständlich, sagte aber nichts. Lizzy war ganz erpicht darauf, die verschiedenen Stifte zu verwenden.

«Fünfter August neunzehnhundertsiebenundsechzig», las ich, und Lizzy notierte es säuberlich in der rechten oberen Ecke, direkt über ihrer mit energischen Druckbuchstaben geschriebenen Überschrift *New York Times*. Auf der ersten Seite standen elf Artikel: KERNER VERSPRICHT GRÜNDLICHE UNTERSUCHUNG DER KRAWALLE; NATIONALGARDE VERLÄSST DETROIT; REGEN UND UNZUFRIEDENE TEENAGER VERDERBEN SPRAY-PARTY IN HARLEM...

Weil Lizzy so perfektionistisch war, brauchten wir fast eine Stunde. Sie bestand darauf, die verschiedenen Stifte zu nehmen und alle Striche mit dem Lineal zu ziehen, obwohl es meiner Meinung nach auch ohne gegangen wäre. Als wir fertig waren, hatten wir eine wunderschöne Kopie der ersten Seite der *New York Times*.

Am nächsten Morgen kontrollierten wir sämtliche Papierkörbe im Haus, aber Lana hatte aus der Ausgabe vom 5. August der *New York Times* keinen Artikel ausgeschnitten, und auch aus den folgenden sechs Nummern, die Lizzy und ich gewissenhaft abschrieben, schnitt sie nichts aus. Sie hatte gar nicht die Ruhe,

Zeitung zu lesen, weil sie viel zu sehr damit beschäftigt war, zu schreiben und mit uns an den See zu fahren und mit Garta zu reden. Meistens landeten die Zeitungen nicht mal im Müll, sondern blieben zusammengefaltet und ungelesen auf dem kleinen Geschirrschrank im Eßzimmer liegen. Das war eine bittere Enttäuschung für uns, vor allem für Lizzy, und nachdem wir mehrere Tage kein Glück gehabt hatten, wußte sie nicht mehr so recht, ob wir überhaupt weitermachen sollten.

«Es dauert so lang, und mir tut schon die Hand weh», beschwerte sie sich.

«Aber vielleicht finden wir ja was Wichtiges raus», wandte ich ein, woraufhin sie meinte: «Dann schreib du.»

Als ich das Schreiben übernahm und Lizzy las und buchstabierte, brauchten wir nur noch eine Viertelstunde, während sich das Verfahren bisher über eine Stunde hingezogen hatte. Ich schaffte die verschiedenfarbigen Filzstifte und das Lineal und die Schönschrift einfach ab und sagte, solange wir es nachher lesen könnten, sei der Rest egal. Nach einer Weile fand Lizzy das auch, und was vorher eine endlose Plackerei gewesen war, erledigten wir jetzt schnell und ohne Aufwand. Trotzdem hatten wir kein Glück.

Elena und ich hingegen hatten Glück mit unseren Mimi-Erinnerungen. Ich schaffte es, Elena für das Thema zu erwärmen, und abends im Bett fischten wir in den Gewässern unserer Erinnerung nach Mimi. Es wurde unser Bettvergnügen. Wir lagen im Halbdunkel, schlossen die Augen und versetzten uns in die Vergangenheit, in eine Zeit, die, zumindest für mich, unscharf und verschwommen war. Ich hatte wenig Hoffnung, daß ich etwas richtig Gutes finden könnte. Ich erinnerte mich vage an ein kleines Haus in einem Vorstadtbezirk in New Jersey und an eine fette, lustige Babysitterin namens Babs. Also zählte ich auf Elena, und sie enttäuschte mich nicht. Sie erinnerte sich noch daran, wie wir mit Lana und Leo in einem Apartment in New York City gewohnt hatten, und konnte Einzelheiten aus dieser Zweizimmerwohnung beschreiben – da war ein Aufzug und ein Fenster mit einem Gitter und ein Deckenventilator, der sich ständig drehte. Diese Details bedeuteten mir eigentlich nichts – mich interessierte nur, daß die Wohnung in New York gewesen war.

Elena erinnerte sich noch an andere Dinge, kleine, unzusammenhängende Ausschnitte, die sie mehr beschäftigten als mich – da war zum Beispiel der kleine Pudel, der irgend jemandem gehörte, oder der kleine Portier mit dem grünen Anzug. Ich hörte mir diese Geschichten gern an, aber am meisten interessierte mich Mimi. Eines Abends Mitte August fiel Elena etwas ein, was ich sofort als wichtig erkannte.

Ich beobachtete sie durch die Tür zwischen unseren Zimmern. Sie lag auf dem Rücken, mit geschlossenen Augen, die Hände friedlich auf dem Bauch gefaltet. Das Licht der Straßenlaterne fiel auf ihr Gesicht und ließ es sehr fahl erscheinen. Sie sagte, sie sehe Fenster vor sich, mit Stäben oder so etwas, und ich warf ein, von diesen Fenstern hätte sie mir bereits erzählt.

«Nein, Maddie», flüsterte sie. «Es sind nicht *die*. Es sind andere.» Ihre Beine zuckten unter dem weißen Laken, und sie preßte die Hände gegen die Schläfen, als könnte sie es damit herausquetschen.

«Hat es was mit Mimi zu tun?» fragte ich, denn sonst hatte ich kein Interesse, der Sache weiter nachzugehen.

«Ich glaube, ja. Ich bin nicht hundertprozentig sicher, aber ich sehe dauernd diese Fenster vor mir. Dauernd.»

Ich merkte am aufgeregten Klang ihrer Stimme, daß sie etwas Entscheidendem auf der Spur war, also verhielt ich mich ganz still. Per Telepathie schickte ich ihr meine Unterstützung – in letzter Zeit setzte ich überhaupt öfter Telepathie ein. Reglos wie eine Statue lag ich unter meinem Laken, und in Gedanken wiederholte ich immer wieder Mimis Namen, als könnte ich sie dadurch für Elena heraufbeschwören.

Eine Weile war alles still, und dann merkte ich, wie etwas passierte. Ich spürte richtig, wie es neben Elena Gestalt annahm. Als hätte es Hände, die sich ausstreckten und mich berührten. Ich spürte es körperlich, ich schwör's.

«Mein Gott, Maddie», flüsterte Elena laut. Sie setzte sich ruckartig im Bett auf und drückte das Laken gegen die Brust.

«Was?» Ich schrak ebenfalls hoch, und mein Herz hämmerte wie wild.

«Komm zu mir», rief sie leise. Ich stolperte durch mein Zimmer und kroch zu ihr ins Bett. Vielleicht war es die Dunkelheit oder der blasse Lichtschein auf ihrem Gesicht – jedenfalls sah sie wie besessen aus. Ihre Augen waren riesig, ihr Mund stand offen, und bevor ich mich noch richtig hingelegt hatte, packte sie meine Hand. «Mimis Gesicht ist auf der anderen Seite», erklärte Elena. Irgend etwas wehte durch die Luft und streifte unsere Haut.

«Wie meinst du das?» Vor mir erschien ein merkwürdiges, surrealistisches Bild von Mimis Gesicht, das körperlos vor einem vergitterten Fenster schwebte, zu einem irren Lächeln erstarrt.

«Ich weiß auch nicht. Mehr kann ich nicht sehen – nur Mimis Gesicht auf der anderen Seite von diesem Fenster. Ich weiß nicht, was es ist, aber es ist kalt oder was und ganz muffig und irgendwie dunkel, als wären da gar keine Fenster.» Sie verkroch sich tiefer und zog ihre Decke trotz der Augusthitze bis ans Kinn. «Es ist ganz komisch. Mimis Gesicht ist einfach aufgetaucht, so wie die Antwort in einer von den acht Kugeln.» Ein leiser Schauer überlief sie, und ich begann zu drängen.

«Wie sieht ihr Gesicht denn aus? Sieht es» – ich hielt kurz inne – «sieht es *schrecklich* aus?»

«Ja, ganz schrecklich.» Ich drehte meinen Kopf auf dem Kissen und sah Elena an. Sie drückte die Finger auf die Augenlider und preßte nervös gegen die Augäpfel, als könnten sie die Erinnerung festhalten.

«Warum sieht sie schrecklich aus? Heult sie oder was?»

«Nein, sie heult nicht. Sie sieht alt und traurig aus, aber richtig traurig, als ob ihr gerade jemand gesagt hätte, sie muß sterben.»

«Wo ist sie?» fragte ich, wobei mich seltsam fröstelte. Ich sah Elena wieder an. Sie war ganz starr vor Konzentration, und auf ihrer Oberlippe bildeten sich kleine Schweißperlen. «Du hast gesagt, es ist dunkel», flüsterte ich. «Du hast gesagt, da sind keine Fenster.» Ich drehte mich auf die Seite und rutschte noch ein bißchen näher zu ihr.

«Ich weiß es nicht, Maddie!» fuhr mich Elena an. «Halt doch mal die Klappe, Herrgott, wie soll ich mich denn an irgendwas erinnern, wenn du ständig quasselst.»

Ich rollte wieder auf den Rücken und lag reglos da. Während ich zusah, wie die Scheinwerferlichter der vorbeifahrenden Wagen über die scheußliche rosarote Tapete wanderten, fiel mir plötzlich etwas auf. «Wie kann Mimi auf der anderen Seite von einem Fenster sein, wenn da gar keine Fenster sind?»

Lange schwieg Elena. «Stimmt», sagte sie dann. «Da sind keine Fenster, und Mimi ist hinter einem Fenster. Ich weiß auch nicht, wie das sein kann. Aber so seh ich's vor mir. Aber sag jetzt nichts, halt einfach den Mund.»

Sie schloß wieder fest die Augen und drückte mit den Zeigefingern darauf. Ich starrte auf ihr Profil und versuchte es wieder mit Telepathie – *Mimi hinterm Fenster, Mimi hinterm Fenster.*

Die Zeit verging, und ich achtete bis zum Verrücktwerden auf jedes Geräusch – auf Elenas schweren Atem, auf Leos gedämpftes Husten auf der anderen Seite des Flurs, auf das Klappern von Lanas Schreibmaschine drüben in ihrem Zimmer. Ich hörte das kurze Kläffen eines Hundes am Ende der Straße. Drei Autos fuhren dicht nacheinander vorbei, und irgendwo weit weg war das Konservengelächter einer Fernsehshow zu hören.

«Mein Gott», sagte Elena schließlich.

«Was?»

«Maddie – du glaubst es nicht.» Sie warf den Kopf auf dem Kissen hin und her.

«Was?»

Elena drehte ihr Gesicht abrupt zu mir, so daß wir uns plötzlich in die Augen starrten und unsere Nasen höchstens zwei Fingerbreit voneinander entfernt waren. «Mimi war im Gefängnis.»

«Ehrlich wahr?» Mir blieb der Mund offenstehen, und irgend etwas mit langen, kalten Beinen krabbelte mein Rückgrat hoch.

«Ja, ehrlich wahr, Maddie. Das vergitterte Fenster. Es war eins von diesen Fenstern in so 'nem Warteraum. Und da waren Lana und ich – in einem Gefängniswarteraum, und wir haben Mimi besucht.»

Das kam mir völlig unglaublich vor, aber ihre Augen, so dicht vor meinen, sagten mir, daß sie die Wahrheit sagte oder zumindest dachte, sie würde die Wahrheit sagen.

«Und warum war sie im Gefängnis?» flüsterte ich und kroch ein bißchen tiefer unter die Decke.

«Woher soll *ich* das wissen?» gab Elena zurück. «Sie muß aber was ziemlich Schreckliches getan haben.» Und bei dem Wort *schrecklich* schoß es mir eiskalt durchs Herz.

«Wart ihr nur einmal da?»

«Ein paarmal, glaub ich», flüsterte sie. «Ich weiß nicht warum, aber ich hab so ein Gefühl, daß wir öfter da waren. Ich weiß noch, Lana hatte eine geflochtene Handtasche, und ich hab sie immer auf und zu geknipst, solange Lana und Mimi sich unterhielten, und dann hab ich hochgeschaut und Mimis Gesicht hinter der Scheibe gesehen.» Sie schwieg und kuschelte sich enger an mich. «Ich kann mich nicht richtig genau erinnern. Es kommt mir vor, wie wenn das hundert Jahre her wäre, als würde es aus einem Grab aufsteigen.» Ich spürte, daß sie zitterte, weil es sie so gruselte.

Wir lagen schweigend da und dachten, jede für sich, darüber nach, was uns Elenas Gedächtnis geschenkt hatte. Wir freuten uns sehr, daß wir etwas Wichtiges über Lanas Leben ausgegraben hatten. Mimi war im Gefängnis gewesen. Wir wußten nicht warum, aber aus irgendeinem Grund hatte sie im Gefängnis gesessen. Der Gedanke, was sie getan haben könnte, machte uns angst, und diese Angst verband uns noch stärker miteinander. Wir hatten eine Spur, das wußten wir, und diese Spur führte zu etwas, das viel komplizierter war, als wir je gedacht hätten. Es fühlte sich bleischwer und riesig an und lag wie Nebel über unseren Gedanken.

Als ich am nächsten Tag Lizzy in unserer Speicherzuflucht davon erzählte, sah ich eine Gänsehaut über ihre Arme huschen.

«Meine Güte, Maddie», flüsterte sie atemlos. «Das ist ja schlimmer, als wir gedacht haben. Mimi war eine Verbrecherin.» Ihre Augen schimmerten im Dämmerlicht, und ihr Kiefer klappte nach unten.

Das führte zu stundenlangen Spekulationen, hauptsächlich von Lizzys Seite. Meine Aufgabe war es, das begriff ich allmählich, die wildesten Vermutungen auszusortieren und Lizzy wieder auf den Boden der Tatsachen zurückzuholen, wenn sie zu weit ging.

«Vielleicht war Mimi eine Diebin», sagte sie. Ihr Blick wanderte durchs offene Fenster zu den sanften Hügeln. «Vielleicht hat sie was ganz Großes gestohlen, zum Beispiel Diamanten oder so was. Und als dann die Polizisten kamen, um sie zu verhaften, hat sie sich Lana geschnappt und als Geisel vor sich gehalten, und dann wollten die Polizisten auf Mimi schießen, aber statt dessen haben sie Lana getroffen.»

«Ich weiß nicht», sagte ich.

«Vielleicht hatte Mimi ja auch 'ne Knarre», fuhr Lizzy fort. «Vielleicht wollte sie Lana erschießen, falls die Polizisten nicht abhauen. Vielleicht war's so.»

«Polizisten sind aber keine so schlechten Schützen. Die hätten Mimi getroffen, nicht Lana. Und wenn sie Lanas Hüfte getroffen hätten, das wäre ja total daneben gewesen. Außerdem ist das Ding in ihrer Hüfte keine Kugel», erklärte ich. Ich drehte mich um und sah aus dem Fenster. Lana kniete bei der Garage im Gras und jätete ihre Blumenbeete, während Harry hinter ihr den Rasenmäher hin und her schob.

«Oder Mimi war eine Mörderin», sagte Lizzy. Daran, wie ihre Augen hervortraten, merkte ich, daß ihr diese These besser gefiel als alle bisherigen. «Womöglich hat sie ihren Sohn Teddy umgebracht, und er ist gar nicht im Krieg gefallen. Vielleicht hat sie ihn ermordet, und dann wollte sie Lana ermorden. Elena hat dir doch erzählt, Mimi hätte Lana mit dem Besen geschlagen. Wahrscheinlich wollte sie Lana umbringen. Und vielleicht ist Lana aus dem Fenster gestürzt. Und unten stand was, vielleicht ein Kinderfahrrad oder ein Schlitten oder vielleicht auch 'ne Axt, und Lana ist darauf gefallen. Oder vielleicht hat Mimi doch versucht, Lana zu erschießen. Vielleicht ist es doch eine Kugel in ihrer Hüfte.»

«Es war aber was ganz Flaches, Lizzy», erinnerte ich sie. «Und Kugeln sind nicht flach. Sie sind rund.»

«Vielleicht ist die Kugel so flach geworden, nachdem sie mal in ihrem Körper war. Vielleicht ist sie von der Körpertemperatur geschmolzen – wie wenn man einen Penny auf eine Schiene legt, und dann fährt der Zug drüber und macht den Penny ganz platt. Vielleicht war das bei Mimis Kugel auch so.»

Das war erst der Anfang von Lizzys Spekulationen. Sie nahmen kein Ende, abends im Bett, auf dem Speicher, im Wald, im Kino, in der Colgate-Bibliothek, am Lake Morraine, wenn wir schwimmen gingen. «Vielleicht war Mimi Kommunistin», sagte sie unter dem Steg zu mir. «Vielleicht war Mimi Alkoholikerin, und sie hatte zuviel getrunken und wollte Lana was antun», flüsterte sie im Bett. Und so weiter, bis sie Mimi jede subversive, kriminelle, gemeine und perverse Tat angedichtet hatte, die man sich nur denken kann.

«Ich glaube, wir brauchen mehr Informationen», sagte ich eines Abends zu ihr. «Wir wissen einfach nicht genug.»

Ich versuchte, aus Elenas Erinnerung noch mehr herauszuquetschen, aber da war offenbar nichts mehr. So schnell ihr Inneres sich geöffnet und dieses phantastische Bild ausgespuckt hatte, so schnell verschloß es sich auch wieder, und nie wieder kam etwas von dieser Größe und Bedeutung zum Vorschein.

Elena und ich hatten Angst, unsere Entdeckung über Mimi könnte Lana etwas angetan haben, denn danach kam ihre Krankheit wieder. Das hielt uns zumindest von den Notizbüchern fern. Sie standen tagein, tagaus frei zugänglich in der Dachkammer, nur geschützt durch mein Gewissen. Lizzy und ich gingen jeden Tag auf dem Weg zum Dachfenster an ihnen vorbei. Wir lehnten uns sogar mit dem Rücken gegen die Kisten, aber ich öffnete sie nie. Ich erzählte Lizzy nicht einmal von ihrer Existenz. Lanas Zustand war zu instabil, und ich fürchtete, wenn ich auch nur eine Seite ihrer Notizbücher läse, könnte das Pendel zu ihren Ungunsten ausschlagen.

Sie fand einfach kein Gleichgewicht. Eine Woche lang war sie wie früher, organisierte Feste und baute Zelte mit uns, und dann wachte sie auf einmal morgens auf, und irgend etwas stimmte nicht. Ohne richtige Vorwarnung – manchmal zitterten ihre Hände, manchmal nicht. Selbst ihre Art zu atmen signalisierte uns nichts mehr. Es war anders als in Detroit, als noch eine Phase die andere abgelöst hatte. Ich sagte zu Elena, daß an den Hügeln etwas sein mußte, was den Verlauf veränderte. Aber Elena meinte, es sei die Kombination aus Leos häufiger Abwesenheit und Lanas zunehmendem Verfall. «Sie baut immer mehr ab, Maddie», flüsterte sie mir eines Abends zu. «Wenn die Leute anfangen abzubauen, geht es immer so weiter – und schließlich drehen sie durch.»

Also behielten Lizzy und ich sie noch stärker im Auge. Einmal lag sie ausgestreckt auf dem Kachelfußboden im Bad. Sie behauptete, sie würde so daliegen, weil die Kacheln sich so schön kühl anfühlten, während es draußen sehr heiß war, aber so ganz glaubten wir ihr nicht. Ein andermal hockte sie im Garten auf einem Baum. Sie verschwand nie ganz und gar in ihrem Zimmer wie oft in Detroit. Aber das ging auch gar nicht, weil Leo nicht da war. Dadurch sah sie sich gezwungen, sich tagsüber mit uns zu beschäftigen, auch wenn sie zitterte und Atemprobleme hatte und ihre Stimme manchmal so hoch war wie bei einem kleinen Mädchen.

Unter den gegebenen Umständen fand ich es zwar nicht besonders gut, aber Lizzy und ich führten unsere Zeitungsaktion trotzdem weiter. Wir überlegten, ob wir das Projekt fallenlassen sollten, doch dann entdeckte ich im Abfall eine weggeworfene *New York Times*, bei der auf der ersten Seite ein Artikel ausgeschnitten war. Ich war gerade dabei, nach dem Mittagessen in der Küche aufzuräumen, und kratzte einen Rest Käsemakkaroni von Harrys Teller, als ich die Zeitung unter ein paar halb abgegessenen Melonenschnitzen entdeckte. Ich zog sie heraus und säuberte sie, und sobald ich das Geschirr abgewaschen hatte, stopfte ich die Zeitung in meine Shorts, rannte die Broad Street hinunter zu Gartas Wohnung und dann die ausgetretenen Stufen hinauf, wo ich mit halbem Ohr auf die Stimmen des Matineefilms horchte. Erst als ich vor der klebrigen, abgegriffenen Tür stand, fiel mir ein, daß Garta womöglich zu Hause war. Normalerweise hätte mir das nichts ausgemacht. Sie störte mich nicht – sie schrie mich nie an und beklagte sich auch nie über mich –, aber heute, da Lizzy und ich unseren ersten Erfolg verbuchen konnten, wollte ich sie nicht dabeihaben.

«TÜR IST OFFEN!» hörte ich sie rufen. Ich öffnete die Tür und sah Garta in einem blaugrünen Bademantel am Küchentisch sitzen. Sie hörte gerade Barbara Lambs Sendung im Radio. Die Haare hatte sie oben auf dem Kopf zu einem Pferdeschwanz zusammengezurrt, und auf dem Gesicht hatte sie eine von Lanas selbstgemachten blauen Schönheitsmasken, wodurch ihre Wangen einer Mondlandschaft glichen. Lizzy faltete im Wohnzimmer die Wäsche, während Jimmy einen kleinen roten Laster um die Leisten von Gartas Stuhl fahren ließ.

Ich ging zu Lizzy ins Wohnzimmer, und als Garta gerade nicht herschaute, formte ich mit den Lippen das Wort *Zeitung*. Ich zog meine Shorts so weit herunter, daß Lizzy die *New York Times* sehen konnte, und als sie begriff, warum ich die Zeitung mitgebracht hatte, weiteten sich ihre Augen. Sie wartete, bis Garta uns nicht mehr beachtete, dann ging sie zu ihrer Matratze. Es machte mich nervös zu sehen, wie übertrieben verstohlen sie sich bewegte. Gerade dadurch zog sie viel mehr Aufmerksamkeit auf sich, als wenn sie einfach hingegangen wäre und unsere Abschriften ganz selbstverständlich hervorgeholt hätte. Lizzy hielt dieses verstohlene Vorgehen anscheinend für notwendig, weil Garta sie immer bei irgend etwas ertappte, und Garta ertappte sie ständig, weil ihre Heimlichtuerei nicht zu übersehen war. Das war einer der Teufelskreise, vor denen Lana Garta gewarnt hatte.

Als Lizzy die Matratze hochhob, schaute sie dabei so auffällig über die Schulter, daß Garta es bemerken *mußte*. Die Wohnung war insgesamt nicht mehr als sieben Meter lang – so klein, daß man Lizzys Vorsicht *spüren* konnte. Sie hatte die Matratze noch keine zehn Sekunden hochgehoben, da ertönte Gartas Stimme aus der Küche: «WAS MACHST DU DA, LIZZY?»

Ich sagte mir zwar, es bestehe keine Gefahr für uns – warum sollte Garta Lizzy dafür bestrafen, daß sie die Überschriften der *New York Times* abgeschrieben hatte? –, aber mein Herz klopfte trotzdem wie verrückt.

«Nichts», antwortete Lizzy. Sie hätte sagen sollen: «Ich hole nur unsere Zettel», aber sie überlegte gar nicht. Gartas Stimme vernebelte ihr das Hirn.

«WAS IST DAS FÜR EIN ROTES LINEAL?»

Lizzys Hand macht den Fehler, das rote Lineal noch weiter unter die Matratze zu stopfen.

«WO HAST DU DAS HER?» brüllte Garta und stampfte mit dem Fuß auf. Ihr Gesicht verzerrte sich so, daß ihre blaue Schönheitsmaske Risse bekam.

«Hab ich gekauft», murmelte Lizzy. Ich sah, wie sie mit schnellen, verstohlenen Bewegungen die drei Filzstifte packte und sie mit dem Lineal unter die Matratze schob.

«ICH HAB DIR DOCH GESAGT, DU KRIEGST DAS LINEAL NICHT!» schrie Garta. «WOHER HAST DU DAS GELD?»

Lizzy schwieg etwas zu lange, und ihre Finger versuchten verzweifelt, die Stifte unsichtbar zu machen.

Garta stürmte durch das Wohnzimmer, wobei ihre blauen Sandalen im Gegentakt an die Fußsohlen klatschten. Ihr grünblauer Bademantel fiel so weit auseinander, daß ich ihre nackten Brüste sehen konnte – ein wabbelnder Beweis kraftstrotzender Körperlichkeit, so groß wie zwei Fußbälle. Ich ging ihr aus dem Weg, aber Lizzy blieb, wo sie war, und bewachte die Matratze. Garta schubste sie beiseite und riß mit einem ihrer baumdicken Arme die Matratze hoch. Da lagen, zwischen Lizzys anderen Geheimschätzen, die drei Filzstifte und das Lineal.

«HAB ICH DIR NICHT GESAGT, DU KRIEGST DAS ZEUG NICHT?!» schrie Garta. Ihre freie Hand fuhr blitzschnell nach unten und schnappte die Sachen. «DAS HAST DU GEKLAUT, LIZZY. DU HAST DAS IN DEM LADEN IN BINGHAMTON GEKLAUT, DU DRECKSTÜCK!»

Garta ließ die Matratze auf den Boden knallen, und durch den Luftzug flatterten ein paar unserer Kopien herum. Eine landete direkt auf Gartas großem Fuß. Sie beugte sich hinunter und hob sie auf.

«WAS SOLL DER QUATSCH?» schimpfte sie.

Leider war es eine unserer ersten Abschriften – als wir noch das Lineal und die Filzstifte verwendeten. Lizzy wußte nicht, was sie sagen sollte, und blickte sich hilfesuchend nach mir um.

«Wir haben die Überschriften aus der Zeitung abgeschrieben», sagte ich. Das klang absurd, aber harmlos, und Garta ließ den Zettel wieder auf den Boden fallen.

«DU HAST DAS ZEUG GEKLAUT, LIZZY!» fing sie wieder an.

«Nein, hab ich nicht», entgegnete Lizzy ruhig. Sie kniete auf dem Boden, das Kinn gegen die Brust gedrückt.

«HAST DU 'NE AHNUNG, WAS DAS KOSTET? EIN DOLLAR DAS STÜCK. DAS SIND VIER DOLLAR, DU VERLOGENES DRECKSTÜCK.»

Und dann ging Garta mit dem roten Lineal auf Lizzy los. Sie jagte Lizzy in ihren blauen Sandalen durch die Wohnung, schlug sie auf die Arme, die Beine, den Po – während ich mit offenem Mund dabeistand. So einen Gewaltausbruch hatte ich noch nie erlebt. Eine Weile war ich wie gelähmt, aber als das Lineal krachend auf Lizzys Kopf landete, stieß ich den lautesten Schrei meines Lebens aus.

«GARTA!» schrie ich. Es war ein Verweis, kurz und knapp – nur einfach «GARTA», aber immerhin stoppte mein Schrei sie so lange, daß Lizzy entwischen konnte. Sie rannte zur Tür hinaus, und dann war es still im Zimmer. Garta drehte sich nach mir um, als müßte ich noch mehr sagen, aber ich sagte nichts. Wir standen nur da und starrten einander an.

«HAU BLOSS AB, MADDIE!»

Ich floh aus der Wohnung und wollte gerade die Treppe hinunterrennen, da kam Art leise aus dem Vorführraum und winkte mich herein. Lizzy kauerte unter einem Tisch, die Knie an die Brust gezogen, die Haare wild und zerzaust, so daß eines ihrer dunklen Augen verdeckt war.

«Komm her», flüsterte sie.

Ich kroch unter den Tisch und hockte mich neben sie, während Art über uns eine Filmrolle zurückspulte. Ich dachte, Lizzy würde weinen, aber sie weinte nicht. Dafür bewunderte ich sie sehr. Ich weiß, wenn Lana mich mit einem Holzlineal geschlagen hätte, dann hätte ich mich totgeheult.

Ich schmiegte mich eng an Lizzy, und von weitem hörten wir

Gartas riesige Füße über den Flur schlappen. Es klang, als ob sie Schneeschuhe trüge. Als sie gegen Arts Tür trommelte, krochen Lizzy und ich in die hinterste Ecke. Art erhob sich schließlich und öffnete die Tür einen Spaltbreit, um hinaussehen zu können.

«KOMM SOFORT DA RAUS, LIZZY!» brüllte Garta.

«Sie ist nicht hier», entgegnete Art. «Ich hab sie den ganzen Tag nicht gesehen.»

Garta knallte mit der Handfläche gegen die Tür und schnaubte wie ein Roß. «DU LÜGST, ART.» Sie wollte die Tür aufdrücken, aber Art ließ es nicht zu. «ICH WEISS, DU BIST DA DRIN, DU DRECKSTÜCK.»

Art machte ihr die Tür vor der Nase zu, ohne ein weiteres Wort zu verlieren, und wir beobachteten fassungslos, wie er seelenruhig wieder zum Tisch ging und seinen Film weiter zurückspulte. «Wartet noch ein bißchen», flüsterte er. Dann hörten wir Gartas Tür ins Schloß fallen.

Ein paar Minuten später öffnete Art vorsichtig die Tür, damit wir hinausschlüpfen konnten. Wir bedankten uns leise, schlichen die Treppe hinunter und rannten hinaus in die sanfte Sommerluft. Ich folgte Lizzy die Broad Street hinauf, über die Straße in Richtung Campus, wo wir schließlich am Fuß des Herzinfarkthügels haltmachten. Wir warfen uns ins Gras und schnappten nach Luft.

«Wir sollten es Lana erzählen», stieß ich keuchend hervor. Ich starrte auf die roten Striemen auf Lizzys Armen und Gesicht.

«Nein», erwiderte Lizzy. «Lana sagt bestimmt was zu meiner Mutter, und dann krieg ich's noch schlimmer.» Sie beugte sich vor und hielt sich die Seiten.

«Wir können ihr doch sagen, sie soll Garta nichts erzählen», schlug ich vor, aber ich wußte genau, das ging auch nicht. Lana mußte mit Garta reden, und dann fing es wieder mit den Listen an. «Vergiß es», sagte Lizzy. Und dann zog sie die Zeitungsabschrift aus ihrer Hose. Trotz allem hatte sie es geschafft, unsere Abschrift mitzunehmen. «Wo ist die Zeitung?»

Ich sah sie bewundernd an. Ich konnte es nicht fassen, daß sie einfach alles wegschieben wollte, aber ihre Augen flehten mich an, nicht mehr davon zu reden. Also holte ich die Zeitung aus meinen Shorts und breitete sie im Gras aus. Wir beugten uns darüber – und merkten gleich, daß etwas nicht stimmte. Die Form der Artikel war anders als bei unserer Kopie.

«Nein!» stöhnte Lizzy. «Es sind verschiedene Daten.» Sie hatte recht – die Zeitung war älter, vom 12. August, und unsere Abschrift war vom 15. August.

«Scheiße», sagte ich und ließ mich ins Gras fallen. Wir konnten jetzt unmöglich zu Garta zurückgehen.

«Verdammter Mist», sagte Lizzy und ließ sich ebenfalls ins Gras fallen. «Ich muß sie heute abend finden.»

Wir lagen schweigend im Gras und starrten in den weißen Himmel, an dem sich purpurfarbene Wolkenwirbel kräuselten, was ihn wie kalte, bleiche Haut erscheinen ließ. Ein Schwarm schwarzer Vögel zog als gepunktete Linie vorbei, und in der Ferne hörte ich das rhythmische Hämmern eines Spechts.

«Lizzy», sagte ich nach einer Weile.

«Was?»

«Hast du die Sachen gestohlen?»

Sie schüttelte verneinend den Kopf, aber daran, wie sie den Blick von mir abwandte, merkte ich, daß es doch stimmte.

Wir wußten nichts mit uns anzufangen, also gingen wir hinunter zu Minnie Harps Haus. Wir wollten irgendeine Form von Rache, und weil Minnie am greifbarsten war, marschierten wir über die Straße und stürmten den Hügel zu ihrem Gruselhaus hinunter. Wir wollten ihre abgeschnittene Zunge sehen, und wenn das nicht klappte, wollten wir ihr wenigstens einen Heidenschreck einjagen. Als wir zu ihrem dichten, überwucherten Waldstück kamen, sahen wir sie über den Rasen stapfen. Sie ging in unsere Richtung und trug eine zerknitterte braune Papiertüte, in der irgend etwas

Klumpiges steckte. Mit der linken Hand schlug sie auf das taillenhohe Gras ein, als müßte sie sich einen Weg hindurchbahnen. Den Blick stur geradeaus gerichtet, starrte sie auf etwas zwischen den Bäumen. Graue Locken fielen aus ihrem schlampigen Dutt und wehten in der leichten Brise. Wir schlichen gebückt zu einer grasbewachsenen kleinen Anhöhe, wo wir uns flach hinlegten. Vorsichtig spähten wir über die Kuppe, um Minnie Harp zu sehen. Sie hatte eine Leine ums Handgelenk, die mit etwas verbunden war, das hinter ihr her zuckelte, aber zwischendurch immer wieder stehenblieb. Was es war, konnten wir nicht erkennen, das Gras war zu hoch. Aber als sie das Waldstück betrat, sahen wir, es war eine Katze, eine dürre weiße Katze, der große Fellstücke fehlten. Sie hatte keine Lust, an einer Leine herumgezerrt zu werden, deshalb setzte sie sich ständig hin und grub ihre Klauen in den Boden, aber Minnie ging stur weiter. Die Hälfte der Zeit schleifte die Katze mit dem Hintern über die Erde.

Minnie steuerte auf einen morschen Baumstamm zu, bückte sich steif und zog eine rostige Schaufel hervor. Sie trug ein Paar alte schwarze Schuhe mit klobigen Absätzen und dazu ein marineblaues Kleid, das an einer Seite mindestens dreißig Zentimeter eingerissen war, so daß wir ihren schäbigen rosaroten Unterrock sehen konnten, und wenn sie sich entsprechend bewegte, guckte darunter ein dreckigweißer Strumpfhalter hervor. Als sie sich wieder aufrichtete, preßte sie sich die Finger ins Kreuz, während sie mit blitzenden schwarzen Augen das Waldstück absuchte. Ich glaube, sie spürte, daß sie nicht allein war.

Mit schnellen Schritten ging sie zu einer Stelle oben auf der Anhöhe, knapp zehn Meter von uns entfernt. Sie scharrte mit der Schuhspitze in der Erde, um festzustellen, wo sie am weichsten war. Wir duckten uns noch tiefer ins Gras und zogen die Köpfe ein, damit sie uns nicht sehen konnte. Sobald sie einen Fleck gefunden hatte, wo die Erde locker war, drückte sie die Tüte oben sorgfältig zusammen und stellte sie auf den Boden. Die Katze zippelte und zerrte, doch Minnie beachtete sie gar nicht. Sie nahm die Schaufel und begann ein Loch zu graben. Sie machte das so schnell und mühelos und mit soviel männlichem Geschick, daß es aussah, als hätte sie das schon Hunderte von Malen gemacht.

«Was tut sie denn da?» flüsterte ich Lizzy ins Ohr.

«Vielleicht ist der Nazi gestorben, und sie hat ihn zerhackt und in die Papiertüte gestopft.»

Wir starrten beide gebannt auf die Tüte und versuchten, den klumpigen Konturen Form zu geben. Trotz der drückenden Augusthitze fröstelte uns bei der Vorstellung, in dieser Tüte könnten die Überreste eines abgeschlachteten Nazis stecken.

Als Minnie mit Graben fertig war, zog sie die Tüte näher zu sich, und ihre Augen weiteten sich ängstlich. Sie schaute in alle Richtungen, um sich zu vergewissern, daß niemand da war. Dann steckte sie hastig die Hand in die Tüte, zog etwas heraus und warf es in das Loch. Sie tat das so blitzschnell, daß wir nichts erkennen konnten.

«Was war das?» fragte ich Lizzy.

«Wahrscheinlich der Hals.»

Wieder fuhr Minnie mit der Hand in die Tüte, holte noch einen Hals heraus und schleuderte ihn ins Loch. Nur daß es kein Hals war – es war eine leere Johnny-Walker-Flasche. Ein ganzes Dutzend Flaschen packte sie, eine nach der anderen, in das Loch, wobei sie sich immer wieder mit gierigen Augen versicherte, daß sie auch ja niemand beobachtete. Als die Tüte leer war, füllte sie schnell das Loch wieder auf, indem sie mit Händen und Unterarmen Erde über die Flaschen baggerte. Kleine Schweißperlen traten ihr auf die Stirn, und mittendrin fing sie plötzlich wieder an, eine Oper zu summen. Sie machte aber nie den Mund auf. Kein einziges Mal – und ich beobachtete sie sehr genau, weil ich unbedingt ihre abgeschnittene Zunge sehen wollte. Aber ihre Lippen bewegten sich überhaupt nicht. Die Melodie kam aus ihrer Nase.

Sie stampfte das frischgefüllte Loch mit ihren schwarzen Schuhen fest und summte die ganze Zeit, mit einer Hingabe, die mich rührte. Nachdem sie die Schaufel wieder neben dem vermoderten Baumstamm abgestellt hatte, ging sie mit ihrer räudigen weißen Katze den gleichen Weg durch das hohe Gras in ihrem Garten zurück. Dabei hörte sie nicht auf zu summen. Während des ganzen Rückwegs summte sie begeistert, und nur ein einziger sehr hoher Ton ging daneben. Es war schön, wie sie diese Oper summte. Sie hätte gut Opernsängerin sein können. Wir sahen ihr nach, bis sie um die Ecke ihres verfallenen Hauses verschwand, die Katze hinter sich her zerrend.

Erst da wagten wir wieder richtig zu atmen.

«Mein Gott», flüsterte Lizzy. «Das sind die Flaschen vom Nazi.» Wir sahen uns an, und ein prickelndes Gefühl überlief uns. «Sie vergräbt die Flaschen, weil keiner wissen soll, daß der Nazi noch lebt und daß er in ihrem Haus wohnt.» Wieder sah Lizzy mich an, und zum erstenmal seit Beginn unserer Spekulationen glaubte ich, daß sie recht hatte.

Ich drehte mich auf die Seite und starrte durch das Gras auf das kahle Haus. «Ihre abgeschnittene Zunge haben wir aber nicht gesehen», sagte ich. Ich konnte nicht anders – ich mußte dauernd daran denken. Angst hatten wir ihr auch keine eingejagt und sie nicht einmal richtig geärgert. Wir hatten sie nur beobachtet.

«Komm mit», sagte ich. «Ich weiß, wie wir sie dazu kriegen, daß sie den Mund aufmacht.»

Lizzy folgte mir aus dem Wald und den Hügel hinauf zu unserer Garage, hinter der eine mit trockenen Holzstücken und stahlgrauen Brettern gefüllte alte Holzbeuge stand. Ich suchte zwei Bretter aus, eines knapp einen Meter lang, das andere gut fünfzig Zentimeter, und nachdem wir in der Garage einen Hammer und ein paar Nägel aufgetrieben hatten, nagelten wir die beiden Bretter zu einem Kreuz zusammen. Oben auf Leos Werkbank fand ich einen schwarzen Stift, und ich sagte zu Lizzy, sie solle schreiben: HIER RUHEN HUNDERT BETRUNKENE SOLDATEN.

Lizzys Augen glänzten, und über ihre Lippen breitete sich langsam ein Lächeln. «Das stellen wir an die Stelle, wo sie das Loch gegraben hat», flüsterte sie, und ich nickte. «Als so 'ne Art Grab für die ganzen Whiskyflaschen.»

Ich nickte wieder. «Und wenn sie das sieht, ist sie so schokkiert, daß sie schreit. Oder der Mund bleibt ihr offenstehen. Und dann können wir die abgeschnittene Zunge sehen.»

«Ich wette, sie schreit», meinte Lizzy. «Es macht sie bestimmt ganz fertig, daß jemand was von den Flaschen weiß.»

Ich hoffte, ihr würde nur der Mund offenstehen bleiben. Ein Schrei von Minnie Harp konnte schreckliche Folgen für uns haben, zum Beispiel einen permanenten Gehörschaden, oder er würde für immer in unserem Inneren widerhallen.

Lizzy ritzte die Worte mit dem schwarzen Stift ins Holz. Sie brauchte so lang, um die Buchstaben klar und deutlich zu schreiben, daß es mir schon leid tat, sie gebeten zu haben. Doch als sie fertig war, gab es für mich keinen Zweifel daran, daß Minnie es lesen konnte, wenn sie durch eine Ritze ihrer mit Zeitungen verklebten Fenster schaute.

Ich nahm das Kreuz, und wir rannten den Hügel zu Minnie Harps verwildertem Waldstück hinab. Dort holten wir zwei schwere Steine von der Feuerstelle, und während Lizzy das Kreuz festhielt, hämmerte ich es in das frische Grab. Danach warfen wir uns an der kleinen Anhöhe ins Gras und starrten auf das Kreuz. Wie es da so in der nackten Erde steckte, sah es aus wie ein Messer in einer Wunde. Der Anblick befriedigte mich. Die Rache war nicht perfekt, aber süß, und sie beruhigte meine Nerven.

Ich legte mich ins Gras zurück, schloß die Augen und ließ meine Gedanken wandern. Minnies Wald war üppig und dicht, wie ein Dschungel. Die Hitze drückte, und die Luft surrte von tausend Insekten. Sonst konnten wir nichts hören – kein Auto, keinen Menschen, nicht einmal einen in der Ferne bellenden Hund –, nur die Mücken und unseren eigenen Atem. Die Bäume füllten den blauen

Himmel über uns wie ein wunderschönes grünes Filigranmuster, und zwischendurch wehte immer wieder ein sanfter Wind und arrangierte das Muster neu.

«Wir müssen jeden Tag herkommen und auf sie warten», sagte Lizzy. «Sonst kommt sie noch raus, wenn wir nicht da sind, und dann macht sie den Mund auf, und wir können ihre abgeschnittene Zunge gar nicht sehen. Dann war alles umsonst.» Ich rollte mich auf den Bauch und blickte zu dem Kreuz hinauf, das da im Boden steckte. Der Anblick, so kahl und einsam, ließ mich schaudern. «Ich hoffe bloß, Lana wird nicht wieder richtig krank», flüsterte Lizzy.

Ich wollte nicht daran denken, aber in letzter Zeit war es ihr nicht besonders gut gegangen. Noch am Morgen hatten wir gesehen, wie sie an der wackelnden Waschmaschine lehnte und weinte.

Den ganzen Abend wartete ich auf Lizzys Anruf. Ich hatte schreckliche Angst, Garta könnte ihr etwas antun. Und ich wollte mich unbedingt mit ihr am Schwanenteich treffen – sie mußte unsere Abschrift mitbringen, damit wir endlich vergleichen konnten, welchen Artikel Lana ausgeschnitten hatte. Nach dem Abendessen blieb ich die ganze Zeit in der Nähe des Telefons. Ich starrte durch die Hintertür hinaus auf die grünen Hügel und sah die Leuchtkäfer durch die Dämmerung schwirren. Als Lizzy um sieben noch nicht angerufen hatte, wählte ich ihre Nummer, aber sie war besetzt. Die ganze nächste Stunde war ständig belegt, und danach nahm niemand mehr ab.

Garta hat sie bestimmt umgebracht, dachte ich. Ich fühlte mich fiebrig, und als ich ins Bett ging, bäumten sich meine Nerven auf und galoppierten durch meine Beine wie wilde Pferde.

Als gegen elf das Telefon klingelte, wußte ich gleich, es war Lizzy. Das Klingeln schrillte durch die dunkle Stille und entnervte mich völlig. Ich rannte hinunter, um abzunehmen, ehe alle anderen aufwachten.

«Hallo», flüsterte ich. Die Windharfe auf der Hinterveranda des Nachbarhauses klimperte hell, als wäre gerade ein Engel vorbeigeflogen.

«Maddie», wisperte Lizzy.

«Was ist los? Hast du die Sachen?» Ich heftete meinen Blick auf die weißen Korbsessel draußen in unserem Garten. Sie sahen aus wie kleine, kompakte Gespenster.

«Garta hat gesagt, ich darf zwei Wochen nicht raus und nicht telefonieren.» Lizzys Stimme zitterte, als stünde sie nackt in einer Gefriertruhe.

«Hat sie dich wieder geschlagen?»

«Nein», antwortete Lizzy, aber sie zögerte so lange, daß ich wußte, Garta hatte sie doch geschlagen. Ich überlegte, ob sie das Lineal genommen hatte oder die Hand oder vielleicht eine von ihren riesigen blauen Sandalen. Ich fragte Lizzy nicht, weil ich wußte, sie redete nicht gern darüber.

«Sie hat alle weggeworfen, Maddie», flüsterte Lizzy vorwurfsvoll.

«Was, alle?»

«Unsere Abschriften. Ich bin zurückgekommen und habe unter die Matratze geguckt, und sie hatte schon alle kassiert.»

«Wirklich alle?» Zwei weiße Motten flogen gegen das Fliegengitter am Küchenfenster und schlugen wild mit den Flügeln.

«Ja.»

Ich war verzweifelt. Garta hatte unsere Abschriften weggeworfen. Wir hatten uns soviel Arbeit gemacht – und gerade jetzt, da wir die ersten Früchte ernten wollten, warf Garta alles weg.

«Hat sie die Zettel in den Abfall geworfen, so wie Lanas Listen?» fragte ich laut. Ich hatte das Gefühl, als hätte mir Garta mein ganzes Geld gestohlen oder so was. «Vielleicht sind sie –»

«Garta hat sie in kleine Schnipsel zerrissen und dann verbrannt.» Ich hörte, wie das Telefon am anderen Ende knackte, und dann klang es, als wäre Lizzy gegen etwas gestoßen.

«Vielleicht lügt sie ja», sagte ich, obwohl ich es selbst nicht glaubte.

«Sie hat mir die Asche gezeigt. Sie hat die Asche in einen Schuhkarton gepackt und mir gezeigt.» Lizzy schniefte und holte tief Luft. «Haßt du sie nicht auch, Maddie?»

«Ja», sagte ich. Ich haßte sie aus tiefstem Herzen.

«Wir müssen irgendwas von ihr verbrennen», flüsterte Lizzy wütend. «Zum Beispiel ihre alten Liebesbriefe.»

«Garta hat Liebesbriefe?» Ich war perplex. Das hätte ich nicht gedacht.

«Sie hat 'nen ganzen Packen Liebesbriefe in ihrem Schrank. Sie sind zusammengebunden und in einer Schachtel, von der Don nichts weiß. Ich kann sie holen.»

Danach herrschte Schweigen an Lizzys Ende. Ich hörte ihren flatternden Atem, und während ich durch die Hintertür auf die Glühwürmchen schaute, die aufleuchteten und wieder verglommen, spürte ich, wieviel mir Lizzy bedeutete. Sie war die einzige Freundin, die ich je gehabt hatte, und es machte mich wahnsinnig, daß sie mit Garta zusammenleben mußte.

«Wir zahlen's ihr heim», flüsterte ich. «Sobald sie dich wieder rausläßt, zahlen wir's ihr heim.»

Drei Tage später kam Lizzy bereits wieder raus. Sie sagte, sie hätte die ganze Wohnung geputzt, die Wäsche gewaschen, Frühstück, Mittagessen und Abendessen gekocht und Garta eine Dauerwelle gemacht. Ich glaubte nicht so ganz, daß das wirklich alles war, was Garta ihr abverlangt hatte, aber Lizzy sagte sonst nichts.

Als erstes gingen wir in den Wald beim Wasserfall – mit einer Schachtel Küchenstreichhölzer, die Lizzy aus Gartas Wohnung mitgebracht hatte. Wir fuhren mit den Fahrrädern einen Feldweg hinauf, über die Straße bei Miss Thomas' Haus, und ließen die Räder dann am Rand des Tannenwalds liegen. Wir gingen noch

ein ganzes Stück zu Fuß, leise und feierlich, als wäre
wegs zu einem Begräbnis, und kurz vor dem Wasser
wir halt. Wir konnten ihn von der Stelle aus nicht
aber wir hörten das Brausen, und eine feine Gischt
herüber und kühlte unsere erhitzte Haut. Obwohl es
früh morgens war, drang die Sonne mit kräftigen Strahlen durch die Bäume und heizte den Wald auf wie ein Gewächshaus. Mükken surrten in der Luft, und von einem Feld in der Ferne hörten wir das Rattern eines Mähdreschers und das rhythmische Schnappen einer Dreschmaschine. Über uns, hoch oben in den Tannenzweigen, zwitscherten lauthals die Spatzen.

Wir räumten auf dem Boden eine Stelle mit einem Durchmesser von etwa einem Meter frei, indem wir mit den Schuhen die Tannennadeln aus dem Kreis scharrten, bis die feuchte, schwarze Erde darunter sichtbar wurde. Als wir fertig waren, postierten wir uns auf entgegengesetzten Seiten des Kreises, starrten auf die leere Stelle und stellten uns vor, wie Gartas Schätze hier im Feuer verkohlten. Lizzy holte mit feierlicher Geste ein Foto von Garta aus ihren blaugrünen Shorts und reichte es mir. Es war ein tolles Bild: Garta posierte in einem rosaroten Badeanzug vor einem See, lächelnd und mit grellrot geschminkten Lippen. Den Kopf neigte sie kokett zur Seite, und eines ihrer gebräunten Beine stellte sie vor das andere, so wie es die Frauen bei Schönheitswettbewerben machten. Das Foto war vor so langer Zeit aufgenommen, daß ich sie fast nicht erkannte. Sie war viel schlanker, die Haare waren lang und glatt und hingen ihr über die Schultern, und sie hatte keine Pusteln im Gesicht. Sie sah sehr gut aus – ich hatte fast Hemmungen, das Bild zu verbrennen.

Lizzy zog nun die neueste Nummer von Gartas *True Confessions* hinten aus ihrer Hose. Garta habe erst ganz wenig davon gelesen, versicherte sie mir. Dann aber brachte sie das zum Vorschein, was ihrer Meinung nach die Krönung unseres Rachefeldzugs war: zwei von Gartas Liebesbriefen. Einer stammte von Joe, ndere von einem gewissen Paul Horton. Die Briefe waren de über zehn Jahre alt.

«Einen für dich und einen für mich.» Sie reichte mir den Brief von Paul. Den von Joe behielt sie selbst. Da Joe ihr Vater war, hatte der Brief vermutlich mehr Rachewert.

Lizzy wollte die Briefe einfach nur verbrennen, aber ich fand, wir sollten sie erst lesen und dann verbrennen. Ich wollte mir nicht die Gelegenheit entgehen lassen, Garta noch eins auszuwischen. Lizzy war einverstanden, also nahmen wir unsere Briefe und entfalteten sie in der schwülen Luft. Meiner war kurz, unbedeutsam und – da waren wir uns einig – dumm, aber trotzdem trat ich an den Rand unserer Feuerstelle, um ihn laut vorzulesen, wobei die hohen Tannen meine Worte verschluckten.

Liebe Garta,

Du hast gesagt du liebst mich, und ich Idiot hab dir geglaubt. Aber warum bist du dann mit Dean und Eddie M. gestern abend zum Steinbruch abgehauen und dann hast du hinterher noch zu ihnen gesagt du liebst mich nicht du läßt dich nur von mir in die Schule fahren? Ich hab gedacht wir gehen miteinander Garta, ich hab gedacht du liebst mich.

Hätte ich nicht das Foto von Garta gesehen, wäre mir das unmöglich erschienen. Trotzdem – so ganz konnte ich es mir nicht vorstellen. Lizzy und ich starrten uns über die Feuerstelle hinweg eine Weile ungläubig an, dann prusteten wir los. Ich warf den Kopf zurück und lachte hinauf in den blauen Himmel, und Lizzy beugte sich vor und hielt sich die Seiten.

«Klingt total bescheuert», stöhnte sie.

Ich machte dann Garta so gekonnt nach, daß sich Lizzy nicht mehr einkriegte vor Lachen. «KOMM SOFORT HER, DU DRECKSTÜCK!» rief ich donnernd in den Wald. «UND KÜSS MICH, SONST SCHNEID ICH DIR DEIN WÜRSTCHEN AB!»

Nach einer Weile faßte Lizzy sich wieder, und als sie sich beruhigt hatte, verlagerte sie ihr Gewicht von einer Hüfte auf die andere und hielt dann ihren eigenen Brief hoch. Ich sah, wie sie ihn schnell überflog, als hätte sie Bedenken wegen des Inhalts, und als sie dann zu mir blickte, merkte ich, daß sie ganz gerührt war.

Der Brief von Joe war völlig anders als der von Paul. Lizzy las mit stockender, bebender Stimme und hielt immer wieder inne, um mich mit hilflosen schwarzen Augen anzusehen – mit Augen, die irgend etwas von mir wollten: Verschwiegenheit, Verständnis, das Versprechen, nie jemandem von Joe zu erzählen. Ich wußte es nicht.

Liebe Garta,

ich bin im Stall meines Onkels und schreibe dir diesen Brief. Ich hoffe nur, sie haben dir nichts angetan. Um mich mach dir keine Sorgen, es ist alles in Ordnung.

Das schlimmste ist, daß sie dich mir weggenommen haben. Sie glauben, weil ich ein Neger bin, liebe ich dich nicht, und weil du weiß bist, will ich dir weh tun und dich zugrunde richten. Ich liebe dich genauso, wie ein weißer Mann eine weiße Frau liebt, und das, was ich gesagt habe, als wir uns in Esthers Dachkammer geliebt haben, meine ich sehr ernst. Ich will dich heiraten, und wenn du mich heiraten willst, dann gehen wir irgendwohin, wo eine weiße Frau und ein Neger in Frieden zusammenleben können. Ich möchte, daß wir unser Baby gemeinsam großziehen. Wenn es ein Junge ist, sollten wir ihn Jimmy nennen, nach meinem Opa, er war ein guter Mann. Wenn es ein Mädchen ist, sollten wir es Lizzy nennen, nach meiner Oma, sie war eine Heilige.

Ich komm in einem Monat zurück und hole dich, wenn sich die Lage beruhigt hat. Laß dich nicht gegen mich aufhetzen. Denk an das, was wir in Esthers Dachkammer gesagt haben. Unsere Herzen schlagen gleich, und unsere Seelen haben keine Farbe. Ich liebe dich.

Für immer, Joe.

Lizzy starrte eine Weile auf den Brief, dann faltete sie ihn zusammen und steckte ihn wieder in den Umschlag. Daß er ihr wichtig war, merkte ich schon daran, wie vorsichtig und liebevoll sie damit umging.

«Also los, verbrennen wir das Zeug», sagte sie leise.

Wir zündeten die Zeitschrift an und ließen sie auf den Boden fallen. Die Flammen waren größer, als wir erwartet hatten. Wir mußten auf dem Boden herumtrampeln, um zu verhindern, daß sich das Feuer ausbreitete. «Das hat grade noch gefehlt, daß wir jetzt einen Waldbrand auslösen», meinte Lizzy. Ich warf Pauls Brief ins Feuer und wartete darauf, daß Lizzy das gleiche mit Joes Brief tat, doch sie stopfte ihn wieder in ihre Shorts.

Andächtig sahen wir zu, wie Gartas neueste Ausgabe von *True Confessions*, Pauls jämmerlicher Brief und das Foto von den Flammen verzehrt wurden, während wir am Rand der Feuerstelle herumtrampelten, um den Brand einzudämmen. Die Hitze der Flammen, verbunden mit der schwülen Morgenluft, trieb uns den Schweiß ins Gesicht. Was wir da verbrannten, reichte eigentlich nicht aus, wenn man sich überlegte, daß Garta unsere ganzen Abschriften der *New York Times* verbrannt hatte – aber mehr hatten wir nicht. Uns blieb nichts weiter übrig, als zuzusehen, wie das Feuer vollends ausging, und uns mit einem kleinen Häufchen schwarzer Asche zufriedenzugeben.

Anschließend gingen wir hinunter zu Minnie Harps Haus, um zu überprüfen, was aus unserem Kreuz geworden war. Es ragte noch aus der Erde, unbemerkt, unberührt. Wir legten uns bäuchlings an die kleine Anhöhe und warteten darauf, daß Minnie herauskam und noch ein paar Flaschen verbuddelte. Das Haus war still – da stand es am Waldrand, in Schweigen und Verfall gehüllt, die Augen mit Zeitungen bedeckt.

«Das ist keine gute Stelle hier, wenn sie rauskommt», sagte ich. «Wenn wir ihre abgeschnittene Zunge sehen wollen, dann müssen wir höher sein als sie, zum Beispiel auf einem Baum.»

«Stimmt», meinte Lizzy.

Wir schauten uns nach einem Baum um, der uns eine möglichst gute Aussicht auf Minnie Harps abgeschnittene Zunge bot. Schließlich entdeckten wir einen bei der runden Feuerstelle, die Minnie aus roten Backsteinen gebaut hatte. Wir kletterten so hoch, wie wir uns trauten – hoch genug, um zu sehen, daß Minnie, auf alten Zeitungen kniend, an der nackten Hausmauer Ringelblumen pflanzte. Sie war ein ganzes Stück von uns entfernt, aber wenn wir die Ohren spitzten und der Wind aus der richtigen Richtung kam, konnten wir sie wieder eine Oper summen hören.

Während wir auf den knorrigen Ästen saßen und darauf warteten, daß sie mit den Ringelblumen aufhörte und noch ein paar Flaschen begraben ging, überlegten wir uns, wo wir jetzt die *New York Times* abschreiben und dann unsere Abschriften verstecken konnten. Gartas Wohnung kam nicht mehr in Frage, weder fürs Abschreiben noch als Versteck, und Lanas Speicher ging auch nicht. Da war ich stur.

Da uns gar nichts Besseres einfiel, einigten wir uns darauf, die Zeitung ein einziges Mal auf dem Speicher abzuschreiben. Den frühen Nachmittag verbrachten wir damit, die Zeitungen nachzutragen, die wir wegen Lizzys Hausarrest verpaßt hatten. Wir öffneten das Fenster, damit etwas frische Luft in die drückende Hitze kam, und während Lizzy auf dem roten Sessel saß und vorlas, kniete ich auf dem staubigen Fußboden und schrieb. China hatte zwei Flugzeuge der U.S. Navy versenkt und einen Piloten gefangengenommen, und amerikanische Flugzeuge hatten die Vororte von Hanoi bombardiert. Stokely Carmichael rief zu einer schwarzen Revolution in den Vereinigten Staaten auf, und Thurgood Marshall wurde als erster Schwarzer an den Obersten Gerichtshof berufen.

Der Tag ging zu Ende, und wir hatten noch keinen Platz gefunden, wo wir unsere Kopien aufbewahren konnten. Mir fiel nur der Speicher ein, also erklärte ich mich einverstanden, die Zettel über

Nacht unter dem Polster des roten Sessels zu verstecken – vorausgesetzt, wir fanden gleich morgen früh einen anderen Platz. Aber es ging mir sehr gegen den Strich, und meine Nerven meldeten sich massiv. Ich aß kaum etwas beim Abendessen, und bis spät in die Nacht lag ich im Bett und konnte nicht einschlafen, weil ich die Abschriften im Speicher spürte, als wären sie radioaktiv. Ich hatte Angst, irgendwie könnten sie Lanas Zustand verschlechtern.

Lizzy kam wie versprochen am nächsten Morgen ganz früh vorbei, und wir gingen den Hügel zu Miss Thomas' Haus hinauf. Vielleicht konnten wir unsere Abschriften ja in ihrem Vogelzimmer verstecken. Aber als wir zum Wald kamen, wußte ich, Miss Thomas' Vogelzimmer war genauso unmöglich wie Lanas Schreibzimmer.

«Vielleicht sitzt sie ja auf ihrer Wiese und verliert den Verstand», sagte ich in Gedanken an Miss Thomas' morgendlichen Wahnsinn. «Es ist noch ziemlich früh.» Lizzy nickte, und wir stapften leise weiter durch den Wald – ich in der Hoffnung, daß meine Vermutung falsch war, während Lizzy wünschte, daß sie zutraf. Der Anblick von Miss Thomas, die auf der Wiese den Verstand verlor, war fast so schlimm, wie mitzukriegen, daß sich Lana in ihrem Schreibzimmer krümmte.

Sie war da. Noch ehe wir den Waldrand erreichten, konnten wir sie sehen. Sie saß völlig schief auf ihren verrenkten Beinen und gab halb sprechend, halb stöhnend diese unverständlichen Geräusche von sich, das Gesicht der Sonne zugewandt.

«Was macht sie da?» fragte Lizzy leise. Sie war hingerissen. Wir kauerten uns hinter einen Baum und beobachteten Miss Thomas eine Weile.

«Sie verliert den Verstand», flüsterte ich. «Das passiert immer frühmorgens, und dann geht es wieder weg. In ein paar Stunden ist sie wieder ganz normal.»

«Vielleicht hat sie 'nen epileptischen Anfall.»

«Glaub ich nicht. Sie hat vermutlich eine seltene Geisteskrankheit.» Ich war Expertin für Miss Thomas. Lizzy war Expertin für Minnie Harp.

Lizzy fand, Miss Thomas brauchte Hilfe, also fügten wir sie zu unserer wachsenden Aufgabenliste hinzu. Wir wollten sie morgens beobachten und dann zu Minnie Harp gehen und dann die Zeitungen abschreiben und Lana bewachen.

8

Wir fanden kein Versteck für unsere Abschriften, also blieben sie unter dem Polster des roten Speichersessels. Wir suchten ständig nach einem besseren Platz, wenn wir gerade nicht mit etwas anderem beschäftigt waren. Nach einer Weile verloren die Zettel ihre radioaktive Strahlung, und als Lana nicht krank wurde, nahm ich an, daß ich die Macht der Abschriften überschätzt hatte. Vielleicht waren sie gar nicht so einflußreich. Ich dachte nicht mehr viel an sie; meine Nerven marschierten nachts nicht mehr auf und ab, und langsam gewöhnte ich mich einfach daran, daß die Zettel in der Dachkammer waren.

Unser Sommer ging zu Ende, und wir hatten weder Minnie Harps abgeschnittene Zunge gesehen, noch einen Artikel gefunden, noch die Wurzel von Miss Thomas' merkwürdigem Morgenwahnsinn entdeckt, und wir hatten auch nichts Neues über Lana herausgefunden.

Als die Schule anfing, mußten wir alles neu organisieren. Wann sollten wir jetzt unseren zahlreichen Verpflichtungen nachkommen? Und wie sollten wir Lana weiter bewachen? Sie war jetzt allein, ohne Garta, die wieder in der Mensa arbeitete, ohne mich und Lizzy und Elena und ohne Leo, dessen Seminare inzwischen angefangen hatten. Sie hatte nur noch Harry, und Lizzy und ich waren nicht sicher, ob er sie ausfüllte.

Keine von uns freute sich auf die Schule. Bei Elena war es am schlimmsten. Ihr graute schon den ganzen Sommer vor dem Schulanfang, und nach und nach hatte sie auch mich angesteckt, ohne daß ich es richtig merkte. Wenn wir abends in unseren Betten lagen und uns unterhielten, erzählte sie im Flüsterton von verdreckten, dunklen Fluren, in denen lauter Bauerntrampel herumtappten, und aufgrund der Inzucht, die hier seit Generationen praktiziert wurde, seien die Kinder total bescheuert, ja, eigentlich schon richtig behindert. Die Lehrer waren auch nicht besser, nur eben erwachsen, und sie waren so bekloppt und blöd im Kopf, daß Elena schon fürchtete, *sie* müßte die Klasse unterrichten.

«Die meisten sind schwachsinnig, Maddie», sagte sie. «Sie leben auf diesen armen Farmen und haben kaputte Autos und alte Waschmaschinen auf dem Hof rumstehen. Sie heiraten ihre Brüder und Schwestern und ihre Cousins ersten Grades, und deswegen sind ihre Kinder schwachsinnig.»

Ich fragte Lizzy, ob das stimmte, und sie meinte, nicht ganz, gab aber zu, daß manche Kinder nach Pisse stanken und mit Kuhscheiße an den Schuhen zur Schule kamen. Aber sie fand, daß Elena übertrieb, womit sie recht hatte, und das wußte ich auch, aber trotzdem übernahm ich Elenas Schulangst. Wenn ich nur an die Schule dachte, zwickten mich die Nerven in den Magen.

Lizzy mochte die Schule auch nicht besonders. Als der erste Schultag kam, gingen wir ganz still die warmen, schattigen Straßen hinunter, jede mit ihren eigenen Ängsten beschäftigt. Viele Kinder wanderten wie wir die von Bäumen gesäumten Straßen entlang – Kinder, die ich noch nie gesehen hatte. Sie trugen steife neue Kleider und gingen genauso verkrampft wie Elena, Lizzy und ich. Es war, als wären sie gerade aus den Ritzen im Bürgersteig aufgetaucht.

Vor dem Schulhaus blieben Elena, Lizzy und ich am Rand des Rasens stehen. Wir starrten es an: ein zweistöckiges rotes Backsteingebäude, dessen schwarze Doppeltür auf beiden Seiten weiße

Säulen flankierten. Beide Stockwerke hatten hohe, breite Fenster. Rechts ragte ein einstöckiger weißer Anbau heraus, wie ein deformierter, nicht zu gebrauchender Arm. Elena hatte Glück, ihr Klassenzimmer lag im oberen Stockwerk des alten Gebäudes, während Lizzy und ich in den häßlichen, plumpen Seitenflügel verbannt wurden.

Elena ging, ohne etwas zu sagen. Sie warf uns nur noch einen gequälten Blick zu. Dann stieg sie die Stufen zum ersten Stock hinauf, hinter einem Knäuel von Mädchen, die sich alle kannten und durcheinanderredeten. Lizzy und ich gingen Seite an Seite den Korridor hinunter, sie den Blick stur geradeaus gerichtet, wohingegen ich mich nervös nach den anderen Kindern umschaute.

Lizzys Klassenzimmer kam zuerst, und nachdem sie verschwunden war, mußte ich die Schlußstrecke allein zurücklegen. Sieben Meter, und am Ende die Tür mit der Aufschrift MRS. DEVONSHIRE. Als ich ins Zimmer schaute, packte mich wieder das große Grauen. Ich schlich hinein und setzte mich still an den erstbesten freien Tisch, im zweiten Block der dritte von vorn. Um mich herum nur fremde Kinder, die ich größtenteils für zurückgeblieben hielt und die mich allesamt anstarrten. Einen Moment lang bekam ich keine Luft. Ich hatte vergessen, wie es in der Schule zuging. Ganz Detroit hatte ich vergessen. Es war wie eine andere Welt, aber jetzt fiel mir alles wieder ein, und ich musterte mißtrauisch meine neuen Klassenkameraden, die mich ihrerseits von oben bis unten beäugten. Welches Kind würde mich Stinklaus nennen? Welches würde mich vom Karussell schubsen? Welches würde mir ein Loch in den Kopf schlagen? Sie waren keine minderbemittelten Deppen mehr. Sie waren der Feind.

Mrs. Devonshire betrat das Klassenzimmer, und alle verstummten. Mrs. Devonshit, dachte ich. Sie war alt, ihr Haar kurz geschnitten und grau. Sie war groß und mager und wirkte wie aus Schnüren geknüpft, mit Knoten an Ellbogen und Knien, ein weiblicher Ichabod Crane. Ein schmales, verkniffenes Gesicht, und Lippen hatte sie auch keine richtigen. Ihr Mund sah aus wie eine verblaßte rote Linie, wie ein Schlitz, und sie hatte die kleinsten braunen Augen, die ich je gesehen hatte – höchstens so groß wie zwei Schoko-M&M.

«Wir haben eine neue Schülerin in der Klasse», sagte sie ruhig und sah mich an. «Das ist Madeline», verkündete sie, mit ihrem dürren Finger auf mich deutend. «Warum erzählst du uns nicht was von dir, Madeline?»

Das soll bestimmt ein Scherz sein, dachte ich, sie kann das unmöglich ernst meinen. Doch sie meinte es ernst – sie wiederholte den Satz, aber ich brachte kein Wort heraus. Meine Nerven boxten gegen meine Haut und droschen dann auf meine Adern ein. Ich wäre fast ohnmächtig geworden. Mein ganzer Körper verkrampfte sich zu einem Zittern, und ich hatte Angst, was für schreckliche Spitznamen mir das einbringen würde. Gott sei Dank waren wenigstens meine Arme nicht in Mull gewickelt, und das obere Stockwerk zu Hause war normal und fertig ausgebaut, es wohnten keine Gespenster dort. Das machte mir Mut. Außerdem dachte ja auch niemand, Lana sei verrückt. Sie hatte Freundinnen hier – Garta, Gus und, wenn man den Begriff etwas weiter faßte, auch Barbara Lamb –, und am Lake Morraine hatten viele Leute sie im Badeanzug gesehen, und da sah sie aus wie ein Model – mit Stock, aber immerhin ein Model.

«Madeline», sagte Mrs. Devonshit. Ihre dünne Stimme drang kratzend in mein Bewußtsein. «Willst du uns etwas erzählen?»

Ich blickte mich im Klassenzimmer um und merkte, daß meine Klassenkameraden mich alle anstarrten, besonders aber das rothaarige Mädchen, das vor mir saß. Sie hatte sich auf ihrem Stuhl umgedreht und glotzte mich mit großen Augen an, wobei sie hörbar durch den Mund atmete. In meiner Kehle bildete sich ein Kloß, aber ich schaffte es, an ihm vorbei etwas zu sagen. «Eigentlich nur, daß ich lieber Maddie genannt werden möchte», sagte ich. Mrs. Devonshit ließ es dabei bewenden, und ich konnte meinen ersten Tag in Schweigen gehüllt hinter mich bringen.

Es dauerte ein paar Wochen, bis ich begriff, daß nicht alles zu Ende war, sondern daß das Leben irgendwie weiterging. Ich gewöhnte mich nach und nach an meine Klassenkameraden und sie sich an mich, niemand nannte mich Stinklaus, und es tauchten auch sonst keine schrecklichen Schimpfwörter auf. Für mich war es gut, daß sich Elena als Außenseiterin aufspielte. Es sprach sich schnell herum, daß ein neues Mädchen an der Schule war, das Wutanfälle bekam und fluchte, und ich wurde dadurch ebenfalls berühmt. Soviel ich wußte, freundete sich Elena auch nicht mit Louis an. Ich beobachtete sie auf dem Schulhof und wartete nach der Schule auf sie, aber sie traf sich nie mit ihm. Er schien sie gar nicht zu interessieren, und als ich sie einmal nach ihm fragte, zog sie nur die Nase kraus.

Lizzy und ich fanden eine Lösung, wie wir unseren morgendlichen Verpflichtungen nachkommen konnten. Wir standen früh auf und gingen im Nebel den Hügel zu Miss Thomas hinauf, wo wir uns hinter einem Baum versteckten und zusahen, wie sie den Verstand verlor. Wir versuchten zu enträtseln, was sich da abspielte, aber wir konnten es uns nicht erklären. Dann rannten wir hinunter zu Minnie Harps Wald. Dort legten wir uns an der Anhöhe flach ins Gras und warteten darauf, daß sie herauskam und unser Kreuz entdeckte. Es stand immer noch unberührt da, wie ein graues Schwert, das jemand in den Bauch des sterbenden Waldes gerammt hat. Anschließend trabten wir in die Schule, wo wir den Vormittag getrennt verbrachten, bis wir uns dann in der Mittagspause beim Unterstand auf dem Schulhof trafen. Wenn die Schule vorbei war, taten wir uns wieder zusammen, und da Garta jetzt arbeitete und ihre Schwester auf Jimmy aufpaßte, konnte Lizzy bei uns zu Abend essen und zwei- oder dreimal in der Woche auch übernachten. Selbst Elena gewöhnte sich an sie und betrachtete sie fast als zweite Schwester.

Die Tage wurden kälter und der Himmel grauer, und die Luft begann klar und frisch zu riechen. Die Insekten starben; nur im Keller überlebte eine Handvoll Grillen, und ihr dünner Chor tröstete mich abends, wenn ich dem Sommer nachtrauerte. Lizzy, Elena und ich konnten trotzdem noch manchmal draußen spielen. Wir gingen zu Lizzys Lieblingswiese und legten uns ins Stoppelgras, und anschließend saßen wir, in unsere Herbstjacken gehüllt, oben auf dem Felsen und schauten in den kalten Wasserfall. Manchmal hingen wir auch in der Fluchtburg der Jungen hinter Shortys Tankstelle herum, blätterten in ihren Zeitschriften mit den nackten Mädchen und probierten den Bodensatz in ihren Weinflaschen; und wenn wir ganz mutig waren, wagten wir uns sogar nach vorn, wo wir, in eine Ecke gedrückt, den älteren Jungen beim Billard und beim Rauchen zusahen. Art schenkte uns jede Menge Freikarten für die Nachmittagsvorstellungen, und da saßen wir dann in der dritten Reihe von vorn und sahen, ich weiß nicht wie oft, *Bonnie und Clyde*.

Als wir merkten, daß es Lana in den Wochen nach Schulbeginn immer schlechter ging, begannen Lizzy und ich, sie wieder die ganze Zeit zu bewachen. Falls sie noch schrieb, tat sie das, solange wir weg waren, denn wir sahen sie selten bei der Arbeit, wenn wir heimkamen. Sie kümmerte sich eigentlich dauernd um Harry, und die ganze Kocherei und das Putzen und die Fürsorge blieben an ihr hängen. Sie beschwerte sich nicht, aber wir merkten, daß es ihr nicht paßte.

Ihre Hände zitterten oft, und an manchen Tagen bekam sie ganz schlecht Luft. Trotzdem fuhr sie mit uns zum See, solange es noch einigermaßen warm war, und sie inszenierte ein paar Modenschauen im Garten. Wir fanden sie nicht mehr an merkwürdigen Orten, aber wir merkten, daß ihre Kleider wieder schlotterten und daß sie viel stiller war als sonst. Ihr Schweigen machte mich oft ganz verrückt – ich hatte Angst, sie könnte sterben.

Elena sagte, es habe damit zu tun, daß Leo so selten da war –

was stimmte. Er kam heim, um das von Lana gekochte Abendessen zu sich zu nehmen, und dann verschwand er meist gleich wieder im Theater, wo er und Bob Hendrix, der Leiter der Theaterwissenschaften, an ihrem Musical arbeiteten. (Bob schrieb die Texte, Leo komponierte die Musik.) Das regte Lana schrecklich auf, aber zu uns sagte sie nie etwas. Manchmal, wenn Lizzy und ich sie abends durchs Badezimmergitter beobachteten, sahen wir, daß sie alle zehn Minuten durch die Vorhänge spähte, ob er kam.

Leo machte weiterhin diesen Veränderungsprozeß durch und wurde immer stärker, während Lana langsam, aber sicher immer tiefer sank. Je mehr Kraft er für sich in Anspruch nahm, desto weniger hatte sie, bis sie schließlich nur noch mit Mühe über den Tag, ja, über die nächste Stunde zu kommen schien. Leo war so beschäftigt, daß er das gar nicht merkte – was Elena ihm zum Vorwurf machte.

«Ihm ist alles scheißegal», flüsterte sie mir abends zu. «Wenn wir alle sterben würden, wär er wahrscheinlich noch froh.»

Das stimmte nicht ganz. Er ging immer noch mit uns Eis essen, und er gab uns immer einen Gute-Nacht-Kuß, aber so richtig gehörte er uns nicht mehr, nicht mehr wie in Detroit.

Er und Lana stritten sich einmal abends im Garten darüber. Die Hälfte ihrer Petunien war eines Nachts bei einem Frosteinfall erfroren, und Leo half Lana, die Körbe von den Zweigen zu holen. Ein paarmal blieb ihr die Luft weg, und sie mußte sich gegen einen Stamm lehnen, aber Leo sagte erst etwas, als sie sich in einen der Korbsessel setzte.

«Dir geht's nicht so gut», sagte er leise. Wir sahen, wie seine Hand zärtlich von seinem Schoß zu ihrem Knie glitt.

«Es geht schon», erwiderte sie, obwohl selbst Lizzy und ich sehen konnten, wie unruhig sich ihre Brust hob und senkte. Sie wollte noch etwas sagen, aber als Leo auf die Uhr schaute, machte sie den Mund wieder zu.

«Was kann ich für dich tun, La?»

Sie sah ihn lange an. Sein Blick wanderte zwischen ihrem Gesicht und seinem Schoß hin und her, bis sie langsam die Hand hob und sein Gesicht berührte. «Du fehlst mir», sagte sie sanft.

«Es ist nur noch bis Dezember.» Seine Stimme hatte etwas sehr Hartes, als ärgerte es ihn, daß er sie immer wieder daran erinnern mußte.

«Darf ich denn nicht sagen, daß du mir fehlst?» fragte sie.

«Es ist nur noch bis Dezember», brüllte er.

«Ich bin nicht blöd, Leo», flüsterte sie heftig. «Auch wenn ich nur den Fußboden putze und die Mahlzeiten koche – blöd bin ich nicht. Die Frage ist nicht, ob es nur noch bis Dezember geht, und das weißt du auch. Du versuchst doch durch die Hintertür noch ganz andere Sachen zu erreichen, und das weißt du auch.» Sie beugte sich zu ihm, so daß er ihr in die Augen sehen mußte. «Als wir in diesem schrecklichen Krankenhauszimmer waren, da hab ich dir gesagt, daß ich genau das nicht möchte, und du hast mir versprochen, es wird nie eintreten.»

Leo sah sie lange an, dann stand er plötzlich wortlos auf, ging aus dem Garten und ließ Lana allein zurück.

Lizzy und ich sahen einander an – sie hatten über das Abkommen gesprochen, das Abkommen, das langsam, aber sicher seine Bedeutung verlor.

Wir bemerkten, daß Lana ihm danach so gut wie nichts mehr erzählte. Sie lag nachts in seinen Armen, und manchmal sah ich, wie sie anfingen, einander aufzuessen, aber sie erzählte ihm nicht mehr wie sonst, was sie dachte. Wir hörten auch nie mehr ihre Stimme durch die Heizungsgitter im Fußboden. Lana wurde einfach immer stiller.

Elena und ich wußten nicht so recht, was wir von ihrem Schweigen halten sollten. «Ich glaube, in ihr tickt 'ne Bombe», flüsterte Elena eines Abends, «und wir wissen nicht, wann sie explodiert.» Ich hatte Angst, es könnte ein Zeichen dafür sein, daß ihr Tod kurz bevorstand, aber Elena sagte nein.

«Wart's nur ab, Maddie. Eines Tages explodiert sie. Wart's nur ab.»

Also paßten Lizzy und ich noch besser auf und machten uns auf das Schlimmste gefaßt.

Im Oktober passierte einiges – zwei gute Sachen und eine ganz schreckliche. Erstens sahen wir Minnie Harps abgeschnittene Zunge, obwohl wir nicht ganz sicher sein konnten. Minnie kam nie mehr zur Anhöhe, um Flaschen zu begraben – entweder hatten wir den Alkoholismus des Nazis überschätzt, oder Minnie war mit dem Vergraben im Verzug. Das Kreuz stand jedenfalls wachsam und unberührt im Walde und wartete darauf, entdeckt zu werden.

Wir fingen an, auf ihre Wiese zu schleichen und uns dort hinter den Bäumen zu verstecken, um Minnie besser sehen zu können. Sie setzte Tulpenzwiebeln rund ums Haus und näherte sich allmählich der Vorderveranda, unter der eine riesige Höhle war. Neben den Stufen gähnte ein Loch, durch das selbst Garta hätte kriechen können. Als Minnie schließlich kurz davor war, dort ihre Zwiebeln zu setzen, faßten Lizzy und ich einen Entschluß.

An einem dunstigen Morgen rannten wir schon ganz früh, ehe Minnie aus dem Haus kam, den Hügel hinunter. Wir schlichen durch den kahl werdenden Wald und über den trostlosen Rasen und krabbelten unter die Veranda. Das Loch war voller trockener Blätter, Katzenscheiße und kalter spitzer Steine, aber wir krochen auf Händen und Knien hinein, um uns dann hinter dem alten, vermoderten Gitterwerk platt auf den Bauch zu legen.

Etwa eine halbe Stunde später kam Minnie aus dem Haus, die Katzenleine ums Handgelenk gewickelt. Sie ließ sich direkt vor unseren Augen auf die Knie nieder. Endlich, dachte ich. Sie hatte ein verschossenes rotes Tuch um den Kopf, und statt der schwarzen Schuhe mit den Blockabsätzen trug sie braune Gummistiefel, die ihr um die dicken Knöchel schlappten. Wir waren noch nie so nah an ihr dran gewesen, und jetzt konnten wir die dunklen Barthaare am Kinn sehen und das große Muttermal links von ihrer Nase, aus dem drei lange, schwarze Haare sprossen.

Sie legte die Zwiebeln auf eine alte Zeitung, holte dann ihre Pflanzschaufel aus der Manteltasche und begann energisch und konzentriert zu graben. Prompt fing sie auch an, eine Oper zu summen, wobei sie alle paar Takte mit der Pflanzschaufel in der Luft dirigierte. Wir hofften, sie würde sich soweit vergessen, daß sie den Mund aufmachte, ohne es zu merken. Als sie anfing, im Takt zu ihrem Summen Steine über die Schulter zu werfen – summ, summ, summ, *schwupp*, summ, summ, summ, *schwupp* –, machten Lizzy und ich den Fehler, uns anzusehen. Lizzy platzte als erste heraus, und dann konnten wir uns nicht mehr halten. Unser Lachen klang wie ein röchelndes Grunzen, weil wir es unterdrücken wollten, indem wir uns den Mund zuhielten. Aber statt dessen kam es durch die Nase.

Minnie brauchte eine ganze Weile, bis sie uns fand. Sie blickte sich erst nach rechts und links um. Als sie uns schließlich unter der Veranda erspähte, starrte sie uns fassungslos an – wie jemand, der ein Phantom sieht. Während wir auf allen vieren durch das trokkene, knisternde Laub rückwärts krochen, schlug sie mit der Pflanzschaufel wie wild gegen das alte Lattenwerk, wobei sie ein groteskes Geräusch von sich gab. «Nnang, nnang», brüllte sie wütend. Der Atem drang ihr schnaubend in weißen Schwaden aus der Nase. *«Nnang, nnannnnggggggg!»*

Ich versuchte, ihr in den Mund zu schauen, aber alles ging so schnell, daß ich nicht sicher war, ob ich tatsächlich etwas gesehen hatte. Immerhin hatte ich die dunkle Stelle erblickt, wo die Zunge *nicht* war, sagte ich später zu Lizzy. Sie behauptete, mehr gesehen zu haben. Die Zunge sei ganz und gar abgeschnitten, bis zur Wurzel. Genau wußten wir es allerdings beide nicht, denn als Minnie anfing, mit der Pflanzschaufel gegen die Latten zu schlagen, flohen wir aus dem Loch und rannten durch das hohe, tote Gras davon. Kurz bevor ich im Wald untertauchte, blickte ich noch einmal über die Schulter: Ich sah Minnie in ihrem Garten stehen, die Hand erhoben wie die Freiheitsstatue, nur daß sie statt der Fackel eine Pflanzschaufel hielt, und dabei machte sie ständig dieses merkwürdige Geräusch, «Nnang, nnang», als könnte uns das vertreiben.

Mitte Oktober hatten wir mehr Glück. Ich war im Bad und ließ gerade heißes Wasser über meine Nerven laufen, als mein Blick auf den Mülleimer fiel. Da lag zwischen leeren Klopapierrollen und gebrauchten Rasierklingen die *New York Times*, und auf der ersten Seite fehlte ein Artikel. Ich bückte mich und vergewisserte mich mit einem schnellen Blick durchs Gitter, daß weder Lana noch Leo wach waren. Sie schliefen, also hob ich mein weißes Nachthemd und stopfte die Zeitung in meine Unterwäsche und rannte hinunter in die dunkle Küche. Ich wußte, diesmal hatte ich es geschafft. Diesmal gab es keine Garta, keine Matratze im Wohnzimmer, kein gestohlenes Lineal, keine geklauten Filzstifte.

Ich rief Lizzy an. Sie schlief immer mit dem Telefon neben dem Bett, für den Fall des Falles. Deshalb klingelte es nur einmal, ehe sie abhob.

«Sie hat einen Artikel ausgeschnitten», sagte ich, vor Kälte zitternd. Ich lehnte mich gegen die Wand und schloß die Augen, um den Triumph richtig auskosten zu können.

«Bin gleich da.»

Ich wartete draußen auf der Veranda und versuchte, mich irgendwie gegen den kalten Wind zu schützen. Zehn Minuten später war Lizzy da. Sie trug ein blaßrosa Pyjamaoberteil, ihre rote Hose und Gartas riesige blaue Zehensandalen.

«Warum hast du Gartas Sandalen an?» fragte ich. Es lief mir kalt über den Rücken.

«Meine Schuhe waren in ihrem Zimmer. Ihre standen in der Küche», erklärte Lizzy.

Ich sagte, sie müsse die Schuhe ausziehen. «Sie bringen Unglück», sagte ich. «Garta hat sie angehabt, als sie unsere Abschriften unter deiner Matratze gefunden hat. Stimmt's?»

Lizzy zog die Schuhe aus und hielt sie von sich weg, als wären sie vergiftet. «Wo soll ich sie hintun?» Ich fand, wir sollten sie einfach hier draußen auf der Veranda stehenlassen, aber Lizzy meinte, das würde nicht reichen. Sie stopfte sie unter die Stufen und legte einen großen Stein davor, als hätten die Schuhe ein Eigenleben.

Wir schlichen die Vordertreppe hinauf und auf Zehenspitzen durch Elenas Zimmer in meines, und dann öffneten wir leise die Tür zum Speicher und schlüpften hinein. Beim roten Sessel, in dem wir alle unsere Abschriften versteckt hielten, kniete Lizzy auf den staubigen Fußboden, hob das Polster hoch und zog den dicken Papierstapel hervor, während ich die *New York Times* aus meiner Unterhose zerrte und auf dem Boden ausbreitete. Beim Anblick der Lücke auf der ersten Seite überkam uns kribbelnde Spannung.

«Welches Datum?» fragte Lizzy.

«Sechzehnter Oktober», antwortete ich. Während sie die Abschriften durchblätterte, lehnte ich mich an den Sessel und horchte auf den Wind, der durch die Bäume fegte, und auf das leise Rascheln der fallenden Blätter. Wir haben's geschafft, dachte ich. Endlich erfahren wir Lanas Geheimnis. Unter meiner Haut kribbelte es.

Lizzy hatte die Abschrift vom 16. Oktober gefunden. Ihre dunklen Augen funkelten wie Leuchtkäfer. Sie legte den Zettel neben die *New York Times*, und als wir uns darüber beugten, sahen wir sofort, was fehlte. Es war der zentrale Artikel, mit der Überschrift: WENIGER JOBS FÜR NEGER IM SÜDEN. *Studie besagt, ökonomischer Aufschwung im Süden nützt vor allem Weißen.* Wir hatten nur den ersten Satz: *Eine vom Twentieth Century Fund eingesetzte Kommission aus Wirtschaftswissenschaftlern und Bildungsexperten, die zukünftige Arbeitsmöglichkeiten für Neger in den Südstaaten untersuchen sollte, berichtet, die Aussichten seien «entmutigend».*

Wir blickten von der leeren Stelle auf der ersten Seite der *New York Times* zu unserer Abschrift.

«Warum schneidet Lana denn *so was* aus?» fragte Lizzy. Sie sah mich mit ihren schwarzen Augen ratlos an, aber ich konnte auch nur die Achseln zucken.

«Ich wollte, wir hätten den ganzen Artikel.» Ich streckte die Beine aus und starrte zu den kalten, staubigen Balken hinauf. «Wenn wir den ganzen Artikel hätten, wüßten wir's wahrscheinlich», sagte ich, aber aus irgendeinem Grund bezweifelte ich es.

Wir schauten auf die Zeitung und wieder auf unseren Zettel, und dann verstauten wir beides unter dem roten Polster, falls Lana hereinkam. Wir lehnten uns in der kalten Luft gegen den Sessel, tief enttäuscht, daß unser Fund nicht das ganze Geheimnis lüftete.

Im Nachbargarten hörten wir zwei Hunde kläffen, und dann schrie ein Mann: «Hau bloß ab, du verdammter Köter!» Er warf etwas, das mit einem lauten Aufprall irgendwo landete, und dann war alles still.

«Vielleicht sind die Artikel ja alle über Neger», sagte ich. «Aber was hat Lana mit Negern zu tun?»

«Weiß ich nicht», murmelte Lizzy. Sie fing nicht mal an zu spekulieren, so unerklärlich schien das Ganze.

Eine Woche später passierte die Katastrophe. Als Lizzy und ich von der Schule nach Hause gingen, spürte ich schon etwas Kaltes und Unbekanntes in der Luft. Das Wetter schlug um. Es windete heftig, und die grauen Wolkenfetzen über uns wirbelten bedrohlich durcheinander. Trockenes Laub fegte durch die Straße, und die Kälte kroch durch die Herbstmäntel direkt in unsere Knochen.

Als Lizzy und ich die Hintertür öffneten und ins Haus traten, wußte ich sofort, irgend etwas stimmte nicht. Harry kam nicht angerannt, um uns zu begrüßen. Das Frühstücksgeschirr stand noch in der Spüle, und der Wasserhahn tropfte beharrlich in eine

Schüssel mit einem Rest Cornflakes und Milch. Wir suchten Lana im Erdgeschoß, riefen ihren Namen, aber niemand antwortete, und als wir nach oben gingen und ihr leeres Schlafzimmer sahen, da wußte ich, sie war weg.

«Sie ist wieder abgehauen», sagte ich. Ich bekam eine Gänsehaut, wie lauter kleine Ameisenhügel, und das Blut pumpte so schnell durch mein Herz, daß meine Nerven ganz verrückt wurden.

«Vielleicht ist sie ja nur einkaufen gegangen. Oder sie macht mit Harry einen Ausflug», meinte Lizzy.

Sie wußte so gut wie ich, es war mehr als das. Das kalte, leere Haus flüsterte es uns zu.

Lana kam nicht zum Abendessen heim, also aßen Leo, Lizzy, Elena und ich ein Makkaroni-Gericht, das Lizzy von Garta gelernt hatte. Da Lana am Nachmittag nicht dagewesen war, um die Heizung aufzudrehen, war es noch kalt im Haus. Draußen windete es, und durch die großen Fenster drang eisige Zugluft. Wir zitterten, beugten uns über unsere Teller und aßen verkrampft ganz kleine Bissen. Lizzy und ich schauten immer wieder mißtrauisch zu Leo, als wäre Lanas Abwesenheit seine Schuld. Er schwor, nichts getan zu haben.

«Warum ist sie dann weg?» fragte Elena. Sie schob den halbvollen Teller mit Makkaroni zur Seite und sah Leo wütend an.

«Weiß ich nicht», erwiderte er abwehrend. «Ganz ehrlich – ich weiß es nicht.» Er schüttelte ein paarmal den Kopf und schluckte heftig, wobei sein Adamsapfel wie ein Golfball im Hals auf und ab hüpfte.

Ich vermutete, daß er wieder Jazz gespielt hatte – wahrscheinlich war er zum Mittagessen heimgekommen und hatte für Harry gespielt, während Lana draußen im Garten oder im Keller war.

«Hast du wieder diesen Jazz gespielt?» fragte ich leise.

Leo legte geräuschvoll seine Gabel auf den Tisch. Ich hatte ihn beleidigt. «Nein, ich hab keinen Jazz gespielt, Maddie.» Der Wind blies immer noch, und die dürren Zweige des Fliederstrauchs kratzten wie kalte Klauen am Fenster.

«Wie war sie denn, als du zum Mittagessen heimgekommen bist?» fragte Elena.

Er sah uns eine Weile wortlos an und nahm dann seine Gabel wieder in die Hand. «Ich hab's nicht geschafft, zum Mittagessen heimzukommen», sagte er leise. Er blickte auf seinen Teller und spießte ein paar Makkaroni auf die Gabel.

«Dann ist das der Grund», verkündete Elena. «Sie war gekränkt, weil du nicht zum Essen gekommen bist.»

Ich mußte daran denken, wie Lana abends, wenn Leo nicht nach Hause kam, durch die Vorhänge lugte.

«So empfindlich ist Lana nicht», entgegnete Leo. Er lud sich ein paar grüne Bohnen auf die Gabel und schob sie in den Mund.

«Ja, aber wie viele Mittagessen hast du verpaßt?» schrie Elena. Sie schleuderte ihre zusammengeknüllte Serviette quer über den Tisch, wo sie in der Schüssel mit kalten Käsemakkaroni landete.

Leo starrte sie über den Tisch hinweg mit zusammengekniffenen Augen an. «Hör mal zu, junge Lady, ich *arbeite* an der Universität. Ich geh da nicht hin, um mich zu amüsieren, also mach du mir keine Vorwürfe.» Sein Gesicht zerfiel wieder in diese starren Teile. Er schob den Stuhl zurück, stand vom Tisch auf und griff sich seinen schwarzen Mantel von dem kleinen Schrank im Eßzimmer. Dann stürmte er den Flur hinunter und knallte die Eingangstür hinter sich zu. Wir rannten auf die Veranda, und durch die beschlagenen Fenster sahen wir ihn die Straße hinuntereilen, bis er in die Campuswiese einbog, wo ihn die Dunkelheit verschluckte.

Als er nicht mehr zu sehen war, bekam Elena einen ihrer wunderschönen Wutanfälle. Sie explodierte noch auf der Veranda, und ihre Arme und Beine und auch ihr Mund bewegten sich in wilder Harmonie. Sie fegte über die Veranda, warf die Korbsessel um, schleuderte Zeitschriften wie Bumerangs durch die Gegend und schrie dabei gellend: «Dieser gottverdammte Leo!» Ihre Wut war so phantastisch, daß Lizzy der Mund offenstehen blieb. Wenn doch Minnie Harp sie gesehen hätte, dachte ich – bestimmt wäre ihr der Unterkiefer heruntergeklappt.

Dann gingen wir alle drei ins Wohnzimmer. Wir kauerten uns in Mänteln aufs Sofa und sahen zu, wie die Scheinwerferlichter der vorbeifahrenden Autos über die dunkle Wand glitten. «Diesmal ist sie für immer weg», flüsterte Elena, und uns überlief ein kalter Schauder. «So wird es von heute an immer sein. So wie jetzt.» Sie meinte, kalt, dunkel und einsam, und als die Zweige wieder mit knochigen Fingern an unserem Haus kratzten, zitterten wir alle.

Das Telefon klingelte – es war Garta. «LIZZY SOLL SOFORT HEIMKOMMEN!» schrie sie. Sie erlaubte nicht, daß Lizzy bei uns übernachtete, obwohl ich ans Telefon ging und sie inständig darum bat. Um ihr Mitleid zu erregen, erzählte ich sogar, Lana habe uns verlassen, doch Garta war nicht wie andere Leute. Sie sagte, sie könne ihre Schwester vorbeischicken, aber Lizzy müsse auf der Stelle heimkommen.

Lizzy verabschiedete sich, und Elena und ich blieben ganz allein mit unserer Angst um Lana, Leo und Harry. Das Haus war so kalt und leer, daß wir beide schon um acht im Mantel in Elenas Bett krochen. Ich konnte mich an nichts festhalten, nur an Elenas kalter Hand, und ich konnte nichts anschauen außer der häßlichen rosaroten Tapete. Alles war so seltsam – selbst die Art, wie das Licht ins Zimmer fiel. Harry schlief nicht drunten im Erdgeschoß, Lana klapperte nicht auf ihrer Schreibmaschine auf der anderen Seite des Flurs, und Leo schnarchte nicht in seinem Bett. Sie geisterten alle draußen durch die Dunkelheit, verloren in der Nacht.

«Wenn man sich's richtig überlegt», sagte Elena, «dann ist alles Leos Schuld.» Sie kroch tiefer unter ihre Decke und zog sie bis ans Kinn.

«Wie meinst du das?» flüsterte ich.

«Er hat sie gezwungen, hierher zu ziehen. Und jetzt ist sie hier, und er läßt sie dauernd allein, und sie muß die ganzen Sachen machen, die sie nicht leiden kann. Sie muß putzen und Wäsche waschen und sich um Harry kümmern. Sie hat nicht mal mehr Zeit zum Schreiben.»

Ich drehte den Kopf auf dem Kissen und blickte in Elenas traurige Augen. «Ich hab gedacht, sie schreibt, wenn wir in der Schule sind.»

«So gut wie nie», meinte Elena. «Sie paßt ja dauernd auf Harry auf. Es bleibt ihr nichts andres übrig – wir sind nicht mehr da, und Leo ist nie zu Hause, und Garta arbeitet, was soll sie da machen?»

Ich dachte daran, was passiert war, als Leo in Detroit mit den Klavierstunden aufgehört und einen anderen Job angenommen hatte. Lana hatte kein Wort mehr gesprochen und Geschirr zerdeppert und Schranktüren zugeknallt. «Ich spüle diese Teller, damit ich sie wieder in den Schrank stellen kann, damit ich sie dann wieder rausholen und benutzen kann, damit ich sie dann wieder abspülen und in den Schrank stellen kann, damit ich sie wieder rausholen und benutzen kann», hatte sie gesagt. Leo war zurückgekommen und hatte wieder im Wohnzimmer Klavierstunden gegeben, aber irgend etwas sagte mir, daß das nie wieder geschehen würde.

Leo kam an diesem Abend um zehn Uhr nach Hause, eine Stunde früher als sonst, aber das besänftigte Elena keineswegs.

«Du hättest nicht weggehen sollen», sagte sie, als er sich zu uns auf die Bettkante setzte.

«Eure Mutter hätte nicht weggehen sollen, Elena», sagte er nicht gerade freundlich. «Ich hatte heute abend einen wichtigen Termin, also bin ich hingegangen.» Es ging ihm nicht besser – sein Gesicht sah in dem häßlichen gelben Licht besonders schlimm aus.

«Ach ja – und was ist mit uns?» zeterte Elena. «Und mit Lana und Harry? Vielleicht liegen sie irgendwo im Graben – aber dir ist das ja egal!» Das Pfeifen des kalten Windes ließ uns alle frösteln.

«Was kann ich schon tun, Elena?» murmelte Leo. «Lana hat den Wagen – und außerdem, wo soll ich sie suchen? Die Welt da draußen ist riesig und dunkel.» Er beugte sich vor und vergrub sein müdes Gesicht in den Händen.

«Du hättest bei uns bleiben können.» Ihre Beine kickten unter der Decke, und ich spürte, wie kalte Luft hereinkam. «Maddie ist schließlich noch klein», erklärte sie grimmig. «Du badest sie nicht mal mehr. Du tust überhaupt nichts mehr.» Beim Gedanken an Leos Abwesenheit und seine unwiderrufliche Verwandlung versagte ihr die Stimme.

Leo sah mich an – sein Ausdruck war überhaupt nicht mehr verbittert. «Möchtest du baden, Maddie? Ich bade dich. Komm.» Er wollte mich hochheben, aber ich klammerte mich an das warme Bett. Ich hatte keine Lust zu baden.

«Garta wollte schon ihre blöde Schwester herschicken, stell dir das mal vor», sagte Elena. Sie stützte sich auf den Ellbogen und warf den Kopf zurück. «Nicht mal Garta hätte uns allein im Haus gelassen.»

«Das solltest du deiner Mutter erzählen», flüsterte Leo. Er versuchte, ihre Wange mit den Fingerspitzen zu berühren, aber sie drehte den Kopf weg.

Leo wußte nicht weiter, also nahm er mich hoch und trug mich in mein Zimmer und zog mir den Schlafanzug an.

«Weißt du was, Maddie?» sagte er so laut, daß Elena es hören konnte.

«Was?»

«Zum erstenmal seit zehn Jahren habe ich ein paar wirklich gute Sachen komponiert. Männer in meinem Alter haben normalerweise den Durchbruch längst geschafft. Ein Typ aus New York war da und hat sich angehört, was Bob und ich so machen, und weißt du was? Er fand es ganz toll.» Leo strich mir lächelnd das Haar hinter die Schulter und berührte dann mit den Fingerspitzen zärtlich mein Gesicht.

Ich dachte auf einmal daran, wie Leo die Stücke, die seine Schülerinnen gespielt hatten, nach der Stunde immer selbst noch einmal wiederholt hatte, um die Luft von den Mißtönen zu reinigen, und wie er abends am Klavier gesessen und zu mir gesagt hatte, seit Jahren hätte er in seinem Kopf keine Musik mehr gehört, und was für eine Angst er hatte, die Musik könnte für immer verschwunden sein. Er hatte damals viel Klavier gespielt, Mozart und Bach und Clementi. Unser Haus war immer voller Musik gewesen – wenn nicht Leos Klavierspiel, dann Lanas Schallplatten. Jetzt hatten wir schon lang keine Musik mehr gehört – seit Leo diesen Jazz gespielt hatte.

Er nahm mich in die Arme und packte mich unter die Decke, und als er ging, deckte er auch Elena warm zu und küßte sie aufs Ohr. Sie ignorierte ihn, aber er sagte trotzdem gute Nacht.

Elena schlief dann ein, ich nicht. Meine Nerven tobten und zerrten an meinen Muskeln. Ich lag lange in der kalten Dunkelheit und horchte auf Leos Geräusche von der anderen Seite des Flurs. Ich dachte, er ginge auf und ab, bis ich schließlich aufstand, um nachzusehen. Er putzte das Schlafzimmer. Er hatte alles von Lanas Kommode geräumt und staubte sie mit einem seiner T-Shirts ab. Ich ging wieder ins Bett und horchte, wie er das Waschbecken und die Wanne im Bad schrubbte.

Als er nach unten ging, um die Küche zu putzen, wurde mir klar, was wirklich passiert war, was Lana *wirklich* vertrieben hatte. Sie wußte, wir hatten ihren Artikel entdeckt. Genau wie ich vermutet hatte. Sobald wir ihren Artikel gefunden hatten, hatte sie es gespürt. Sie wußte es – so wie sie gewußt hatte, daß ich sie in dem Motelzimmer beobachtete, und deshalb war sie gegangen. Das kam mir alles so fürchterlich einleuchtend vor, daß Panik durch mich hindurchfegte wie ein Hurrikan.

Ich kletterte aus dem Bett und stolperte auf wackligen Beinen die Treppe hinunter, um Lizzy anzurufen. Mein Herz flatterte wie eine Motte. Der Wind rüttelte am Haus, und als mein dunkler

Schatten wie ein riesiges Monster an der Wand auftauchte, klingelte das Telefon in der Küche und riß ein Loch in die kalte Stille. Was sollte ich tun, wenn es Lana war? dachte ich. Ich rannte die Treppe vollends hinunter, den Flur entlang und in die trüb beleuchtete Küche, wo ich den Hörer abnahm und ans Ohr drückte.

«Hallo», keuchte ich, den Rücken gegen die Wand gepreßt.

«Maddie, ich bin's», hörte ich Lana sagen. Ihre Stimme klang hoch und kränklich – und dünner denn je.

«Wo bist du?» flüsterte ich. Ich schloß die Augen, legte schützend den Arm um mich und preßte meinen Rücken so fest gegen die Wand, daß meine Wirbelsäule knirschte. Ich sah Lana in einem sumpfigen Graben stehen, zitternd im kalten Wind.

«Ich bin in Syracuse, Schätzchen», sagte sie. «Harry und ich sind im Syracuse Hotel.» Ihre Stimme klang so erstickt, als hätte ihr jemand die Hände um die Gurgel gelegt. Leo erschien in der Küche, und dann kam auch Elena angetorkelt. Sie schlichen um mich herum und bedrängten mich. Ihre Körperwärme strahlte durch die kalte Luft. «Kann ich mal mit Leo sprechen?» fragte Lana.

Ich reichte Leo den Hörer, und während er ihr zuhörte, hingen Elena und ich an seinen Ellbogen und drückten uns an ihn, weil wir unbedingt hören wollten, welche Kränkung sie vertrieben hatte. Es nützte allerdings wenig – ihre Stimme war zu schwach, und Leos Sätze halfen uns auch nicht viel weiter.

«Warum, La?» fragte er, und danach schwieg er lange. «Nein, das versteh ich nicht.» Wieder Schweigen. «Wo?» fragte er und sagte über drei Minuten kein Wort mehr.

«Ja, Lana», meinte er schließlich bissig, und dann drehte er uns den Rücken zu. «Du könntest vielleicht mal an deine Kinder denken, Lana», schrie er mit gepreßter Stimme. «Du bist schließlich nicht allein auf der Welt. Was soll ich denn tun, verdammt noch mal?» Er fing an, mit der Telefonschnur zu spielen, und verdrehte sie mit den Fingern, bis es nicht mehr weiterging. «Reiß dich zusammen, Lana, Herrgott noch mal!» rief er. «Hört das denn *nie* auf?» Er schloß die Augen, und ich sah, wie er die Faust ballte.

Dann hörte er lange zu, bis er schließlich «Gute Nacht» sagte und auflegte.

«Warum ist sie weg?» fragte Elena mit vorwurfsvollen Augen. Sie stand im Türrahmen, eine schmale weiße Geistergestalt vor der schwarzen Nacht.

«Weil sie hier raus wollte», schrie Leo. «Okay? Weil sie hier raus wollte, verdammt noch mal.»

Es machte ihn wahnsinnig, daß sie weg war, daß sie sich nicht zusammenreißen konnte, daß das, was sie quälte, nie aufhörte. Das hatte eine so schreckliche Wirkung auf ihn, daß er gar nichts mehr sagen konnte. Er verteidigte sich nicht einmal mehr, als Elena ihm wieder Vorwürfe machte. Er packte nur seinen Mantel, stolperte aus dem Haus und knallte die Haustür hinter sich zu.

«Sie ist weg, weil du nie da bist!» schrie Elena ihm nach. Sie rannte hinaus auf die hintere Veranda, zog Lanas langen schwarzen Mantel über und schlüpfte in ihre alten Stiefel.

«Wo gehst du hin?» fragte ich, aber meine Stimme hatte keine Kraft.

«Bloß weg hier», rief sie. Sie rannte aus der Tür, und ich konnte ihr nur noch hinterherschauen. Wie erstarrt stand ich da, während sie durch den Garten eilte. Lanas Mantel flatterte im Wind, ihre dunklen Haare wehten. Dann blickte ich mich in der leeren Küche um. Ich fror in meinem Nachthemd. Ich war allein, begriff ich plötzlich, und mein Leben war mir gerade auf die Füße heruntergerutscht wie eine lottrige Hose.

Ich ging durch die dunkle Küche. Meine Füße fühlten sich an wie Eisklumpen. Ich setzte mich auf einen Hocker und starrte durchs Fenster hinaus in den Garten, in der Hoffnung, ich könnte Elena sehen, wie sie gegen den Wind ankämpfend heimkam. Ich würde mich jetzt wirklich bessern, gelobte ich mir. Nie wieder würde ich Lanas Notizbücher lesen, so wie ich es beim Mond geschworen hatte, und ich würde auch nicht mehr ihre Zeitungsartikel überprüfen. Nie im Leben würde ich wieder in den Papierkorb schauen, und ich wollte auch Lana nicht mehr durchs Badezimmergitter beobachten, und wenn ihre Heimlichtuerei meine Nerven reizte, dann würde ich auf die Dinger eindreschen, bis meine Haut grün und blau war. Von jetzt an wollte ich brav sein. Ich würde sogar Minnie Harp in Ruhe lassen.

Ich nahm das Telefon und wählte Lizzys Nummer. Die Schnur reichte bis ins Eßzimmer. Dort kauerte ich mich auf das Heizungsgitter im Fußboden, und die warme Luft blies mir ins Nachthemd.

«Lana hat vorhin angerufen», flüsterte ich. In meiner Kehle saß ein Kloß, so groß wie ein Türknauf, und ich konnte kaum sprechen. «Sie hat nur mit Leo geredet, aber ich weiß, warum sie weg ist.» Der Kloß schwoll noch mehr an, und meine Augen brannten.

«Warum?»

Ich blickte mich im Eßzimmer um, ob Elena vielleicht unbemerkt zurückgekommen war. Aber es war niemand da – nur ein kläglicher Lichtstrahl, der den Eßtisch in zwei Hälften teilte.

«Weil wir ihren Artikel gefunden haben», stieß ich hervor. Schweigen an Lizzys Ende der Leitung. «Sie wußte, daß wir ihn ausgeschnitten haben. Sie weiß so was, Lizzy. Ich hab keine Ahnung, wie, aber irgendwie weiß sie es. Wie mit dem Jazz. Ich hab's gewußt – wir hätten die Abschriften nicht da oben verstecken sollen.» Als ich Lizzys atemloses Schweigen hörte, drangen warme, salzige Tränen aus meinen Augen und tropften von meinem Kinn. Indem sie nichts sagte, nicht widersprach, bestätigte Lizzy meine schlimmsten Befürchtungen.

Ich konnte nichts mehr sagen, also legte ich auf und ging nach oben, um nachzusehen, ob Leo nach Hause gekommen war. Er war nirgends. Ich schaute in alle Zimmer, auch in den Speicher, und rief laut nach ihm, wobei meine Stimme in dem leeren Haus ganz dünn klang. Keine Antwort. Es war, als hielte das ganze Haus den Atem an, so still war es. Leo suchte bestimmt nach

Elena, sagte ich mir, oder er hatte sich ein Auto geliehen und war unterwegs zum Syracuse Hotel. Mir war klar, das mußte er tun – aber er hätte mir Bescheid sagen sollen. Ich hielt es nicht aus, ganz allein in diesem toten, nichtatmenden Haus.

Ich ging in mein Zimmer und kroch unter die Decke. Meine Nerven krallten sich an meine Knochen, und sie klapperten so heftig mit den Zähnen, daß ich innerlich zitterte. Alle wanderten sie da draußen durch die Dunkelheit – Lana, Leo, Elena und Harry. Ich hatte Angst, sie könnten nie wiederkommen und ich müßte ganz allein in diesem stillen Haus leben. Dann dachte ich an Lanas Notizbücher im Speicher. Wenn die anderen nicht mehr heimkamen, gehörten die Notizbücher offiziell mir. Dann war sowieso alles egal. Ich konnte sie nach Lust und Laune lesen, ohne schlechtes Gewissen, ich konnte sie in mein Zimmer holen und sie ganz gemütlich im Bett lesen, mit ein paar Keksen und einem Glas Milch. Ich konnte sie sogar auf Lanas Bett lesen, wenn mir danach war.

Aber was würde dann mit Lana passieren? Bestimmt würde es sich irgendwie auf sie auswirken, selbst wenn sie gar nicht da war. Oder? Würden meine Übergriffe sie in noch tieferes Dunkel stürzen? Würde sie immer weiter weggedrängt, nach Ohio, durch Utah, über Kalifornien hinaus, bis hin zum Pazifik und den unbekannten Ländern dahinter?

9

Als ich am nächsten Morgen aufwachte, war ich immer noch allein. Leo befand sich nicht in seinem Zimmer – er hatte gar nicht dort geschlafen. Elena war ebenfalls nicht nach Hause gekommen. Das bewies ihr unberührtes Bett. Ich wußte nicht, was tun, also ging ich ein paarmal treppauf und treppab, setzte mich dann auf meine Bettkante und schaute aus dem Fenster. Der Himmel sah immer noch trübe aus, und der Wind hatte sich auch nicht gelegt; er riß den Blechdeckel von der Mülltonne und trieb ihn durch den Garten, wo er zuerst gegen einen Baum stieß und dann gegen die metallenen Querleisten des Picknicktischs schepperte. Dort blieb er kurz liegen, bis ihn der Wind weiterjagte, über den Rasen und schließlich gegen die Garage. Das Geklapper regte den Nachbarshund auf, und er begann zu heulen. Ich starrte auf meine nackten Füße. Kleine lila Kälteschlieren marmorierten die weiße Haut. Es schien unvorstellbar, daß dieses Haus noch vor zwei Tagen von einer Familie bewohnt worden war, die sich auch wie eine Familie verhalten hatte: Morgens waren alle aufgestanden, hatten gebadet und Frühstück gemacht, geredet und sich beeilt, um sich nicht zu verspäten. Jetzt fühlte sich das Haus an wie kalte, nasse Häute, die ich am liebsten abgestreift hätte.

Ich überlegte, ob ich mich anziehen und frühstücken sollte. Mir fiel nichts ein, was ich sonst tun könnte, also zog ich eine Wollhose und einen Pullover über und ging dann hinunter ins Eßzimmer, wo ich mich allein an den Tisch setzte, auf Lanas Stuhl. Aber ich brachte keinen Bissen hinunter. Ich konnte nur dasitzen, wie es sich gehörte, und warten.

Nach einer Weile kam Elena zurück. Lautlos wie eine Schlange glitt sie durch die Hintertür. Sie trug immer noch Lanas Mantel und Stiefel, und als sie die Sachen auch jetzt nicht auszog, wußte ich, sie brauchte das.

«Wo warst du?» fragte ich sie.

«Ich hab in einer Scheune geschlafen», antwortete sie und setzte sich auf ihren Platz.

Sie mußte sehr in Rage gewesen sein, wenn sie tatsächlich in einer Scheune übernachtet hatte – angesichts ihrer Einstellung zu Bauernhöfen. Ich würde sogar die Behauptung wagen, daß sie sich, vor die Wahl gestellt, ob sie in einem von Gespenstern bewohnten Speicher oder in einer Scheune schlafen sollte, für den Speicher entschieden hätte.

«Wo ist Leo?» fragte ich sie. Über den Tisch hinweg starrte ich interessiert auf ihre rauhen roten Wangen.

Schockiert riß sie die Augen auf. «Er ist nicht hier?»

«Nein. Er ist doch gestern noch vor dir fort», sagte ich mit einem Blick auf die kleinen, geschwollenen Schnittwunden an ihren Fingerknöcheln.

«Er ist nicht heimgekommen?» Ich konnte die Wut hinter ihren Augen sehen.

«Ich glaub nicht.»

Elena war außer sich. «Das gibt's doch nicht – er hat dich einfach hier allein gelassen! Das ist ja unglaublich.» Sie stand auf, ging ans Tischende und stieß einen der Stühle um. Er fiel gegen den kleinen Geschirrschrank und knallte dann mit lautem Gepolter seitlich auf den Boden. «Wir sind ihm scheißegal, Maddie. Ihn juckt das alles hier nicht mehr, seit er den Job hat. Das einzige, was ihn noch interessiert, ist dieser Scheißjob.» Sie schlug mit der

Faust auf den Schrank und schleuderte die ganze Post quer durch den Raum, daß sie wie ein weißer Regen auf dem Fußboden im Wohnzimmer niederging. «Er hat auch nicht nach mir gesucht.» Sie warf noch einen Stuhl um, und als sie mit dem Fuß gegen die Wand trat, begriff ich, das kränkte sie am meisten: daß Leo nicht nach *ihr* gesucht hatte.

Sie ging mit energischen Schritten ans Fenster und starrte wütend hinaus in den unfreundlichen Tag, über den vertrockneten Rasen zu den braunen Schrumpfhügeln in der Ferne. «Wo steckt er denn, verdammte Hacke?» Ihr Atem war so warm, daß die Scheibe beschlug.

«Weiß ich nicht. Vielleicht ist er ja zum Syracuse Hotel gefahren, um Lana zu holen.» Irgendwie wußte ich genau, daß das nicht stimmte, aber ich wollte Elena einen weiteren Wutanfall ersparen.

«Ich wette, er ist im Theater, Maddie», sagte sie. Sie kniff die Augen zusammen, und ich spürte, wie es in ihrem Kopf arbeitete. «Ich wette, da ist er.» Sie starrte mich ein paar Sekunden an, dann stürmte sie mit wehendem Mantel aus dem Eßzimmer.

Ich folgte ihr über den Campus. Unaufhaltsam wie eine Dampfwalze stampfte sie in Lanas eleganten Stiefeln voran, den Blick stur geradeaus gerichtet. Auf dem ganzen Weg den Herzinfarkthügel hinauf sagte sie nur einen Satz: «Wehe, er ist da oben, Maddie!» Ich zockelte brav hinter ihr her und hoffte inständig, Leo möge nicht im Theater sein. Falls ich sauer auf Lana oder Leo war, erdrückte das Gewicht meiner eigenen Schuldgefühle die Wut. Irgendwo im Hinterkopf hörte ich dauernd eine Stimme, die sagte: «Es ist deine Schuld, Maddie, es ist deine Schuld», aber ich konnte nicht richtig darüber nachdenken.

Als wir am Theater waren, legte Elena die Hand auf den Türknauf. Sie sah mich an: «Wehe, die Tür ist offen.» Ich beobachtete, wie ihre Hand den Knauf drehte, und hielt die Luft an, als sie quälend langsam die Tür öffnete, bis wir schließlich hineinsehen konnten.

Da war Leo. Leider stand er unten an der Bühne neben Bob Hendrix. Er trug immer noch das zerknitterte weiße Hemd und die schwarze Hose von gestern abend und redete mit sieben Studenten, die sich oben auf der Bühne in mehreren Lichtkegeln drängten – sechs junge Frauen und ein junger Mann im Mittelpunkt. Alle trugen schwarze Strumpfhosen und Sweatshirts. Wir verstanden nicht, was gesprochen wurde, aber zwischendurch machte der Mann ein paar Tanzschritte, die Frauen folgten, und ihre glänzenden schwarzen Steppschuhe klackten rhythmisch auf den Holzboden.

Ich schaute Elena an, um zu sehen, was sie tun würde. Sie packte meine Hand und zog mich durch die Tür. Ihre Hand war kalt und zitterte, und ich hörte ihren keuchenden Atem an meinem Ohr. «Gleich rennen wir los, Maddie.»

«Okay, einverstanden.»

Dann tat sie es. Sie schrie mit viel zu lauter Stimme, völlig außer Kontrolle – in einem Ton, der von Garta hätte kommen können: «VIELEN DANK, LEO!» schrie sie. «VIELEN DANK FÜR DEINE SCHEISSHILFE!» Sie wartete, bis alle zu reden aufhörten und sich umdrehten, um uns anzustarren, wie wir da in der Tür standen – Leos Töchter, die eine in einem weiten Mantel und riesigen Stiefeln, die andere ohne Mantel und vor Kälte zitternd. Als sie sicher war, daß Leo uns gesehen hatte, flüsterte sie: «Okay, Maddie – renn los!»

Ich hörte Leo rufen, nicht Elenas Namen, sondern meinen, und einen Moment lang überlegte ich, ob ich bleiben sollte. Aber er war *hier*, fiel mir dann wieder ein. Er war nicht in Syracuse bei Lana, nicht zu Hause bei uns – er war hier auf einer Bühne und gab einer Gruppe von Tänzern Regieanweisungen. Ich machte kehrt und rannte aus dem Theater. In einem vergeblichen Versuch, Elena einzuholen, raste ich den Herzinfarkthügel hinunter, aber ich konnte die Entfernung zwischen uns nicht überwinden. Als Elena fast unten war, hörte ich ihre hemmungslose Stimme die morgendliche Stille zerschneiden. «LEO, DU SCHEISSKERL!» schrie sie. «DU VERDAMMTER SCHEISSKERL!»

Sie glaubte wirklich, es sei Leos Schuld. Ich nicht. Es war zum Teil meine Schuld (obwohl ich ihr das nicht sagen konnte), zum Teil Leos Schuld und, obwohl ich das nur ungern zugab, zum Teil auch Lanas Schuld. Egal, wie ich es drehte, ich konnte nicht leugnen, daß sie einfach abgehauen war. Sie hatte sich weder verabschiedet noch eine Nachricht hinterlassen. Elena meinte, wenn Leo den Job nicht angenommen hätte, sondern in Detroit geblieben wäre und weiter Klavierunterricht gegeben hätte, dann wäre alles bestens gewesen. Aber ich wußte, das stimmte nicht ganz. Vielleicht wären Lana und Elena glücklicher gewesen – aber was wäre aus Leo geworden?

«Er hat die Klavierstunden gehaßt», gab ich zu bedenken.

Ich sah ihr zu, wie sie ihre schmutzigen Kleider auszog und in eine warme Wollstoffhose schlüpfte. «Ja, und jetzt sind alle anderen unglücklich, außer Leo. Überleg dir das mal, Maddie.» Sie fuhr mit den Füßen wieder in Lanas Stiefel und zog auch Lanas schwarzen Mantel wieder an.

Wir blickten aus Elenas Fenster und sahen Leo mit langen, ausholenden Schritten die Straße entlangkommen, die Arme schwingend wie ein Affe. Er sah wieder zu massig aus, als müßte er viel zuviel Gewicht die kalte Straße hinunterschleppen. Wir wollten ihm beide nicht gegenübertreten, also sausten wir nach unten und durch die Hintertür aus dem Haus. Wir rannten durch sechs Nachbargärten, bis wir es für ungefährlich hielten, auf die Straße zurückzugehen und unseren normalen Schulweg anzutreten.

Ich hörte Miss Devonshit den ganzen Vormittag über nicht zu. Ich schaute aus dem Fenster und sah zu, wie der Wind die Blätter von den Bäumen riß, sie quer über den Schulhof trieb und dann gegen die Holzunterstände am Ende des Platzes drückte. Dort trafen Lizzy und ich uns nach dem Mittagessen, bohrten die Schuhspitzen in den Sand und wußten nicht recht, was wir sagen sollten.

Lizzy erwähnte zur Ablenkung ein paarmal Minnie Harp, aber Minnies abgeschnittene Zunge war mir im Moment sehr fern.

Den Nachmittag verbrachte ich damit, mit einem schwarzen Stift auf meiner Handfläche herumzumalen, wobei ich mich so in dem Labyrinth aus sich überschneidenden Linien verlor, daß Mrs. Devonshit mich erwischte und mit einer Dose Scheuerpulver und einem Schwamm zur Toilette schickte. Ich blieb lange weg, ließ ein paarmal nacheinander Wasser ins Waschbecken laufen und wieder ablaufen, bis meine Fingerspitzen aussahen wie gebleichte Backpflaumen.

«Ich wette, er ist nicht zu Hause», sagte Elena, als wir nach der Schule die Stufen zur Veranda hinaufgingen. Wir blieben noch eine Weile draußen im kalten Wind und warfen Steinchen gegen das Straßenschild, weil wir die Tür nicht aufmachen wollten.

Als wir schließlich doch ins Haus gingen, war Leo tatsächlich nicht da. Das Haus lag ganz still, als hätte sich der Tod dort einquartiert. Es war wärmer geworden, weil die Heizung schon den ganzen Nachmittag lief, aber alles fühlte sich so leer und gespenstisch an, daß uns ganz unheimlich wurde. Ein grauer Lufthauch schien durch die Zimmer zu wehen und sich auf unsere Magengruben zu senken.

Wir wanderten hinauf in Lanas Schreibzimmer, wo wir uns beide auf ihren Sessel setzten und aus dem Fenster auf die dunkelnden braunen Hügel starrten. «Kein Wunder, daß sie abgehauen ist, Maddie», flüsterte Elena. «Diese Aussicht hat sie den ganzen Tag vor sich gehabt. Total scheußlich.» Ich konnte es nicht leugnen. Es war scheußlich. Deprimierend, trostlos. Die Bäume hatten schon fast alle Blätter verloren und hoben sich wie magere Skelette gegen das schmutzige Gelbgrau des Himmels ab. Die Hügel waren kahl geworden, und das Gras nicht mehr grün. Es war trocken und braun und sah richtig todkrank aus, und das Brausen des Windes draußen, der an allem rüttelte, machte alles noch schlimmer. Es war erst vier, und es sah aus, als würde es gleich Nacht.

Als Leo heimkam, saßen Elena und ich im stockdunklen Eßzimmer. Das ganze Haus war stockdunkel. Ich erlaubte Elena nicht, irgendwo Licht zu machen. Mir gefiel die Vorstellung, durch die Dunkelheit zu geistern. Irgendwie tröstete mich das.

Als Leo Licht machte und uns unsere Salamibrote essen sah, fiel ihm die Kinnlade herunter. Die Haut legte sich ihm sozusagen um die Kehle in Falten. Er entschuldigte sich dreimal und bestand darauf, uns eine Tomatensuppe und Käsetoast zu machen, obwohl wir sagten, wir wollten keine. Oder genauer – ich sagte das, denn Elena redete gar nicht mit ihm. Sie stand gleich vom Tisch auf und ging nach oben in Lanas Schreibzimmer, wo sie in voller Lautstärke eine von Lanas Mozartplatten zu hören begann. Während Leo seinen pappigen Käsetoast und seine klumpige Tomatensuppe aß, erfüllte dröhnende Musik unser luftloses Haus. Es ist Elenas Stimme, mußte ich dauernd denken.

Als ich Leo sein kärgliches Abendessen hinunterschlingen sah, wußte ich, der Leo, der mir da jetzt gegenübersaß, war völlig anders als der, der uns in Detroit abends immer gebadet und bekocht hatte. Er gehörte mehr sich selbst und weniger uns. Ich hatte Angst, daß der andere Leo, derjenige, den Elena so verzweifelt wiederhaben wollte, für immer verschwunden war.

Er blickte von seiner Suppe auf und merkte, daß ich ihn anstarrte. «Sei mir nicht böse, Maddie», sagte er, wobei er den Löffel in den Teller rutschen ließ. «Dieser Typ aus New York – er interessiert sich sehr für unsere Arbeit.» Er unterbrach sich und sah mich an. Er erwartete, daß ich etwas sagte, aber ich wußte nicht, was. «Er produziert Shows am Broadway, mein Schatz. Er hat ziemlich viel zu sagen in New York.» Ich nickte, und Leo lächelte zaghaft, wobei mir auffiel, wie tief und rot die Falten in seinem Gesicht waren, wie bekümmert und abgehärmt er aussah.

Wenig später ging ich nach oben. Elena saß auf dem Sessel in

Lanas Schreibzimmer, in Lanas weißen seidenen Morgenrock gehüllt. Sie beugte sich über ein Notizbuch und schrieb wie besessen – ein Strom von Worten, die gleichmäßig aus Lanas Lieblingsfüller flossen. Der Tonarm des Plattenspielers schaukelte leise in der letzten Rille – Mozart hatte sein melancholisches Klagelied beendet.

«Was machst du?» fragte ich sie. Ich wollte ihr über die Schulter sehen, aber sie bedeckte das Blatt mit den Händen.

«Ich schreibe dem Dreckskerl einen Brief.» Sie beugte sich noch weiter vor, bis ich nur noch das oberste Ende des weißen Papiers sehen konnte.

Ich ging ans Fenster und blickte hinaus auf unseren Garten. Bei Nacht sah er besser aus. Die Dunkelheit überdeckte das ganze Braun und Grau, all die Narben des Winters. «Leo hat gesagt, der Typ aus New York findet seine Musik gut.»

«Na und?» Elena schaute nicht einmal hoch, so absorbiert war sie.

«Vielleicht verdient er ja ganz viel Geld und wird berühmt.»

«Darauf würde ich mich lieber nicht verlassen, Maddie. So gut ist er nicht.» Ich fühlte einen Stich in der Brust, als hätte sie das über mich gesagt.

Unten klingelte das Telefon. Nur zweimal, dann ging Leo schon dran. Ich rannte aus dem Zimmer, Elena ließ das Notizbuch auf den Boden fallen und folgte mir in Lanas Seidenmorgenrock. Als wir unten ankamen, stand Leo in der dunklen Küche und drehte nervös an der Schnur. Mit leerem Gesichtsausdruck starrte er aus dem Küchenfenster auf den Busch, der im Wind schwankte und an der Scheibe kratzte. Elena und ich schlüpften leise auf unsere Stühle am Eßtisch und horchten auf jedes Wort.

«Wann kommst du zurück?» fragte er. Während er schweigend zuhörte, krochen diese schrecklichen Furchen wieder über sein Gesicht, wie Würmer. «Der Zeitpunkt ist sehr ungünstig, La», beschwerte er sich. «Bob und ich haben wahnsinnig viel

Arbeit, wenn dieses Projekt bis Weihnachten stehen soll.» Wieder folgte ein langes Schweigen, und dann sagte Leo mit klarer Stimme: «Lana, ich möchte, daß du nach Hause kommst. Du hast zwei Töchter, die nicht begreifen, was hier vor sich geht.»

Er drehte sich um und sah uns über die Schulter an. Lange sagte er kein Wort. Dann schrie er: «Das ist mir egal, Lana, völlig egal. Ich habe jetzt nicht die Zeit, mich um alles zu kümmern. Ich kann nicht *alles* machen. Ich will, daß du morgen heimkommst. Du bist nicht die einzige, die leidet!» Er hörte ein paar Minuten zu, dann blickte er wieder zu uns herüber. «Deine Töchter wollen mit dir reden», sagte er. Und dann – ich traute meinen Ohren nicht – sagte er: «Sag ihnen wenigstens hallo.»

Offenbar sagte sie wieder nein, denn Leo flüsterte: «Herrgott, La.»

Elena stand vom Tisch auf und stieß ihren Stuhl um. «SAG IHR, ICH WILL AUCH NICHT MIT IHR REDEN!» Es war die gleiche Stimme, mit der sie am Fuß des Herzinfarkthügels «Leo, du Scheißkerl» gerufen hatte. Sie rannte aus dem Eßzimmer und polterte die Treppe hinauf.

Leo legte auf und stand einfach nur da. «Warum wollte sie nicht mit uns reden?» fragte ich. Ich spürte wieder diesen Kloß in der Kehle. Leo wollte etwas sagen, doch dann machte er den Mund wieder zu, und ich stand auf und ging.

«Weißt du was, Maddie», sagte Elena bitter von ihrem Bett aus, «so bleibt es von jetzt an – bis an unser Lebensende. Weißt du das?» Sie lag auf der Bettdecke, und das kleine Licht vom Flur beleuchtete sanft ihr Gesicht. Wir hörten Leo die Treppe heraufkommen. Dann erschien er in Elenas Tür, eine riesige, dunkle Silhouette. Er setzte sich zu Elena aufs Bett und wollte ihr die Hand auf den Arm legen, aber sie schüttelte ihn ab wie eine Fliege.

«Ihr müßt Lana verzeihen», sagte er leise. «Sie ist zur Zeit nicht wirklich sie selbst.»

«Wer ist sie denn *wirklich*?» wollte Elena wissen. Je länger ich darüber nachdachte, desto mehr fragte ich mich auch, wer Lana wirklich war. War es die Frau, die ich wie ein Baby in Leos Armen hatte liegen sehen, oder war es die Frau, die uns Frühstück machte und uns frisches Obst zu essen gab? War es die Frau, die sich für jeden Fehler entschuldigte, auch wenn er noch so unerheblich war, oder war es die, die sich eben geweigert hatte, mit ihren Kindern zu sprechen?

Leo vergrub sein Gesicht in den Händen. Schließlich hob er den Kopf wieder, um zuerst Elena und dann mich anzusehen. «In Lanas Leben ist viel passiert», sagte er, «manches war schlimm, manches entsetzlich.»

«Zum Beispiel?» fragte Elena. *«Zum Beispiel?»*

«Das muß euch Lana erzählen, ich kann das nicht!» entgegnete er verzweifelt.

Er starrte uns hilflos an, und Elena sagte: «Dann erfahren wir es nie, weil Lana es uns nie erzählen wird. Bis an ihr Lebensende nicht.»

«Ich wollte, ich könnte es euch erzählen. Ich würde es sofort tun. Aber es ist ihre Geschichte, verdammt noch mal. Versteht ihr das denn nicht?»

Als wir beide nichts sagten, ging er aus dem Zimmer und nach unten. Sobald wir seine Schritte nicht mehr hörten, richtete Elena sich auf, um sich dann wütend wieder zurückfallen zu lassen. «Sie wird es uns nie erzählen», sagte sie bissig. «Das geht immer so weiter, bis an unser Lebensende, und es wird nur noch schlimmer. Und eines Tages landet sie dann in der *Irren*anstalt.»

Das Wort hing in der Luft, während ich sie anstarrte, und hallte noch lange in der Stille nach, als ich mich schon abgewandt hatte. War Lana verrückt? Was stimmte denn nicht mit ihr? Wahnsinn? Hatte es gar nichts mit dem Herzen oder dem Magen zu tun? War es ihr Kopf? Ich hatte Angst, daß Nerven zum Wahnsinn führen könnten, und je mehr ich darüber nachdachte, desto lähmender wurde der Gedanke. War es das, was Lana gemeint hatte, als sie zu Leo sagte, ich sei genau wie sie? Hatte sie Angst, ich könnte verrückt werden, wenn ich erwachsen war? Bei dem Gedanken durchbohrten Dolche mein Herz, und ich klammerte mich an die Matratze, als sei ich im Begriff, von der Erdoberfläche zu verschwinden.

«Maddie», flüsterte Elena, «schläfst du schon?»

Ich konnte nicht antworten, und lange war alles still. Ich hörte Leo nach oben kommen und in Lanas Schreibzimmer gehen, wo er langsam etwas auf ihrer Schreibmaschine tippte. Elena wälzte sich im Bett hin und her, als hätte auch sie plötzlich Nerven. Nach einer Weile ging Leo ins Badezimmer und nahm ein ausgiebiges Bad, und als er fertig war, kam er noch einmal herein, um nach uns zu sehen. Er sagte kein Wort und berührte uns auch nicht – er sah uns nur durch die Dunkelheit an. Ich konnte mich nicht bewegen. Ich klammerte mich fest an die Matratze, weil ich befürchtete, wenn ich sie losließe, würde ich ins dunkle, brodelnde Universum hinausgeschleudert.

Elena dachte, ich schliefe. Ich hatte mich fast eine Stunde nicht bewegt, als sie aufstand und auf Zehenspitzen in mein Zimmer geschlichen kam. Ich dachte, sie wollte zu mir ins Bett kriechen, weil Lana uns verlassen hatte und sie näher bei mir sein wollte, doch dann hörte ich, wie sich die Speichertür langsam öffnete. Ich drehte vorsichtig den Kopf und sah Elena auf der Schwelle stehen und wegen der Gespenster allen Mut zusammennehmen. Sie hatte sich gut vorbereitet – sie trug ihren Mantel und dicke weiße Socken. Nach ein paar angespannten Momenten ging sie hinein und schloß die Tür hinter sich, wenn auch nicht ganz – für den Fall des Falles.

Ich wußte genau, worauf sie es abgesehen hatte. Auf Lanas Notizbücher. Da ihre Loyalität gegenüber Lana schwand, wagte sie es, an den bissigen Wölfen ihres Gewissens vorbeizuschleichen. Meine ganzen Befürchtungen wegen des Wahnsinns, Lanas und meines eigenen, lösten sich augenblicklich in Luft auf, als ich hörte, wie Elena die Kiste aufmachte. Ich schlich zur Tür und spähte durch den Schlitz. Der Karton war offen, und Elena starrte hinein. Ich sah die Unentschlossenheit auf ihrer Stirn; ich sah sie in ihren Händen, die zweimal in die Kiste tauchten und dann wieder zurückwichen. Tu's, Elena, dachte ich aufgeregt. Tu's, tu's, tu's. Schließlich griff sie in den Karton und holte das Notizbuch heraus. Ihre Hände zitterten, und einen Augenblick lang schaute sie es an, als ob es mit ihr reden, sie beißen oder Zeter und Mordio schreien könnte. Dann schlug sie es auf, aber nicht auf der ersten Seite wie ich damals, sondern mittendrin. Sie las ein paar Sätze, und da sie es offensichtlich lohnend fand, ging sie zu meinem roten Sessel und setzte sich. Ich konnte es nicht mehr aushalten – ich platzte herein und jagte ihr wider Willen einen Todesschrecken ein.

«Herrgott, Maddie», japste sie. Sie griff sich ans Herz, wie um zu verhindern, daß es ihr aus der Brust sprang.

Ich schloß die Tür hinter mir und ging schnell auf den roten Sessel zu, wobei ich über die rostigen Bettfedern stolperte. «Du liest eins von Lanas Notizbüchern.» Mein Atem war eine weiße Wolke, und meine Füße liefen vor Kälte schon blau an.

«Dasselbe wie du neulich.»

Ich machte einen großen Schritt über die Bohle mit der größten Ritze und verfing mich irgendwie in einem alten Spinnennetz, das von einem Dachsparren hing. «Du hast es auch gelesen», erinnerte ich sie.

«Aber erst nach dir», entgegnete sie, als würde dadurch ihr Vergehen gemindert.

Endlich war ich bei ihr. Ich kauerte mich auf den staubigen Fußboden und zog mein Nachthemd über die Knie, um das bißchen Wärme zu bewahren, das ich noch in mir hatte. «Du mußt mich lesen lassen, was du schon gelesen hast», sagte ich. Das war nur fair, und sie wußte es. Wortlos machte sie mir Platz auf dem Sessel, und als ich zu ihr hochkrabbelte, war sie sogar so nett und zog ihren Mantel aus, um ihn über uns beide zu breiten. Ich nahm das Notizbuch und legte es offen auf unseren Schoß. Wieder sprang mir die großzügige, geschwungene Handschrift entgegen, und ich mußte dauernd denken: In diesen Seiten ist Lana. In diesen Seiten steckte mehr von ihr, als Elena und ich je erfahren hatten.

«Da hab ich angefangen», sagte Elena und berührte mit der Fingerspitze das Datum.

12. Juli 1947.

«Lana war damals erst zwanzig», flüsterte Elena. «Das heißt, nur gut sieben Jahre älter als ich jetzt.»

Wir starrten auf die fleckige Seite und versuchten uns Lana so jung vorzustellen. Ich sah ein Bild vor mir, wie sie am Strand des Long Island Sound saß, mit einem Strohhut, das Notizbuch auf den Knien, und abwechselnd schrieb und auf die unruhige See hinausblickte.

Der Wind wurde etwas stärker und rüttelte am Fenster. Ich sehnte mich nach dem Sommer, nach einer sanften Brise, die uns die Stirn kühlte, nach Insekten, die uns Gesellschaft leisteten, während wir uns über Lanas Notizbuch beugten. Aber jetzt war es kalt, das Licht schwach und gelblich, und wir mußten uns unter Elenas Mantel aneinanderschmiegen, um nicht zu frieren.

Sie las leise vor, wobei sie sich mit dem Zeigefinger an Lanas Handschrift entlangtastete.

Ich tat, was Effy mir aufgetragen hatte. Ich ging zur 125. Straße, nahe beim Audubon Ballroom, und wartete vor dem Drugstore auf Sticks. Es war höllisch heiß, er verspätete sich, und die ganzen Neger starrten mich an. Schließlich kam Sticks die Straße entlang geschlendert. Er war über einsachtzig und mager; er trug eine schwarze Mütze und einen dünnen Spitzbart. Seine Augen waren glasig, als hätte er irgend etwas genommen, und seine Fingernägel waren so lang wie die einer Frau. Er war sauer, daß sie mich geschickt hatte. «Wie sieht das denn aus, Scheiße noch mal, wenn ich hier mit dir rumstehe?» sagte er aus dem Mundwinkel. «Ich kann dir das Zeug nicht geben.» Er spuckte aus und blickte die Straße rauf und runter und spuckte wieder. «Sag Effy, das soll sie bloß nie wieder machen.»

Er sagte, ich solle die Straße allein hinuntergehen und Effys Umschlag in den Papierkorb an der Ecke werfen. Ich wartete dann an der Bushaltestelle auf der anderen Straßenseite, während er ebenfalls zu dem Papierkorb ging, den Briefumschlag herausholte und Effys Schnee deponierte. Ich mußte stehenbleiben, bis er außer Sichtweite war, ehe ich den Stoff holen konnte.

Ich stopfte ihn in meinen BH, ging zurück zu Mimis Club und schlich die Hintertreppe hoch. Es war noch ganz früh – kaum jemand wach. Mimi konnte ich allerdings im ersten Stock hören: Sie schimpfte mit Leonard, wegen irgend etwas vom vergangenen Abend. Ich bewegte mich so vorsichtig, wie ich konnte, aber die alten Stufen knarzten, und ich hatte schon Angst, Mimi könnte mich hören. Auf Zehenspitzen schlich ich den dunklen Flur hinunter, an Delors' und Charettes Zimmer vorbei. Vor Effys Tür blieb ich stehen. Sie wartete drinnen auf mich. Die Jalousien hatte sie zugezogen, und Billie sang im Radio «I'll Never Be the Same». Die Morgensonne schien durch die Lamellen und tauchte den Raum in ein weiches gelbes Licht. Es war eigentlich ein schönes Zimmer – das dunkle Bett, die rosarote Satindecke, die hohen Lampen mit den weißen Fransenschirmen, sogar die Tapete mit dem weißen Untergrund und den winzigen rosaroten Rosenknospen. Ich mag auch die großen Fenster und die Art, wie die Luft hereinkommt.

Effy saß in ihrem weißen Morgenrock und den Glitzerschuhen am Toilettentisch. Ich reichte ihr den Schnee und sah, wie ihre dunklen Augen aufleuchteten.

«Danke, La», sagte sie. Niemand spricht meinen Namen so schön aus wie Effy.

Ich beobachtete sie, wie ich das immer tue, aber was ich sah, beunruhigte mich. Sie schüttete das Pulver auf den Toilettentisch, zerteilte es mit einem Pikas und zog es dann ins rechte Nasenloch. Mit dem linken geht es nicht mehr. Langsam zeigt sich die Wirkung. Es frißt sie auf, so wie es Yvette und Charisse aufgefressen hat. Effy ist immer noch die schönste Frau, die ich je gesehen habe, aber ihre Knochen klappern schon unter der Haut. Ich liebe sie trotzdem noch. Ich liebe sie mehr als irgend jemanden.

«Gehst du denn zu diesem Club und redest mit Sammy?» fragte sie mich, während sie sich ein bißchen Stoff ins obere Zahnfleisch rieb. «Du bist zu gut für Mimi», fügte sie hinzu. «Und das weißt du auch, La.»

Ich nickte und sah zu, wie sie sich einen roten Taftschal um den Kopf wickelte. Vielleicht gehe ich morgen.

Wir hörten jemanden draußen auf dem Flur. Laute, schwere Schritte. Ich dachte, es sei Leonard, aber dann schaute ich auf die Uhr. Es war noch zu früh.

«Es ist noch nicht Zeit», sagte Effy mit einem Blick auf die kleine Uhr auf dem Fensterbrett.

Sticks kam zur Tür hereingeschossen und erschreckte uns beide fürchterlich. Er mußte mir über die Hintertreppe gefolgt sein. Mimi hätte ihn nicht hereingelassen. Er schloß die Tür hinter sich und lehnte sich mit seinem ganzen Gewicht dagegen. «Du Niggernutte», schrie er. «Wo ist der Rest?» Er hielt Effy den Umschlag mit dem Geld hin. «Fehlen zwanzig Dollar. Her damit – oder ich mach dich alle, Effy, und du weißt, das tu ich nicht gern.» Effy stand auf und sagte, sie würde es ihm in ein paar Tagen geben, aber er wollte es gleich. «Mich bescheißt keiner. Kapiert?»

Sie schrien beide los, Effy beschimpfte ihn wild, und er brüllte sie an wie einen Hund. Ich wußte, Mimi würde das Geschrei hören – und uns alle umbringen.

«Ich hab zwanzig Dollar», sagte ich und wühlte in meiner Handtasche.

Sticks sah erst mich an, dann Effy. «Bist ganz schön blöd – schickst mir diese weiße Nutte!»

Er vergaß die Tür, ging auf Effy los und packte sie an den Schultern. Ich dachte, er würde sie umbringen, weil sein Blick völlig irre war, also ging ich schnell zu ihm, um ihm das Geld zu geben. Er stieß Effy aufs Bett, und das verdammte Gestell krachte. Es klappte zusammen, und das ganze Haus bebte. Dann hörte ich Mimis unaufhaltsamen Schritt auf der vorderen Treppe.

Sticks wirbelte herum und riß mir das Geld aus der Hand, und da stürmte Mimi ins Zimmer. Ihr Blick schoß von Effy zu Sticks und dann zu mir. Ich sah die typische schrille Wut in ihren Augen. «Leonard!» schrie sie. «Leonard!» Sticks zwängte sich an ihr vorbei und aus dem Raum und polterte die Hintertreppe hinunter. Charette und Delors kamen aus ihren Zimmern. Sie standen in der Tür und rieben sich den Schlaf aus den Augen. «Geh runter ins Büro», schrie Mimi mich an. «Geh runter, und zwar sofort!» Sie warf mir einen haßerfüllten Blick zu, und ich sah mich noch einmal nach Effy um. Sie lag hilflos auf dem kaputten Bett und hielt sich das Kinn. Wenn ich sie so sehe, geht es mir immer ganz schlecht. Ich kriege das Bild nicht mehr los. Wenn ich abends einschlafen will, steht es vor meinem inneren Auge – wie eine phosphoreszierende Kinoleinwand, auf der immer und immer und immer wieder das gleiche gezeigt wird. Dann sinkt es hinunter in mein Herz und brennt da.

Leise schloß ich die Tür hinter mir. Draußen blieb ich noch eine Weile stehen, während Mimi Effy anschrie.

«Ich sorge dafür, daß hier Ordnung herrscht. Ich biete dir mehr Schutz, als du irgendwo anders in Harlem kriegen würdest. Ich zahle dir mehr als sonst jemand. Und was ist der Dank? Diese Riesenscheiße!» Blablabla.

Mimi hat keine Ahnung, welche Rolle sie bei diesen schmutzigen Geschäften spielt. Sie weiß nicht, daß alles auf sie zurückgeht.

Ich ging hinunter in ihr Büro und sagte zu Leonard, er solle nachsehen, daß sich Sticks nicht irgendwo im Haus versteckte. Dann wartete ich auf Mimi. Ich setzte mich auf die Ecke ihres Mahagoni-Schreibtischs und schaute aus dem Fenster. Der Gehweg glühte in der Morgensonne. Ich konnte das Geräusch von hundert Ventilatoren hören, die in der brütenden Hitze ihre Gesänge anstimmten. Ich blickte mich in Mimis Büro um. Man hätte denken können, sie wäre eine Topmanagerin – der riesige

Schreibtisch, die Samtvorhänge, die Regale voller Bücher, die sie nicht liest. Die Hälfte der Titel kann sie nicht mal richtig aussprechen. Und dann ihre Gemälde – als würde sie was von Kunst verstehen!

Ich spielte mit dem Gedanken, in unsere Wohnung zu gehen, aber Mimi würde mir nur folgen. Außerdem kam sie gleich darauf mit Leonard herunter, und ich hörte, wie sie im unteren Salon nach Sticks suchten. Aber er war nicht da. Er wollte nur seine zwanzig Dollar – Mimis Club war ihm scheißegal.

Sie stürmte ins Büro und knallte die Tür zu, und dann stand sie da und blitzte mich wütend an. Ich blieb beim Fenster stehen und kniff die Augen zusammen, so daß alles verschwamm.

«Ich hab dir doch gesagt, ich will nicht, daß du nach oben gehst», schimpfte sie los. «Was muß ich denn noch tun, um dich da wegzuhalten, verdammt noch mal?! Kaum dreh ich mich um, schon bist du wieder bei Effy und Delors oder bei der verrückten Ummy. Und jetzt bringst du mir auch noch Gesindel und Drogen ins Haus. Was ist denn mit dir los, verdammt noch mal?»

Auf Papier kann man den Klang von Mimis Stimme nicht so richtig wiedergeben. Der schrille Tonfall würde selbst einen großen Hund dazu bringen, sich zu verkriechen. Ich drehte mich um und starrte auf ihre schwarzgefärbten Haare, die so perfekt festgesprayt waren, daß ein Tornado durchs Zimmer hätte toben können und kein Härchen sich bewegt hätte. Ihre Augen, vollgekleistert mit blauem Lidschatten, ließen mich nicht los.

«Antworte mir, verdammt noch mal! Was ist mit dir los?»

Sie glaubte allen Ernstes, daß mit mir etwas nicht stimmt. Wie kann ich ihr sagen, daß es ihre Schuld ist? Das versteht sie nicht. Wer hat mich denn ihrer Meinung nach erzogen? Sie? Daß ich nicht lache. Aber ich konnte ihr nicht antworten, denn ich wollte nur das eine sagen: «Leck mich doch, Mimi. Kreuzweise.»

«Ich schick dich auf die besten Schulen – und du hängst mit Niggern rum.»

«Nenn sie nicht so!» rief ich. «Du lebst schließlich von ihnen.»

Sie kam auf mich zu. Ich ging vom Fenster weg, zur Tür, aber sie schnappte mich. Ihre Finger krallten sich in meine Schultern. «Ich sorge dafür, daß du ein besseres Leben führen kannst, und was machst du – du ziehst los und kaufst Drogen von einem Harlemnigger!» Sie war so wütend, daß sie mich ins Gesicht schlug.

«Ich will kein besseres Leben!» schrie ich.

Sie schlug mich auf die andere Wange. Bravo, Mimi. Bravo und leck mich.

«Du sollst aber ein besseres Leben haben», keifte sie. «Du wirst Effy und die anderen da oben vergessen. Sie sind Tiere, und du bist was Besseres als sie!»

«Sie sind keine Tiere!» brüllte ich. Sie sind keine Tiere, wiederhole ich. Sie... sind... keine... Tiere.

Mimi starrte mich lange an, dann wanderten ihre Augen zu meinem roten Kleid. Sie nahm den dünnen Baumwollstoff zwischen die Finger. «Billiges Zeug», murmelte sie. «Warum trägst du nicht dein Chanelkostüm?»

«Draußen sind über dreißig Grad, Mimi. Kein Mensch trägt im Hochsommer ein Chanelkostüm.»

«Heute ist Sonntag. Du solltest dein Chanelkostüm tragen, egal, wie heiß es ist.»

Damit lebe ich tagaus, tagein.

Das Telefon klingelte. Es war einer ihrer Schlepper, vermutlich Greer. Die Nach-dem-Gottesdienst-Kundschaft ist im Anmarsch – diese widerliche Truppe dickwänstiger Heuchler. Es ging um Mr. Larkin. Er möchte wieder Ummy. Er muß Ummy haben – die Schwärzeste und die Verrückteste. Ich habe ihn einmal durchs Schlüsselloch beobachtet, wie er auf Händen und Knien kroch und bettelte, während Ummy, mit eingeölter Haut und hoch aufgerichtet, auf seinen rosaroten Weißenarsch klatschte. Auch so ein Bild, das ich nicht loskriege. Es taucht in den merkwürdigsten Situationen auf – wenn ich durch eine weiße Menschenmenge gehe, wenn ich die Wäsche falte, wenn ich chinesisch esse.

Ich verdrückte mich nach oben, um zu sehen, wie es Effy ging. Sie sagte, Sticks habe ihr zwei Zähne ausgeschlagen. Dieses Schwein. Sie saß auf dem Fenstersims und weinte. Ich setzte mich zu ihr und nahm ihre Hand.

«Mimi sagt, sie schmeißt mich raus, La», schluchzte sie. Im Radio kam Louis Armstrong. «Ain't Misbehavin'» – eins von Effys Lieblingsliedern.

«Das tut sie nicht», tröstete ich Effy. «Das sagt sie doch immer. Außerdem erlaub ich das nicht.»

Sie schlang die Arme um mich, und ich fühlte mich wieder innerlich zerrissen. Wie kann ich zu Mimi sagen, sie soll Effy nicht rausschmeißen, wenn ich gleichzeitig glaube, Effy sollte für immer von hier weggehen? Sie sollte nicht hier arbeiten müssen, und Leute wie Mimi gehören eingesperrt.

Was ist nur los mit dieser Scheißwelt? Weiße Männer schleichen durch die spärlich erleuchteten Korridore und ficken Negerhuren in miefigen, verschlossenen Zimmern, und hinter ihrem Rücken beschimpfen sie diese Frauen dann als Tiere. Das ist alles derart verlogen, ich versteh es nicht. Wenn Neger so minderwertig sind, warum kommen die Männer dann ständig hierher und verlangen immer nach der Schwärzesten? Und wenn Neger soviel weniger wert sind, warum stehen die Weißen dann Schlange, um sie singen zu hören?

Wenn irgendein Typ mit einer Pistole hereinkäme und sagen würde, ich müßte entscheiden, ob er Effy oder Mimi erschießt, würde ich sagen, er solle Mimi erschießen. Ich gebe den Weißen nicht den Vorzug. Einige der widerlichsten Menschen, die ich kenne, sind weiß.

Effy hat mich mal gefragt, ob ich gerne schwarz wäre. Ich antwortete, ich hätte das Gefühl, teilweise schwarz zu sein. Ich bin in Effys Armen aufgewachsen – ich habe Effys Geschichten zugehört, ich habe Effys Lieder gelernt, ihre Mahlzeiten gegessen, in ihrem Bett geschlafen, ihre Haut berührt. Das war, ehe Mimi sie in dieses Haus gesteckt hat – als Effy noch ihre Würde besaß. Als ich sie einmal fragte, ob sie gern weiß wäre, sagte sie: «Nein, Kind. Nie und nimmer.»

«Geh zu Sammy», flüsterte mir Effy ins Ohr. «Ich möchte nicht,

daß du weiter bei Mimi arbeitest. Du bist zu gut für Mimi. Du mußt was mit deinem Leben machen, das nichts mit Mimi zu tun hat. Du bist jemand, La.»

Die Art, wie sie das sagte, machte mir angst. Die Worte schienen aus einem Grab zu kommen. Sie vibrierten in der Luft, und mich überlief es kalt. Ich mußte daran denken, wie Effy prophezeit hatte, James Irving würde umgebracht, und eine Woche später war er tot.

Sie küßte mich auf die Stirn und drückte mich fest an sich. «Du mußt raus aus diesem ekelhaften Haus, Kind. Hörst du?»

Leonard klopfte an die Tür. Mr. Larkin stand nervös hinter ihm, ein fetter Widerling mit Glatze und viel Geld. Er trug einen blauen Seersucker-Anzug und gewienerte schwarze Schuhe. Er kam gerade aus der Kirche. Als er mich sah, senkte er verlegen den Blick. Ummy sei krank, erklärte Leonard. Also mußte Effy ihn nehmen. Mimi tat das aus reiner Gemeinheit, weil Effy perverses Zeug nicht leiden kann. Leonard gab ihr ein paar Minuten, um sich zurechtzumachen. Ich half ihr mit den Haaren, und wir rieben ihr die Arme und Beine mit Massageöl ein, damit sie glänzten. Ich wußte, er würde sie nicht anrühren, aber es störte mich, sie so einzureiben. Mir wurde ganz übel, und ich wußte, der Gedanke daran würde mich monatelang nicht loslassen. Ich kann so was nicht sehen. Ich mache dann ganz verrückte Sachen.

Wenn eine Fee erschiene und ich drei Wünsche frei hätte, dann würde ich Effy aus diesem Haus herausholen und ihr ihre Menschenwürde zurückgeben; ich würde um sehr viel Geld bitten, und ich würde dafür sorgen, daß Mimi nicht weitermachen kann.

Damit endete der Eintrag vom 12. Juli. Unsere Finger zitterten, und wir atmeten kaum.

«Mimi hatte ein Bordell», flüsterte Elena. Ihre Augen waren riesengroß. «Deshalb war sie im Gefängnis.»

Ich nickte, während mir das Wort *Bordell* im Kopf herumschwirrte. Ich wußte, was das war, aber so richtig darüber nachgedacht hatte ich noch nie. Immerhin hatte mir Lizzy inzwischen genug beigebracht, daß ich einigermaßen wußte, was in einem Bordell vor sich ging.

«Deshalb will Lana auch nicht, daß wir was über Mimi erfahren», flüsterte Elena. Der Wind rüttelte am Fenster und blies kalte Zugluft durch die Ritzen, und wir verkrochen uns noch tiefer unter Elenas Mantel. Das Rätsel, warum Mimi eingesperrt gewesen war, löste sich in der eisigen Nacht auf, und endlich begriffen wir, warum Lana uns all die Jahre von Mimi ferngehalten hatte. Sie wollte nicht, daß wir etwas über Bordelle erfuhren. Sie wollte nicht, daß wir eine Frau kennenlernten, die so kalt und mitleidlos ein Bordell geleitet hatte wie Mimi. Ich verstand jetzt auch, warum Lana sie als schreckliche Frau bezeichnet hatte, und als ich daran dachte, wie sie in der Dunkelheit gezittert hatte, als ich sie gefragt hatte, warum, begriff ich plötzlich auch das.

Daß ich neulich abends gelobt hatte, von jetzt an brav und anständig zu sein und Lanas Notizbücher in Ruhe zu lassen, verlor nun jede Bedeutung. Ich wandte die Seite langsam um. «Komm, wir lesen noch ein bißchen weiter», sagte ich leise zu Elena.

«Okay, aber nur noch eine Seite.» Wir kuschelten uns unter das warme Zelt ihres Mantels, und gerade, als Elena sich vorbeugte, um weiterzulesen, hörten wir Leo in meinem Zimmer.

«Maddie!» rief er. «Wo steckt ihr beiden denn?»

Wir hörten die Dielen unter seinen schweren Schritten knarren und starrten einander an, die Augen schreckgeweitet. Elena war gelähmt, also packte ich das Buch, klappte es zu und schob es unter meinen Po.

«Wenn wir aufstehen müssen», flüsterte ich schnell, «dann du zuerst.»

Elena nickte und drückte meine Hand. Dann öffnete sich die Tür, und Leo stand auf der Schwelle, gebeugt und blinzelnd. Es dauerte eine Weile, bis er uns in dem roten Sessel entdeckte.

«Was macht ihr denn da?»

Elena sagte nichts. Das war auch gar nicht nötig – sie redete zur Zeit ja sowieso nicht mit Leo, also war ich dran.

«Wir sitzen nur hier rum», antwortete ich. Ich setzte mich anders hin und spürte die scharfe Kante von Lanas Notizbuch unter meinem Schenkel.

«Oh», machte er. Er wußte nicht recht, was er davon halten sollte. Er stand nur ganz bucklig da und sah uns an. In diesem Augenblick bemerkte ich die Kiste. Die Klappen standen senkrecht in die Luft, als wollte sie mit winkenden Armen darauf hinweisen, daß wir uns an ihr vergriffen hatten. Es war nicht ganz so schlimm, wie wenn Lana gekommen wäre, aber es war schlimm genug.

«Habt ihr was dagegen, wenn ich reinkomme?» Ich bin sicher, er wollte sich hinsetzen und wieder mit uns über Lana reden, aber Elena erklärte, sie gehe jetzt ins Bett, und dann stand sie auf und ließ mich mit dem Notizbuch unter dem Po sitzen.

«Was hast du vor, Maddie?» fragte Leo.

«Ich möchte einfach allein hier sitzen.» Was sollte ich sonst sagen? Ich war froh, daß Elena wenigstens ihren Mantel dagelassen hatte. Ich weiß nicht, was ich gemacht hätte, wenn sie mich hier hätte frieren lassen.

Elena streifte an ihm vorbei, eisig wie eine Januarbrise, und nachdem Leo mich noch eine Weile angeschaut hatte, schloß er langsam die Tür hinter sich. Ich wartete, bis ich seine schweren Schritte erst mein und dann Elenas Zimmer durchqueren hörte, dann stand ich auf, um Lanas Notizbuch in die Kiste zu legen. Dabei sah ich, daß das Notizbuch darunter ein kleines Schloß hatte. Ich tastete die nächsten paar ab – sie waren alle verschlossen, bis auf dieses eine. Es überraschte mich nicht, daß sie verschlossen waren. Es überraschte mich vielmehr, daß es überhaupt eines gab, das nicht verschlossen war. Es waren mindestens zehn Notizbücher, und als ich die Klappen des Kartons schloß, sah ich dauernd vor mir, wie ich die Bücher mit Leos Taschenmesser aufschnitt.

Ich ging schnell in mein Zimmer und kroch unter die Decke. Meine Hände waren eisig, und meine Füße fühlten sich an wie gefrorene Fische. «Lieber Gott, Elena», flüsterte ich. Ein Dutzend widersprüchlicher Gefühle tobte durch meinen Körper, Angst und Aufregung, Grauen und Spannung durchliefen mich. Was haben wir getan? fragte ich mich. Über die Schulter blickte ich zu der kleinen weißen Mondsichel, und es durchzuckte mich. Wir haben unser Gelöbnis beim Mond gebrochen, dachte ich, und als mir der Gedanke kam, daß Lana unsere Hände auf ihrem Notizbuch gespürt und Leo in den Speicher geschickt hatte, damit er uns ertappte, rappelte mein Herz in der Brust wie eine alte Waschmaschine.

Ich spürte das Ausmaß unserer gemeinsamen Schuld, rot und heiß und flammend. Dann durchglühte mich ein Fieber, ein kochendes Fieber aus Verlangen und Schuld.

«Ich hab Angst, daß wir sie noch weiter weggestoßen haben», stieß ich gequält hervor.

«Davor hab ich auch Angst, Maddie.» Elenas Stimme zitterte in der Stille, und mich plagte wieder der Gedanke, daß *ich* es war, die Lana überhaupt erst vertrieben hatte. Wenn das stimmte, dann hatten wir jetzt wirklich alles vermasselt.

«Meinst du, wir haben sie noch kränker gemacht?» wisperte ich. Ich schob meine kalten Hände unter den Rücken und lag wie erstarrt da.

«Weiß ich nicht, Maddie.»

Aber es bedrückte sie sehr. Am nächsten Tag redete sie kaum mit mir und Lizzy, weder morgens auf dem Weg zur Schule noch nachmittags auf dem Heimweg. Sie trug immer noch Lanas Mantel und Stiefel und hatte auch noch Lanas roten Schal und ihre schwarzen Lederhandschuhe dazugenommen. Ich vermutete, sie hatte Lana verziehen, daß sie nicht mit uns reden wollte. Lizzy wußte nicht, was sie mit unserem Schweigen anfangen sollte, und zockelte hinter mir her, während ich hinter Elena herzockelte. Sie wußte, daß irgend etwas passiert war. Sie wußte, daß Elena und ich etwas verbargen, und sie erkundigte sich sogar bei mir danach, aber ich konnte ihr nichts von den Notizbüchern erzählen. Von allem anderen, ja, aber nicht von den Notizbüchern.

Als wir heimkamen, war Leo nicht zu Hause. Gus war da. Leo konnte nicht kommen, also hatte er Barbara Lamb angerufen und sie gebeten, nach uns zu sehen, aber statt selbst zu kommen, lieh sie uns Gus. Elena war sauer deswegen und bekam in ihrem Zimmer einen Wutanfall. Sie riß die Decke vom Bett und trampelte mit Lanas Stiefeln darauf herum. Dann zog sie die Matratze halb vom Bettrost, so daß sie schaukelte wie eine Wippe.

«Das ist doch unglaublich, daß er nicht heimkommt, Maddie!» schrie sie. Sie rannte ans Fenster und klopfte so heftig mit den Knöcheln gegen die wellige alte Scheibe, daß ich schon dachte, sie würde zersplittern.

«Er hat Gus geschickt», gab ich zu bedenken. Das war zwar nicht so gut, wie wenn er selbst hiergewesen wäre, aber es war auch nicht so schlimm, wie wenn wir unsere Salamibrote im Dunkeln hätten essen müssen.

«Er hat Barbara Lamb gebeten, und Barbara Lamb hat Gus geschickt», schimpfte Elena. Aus irgendeinem Grund störte sie das mehr, als wenn Leo gleich Gus gefragt hätte. Vermutlich paßte es ihr nicht, daß wir so weitergereicht wurden.

«Lana würde sich totärgern, wenn sie wüßte, daß er Barbara Lamb gefragt hat», meinte sie. «Lana haßt Barbara Lamb.» Das stimmte. Lana mochte Barbara Lamb nicht besonders, und die Vorstellung, daß Leo sich an sie wandte, hätte Lana bestimmt maßlos aufgeregt. Er hätte lieber Garta nehmen sollen.

Elena lehnte sich mit der Stirn gegen das kalte Glas und starrte blicklos hinaus auf die schwindenden Schatten. «Ich gehe», verkündete sie. «Ich hau ab aus diesem Scheißladen.»

Sie drehte sich um und stapfte durchs Zimmer, über die zerwühlten Laken und Decken hinweg und vorbei an der wippenden Matratze, der sie noch einen kräftigen Tritt versetzte. Als wir sie fragten, wohin sie wollte, meinte sie, das wisse sie nicht. Wir folgten ihr trotzdem die vordere Treppe hinunter und auf die Veranda, und wir wären noch weiter mitgegangen, aber sie ließ uns nicht. Sie sagte, wir dürften nicht mitkommen – sie wolle allein sein. Also preßten wir unsere Gesichter gegen die Verandafenster und sahen ihr nach, wie sie in Lanas Kleidern die diesig erleuchtete Straße hinunterging und verschwand.

Lizzy und ich zogen die Mäntel über und gingen in die Speicherkammer, wo wir uns schweigend in den roten Sessel kuschelten. Wir hörten undeutlich, daß Gus unten das Abendessen machte. Es war tröstlich, daß jemand da war und das Haus nicht leerstand, aber ich spürte trotzdem die Grabesstille. Das nagte an mir, und ich spürte einen starken Drang, Lizzy von Effy und Sticks und Mimi zu erzählen, als ob das die Stille zupfropfen würde.

«Lizzy», flüsterte ich achselzuckend unter meinem Mantel, «ich erzähl dir was über Lana, aber du darfst es nicht weitererzählen, vor allem nicht Elena.»

Nachdem sie hoch und heilig geschworen hatte, es keiner Menschenseele weiterzusagen, erzählte ich ihr, daß Elena und ich in Lanas Papieren ein paar Seiten ihres alten Notizbuchs gefunden hätten. Ich kroch noch mehr in mich hinein und flüsterte: «Ich weiß, warum Mimi im Gefängnis war.»

«Warum?» fragte Lizzy. Ihre Augen waren so warm und feucht, daß ich mich richtig inspiriert fühlte.

Ich rutschte ganz tief in den Sessel, bis unsere Augen nur noch gut eine Handbreit voneinander entfernt waren. Dann sagte ich leise und ohne große Vorrede: «Mimi hatte ein Bordell.» Mit Genuß beobachtete ich, wie der Schock zuerst ihre Augen weitete und dann ihr ganzes Gesicht erfaßte, ihre Stirn kräuselte und ihr Kinn herunterklappen ließ.

«Ein Bordell?»

Ich nickte langsam und bedächtig. «Sie hatte Negerhuren», flüsterte ich, und dann erzählte ich Lizzy, so gut ich konnte, von Effy, Ummy und Delors, von Sticks, Leonard und Mr. Larkin. Als ich sicher war, daß ich alles berichtet hatte, schwieg ich, und Lizzy schaute mich nur an, und ihre Augen blinzelten doppelt so schnell wie sonst.

«Aber Lana war keine Hure, oder?» Sie machte langsam den Mund zu und schluckte.

«Nein. Mimi wollte nicht, daß sie bei den Frauen herumsaß. Deshalb wurde sie auch so wütend, als sie Lana in Effys Zimmer fand.»

«Was hat Lana dann in Mimis Bordell gemacht?» fragte Lizzy. Ich hatte keine Ahnung, aber ich wußte, irgend etwas hatte sie dort gemacht. Warum hätte Effy sonst zu ihr gesagt, sie sei zu gut für Mimi?

Lizzy wollte, daß ich ihr die Seiten zeigte, aber ich sagte, Leo hätte uns gestern abend erwischt und sie uns weggenommen. Sie wollte danach suchen, und wenn nicht nach diesen Seiten, dann nach irgendwelchen anderen, also war ich verpflichtet, sie Lanas Schreibtisch inspizieren zu lassen. Sie rüttelte daran und hämmerte von unten dagegen, um die Schublade zu lösen. Sie steckte sogar die feinste Klinge ihres Taschenmessers ins Schlüsselloch, aber ich war unbesorgt. Elena und ich hatten das alles schon längst probiert und herausgefunden, daß der Schreibtisch so uneinnehmbar war wie Lana selbst. Lizzy ging die leeren Blätter oben auf der Platte durch, und als sie dann auch noch unter Lanas Schreibtischstuhl nachgesehen hatte, gab sie schließlich auf.

«Vielleicht hat Lana wieder Drogen von Sticks gekauft», sagte Lizzy, als wir später, in unsere Mäntel gehüllt, auf der Veranda saßen. «Vielleicht hat Effy ihr wieder nicht genug Geld gegeben, und dann wollte Sticks es Effy heimzahlen, und Lana war auch da. Vielleicht hat Sticks Effy verprügelt, und Lana wollte ihr helfen, also hat er Lana auch verprügelt und ihr die Hüfte gebrochen. Vielleicht ist auch das Bett wieder zusammengebrochen und auf sie drauf gefallen.»

«Was ist mit dem Jazz?» fragte ich. Der Jazz mußte bei der ganzen Sache auch irgendeine Rolle spielen.

«Vielleicht kam gerade Jazz im Radio. Du hast gesagt, in Effys Zimmer war ein Radio. Stimmt's?» Lizzy hatte recht. Lana hatte das geschrieben. Das mußte es sein. So war es passiert: Sticks hatte Lana verprügelt und ihr die Hüfte gebrochen. Das fanden wir beide absolut einleuchtend, und wir waren uns auch einig, daß Lana es uns nie erzählt hatte, weil sie nicht wollte, daß wir erfuhren, daß sie mit harten Drogen zu tun gehabt hatte.

Lizzy und ich waren überglücklich, endlich etwas herausgefunden zu haben, und als Leo heimkam und uns losschickte, damit wir Elena suchten, schwebten wir geradezu hinaus in die Nacht. Leo jedoch war völlig niedergeschlagen – ich glaube, er hätte sich einen Finger abhacken lassen, um Elena zu finden.

«Also Gus war ihr nicht gut genug?» fragte er uns immer wieder.

«Sie wollte, daß du da bist», sagte ich, und das zwang ihn, noch einmal den Weg hinunter zum Sportplatz und dann den Herzinfarkthügel hinauf abzusuchen. Wir fanden sie nicht, und erst, als Lizzy heimgegangen war und ich im Bett lag und darauf horchte, wie Leo die Wäsche machte, fiel mir ein, daß Elena in der Scheune geschlafen hatte, als sie das letzte Mal weggelaufen war. Ich ging also in den Keller hinunter und erzählte es Leo, und er stützte sich auf die Waschmaschine, weil ihm bei der Vorstellung ganz elend wurde.

Wir fragten Garta, ob wir ihren Wagen borgen konnten, weil Lana unseren hatte, und sie war so nett und gab ihn uns, aber unter der Bedingung, daß sie mitkommen durfte. Sie brachte Lizzy und Jimmy mit, und aufs ganze gesehen benahm sie sich ziemlich gut – für ihre Verhältnisse jedenfalls. Wir kletterten alle in den

Kombi, und Leo fuhr all die kleinen Landstraßen entlang und hielt an jeder Scheune, die wir finden konnten. Er leuchtete mit der Taschenlampe voraus, während Lizzy und ich ihn begleiteten und laut Elenas Namen riefen. Er sagte, er hätte Angst, sie würde noch weiter in den Wald laufen, wenn *er* nach ihr rief.

Wir inspizierten zwölf Scheunen an diesem Abend, ohne Elena zu finden. Als wir heimkamen, rief Leo schließlich den Sheriff an, um ihm zu sagen, Elena sei verschwunden, und dann saß er die halbe Nacht am Eßtisch und wartete auf sie.

Sie tauchte erst am nächsten Morgen um elf Uhr wieder auf, und zwar vor Mrs. Devonshits Klassenzimmer. Sie klopfte und verlangte nach mir. So wie sie aussah, völlig wirr und zerkrumpelt in Lanas Winterkleidern, konnte Mrs. Devonshit sie nicht wegschicken.

«Wo warst du denn?» fragte ich sie, nachdem ich auf den menschenleeren Flur herausgekommen war.

«Ist doch egal», antwortete sie. Ihr Gesicht sah schrecklich aus, angespannt und verkniffen, und ihre blasse Stirn war ganz zerknittert. Ich schaute auf Lanas Stiefel hinunter und sah, daß sie voller Matsch waren.

«Leo hat gestern abend Gartas Wagen ausgeliehen, und wir sind überall rumgefahren und haben die Scheunen nach dir abgeklappert», sagte ich. Sie lächelte nicht gerade, aber ich sah, wie die Spannung ein bißchen von ihrer Stirn wich.

«Ich möchte zum Syracuse Hotel fahren und Lana besuchen.» Sie blickte über die Schulter, um sich zu vergewissern, daß niemand auf dem Flur war. Er war leer – nur ein breiter Sonnenstrahl schien auf den Fußboden, verschwand aber gleich wieder.

«Wie sollen wir da hinkommen?»

Sie zog einen abgegriffenen Zehndollarschein aus der Tasche, den sie aus Leos Geldbeutel gestohlen hatte, und wedelte damit in der Luft herum. «Wir nehmen den Greyhound-Bus.»

Ich wollte Lizzy mitnehmen, aber Elena sagte nein. Sie

meinte, so wie Lana sich fühle, wolle sie bestimmt niemanden sehen, der nicht zu unserer Familie gehörte. Ich entgegnete, für mich gehöre Lizzy zur Familie, aber Elena erinnerte mich daran, wie unangenehm es Lana immer war, wenn jemand sie in diesem Zustand sah. Sie holte meinen Mantel und meine Mütze aus meinem Fach und gab mir die Sachen. «Komm, wir gehen», sagte sie.

Als Mrs. Devonshit gerade nicht herschaute, schlich ich an der Tür vorbei, und dann taten wir etwas, das ich für unmöglich gehalten hätte – wir gingen einfach durch den Hauptausgang und die Straße hinunter, ohne daß uns jemand bemerkte, ohne daß uns jemand aufhielt, und dann liefen wir ins Zentrum zur Colgate-Apotheke, wo wir zwei einfache Fahrkarten nach Syracuse kauften. Ich glaube, George, der Besitzer, verkaufte uns die Karten nur, weil Elena in Lanas Kleidern so viel älter aussah. Er stellte keine Fragen. Er nahm nur Elenas aufgeweichten Zehndollarschein entgegen, und es dauerte keine fünfzehn Minuten, da kam auch schon der Greyhound nach Syracuse.

Außer uns fuhren nur noch fünf Personen mit – zwei grauhaarige Damen mit Pelzmützen und geflochtenen Handtaschen, ein korpulenter Mann in einem zerknitterten Anzug aus Polyester und eine rothaarige junge Frau mit ihrem rothaarigen Baby –, und sie saßen alle ziemlich weit vorn. Wir gingen ganz nach hinten durch und setzten uns in die letzte Reihe. Sobald der Bus aus Hamilton herausfuhr, rutschte Elena tief in den Sitz, drückte die Knie gegen den Metallrücken des Sitzes vor uns und zog Lanas Kragen bis über die Ohren. Sie sagte so gut wie nichts. Was ihr letzte Nacht passiert war, hatte sie offensichtlich so ernüchtert, daß sie jetzt schwieg. Ich versuchte herauszufinden, wo sie gewesen war und ob sie etwas gegessen hatte, aber sie wollte mir nichts erzählen. Also betrachtete ich die kahlen Bäume, die an uns vorbeisausten, und mit Schmerz und Trauer registrierte ich, wie grau und regnerisch der Himmel aussah. Ich sehnte mich nach dem Sommer, nach dem duftenden Grün, der sanften Luft, nach Lanas Modenschauen und Minnie Harps Tulpen, nach Kinderlärm und schnurrenden Rasenmähern und nach dem Plärren der Fernsehapparate aus den offenen Fenstern.

Ich mußte unbedingt reden, den faden Klang des Schweigens durchbrechen – niemand sagte ein Wort; nur das mechanische Dröhnen des Motors und das weiche Floppflopp der Reifen auf dem kalten, zusammenschnurrenden Asphalt waren zu hören. Ich merkte, daß meine Nerven etwas machten, was ich noch nicht kannte – als wäre eine ungeheure Kraft, wie ein peitschender Wind, auf sie gehetzt worden, spannten sie sich an und zerrten und zerrten.

«Ich bin gestern auf was gekommen, wegen Lana», sagte ich laut. Ich wollte dieses starre, trostlose Schweigen übertönen.

Lanas Name holte Elena zurück, nicht ganz, aber doch wenigstens ein Stückchen. «Was?» fragte sie und sah mich an. Ich konnte nur ihre Augen und ihre Stirn sehen, der Rest ihres Gesichts war hinter Lanas hochgestelltem Kragen verborgen.

«Ich glaube, Lana hat von Sticks noch mehr Drogen für Effy gekauft, und Effy hatte wieder nicht genug Geld in den Briefumschlag gelegt, so wie beim letztenmal. Also ist Sticks wieder bei Effy aufgekreuzt. Er hat sie verprügelt und ihr die Hüfte gebrochen.» Ich wußte, daß ich zu laut redete, aber ich konnte nicht anders – die beklemmende Stille machte mich krank. «Und während er sie verprügelt und ihr die Hüfte gebrochen hat, kam im Radio Jazz.»

Elena schaute mich eine ganze Weile an. Ihre Augen waren feucht, und ich konnte sehen, daß sie Mitleid mit mir hatte. «Nein, so war's bestimmt nicht, Maddie.» Sie zog den Kragen wieder hoch und zuckte unter Lanas Mantel die Achseln.

«Woher weißt du das?»

«Ich weiß es eben – so war's nicht. Außerdem war es Leos Musik, und die konnte nicht im Radio kommen, weil sie nie veröffentlicht worden ist.»

Die Art, wie sie diesen letzten Satz sagte – *die konnte nicht im Radio kommen, weil sie nie veröffentlicht worden ist* –, klang so kompetent, daß ich annahm, sie wußte noch mehr.

«Aber was ist dann passiert? Was denkst du denn?» fragte ich. Meine Stimme dröhnte, als hätte jemand ein Radio auf volle Lautstärke gestellt.

«Pssst, Maddie», sagte Elena und legte mir die Hand auf den Mund. «Lieber Gott, der ganze Bus hört dich.»

Der Mann im Polyester-Anzug und die rothaarige Frau mit dem Baby drehten sich um und starrten mich an. Ich rutschte tiefer in den Sitz und stemmte die Knie gegen die Metallrückseite des Sitzes vor uns. «Was ist passiert?»

«Ich weiß es nicht, aber ich weiß, so war's nicht.» Elena blickte zum Fenster hinaus und machte wieder dicht, und erneut breitete sich die grauenhafte Stille aus und senkte sich auf mich nieder.

Der Bus setzte uns ein paar hundert Meter vom Syracuse Hotel entfernt ab, und der Mann im Polyester-Anzug erklärte uns den Weg. Die Köpfe gegen den Wind gesenkt, gingen wir immer geradeaus, über zwei Querstraßen bis zu einer großen Kreuzung, wo wir links abbogen. Auf der anderen Straßenseite, ein paar Häuser weiter unten, erhob sich das Syracuse Hotel aus dem schmutzigen Asphalt. In dem traurig grauen Licht wirkte es vornehm und majestätisch. Wir konnten durch die gläserne Drehtür den roten Teppich und die hohen Decken erkennen. Es sah nicht aus wie ein Gebäude, das man einfach so betreten konnte.

«Was machen wir, wenn's ihr ganz schlecht geht?» überlegte Elena, den Blick auf den dichten Verkehr gerichtet. «Wenn's ihr schlechtgeht, ist das für uns ganz furchtbar, und ihr geht's noch schlechter, wenn wir sie in dem Zustand sehen.»

«Aber jetzt sind wir so weit gefahren», wandte ich ein. «Wir können ihr ja was mitbringen, vielleicht 'nen Schokoriegel. Wir können sagen, wir wollten ihr 'nen Schokoriegel bringen, und wenn's ihr wirklich schlechtgeht, dann gehen wir wieder.»

Der Vorschlag – mit eingebautem Fluchtweg – gefiel Elena, also gingen wir ins Foyer des Syracuse Hotel, wo wir vor dem Kiosk lange überlegten, ob Lana Nestle Crunch oder Almond Joy lieber mochte. «Nimm Almond Joy», sagte Elena schließlich.

Als ich nach dem Mandel-Riegel griff, sah ich einen säuberlichen Stapel *New York Times*. Sie lagen neben den Snickers, und während Elena den Riegel bezahlte, legte ich die Hand oben auf die Zeitungen, nur um sie zu spüren.

Wir durchquerten die Lobby, gingen zur Anmeldung und sagten dem Mann hinter dem Schalter, wir suchten nach Lana. Sie sei in Zimmer 51B, teilte er uns mit, und dann rief er sie an und sagte, ihre beiden Töchter seien hier unten im Foyer. Nachdem er aufgelegt hatte, erklärte er uns den Weg zu ihrem Zimmer. Ich war erleichtert, daß sie nicht gesagt hatte, er solle uns wegschicken. Dieser schreckliche Gedanke war mir durch den Kopf gegangen.

Im Fahrstuhl und auf dem Weg die langen, roten Korridore hinunter rasten Wirbelstürme durch meine Adern, und meine Nerven stemmten sich dagegen. Das war das Schlimmste, was sie tun konnten, sogar noch schlimmer, als wenn sie unter die Kniescheibe gerutscht wären.

Als wir bei Zimmer 51B waren, öffnete Harry die Tür. Er freute sich so, daß er sich richtig auf uns stürzte und brav wartete, während wir ihn umarmten und auf den babyduftenden Kopf küßten. Dann zog er uns ins Zimmer. Es war verdunkelt, und in der dunkelsten Ecke lag Lana auf einem breiten Bett, reglos auf der weißen Decke ausgestreckt, die Beine nebeneinander, das Gesicht halb mit einem feuchten blauen Waschlappen bedeckt.

«Lana», flüsterte Harry, der auf Zehenspitzen über den beigen Teppich schlich. «Maddie und Elena sind hier.» Elena und ich folgten ihm mit leisen Schritten und blieben neben ihm am Bettrand stehen.

Lana sprach mit einer Stimme, die weder Elena noch ich je gehört hatten. Ihre Kehle war rauh, und daraus drang ein röchelndes Flüstern. «Wie schön, Harry», murmelte sie. Ihre eine Hand bewegte sich ganz langsam auf den Waschlappen zu und hob eine Ecke so weit hoch, daß wir ihr rechtes Auge sehen konnten.

«Wie geht's meinen Mädchen?» Jetzt war von ihrer Stimme nur noch ein ersticktes Hauchen übrig. Elena und ich sahen uns an, und die schrecklichen Stürme fegten wieder durch meine Adern. Lana ging es schlechter, als wir erwartet hatten, und es war schwer, sie anzuschauen und zu wissen, daß wir womöglich dafür verantwortlich waren.

Ich meldete mich zuerst. «Hi, Lana», flüsterte ich. «Wir haben dir ein Almond Joy mitgebracht.»

«Danke, mein Schatz.» Langsam hob sie die Hand über den Kopf und deutete zitternd auf den Nachttisch neben dem Bett. Ich ging leise hin und legte den Schokoriegel neben ein Glas Wasser und zwei Aspirinflaschen, von denen eine leer war. Sie ist in einem Bordell aufgewachsen, dachte ich. Ich blickte auf ihr Gesicht, ihre fiebrigen, aufgesprungenen Lippen, und ich wußte, für mich würde sie nie mehr aussehen wie früher.

«Was fehlt dir, Lana?» flüsterte Elena. «Bist du krank?»

«Ja, ich glaub schon.» Sie hob wieder die Ecke des Waschlappens hoch, um uns sehen zu können.

«Was fehlt dir?» fragte ich. Ich sah, daß sie geplatzte Äderchen in den Augen hatte. Sie sahen aus wie kleine rote Risse in dem weißen Augapfel.

«Ich weiß nicht», brachte sie mühsam hervor.

Wir kamen ein bißchen näher, und Elena hielt ihre eine Hand, ich die andere.

«Wie seid ihr hergekommen?»

«Mit dem Greyhound», antwortete Elena. «Leo weiß nichts davon.»

Bei seinem Namen zuckte Lana zusammen. «Wie geht's euch denn?» fragte sie, wobei sie mit dem rechten Auge unsere Gesichter musterte.

Elena trat von einem Bein auf das andere, und ich traute meinen Ohren kaum, als ich sie flüstern hörte: «Leo kommt immer erst ganz spät abends heim.»

«Wie meinst du das?» wollte Lana wissen. Sie wollte sich aufrichten, aber sobald sie sich bewegte, drang ein leises Ächzen aus ihrer Kehle, und sie fiel in die Kissen zurück.

«Er kommt erst heim, wenn's schon dunkel ist», flüsterte Elena, «und gestern abend hat er Barbara Lamb angerufen, damit sie kommt und für uns Abendessen macht. Sie konnte nicht, aber sie hat Gus geschickt.»

«Gus?» sagte Lana. Ich sah, wie eine Welle von irgend etwas – Entsetzen, Panik, ich wußte es nicht – sie überrollte, bis in ihre Arme und Beine.

«Ja», sagte Elena.

«O Gott», stöhnte Lana. Sie zog den Waschlappen über ihre heißen Augen, und ich sah ihre Lippen zucken. Ich warf Elena einen wütenden Blick zu und trat ihr auf die Zehen.

«Du fehlst uns, Lana», flüsterte Elena, und ich sagte es ihr nach.

«Ihr fehlt mir auch.» Harry kletterte aufs Bett und nahm seine Position an ihrer Seite ein. Ich sah, daß sein Malbuch dort lag, und auch seine Plastiksoldaten waren neben Lana verstreut. Er hatte offenbar stundenlang da gespielt, wenn nicht tagelang.

«Du hast gesagt, Leo hat Barbara Lamb angerufen, damit sie sich um euch kümmert?» fragte Lana leise. Sie tätschelte Harrys Knie, als wollte sie sich vergewissern, daß er noch da war.

«Ja», antwortete Elena.

«Und dann kam statt dessen Gus?»

Elena murmelte ja, und Lanas Gesicht unter dem Waschlappen verzog sich bekümmert. Ich fragte mich, wie Elena so grausam sein konnte, ihr das alles zu erzählen.

«Reich mit bitte den Abfalleimer, Maddie», flüsterte sie erstickt.

Ich blickte mich um und sah einen weißen Plastikeimer, der bis zur Hälfte mit Erbrochenem gefüllt war. Ich reichte ihr den Eimer, und nachdem sie sich mühsam aufgerichtet hatte, klemmte sie ihn zwischen die Beine und würgte drei-, viermal, wobei sie die traurigsten Klagelaute von sich gab, die ich je gehört hatte.

Elena rannte hinunter, um einen Arzt zu holen, während ich die Kotze die Toilette hinunterspülte. Dann ging ich wieder an Lanas Bett und malte mit dem Finger kleine Bilder auf ihre Stirn, weil sie mich darum bat. Und die ganze Zeit machte ich mir Vorwürfe, weil Elena und ich Lana so weit gebracht hatten. Sie ist in einem Bordell aufgewachsen, sagte ich mir immer wieder. Ich konnte sie nicht mehr ansehen, ohne das zu denken.

Sie bat mich, ihr ein Aspirin zu geben, und als ich die Flasche holte, sah ich etwas, das mich die ganze Nacht nicht mehr loslassen sollte. Lanas letzte Tagebucheintragungen, auf Briefpapier des Syracuse Hotel, lagen auf dem Nachttisch, nur von einem schwarzen Füller verdeckt. Da sie nicht damit gerechnet hatte, daß wir hier aufkreuzen würden, hatte sie gar nicht versucht, die Blätter zu verstecken. Ich konnte sie jetzt nicht lesen, aber ich wußte, früher oder später würde ich es tun.

Etwa fünfzehn Minuten später kam Elena mit einem Arzt zurück, den der Hotelmanager irgendwo aufgetrieben hatte. Der Arzt war alt und unglaublich fett, aber er war sehr nett zu Lana, flüsterte immer und machte das Licht nur an, wenn es nicht anders ging. Er stellte ihr ein paar Fragen wegen der Kopfschmerzen. Sie sagte, sie seien stechend, und als er ihr mit einer kleinen Taschenlampe in die Augen leuchtete, tat ihr das so weh, daß sie vor Schmerz aufstöhnte.

«Sie haben Migräne», sagte der Arzt schließlich. «Ich könnte Ihnen Tabletten geben, aber davon würden Sie einschlafen. Gibt es jemanden, den Sie wegen der Kinder anrufen können?»

«Meinen Mann», flüsterte Lana. «Aber die Mädchen schaffen das schon. Sie können sich um Harry kümmern.»

Der Arzt rief Leo trotzdem an, doch er war nicht zu Hause, worauf Elena nur sagte: «Ich hab's ja gewußt.» Er rief in der Universität an und hinterließ eine Nachricht. Wir brauchten Leo eigentlich gar nicht, also wurde beschlossen, daß wir das Essen aufs Zimmer kommen lassen würden, und wenn Harry dann schlief, konnte Lana die Tabletten nehmen.

Sie konnte nichts essen, aber wir drei aßen und legten Lana immer abwechselnd einen frischen Waschlappen auf die Stirn, wofür sie sich bedankte und wie immer auch entschuldigte. Wir badeten Harry und packten ihn auf das kleine rote Sofa. Nachdem er eingeschlafen war, gaben Elena und ich Lana zwei orangefarbene Tabletten. Dann sahen wir zu, wie sie in schmerzfreies Vergessen glitt. Wir saßen etwa eine Stunde neben ihr und genossen dankbar ihre Präsenz, wenn sie auch noch so minimal war.

«Sind wir daran schuld?» fragte ich Elena flüsternd. Wir saßen aufrecht im Bett, an das hölzerne Kopfbrett gelehnt, während Lana neben uns auf der Seite lag, die weiche Decke bis über die Schultern gezogen.

«Denk gar nicht darüber nach, Maddie. Wir dürfen nicht dran denken.» Ein Zittern durchlief sie; sie rutschte nach unten, so daß sie auf dem Rücken lag, und schloß die Augen. Wie konnte sie erwarten, daß ich nicht daran dachte, während Lana fünf Zentimeter von uns entfernt lag und so krank war, daß sie starke Medikamente nehmen mußte?

Das Telefon klingelte, aber Elena ließ mich nicht abnehmen. «Laß es klingeln. Soll er doch sein Salamibrot allein im Dunkeln essen.» Ich hatte Angst, das Klingeln könnte Lana aufwecken, aber sie schlief weiter.

Ich wollte warten, bis auch Elena eingeschlafen war, und dann Lizzy anrufen. Ich überlegte, ob ich auch Leo benachrichtigen sollte, um ihn zu beruhigen, entschied mich aber dagegen. Ich wußte, er wanderte durch das leere Haus, krank vor Sorge, aber irgendwie erschien mir das richtig. Ich starrte lange auf die beigen

Wände und die roten Samtvorhänge und wartete darauf, daß Elenas Atemzüge tief und regelmäßig wurden. Mit halbem Ohr lauschte ich auf die gedämpften Geräusche des Hotels, das Klingeln des Aufzugs, die Schritte der Menschen, die stumm den Korridor entlanggingen, ihre Stimmen in den Zimmern nebenan. Der Verkehr draußen hatte so weit nachgelassen, daß ich kaum noch etwas hörte. Mein Blick schweifte zu Lana. Es war schwer vorstellbar, daß sie in Effys Armen in einem Bordellzimmer saß. Ich versuchte mir auszumalen, wie sie von Sticks Drogen kaufte, aber auch das konnte ich nicht. Die Lana, die ich kannte, war ein ganz anderer Mensch.

Als ich sicher war, daß Elena schlief, nahm ich leise den schweren schwarzen Hörer ab und wählte Lizzys Nummer. Es klingelte kaum, als Lizzy auch schon abnahm. Sie hatte den ganzen Abend auf meinen Anruf gewartet.

«Was ist passiert?» Sie klang ein bißchen überdreht vom langen Warten.

«Lana hat ganz schlimm Migräne. Wirklich ganz schlimm. Sie hat in den Abfalleimer gekotzt.»

«Ehrlich?» Ich hörte, wie sich die Schranktür schloß.

«Ja», sagte ich. «Ich kann jetzt nicht lang reden, weil die anderen sonst aufwachen, aber ich wollte dir nur noch sagen, daß unsre Erklärung von gestern abend falsch ist.»

«Daß Sticks Effy und Lana verprügelt hat?» flüsterte sie.

«Ja.» Ich schwieg einen Augenblick, um mich zu vergewissern, daß weder Elena noch Lana aufgewacht waren. «Ich hab's Elena im Bus erzählt, und sie hat gesagt, es stimmt nicht, so kann es nicht gewesen sein. Sie weiß irgendwas, was wir nicht wissen, aber sie sagt's mir nicht.»

«Es stimmt alles nicht?» fragte sie. Es klang so jämmerlich.

«Kein Fatz.»

Ich legte bald auf, und dann rief Leo an. Ich hob gleich beim ersten Klingeln ab und flüsterte: «Hallo.» Er wollte wissen, wie es uns allen gehe. Ich erzählte ihm, Lana habe Migräne und schlafe. Er redete von früher, als wir alle zusammengewesen waren und es Lana noch gutgegangen war und wir Spaß gehabt hatten. Ich weiß nicht warum, aber das löste wieder den Wirbelsturm in meinen Adern aus. Vielleicht war es der Vergleich zwischen unserem alten Leben und dem jetzt. Oder die Tatsache, daß Lana gleich neben mir lag, aus einer Hölle erlöst, die ich nicht kannte. Oder vielleicht auch die Vorstellung, daß Leo ganz allein in unserem Haus hockte und mit mir redete, nicht mit Lana oder Elena, sondern mit mir, als wäre ich irgendwie ihre Stellvertreterin.

«Ich komme morgen und hol euch alle.»

Ich sah richtig vor mir, wie Elena die Augen verdrehte und sagte: «Ja, klar, Leo.» Dann sah ich Leo mit seiner Taschenlampe die Wege zu den Scheunen hinuntergehen, zu verschüchtert, um Elenas Namen zu rufen. Und Lana, wie sie im Bett lag, das Gesicht schmerzverzerrt unter einem blauen Waschlappen. Ich konnte Harry vor mir sehen, wie er still neben Lana saß und sein Malbuch ausmalte und sich bemühte, immer nur zu flüstern. Dann sah ich mich selbst zwischen ihnen allen sitzen, als einzige noch wach, mit einem Hurrikan in den Adern.

Ehe ich zu Elena unter die Decke kroch, tat ich noch eins: Ich faltete die beiden Blätter zusammen, die Lana beschrieben hatte, schob sie in meine Manteltasche und durch den Riß ins Futter. Dann lag ich neben Elena, und während meine Nerven sich gegen die Wirbelstürme stemmten, dachte ich bekümmert, daß unser Leben nie mehr so sein würde wie früher.

10

Am nächsten Morgen holte Leo uns ab. Er nahm lieber den Bus, als Gartas Wagen auszuleihen, denn Garta hätte bestimmt darauf bestanden, ihn zu begleiten. Aber Leo wußte nicht, was ihn hinter dieser Hoteltür erwartete; er wollte nicht, daß andere Leute, und besonders Garta, solche prekären Situationen mitkriegten.

Als er klopfte, schlief Lana noch. Elena und ich spielten flüsternd mit Harry Verstecken und warteten, daß sie endlich aufwachte. Dann hörten wir das Klopfen, und ich sagte gleich zu Elena, es sei Leo, aber sie wollte mir nicht glauben. Sie meinte, es sei bestimmt jemand vom Hotel, der das schmutzige Geschirr abholen wolle. Sie war schockiert, als wir die Tür öffneten und Leo davorstand. Frisch rasiert, die dunkle Hose und das weiße Hemd ordentlich gebügelt. Aber sein Gesicht war wieder in Teile zerfallen, wie ich es nicht anders erwartet hatte. Er umarmte mich und Harry, als hätte er uns jahrelang nicht gesehen, und er hätte auch Elena umarmt, aber sie ließ ihn nicht. Sie wich bis zur Schwelle des marmornen Badezimmers vor ihm zurück.

Dann folgte er Harry rasch ins Zimmer. Als er Lana in ihrem dunkelblauen Kleid auf der linken Seite des Betts liegen sah, vergaß er uns völlig. Er ging zu ihr und kniete sich neben sie auf den beigen Teppich. Er sagte nicht einmal ihren Namen, sondern berührte nur mit seinen dicken Fingern ihr Gesicht, so wie er die Tasten berührte, wenn er etwas Traurigschönes spielte. Er küßte sie auf die Stirn, dann auf den Mund und flüsterte etwas, das wir nicht hören konnten. Doch der Anblick, wie Leo sich über Lana beugte, war Balsam für meine Nerven.

In diesen wenigen Augenblicken, ehe Lana die Augen aufschlug, hing unser Leben am seidenen Faden. Wie würde sie reagieren? überlegte ich. Elena und ich drängten uns so nah wie möglich heran, um Lanas Augen sehen zu können, wenn sie sich endlich öffneten. Nachdem Leo sie noch ein paarmal auf die Lippen geküßt hatte, hoben sich flatternd die Lider, als wäre die Morgensonne auf sie gefallen. Lana brauchte ein paar Sekunden, um sich zu erinnern, wo sie sich befand und was passiert war – an ihrem Gesicht sah ich, wie die Erinnerung Stück für Stück zurückkehrte, bis sie schließlich in der Gegenwart war. Dann wandte sie sich mit einer langsamen, traurigen Bewegung von Leo ab – eine schlichte Bewegung, die über Leo hinaus auch Harry, Elena und mich wie eine Ohrfeige traf. Sie bedeutete, unser Leben war nicht normal und würde es noch eine ganze Weile nicht sein – vielleicht nie wieder.

«Bitte nicht, La», flehte Leo.

«Du kommst zu spät, Leo», erwiderte sie, noch immer mit leiser, erschöpfter Stimme. «Damals bist du zu spät gekommen, und jetzt kommst du wieder zu spät.»

Ich überlegte, was sie damit meinte, aber natürlich konnte ich nicht fragen. Leo berührte Lanas Nacken mit den Fingerspitzen. «Tut mir leid, La», flüsterte er. «Ich wußte nicht, daß es dir so schlecht geht.»

Sie sah ihn über die Schulter an, und ihr eisiger Blick brachte ihn zum Schweigen. Trotzdem kroch er zu ihr aufs Bett, legte eine Hand auf ihre Hüfte und drückte die andere auf ihre Stirn. «Ich bring dich nach Hause, La.»

Sie war von den Tabletten viel zu benommen, um zu protestieren, und unter der Benommenheit lauerte außerdem, wie sie sagte, immer noch das quälende Pochen der Migräne. Ganz still lag sie auf dem Bett, den Arm über der Stirn, während Elena und ich Leo halfen, ihre Sachen zusammenzusuchen, und in der Dunkelheit herumtasteten, um ja nichts zu vergessen. Wir falteten alle Kleider ordentlich zusammen und packten sie in den Koffer, Harrys Plastiksoldaten und seine Malbücher obenauf. Als wir fertig waren und schon aus dem Zimmer gehen wollten, stellte Lana eine Frage, die mir fast das Herz stillstehen ließ.

«Was ist mit den Blättern, die ich dort hingelegt habe?» wollte sie wissen, wobei sie matt auf den Nachttisch deutete. Niemand sagte ein Wort, ich schon gar nicht. «Hast du sie genommen, Elena?»

«Nein», antwortete Elena und starrte Lana durch die Dunkelheit an.

Dann sah Elena zu mir herüber, und Lanas Augen wanderten von Elenas Gesicht zu meinem. «Du, Maddie?»

«Nein», sagte ich, um einen genauso unschuldigen Ton bemüht wie Elena. Es brachte mich fast um, daß ich Lana anlog, während ihre Papiere in meinem Mantelfutter steckten, glühend und unsichtbar. Lana wußte, daß ich sie genommen hatte, da war ich mir fast sicher, und nur, weil sie so betäubt war, ging sie der Sache nicht weiter nach. Die Tabletten hatten sie benebelt und die Prinzipien ihrer strengen Heimlichtuerei gelockert.

Leo reichte ihr die dunkle Sonnenbrille und half ihr beim Aufstehen. Er hätte sie am liebsten hinausgetragen, aber das ließ sie nicht zu. Statt dessen schleppte sie sich zwischen ihm und Elena vorwärts, schwer auf ihre Arme gestützt, während ihr dunkler Stock an Leos Handgelenk baumelte.

Schweigend fuhren wir nach Hause, Lana schlaff auf dem Vordersitz, noch immer in den samtenen Klauen der Tabletten. Nur Harry sagte hin und wieder etwas und machte uns auf die Kühe aufmerksam, die verstreut auf den trostlosen Abhängen grasten.

Elena und ich blieben stumm und wechselten besorgte Blicke. Zwar sprachen wir es beide nicht aus, aber wir fühlten uns für Lanas Zustand verantwortlich, und selbst wenn wir es dank eines glücklichen Zufalls nicht waren, hatten wir doch ihr Notizbuch gelesen. Wie man es auch drehte und wendete, wir waren schuldig.

Zu Hause brachten wir Lana ins Bett. Wir gaben ihr noch zwei orangene Pillen, denn die Wirkung der beiden ersten ließ allmählich nach, und sie spürte in der Ferne wieder das gräßliche Trommelfeuer der Migräne. Elena und ich wollten uns um sie und Harry kümmern, aber Leo ließ uns nicht. Er blieb selbst bei Lana und schickte mich und Elena in die Schule.

Den ganzen Nachmittag glühten die Seiten im Futter meines Mantels. Ich wollte sie lesen, aber ich hatte Angst. Als Lizzy und ich auf den Schulhof gingen, überlegte ich, ob ich die Zettel herausholen und ihr zeigen sollte, aber als ich Lana tablettenumnebelt in ihrem Bett liegen sah, konnte ich es nicht. Es machte mich fast wahnsinnig, daß ich diese Blätter hatte, aber hergeben wollte ich sie trotzdem nicht. Es ging bergab mit mir, das merkte ich. Wie ein Stück Obst, das zu lange herumliegt, verfaulte ich langsam, aber sicher. Ich konnte nichts dagegen machen – als hätte eine Macht von meinem Körper Besitz ergriffen, die jetzt wie ein dunkles Netz mein Herz umspannte. Es waren meine Nerven, das wußte ich. Sie wurden immer schlimmer.

Nach der Schule saßen Lizzy, Elena und ich fast eine halbe Stunde an Lanas Bett und sahen zu, wie sie schlief. Leo kam und ging, brachte frische nasse Waschlappen und staubte die Kommoden ab. Er hatte das Haus geputzt, die gesamte Wäsche gewaschen, so daß man seit langem zum erstenmal wieder auf den Grund des Korbs sehen konnte, und jetzt schmorte ein Hackbraten im Backofen. Hätte Lana nicht benebelt im Bett gelegen, wäre alles wie früher gewesen. Ich merkte sogar, daß sich Elena Leo gegenüber ein wenig entspannte – ihr Herz konnte nicht versteinert bleiben, wenn sie ihn die Wäsche zusammenfalten und das

Hackfleisch in einer Schüssel kneten sah. Als das Essen vorüber war, wechselten sie sogar wieder ganze Sätze.

Aber danach verschwand Elena wieder. In letzter Zeit verschwand sie abends ziemlich oft. Dann rief Garta an und sagte: «LIZZY SOLL HEIMKOMMEN.» Ich wußte nicht, was Lizzy diesmal ausgefressen hatte, aber ich merkte am Klang von Gartas Stimme, daß eine ordentliche Abreibung auf sie wartete. Ich hätte sie gern begleitet, aber Lana wachte auf und wollte etwas essen. Während Leo sich zu ihr ans Bett setzte und ihr beim Essen zusah, schlich ich ins Bad und bezog meinen Posten hinter dem Gitter. Lana saß aufrecht gegen einen Kissenberg gelehnt, den Leo aufgetürmt hatte. Das Silbertablett, das Mimi ihr geschenkt hatte, ruhte auf ihrem Schoß. Sie beugte sich darüber und löffelte die heiße Hühnerbrühe mit Nudeln, die Leo für sie zubereitet hatte. Es war so dunkel im Zimmer, daß ich die beiden kaum sehen konnte. Die Vorhänge waren zugezogen, und nur ein schwacher Lichtschein drang vom Flur durch den Türspalt.

«Geht's dir ein bißchen besser, La?» fragte Leo. Seine Stimme war warm und sanft, und er strich Lana ein paar Strähnen aus der feuchten Stirn.

«Ein bißchen.» Ihre eigene Stimme klang zwar nicht mehr so hohl wie gestern, aber sie war auch jetzt nur ein heiseres Flüstern. «Ich spüre, daß die Kopfschmerzen immer noch irgendwo hinter diesem Pillenzeug lauern, aber mit meinem Magen wird es besser.» Sie rückte das Tablett auf ihrem Schoß zurecht, wobei ihr dunkelblaues Kleid ein wenig herunterrutschte, so daß ich die sanften weißen Rundungen ihrer Brüste sehen konnte.

«La, es tut mir so leid. Ich hatte keine Ahnung, wie schlecht es dir ging.» Er beugte sich vor und berührte Lanas Handgelenk mit den Fingerspitzen.

«Ich hab's dir doch gesagt, Leo. Ich weiß nicht, was ich sonst noch hätte sagen können.» Sie sah ihn an, und in diesem Moment passierte irgend etwas zwischen ihnen, was Leo zurückschrecken ließ. Er nahm seine Hand weg und lehnte sich in seinem Sessel zurück.

«Ging's dir schon schlecht, als du weggefahren bist?»

«Nein – jedenfalls nicht körperlich.» In ihre Worte mischte sich das leise Brummen der Heizungsluft, die aus den Gittern am Boden blies. Lana reichte Leo das Tablett und kroch wieder unter die Decke. «Die Kopfschmerzen fingen etwa nach einem Tag an. Ich glaube, sie haben sich langsam gesteigert.»

«Warum bist du fort?» fragte er. «Meinetwegen?» Er stellte das Tablett auf den Fußboden, nahm Lanas linke Hand und küßte sie sanft.

«Ich kann die Stille hier nicht ertragen, Leo», flüsterte sie, den Blick starr auf die dunkle Zimmerdecke gerichtet. «Ich hab's dir doch gesagt. Mir kommen dann so viele Erinnerungen –»

«Ich weiß, La», sagte er schnell. Er legte ihr die Hand auf die Wange.

«Als ich weg war, hab ich versucht, mich an alles zu erinnern», flüsterte sie aufgeregt. «Ich wollte mich der Erinnerung stellen, wie du immer sagst –» Sie unterbrach sich und schloß die Augen, um das Grauen auszublenden.

«Warum gehst du nicht zu einem Psychologen, La?» meinte Leo behutsam. «Wir haben jetzt genug Geld. Ich habe mit Bob gesprochen, und er sagt, er kennt –»

Blitzschnell warf Lana den Kopf auf dem Kissen herum. *«Du hast Bob davon erzählt?»* Ich hörte den schneidenden Ton in ihrer matten Stimme.

«Nein, nein. Natürlich nicht», beruhigte Leo sie hastig. «Ich hab ihm nur erzählt, daß du Probleme hast. Mehr nicht, La, und er hat gesagt, er kennt...»

Lana brachte ihn mit einem Blick zum Schweigen. «Ich will nicht, daß du jemals wieder Barbara Lamb anrufst und sie um etwas bittest. Ich will nicht, daß sie uns Gus ausleiht. Du weißt, was ich darüber denke, Leo.» Ich weiß nicht, wie sie plötzlich auf

Gus kam – sie drehte sich jedenfalls zur Seite, wandte Leo den Rücken zu und sagte kein Wort mehr. Wenig später war sie wieder eingedöst.

Abends im Bett sah ich förmlich den Saum meines Mantels glühen. Ich hatte den Mantel mit ins Zimmer genommen und übers Fußende meines Betts gelegt, damit ich ihn im Auge behalten konnte. Ein paarmal betastete ich den Saum, um mich zu vergewissern, daß Lanas Papiere noch da waren.

Durch die offene Tür sah ich zu Elena hinüber. Sie lag auf dem Rücken und starrte zur Decke, die Hände hinter dem Kopf gefaltet. Mir fiel auf, daß sie nicht mehr Lanas seidenen Morgenrock trug, sondern ihr eigenes weißes Nachthemd. Jetzt, da Lana wieder hier war, fühlte sich das Haus nicht mehr leer an, sondern gedämpft und in Schweigen gehüllt, als hätte sich ein riesiges Tuch darübergebreitet. Der Wind draußen war zu einem Flüstern abgeflaut, und kein einziges Auto fuhr durch unsere Straße. Fast als wäre sie abgeriegelt und der Verkehr umgeleitet worden, um Lana nicht zu stören.

«Wo warst du heute abend?» fragte ich Elena.

«Nirgends», erwiderte sie, den Blick starr zur Decke gerichtet. Ich wußte, sie log. Sie war dort gewesen, wo sie auch neulich abends gewesen war, als wir sie in den Scheunen gesucht hatten. Irgendwo hatte sie einen Schlupfwinkel gefunden, und sie wollte ihn mir nicht verraten.

«Jetzt wirst *du* immer mehr wie Lana», sagte ich, sauer über ihre plötzliche Heimlichtuerei. Schlimm genug, daß Lana ein einziges Geheimnis war – da brauchte nicht auch noch Elena so zu werden.

Elena drehte den Kopf zu mir. «Du hast ihre Zettel weggenommen, stimmt's?» fragte sie. Ein kurzer, scharfer Schmerz fuhr mir durchs Herz, und ich sah schnell weg. «Stimmt's?» flüsterte Elena etwas lauter.

Ich starrte auf das Muster der verschiedenen Lichter auf meiner Wand und kroch tiefer unter meine Bettdecke. Natürlich wußte Elena, daß ich die Blätter hatte. Jeder Idiot hätte das herausbekommen. Sonst war ja niemand im Zimmer gewesen, der sie hätte nehmen können – außer Harry, und Elena wußte, daß der sie gar nicht bemerkt hätte. Als ich wieder zu ihr hinüberschaute, fixierte sie mich immer noch. «Ich sag's dir, wenn du mir erzählst, wo du heute abend warst.»

«Einverstanden», antwortete sie. «Aber du fängst an.»

Wahrscheinlich *wollte* ich es ihr erzählen, denn ich stritt gar nicht mit ihr darüber, wer anfangen sollte. Ich sagte nur «Ja».

«Ich hab's gewußt, Maddie. Ich hab's gewußt.» Ein merkwürdiger Blick kam aus ihren Augen, schnelle, durchdringende Strahlen – ein Blick, der einerseits das Böse in mir zu entdecken versuchte und andererseits meine Dreistigkeit bewunderte.

Ich blickte zu meinem Mantel und sah das Glühen der Blätter. «Ich hab sie noch nicht gelesen», gab ich leise zu. «Ich hab Angst, daß es Lana dann wieder schlechtergeht.»

«Ich weiß. Deshalb hab ich sie nicht genommen. Gesehen hab ich sie auch.»

«Komm, wir lesen sie», schlug ich vor. Meine Stimme hing bebend in der reglosen Luft, und mein Herz begann zu pochen. «Und danach lesen wir nie mehr was.»

«Okay», wisperte sie, und im nächsten Moment warf sie ihre Decke zurück und kam in mein Zimmer getapst.

Während ich die Hand ins Futter des Mantels steckte, um die Blätter herauszuholen, wurde mir klar, daß ich eine größere Sünderin war als Elena. Ich hatte die Zettel nicht nur gestohlen, sondern auch noch gelogen. Ich hatte Lizzy von Effy und Sticks erzählt und dabei ebenfalls gelogen, und jetzt wollte ich diese Seiten lesen. Für Elena war das nur eine geringe Sünde, für mich jedoch eine schwere. Ob es Lana etwas ausmachte oder nicht – es blieb eine Sünde. Als wir uns in den roten Speichersessel kuschelten, fegte wieder ein Hurrikan durch meine Adern.

8. November 1967, las ich zitternd. *Dunkle Finger auf meiner Seele. Kann sie nicht loswerden. Klebrig, erstickend, pressen sie alles in mir zusammen. Habe versucht, sie abzuschütteln. Sie graben sich nur noch tiefer ein. Es gibt kein Entrinnen, nichts. Kopfschmerzen nehmen zu, werden stärker, ein widerliches Pochen vorn unter der Schädeldecke, das jeden Gedanken zertrümmert. Die Kopfschmerzen halten mich zurück – wenn die Qual zu schlimm ist, kann ich nicht denken, mich nicht erinnern. Alles in mir wehrt sich. Mein Hirn will es nicht ausspucken, es klammert, hält fest, deckt zu.*

9. November 1967. Der Schmerz im Kopf wird schlimmer. Ich habe es Leo gesagt, aber er hört nicht zu. Er ist so in seine Arbeit vertieft, er hat mich vergessen – hat vergessen, was passiert ist. Es einfach aus seinem Kopf verbannt. Ich weiß es. Ich habe ihm gesagt, es würde so kommen. Ich habe es vorausgesehen, gleich nachdem sie mich weggeholt haben.

10. November 1967. Die Kopfschmerzen beherrschen alles. Kann kaum denken. Mir ist übel. Am liebsten möchte ich sterben – wenn Harry nicht wäre. Und Maddie und Elena. Hätte nicht auf Leo hören sollen, hätte sie nicht bekommen sollen. Mein schlechtes Gewissen ihnen gegenüber wird täglich schlimmer. Was für eine Mutter kann ich sein? Ich denke an Mimi. Sicher bin ich eine bessere Mutter für meine Kinder als sie für mich und Teddy war. Ich habe sie behütet. In ihrem Alter wußte ich alles, hatte ich alles gesehen.

11. November 1967. Kopfschmerzen immer schlimmer – kann kaum sprechen. Armer kleiner Harry.

Ich faltete die Seiten zusammen und steckte sie wieder ins Mantelfutter, für den Fall, daß unsere Missetat durch die Wände gedrungen und Lana gleich aufgefallen war. Elena und ich starrten uns an und wußten nicht, was wir sagen sollten. Dann schauten wir sehnsüchtig zu den Kisten, die kaum einen Meter von uns entfernt standen. Was wir auch über Lana herausfanden – es führte uns immer wieder zu diesen Kisten.

«Was ist schlimmer», flüsterte ich, «wenn wir diese Seiten hier lesen oder die Notizbücher von früher?»

«Die Notizbücher.» Elena mußte gar nicht überlegen.

«Wir sollten nichts mehr lesen, oder?» fragte ich, obwohl ich nichts lieber getan hätte. Ich wußte, daß ich bestimmt nicht einschlafen konnte, weil mir Lanas Worte im Kopf herumschwirrten.

«Nicht, ehe es Lana bessergeht.»

Wir verließen die Dachkammer und krochen in unsere Betten. In meinen Adern tobte kein Sturm mehr, aber einschlafen konnte ich trotzdem nicht. Lanas Worte – *Ich weiß es. Ich habe ihm gesagt, es würde so kommen. Ich habe es vorausgesehen, gleich nachdem sie mich weggeholt haben* – würden mich noch lange wachhalten.

«Also, wo warst du heute abend?» fragte ich Elena.

«In der Stadt. Hinter dem Colgate Inn, da hängen so ein paar ältere Typen rum.» Ihre Stimme klang dünn und gekünstelt, und weil sie sich so schnell wegdrehte, glaubte ich, daß sie log.

«Was hast du gemacht?» Ich beobachtete sie genau, aber sie sah mich nicht an. Sie blinzelte nicht einmal.

«Nichts. Geredet.»

Ich glaubte ihr kein Wort. Vielleicht war sie tatsächlich zum Colgate Inn gegangen, aber die Leute da hatten bestimmt nicht nur geredet. Sie hätten im Park oder am Schwanenteich reden können. Hinter dem Colgate Inn passierten andere Sachen. Was, wußte ich nicht, aber ich wußte, es war besser als reden.

Am nächsten Morgen brachten Lizzy und ich Lana das Frühstück. Sie aß eine Scheibe Toast und trank ein paar Schluck Tee. Sie hielt sogar das Morgenlicht aus, das durch den Spalt zwischen den Vorhängen fiel. Der Migräneanfall war allerdings noch nicht überstanden, und nachdem sie gegessen hatte, mußte sie noch ein paar orangene Pillen schlucken, die sie wieder in diesen Dämmerzustand versetzten. Wenn Leo nicht dagewesen wäre, hätten wir noch eine Weile bei ihr bleiben und ihre Waschlappen wechseln können, aber er bewachte sie wie ein Schutzengel, und uns schickte er in die Schule.

Unseren Besuch bei Miss Thomas ließen wir heute ausfallen. Es war so kalt, daß sie sicher gar nicht herauskam. Wenn sie den Verstand verlor, dann bestimmt im Haus, wo es warm war, befanden wir. Es war noch früh, also gingen wir zu Minnie Harp. Seit Lana verschwunden war, hatten wir Minnie gar nicht mehr aufgesucht, aber jetzt wollten wir unbedingt sehen, was aus unserem Kreuz geworden war. Wir schlenderten den nebligen Hügel hinab und traten in den dunklen, kahlen Wald. Sobald wir es sahen, blieben wir stehen. Es kam uns wie ein kleines Wunder vor, daß es noch da war und aus dem Boden ragte wie ein Messer aus einer alten, verkrusteten Wunde. Man konnte es praktisch von überall sehen. Die Blätter waren von den Bäumen gefallen, und nur ein bißchen trockenes Unkraut behinderte die Sicht. Nicht einmal Minnie Harps Gras verdeckte es noch – es war vertrocknet und in sich zusammengefallen.

Wir kletterten auf unseren Baum und versuchten, in der Gabelung eine Stelle zu finden, wo wir einigermaßen bequem sitzen konnten. Es war so eng, daß wir uns schließlich hintereinanderhockten, Lizzy vorn, ich hinter ihr. Von hier überblickten wir Minnie Harps untergehendes Königreich. All ihre Blumen waren tot, und im fahlen Winterlicht wirkte ihr Haus trostlos und entblößt – noch nackter als sonst.

Wir warteten ungefähr zehn Minuten, dann begann die Stille mich zu zermürben. Kaum ein Windhauch bewegte die Baumwipfel. Ich hörte nur unseren Atem und das Geräusch, wenn unsere Mäntel aneinander rieben. Wie schwarze Bumerangs segelten ein paar Krähen leise krächzend über uns hinweg, aber nach einer Weile waren auch sie verschwunden, und der Wald wirkte so tot, daß es richtig unheimlich war.

«Ich muß dir was zeigen», sagte ich. Es war egal, daß ich schon wieder eine Sünde beging. Die Stille wurde mir einfach zuviel. Ich griff ins Futter meines Mantels und fischte Lanas Blätter heraus. «Die lagen auf dem Nachttisch im Hotel. Ich hab sie eingesteckt, als die anderen geschlafen haben.» Ich streckte die Blätter über Lizzys Schulter. «Lana hat gemerkt, daß sie nicht mehr da waren.»

Während ich weiter nach Minnie Harp Ausschau hielt, las Lizzy mit gesenktem Kopf Lanas Notizen. Dann wiederholte sie flüsternd dieselbe Zeile, die mir in der Nacht nicht mehr aus dem Kopf gegangen war. «Ich habe es vorausgesehen, gleich nachdem sie mich weggeholt haben», sagte sie. «Ich wüßte gern, wer *sie* waren und von wo sie Lana weggeholt haben.»

Sie drehte sich um und wollte gerade mit ihren üblichen Spekulationen anfangen, da hörten wir Minnie Harps Haustür zuschlagen. Wir konnten erst gar nicht glauben, daß sie tatsächlich herauskam – wir hatten sie schon lang nicht mehr gesehen –, aber nach wenigen Sekunden sahen wir sie um die Hausecke biegen, in der einen Hand einen schmutzigen weißen Sack, in der anderen einen schwarzen Eimer. Heute war die Katze nicht an ihrem Handgelenk festgeleint, und sie konnte ungehindert über ihren kaputten Rasen stapfen.

Ich versetzte Lizzy einen Rippenstoß, und sie drehte sich um. Mit angehaltenem Atem beobachteten wir, wie Minnie in Richtung Wald marschierte, immer näher auf unser Kreuz zu. Sie ging schnell, den Blick stur geradeaus gerichtet, als hätte sie Angst, zu spät zu einer Verabredung zu kommen. Um den Kopf hatte sie einen verschossenen roten Schal geschlungen, und die braunen Gummistiefel schlappten um ihre dicken Knöchel. Nachdem Lizzy Lanas Papiere in die Tasche gesteckt hatte, drehten wir uns vorsichtig so um, daß wir Minnie Harps herausgeschnittene Zunge möglichst gut sehen konnten, falls ihr diesmal die Kinnlade herunterklappte.

Am Waldrand blieb sie abrupt stehen, etwa drei Meter von unserem Kreuz entfernt, und starrte darauf, so wie eine Katze etwas anglotzt, was sie noch nie gesehen hat. Sie duckte sich leicht, als wollte sie sich verstecken, und suchte mit zusammengekniffenen, ängstlichen Augen den Wald ab. Sie schaute nervös über die Schulter, ob jemand in der Nähe lauerte, und als ihr durchdringender Blick in unsere Richtung schwenkte, machten wir uns so klein wie möglich. Schließlich hatte sie sich davon überzeugt, daß die Luft rein war. Sie zog die Schultern hoch, stapfte langsam auf das Kreuz zu und betrachtete es lange, mit vorgestrecktem Hals und vollkommen verwirrt. Sie konnte sich nicht erklären, was es hier verloren hatte. Doch ihr Mund öffnete sich nicht – er bewegte sich gar nicht. Nicht einmal zum Luftholen machte sie ihn auf. Sie las die Inschrift: HIER RUHEN HUNDERT BETRUNKENE SOLDATEN, schaute wieder umher, suchte mit den Augen unruhig den Wald ab, den Rücken gekrümmt, als hätte sie einen Bukkel. Dann starrte sie wieder auf das Kreuz und berührte es kurz, so wie man eine Schlange anfassen würde. Sie wich zurück, als wäre es lebendig, und wackelte mit dem Kopf ganz langsam vor und zurück, während sie es weiter studierte. Schließlich machte sie einen entschlossenen Schritt vorwärts und zog das Kreuz aus dem Boden. Dann floh sie tiefer in den Wald, auf unseren Baum zu, das Kreuz fest gegen die Brust gepreßt.

Sie blieb an der Feuerstelle stehen und warf das Kreuz auf die Erde. Sie atmete heftig, als hätte sie einen Lauf hinter sich, und in ihrem Gesicht zuckte es jämmerlich. Wir konnten sie genau sehen – es war fast zu schön, um wahr zu sein. Sie kniete nieder und fummelte den dreckigen weißen Sack auf. Ihre Hand verschwand darin, zog aber keine Flaschen heraus, sondern lange, verschmutzte Baumwollstreifen. Sie stammten von zerfetzten Leintüchern und hatten gelbe und rostbraune Flecken. Sogar kleine Blutflecken konnte ich erkennen. Wahrscheinlich war es selbstgemachtes Verbandsmaterial – für den Nazi. Minnie holte das Zeug wie Konfetti aus dem Sack und warf es in die Feuerstelle. Als der Sack endlich leer war, nahm sie den schwarzen Eimer und goß eine

Flüssigkeit auf die Stelle. Ich überlegte, ob es sich um irgendein religiöses Ritual handelte (ich hatte einmal einen Priester seine Gemeinde bespritzen sehen), aber als Minnie ein Streichholz entzündete und das ganze Zeug in Flammen aufging, begriff ich, es war nur Benzin.

Lizzy stieß mich mit dem Ellbogen in die Rippen, und ich boxte zurück. Das Feuer machte unser Abenteuer um so spannender, denn es war hoch und gewaltig und brauste durch die Stille. Wir spürten die Hitze durch unsere kalten Schuhe dringen, und das Herz schlug uns bis zum Hals.

Minnie wartete, bis das Feuer kräftig loderte, bevor sie das Kreuz darauf warf. In dem gelben Tanz der Flammen konnte ich Lizzys ordentliche, klare Schrift erkennen – HIER RUHEN HUNDERT BETRUNKENE SOLDATEN. Minnie summte keinen einzigen Ton aus ihrer Oper. Daß sie das Kreuz über ihren verscharrten Flaschen gefunden hatte, war ein Schock für sie gewesen, und es jetzt in Flammen aufgehen zu sehen, war noch schlimmer: Minnie Harps Vater war Pfarrer gewesen, und es fiel ihr sicher nicht leicht, ein Kreuz zu verbrennen.

Während sie aufpaßte, daß kein einziges Fetzchen Verbandszeug den Flammen entging, setzten wir uns möglichst leise anders hin, weil uns der Hintern weh tat. Hätte Minnie nur ein einziges Mal nach oben geschaut, hätte sie uns entdeckt – wir hockten kaum einen Meter über ihrem Kopf.

Ich wußte nicht, wie lange wir es noch da oben aushalten konnten. Meine Hüften brannten, meine Füße waren eingeschlafen und kaum mehr durchblutet. Da hatte ich eine Idee. Wenn wir vom Baum heruntersprangen und direkt vor ihr auf dem Boden landeten, erschrak sie vielleicht so, daß ihr der Kiefer herunterklappte. Dann konnten wir wenigstens einen kurzen Blick auf ihre abgeschnittene Zunge werfen.

«Los, wir springen», flüsterte ich Lizzy zu. Sie nickte und kniff mich in den Arm, als wollte sie das Zeichen zum Absprung geben.

Ich zögerte nicht lange, sondern zog einfach meinen rechten Fuß unter unseren verschlungenen Beinen hervor, holte tief Luft und sprang. Ich weiß nicht, was in mich fuhr, aber aus meiner Kehle drang ein tiefer, tierähnlicher Schrei – ein bedrohliches Grollen, ein langgezogenes «Ooooorrrrrrrr», das Lizzy sofort nachahmte. Das blanke Entsetzen in Minnie Harps Augen war der Beweis für unsere Grausamkeit. Als wäre ein Höllenmonster vor ihr erschienen, stand sie schreckgelähmt da.

«Nnanggggg, nnangggg», schrie sie mit überschnappender Stimme. Heftig mit dem Stock fuchtelnd, versuchte sie uns zu verscheuchen. Sie traf Lizzy am Arm, verfehlte mich jedoch gänzlich. Dann stürmte sie durch den frühmorgendlichen Novemberwald hinter uns her. Mit derselben Schnelligkeit und Entschiedenheit, mit der sie die Flaschen vergraben und die Tulpen gepflanzt hatte, verjagte sie uns nun. Sie war uns dicht auf den Fersen und stieß ihre Drohungen aus, ihren hysterischen Kampfschrei. *«Nnannggggg, nnanggggggg»*, brüllte sie und hob den Stock über den Kopf wie ein Speerwerfer.

Ich weiß nicht, was sie uns angetan hätte, wenn sie uns zu fassen gekriegt hätte. Lizzy war der festen Überzeugung, sie hätte uns kleingehackt und an ihren bandagierten Nazi verfüttert, aber ich glaubte, sie hätte uns mit ihrem Stock windelweich gehauen. Als wir die Grenze ihres Grundstücks erreichten, blieb sie zum Glück sofort stehen. Keinen Schritt machte sie über ihren verkommenen Grund und Boden hinaus. Wir drehten uns ein paarmal im Rennen um und vergewisserten uns, ob sie es sich nicht doch noch anders überlegte, aber da stand sie, den Stock hoch erhoben, den Mund so weit aufgerissen, daß ganze Mückenschwärme hätten hineinfliegen können. Sie ließ ihrer Qual und Wut freien Lauf. Ihr «Nnanggg, Nnangggg» hallte durch die kalte Morgenluft, der einsame Schrei eines weidwunden Tiers.

Lizzy und ich stolperten eine Anhöhe hinauf, rollten auf der anderen Seite hinunter und lachten, wie wir noch nie gelacht hatten. Minnie Harp zu quälen verschaffte uns ein süßes Lustgefühl. Über Garta, Lana oder Leo konnten wir nicht bestimmen, aber wir hatten die Macht, Minnie Harp aus der Fassung zu bringen.

«Hast du sie gesehen?» fragte Lizzy. Sie hielt sich die Seiten und schnappte nach Luft.

Nach der ganzen Aufregung wurde mir klar, daß ich ebendas nicht getan hatte – nicht wirklich. In dem Moment, als ich vom Baum sprang, waren so viele Eindrücke auf mich eingestürmt, daß ich ganz vergessen hatte hinzuschauen. Der Sprung selbst war so kurz gewesen, höchstens ein paar Sekunden, und unsere barbarischen Schreie hatten eine so erstaunliche Wirkung erzielt, daß ich gar nicht daran gedacht hatte, nach der abgeschnittenen Zunge zu schauen.

«Sie ist halb abgeschnitten», verkündete Lizzy. «Ein Teil ist noch drin.» Dann streckte sie die Zunge heraus und zeigte mir, wo die von Minnie Harp abgeschnitten war, aber ich wußte nicht, ob ich ihr glauben sollte oder nicht. Lizzy hatte nämlich eine wilde Phantasie.

11

Lana brauchte noch ein paar Tage, um die Kopfschmerzen loszuwerden. Sie lag bei geschlossenen Vorhängen in ihrem Zimmer, einen Waschlappen auf der Stirn, manchmal wach, manchmal dahindämmernd. Elena, Lizzy und ich saßen abwechselnd an ihrem Bett, holten ihr ein Glas Wasser und wechselten den Waschlappen, unterhielten uns im Flüsterton mit ihr, wenn sie aufwachte, und lauschten gebannt auf jedes Wort, auch wenn sie immer noch nur heiser krächzen konnte. Sie sagte auch nicht viel – sie bedankte sich, daß wir uns um sie kümmerten, und entschuldigte sich für ihren Zustand, aber zum Glück ließ ihre Stimme das nicht allzuoft zu.

Am Wochenende konnte sie wieder aufrecht im Bett sitzen. Sie unterhielt sich mit mir, Elena und Lizzy und bemühte sich, fröhlich zu sein, aber ich merkte genau, daß sie sich zwingen mußte. Bei Leo war sie anders: still und bedrückt, und sie sagte nur etwas, wenn er sie ansprach. Irgend etwas Riesiggroßes war zwischen sie getreten, und wenn ich morgens in ihr Zimmer spähte, merkte ich, daß Lana nie mehr in Leos Armen lag. Er schlief auf der einen Seite des Bettes, sie auf der anderen. Harry, Elena und ich hätten gut zwischen ihnen Platz gehabt, so weit lagen sie voneinander entfernt.

Am Montag nachmittag stand Lana auf. Als wir von der

Schule heimkamen, saß sie am Eßtisch und erwartete uns mit heißem Kakao und Keksen. Sie sah bleich und wunderschön aus im nachmittäglichen Licht, aber trotzdem war sie nicht ganz sie selbst. Über ihr hing immer noch der Schatten dieser gräßlichen Kopfschmerzen, sosehr sie sich auch bemühte, es sich nicht anmerken zu lassen.

Während der nächsten Wochen ging es ihr weder besser noch schlechter. Sie bewegte sich langsam, war still wie immer, aber zuvorkommend, und beklagte sich nie. Mit keinem von uns sprach sie viel, vor allem nicht mit Leo, aber dabei war sie nicht feindselig – nur weit weg.

Leo bemühte sich, öfter zu Hause zu sein, um ihr zu helfen, bis sie wieder ganz auf dem Damm war, aber er war nicht wirklich anwesend. Seine Gedanken wanderten immer wieder zum Theater, wo Bob Hendrix auf ihn wartete, und in einer Stunde schaute er sicher zehnmal auf seine Armbanduhr. Nach einer Weile sagte Lana dann immer: «Geh doch, Leo», und er wartete noch ungefähr zehn Minuten, bis er wirklich ging. Ich glaube, Lana wollte lieber allein sein, wenn Leo in Gedanken so offensichtlich anderswo war. Und außerdem war sie sowieso böse auf ihn – weil er so lange nicht begriffen hatte, wie schlecht es ihr ging, und weil er Bob Hendrix von ihr erzählt hatte.

Vor allem ärgerte sie sich, weil sie krank war. Es wurmte sie, daß sie keine Kontrolle über sich hatte, daß etwas Widerliches vorübergehend von ihr Besitz ergriffen hatte. Eines Abends entschuldigte sie sich bei Leo dafür: Sie wisse, eine kranke Frau sei so etwa das Letzte, was er brauche. Ich dachte, das sei eine Art Einleitung, ein Friedensangebot, aber Leo drehte sich nur auf die andere Seite, als hätte Lana gar nichts gesagt. Anscheinend hatte seine Geduld nur für die vier oder fünf Tage des Migräneanfalls gereicht.

Doch Lana krabbelte über ihn drüber, setzte sich halb auf sein Kopfkissen und wartete, bis er die Augen aufmachte. «Ich verstehe dich, Leo», sagte sie behutsam, «und ich weiß auch, wie es ist, wenn man seine Arbeit leidenschaftlich liebt.» Leise hob sie die Hand, und dann fuhr sie ihm ganz langsam mit den Fingern durchs Haar, wie sie es früher oft getan hatte. Es sah seltsam aus, irgendwie mechanisch, als wäre sie in den letzten Monaten eingerostet. «Du weißt, ich verstehe das alles, aber –»

Sobald sie das Wort *aber* sagte, drehte sich Leo auf die andere Seite. Sie kletterte wieder über ihn drüber und schlüpfte unter die Decke, so daß ihre Köpfe nebeneinander auf dem Kopfkissen lagen, nur gut eine Handbreit voneinander entfernt.

«Ich kann nicht ewig so weitermachen», flüsterte sie. «Wir müssen uns etwas einfallen lassen.»

Leo kniff die Augen zusammen und drehte sich wieder weg. Diesmal verfolgte Lana ihn nicht – sie starrte nur auf seinen Rükken, und ein paar Tränen rollten über ihr Gesicht. Sie wischte sie weg, als seien sie ihr unerträglich.

Lizzy und ich begannen wieder, sie zu bewachen, damit ihr nichts Schlimmes passierte. Wir hatten Angst, die Krankheit könnte wiederkommen, wenn die Migräne endgültig weg war. Zum Glück passierte das nicht. Lana verschwand öfter in ihrem Schreibzimmer, und statt sich zusammenzukrümmen wie früher oft, begann sie zu schreiben, was uns beide überraschte. «Vielleicht tut ihr die Migräne gut», flüsterte Lizzy mir zu. «Vielleicht wird die Krankheit dadurch besser.» Wie auch immer – Lana schrieb wieder, und wie wir bald herausfanden, schnitt sie auch wieder Zeitungsartikel aus. Ich entdeckte die Ausgabe vom 4. Dezember im Badezimmerpapierkorb, ohne Leitartikel. Leider hatten Lizzy und ich nichts mehr abgeschrieben, seit Lana wieder zu Hause war. Wir waren fest davon überzeugt gewesen, daß sie keine Zeitung las und schon gar keine Artikel ausschnitt. Ich entdeckte die weggeworfene *New York Times* ganz zufällig, als ich gerade am Gitter kauerte und Lana beobachtete. Ich zog sie aus dem Abfall und klopfte sie aus, dann steckte ich sie vorn in meine Hose.

Als ich sie Lizzy zeigte, sagte sie: «Scheiße, Maddie. Wie sollen wir es jetzt bloß rauskriegen?»

Mir fiel der Kiosk im Foyer des Syracuse Hotel ein, aber wie sollten wir morgen die Zeitung von heute auftreiben und überhaupt – wie sollten wir mit dem Bus dorthin kommen? Wir beschlossen, Mrs. Devonshit zu fragen, ob sie wußte, wo wir die *New York Times* finden konnten, ehe wir andere Pläne schmiedeten. «In der Colgate-Bibliothek liegt sie aus», meinte Mrs. Devonshit, als hätte ich das wissen müssen.

Also machten Lizzy und ich uns nach der Schule auf den Weg dorthin. Wir angelten die *New York Times* vom 4. Dezember aus dem obersten Fach des Holzregals, trugen sie zu einer Sitzecke mit grünen Ledersesseln und breiteten sie auf dem Kaffeetischchen aus. Wir starrten auf den Artikel, den Lana ausgeschnitten hatte. Es war wieder ein Artikel über Neger. Mitten auf der Seite prangte die dicke schwarze Überschrift: DR. KING PLANT MARSCH AUF WASHINGTON FÜR JOBS. Wir sahen uns fassungslos an. Weshalb hatte Lana diesen Artikel ausgeschnitten? Wir waren uns zwar inzwischen sicher, daß *alle* Artikel, die Lana ausschnitt, etwas mit Schwarzen zu tun hatten, aber wir wußten trotzdem nicht, warum.

«Vielleicht ist es wegen Effy», schlug Lizzy vor. «Irgendwas wegen Effy.»

Aber was? Wir konnten es uns nicht erklären.

Später am Abend hatten Lana und Leo einen fürchterlichen Streit. Lizzy und ich beobachteten die beiden durch das Gitter im Bad, und ich bekam Angst, es könnte damit zusammenhängen, daß wir den Artikel entdeckt hatten. Lana saß auf dem Bett und faltete die Wäsche; neben ihr dudelte leise das Radio. Die Vorhänge waren halb offen, das letzte Tageslicht drang durch die Fenster und warf graue Schatten. «Ich glaube, ich verliere sie, Leo», hörten wir sie leise sagen. Sie senkte den Kopf, während sie eine von Harrys kleinen Hosen zusammenlegte. Einen Moment lang sah es aus, als würde sie anfangen zu weinen. «Ich habe heute eine halbe Packung Winston-Zigaretten in Elenas Manteltasche gefunden.» Lizzy und ich sahen uns an – wir hatten nicht gewußt, daß Elena rauchte. «Ich glaube, wir leben uns auseinander, Leo.» Sie packte Harrys Hosen weg und machte für Leo Platz auf dem Bett. Als er sich neben sie setzte, wollte sie in seinen Arm schlüpfen, doch er schob sie weg. Statt dessen holte er einen Zettel aus der Tasche und reichte ihn ihr.

«Das ist der Name des Psychologen, La», sagte er leise. «Ruf ihn doch mal an.»

An Lanas entsetztem Gesichtsausdruck konnte ich sehen, daß der Vorschlag sie sehr kränkte. «Aha», meinte sie und rückte von ihm ab. «Du denkst also, es ist alles meine Schuld. Wenn ich zu einem Psychologen gehe, wird alles wieder gut.»

«Ich weiß einfach nicht mehr, was ich tun soll, La.» Seine Stimme war angespannt und voller widersprüchlicher Gefühle, und als er anfing, an seinen Fingern zu zerren, wußte ich, es fiel ihm nicht leicht, das zu sagen. «Es ist irgendwie völlig egal, was ich sage oder tue.» Er rutschte näher zu ihr und strich ihr mit der Rückseite der Finger über die Wange. «Es ist fast zehn Jahre her, daß...»

«Sprich nicht darüber», fiel sie ihm heftig ins Wort. Sie stieß seine Hand weg und stand auf. «Ich wußte, daß du das tun würdest, Leo. Ich hab's vorhergesagt, und jetzt tust du es tatsächlich.»

«Was tue ich denn, La? Was meinst du, verflucht noch mal?» Vollkommen ratlos sah er sie an.

«Du stößt mich weg, Leo. Ich spüre es – du schließt mich aus.» Eine tiefe Furche erschien zwischen ihren Augenbrauen, und ihre Wangen glühten rot. *«Du hast alles vergessen.»*

«Du wolltest doch, daß wir es *beide* vergessen, La», schrie er. «Du hast mich angefleht, alles zu vergessen, verdammt noch mal. Es zu vergessen, nie mehr darüber zu reden, es niemals unseren Kindern zu erzählen. *Das hast du doch gewollt.*»

Sie wich erschrocken vor ihm zurück und starrte ihn lange an, so lange, bis sie die Widersprüchlichkeit ihres eigenen Denkens begriff. Ja, sie wollte, daß er es vergaß, aber gleichzeitig wollte sie, daß er es nicht vergaß.

«Du bist diejenige, die nicht vergessen will, La!» sagte Leo.

Lana ging auf ihn zu und starrte ihn an, als wäre er ein abstoßendes Monster und nicht ein Mensch. «Du hast anscheinend deine Rolle bei der ganzen Sache vergessen», schrie sie. Ihre Stimme war eisig. «Da hast offenbar du etwas vergessen, Leo.»

Leo sprang auf und packte sie an den Handgelenken. «Tu das nicht, La», brüllte er. «TU'S NICHT!» Er zog ihre Arme ruckartig nach unten und hielt sie fest, während er sie verbittert anschaute. Sie wollte sich losreißen, und als sie es nicht schaffte, stieß sie den schrillsten, schrecklichsten, herzzerreißendsten Schrei aus, den ich je von einem menschlichen Wesen gehört hatte. Er durchbrach die Stille und war so laut und furchterregend, daß der Nachbarshund zu jaulen begann.

Als hätte dieser Schrei tief in Leos Innerstem einen Alarm ausgelöst, ließ er Lana sofort los, drückte sie an sich und bedeckte ihr Gesicht mit Küssen. «La», flüsterte er. «Oh, La, tut mir leid, Baby. Es tut mir ja so leid.» Der Schrei verstummte, und einen Augenblick stand Lana ganz starr da, in seinen Armen, auf der Grenze zwischen zwei Welten. Leo suchte ihre Lippen, und wie durch ein Wunder reagierte sie darauf. Er stöhnte leise, und zuerst gab Lana die entsprechenden weiblichen Töne von sich, doch dann wurde daraus ein heftiges Schluchzen.

«Ich verliere dich, ich verliere euch alle», weinte sie.

«Das stimmt doch nicht, La», flüsterte er laut. «Ich bin da. Ich bin immer noch da.»

Er hob sie hoch und trug sie zum Bett, wo er sie wie ein Baby wiegte, beruhigend auf sie einredete und ihr mit den Fingerspitzen das Gesicht streichelte. Sie klammerte sich an ihn, die Arme um seinen Hals geschlungen. «Ist schon gut, Baby», flüsterte er immer wieder. «Ist schon gut.» Es war seine routinierte Beruhigungslitanei.

Jetzt erst sah ich Lizzy an. In ihren schwarzen, furchtlosen Augen standen Tränen. Nun wußte sie es, dachte ich. Sie wußte Bescheid über Lana. Sie hatte Lanas andere Seite kennengelernt – die dunkle, gequälte Seite, die ich nie richtig hatte beschreiben können. Wir rückten vom Gitter weg, hockten uns auf den kalten Badewannenrand und versuchten, die Fassung wiederzugewinnen.

«Lieber Gott», flüsterte Lizzy.

«Jetzt weißt du, was ich meine», sagte ich.

Noch lange hallte Lanas Schrei, so nackt und grauenerregend, in dem stillen Haus wider. Lizzy und ich lagen in meinem Zimmer und hörten ihn von den Wänden und Decken abprallen, als versuchte er, durch eine Tür oder ein Fenster zu entweichen. Wir waren erschüttert von seiner Intensität.

Ich dachte an alle – an Lana, Leo und Elena, an Effy, Sticks und Mimi, an Lizzy und Garta. Ein Bild entstand in meinem Kopf, das Bild einer Kette geschlagener Menschen: Sticks schlug Effy, und Mimi schlug Lana, Garta schlug Lizzy, und Don schlug Garta, und als letztes packte Leo Lana an den Handgelenken. Und dann dieser Schrei. War das der eigentliche Sinn der Welt? Daß die Menschen sich gegenseitig Gewalt antaten? War das die Wahrheit oder das, was die Wahrheit hervorbrachte?

Hatte ich mich früher oft ausgeschlossen gefühlt, abgeschnitten und fern von allem, eine einsame Betrachterin, die unbedingt dabeisein wollte, so fühlte ich mich jetzt mittendrin, eine Mitspielerin in diesem Spiel der Geheimnisse, der Lügen und der Gewalt, und ich wollte nur, daß es aufhörte.

Am nächsten Morgen nahm ich Lizzy mit zu Miss Thomas' Vögeln. Ich dachte, das könnte uns helfen. Lizzy hoffte, daß Miss Thomas draußen auf dem Rasen den Verstand verlieren würde, aber dazu wurde es jetzt zu kalt. Miss Thomas war jedoch in ihrem Garten und deckte die Blumenbeete mit Stroh ab. Sie trug schwarze Gummistiefel, die ihr um die Knöchel wabbelten, und einen kurzen roten Mantel, unter dem ihr lila Kreppkleid noch eine Handbreit hervorschaute. Ihr Schal hatte ein rotes hawaiianisches Muster mit der weißen Aufschrift ALOHA.

Als sie uns sah, rief sie: «Halleluja, sie sind da!» Die Luft war so kalt, daß ihr Atem in weißen Dampfwölkchen aus ihrem Mund kam.

Miss Thomas zeigte uns, wie gut sich Aphrodite im Vogelhaus erholte. Danach nahm sie uns bei der Hand und zog uns über die Wiese, wobei ihre Beine wie Kolben stampften und ihre Arme im Gegentakt pumpten. «Junge, Junge, ihr werdet gleich Mund und Nase aufsperren», verkündete sie, und ihre Stimme dröhnte durch die eisige Dezemberluft. «Macht euch auf was gefaßt, ihr verrückten Vögelchen.»

Lizzy sah mich an, ich sah sie an, und beide waren wir wie elektrisiert. Wir folgten Miss Thomas ins Haus und gingen im Gänsemarsch hinter ihr her, einen anderen Korridor hinunter als den, der zu den Vögeln führte. Miss Thomas beschleunigte das Tempo, und dann hörten wir wieder ihre Stimme, sanft, lockend und atemlos. «Es ist das achte Weltwunder», sagte sie. «Wirklich und wahrhaftig.»

Ich dachte, es sei bestimmt wieder etwas Lebendiges, vielleicht eine Grube voller Schlangen, eine Herde Elefanten oder sogar ein ganzes Zimmer voller neugeborener Babys. Ich wußte es nicht – aber ich wußte, es war etwas ganz Tolles. Da konnte ich mich auf Miss Thomas hundertprozentig verlassen. Sie blieb vor der Tür stehen und lehnte sich mit dem Rücken dagegen, als wollte sie das Wunder, das dahinter lag, verstecken. «Haltet euch die Augen zu und nehmt die Hände erst weg, wenn ich es sage.» Wir gehorchten. «Okay, seid ihr fertig, meine Vögelchen?»

«Ja», antworteten wir aufgeregt, und als Lizzy meine andere

Hand drückte, hatte ich das Gefühl, mir müßte das Herz zerspringen. Ich hörte, wie die Tür aufging, und dann spürte ich Miss Thomas' Hand auf meiner Schulter. Sie führte uns hindurch. Blind schlurften wir über das glatte Parkett, bis Miss Thomas sagte, wir sollten stehenbleiben, ganz still sein und die Hände noch nicht von den Augen nehmen.

«Und jetzt hört gut zu», sagte sie. Wir hörten, daß sie sich von uns entfernte, und ihre Schritte klangen, als ginge sie rückwärts. Dann kam der erste Laut, ein Klick, auf das wildes Gelächter folgte. Dann der Klang einer Orgel, wieder ein Klick und lauter verschiedene Geräusche, ein Pfeifen, Wasserrauschen, Windgebraus, eine Harfe, und dann so viele Klicks und soviel Geschwirr und so viele Melodien, daß ich die Klänge gar nicht mehr auseinanderhalten konnte. Aber über allem ertönte Miss Thomas' Stimme, die diese Klänge nachahmte, nachdem sie sie zum Leben erweckt hatte – so unterschiedlich sie waren. So etwas hatte ich noch nie gehört, und ich mußte mich sehr beherrschen, um nicht die Hand von den Augen zu nehmen.

«Wann können wir gucken?» fragte Lizzy, und ich spürte, wie sie ein Schauer durchlief.

«Okay, ihr kleinen Monster», sagte Miss Thomas. «Ich zähle bis drei. Eins... zwei... drei», rief sie, und schon flogen unsere Hände von den Augen.

Wohin wir auch blickten, überall herrschte Bewegung, alles flog und schwirrte und kreiste, rasselte und wirbelte – es war ein Miniaturzirkus, in jeden Winkel dieses lichtdurchfluteten Zimmers gepfercht. Braune Purzelbären, rote Scherenschleifer-Affen, lachende Chinesen und schwarze Eisenbahnzüge, alle nur erdenklichen Apparaturen, rotblaue Riesenräder und weiße Achterbahnen, Kuckucksuhren, die ununterbrochen die Stunde schlugen, rotschwarze Musikboxen, singende rosarote Tänzerinnen und Trapezkünstler. Das Spektakel war einer Miss Thomas würdig, und man konnte unmöglich in ein paar Sekunden alles in sich aufnehmen. Es war faszinierend und so unglaublich spannend, daß es einem den Atem verschlug.

Lizzy und ich waren sprachlos. Wir hielten uns an der Hand, und als wir uns anschauten, sah ich ihr an der Nasenspitze an, daß ihr Herz ebenso schnell pochte wie meines. Wir glichen einander, das wußte ich, glichen einander ganz genau. Sie drückte meine Hand, als wollte sie das bestätigen, und dann kam Miss Thomas angeschwebt, um uns beide an der Hand zu nehmen und zu dem lachenden Mann zu führen.

«Macht es dem Chinesen nach», übertönte sie die vielfältige Geräuschkulisse. Plötzlich begann sie, vor und zurück zu wippen wie der Chinese und dabei das gleiche wilde Gelächter auszustoßen, bis ihre Begeisterung zuerst Lizzy und dann auch mich mitriß und wir einstimmten. Alle drei rannten wir dann von dem Chinesen zu dem roten Scherenschleifer-Affen, der rosaroten Ballerina, dem weinenden Gorilla, dem kleinen Trommler und der kreischenden Hexe. Jede einzelne dieser Figuren imitierten wir, ihre Bewegungen und die Geräusche, die sie von sich gaben; wir juchzten und schrien, wir drehten und wanden uns, bis ich mir sicher war, wir drei würden gleich in eine andere Existenzform übergehen – eine Existenz voll ewiger Musik und ewiger Bewegung.

Wir tanzten durchs Zimmer wie die Verrückten und versprühten dabei noch das letzte Fünkchen ungebändigter Energie. Am Schluß hob Miss Thomas ihre lappigen Arme und wedelte damit wie eine Kabuki-Tänzerin, während sie uns hinaus auf den Flur und den langen Korridor hinunter führte. Lizzy und ich folgten ihr kreischend. Wir wären ihr überallhin gefolgt: Wir hätten uns sogar von einer Klippe gestürzt, wenn sie das verlangt hätte, so sehr liebten wir sie. Sie war so hinreißend, so ungeheuer faszinierend, und als sie dann um die Ecke bog und abrupt stehenblieb, hielten auch wir inne, starrten sie an und warteten atemlos ihre nächste Bewegung ab.

«Psst», machte sie und legte ihren krummen Zeigefinger an die

Lippen. «Psst», wisperte sie noch einmal, als könnten wir jemanden aufwecken.

«Was ist?» fragte ich.

«Psst», machte sie wieder. Dann beugte sie sich vor, und wortlos bildeten wir eine Kette: meine Hände auf Lizzys Hüften, und Lizzys auf denen von Miss Thomas. Sie drehte sich um, berührte mit den Fingerspitzen unsere Augen, damit wir sie zumachten. Langsam, wie ein gemächlich kriechender Regenwurm, schlappten wir einen Korridor entlang zu einem neuen Ziel.

Eine wundersame Stille hüllte uns ein, die um so eindrücklicher war, als wir gerade aus dem Zirkus-Zimmer kamen. Das einzige, was wir hörten, war unser Atem und das leise Schlurfen unserer Füße. Ich konnte mir nicht vorstellen, wohin wir gingen oder was uns als nächstes erwartete, aber ich wußte, daß es wieder etwas ganz Tolles sein würde. Wir hörten eine Tür gehen, und als wir durchtrapsten, merkte ich, daß es ein helleres Zimmer war. Ich spürte das Licht auf meinen geschlossenen Lidern, und die Stille war so intensiv und watteartig, daß sie jedes Geräusch verschluckte. Und es roch so wunderbar, nach feuchter, frischer Erde.

Als Miss Thomas anhielt, blieben auch Lizzy und ich stehen. Lange standen wir mit geschlossenen Augen da, die Hände auf den Hüften der anderen. Dann holte Miss Thomas ein paarmal tief Luft. Lizzy und ich folgten ihrem Beispiel und atmeten tief ein und aus, ein und aus. Endlich drehte sie sich um und befahl uns leise, die Augen zu öffnen. «Aber langsam», meinte sie. «Ganz, ganz langsam.»

Ich öffnete ganz, ganz langsam die Augen und erblickte ein phantastisches Zimmer, ein bißchen ähnlich wie das Vogelzimmer, nur daß es hier keine Vögel gab, sondern Blumen – Hunderte wunderschöner Blumen, manche groß und exotisch, mit weißen Blütenblättern, andere so winzig wie Glockenblumen. Der Geruch war der süße, schwere Duft feuchter Erde, vermischt mit dem feinen Aroma unzähliger Blüten. Wie ein leckeres Dessert, dachte ich, und als Miss Thomas wieder anfing, die wunderbar würzige Luft tief ein- und auszuatmen, taten Lizzy und ich das gleiche.

Wir näherten uns den Blumen und inhalierten ihren Duft, einen nach dem anderen, und da geschah etwas Erstaunliches mit mir. Durch das tiefe Atmen wurde mir ganz leicht im Kopf, und ich fühlte mich so friedlich wie schon lange nicht mehr. Meine Nerven waren ganz ruhig, daß ich mich schon fragte, ob sie gestorben waren. Vielleicht war ich so wild herumgesprungen, daß ich ihnen das Genick gebrochen hatte. Ich würde es schon merken, aber im Moment war ich sie erst mal los. Meine Probleme erschienen mir winzig und weit weg, und ich hatte das Gefühl, als könnte ich einfach von hier in den blauen Himmel schweben.

12

Nach dem durchdringenden Schrei war Lana nie wieder so richtig normal, aber verglichen mit der Frau, die wir im Syracuse Hotel vorgefunden hatten, ging es ihr eigentlich gut. Sie machte öfters Feuer im Kamin, wir veranstalteten Strandpartys, brieten Würstchen und Marshmallows, und wir sangen Lieder, obwohl Lana nicht mitsang. Sie zeigte uns, wie man im frischen Schnee perfekte Engelchen macht, und manchmal zog sie sogar den Schlitten den Hügel hinauf und fuhr hinten mit, um uns zwischen den Bäumen hindurch zu steuern.

Leo kam jetzt noch seltener nach Hause. Sein Musical war ohne sein Zutun umfangreicher geworden, erzählte er Lana, und deshalb konnten Bob und er es unmöglich im Dezember aufführen. Also verschoben sie es auf Mai (wie Lana vorhergesagt hatte), und was die beiden da eigentlich Abend für Abend im Theater trieben, wußte keiner von uns so recht. Ein paarmal gingen Elena, Lizzy und ich hin, um es uns anzusehen, aber immer waren die Vorhänge an den großen Fenstern zugezogen und die Tür verschlossen. Elena überlegte schon, ob sich Leo vielleicht mit einer anderen Frau traf und gar nicht mit Bob Hendrix, aber Lizzy und ich bezweifelten das.

«Er und Lana machen's nicht mehr», gab Elena zu bedenken. Das stimmte, aber ich konnte mir trotzdem nicht vorstellen, daß sich Leo an eine andere Frau heranmachte. Ich glaubte, daß er Lana noch immer liebte – eine Überzeugung, die Elena nicht teilte. Aber ich merkte manchmal, daß Leo Lana bewundernd ansah, wenn sie ins Zimmer kam – die Art, wie sie sich trotz ihres Stocks bewegte, wie ihr dunkles Haar über die Schulter fiel.

Sie redeten nicht viel miteinander. Ich glaube, Lana konnte nicht vergessen, daß er ihr den Namen eines von Bob Hendrix empfohlenen Psychotherapeuten hatte geben wollen und daß *sie* es war, die kochte, putzte und sich um alles kümmerte. Sie sagte Leo gegenüber nie etwas davon, aber er sprach es auch nie an.

Es ging Lana so gut, daß der Schaden, den wir mit unserer Notizbuchschnüffelei angerichtet hatten, entweder eingedämmt oder gar behoben schien. Gut zu wissen, daß unser Einfluß – falls wir wirklich welchen hatten – nicht von Dauer war.

Meine Nerven freundeten sich zunehmend mit diesem Gedanken an, und eines Abends, ein paar Wochen vor Weihnachten, sagte ich zu Elena: «Sollen wir noch ein bißchen in den Notizbüchern lesen?» Ich konnte Elena durch die offene Tür sehen, wie sie auf dem Rücken liegend im Schein einer Taschenlampe in einem von Gartas *True Confessions*-Heften schmökerte. «Bloß einen einzigen Eintrag, und dann machen wir's nie wieder», sagte ich. «Das schwören wir danach beim Mond.»

«Wann denn?» flüsterte Elena. Sie drehte sich um und leuchtete mir mit der Taschenlampe in die Augen. «Lana ist gleich auf der anderen Seite vom Flur. Sie würde es bestimmt sofort merken. Vergiß nicht, was letztes Mal passiert ist, Maddie.»

Wir horchten aufmerksam in die Dunkelheit und hörten Lanas Schreibmaschine. Es stimmte – ihr Notizbuch zu lesen, während sie direkt gegenüber in ihrem Zimmer saß und tippte, das war gefährlich. Selbst als sie in Syracuse gewesen war, hatte sie unser Vergehen gespürt und Leo geschickt.

«Wir müssen warten, bis sie wieder mal abhaut», meinte Elena. Es war schrecklich, darauf zu hoffen, und kaum hatte

Elena das ausgesprochen, da nahm sie es auch schon wieder zurück.

«Wie wär's, wenn sie schläft?» schlug ich vor und schirmte die Augen mit der Hand gegen den Strahl von Elenas Taschenlampe ab. «Vielleicht merkt sie's ja nicht, wenn sie schläft. Du weißt doch noch, wie du mich das erste Mal erwischt hast – da hat Lana auch geschlafen.»

«Stimmt», meinte Elena. «Aber ich kann nicht wach bleiben, bis sie eingeschlafen ist.»

Ich würde wach bleiben, versicherte ich. Darauf konnte sie sich verlassen. Ich konnte sowieso nicht schlafen. Meine Nerven würden garantiert herumspazieren und nur darauf warten, daß ich endlich Lanas Notizbuch berührte.

Zwei Stunden lag ich wach und kämpfte mit ihrem Drängen, während Elena im Nebenzimmer friedlich schlummerte. Ich hörte, wie Leo heimkam, und nachdem er im Schlafzimmer verschwunden war, lauschte ich ihren Stimmen, die über den Korridor zu mir drangen. Lana tippte ziemlich bald weiter, und Leo ging ins Bad, um sich zu waschen. Dann ging er ins Bett, und als auch das langsame Geklapper von Lanas Schreibmaschine aufhörte, senkte sich tiefe Stille über unser Haus. Ich wartete, bis das Licht in Lanas Zimmer ausging, und gab ihr fünfzehn Minuten zum Einschlafen, ehe ich in Elenas Zimmer schlüpfte und die Taschenlampe nahm. «Steh auf», flüsterte ich und leuchtete ihr ins Gesicht. Sie fuhr erschrocken hoch, und als ich sie an unsere Verabredung mit Lanas Notizbuch erinnerte, schauderte sie.

Wir zogen rasch ein paar Pullover über, schlichen zum Speicher und öffneten vorsichtig die knarrende Tür. Als wir das Licht anknipsten, sahen wir die Kisten unberührt unter den staubigen Balken stehen, als würden sie auf uns warten. Wir postierten uns neben ihnen und lauschten in die stille Nachtluft, ob wir etwas von Lana hörten. Nichts. Auch draußen war es ganz still. Ich sah Elena an, sie sah mich an, und wortlos öffneten wir erst eine

Klappe und dann die andere. Es war unser drittes Vergehen. Das erste Mal war ich es gewesen, das zweite Mal Elena, und jetzt waren wir Komplizinnen. Meine Hände senkten sich in die Kiste, und langsam, als wäre es aus Glas, holte ich das Notizbuch heraus. Ich trug es zum roten Sessel, und nachdem Elena es sich neben mir bequem gemacht hatte, legte ich es auf meinen Schoß, und wir starrten beide gebannt darauf. Es übte immer noch einen verwirrenden Zauber auf uns aus.

«Sollen wir vorne anfangen?» flüsterte Elena.

«Nein», erwiderte ich. Mit einem eiskalten Finger berührte ich die juckende Stelle an meinem Augenwinkel. «Fangen wir lieber da an, wo wir letztes Mal aufgehört haben.»

«Das war Seite zweiunddreißig.» Ich merkte, daß Elena etwas gehetzt atmete.

Wir schauten einander an, dann auf das Notizbuch. «Das ist das allerletzte Mal», sagte ich.

«Ich weiß.» Elena strich sich mit zittriger Hand die Haare aus der Stirn.

«Wieviel wollen wir lesen?»

«Nur bis zum nächsten Datum. Und dann nie wieder.»

Ich nickte und schlug behutsam Seite zweiunddreißig auf, wo wir aufgehört hatten. Ich legte uns das Buch auf den Schoß und wartete, daß Elena anfing vorzulesen. Ihre Flüsterstimme bebte, und unsere Finger lagen zitternd auf den Rändern des Notizbuchs. Irgendwie wußten wir, daß wir diesmal etwas herausfinden würden, etwas Wichtiges und Unverständliches, etwas, das uns lange beschäftigen sollte.

28. Juli 1947.

Als ich bei Mimi fertig war, nahm ich ein Taxi und fuhr zu Sammy. Es war schon spät, aber Effy hatte ihm gesagt, ich würde noch kommen. Ich war seit Jahren nicht mehr dort gewesen, und Effy hatte recht – es war alles ziemlich verändert. Sammy hat den Club vergrößert, und es gibt jetzt kleine runde Marmortischchen im Publikum. Alles renoviert, und die Bar ist auch sehr schön – dunkles Mahagoni und unglaublich lang. Er hat gute Sänger und Tänzer engagiert, bessere als die bei Mimi. Clara war da. Und Berty. Louis spielte Baß, Grace steppte. Den Kerl am Saxophon kannte ich auch, aber ich weiß seinen Namen nicht mehr. Ich habe sie alle nicht mehr gesehen, seit sie von Mimis Club weg sind. Bei Sammy geht's ihnen besser. Es ist alles nicht so bedrückend wie bei Mimi – wo Mimi ist, wird die Luft sofort schwer. Der Club war gerammelt voll, hauptsächlich Weiße, aber sie schienen guter Stimmung zu sein.

Eigentlich hatte ich nur vor, mit Sammy einen Termin zu vereinbaren, aber er meinte, ich solle sofort auf die Bühne. Ich wollte nicht – ich war müde und hatte meine Schuhe nicht dabei, aber er kündigte mich trotzdem an. Nachdem Clara «Carelessly» gesungen hatte, trat Sammy auf die Bühne und sagte, sie könne jetzt eine Pause machen. Sie ging nach hinten, Sammy packte das Mikrofon und verkündete: «Ladies und Gentlemen, wir haben heute abend Lana Lamar bei uns. Sie ist bereit, etwas für uns zu singen, also sollten wir sie ganz, ganz herzlich begrüßen.» Das Publikum klatschte, er ging an den Rand der Bühne, wo ich stand, und zog mich in die Mitte. «Hier ist sie, Leute, die wunderbare Lana Lamar!» rief er. «Die einzige weiße Lady, die den Blues singen kann.» Sammy begann zu klatschen, und als die Zuschauer auch applaudierten, blieb mir nichts anderes übrig, als für sie zu singen.

Den Pianisten hatte ich noch gar nicht wahrgenommen. Er war weiß, und als ich zu ihm ging, um mit ihm zu sprechen, mußte ich dauernd in seine blauen Augen schauen. Er hat die faszinierendsten blauen Augen, die ich je gesehen habe – kühl blau und sanft wie Babyaugen. Er erkundigte sich, was ich singen wollte. Ich sagte «Salty Papa Blues», obwohl das niemand so gut singen kann wie Dinah. Es ist nicht mein bester Song, aber seine Augen machten mich vollkommen konfus. Eigentlich hätte ich «Let's Call the Whole Thing Off» singen sollen.

Es war höllisch heiß und verraucht im Club, aber ich habe mich in meinem ganzen Leben noch nie so wohl gefühlt. Wir spielten noch fünf weitere Songs, und dann tanzte ich barfuß zu einem Stück, das der Pia-

nist geschrieben hatte. Es war die heißeste Komposition, zu der ich je getanzt habe, und absolut phantastisch. Dieser Kerl hat was. Ich habe noch nie jemanden so Klavier spielen sehen. Er war hundertprozentig dabei – sein ganzer Körper ging mit, wie ich das noch bei niemandem erlebt habe. Ich hätte ihm stundenlang zusehen können.

Ich kann kaum beschreiben, was es für ein Gefühl war, auf Sammys Bühne zu stehen, ohne daß Mimi hinter den Kulissen lauerte und mich beobachtete. Ich fühlte mich wieder frei und lebendig, als hätte ich unbegrenzte Möglichkeiten, als stünde mir die ganze Welt offen und ich brauchte sie bloß zu entdecken, als könnte ich innerlich bis in alle Ewigkeit den Vierten Juli feiern.

Um fünf Uhr morgens machten wir dicht, und der Pianist brachte mich nach Hause. Er heißt Leo. Keine Abkürzung von Leonard oder Leon – einfach Leo. Zwischen uns ist etwas, das spüre ich, etwas Wichtiges, als würde uns eine Ader oder ein Nerv miteinander verbinden. Seine Musik hat mich aufgewühlt, und er sagte, meine Stimme bringe etwas in ihm zum Schwingen. «Ich könnte was für dich schreiben, Lana», sagte er. Mein Name aus seinem Mund – der süßeste Klang, den ich je gehört habe.

Mimi war nicht zu Hause, also nahm ich ihn mit in mein Zimmer. Ich stellte die Lamellen der Jalousie schräg, und das weiße Licht fiel auf mein Bett. Im milchigen Dämmerschein hörten wir ein paar Billie-Holiday-Platten. Ich konnte den Blick nicht von ihm wenden. Ich liebe es, wie er aussieht. Nicht wie ein weicher, sensibler Poet. Er ist groß und männlich, und seine Arme machen mich verrückt. Es sind Popeye-Arme – Arme, in die man sich fallenlassen kann. Er sieht aus wie Michelangelos David.

Ich küßte ihn. Nicht er mich. Ich glaube nicht, daß er es getan hätte, aber ich konnte nicht anders. «Du bist sehr schön, Lana, weißt du das?» sagte er, und schon lagen meine Lippen auf den seinen. Er drückte mich sanft aufs Bett und legte sich auf mich; seine Hände strichen über mein Gesicht wie Fieberschauer. Unsere Lippen wurden eins, Lippen und Zungen verschmolzen, und ich konnte kaum atmen. Das Herz zersprang mir fast in der Brust, und ich spürte seines, als wäre es der Puls in meinen fiebrigen Fingerspitzen.

«Mein Gott, Lana», murmelte er. Es war nur ein Hauch, keine richtige Stimme, und in meinem Magen flatterten tausend Schmetterlinge. Er preßte sich an mich und ich mich an ihn. Einen Moment lang waren wir an den Hüften zusammengeschweißt, und ich merkte, daß ich noch nie einen Mann so begehrt hatte. Das geht doch nicht, sagte ich mir – Herrgott, Lana, du hast ihn doch eben erst kennengelernt. Mich verlangte so nach ihm, daß es weh tat, so sehr, daß ich die Schenkel zusammenpressen mußte, um den Schmerz zu lindern.

Ich rollte uns herum, so daß ich nun oben lag und auf ihn herunterschaute. Ich versank in seinen babyblauen Augen. «Leo», flüsterte ich, nur um seinen Namen zu hören. Die Welt bestand aus den wenigen Zentimetern zwischen meinen und seinen Augen. Billie Holiday sang, aber ich hörte sie nicht. Wären Sirenen die Park Avenue hinuntergebraust – ich hätte auch sie nicht gehört. Ich hörte nichts, nur das Pochen meines Herzens und seinen Atem. Dann ertranken wir noch einmal in einem Kuß, so leidenschaftlich, so wild, so wunderbar, daß ich fast die Besinnung verlor. Ich mußte mich von ihm herunterrollen lassen, um Atem zu holen.

«Mein Gott, Leo», flüsterte ich. Ich preßte die Hand aufs Herz und spürte, wie es zersprang. «Ich weiß», sagte er. Wir sahen einander an, unsere Augen nur eine Handbreit voneinander entfernt. Seine loderten, meine standen in Flammen. Ich hatte nicht gewußt, daß es so etwas gibt. Ich bin so an den widerlichen Schmutz von Mimis Hinterzimmer gewöhnt – ich hätte nie geglaubt, daß es Liebe gibt.

«Woher kommst du, Lana?»

Ich berührte mit den Fingerspitzen seine Lippen. Sie waren geschwollen von unseren Küssen – rosig und weich und unvollkommen. Eine Seite wölbte sich weiter nach oben als die andere. Sie machte mich verrückt, diese kleine Unvollkommenheit.

Wir lagen auf der Seite und berührten unsere Gesichter. Leo erzählte mir von sich, und ich versuchte, ihm auch etwas von mir zu erzählen. Meine Geschichte war zu kompliziert, aber ich erzählte ihm alles, was er wissen mußte: daß ich Jazz liebe und daß ich noch nie für jemanden so etwas empfunden habe wie für ihn.

Die Sonne ging auf und schien in gelben Strahlen durch die Jalousie auf unsere Beine. Gegen acht würde Mimi nach Hause kommen, also sagte ich ihm, er solle gehen. Sie darf ihm nicht begegnen. Sie würde in drei Sekunden Hackfleisch aus ihm machen. «Nur über meine Leiche heiratest du einen Musiker.» Wenn sie doch nur schon eine wäre.

Und dann stand da noch in ganz kleinen Buchstaben: *Ich glaube, ich liebe ihn.*

Das war das Ende des Eintrags, und Elena hörte auf zu lesen. Wir sagten beide kein Wort.

«Lana war Jazz-Sängerin», flüsterte Elena schließlich. Ihr Mund stand offen, und wir starrten uns ungläubig an.

«Und Tänzerin», sagte ich.

Wir waren schockiert. Wir konnten es uns auch kaum vorstellen, denn soviel wir wußten, hatte Lana keinen Ton gesungen und keinen Schritt getanzt, seit wir auf der Welt waren. Ich dachte an den Nachmittag, als sie durchs Wohnzimmerfenster gespäht und gesehen hatte, daß Leo wie ein Besessener Jazz spielte, während Elena mitten im Zimmer wie ein Can-Can-Girl tanzte. Warum war sie so entsetzt gewesen, wenn sie doch selbst früher nicht nur getanzt, sondern auch Jazz gesungen hatte? Das kam mir jetzt noch merkwürdiger vor als damals.

«Sollen wir aufhören?» fragte Elena.

«Ich weiß nicht.» Ich bekam langsam Angst. Wir hatten viel gelesen – mehr als je zuvor –, und ich befürchtete, Lana könnte es spüren, wenn sie aufwachte. «Was ist, wenn sie aufwacht? Vielleicht trifft es sie am Kopf, und sie kriegt wieder Migräne», sagte ich.

«Sieh doch mal nach, ob sie noch schläft», flüsterte Elena. «Oder ob sie sich herumwälzt.»

Sie stopfte sich das Notizbuch unter den Po, und ich ging ins Bad, um nachzusehen, ob Lana schlief. Sie lag auf der Seite, zwei Handbreit von Leo entfernt, und während ich sie beobachtete, drehte sie sich kein einziges Mal um; sie seufzte nicht, und sie wirkte auch sonst nicht irgendwie unruhig. Mit dieser Nachricht ging ich zu Elena zurück, in der Hoffnung, *sie* würde sich fürs Weiterlesen entscheiden. Dann wäre es mehr ihre Sünde als meine.

«Meinst du, wir können uns drauf verlassen, daß sie es nicht merkt, wenn sie schläft?» fragte sie mich. Der Wirbelsturm begann wieder durch meine Adern zu fegen. Ich begriff allmählich, daß Elena aus irgendeinem Grund solche Entscheidungen lieber mir zuschieben wollte.

«Wir können ja noch einen Eintrag lesen, aber einen von später», flüsterte ich. Ich schwieg und lauschte in die dumpfe Stille. Nichts war zu hören. «Aber nur noch einen, danach ist Schluß.»

Elena nickte, und nachdem sie das Notizbuch unter ihrem Po hervorgezogen hatte, schlug ich vorsichtig Seite 34 auf und blätterte ungefähr zehn Seiten weiter. Bei *20. September 1947* machte ich halt und starrte auf Lanas tintenblaues Wortgewimmel. *Ein Sonntag*. Elena beugte sich vor und begann wieder zu lesen, und ihre Stimme vibrierte in der reglosen Stille.

Um vier Uhr morgens war ich bei Sammy fertig. Ich weiß nicht, wie lange ich es noch schaffe, in beiden Clubs zu arbeiten. Ich muß bei Mimi aufhören, aber irgendwie habe ich Angst davor. Seit zwölf Jahren arbeite ich dort – wie sollte es also anders sein? Bei Sammy ist es besser, aber Effy ist nicht da. Und Delors und Ummy auch nicht. So ungern ich es zugebe – Mimis Club ist mein Zuhause. Ich bin in diesen Hinterzimmern aufgewachsen, inmitten von Schweiß, Sperma und Tränen.

Mimi hatte eine Gruppe Geschäftsleute aus Chicago da, deshalb ist sie gestern abend nicht heimgekommen. Ich habe Leo wieder mit nach Hause genommen, obwohl ich ihn nicht gern in Mimis Nähe bringe. Er glaubt, ich komme aus einer Familie mit Geld. Warten wir ab, bis er herausfindet, was für Geld. Er weiß noch nicht, daß Mimi nicht nur einen Club führt. Ich habe noch nicht die richtigen Worte gefunden, um es ihm zu sagen.

Es war noch schöner als in der Nacht davor. Schon vor Mimis dunkler Wohnung ging es los. Die Mäntel zogen wir aus, noch ehe wir die Tür aufschlossen. Als ich den Schlüssel ins Schloß steckte, küßte mich Leo auf den Nacken, öffnete den Reißverschluß an meinem Kleid und ließ seine Zunge über meinen Rücken wandern, was mich absolut wahnsinnig machte. Sobald die Tür hinter uns zugefallen war, zog ich ihm das Hemd aus, und er schälte mich aus meinem Kleid. Danach knöpfte er sich die Hose auf, und ich sah sie zu Boden fallen. Bei seinem Anblick wurde mir wieder ganz heiß. Er hob mich hoch und trug mich in mein Zimmer.

Das Mondlicht fiel in weißen Strahlen durch die Jalousie und beschien meinen seidenen Bettüberwurf. Leo ließ mich aufs Bett gleiten und legte sich sanft auf mich. Unsere Lippen begegneten sich, und wieder explodierte alles. Mit glühenden Händen streichelte er meinen Körper, und meine Hände krallten sich in seinen Rücken.

«La», flüsterte er. Es macht mich verrückt, wenn er meinen Namen ausspricht. «La, ich liebe dich.»

Der Song, den er für mich geschrieben hat, ging mir durch den Kopf. «Bei dir zu sein, das ist wie eine Reise zu einem fernen Zauberort – ja, dorthin, wo der Blues beginnt.» Hier beginnt der Blues, dachte ich.

Ich drückte mich noch fester an ihn und stieß einen leisen Schrei aus. Unsere Lippen trafen sich wieder, und er drang in mich ein. Mein Gott, wenn er in mir ist und mir in die Augen sieht und sagt: «Ich liebe dich, La», könnte ich sterben. Es gibt im Leben keine größere, keine intensivere Lust. Er bewegte sich auf mir und entlockte mir Laute, die ich gar nicht von mir kannte. Erst ein Stöhnen, dann einen Schrei. Das Bett bebt, die Welt schrumpft auf die zwei Meter, die uns umschließen. Nur er existiert noch für mich. Leo. O Gott, Leo. Ich kann nicht genug von ihm bekommen. Ich möchte ihn verschlingen, möchte ihn so tief in mir spüren, daß er sich in mir verliert. Ich schreie wieder, aber sein Mund bringt mich zum Schweigen.

«O Leo», sage ich. Ich nehme sein Gesicht in die Hände und versinke in seinen Augen. «Das ist zu schön, um wahr zu sein.»

«Ich weiß, La.»

Ich sage ihm, daß ich es heftiger will, und er stößt in mich hinein. Ich will seine ganze Leidenschaft fühlen, ungezügelt, hemmungslos. Ich spüre meine Potenz – ich habe keine Grenzen mehr. Ich atme ihn ein, ich trinke ihn, ich nehme ihn immer und immer wieder. Wir explodieren beide, und einen Augenblick lang zittern wir, kurz davor, eins zu werden. Wir atmen dieselbe Luft, unser Herzschlag ist eins. Ich halte es nicht aus – dieses Wissen ist viel zu mächtig für mich. Ich möchte weiterschweben, bis in den Himmel. Ich möchte meine wilde Freude hinausschreien. Ich möchte, daß er für immer in meinem Körper versinkt. Meine Sinne sind überflutet, mein Herz schwillt an. Ich kann nicht sprechen; ich bin wie gelähmt. Aber mein Herz klopft: Ich liebe dich, ich liebe dich. Und so liegen wir aufeinander, erschöpft von diesem Feuerwerk.

Dann – Mist! Der Schlüssel im Schloß! Unsere Kleider lagen überall draußen im Flur verstreut, sogar unsere Schuhe. Wir gerieten in Panik, weil Leo sich nirgends verstecken konnte – in meinem Zimmer gibt es keinen Wandschrank. Nur Mimis Zimmer hat einen. Wenn sie uns zusammen im Bett sähe – das würde mir alles kaputtmachen. Ich wickelte mich in das Laken und rannte auf den Flur, um unsere Sachen einzusammeln, aber sie war bereits zur Tür herein und hielt mein Kleid in der Hand. Bevor ich Leos Hose zu fassen kriegte, hatte sie schon den Fuß darauf gestellt.

«Wer ist bei dir?» kläffte sie mich an. Sie tat so, als würde sie kein Bordell führen, als käme sie nicht aus dem Puff, sondern direkt aus der Kirche.

Ich antwortete nicht. Ich zerrte Leos Hose unter ihrer schwarzpolierten Schuhspitze hervor, floh in mein Zimmer und verriegelte die Tür hinter mir. «Zieh dich an», sagte ich und warf Leo die Hose zu. «Sie kommt.»

Ich hatte ihm noch nicht richtig von Mimi erzählt. Er hatte also keine Ahnung, wer da gleich gegen die Tür donnern würde. Seine Mutter war eine ganz normale Frau – sie buk Plätzchen und putzte ihr weißes Haus in Lansing.

«Mach sofort die Tür auf!» zeterte Mimi und bummerte mit den

Fäusten gegen die Tür. Aber es war kein normales Gezeter – dafür war es viel zu laut. So schreit man, wenn jemand ermordet wird.

«Was soll ich tun?» flüsterte Leo tonlos und hechtete in seine Hose.

«Setz dich einfach hierher», erwiderte ich, auf den Stuhl neben dem Bett deutend.

Ich schlüpfte hektisch in eins meiner Kleider und ging zur Tür. Ich hatte keine Ahnung, was ich zu Mimi sagen sollte. Hallo, Mimi? Warum war ich überhaupt so nervös? Schließlich führt sie ein Bordell, sagte ich mir. Warum war es in Ordnung, wenn sie mich in einer Umgebung aufwachsen ließ, wo die Leute ständig nur fickten – und ich durfte es nicht einmal in meinem eigenen Schlafzimmer?

«LANA, MACH SOFORT DIE TÜR AUF!» Ihre Stimme klang fast hysterisch. Ich öffnete die Tür, und da stand Mimi in ihrem schwarzen Seidenkleid, als käme sie gerade vom Sonntagsgottesdienst. Sie warf einen Blick auf Leo und schrie: «Raus hier!» Der Klang ihrer Stimme katapultierte ihn vom Stuhl, durch den Flur und zur Tür hinaus, ehe ich es verhindern konnte. «Raus hier!» schrie sie. «SOFORT RAUS!»

Dann jagte sie mich über den Flur, wobei sie mit ihrer gottverdammten Handtasche auf mich einschlug und wie eine Furie herumschrie. Die vom Bellevue sollten sie mal so sehen. Wie ein Dobermann heftete sie sich an meine Fersen. Sie trieb mich über den Flur ins Wohnzimmer, ich rannte in die Küche, und dort nagelte sie mich schließlich vor dem Schrank fest.

«Wer ist dieser Kerl?» Ihr Gesicht war so nahe vor meinem, daß ich ihren gebleichten Schnurrbart sehen konnte.

«Er heißt Leo.» Mein Rückgrat knirschte gegen die Kante der Arbeitsplatte, und Mimi trat mir auf die nackten Zehen.

«Wer ist er?» wollte sie wissen. Sie meinte damit nicht seinen Namen oder ob er ein guter, anständiger Mensch war, sondern was er arbeitete.

«Er ist Pianist», sagte ich.

Ich genoß den Ausdruck auf ihrem Gesicht: Der Schock ließ die dicke Make-up-Schicht zerbröckeln, und ihr Mund klaffte wie eine Höhle.

Sie packte mich an den Haaren und knallte meinen Kopf gegen die Schranktür. «Ein Pianist!» Sie hat mich in einem Jazz-Club groß-

gezogen, und ich darf keinen Musiker lieben. Was soll ich denn machen, verdammt? PENG – ihre Handtasche traf mich an der Schulter.

«Wo kommt er her?» Wäre es kalt gewesen, wären aus ihrem Mund dicke Dampfschwaden gequollen wie aus einem Gully.

«Aus Lansing», antwortete ich, auf alles gefaßt. Ein Musiker war schlimm genug, aber ein Musiker aus Lansing war noch schlimmer.

«Was zum Teufel ist Lansing?» schrie sie.

«Eine Stadt in Michigan», erklärte ich, aber Mimi kannte nichts außerhalb der fünf New Yorker Bezirke. Sie weiß nicht mal, wo der Pazifik liegt.

«Nie davon gehört, also kann's nichts sein.» Dafür bekam ich einen Schlag auf die Schläfe.

«Aus wessen Club?» wollte sie dann wissen. Sie zog mich noch fester an den Haaren und knallte meinen Kopf wieder gegen die Schranktür.

«Von Sammy.»

«Von Sammy. SAMMY! Das ist ja großartig, wirklich großartig», schrie sie. Ich hätte lügen sollen, irgendeinen Club nennen. Auf Sammy ist Mimi eifersüchtig.

Sie ließ meine Haare los, ich duckte mich, schlüpfte unter ihrem Arm durch und floh aus der Küche. Aber Mimi war schnell. Gleich war sie wieder hinter mir, und ihre Tasche sauste durch die Luft.

«Ich habe nichts getan, was du nicht fünfzigmal am Tag für andere arrangierst», schrie ich. Es tat mir gut, das zu sagen. Ich genoß es richtig. «Und er ist arm», machte ich weiter. «Er wohnt in einer miesen Gegend, mit einem Saxophonspieler, und sie essen die ganze Zeit nur chinesisch.»

PENG. Diesmal traf mich der Schlag am Hinterkopf. Dann ging es im Wohnzimmer nicht mehr weiter, und ich stand schon wieder mit dem Rücken zur Wand.

«Du wirst ihn nicht wiedersehen!» schrie sie. Sie drückte ihren Arm gegen meine Brust, als wollte sie mir für immer den Ausweg versperren, und ich schlug mit dem Rücken gegen die kalte Fensterscheibe.

«Doch, ich werde ihn wiedersehen. Ich liebe ihn!»

Unsere Blicke begegneten sich, und ich sah ihr Gesicht zucken.

«Nein, das tust du nicht.» Sie schwang ihre Handtasche über meinen Kopf, die Augen voll giftiger Wut.

«Doch», brüllte ich. Ich ließ nicht den geringsten Zweifel an meiner Entschiedenheit, und sie kapierte es.

Langsam senkte sie die Handtasche, und einen Moment schwiegen wir beide. Ich hörte auf einmal den Verkehr von der Straße drunten, die Sirene eines Krankenwagens und ein ganzes Hupkonzert. Dann sah mich Mimi an. «Effy ist verhaftet worden», sagte sie. Sie sagte es nicht traurig, wie jeder andere das getan hätte. Sie sagte es, um mir eins auszuwischen.

Effy war im Gefängnis des 145. Bezirks. Am Nachmittag wartete ich zwei Stunden im drückend heißen Wartezimmer, daß sie Effy herunterbrachten. Es war gerappelt voll – man konnte nirgends mehr sitzen. Die schmutzigen Fenster standen offen, aber es regte sich kein Lüftchen, und der Geruch von Schweiß und anderen übelriechenden Drüsensekreten war so stark, daß ich durch den Mund atmen mußte. Nur eine Handvoll der Wartenden war weiß. Die meisten waren Neger – Mütter, Ehefrauen, Freundinnen, Cousinen, Kinder. Eine Frau jammerte so schrecklich, daß sich ihr Gewimmer wie ein roter Faden durch all die anderen Stimmen zog, Ausdruck des allgemeinen Elends.

Ich stand hinter zwei ziemlich übel aussehenden weißen Männern. Der eine war etwa fünfundzwanzig, hatte eine gebrochene Nase und zwei Tätowierungen am rechten Arm – eine rotschwarze Schlange und eine schillerndgrüne Meerjungfrau mit Brüsten so groß wie Luftballons. Dazwischen stand in roten, verschnörkelten Buchstaben der Name Veronica. Der andere Mann war älter, um die Dreißig, und hatte einen Bierbauch. Seine Haare waren glatt und fettig, mit Kammspuren, die aussahen wie Ackerfurchen. Er stank nach Pisse und abgestandenem Whiskey, und als er sich grinsend dem jüngeren Mann zuwandte, sah ich, daß einer seiner Schneidezähne schwarz war. Er sagte etwas zu dem jüngeren Mann, was mich sehr verwirrte und mir seither nicht mehr aus dem Kopf geht.

«Wenn du wählen müßtest, ob du 'n Nigger oder 'ne weiße Nutte sein willst – was wärst du lieber?» flüsterte er hinter vorgehaltener Hand.

«Keins von beidem» antwortete der Jüngere und brach dann in keuchendes, unterwürfiges Gelächter aus.

«Klar, Mann – aber du mußt dich entscheiden», flüsterte der ältere Mann etwas lauter. «Jemand zwingt dich. Entweder Nigger oder weiße Nutte – was würdest du nehmen?»

«Weiße Nutte», antwortete der Jüngere. Er musterte seinen Freund nervös, um sich zu vergewissern, ob er auch die richtige Antwort gegeben hatte.

Der Ältere lachte und sagte: «Ich genauso. Ich hätt zwar keine Lust, bloß 'n Loch für 'nen Schwanz zu sein, aber immer noch besser als so 'n Scheißkaffer.» Wieder lachten beide, und der Jüngere keuchte so, daß er einen Hustenanfall bekam. Der Ältere beugte sich weit vor, daß sich ein paar fettige Strähnen lösten und in seine verschwitzte Stirn fielen, wo sie wie nasse schwarze Striche festklebten.

Dann lehnte er sich zu seinem Freund hinüber und flüsterte: «Und wenn du dich entscheiden müßtest, ob du 'n Nigger-Weib oder ein Affe sein willst?» Offensichtlich machte ihm dieses Szenario Spaß. Er grinste breit, und sein schwarzer Zahn erschien über seiner aufgesprungenen Unterlippe.

Der Jüngere brauchte Bedenkzeit. Er stopfte die Hände in die Taschen und musterte ein paar der umsitzenden schwarzen Frauen. Mit zusammengekniffenen Augen blickte er zu der ständig jammernden Frau und von ihr zu einer dünnen, verhärmten Mutter, die vier Kinder unter Kontrolle zu halten versuchte, und sein Blick blieb schließlich an einer dicken Negerin hängen, die bei der Hitze mit offenem Mund eingeschlafen war. «Ein Affe», sagte er.

«Rat mal, was ich gesagt hab, wie Joey mich gefragt hat», flüsterte der Ältere.

«Was denn?»

«Ich habe gefragt, was für 'ne Affenart.»

Wieder krümmten sie sich vor Lachen, und aus dem Mund des älteren

Mannes triefte ein langer, dünner Speichelfaden. Der Jüngere drehte so auf, daß ihn ein erneuter Hustenanfall in die Knie zwang. Die meisten Schwarzen blickten sich nach ihnen um und fragten sich, was wohl so lustig war, und ich überlegte kurz, ob ich es ihnen verraten sollte.

Ich war entsetzt, und das Gespräch geht mir seither immer wieder durch den Kopf. Es liegt mir im Magen wie ein Klumpen Teig. Es ist demnach schlimmer, ein Neger zu sein als eine Frau, und es ist schlimmer, eine schwarze Frau zu sein als ein Affe. Ist es für die Weißen wirklich eine so furchtbare Vorstellung, schwarz zu sein? Ist es wirklich so schrecklich, eine schwarze Frau zu sein, daß jemand lieber ein Affe wäre? Ich kann es nicht glauben. Ist die ganze Welt übergeschnappt?

Wenn ich entscheiden müßte, ob ich lieber eine weiße Frau oder ein schwarzer Mann sein will, wäre ich lieber eine weiße Frau. Hätte ich die Wahl zwischen einer schwarzen Frau und einem Affen, wäre ich lieber eine schwarze Frau. Und wenn ich zwischen einem weißen Mann und einer schwarzen Frau wählen müßte?

Ich wäre lieber eine schwarze Frau.

Schließlich brachten sie Effy herunter, und ich wurde ins Besuchszimmer geführt. Eine riesige Glasscheibe trennte die Gefangenen von den Besuchern, die Verständigung lief über Telefone. Auf beiden Seiten der Scheibe standen je acht Stühle, und auf einem saß Effy und wartete auf mich. Sie hielt den Kopf gesenkt, als hätte man ihr das Genick gebrochen, und als sie aufblickte, sah ich die Scham in ihren Augen. Ihr Anblick ging mir unter die Haut und durch und durch. Ich nehme alles so schwer.

Ich hob mit zitternder Hand den Hörer ab, und Effy tat das gleiche. Ich fragte sie, was passiert sei. Sie erzählte, sie sei in Sticks' Zimmer gewesen, als plötzlich Polizei hereingestürmt sei. Sie sah völlig niedergedrückt aus, und ich hätte gern die Hand durchs Glas gestreckt und ihr Gesicht berührt. Früher war ihr Gesicht immer so sorglos, so klar gewesen, bevor Mimi sie von der Bühne holte und ins Haus steckte. Es war fast, als hätte ich nie auf ihrem Schoß gesessen, als hätte ich nie ihre Finger im Haar gespürt. Warum ließ sie sich so hängen? Warum ausgerechnet jetzt?

«Ich werde bei Mimi aufhören und aus ihrer Wohnung ausziehen», sagte ich. «Wenn du hier raus bist, wohnst du bei mir.»

«Mimi hat mich rausgeschmissen», sagte Effy. Ihre Stimme klang flach und tonlos. Die graugrüne Sträflingsuniform rutschte ihr von der rechten Schulter, und ich sah, wie knochig sie war.

«Mimi spinnt, Effy», sagte ich laut. «Du kennst sie doch. Sie hat dich schon hundertmal rausgeschmissen. Sie würde dich sofort wieder nehmen, aber du sollst nicht zu ihr zurück. Ich will, daß du bei mir einziehst.»

«Das geht doch nicht.» Effys Gesicht war ausdruckslos, und unter ihren Augen hingen kleine, geschwollene Tränensäcke. Sie hatte einen lila-roten Schal um den Kopf geschlungen, nur an den Schläfen lugten ein paar krisselige Locken hervor. Sie war immer noch sehr schön, aber der stolze Ausdruck war aus ihren Augen verschwunden. Sie waren leer.

«Warum nicht?»

«Ein Nigger auf der Upper East Side?» Sie lachte, und ich sah, daß ihr ein Zahn fehlte. Ich wußte, das Bild würde ich nie mehr aus dem Kopf kriegen, egal, wie viele Nächte vergingen. «Was soll ich da machen, La? Fußböden schrubben?» fragte sie.

Sie wirkte verloren und hilflos, und ich mußte daran denken, wie sie mich mit zehn endlich zu ihrer Großmutter Saddie nach White Plains mitgenommen hatte. So oft hatte sie mir erzählt, was ihre Großmutter immer sagte, zum Beispiel: «Su-gar, komm und ruh deine müden Knochen aus, ich erzähl dir was, was du noch nie gehört hast.» Oder: «Sugar, halt dein großes Mundwerk und laß mich reden. Ich hab mehr zu sagen als zehn Leute zusammen.»

Vor meinem inneren Auge hatte ich mit der Zeit ein genaues Bild von Saddie entwickelt: eine massige, sanfte, weichherzige Negerin, die wunderbar erzählen konnte. Obwohl ich sie nicht kannte, redeten Effy und ich über sie, als wäre sie unsere beste Freundin. Bei allen möglichen Anlässen fragte ich Effy: «Was würde Saddie dazu sagen?» Effy trat dann immer einen Schritt zurück, stellte sich breitbeinig hin und stemmte die Hände in die Hüften. «Sie würde sagen: Su-gar, du siehst ja ganz ver-

hungert aus. Leg lieber die Füße hier auf 'n Tisch und überlaß mir das Reden.» Ich mußte immer schrecklich lachen.

Saddie wurde zu einem festen Bestandteil meiner Phantasiewelt. Sie war wirklicher für mich als Mimis spanische Mutter, die ich nur ein paarmal gesehen hatte. Und in dem Sommer, als ich zehn wurde, lernte ich Saddie kennen. Endlich sollte ich meinem Idol begegnen, der Frau, die ich schon mein ganzes Leben aus der Ferne liebte. Effy nahm mich im Zug nach White Plains mit, und sie erzählte mir so viele Saddie-Geschichten, daß ich mich gleich bei der Ankunft in Saddies dicke Wabbelarme stürzen wollte.

Doch Saddie war dünn und spitz. Zwar sagte sie die ganze Zeit «Sugar», genau wie Effy es erzählt hatte, aber sonst war sie ganz anders als in meiner Vorstellung. Sie fragte Effy nichts Persönliches, nicht mal, wie es ihr ging. Sie fragte auch nicht nach mir. Sie merkte kaum, daß ich da war. Sie redete über Effys Schwestern und Brüder und Cousins, aber vor allem darüber, wie sehr sie die Weißen haßte. «Su-gar, so sind die Weißen – sie nehmen alles, und den Farbigen lassen sie nichts. Sie ertragen's nicht, wenn ein Nigger was kriegt. Su-gar, ich sag dir...»

Ich war erst zehn, aber ich wußte, daß sie Effy nicht liebte, nicht so, wie Effy sie liebte. Und weil Saddie ihre Liebe nicht erwiderte, machte sie Effy klein. Sie nahm ihr den Glanz.

Auf der Rückfahrt ließ sich Effy auf ihrem Sitz ganz nach unten rutschen und legte die Beine auf die Bank gegenüber. Ich tat das gleiche, und Effy hielt die ganze Fahrt über den Arm um mich gelegt, und wir sagten beide kein Wort. Aber das war das Ende von Saddie. Nie wieder überlegten wir uns, was Saddie sagen oder tun würde. Es war, als wäre Saddie gestorben.

Ich sah durch die verschmierte Glaswand auf Effys zerschlagenes Gesicht und ihre feuchten Augen. Ich hätte sie mehr lieben sollen, dachte ich. «Dann ziehe ich eben nicht auf die East Side», sagte ich. «Ich such mir woanders eine Wohnung. Wo du möchtest, Effy.»

Ein paar Sekunden starrte sie mich an. «Ich würd gern mit dir wohnen, La, aber nicht mit... mit deinen Leuten.»

Mit deinen Leuten. Zum erstenmal spürte ich, wie sich eine Mauer zwischen mir und Effy aufrichtete.

«Du bist jetzt erwachsen, La», erklärte sie. Sie schaute über die Schulter, als stünde jemand hinter ihr, aber da war niemand.

Sie sagte das so kalt, daß mein Herz zuckte. Was meinte sie damit? Du bist jetzt erwachsen, da brauchen wir nichts mehr miteinander zu tun zu haben? Oder bedeutet es, du bist erwachsen, machen wir uns also nichts vor – du bist weiß, und ich bin schwarz?

«Wie fändest du es, wenn ich bei deinen Leuten leben würde?» fragte ich. Ich preßte die Stirn an die Scheibe. «Wir könnten in Harlem wohnen.»

«Das würde ihnen nicht passen», sagte sie. «Du gehörst zu Mimi.» Sie verstummte und blickte von mir weg, auf ihre zerkratzten Fingerknöchel.

Mein Herz begann heftig zu klopfen, und ich spürte, wie mir das Blut heiß in den Kopf schoß. «Ich hab das nie so gesehen, daß ich zu Mimi gehöre», sagte ich. Meine Stimme klang erstickt, und etwas würgte mich im Hals. «Ich habe immer gedacht, daß ich – daß ich zu dir gehöre.» Meine Augen hingen an ihrem Gesicht, aber sie blickte nicht auf. Sie blinzelte dauernd, als wollte sie ein Gefühl signalisieren, aber sie schaute nicht auf. «Warum tust du mir das an, Effy», rief ich. Tränen brannten mir in den Augen. «Was hab ich getan?»

Endlich sah sie mir ins Gesicht. «Ich hab dich tanzen und singen gelehrt, La. Ich kann dir sonst nichts beibringen.»

Sah sie das tatsächlich so? Sie hatte ihren Job getan – sie hatte einem weißen Mädchen beigebracht, zu tanzen und zu singen wie eine Negerin. Ich dachte daran, wie oft Effy mir über ihrem Bett ein Zelt gebaut hatte, unter dem ich dann den ganzen Tag lag und Gospels sang. Damals war sie eine strahlende Frau gewesen. Noch keine dreißig. Niemand konnte ihr widerstehen, nicht einmal Mimi, aber das war, bevor Mimi sie ins Haus brachte. Damals sang sie noch, und ich weiß, daß sie nie ins obere Stockwerk wollte. Bevor Mimi sie dazu zwang, sangen wir den ganzen Nachmittag Gospels, und Effy brachte das Zelt zum Zittern. Ich machte jede Bewegung nach, mit dem Kopf, mit den Armen, mit den Beinen. Wir tanzten auf dem Rücken; ich ahmte sie damals nach, und ich ahme sie heute noch nach. Manchmal erzählten wir uns auch Geschichten, aber die von Effy waren immer besser als meine. «Kind», sagte sie, «ich weiß 'ne ganz tolle für dich.» Und dann lachte sie, aber ihr Lachen läßt sich nicht auf Papier beschreiben – es war das Lachen der Venus.

Durch die klebrige Scheibe sah ich sie an. Ihr Gesicht war so leblos, daß ich es kaum ertragen konnte. Das ist nicht Effy, sagte ich mir. Das ist jemand anderes. Was hat Mimi mit ihr gemacht? überlegte ich verzweifelt. Mein Leben lang werde ich nicht vergessen, wie Mimi sie von der Bühne holte und nach oben in eins der Hinterzimmer schleppte. Ich war fünfzehn und Effy fünfunddreißig. Bevor sie die Treppe ganz oben waren, merkte Effy, was Mimi vorhatte, und sie stemmte die Absätze gegen die Holztreppe und klammerte sich ans Geländer. Als ich ihren Schrei hörte, rannte ich hinaus auf den Korridor, und ich werde nie vergessen, was ich da sah.

Effy trug ein rotes Seidenkostüm und schwarze, hochhackige Schuhe. Sie stand mit dem Rücken zur Wand, krallte beide Hände ins Geländer und schrie: «Neeeeeiiiiin!» Und Mimi zerrte sie von einer Stufe zur nächsten.

«Du gehst nach oben, Effy!» kreischte Mimi. «Du gehst nach oben – oder du gehst ganz.»

Effy grub die Fingernägel in die Wand, und ihre Absätze schrappten laut über die hölzernen Stufen, während Mimi sie immer weiter zog, eine Stufe nach der anderen. Als sie oben angekommen waren, brach Effy zusammen, ging in die Knie und flehte Mimi an, sie zu verschonen. «Bitte, nicht, Mimi», bettelte sie. «Tu mir das nicht an. Bitte, tu mir das nicht an. Ich fleh dich an.» Beim Klang ihrer Stimme wurde mir eiskalt. Es war so herzzerreißend, daß ich nicht begriff, wie Mimi weitermachen konnte. Doch sie tat es – sie zog Effy auf den Knien den Gang hinunter, und Effys Schuhspitzen scharrten über den Holzboden, als wollten sie ihr Elend ausradieren. Mimi bugsierte Effy in eins der Zimmer und schloß die Tür hinter sich. Ich mußte wieder auf die Bühne, und während ich die Stufen hinunterging, hörte ich Effy weinen. Ich weiß nicht, wie ich beim Singen einen Ton herausbrachte.

Ungefähr eine halbe Stunde später erschien Mimi hinter dem Vorhang, als ob nichts geschehen wäre. Als ich sie da stehen sah, wußte ich, daß ich nie wieder etwas für sie empfinden würde. Sobald meine Nummer vorbei war, rannte ich hinauf in Effys Zimmer. Sie saß auf dem Fensterbrett und starrte blicklos hinaus. Ihre Knie waren aufgeschürft und blutig und ihr Gesicht verzerrt. Ich setzte mich neben sie, und sie nahm mich in die Arme. «Oh, La», sagte sie leise. «Oh, meine La.»

Ein paar Stunden später brachte Mimi den ersten Mann nach oben. Er war schon älter, weiß, mit fettigen roten Haaren und einem so grotesk dicken Bauch, daß sein Hemd zwischen den Knöpfen auseinanderklaffte.

Wie konnte sie nur glauben, daß ich zu Mimi gehörte? Ich starrte durch die Trennwand auf ihr schönes Gesicht und drückte meine Stirn an das schmutzige Glas. «Warum hat Mimi dich von der Bühne geholt und ins Haus gesteckt, Effy?» fragte ich sie wieder.

Sie blickte mir fest in die Augen. Ich glaube, ich werde auf diese Frage nie eine Antwort bekommen.

«Du willst mich loswerden, Effy», sagte ich. Ein Tränenstrom drang aus meinen Augen.

«Du kannst was Besseres aus deinem Leben machen», erwiderte sie. Sie schob den Stuhl zurück und stand auf.

«Was hast du vor? Effy –» schrie ich, aber sie legte ihren Telefonhörer auf. Ich schlug wie eine Verrückte mit der Hand gegen das Glas und rief ihren Namen, aber sie ging zur Tür, wo eine Wärterin sie am Ellbogen nahm und hinausführte. Sie blickte noch einmal über die Schulter. Ich sah den Blick in ihren Augen – so voller finsterer Verzweiflung, daß ich wußte, er würde mich mein Leben lang verfolgen.

Jetzt liege ich in ihrem Zimmer auf ihrem Bett, wo sie so oft gelegen, zur Decke gestarrt und auf den nächsten verschwitzten Mann gewartet hat, der über sie steigen wollte. Mimi ist unten. Sie weiß, ich bin hier oben, aber sie traut sich nicht, etwas zu sagen. Sie weiß, sie kann mich nicht mehr erreichen.

Ich kroch in Effys Wandschrank und zog die Tür hinter mir zu. Ihre seidenen Morgenmäntel und ihre Kleider strichen mir übers Gesicht. Ich kauerte mich im Dunkeln nieder und atmete Effys Duft ein. Das war alles, was ich wollte – von ihrem Duft umgeben sein.

Hier entdeckte mich Mimi. Sie kam ins Zimmer und fand mich in Effys dunklem Schrank. Aber sie wurde nicht laut, sie sagte nicht einmal: «Was ist denn mit dir los?» Sie schüttelte nur den Kopf, als wäre ich nicht zu retten, und setzte sich auf Effys Bettkante.

«Da wärst am liebsten Negerin, stimmt's?»

Ich starrte sie an. Sie hat keine Ahnung. Ich drückte den Mund auf meine angezogenen Knie und grub die Zähne hinein.

«Sie kommt nicht zurück, oder?» fragte ich.

Mimi schüttelte den Kopf. «Nein, diesmal nicht», flüsterte sie. Ich wußte, sie meinte es ernst. Sie schlug die Beine übereinander, zog ihr Seidenkleid über die Knie und steckte einen Finger in ihre steifen, schwarzen Haare, um sich an der Kopfhaut zu kratzen.

Es wurde Nacht. Durch die Wand hörte ich das Quietschen der Bettfedern und leises Männerstöhnen. Unten im Flur dudelte das Radio, und die Ventilatoren flappten im Rhythmus dazu.

«Mimi, warum hast du Effy von der Bühne geholt und ins Haus gebracht?»

«Das braucht dich nicht zu kümmern», antwortete sie. Sie blickte über die Schulter, als wäre etwas draußen vor dem Fenster, aber da war nichts.

«Sie ist weg – warum kannst du es mir nicht erzählen?»

Mimi beugte sich zu mir herab und strich mir die Haare aus der Stirn. Ich konnte in ihren Ausschnitt sehen – zwei große, weiße, schwabbelige Brüste, fest eingeschnürt. «Deine Haare sehen schon wieder aus wie ein Mop», sagte sie. «Ich nehm dich mit zu Gordy –»

«Mimi», unterbrach ich sie. «Sag mir, warum du sie ins Haus gesteckt hast.»

Sie richtete sich wieder auf, und ihre Augen wurden hart. «Das gehört der Vergangenheit an, Lana. Es ist über fünf Jahre her.»

«Ich weiß, aber erzähl's mir trotzdem», sagte ich. Ich kroch ein Stück aus dem Wandschrank heraus und fixierte sie. «Was macht es jetzt schon noch? Sie ist weg.»

Lange starrte Mimi mich wortlos an, und ihre Augen wanderten über mein Gesicht. «Du warst die bessere Sängerin», sagte sie schließlich. «Die Leute mochten dich lieber. Ich brauchte keine zweite Sängerin.»

Schweigen. Nur die schreckliche Wahrheit, schreiend laut.

Lieber Gott. Ich wollte, ich hätte nie gefragt. Ich wollte, ich wüßte es nicht.

Ich bin schuld. Ich habe Effy zur Hure gemacht.

Was kann eine Schwarze in dieser Welt werden? Dienstmädchen. Kinderfrau. Hure. Und ein Schwarzer? Hotelpage. Gepäckträger. Gauner.

Und was ist mit mir, die ich singe wie eine Schwarze?

Dann kamen ein paar Zeilen, die aussahen, als hätte ein Kind sie gekritzelt, aber das war das Ende des Eintrags, und ich klappte das Buch zu.

«Mein Gott», sagte Elena. Sie ließ den Kopf in den Nacken fallen und starrte auf die kalten, nackten Balken.

Ich konnte nicht reden. Mein Hirn war ganz verstopft – zu viele neue Bilder und zu viele alte Eindrücke von Lana schwirrten unverbunden herum.

«Kein Wunder, daß sie uns das nie erzählt hat», meinte Elena. «Wie hätte sie uns so was erzählen können?» Sie deutete auf das Notizbuch, das zugeklappt auf meinem Schoß lag. Es fühlte sich heiß an, als hätte ich es gerade aus dem Feuer geholt. Ich konnte es fast glühen sehen.

«Lana hat gesungen wie eine Negerin», wisperte Elena.

«Ja.» Aber vorstellen konnten wir es uns beide nicht.

«Effy hat es ihr beigebracht, und dann hat Mimi sie in ihrem Club auftreten lassen.»

Von allem, was wir in dieser Nacht gelesen hatten, beeindruckte uns das am meisten – daß Effy ihr beigebracht hatte, wie eine Schwarze zu singen, und daß Lana, ohne daß sie es wollte, Effy von der Bühne vertrieben und in die Hinterzimmer von Mimis Bordell gezwungen hatte.

Leise legten wir das Notizbuch zurück in die Kiste und klappten sie zu. Wir mochten den Speicher noch nicht sofort verlassen, sondern setzten uns neben die Kisten auf die kalten Holzplanken und redeten noch ein wenig.

«Wir wissen immer noch nicht, warum sie den Stock hat und warum sie den Jazz haßt», flüsterte ich. Ich stopfte die Hände unter den Pullover, um sie zu wärmen.

«Aber wir wissen jetzt schon einiges, Maddie.»

Das stimmte – in einer Stunde hatten wir mehr über Lana erfahren als je zuvor.

«Aber wir wissen nicht, was jetzt mit ihr passiert», sagte ich. «Vielleicht ist sie morgen ganz krank.»

Dieser Gedanke trieb uns in mein Zimmer, wo wir am offenen Fenster in der kalten Dezemberluft niederknieten und beim Vollmond schworen, nie wieder ein Wort in Lanas Notizbüchern zu lesen, solange wir lebten. Im Sommer wären wir noch mit einer Handvoll Vierteldollarmünzen zum Schwanenteich gelaufen, um sie hineinzuwerfen, aber jetzt war es zu kalt draußen. Wir mußten es auf morgen früh verschieben.

Als ich dann im Bett lag, konnte ich nicht abschalten. Ich konnte nichts gegen die Bilder machen, die mir durch den Kopf schossen: Ich sah Leo und Lana, wie sie sich auf dem Bett wälzten, ich sah Mimi, wie sie Lana durch die Wohnung jagte und mit der Handtasche auf sie einschlug. Aber vor allem sah ich Mimi, wie sie Effy auf blutenden Knien den Flur hinunterzerrte, und ich hörte Effy schreien: «Neeeiiiiin!»

13

Beim Frühstück am nächsten Morgen redeten Elena und ich kaum ein Wort. Wir hatten keine Ahnung, was wir zu Lana oder zu Leo sagen sollten, nach allem, was wir jetzt über sie wußten. Schon das «Guten Morgen» klang komisch. Wir starrten sie schweigend an und waren verwirrt, weil wir alles mit anderen Augen sahen. Besonders aufmerksam achteten wir darauf, wie es Lana ging, weil wir wissen wollten, ob sich durch unsere Lektüre irgend etwas verändert hatte. Sie schien ganz normal. Ich lauschte sehr genau auf ihre Stimme, ob sie vielleicht zu hoch oder zu tief war. Sie klang wie immer. Lana redete auch nicht mehr oder weniger als sonst – sie war bester Dinge, vor allem, wenn man bedenkt, daß Elena und ich wie die Ölgötzen am Tisch hockten.

«Es dauert vielleicht ein paar Tage, bis sich die Wirkung zeigt», meinte ich, als wir am kalten Schwanenteich standen. «Vielleicht dauert es länger, wenn sie dabei geschlafen hat.» Ich blickte zum Himmel. Er war milchig weiß, mit kleinen grauen Stellen, und auf den kahlen Hügeln hoben sich die Universitätsgebäude dagegen ab, einsam und fröstelnd unter ihrer Backsteinhaut.

«Glaub ich nicht, Maddie», entgegnete Elena, aber sie war sehr darauf erpicht, ihre acht Vierteldollarmünzen loszuwerden. Wir standen im nebligen Morgenlicht am halbgefrorenen Teichrand und warfen unsere Münzen so weit wie möglich in die Mitte des Teichs. Elena fing an, aber erst schwor sie noch, nie im Leben wieder ein Wort von Lanas Notizbüchern zu lesen. Ich schwor ebenfalls, wenn auch nicht mit der gleichen überzeugenden Vehemenz, und dann warf ich Leos sämtliche Vierteldollarmünzen nacheinander in die kalte, tiefe Mitte des Teichs.

Lizzy erwartete uns an der Ecke, wo der Drugstore und das Kino zusammenstoßen. Ihr Atem bildete dicke Nebelschwaden. Der Verkehr war in den Straßen im Zentrum sehr dicht, die Schulbusse pflügten sich durch den Schneematsch, die Autos schlichen hinter ihnen her. Alles wirkte schmutzig – die Schaufenster, die Autos, sogar die beschlagenen, einladenden Fenster des Blue Bird Restaurant. «Erzähl's ihr lieber nicht, Maddie», sagte Elena. Ich sagte nichts dazu; ich nickte nur mit dem Kopf und schaute Lizzy entgegen. Aber ich bezweifelte, ob ich es für mich behalten konnte.

«Ist Lana wieder krank?» fragte Lizzy. Sie merkte, daß etwas nicht stimmte.

Elena und ich wechselten einen Blick und schüttelten dann den Kopf. Wir gingen weiter, in unseren Stiefeln durch den schweren, nassen Schnee stapfend, und Lizzy zockelte hinter uns her.

«Hat Leo was getan?» Lizzy holte mich ein und musterte mich aufmerksam.

«Nein», sagte ich.

«Was ist dann passiert?»

«Nichts», antwortete Elena, aber Lizzy wußte, daß wir logen. An der Art, wie ich den Blick abwandte, merkte sie, daß ich etwas verbarg. Ich mußte ihr den Rest erzählen – ich wußte nur noch nicht, wann.

Elena und ich beobachteten Lana ein paar Tage, um uns zu vergewissern, daß keine verzögerte Reaktion eintrat. Es schien ihr gutzugehen, und nachdem mehrere Tage ohne sichtbare Folgen vergangen waren, kamen wir zu dem Schluß, daß es am besten war, die Notizbücher nachts zu lesen, wenn Lana schlief – was natürlich nicht hieß, daß wir vorgehabt hätten weiterzumachen. Ich hatte Angst, noch mehr zu lesen. Unsere Gedanken drehten sich dauernd um die ganze Geschichte, und wir versuchten mühsam, sie zu begreifen und irgendwie mit unserem bisherigen Bild von Lana in Einklang zu bringen. Ich wußte nicht mehr, wer sie war. Es war so schwierig, sie sich unter der Fuchtel einer Frau zu denken, die sie mit Besen und Handtaschen schlug und ein Bordell führte, und es war *noch* schwerer, sich vorzustellen, daß sie wie eine Negerin sang.

Bald darauf setzte der Winter richtig ein. Irgendwie schaffte es die Kälte, diese letzte große Sünde zu überdecken, sie wegzufegen oder mich dagegen abzuschotten, denn mein Gewissen quälte mich plötzlich nicht mehr.

Es schneite jetzt viel, was zur Folge hatte, daß Miss Thomas morgens nicht mehr auf die Wiese kam, um dort den Verstand zu verlieren. Minnie Harp war auch nicht mehr zu sehen; sowohl ihr Flaschenfriedhof als auch ihre Feuerstelle lagen jetzt unter einer dichten Schneedecke. Wir sollten Minnie erst im Frühling wiedersehen. Unsere Zeitungsaktion führten wir weiter, aber mein Eifer hatte erheblich nachgelassen. Wir wußten ja, worum es in den Artikeln ging, aber das half uns nicht weiter. Wir hörten nicht ganz auf, weil es inzwischen zu einer lieben Gewohnheit geworden war, und wenn es nichts Dringlicheres zu tun gab, hatten wir eine angenehme Beschäftigung für kalte Nachmittage.

Lana ging es besser. Wir merkten, daß sie manchmal unter Spannung stand, aber sie ließ sich nie gehen. Was immer es sein mochte, sie hatte es im Griff und wußte immer neue und interessante Beschäftigungsvorschläge. Sie half uns Schneehäuser bauen, mit Stühlen, Tischen und Betten aus Schnee, und als es einmal besonders kalt war, bauten wir eine ganze Schneestadt.

Sie organisierte Gruselpartys im Keller, für die sich alle möglichst monstermäßig verkleiden mußten. Wir versteckten uns in den dunklen Winkeln, und wenn Lana das Signal gab, kamen wir alle gleichzeitig hervor. Egal, was wir machten – Lanas Kostüm war immer das beste.

Sie schrieb ein paar kurze Theaterstücke für uns. Wir führten sie auf einer Bühne im Keller auf, die Lana extra dort unten errichtet hatte, mit rotem Vorhang und zwei Garderoben und allem. Sie baute sie liebevoll aus Apfelkisten, die sie sorgfältig abschmirgelte, damit wir keine Splitter bekamen. Daran merkte ich, wie wichtig ihr diese Bühne war. Beim Vorhang war sie auch sehr wählerisch – es durfte nicht irgendeine alte Decke oder ein Stoffrest sein. Sie wollte einen speziellen dicken roten Vorhangstoff, für den sie eine Menge Geld ausgab – einiges mehr, als Leo gebilligt hätte. Alte Stühle von Versteigerungen und Kirchenbasaren tauchten im Zuschauerraum auf, und über kleinen Tischen voller Make-up-Töpfchen wurden runde Spiegel angebracht. Lana probte mit uns – manchmal etwas zu ernsthaft, als wären wir ein echtes Schauspielerensemble, das ein echtes Stück gibt.

«Ich finde das komisch», sagte Elena immer wieder, «total komisch.»

Mir machte es Spaß, Lanas Stücke aufzuführen, aber es war schon ein bißchen merkwürdig, auf ihrer Bühne zu stehen und mich in ihrer Garderobe zu schminken und gleichzeitig zu wissen, das alles hatte damit zu tun, daß sie früher Sängerin und Tänzerin gewesen war. Ein Teil von Lana sehnte sich immer noch nach der Bühne zurück, das wußte ich, und wenn sie dort herumlief und alles aufbaute und mit uns Bewegungen einstudierte, versuchte ich sie mir fünfzehn Jahre jünger zu denken, wie sie auf der Bühne stand und wie eine Negerin sang, während Leo fieberhaft das Klavier bearbeitete. Aber so ganz konnte ich es mir nie vorstellen.

Lana und Leo redeten nicht mehr soviel miteinander wie sonst. Es sah aus, als würde Stille ihre wenigen gemeinsamen Augenblicke erfüllen. Leo war jetzt so beansprucht, daß er morgens oft vor allen anderen aufstand und ging, ehe wir frühstückten. Als er dann auch noch beim Abendessen häufig fehlte, schienen wir ihn ganz verloren zu haben. Jedesmal, wenn sein Platz am Eßtisch leer war, konnten Elena, Lizzy und ich regelrecht spüren, wie sich Lanas und Leos Beziehung verschlechterte.

Ich glaube, Lana stürzte sich so auf die Theaterstücke, die Kostüme und den Bühnenbau, um nicht nachdenken zu müssen. Sie beschäftigte sich auch viel mit Garta. Manchmal schaute sie abends bei ihr vorbei, eine Art Stichprobe, um sich zu vergewissern, daß Lizzy richtig behandelt wurde. Sie redete mit Garta über deren zahllose Probleme und half ihr, wenigstens ein paar der drängendsten in den Griff zu bekommen. Gemeinsam renovierten sie die Wohnung; sie tapezierten das Wohnzimmer mit rosaroter Tapete, dichteten die verrostete Duschkabine mit Kitt ab und verlegten neues Linoleum in der Küche. Lana half Garta, ein paar Pfund abzunehmen, und schickte sie nach New York, damit sie sich eine spezielle Schlamm-Maske machen ließ, um ihren zerklüfteten Teint etwas zu verbessern.

Unsere Theaterstücke und Garta hielten Lana so in Trab, daß sie nicht soviel schrieb wie sonst, und sie schnitt auch kaum Artikel aus. Sie zitterte nur ganz, ganz selten, und soweit ich mich erinnern kann, fanden wir sie höchstens zweimal an merkwürdigen Stellen.

Was Leo anging, begann sie so zu tun, als existiere er nicht.

Wenn Lizzy und ich sie abends, nachdem Leo nach Hause gekommen war, durch das Badezimmergitter beobachteten, merkten wir, daß Lana manchmal im Zimmer umherging, als säße Leo gar nicht auf der Bettkante oder dem Sessel. Manchmal sagte sie etwas zu ihm, wegen irgendwelcher Rechnungen oder wegen der Steuer, aber meistens redeten sie nichts. Nach einer Weile begann Leo wohl auch so zu tun, als wäre sie gar nicht da – manchmal kam er abends ins Schlafzimmer, zog sich aus und kroch unter die Decke, ohne auch nur in ihr Schreibzimmer zu gehen, um sie zu begrüßen.

Ich wußte nicht, was schlimmer war – die Streitereien oder dieses schreckliche Schweigen.

«Alles geht kaputt», flüsterte Elena mir abends zu. «Demnächst bricht alles auseinander.»

Meine Nerven wurden schlimmer. Entweder sie wuchsen, oder sie bekamen Babys, denn plötzlich lasteten sie viel schwerer in meinen Adern. Ich überlegte ernsthaft, ob ich Lana davon erzählen sollte, und wenn nicht Lana, dann wenigstens Lizzy. Die Nerven standen kurz davor, meinen ganzen Körper auszufüllen, fürchtete ich, und außerdem hatte ich Angst, sie könnten mich langsam, aber sicher wahnsinnig machen. Doch dieses Geständnis brachte ich nicht über die Lippen. Es war mir zu peinlich, daß ich überhaupt Nerven hatte, und ich hatte Angst, wenn ich jemandem die ganze Wahrheit erzählte, würde man mich womöglich ins Irrenhaus einliefern.

Meine Nerven konnten die Winterstille nicht ertragen. Der stumme Krieg zwischen Lana und Leo machte sie verrückt. Genau wie Lanas Notizbücher, die unberührt in der Dachkammer standen. Die Nerven wollten, daß ich sie las, zumal Lana nach unserer letzten Missetat nicht zusammengebrochen war. Aber ich hatte beim Mond geschworen, und immer, wenn ich Elena vorschlug weiterzulesen, erinnerte sie mich daran. «Wir haben es beim Mond geschworen», sagte sie, «und *ein* Gelübde haben wir schon gebrochen. Außerdem haben wir fast vier Dollar in den Teich geworfen.»

Erst am Weihnachtsabend brach ich meinen Schwur wieder. Lizzy hatte ein so gräßliches Weihnachtsfest gehabt, daß ich nicht anders konnte. Garta hatte ihr nur ein billiges Paar schwarze Stiefel mit Pelzfutter geschenkt, während sie Jimmy mit ganz vielen Päckchen bedacht hatte. Zu allem hatte Don dann noch Garta verprügelt, weil sie am Telefon zu nett zu Joe gewesen war, als dieser anrief, um ihr fröhliche Weihnachten zu wünschen. Lizzy wollte ihr helfen, und das Ende vom Lied war, daß sie gegen den

Kühlschrank geschleudert wurde und mit dem Kopf gegen den Metallgriff schlug. Ich verfolgte alles aus der Ecke, und das Herz zog sich mir in der Brust zusammen.

Ich nahm Lizzy an diesem Abend mit nach Hause. Wir gingen durch die stillen Straßen, die Köpfe gegen den Wind gesenkt. Über uns spannte sich der Himmel wie ein wunderschönes Deckengewölbe mit Mond und Sternen. Wir redeten nicht über das, was gerade passiert war. Der kalte Wind schien es aus unseren Köpfen zu fegen, aber sobald wir in mein Bett kletterten und das Licht ausmachten, kam es wieder, als hätte die Dunkelheit es hereingewinkt. Ich wußte nicht, was ich zu Lizzy sagen sollte, und sie umgekehrt auch nicht, aber es war da und türmte sich zwischen uns wie ein Elefant.

Ich lag lange wach und spürte Lizzys Anwesenheit in meinem Bett wie ein dunkles Gewicht. Nach einer Weile drehte sie sich um, und als sie glaubte, ich sei eingeschlafen, drückte sie das Gesicht ins Kissen, und ich hörte ein unterdrücktes Schluchzen. Ich hatte Lizzy noch nie weinen hören. Ich hatte gesehen, wie Garta sie verprügelte. Ich hatte gehört, wie Garta die schrecklichsten Sachen zu ihr sagte, aber ich hatte sie noch nie weinen hören. Ich fuhr ihr mit den Fingern durch die Haare und spürte an ihrem Hinterkopf eine harte Beule, so groß wie ein Felsklotz. Ich drückte mich an Lizzy und flüsterte ihr ins Ohr: «Du wirst nicht glauben, was Elena mir heut morgen erzählt hat.»

«Was?» schluchzte sie in mein Kissen.

«Als Weihnachtsgeschenk hat sie mir was über Lanas Geheimnis gesagt.»

Lizzy drehte sich sofort um und sah mich an. Lanas Geheimnis war so gut wie Riechsalz. «Was?» fragte sie.

«Warte hier.» Ich verschwand in der Dachkammer, öffnete sorgfältig die Klappen der Kiste und nahm Lanas Notizbuch heraus. Ich überlegte, ob ich die Seiten herausreißen sollte, die Elena und ich schon gelesen hatten, damit Lizzy nicht wußte, es gab noch mehr, entschied mich aber dagegen. Schlimm genug, daß wir Lanas Notizbuch lasen – da sollten wir es nicht auch noch zerreißen. Ich stopfte es unter das rote Polster, wo unsere Abschriften der *New York Times* lagen, dann sagte ich ihr Bescheid. Wir schlichen leise die Treppe hinunter und holten unsere Mäntel aus dem Flur, und als Lizzy mit ihren nackten Füßen in die popligen pelzgefütterten Stiefel schlüpfte, die Garta sich abgerungen hatte, da wußte ich, ich tat das Richtige.

Schweigend gingen wir wieder nach oben, in die kalte, staubige Dachkammer und zu dem roten Sessel. Ich hob das Polster hoch und zeigte Lizzy das Notizbuch. «Das ist von Lana», flüsterte ich, und mein Herz raste schneller als der Wind.

«Wo hast du das her?» Sie legte sich ihren braunen Kordsamtmantel um die Schultern und kam langsam auf den Sessel zu. Ihre Augen wurden groß wie Wagenräder, und ich merkte, wie mager ihre Beine waren, die da aus den billigen schwarzen Stiefeln staken.

«Elena hat es in Lanas Zimmer im Schrank gefunden», log ich. «Morgen müssen wir's zurückbringen.» Lizzy krabbelte zu mir auf den Sessel und starrte fassungslos auf das Notizbuch. «Das meiste ist nicht besonders interessant, aber ein paar Seiten sind gut.» Ich schlug Seite 32 auf, wo Elena und ich das letzte Mal angefangen hatten. Meine Finger zitterten, und ich fror trotz des Mantels. Ich las Lizzy mit meiner dünnsten Flüsterstimme vor, die ganzen Seiten, die Elena und ich gelesen hatten, jedes einzelne Wort auskostend, und zwischendurch schaute ich immer wieder auf, um mich an Lizzys beispielloser Freude und Verwunderung zu weiden. Es war mit Abstand das beste Weihnachtsgeschenk, das ich ihr machen konnte.

Als ich mit dem Teil fertig war, den Elena und ich gelesen hatten, hörte ich auf. Ich fand, weiter sollten wir nicht lesen. Bis jetzt hatte ich mein letztes Mondversprechen noch nicht gebrochen (ich hatte ja nichts Neues gelesen, nur die gleichen Seiten noch einmal), aber Lizzy hatte noch nicht genug. Als sie die Seite umblättern wollte, hielt ich sie zurück.

«Ich finde, wir sollten aufhören», flüsterte ich. «Wir haben beim Mond geschworen, daß wir nichts mehr lesen.»

«Und wenn wir nur noch eine Seite lesen und dann wieder beim Mond schwören? Diesmal für immer. Heute ist doch Weihnachten, Maddie», sagte sie, als änderte das alles. «Der Mond hat bestimmt nichts dagegen.»

Der Wind rüttelte am Fenster und schickte wieder eiskalte Luft herein. Meine Hände schmerzten so von der Kälte, daß ich sie unter den Po steckte. Wenn wir noch eine Passage lasen, hieß das, daß ich eine weitere Sünde auf mein Konto verbuchen mußte. Ich verlor langsam den Überblick, wie viele es überhaupt waren. Eigentlich wollte ich mir keine mehr aufladen, aber das Notizbuch lockte mich genauso wie Lizzy.

Ich sah Lizzy an. Sie wartete atemlos, wie ich mich entscheiden würde. «Du darfst auf keinen Fall Elena erzählen, daß ich dir das vorgelesen habe.»

«Ehrenwort», sagte sie und malte ein Kreuz über ihr Herz.

Ich schlug das Notizbuch an einer späteren Stelle auf – 25. November 1947 – und begann mit der gleichen zittrigen Flüsterstimme zu lesen wie Elena neulich. Die ganze Zeit über hämmerte mir das Herz gegen die Rippen. Ich hatte Angst davor, was mit Lana passieren würde und was mit mir passieren würde. Ich hatte mehr Sünden begangen als alle Leute, die ich kannte.

Heute war ein entsetzlicher Abend. Ich trat gerade bei Sammy mit einer Tanznummer auf, da sah ich Mimi bei den Fotos von Billie Holiday an der Wand stehen, am hinteren Ende der Bar, einen Drink in der Hand. Ich konnte mir nicht vorstellen, was sie hier wollte. Sie haßt Sammy, weil er ihr die besten Sängerinnen weggeschnappt hat. Ich versuchte, ihr Gesicht zu erkennen, aber es war zu dunkel. Sie trug einen alten schwarzen Mantel, den ich nicht mehr an ihr gesehen habe, seit ich auf der Highschool war. Ich muß weg von ihr. Ich kann nicht in zwei Clubs arbeiten. Das bringt mich um.

Ich mußte noch eine Nummer absolvieren, ehe ich herausfinden konnte, warum sie gekommen war. Es war eine Folterqual, unter ihren Blicken aufzutreten. Ich wußte, die neuen Sachen von Leo und mir gefielen ihr nicht. Ich konnte förmlich sehen, wie sie die Nase rümpfte – sie ist ja derart arrogant und snobistisch.

Als ich schließlich zu ihr ging, war sie bereits leicht angetrunken. Ich wußte, daß etwas Schlimmes passiert sein mußte, denn Mimi trinkt fast nie. Das letzte Mal, daß sie richtig getrunken hat, war, als Teddy vor vier Jahren weggegangen ist.

Es war etwa ein Uhr morgens. Der Club war drückend heiß und verraucht und voller Neger, weshalb Mimi ganz am Ende der Bar stand – dort waren keine Schwarzen. Ich arbeitete mich zu ihr durch und lehnte mich mit dem Rücken gegen die kühle Messingstange.

«Was führt dich hierher?» fragte ich sie. Der Schweiß lief mir den Rücken hinunter, und ich wischte mir mit dem Handrücken über die Stirn.

«Dein neues Programm ist nicht gut», meinte Mimi. Sie schniefte und rollte mit den Augen. «Hol mir noch einen Drink.» Ihre Frisur war auseinandergegangen – die Hälfte ihres Haars stand auf ihren Schultern auf wie schwarzes Stroh. Das Make-up war verwischt, und sie sah alt aus, wie die Mutter von jemand anderem, eine Mutter, die den ganzen Tag putzen ging, um für ihr Kind das College bezahlen zu können.

Ich drehte mich um und bat Leo um einen Drink – Mimi wollte einen doppelten Gin.

«Du solltest die Beine nicht so hochschleudern», sagte sie, nachdem ich ihr den Drink gereicht hatte. «Ich konnte deine Unterwäsche sehen. Bei meinen Tänzerinnen kann man das nicht.»

«Ich weiß, Mimi. Du hast nur einen Puff im Hinterzimmer.»

Sie ignorierte mich und kippte ihr Glas zur Hälfte hinunter.

«Du siehst da oben nicht so gut aus wie bei Mimi», sagte sie. «Sammys Bühne ist beschissen.» Ihre Art, ständig den Kopf hin und her zu drehen und die Leute verächtlich zu mustern, ärgerte mich.

«Warum bist du hier?» fragte ich noch einmal. Es war typisch Mimi, nichts zu sagen. Sie zögert es gern hinaus, um einen dann damit zu erschlagen. Als Teddy seine Sachen packte und ging, saß sie über eine Stunde in meinem Zimmer, ehe sie anfing zu reden.

«Ich wollte dich sehen.» Der Träger meines schwarzen Kleides war mir von der Schulter gerutscht, und Mimi schob ihn wieder hoch. «Billiges Fähnchen», meinte sie höhnisch. «Billig und geschmacklos.»

«Warum bist du hier, Mimi?»

Sie blickte sich wieder um und warf den Leuten, die von ihr zu Sammy gegangen waren, vernichtende Blicke zu. Grace, Louis und Berty. Schließlich fiel ihr Blick auf Leo.

«Sieht aus wie ein Schläger», sagte sie. Sie nahm noch einen kräftigen Schluck und warf den Kopf in den Nacken.

«Er liebt aber nicht wie einer.»

Sie holte aus und schlug mich ins Gesicht. Sammy beobachtete das und wollte herüberkommen, aber ich schüttelte den Kopf. «Mimi» formte ich mit den Lippen, und er nickte. Es hätte mir nicht peinlich sein müssen – alle wußten Bescheid über sie –, aber ich schämte mich trotzdem. Meine Wangen brannten.

«Gehen wir in deine Garderobe», sagte sie und leerte ihr Glas. «Ich muß dir was erzählen.»

Der Korridor zu meiner Garderobe war lang und dunkel. Zwei Neger standen da und rauchten Gras. Sie gingen uns aus dem Weg, tauchten im Schatten unter.

«So was kommt bei mir nicht vor», zeterte Mimi. «Viel zu gefährlich.»

Da die Telefone und die Toiletten hier im Gang waren, konnte man die Leute nicht aussperren. Nicht gerade ideale Zustände, aber so schlimm war es auch wieder nicht. Mimi hackte zehn Minuten auf diesem Thema herum, als würde ich jedesmal, wenn ich hier durchging, mein Leben aufs Spiel setzen. Irgend etwas trieb sie um – etwas, wovon sie mir noch nicht erzählt hatte.

Als wir in meiner Garderobe waren, inspizierte sie den Ständer mit meinen Kostümen. Sie betatschte alle Kleider, überprüfte die Nähte und schnüffelte an den Achseln. «Bei Mimi sind die Kostüme besser», meinte sie. «Er läßt sie nicht reinigen. Sie stinken. Sie sind billig, und sie stinken.»

Mimi schob den Ständer weg und ließ sich in den blauen Sessel fallen, wobei sie die Beine so breit machte, daß ich den Hüftgürtel um ihre fetten Schenkel sehen konnte.

«Effy ist tot», sagte sie. Ihr Gesicht fiel ein, und ihre Lippen zitterten wie unruhiges Wasser.

«Was?» Etwas Eisiges, Hartes durchbohrte mich.

«Effy ist tot», wiederholte sie etwas lauter. «Jemand hat ihr 'ne Kugel durch den Kopf gejagt.» Sie zog sich das Kleid über die gespreizten Knie und sah mich blinzelnd an.

Ich begann am ganzen Körper zu zittern und sank auf dem groben Betonboden auf die Knie.

«Sie ist auf die schiefe Bahn gekommen», flüsterte Mimi. «Ich weiß nicht, warum, aber so war's.» Nervös fuhr sie sich mit den Fingern über die Lippen, als wollte sie sie wegreiben oder für immer zum Schweigen bringen.

Mein Herz klopfte wie wild, und das ganze Dunkel und die Widerwärtigkeit, die Abscheulichkeit und Brutalität, die Mimis Tage und Nächte durchzogen – das alles explodierte in meinem Kopf wie eine Bombe. Ich fiel nach vorn, mit den Händen auf den kalten, dreckigen Beton. Es ging alles auf Mimi zurück – alles. «Du hast sie ins Haus gesteckt», schrie ich. «Das hättest du nicht tun dürfen, Mimi. Du konntest es nicht ertragen, daß sie so erfolgreich war. Du wolltest sie ruinieren –»

«Sie mußte ja nicht ins Haus», kreischte Mimi. «Sie hätte anderswohin gehen können.» Was für ein Anblick – die Beine gespreizt, der Mund ein riesiges Loch, das sich mit unmenschlicher Geschwindigkeit bewegte, die Stimme so laut und schrill – jeder hätte meinen Haß verstanden.

Ich starrte sie an, ihr aufgedunsenes rotes Gesicht, die strohigen schwarzen Haare, und ich wollte sie vernichten. Ich kroch auf allen vieren vorwärts, nur von einem Wunsch getrieben: sie zu zerstören. Ich wollte ihr weh tun. Ich wollte sie in die Knöchel beißen, meine Fingernägel in ihre teigige weiße Haut krallen, ihre fette, faltige Kehle zusammendrücken.

«Du hättest sie nicht rausschmeißen dürfen. Sie konnte nirgends hin, Mimi», rief ich laut. «Was hätte sie denn tun sollen, verdammt noch mal, nachdem sie zwanzig Jahre lang deine Hure war?»

«Sie hat Drogen genommen, und das konnte ich nicht dulden.» Ihre Augen schwammen vor schwarzem Gift.

Ich kroch immer weiter, den Blick fest auf ihren fetten Hals gerichtet. «Du hättest dafür sorgen müssen, daß ihr jemand hilft», schrie ich. Meine Kehle fühlte sich ganz bloß an. «Es war deine Pflicht, dich um sie zu kümmern. Du hast sie zu dem gemacht, was sie war, Mimi, und du standest in ihrer Schuld.» Ich schrie das so laut, daß ich fast ohnmächtig wurde. Ich spürte meine Schläfen pochen, und das Blut rauschte mir so schnell durch die Ohren, daß ich Angst hatte, ich könnte umkippen.

«Du bist ihr ja auch nicht gerade zu Hilfe geeilt», zeterte Mimi. «Du warst viel zu sehr damit beschäftigt, deinen Schläger zu vögeln.»

Ich sah sie an, und der Haß überschwemmte mich mit einer so brodelnden und schrecklichen Intensität, daß ich wußte, ich mußte hier raus. Ich wollte sie umbringen, als Rache für das, was sie in mir und Effy abgetötet hatte – in uns allen, die wir seit zwanzig Jahren in ihrem widerlichen Dunstkreis lebten. Ich war nicht mehr zurechnungsfähig, wenn ich mich weiterhin im gleichen Zimmer wie sie aufhielt. Ich erhob mich unsicher und floh aus der Garderobe, knallte die Tür hinter mir zu. Ich stolperte hinaus ins Freie, auf die kleine Straße hinter Sammys Club, ließ mich auf das nasse Pflaster fallen und weinte. Ich hörte Sirenen heulen und Ratten im Dunkeln hin und her huschen. Am Himmel über mir rasten schwarze Wolken dahin.

Es war, als hätte ich tausend Münder, die alle schrien: «Effy ist tot!», und mein Herz wurde dunkler, bitterer und leerer. Aber es war nicht die Leere, die so weh tat – es waren die Klauen, die es ausquetschten. Ich grub meine kalten, nackten Fersen in das schmutzige Pflaster und warf mich mit dem Rücken an die Backsteinwand. Ich wollte es einfach nicht glauben. Ich wimmerte «Neeeiin» in die gottverdammte Nacht und bekam keine Antwort. Tot, eine Negerhure, hörte ich jemanden sagen, und ich schrie wie eine Irre.

Mimis Stimme kam aus der Hintertür wie ein Nebelhorn. Ich sprang auf und rannte die Gasse hinunter. Ziellos irrte ich durch die Straßen, immer weiter, ohne zu wissen, wohin, bis ich schließlich in der Fünfundachtzigsten Straße in einer Bar namens Rames landete, bei einem Glas Wodka, das auf die Rechnung eines schielenden sechzigjährigen Versagers ging. Ich rauchte seine ganzen Zigaretten und kippte seinen Wodka wie Limonade hinunter und sagte, ich hieße Sophie. Ich weiß nicht mehr, was ich sonst noch alles gesagt habe – ich weiß nur noch, daß ich erst um drei Uhr morgens zu trinken aufhörte, als der Typ mir fünf Dollar in die Hand drückte und ein Taxi winkte.

Ich konnte nicht in Mimis Wohnung zurück. Ich kann dort nicht mehr leben, nie wieder. Statt dessen ging ich in den Club, wo ich mich auf die dunkle, leere Bühne legte und mein Leben vor mir abrollen ließ. Effy hatte mich aus dem Bordell herausgeführt, weg von den Schlüssellöchern da oben, wo ich so viel sah, daß mein Kopf noch jahrhundertelang damit zu tun haben wird – und sie hatte mich auf diese Bühne gebracht. Sie hatte hinter dem roten Vorhang gestanden und die Liedertexte mit den Lippen geformt, falls ich sie vergessen sollte, und sie hatte die ganzen Nummern auf Strümpfen mitgetanzt, falls mir die Schritte entfielen. Sie hatte mir alles gegeben, was sie besaß, und dann hatte Mimi sie dafür bestraft. Wie kann ich das je vergessen?

Es war ruhig, und ich hörte nur meinen keuchenden Atem und das Quietschen der Bettfedern über den schwarzen Balken. Wie oft hat sich das Geräusch meines Atems mit dem Quietschen von Bettfedern vermischt. Es ist für mich längst eine Art Herzschlag geworden. Schrapp, schrapp, schrapp. Hier hat sich mein Leben entfaltet, innerhalb dieser fleckigen Wände, wo der rote Vorhang Gut und Böse trennt. Ich bin hin und her gegangen zwischen den Welten, ich habe auf beiden Seiten gelebt. Umgeben von schmutziger Fickerei und Gestöhn, von verschwitzten Männern und widerlichen Gerüchen, von Negerinnen und zerbrochenen

Träumen bin ich aufgewachsen. Eine Person hatte es gegeben, die ich liebte und die mich hinüberrettete, und jemand hatte ihr eine Kugel durch den Kopf gejagt.

Ich ging mit Delors und Ummy in die Wohnung von Effys Mutter zur Trauerfeier. Effy war im Wohnzimmer aufgebahrt, aber der Holzsarg war geschlossen. Da, wo ihr Kopf lag, war eine rote Schleife angebracht. Ihr Gesicht ist ziemlich kaputt, sagte jemand.

Ich bin in Mimis Haus mit zwanzig Negerinnen aufgewachsen. Wie kommt es, daß ich nie bei einer von ihnen daheim war? Ich hatte Saddie besucht, aber das ist so lange her, daß ich mich nicht erinnern kann. Die Wohnung von Effys Mutter war klein und vollgestopft, und die Wände blätterten ab. Kleine rosarote Tapetenstücke klebten auf dem Verputz – wo es noch welchen gab, und auch da löste er sich auf, wenn man dranfaßte. Winzige Staubpartikel rieselten von der Decke wie Schnee und bedeckten Effys Sarg.

Alle Fenster gingen auf enge Gassen hinaus, und das Licht war so schlecht, daß es einem vorkam wie Dämmerung, dabei war es erst kurz nach Mittag. Vom Wohnzimmer ging es in eine winzige, klägliche Küche, wo die Leute ihre Mäntel auf einem Tisch in der Ecke ablegten. Der Fußbodenbelag war so abgetreten, daß man die Dielen durchsehen konnte, und die Dielen wiederum waren so kaputt, daß man die Wohnung darunter sehen konnte. Wenn man richtig hinschaute, sah man, daß unten alles mit kleinen Gipsflocken bedeckt war.

Ich weiß nicht, wie viele Leute da wohnten, aber auf dem Weg zurück ins Wohnzimmer warf ich einen Blick in ein Schlafzimmer, wo in einer Ecke sechs Matratzen aufgestapelt waren. Kleidungsstücke – von Männern, Frauen und Kindern – hingen an der krummen Vorhangstange und blockierten das Licht. Ein naßkalter Windstoß fegte zwischen einem grünen Kleid und einem schwarzen Mantel hindurch und wehte mich an wie der kalte Hauch der Verwesung.

Ich ging ins Wohnzimmer. Es waren sehr viele Kinder um den Weg, alle in Sonntagskleidern, die Haare straff gekämmt, die Gesichter sauber geschrubbt. Ich zählte nicht nach, aber ich glaube, es waren über zwanzig. Insgesamt befanden sich sechzig Menschen in der Wohnung von Effys Mutter. Sie hatte Stühle von der lokalen Kirchengemeinde geborgt – Klappstühle aus Holz, auf denen hinten in roter Schablonenschrift HUPC stand. Die Gäste drängten sich dicht an dicht im Wohnzimmer. Ein grünkariertes Sofa stand an der Wand, und in die Ecke daneben war ein Tischchen gequetscht, voll mit gerahmten Fotos, die unter einer im eisigen Wind flatternden Gardine bedenklich wackelten.

Außer Delors und Ummy kannte ich nur noch einen einzigen Menschen im Raum, und das war Saddie. Gebeugt, fast bucklig saß sie in der Nähe der Tür und begrüßte jeden einzelnen, indem sie seine Hand in ihre weißbehandschuhten Hände nahm und etwas sagte, was ich nie verstand. Mit mir redete sie nicht, und sie gab mir auch nicht die Hand.

Ich war die einzige Weiße, und ich wurde gehaßt. Ich war hier in diesem Raum so allein wie noch nie im Leben. Delors und Ummy taten so, als würden sie mich nicht kennen. Ich glaube, sie konnten nicht anders – alle übrigen verhielten sich genauso. Für mich wurde dadurch alles noch schwerer. Ich hatte niemanden, an den ich mich wenden konnte, niemanden, der auf meiner Seite war.

Ich spürte die Feindseligkeit in der Luft. Ich gehörte zu Mimi, und es gab niemanden im Raum, der nicht glaubte, daß Mimi an allem schuld war. Sie wußten nicht, wieviel uns verband.

Ich reihte mich ein, um an Effys Sarg vorbeizudefilieren. Die Leute drängten sich vor, als würden bei mir die Regeln des Schlangestehens nicht gelten. Schließlich stellte ich mich an die Tür, neben Saddie, und ließ alle anderen vor. Saddie ignorierte mich und schaute an mir vorbei, als wäre ich Luft. Ihr Hals ragte aus dem buckligen Rücken heraus, starr vor Stolz. Aber meine Anwesenheit zermürbte sie, und sie konnte ihr abweisendes Benehmen nicht mehr lange aufrechterhalten.

«Warum bist du da, weißes Mädchen?» fragte sie laut. Alle im Zimmer hörten sie. Manche kicherten, wenn auch nicht laut, und alle starrten mich an. Einer nach dem anderen wichen sie vor mir zurück, bis ich ganz allein dastand. Ich musterte Saddie und dachte daran, wie sie

Effy behandelt hatte. Es störte mich, wie sie da an der Tür saß wie die Große Bucklige und trauernd den Vorsitz beim Abschied von ihrer Enkeltochter führte. Sie hatte Effy nie gemocht.

«Effy war wie eine Mutter für mich», sagte ich. Ich wußte, ich konnte das unmöglich richtig verständlich machen, im Grunde war es lächerlich, es auch nur zu versuchen, aber die Worte waren heraus, ehe ich etwas machen konnte.

Saddy lehnte sich zurück und blickte ruhig auf ihr gespanntes Publikum, wobei ihr stolzes graues Haupt auf dem steifen Hals hin und her wackelte. Sie wollte es mir geben. «Wir wissen, wer deine Mutter ist», röhrte sie. «Deine Mama da oben in Harlem, die macht Huren aus unseren Töchtern, das ist deine Mama.» Ihre Lippen schlossen sich wieder, und sie blinzelte ein dutzendmal mit den Augen, als müßte sie ihren heißen Gedanken Luft zufächeln.

«Ich weiß», sagte ich. «Sie gehört verhaftet.»

Im Zimmer wurde es still, niemand sagte mehr ein Wort. Dunkle, verwirrte Blicke wanderten von mir zu Saddie. Sie überlegte schnell. Ich konnte die Gedanken hinter ihren Augen vorbeirasen sehen.

«Und woher hast du die feinen Kleider? Wer hat dafür gezahlt, daß du so schön redest? Häh?» Sie setzte sich anders hin, verschränkte die Arme vor der Brust und nickte mit ihrem grauen Kopf Effys Mutter und einer anderen Frau zu, die gleich auf der anderen Seite des Sargs standen. Sie nickten zurück, und viele Leute sagten «Ja» und «Hm-hm», aber die meisten starrten mich nur an.

«Ich weiß», sagte ich. «Und ich schäme mich deswegen. Aber das gehört der Vergangenheit an. Von jetzt an zahle ich alles selbst, und ich arbeite auch nicht mehr für Mimi.»

«Jaja, singen wie ein Niggerweib», dröhnte Saddie. «Damit verdienst du dein Geld.»

Wie aus einem Mund lachte das ganze Zimmer, und ich spürte den tödlichen Schlag totaler Zurückweisung. Ich wagte einen Blick in das Meer ihrer dunklen Gesichter, und die Mischung aus Haß und Neugier, die mir aus ihren schwarzen, unergründlichen Augen entgegenschlug, ließ mich dahinwelken. Ich blickte auf meine zitternden weißen Hände und auf den verblassenden Strauß rosaroter Rosen, den ich für Effy mitgebracht hatte. «Ich kann nichts dafür, daß ich so singe», sagte ich leise. «Effy hat mich Singen gelehrt, so wie jemand hier im Zimmer es ihr beigebracht hat.»

Wieder sagte niemand etwas. Sie beäugten mich nur, und ich wußte, es war Zeit zu gehen. Ich trat mit unsicheren Schritten an den Sarg, außer der Reihe, und legte meinen müden Rosenstrauß auf Effys billigen Holzsarg.

«Die Weißen können einfach nicht hinter Niggern warten», krächzte Saddie. «Selbst beim Begräbnis von 'nem Nigger müssen sie die ersten sein.»

Ich hätte wissen müssen, daß dieser Eindruck entstehen würde, aber ich konnte nicht klar denken. Ich kann gar nicht sagen, wie verzweifelt ich von hier weg wollte. Ich berührte eine der rosaroten Rosenknospen, und ohne zu überlegen küßte ich Effys Sarg. Als ich auf wackligen Beinen den Flur hinunterfloh, hörte ich noch Saddies Stimme: «Bubbie, wisch den Kuß ab. Wir wollen nicht, daß er festtrocknet. Wenn er da trocknet, brauchen wir 'nen Preßlufthammer, um ihn wegzukriegen.»

Wieder lachten alle, und ich stellte mir vor, wie Bubbie den Sarg mit einem Geschirrtuch abwischte.

Ich ging in Effys Zimmer und öffnete das Fenster, damit die kalte Luft mein Gehirn sauberfegen konnte. Mimi hatte schon alles weggeräumt, bis auf das Bett und den Nachttisch, aber sie hatte ein paar Sachen für mich aufgehoben – Effys weißen Seidenmorgenrock, ihr Radio, die aprikosenfarbene Tagesdecke und ihre Sammlung von Billie-Holiday-Platten. Ich zog den Morgenmantel über und legte mich unter die Decke. Als das nicht reichte, kroch ich wieder in ihren Schrank, zog die Tür zu und roch sie. Ich schnupperte an der Rückwand, wo ihre Kleider gehangen hatten, und die Tränen flossen aus mir heraus, während ich durch die Wand wieder den Herzschlag hörte – schrapp, schrapp, schrapp.

Irgendwie, wenn man die dunklen Wasser teilte und bis zum Grund vorstieß, durch das Schilf und den Morast, war da immer Mimi.

Ich komme nicht darüber weg, wie sehr mich diese Neger haßten. Sie verabscheuten mich. Ich hatte das Gefühl, von Dolchen durchbohrt zu werden. Ich war noch nie bei einer ihrer Zusammenkünfte gewesen. Nur in den Clubs, und ihren Haß hatte ich nie gespürt. Aber er war sehr ehrlich – nur in ihrer eigenen Umgebung wagen sie es, ehrlich zu sein. Bei Mimi könnten sie das nicht.

Ich glaube von tiefstem Herzen, daß ich Effy mehr geliebt habe als Saddie. Was will ich damit sagen? Daß ich ein guter Mensch bin, über jeden Vorwurf erhaben, und daß sie mich nicht so hätten hassen dürfen, weil ich doch eine von ihnen liebte? Ich habe diese Negerin mehr geliebt als ihre eigene Großmutter. Du dumme Kuh, Lana.

Sie leben hier, wir leben dort. Wir tun dies für unseren Lebensunterhalt, sie jenes. Wie würde ich mich fühlen, wenn ich eine weiße Frau den Fußboden schrubben sähe, während eine Negerin an ihr vorbeigeht, um ihren Pudel im Central Park auszuführen? Oder wenn ich eine der Frauen auf dem Fußboden wäre? Was für ein Gefühl ist das, Lana, den Fußboden zu schrubben, während eine Negerin über dich hinwegsteigt, auf dem Weg zur Oper? Es fühlt sich falsch an – so soll's nicht sein.

Sie hatten das Recht, mich zu hassen.

Gestern ist Effy gestorben, und ich bin mit ihr gestorben.

Das war das Ende dieses Eintrags, drum klappte ich das Notizbuch zu und schob es wortlos wieder unter das Polster. Der Text hatte nicht besonders gut zu Weihnachten gepaßt, aber das hatte ja auch niemand erwartet.

«Ich finde, diese Schwarzen hätten nicht so gemein zu Lana sein sollen», flüsterte Lizzy. «Sie hat ihnen doch nichts getan. Gus hätte sich nie so benommen.»

«Wer weiß», sagte ich. «Wenn sie da gewesen wäre, vielleicht schon. Delors und Ummy waren ja auch so, und sie haben Lana besser gekannt als Gus.»

«Ich bin Negerin, und ich wär nie so zu Lana.»

«Du bist keine ganze Negerin», erinnerte ich sie. «Garta ist deine Mutter, und sie ist weiß.»

«Ich weiß, aber wenn du zur Hälfte Negerin bist, dann bist du ganz Negerin. Das hat Joe gesagt. Ein bißchen schwarz, hat er gesagt, und du bist ganz schwarz.» Sie zog ihren Mantel fester um sich und klemmte ihre Hände in die Achselhöhlen. «Wir müssen beim Mond schwören», wisperte sie.

Ich war nicht besonders scharf darauf, mich ein drittes Mal vor dem Mond zu verneigen, da ich stark bezweifelte, ob er mir noch glaubte. Ich hatte schon zweimal gelogen. Ich fühlte mich gar nicht wohl dabei, ja, mir war ganz schlecht, aber wir stellten uns ans Fenster in meinem Zimmer, trotz unserer Mäntel zitternd, und gelobten beim Vollmond, daß wir Lanas Notizbücher nie wieder anfassen würden, solange wir lebten.

Wir krabbelten ins Bett und beobachteten die Scheinwerferlichter der vorbeifahrenden Autos auf den Wänden.

«Es ist mehr, als ich dachte», flüsterte Lizzy. Sie drehte den Kopf auf dem Kissen,und ich sah in ihre schwarzen Samtaugen.

«Ich weiß.» Ich drückte ihre eiskalte Hand, und wir kuschelten uns noch tiefer unter die Decke.

«Ich wüßte trotzdem gern, was mit Lana passiert ist», sagte sie. «Das haben wir immer noch nicht rausgefunden.»

Ein eisiger Schauder überlief mich, und ich merkte zum erstenmal, daß ich Angst hatte, wirklich zu erfahren, was Lana widerfahren war. Wir fingen auch gar nicht an zu spekulieren – die Zeiten waren offenbar vorbei.

Ich mußte warten, bis Lizzy schlief, um das Notizbuch in die Kiste zurückzulegen und die Klappen zu schließen. So kam ich mir richtig nackt vor – als wäre das Notizbuch eine entblößte Brust oder ein Stück meines Hinterns. Ich mußte es so schnell wie möglich wieder wegpacken. Als Lizzy endlich einschlief, flitzte ich in die Dachkammer, legte das Buch in die Kiste und schloß die Klappen. Das Gefühl in meiner Brust war so unangenehm, daß ich jetzt wirklich glaubte, ich würde es nie wieder tun. Die Nerven wuselten mir in der Brust herum, füllten sie aus und preßten mit solcher Macht gegen meine Lungen, daß ich kaum Luft bekam.

Ich ging ins Bad und rieb mir die Brust mit warmem Wasser ab. Dabei überlegte ich die ganze Zeit, warum die Menschen sich so haßten und warum sie dauernd aufeinander herumhackten. War so das Leben? Eine Niederlage nach der anderen? Gerade als ich das dachte, begann das Licht im Bad zu flackern, und ich hörte draußen im Garten den gellenden Schrei einer Katze. Mein Herz schlug ganz schnell, als wäre es irgendwie mit dem flackernden Licht und der schreienden Katze verbunden. Ich sah plötzlich Lizzys verängstigtes Gesicht vor mir, ihre unruhigen schwarzen Augen, und ich dachte, daß ich sie vor einem Leben voller Niederlagen bewahren würde. Als das Licht flackerte und die Katze schrie, wußte ich, daß das stimmte.

Es war meine erste Vorahnung.

14

Als der Winter sich in den Januar und dann in den Februar zog, wurde es mit meinen Nerven noch schlimmer. Lanas und Leos Beziehung besserte sich nicht, und nach einer Weile fühlte es sich an, als würde alles immer so bleiben, als würde ihr Verhältnis in dieser schrecklichen Form erstarren. Das machte meine Nerven rasend. Inzwischen waren es so viele, daß ich mir manchmal vorstellte, wenn ich von einem Auto überfahren würde, dann kämen sie aus mir herausgeschwirrt wie Bienen aus dem Korb. Sie langweilten sich furchtbar beim Schneehäuserbauen und beim Theaterspielen im Keller. Sie wollten unbedingt Lanas verschlossene Notizbücher mit Leos Taschenmesser aufbrechen, und statt erst abends herauszukommen, meldeten sie sich jetzt auch tagsüber und bedrängten mich, während ich in Mrs. Devonshits Klassenzimmer saß.

Da ich Lanas Notizbücher nicht lesen wollte, verlangten sie etwas anderes von mir, etwas Heimliches, Spannendes, Fesselndes. Schließlich konzentrierten sie sich auf Elena und ihre rätselhaften Abwesenheiten. Elena verschwand immer nach der Schule und gelegentlich auch nach dem Abendessen, und wenn ich sie fragte, wohin sie ging, antwortete sie: «Nirgends.» Ich wußte, das konnte nicht wahr sein, also folgten Lizzy und ich ihr nach der Schule heimlich durch die kalten, verschneiten Straßen, um herauszukriegen, wohin sie ging.

Eines Tages Ende Februar entdeckten wir sie hinter dem Colgate Inn mit einer Clique von vier Jungen und zwei Mädchen, die sich, an ein paar Autos gelehnt, unterhielten und rauchten. Aber das war noch nicht die Endstation, sondern nur ein Zwischenstop – ihre eigentliche, ihre wahre Mission führte sie den Hügel hinauf, bei Miss Thomas vorbei und über eine Wiese in den Wald hinauf. Wir folgten ihr bis zu der Wiese hinter einer kleinen Anhöhe und warteten, bis sie zwischen den Bäumen verschwand. Dann rannten wir schnell hinüber, aber als wir im Wald anlangten, war Elena nicht mehr zu sehen. Um nicht mehr nach ihr die Wiese überqueren zu müssen und sie dann im Wald zu verlieren, rannten wir beim nächstenmal voraus und warteten hinter den Bäumen. Wir hielten uns für ausgesprochen clever – bis wir ihr zu folgen versuchten. Es war sehr, sehr still im Winterwald, und wir konnten uns nirgends richtig verstecken. Je öfter Elena unsere Versuche vereitelte, desto dringender wollte ich sie erwischen. Wir versteckten uns tiefer im Wald, um sie später zu kriegen, aber wir wählten nie die richtige Stelle und bekamen sie gar nicht zu Gesicht.

All das sollte meine Nerven beschäftigen, aber nach einiger Zeit machte es sie nur noch verrückter. Sie zogen scharenweise in meinen Magen, wo sie dermaßen herumzappelten, daß ich den Appetit verlor. Sie nahmen soviel Platz ein, daß ich oft nicht mal einen Cracker hinunterbrachte. Nachts hielten sie mich lange wach, so daß ich am nächsten Nachmittag kaum die Augen offenhalten konnte. Als ich drei Tage nacheinander im Unterricht eingeschlafen war, wurde Mrs. Blanchard, die Schulkrankenschwester, gerufen, damit sie mich untersuchte. Sie leuchtete mir mit der Taschenlampe in Augen und Ohren, und dann überprüfte sie, ob ich Läuse hatte. Ich hoffte, sie würde die Nerven entdecken. Dann wäre mir die Mühe erspart geblieben, selbst jemandem davon zu erzählen. Aber sie fand sie nicht.

Schließlich beschloß ich, Miss Thomas von den Nerven zu erzählen. Ich dachte an ihren Wunderbaren Lebensrettungstrank –

vielleicht half der mir ja. Es bedrückte mich enorm, daß sie manchmal den Verstand verlor, aber ich war einfach verzweifelt. Ich hatte sie seit einem Monat nicht mehr besucht, und als ich kurz vor Einbruch der Dunkelheit den Hügel hinaufkletterte und aus dem Wald heraus auf ihre Wiese trat, hatte ich beim Anblick der halb unter dem Schnee begrabenen Statuen ein ganz komisches Gefühl. Die dürren Stengel der Wiesenblumen ragten aus der eisigen Kruste. All das erinnerte mich an den Tod oder an etwas ähnlich Grausiges, und ich hatte Angst, Miss Thomas könnte sich verändert haben, die Tragödie des Winters könnte auch sie getroffen haben. Ohne die Sonne und ihre grüne Blumenwiese hatte sie vielleicht ganz und gar den Verstand verloren. Ich klopfte trotzdem – die Nerven krabbelten mir schon im Hals herum.

Als sie die Tür aufmachte, wußte ich gleich, es ging ihr gut. Sie trug einen langen, grauen Faltenrock und lilafarbene Wildlederschuhe. Ihr weißes Haar sah aus wie ein weicher Watteheiligenschein. «Das finde ich ja ganz toll, daß du kommst, Maddie», sagte sie. Sie riß die Tür weit auf, und selbst unter ihrem blauen Pullover konnte ich die Hühnerhaut schwabbeln sehen.

Sie ging mit mir in die Küche, und als ich mich hinsetzte, überlegte ich, wie ich ihr überhaupt von den Nerven erzählen sollte. Man konnte doch nicht einfach zu jemandem sagen, man hätte Nerven. Vermutlich mußte man langsam darauf hinarbeiten. Aber schließlich kam es doch ganz ohne Vorwarnung aus meinem Mund. «Ich habe Nerven», sagte ich. Dann wandte ich den Blick von ihr ab und schaute auf ihre lila Wildlederschuhe, und mein Gesicht glühte vor Verlegenheit.

«Was meinst du damit, du hast Nerven?» Als ich aufblickte, sah ich ein Lächeln auf ihren Lippen, was mich beunruhigte, aber ihre Olivenaugen blickten mich freundlich und ermutigend an.

«Ich habe *Nerven.* Ganz viele. Sie halten mich nachts wach, und jetzt sind sie auch in meinem Magen und hocken da, und ich kann nichts essen.» Die Worte brachen aus mir heraus, ohne Tränen, aber die waren nicht weit weg. Sie sickerten schon in meine Stimme, die ohnehin zu laut war, und wenn ich nicht aufpaßte, würden sie demnächst aus meinen Augen fließen.

«Hast du jemandem davon erzählt?» fragte sie leise. Sie faltete die schwieligen Hände im Schoß und beugte sich vor, so wie Leute das tun, wenn man ihnen ein Geheimnis erzählen will.

«Nein, nur Ihnen.» Ich holte tief Luft und versuchte mich zu entspannen. Aber es ging nicht – mein Herz hämmerte, und die Nerven hüpften in meinem Magen herum wie Flöhe.

Miss Thomas' Augen studierten mich eingehend. Sie schien so interessiert, daß ich ihr ausführlich erzählte, wie die Nerven durch die Adern rutschten und auf meinen Muskeln herumtrampelten. Als sie mich fragte, wie die Nerven aussehen, gab ich zu, daß ich sie noch nie gesehen hatte, sagte aber, ich hätte den Verdacht, sie sähen aus wie kleine schwarze Käfer mit sechs gestiefelten Füßen. «Wie viele sind es denn, denkst du?» fragte sie, worauf ich antwortete: «Tausende.»

«Vielleicht würde mir Ihr Wunderbarer Lebensrettungstrank helfen», flüsterte ich, weil ich fürchtete, sie würde nicht von selbst darauf kommen.

«Na ja, ich werde nicht sehr oft gebeten, was gegen Nerven zu tun, aber ich glaube, ich weiß da was.»

Ich folgte ihr durch den dunklen Flur, an dem Zimmer mit all den mechanischen Spielsachen vorbei. Ich bekam eine dicke Gänsehaut an Armen und Beinen. Wohin brachte sie mich diesmal? Ich stellte mir ein geheimes Zimmer vor, mit langen Regalen, auf denen lauter Zaubertränke standen – rote, grüne, lilafarbene. Sie sagte nicht wie letztes Mal, ich solle die Augen schließen und ganz still sein. Statt dessen öffnete sie leise eine Tür, und ich folgte ihr ins Dunkel.

Sie ging in eine Ecke und zündete mit einem Streichholz zwei große weiße Kerzen an. Im flackernden Licht erkannte ich nach und nach eine rote Kiste, die aussah wie ein Haus ohne Vorderfassade. Sie stand ganz hinten in der Ecke und war voller merkwürdiger Statuen, ähnlich wie die auf dem Rasen, nur viel kleiner und aus Messing. Die größte war eine Frau mit acht schlangenartigen Tänzerinnenarmen.

Erst war ich neugierig – aber dann bekam ich Angst. Ich verband diese seltsamen Figuren damit, daß Miss Thomas den Verstand verlor, und plötzlich durchzuckte mich der furchtbare Gedanke, sie könnte jetzt hier vor mir völlig verrückt werden, in diesem dunklen, versteckten kleinen Zimmer.

Wir knieten uns auf zwei roten Kissen vor das kleine Haus, und Miss Thomas sagte: «Ich bringe dir etwas bei, was deine Nerven einschlafen läßt.» Die Kerzenflammen spiegelten sich in ihrer Brille, und ihre Augen tanzten dahinter.

«Okay», sagte ich, obwohl ich keine Ahnung hatte, was das sein mochte.

«Ich bringe dir ein paar Worte auf Hindi bei. Es sind sehr alte, sehr mächtige Worte... wirklich *uralt*.» Die Art, wie sie das Wort *uralt* aussprach, ließ es mir kalt über den Rücken laufen.

Ich nickte und sah genau zu, wie sie die Augen schloß und die Hände faltete.

«*Namo arihantum. Namo siddhanum. Namo ovajjyanum*», flüsterte sie langsam.

Ich starrte sie an und spürte, wie mein Herz losraste. Das waren die Worte, das wußte ich genau. Wenn sie den Verstand verlor, dann sagte sie diese Worte. Panik ergriff mich. Ich rückte von ihr ab und rutschte von dem roten Kissen herunter, so daß meine Knie auf dem kalten Holzfußboden landeten, und als ich mich in dem dunklen Zimmer nach einer Tür umschaute, sah ich Miss Thomas' riesigen, dämonischen Schatten an der Wand. Er sah aus wie ein monströser schwarzer Fleck. Ich wollte weglaufen, ehe sie richtig in Fahrt kam, bevor sie das Gesicht nach oben drehte und zum Himmel flehte.

«Was ist los?» fragte sie und klappte die Augen auf.

Ich sah sie an und rutschte auf den Knien langsam rückwärts. «Sind das die Wörter, die Sie immer morgens auf der Wiese sagen?» flüsterte ich. Die Kerzen flackerten, als würde ein unsichtbarer Geist sie anpusten, und Miss Thomas nickte, wobei ihre Augen mich seltsam musterten, als hätte *ich* den Verstand verloren. «Was ist das?» fragte ich. Ich hielt die Luft an, damit nichts Schlimmes passierte, und in der Stille fühlte ich die dunklen Wände auf mich einstürzen.

«Das ist Hindi, mein kleines Vögelchen. Ein Gebet. Was hast du denn gedacht?» Sie lachte und legte ihre weiche, knorrige Hand auf meinen Arm. Mich überflutete eine enorme Welle der Erleichterung. Miss Thomas verlor doch nicht den Verstand. Sie redete nur eine andere Sprache – sie betete nur. Der dunkle Fleck verschwand von ihrem Bild, und all meine Ängste und Vorbehalte gegenüber dieser seltsamen Frau lösten sich in Luft auf.

Ich folgte ihrer Stimme, die mühelos durch das Dickicht der Hindi-Worte wanderte, bis ich die merkwürdigen Töne und Rhythmen auswendig wußte. *«Namo ovajjyanum»*, flüsterten wir. *«Namo ayaryanum. Namo loeysavuh savanum.»* Zehn Minuten vergingen, vielleicht sogar mehr, dann hörte sie auf, und wir schwiegen. Als sie mich ansah und lächelte, bemerkte ich, daß ihr Blick so fern war, als wäre sie weggegangen und gerade erst zurückgekehrt.

Sie rückte die Statue der Frau mit den acht Armen ein bißchen weiter vor. «Das ist Durga», sagte sie. «Ich möchte, daß du sie ansiehst, während du die Worte sprichst, und ich möchte, daß du dir vorstellst, wie ihre Hände deine Nerven beruhigen, sie ins Bett bringen und mit sanften Berührungen beschwichtigen.»

«Könnten ihre Hände sie nicht einfach umbringen?» fragte ich und blickte in Miss Thomas' riesige dunkle Augen.

«Du möchtest deine Nerven doch nicht umbringen, Maddie. Du möchtest sie nur beruhigen.»

«Nein, ich will sie umbringen», beharrte ich. «Kann ich Durgas Hände nicht bitten, sie zu zerquetschen?»

«Sie gehören zu dir, kleines Vögelchen. Du kannst sie nicht töten. Aber du kannst sie bezähmen lernen, damit du ihre Meisterin bist.»

Ich hatte keine besondere Lust, ihre Meisterin zu sein.

Ich wollte sie lieber tot haben, aber Miss Thomas bestand darauf, daß es nicht ging, sie zu töten – nicht, solange ich selbst noch lebte. Sie gehörten zu mir wie meine Haut, sagte sie.

Ich blickte sehnsüchtig zu den rotgelben Pülverchen. Es wäre viel leichter für mich gewesen, einfach einen Trank zu schlucken, als mich mit Durga und ihren vielen Armen abzugeben. «Haben Sie denn keinen Trank?» fragte ich.

«Das ist besser als jeder Trank», sagte sie, und das Kerzenlicht flackerte über ihr Gesicht. «Durga hat mehr Macht als alle Tränke, die ich kenne.»

Ich nickte und sah zu, wie sie sich hochstemmte und zum Schrank hinüberging, wo sie aus einer weißen Schachtel eine kleinere Version der Durga hervorholte. Sie war aus Metall und etwa zwanzig Zentimeter groß. Miss Thomas sagte, ich solle sie abends oben ans Bett stellen, wenn die Nerven sich meldeten, und die Hindi-Wörter sprechen, während ich mir vorstellte, wie Durgas Hände die Nerven zu Bett brachten. Dann wickelte sie die Figur in einen ihrer Schals und steckte sie in mein Sweatshirt.

Ich verstaute sie in der obersten Schublade meiner Kommode, unter den Wollsocken. Als sich meine Nerven nachts bemerkbar machten, holte ich Durga heraus, und da ich sie oben an meinem Bett nirgends hinstellen konnte, nahm ich sie mit unter die Decke. Ich vergewisserte mich, daß Elena schlief, ehe ich sie auf meinen Bauch stellte. Ich starrte sie durch die verschwommene Dunkelheit an, berührte ihre Arme mit den Fingerspitzen, und dann flüsterte ich ganz langsam die Worte. *«Namo arihantanum. Namo siddhanum. Namo ayaryanum. Namo ovajjyanum.»* Immer wieder murmelte ich diesen seltsamen Sprechgesang, wobei ich Durga leicht bewegte. Zuerst tat sich nichts, aber nach etwa fünf Minuten begannen die Wörter mich zu verändern. Ich fühlte, wie Durga durch meinen Körper hindurchging und dabei graziös die schlanken Arme bewegte. Mit ihren feinen Händen brachte sie meine Nerven ins Bett, immer acht auf einmal, redete besänftigend auf sie ein und strich ihnen zart über die Stirn. Schon diese Berührung machte die Nerven schläfrig, und als Durga die Hand von ihrer Stirn nahm, waren sie bereits eingeschlafen.

Von da an begleitete mich Durga immer in die Schule. Ich schob sie durch den Riß in meiner Manteltasche und trug sie im Futter mit mir herum. Ich versteckte sie hinten unter meinem Pult, und wenn meine Nerven aufmuckten, stopfte ich Durga unter meine Bluse und ging auf die Toilette. Ich verriegelte die Tür, stellte die Statue aufs Waschbecken, setzte mich auf den Klositz und flüsterte die Worte, während Durga meine Nerven einlullte.

Es klappte nicht immer so perfekt mit Durga. Manchmal half sie mir überhaupt nicht. Ende März, als ich einen Brief von Mimi in Lanas Post fand, war sie nutzlos. Sobald ich den Namen MIMI LAMAR in kindlichen Großbuchstaben oben auf dem Briefumschlag sah, hüpften meine Nerven in mir herum wie Gazellen. Ich versuchte, durch den Umschlag zu sehen, konnte aber kein Wort entziffern – nur die Großbuchstaben waren zu erkennen. Das Papier war so pockennarbig, daß ich kleine blindenschriftartige Erhebungen darauf ertasten konnte. Unauffällig ließ ich den Brief in mein Mantelfutter gleiten, zu Durga.

Ich hatte Angst, ihn zu lesen, weil ich nicht wußte, in welche Sündenkategorie das gehörte. Wenn es nun schlimmer war, als Lanas Notizbücher zu lesen, schlimmer, als Lanas Geheimnisse preiszugeben? Ich wollte nicht zu viel riskieren – ich hatte nämlich den schleichenden Verdacht, ich müßte nur noch so etwas tun wie Mimis Brief lesen, und schon würde der Himmel die Axt auf Lanas Kopf niedersausen lassen.

Zwei Tage lang marschierten meine Nerven massiv in meinen Armen und Beinen auf und ab. Das war so monoton und schmerzhaft, daß ich schließlich, als Lana mit Harry wegen Ohrenschmerzen zum Arzt ging, Leos Taschenmesser nahm und mich im Bad einschloß. Ich stellte Durga als Glücksbringer aufs Waschbecken, schob die Klinge unter die Klappe und machte sie vorsichtig auf. Ich zog den Brief heraus, entfaltete ihn, legte ihn auf meinen Schoß und starrte verblüfft auf die kindliche Handschrift. Es war die Handschrift einer Zweitkläßlerin.

Liebe Lana,

ich habe erst jetzt erfahren, daß Du letzten Sommer von Detroit weggezogen bist. Leos Vater hat mir Deine Adresse gegeben; Deine Telefonnummer wollte er nicht rausrücken. Er behauptet, Du hättest es ihm untersagt. Überleg Dir mal, wie ich mich da fühle – Deine eigene Mutter.

Ich schreibe Dir, weil ich Dich bitten möchte, die Vergangenheit endlich zu begraben und zu vergessen. Ich bin ganz allein auf dieser Welt, Lana. Ich werde alt und weiß nicht, wie lange ich noch lebe. Ich würde mich gern mit Dir und Leo versöhnen. Ich würde gern meine Enkelkinder richtig kennenlernen.

Ich bitte um Verzeihung für das, was ich Dir und Leo angetan habe, und für vieles andere in der Vergangenheit. Du hast gesagt, Du möchtest nicht, daß Deine Kinder mich kennen, jedenfalls nicht, solange ich ein Etablissement führe. Ich bin seit vergangenem Mai im Ruhestand und arbeite nicht mehr in diesem Gewerbe. Ich würde Deinen Kindern nie etwas von mir oder von Dir erzählen, womit Du nicht einverstanden wärst.

Letzten Monat hat mich Dein altes Anwaltsbüro angerufen, weil sie Dich kontaktieren wollten. Ich habe Ihnen Deine Adresse nicht gegeben, weil ich dachte, Du würdest das bestimmt nicht wollen. Also habe ich ihnen gesagt, ich würde es Dir ausrichten.

Du fehlst mir, Lana. Du hattest in vielem recht. Ich bin bereit,

Dich so zu nehmen, wie Du bist. Ich würde mich sehr freuen, wenn Du und Leo und Deine Kinder diesen Sommer ans Meer kämt.

Mimi

Ich hörte Elenas Schritte auf der Treppe, also steckte ich den Brief schnell zurück in den Umschlag und brachte ihn nach unten. Dort mischte ich ihn zwischen die heutige Post, die ich dann wie immer oben auf den kleinen Geschirrschrank im Eßzimmer legte. Als Lana mit Harry vom Arzt zurückkam, beobachtete ich sie ganz genau, als sie die Post durchging. Sie war mindestens so perplex wie ich, als sie den Brief von Mimi sah. Der Schreck zeigte sich zuerst in den Augen, dann ging eine Art Elektroschock durch ihr Rückgrat – ihr Kopf zuckte unwillkürlich nach hinten. Die Reaktion war minimal und dauerte nur einen kurzen Moment, aber ich bemerkte sie trotzdem. Lana schob den Brief sofort unter eine Obstschale in der Küche und las ihn erst später am Abend, als niemand mehr im Weg war.

Ich sah vom Eßzimmer aus zu, wie sie ihn aus dem Umschlag nahm, und sobald sie mir den Rücken zuwandte und sich auf einen Küchenhocker setzte, krabbelte ich schnell unter den Eßtisch. Ich sah, wie die Spannung ihren Rücken hinaufkroch und sich in den Schultern ausbreitete. Innerhalb weniger Sekunden wurde ihr Atem hektisch, und ich war mir nicht sicher, ob das daran lag, daß Mimi geschrieben hatte oder daß ihr altes Anwaltsbüro mit ihr reden wollte. Als sie den Brief fertig gelesen hatte, stopfte sie ihn wieder in den Umschlag. Sie blieb noch eine Weile angespannt sitzen und starrte durch die Hintertür auf die dunklen Hügel in der Ferne. Dann holte sie mehrmals tief Luft, um sich wieder zu fassen. Impulsiv nahm sie den Telefonhörer ab und wählte.

«Mimi», sagte sie. Die Worte schossen aus ihr heraus. «Ich habe deinen Brief bekommen.» Sie warf die Haare zurück und preßte sich die Hand auf die Stirn, als bekäme sie Fieber, sobald sie mit Mimi redete. Sie räusperte sich ein paarmal, und daran, daß ihre Lippen Mühe hatten, ein Wort zu bilden, merkte ich, es fiel ihr schwer zu sagen, was sie sagen wollte. «Was wollte der Anwalt?» fragte sie schließlich, und ihre Stimme schnellte eine ganze Oktave nach oben. Als sie fest die Augen zukniff und den Atem anhielt, wußte ich, sie hatte Angst vor der Antwort. Während Mimi redete, erstarrte Lana, und nach einer Weile schoß sie wie eine Flamme vom Hocker. *«Sag ihm, das kann er vergessen»*, schrie sie. Ihre Stimme war laut, viel zu laut. *«Ich will mit niemandem reden.»*

Sie schwieg und hörte ein paar Minuten nur zu, die Lippen fest aufeinander gepreßt. Sie schlug die Beine übereinander und wieder auseinander, und dann stand sie auf und lief im Kreis herum, wobei sich die Telefonschnur um ihre Beine wickelte. Ich sah eine hitzige Röte ihre Kehle hinaufschießen und sich wie Feuer auf ihren Wangen ausbreiten; ihr Rücken wurde wieder starr, und sie schlug mit der Faust auf die Anrichte. «Du tust es schon wieder», schrie sie, «du sagst mir schon wieder, was ich tun soll, verdammt!»

An Mimi war etwas, das sie auf die Palme bringen konnte, denn sie legte mit einem lauten Knall auf. Ein einziges Gespräch mit Mimi, und Lana war ein Wrack. Ihr Atem ging wie der Wind, und ihre Hände flatterten wie Motten. Sie stolperte durch die Küche und suchte irgend etwas. Dann wollte sie aus der Hintertür, doch ein eisiger Luftschwall trieb sie gleich wieder zurück. Sie machte kehrt und durchquerte die Küche, so fest auf ihren Stock gestützt, daß er quietschte. «Sie tut es schon wieder, Lana. Sie tut es schon wieder», hörte ich sie flüstern. Mit ungeschickten Bewegungen kochte sie sich eine Tasse Tee, und als sie sich schließlich hinsetzte, wählte sie einen Stuhl am Eßtisch. Ihre Füße waren keine fünf Zentimeter von meinen Knien entfernt. Ich sah ihre Beine zittern und horchte auf das Klappern der Teetasse. In Sekundenschnelle kamen meine Nerven hervor, scharenweise.

Die Haustür ging, und ich hoffte auf Rettung, aber es war Elena – sie kam ganz leise herein und schlich die Treppe hoch. Ich hörte ihr das schlechte Gewissen am Gang an und dachte, das könnte vielleicht Lanas Neugier wecken, aber sie trank nur im Dunkeln ihren Tee und wartete darauf, daß ihre Erregung abflaute. Eine Viertelstunde später kam Leo. Als er im Eßzimmer Licht machen wollte, hielt Lana ihn davon ab. Sie wollte lieber im Dunkeln sitzen, aber ihn störte es, sie im Stockfinstern anzutreffen.

«Was ist los, La?» fragte er und zog einen Stuhl heraus. Hätte ich mich nicht geräuschlos zurückgezogen, wäre er glatt auf mich getreten.

«Mimi hat mir geschrieben», sagte sie leise. «Dann hab ich den Fehler gemacht, sie anzurufen.» Ein tiefer Seufzer kam über ihre Lippen, und ich hörte, wie sie die Ellbogen auf den Tisch stützte.

«Was wollte sie?» fragte Leo. Er klang nervös.

«Aus irgendeinem Grund will mich jemand vom Anwaltsbüro sprechen», sagte Lana. Sie verhakte sich bei dem Wort *Anwalt*, doch der Rest des Satzes kam aus ihrem Mund geschossen, als würde ihn jemand aus ihr herauspressen.

«Aber du redest nicht mit ihnen, oder?» Der Gedanke schien ihn zu erschrecken.

«Hab ich gesagt, ich würde mit ihnen reden?» Sie stellte die Teetasse mit einem kleisen Klirren auf die Untertasse.

«Nein, aber –» stieß er hervor.

«Was *aber*, Leo?»

«Das gehört der Vergangenheit an.»

«Es kommt aber immer wieder, nicht?» sagte sie laut.

Ihre Füße scharrten nervös unterm Tisch, und sie lachte, aber es war kein richtiges Lachen, eher ein höhnisches Kichern, höhnisch und unterwürfig zugleich, wie ich es noch nie von Lana gehört hatte.

«Nur, wenn du es zuläßt», schrie Leo.

«Ich habe diesen Brief nicht bestellt, Leo. Er kam aus heiterem Himmel. Was kann ich dafür?»

Als Lana «Er kam aus heiterem Himmel» sagte, blieb mir das Herz stehen. Schlagartig wurde mir klar, daß Elena, Lizzy und ich Mimi dazu gebracht hatten, diesen Brief zu schreiben. Vor allem ich. Ich hatte das Gleichgewicht gestört, ich war zu weit gegangen, und jetzt war er gekommen, aus heiterem Himmel, wie eine Axt, und brachte sie auseinander. Bei diesem Gedanken schlüpften meine Nerven unter die Kniescheiben.

«Du wirst nicht mit dem Anwalt reden», sagte Leo drohend. «Du wirst uns nicht noch einmal durch diese Hölle jagen. Wir haben vor langer Zeit beschlossen, daß *das* der Vergangenheit angehört. Ich dulde es nicht, Lana.» Seine Faust lag verkrampft in seinem Schoß.

«Du hast dich nicht an deinen Teil des Abkommens gehalten, Leo», entgegnete Lana bitter. «Wir haben nicht vereinbart, daß wir in einer Kleinstadt leben und du fünfzehn Stunden am Tag arbeitest – und ich bin die *Frau.*»

Lana schob ihren Stuhl zurück und stand auf, und die Teetasse klirrte auf dem Tellerchen.

«Also willst du mich jetzt bestrafen?» rief er ihr nach.

Sie hastete aus dem Zimmer und eilte die Treppe hinauf, und ihr Stock klopfte den Gegentakt.

«Scheiße», murmelte Leo.

Er wartete, bis er ihre Tür knallen hörte, dann stand er auf, zog seinen Mantel über und verließ das Haus. Ich sah ihm durch die vereisten Verandafenster nach, wie er die matschige Straße hinuntereilte und zu den verschneiten Campuswiesen hinüberging. Offenbar konnte er es sich jetzt leisten, nicht mit Lana auszukommen, weil er wußte, wo er hingehen konnte.

Als er außer Sichtweite war, kamen meine Nerven hinter den Kniescheiben hervor und rasten durch die Schenkel, über den

Rippenbogen und zu den Schultern hinauf. Ich lief schnell nach oben, holte Durga aus der Schublade und stellte sie auf meinen Bauch, wobei ich immer wieder die Hindi-Worte flüsterte. In Minutenfrist hatten meine Nerven wieder aufgewühlt, was sich im vergangenen Monat zu einem erträglichen Flüstern reduziert hatte – meine quälende Neugier. Warum wollte jemand aus einem Anwaltsbüro mit Lana sprechen? fragte ich mich. Und warum ärgerte das Leo so furchtbar? Alles, was während der trägen Wintermonate eingeschlummert war, regte sich wieder in mir, so wie sich draußen der Frühling regte, und ich war fest davon überzeugt, daß ich jetzt verrückt wurde. Ich wiederholte die Hindi-Wörter immer schneller und stellte Durga auf meine Brust, damit ich sie ganz genau sehen konnte, aber es half alles nichts. Meine Nerven waren zu schnell – sie wichen Durgas Armen geschickt aus.

Ich konnte nicht still liegen. Es war nicht auszuhalten – ich mußte aufstehen und die Arme schwingen wie Windmühlenflügel. Über fünf Minuten ging ich vor der Speichertür auf und ab, bis ich sie schließlich öffnete und Licht machte. Die Kisten standen unter den staubigen Balken, ein eindrucksvoller Turm, unbewacht und verlockend im blaßgelben Licht. Ich schloß die Tür hinter mir und schlich über die breiten, kalten Dielen, bis ich direkt davor stand. Ich wollte mir die Notizbücher nur anschauen und vielleicht ein paar Seiten durchblättern, um zu sehen, ob irgendwo ein Anwalt erwähnt wurde. Da spürte ich etwas Nasses an den Füßen, und als ich nachsah, stellte ich fest, daß die Kisten in einer großen Pfütze standen. Das Dach war undicht, und da es taute, waren die Kisten jetzt ganz durchnäßt, vor allem die unterste. Ich fand das Loch und sah zu, wie das Wasser fast geräuschlos in die Pfütze tropfte. Ich versuchte, den Kistenstapel an eine trockene Stelle zu schieben, konnte ihn aber nicht von der Stelle bewegen. Die Kartons waren unglaublich schwer.

Ich stolperte aus der Dachkammer und ging sofort zu Elena.

Ich rüttelte sie wach. «Was ist los, Maddie?» rief sie und richtete sich blitzschnell auf. Das Licht vom Flur teilte ihr Gesicht in zwei Hälften, und sie kniff das rechte Auge zu, weil es sie blendete. «Auf dem Speicher stimmt was nicht», flüsterte ich. Ich spürte, wie mir auf dem Rücken der kalte Schweiß ausbrach, und mein Körper krampfte sich zitternd zusammen. Mit den Lippen formte ich das Wort «Notizbücher», und schon war Elena hellwach. «Was ist damit?» fragte sie. Ich winkte ihr, mit mir in den Speicher zu kommen. Sie torkelte hinter mir her und versuchte, den Schlaf abzuschütteln, und als wir da waren, zeigte ich ihr die undichte Stelle. Ihr Blick wanderte von der Dachschräge zum Fußboden, wo die unterste Kiste sich langsam, aber sicher auflöste.

«Ich hab versucht, sie wegzuschieben», flüsterte ich, «aber sie rühren sich nicht.»

«Wir müssen es Leo sagen, finde ich», erklärte Elena. Sie schlang die Arme um die Brust und hüpfte von einem Fuß auf den anderen, um sich warm zu halten.

Wir standen eine Weile da und überlegten, was passieren würde, wenn wir es Leo erzählten. Es würde natürlich ihn und auch Lana daran erinnern, daß die Kisten hier standen, und das wollten wir nicht. Vielleicht räumten sie sie dann weg und in Lanas Schrank, wo wir so gut wie nicht mehr drankonnten.

«Wir können's ihm nicht sagen», meinte ich mit einem Blick auf die kalte, jämmerliche Pfütze.

«Aber was sollen wir dann machen, Maddie? Wir können es doch nicht so weitertropfen lassen. Sonst geht noch das ganze Haus kaputt.» Sie streckte den Arm aus und stopfte das Loch mit dem Finger zu, worauf ihr ein eisiger kleiner Sturzbach den Arm hinunterlief.

«Wir könnten einen Eimer drunterstellen und ihn immer wieder ausleeren», schlug ich vor.

«Bis an unser Lebensende?» fragte Elena. Sie sah mich an, als wäre ich komplett durchgedreht.

«Nein, nur 'ne Weile – bis zum Sommer.»

«Und wer leert den Eimer immer aus?» sagte sie. «Ich bestimmt nicht.»

«Ich mach das schon.»

«Und du denkst jeden Tag dran?»

Elena kannte mich nicht. Sie wußte nicht, wie gut ich war, wenn es darum ging, einen einmal gefaßten Plan auszuführen. Sie hatte keine Ahnung, daß ich jeden Morgen die Papierkörbe nach Lanas ausgeschnittenen Artikeln durchsuchte. Sie wußte nicht, daß Lizzy und ich täglich die Überschriften der *New York Times* abschrieben. Einen Eimer auszuleeren war nichts dagegen.

«Ich mach das schon. Glaub mir, Elena, ich mach das schon.»

Für den Augenblick versuchten wir, die Kisten aus der Pfütze zu schieben. Elena gab das Kommando: «Los!», und wir drückten mit aller Kraft. Der Stapel kam ins Wackeln, und die Kisten landeten mit einem Riesenkrach auf dem Boden. Bestimmt hatte Lana das gehört – gleich würde sie in der Tür erscheinen. Die oberste Kiste war aufgegangen, und das Notizbuch, das wir gelesen hatten, fiel heraus und schlidderte über den kalten Boden. Es so zu sehen, so offensichtlich am falschen Platz, ließ mein Herz jagen. Die unterste Kiste war ruiniert – der Boden war so durchnäßt, daß sich der ganze Inhalt über den Fußboden ergoß. Es waren keine Notizbücher, wie wir gedacht hatten, sondern Dutzende von runden Silberdosen, alle etwa drei bis fünf Zentimeter hoch.

«Was ist *das* denn?» fragte ich, während wir auf Knien alles einzusammeln begannen. Elena öffnete eine der Dosen, und wir starrten auf eine runde Scheibe. Sie sah aus wie etwas, was ich schon einmal gesehen hatte, aber ich konnte nicht sagen, was es war.

«Was ist *das* denn?» wiederholte ich.

Elena holte das Ding aus der Dose und drehte es um. Es war etwa so groß wie eine 45er Schallplatte, ebenfalls mit Rillen, aber gut zwei Zentimeter dick. Als Elena das seitliche Klebeband abpulte und den Inhalt abrollte, wußte ich plötzlich, wo ich so etwas schon einmal gesehen hatte. In Arts Vorführraum.

«Das ist ein Film», sagte Elena. Sie hielt ihn gegen das Licht, und zwischen ihren Fingern sah ich die kleinsten Bilder meines Lebens. Sie waren durch Linien getrennt und sahen alle gleich aus. Während Elena die Spule immer weiter abwickelte, zählte ich Dutzende von Bildern, alle vom selben hohen Gebäude mit über hundert Fenstern.

«Warum hat Lana einen Film?» fragte ich.

Elena starrte mich einen Moment lang an, als überlegte sie, ob sie mir etwas Bestimmtes sagen sollte. «Vielleicht war sie ja Filmstar», flüsterte sie.

War dies das Geheimnis, das Lana ihr während der letzten Tage in Detroit anvertraut hatte? Daß sie Filmstar gewesen war? So, wie Elena das gerade gesagt hatte, klang es, als wüßte sie mehr. «Meinst du wirklich?» Ich wandte den Blick nicht von ihrem Gesicht.

«Ich weiß es nicht, Maddie. Aber warum soll sie sonst diese ganzen Filme haben?» Sie legte die Spule wieder in die silberne Dose und drückte vorsichtig den Deckel zu. Wenn mir jemand erzählt hätte, Lana sei Löwenbändigerin oder Kampffliegerin gewesen, hätte ich das sofort geglaubt. Für mich war sie zu allem fähig.

«Ist das das Geheimnis, das sie dir erzählt hat?» Ich trat ganz nah an Elena heran und legte meine eisige Hand auf ihren Arm. «Sag's mir, Elena.»

Sie schüttelte meine Hand ab und fing an, die übrigen Dosen einzusammeln und übereinanderzustapeln. «Das kann ich dir nicht sagen, Maddie. Du weißt das doch genau.»

«Warum nicht, Elena?» fragte ich. Ich spürte richtig, wie meine Verzweiflung wuchs. *«Warum nicht?»*

«Erstens passieren dann schlimme Sachen mit Lana. Und außerdem weiß ich es nicht. Ich weiß es wirklich nicht.» Sie raffte ihr Nachthemd und machte weiter mit dem Stapeln.

Aus irgendeinem Grund glaubte ich ihr.

Gemeinsam sammelten wir sämtliche Silberdosen ein und stapelten sie hinter der Pfütze auf. Die Kiste selbst war unbrauchbar. Wir knickten sie zusammen, stopften sie hinter den roten Sessel und schlichen in den Keller, um eine neue zu holen und außerdem noch einen Eimer für das Wasser. Wir trugen die Sachen in die Dachkammer, packten die Dosen in den neuen Karton, schlossen die Klappen und stellten die anderen beiden Kisten obendrauf. Dann plazierte ich den Eimer unter die undichte Stelle, und nun tropfte das Wasser in das rostige Blechgefäß.

«Die Filme sind nicht dasselbe wie die Notizbücher», sagte ich. Ich stellte mir vor, wie wir die Filme aufrollten, bis sie den ganzen Fußboden bedeckten. «Wir haben nur für die Notizbücher geschworen. Von Filmen haben wir nie was gesagt.»

«Aber eigentlich ist es dasselbe, Maddie. Denk doch mal nach.»

Wir verließen die Dachkammer, krochen ins Bett und schüttelten unter der warmen Decke die Kälte ab. Während der Wind leise gegen die Fenster drückte, dachte ich nach, und je mehr ich nachdachte, desto mehr fand ich, daß es nicht dasselbe war, wie wenn wir die Tagebücher lasen. Wir hatten dem Mond gegenüber nie etwas von Filmen gesagt.

Ich wußte, daß Art uns die Filme zeigen konnte. Aber trotzdem – es wäre gewagt. Es bedeutete, daß wir Lana vor Art und allen anderen Leuten bloßstellten, die gerade ins Kino kamen. Lanas Notizbücher heimlich in der Dachkammer zu lesen war etwas ganz anderes, als einen Film von ihr auf eine öffentliche Leinwand zu projizieren. Wer weiß, was mit Lana passieren würde. Und was für eine Sorte Sünde wäre das für mich? Sicher eine schlimmere als alle bisherigen.

«Elena», sagte ich ins Dunkel. «Leo und Lana haben sich heute abend furchtbar gestritten, und dann ist Leo weggegangen.»

«Worüber haben sie sich gestritten?» Ich merkte an ihrem kläglichen Ton, daß ihr das zusetzte.

«Sie hat gesagt, er hält seine Seite des Abkommens nicht ein. Sie hat gesagt, er ist die ganze Zeit weg, und sie muß in einer Kleinstadt wohnen und die Frau sein.»

«Ich hab dir ja gesagt, es ist seine Schuld. Es ist alles seine Schuld. Wart's nur ab – demnächst dreht sie noch mehr durch. Wart's ab. Bald kommt es so, Maddie – ich spüre es.»

15

Der Frühling kam nicht schnell genug. Der Winter blieb noch einen ganzen Monat und machte alle verrückt. Ende März war es immer noch zu kalt, um lange draußen zu sein; der Schnee kam, schmolz und kam wieder. Er war dreckig braun vom vielen Schmelzen und Gefrieren und weil er sich mit dem Matsch vermischte; keiner von uns hatte noch große Lust, darin zu spielen. Unsere Schneestadt stand draußen im Garten, rundgeschliffen und geschrumpft, und sie schwand immer mehr dahin.

Die Bäume ragten wie bleiche Gespenster aus den halb verschneiten, halb matschigen Wiesen. Die Hügel glichen eher grämlichen Pickeln als trägen Elefanten, und der Himmel zog nichts als Verdruß auf sich, weil er sich ständig in bedrückendem Schiefergrau präsentierte. Der Wind brachte kalte Eisluft, aus Island, nahm ich an, und als der März zu Ende ging und es immer noch nicht zu schneien aufgehört hatte, verloren wir alle die Geduld.

Mit Lana ging es wieder bergab. Sie verschwand immer länger in ihrem Zimmer und starrte hinaus auf den düsteren Himmel. Gelegentlich schrieb sie auch etwas auf die Blätter, die sie auf ihrem Schreibtisch ausgebreitet hatte. Sie hätte lieber im Keller mit uns Stücke geprobt, aber Elena, Lizzy und ich verloren immer mehr das Interesse, besonders Elena, die jetzt ihre ganze Freizeit an jenem mysteriösen Ort verbrachte, den wir nicht kannten.

Das Theaterspielen war etwas gewesen, worauf Lana sich gestürzt hatte, was sie als Beschäftigung für die kalten Nachmittage brauchte. Ohne das Theater hatte sie nur noch das Schreiben. Abends verbrachte sie immer noch ziemlich viel Zeit mit Garta, aber nicht mehr ganz so häufig. An Gartas Wohnung war kaum noch etwas zu machen, und da Garta Lizzy in letzter Zeit nichts Schreckliches angetan hatte, blieb Lana nicht mehr viel, wogegen sie angehen konnte.

Lizzy und ich merkten, daß sie wieder unter Atemnot litt und daß auch ihre Hände wieder zitterten. Diesmal kämpfte sie entschiedener dagegen an, als wir das je zuvor erlebt hatten. Wenn sie keine Luft bekam, stand sie auf und ging im Zimmer herum, schwang die Arme auf und ab und atmete tief aus und ein. Und wenn ihre Hände zitterten, setzte sie sich entweder darauf, oder sie fing an, rhythmisch auf ihren Schreibtisch zu trommeln wie ein Bongospieler. «Komm schon, Lana», flüsterte sie dann. «Komm schon ... *komm.*»

Wir fanden sie an ein paar merkwürdigen Stellen. Einmal lag sie drunten im Keller auf unserer Bühne, die Arme von sich gestreckt wie Jesus am Kreuz. Ein andermal saß sie in einem Korbsessel auf der Vorderveranda, trotz der Eiseskälte ohne Mantel und Handschuhe.

Sie erzählte Leo nie von diesen Dingen, wie sie das früher immer getan hatte. Wenn er in der Nähe war und sie nicht gut atmen konnte oder ihre Hände zitterten, bemühte sie sich sogar, es vor ihm zu verbergen. Sie versteckte die Hände unter dem Tisch oder vergrub sie in den Taschen, und wenn sie keine Luft bekam, fing sie an zu summen oder irgendwas. Manchmal fragte er, ob alles in Ordnung sei, und selbst wenn jeder sehen konnte, daß es ihr nicht gutging, sagte sie: «Ja, alles bestens.»

Seit dem Eßzimmerstreit um Mimi und den Anwalt redeten die beiden noch weniger miteinander, und wenn, dann meist nur in abgehackten Sätzen. Leo war sowieso kaum zu Hause. Er blieb oft lange weg, und obwohl er Lana immer wieder versicherte, im Mai sei dann alles vorbei, glaubte sie ihm nicht. Sie sagte, sie halte das neue Arrangement inzwischen für permanent. Nie mehr sah sie abends aus dem Fenster, ob er schon kam, und einmal hörte ich, wie sie sich selbst Lana Lamar nannte.

Elena rauchte weiterhin hinter dem Colgate Inn Zigaretten, schlich dann über die Wiese und verschwand. Da die Wiese eine einzige Matschpampe war, kamen Lizzy und ich nicht recht weiter. Wir schafften es lediglich, die schwarzen Stiefel mit dem Pelzfutter zu ruinieren, die Garta Lizzy zu Weihnachten geschenkt hatte.

Ich hatte auch nicht immer genug Zeit, um Elena nachzuspionieren. Da es Lana wieder schlechtging, beobachteten Lizzy und ich sie häufig durch das Badezimmergitter, und bei dem ständigen Wechsel zwischen Frost, Tauwetter und Regen mußte ich den Eimer im Speicher immer im Auge behalten. Wenn es besonders heftig taute, rannte ich nach der Schule ganz schnell nach Hause, um den Eimer noch zu erwischen, bevor er überlief. Das Getropfe wurde schlimmer, je länger sich der Winter hinzog, und schließlich war es so übel, daß ich, wenn es stark regnete, den Eimer zwei- bis dreimal am Tag leeren mußte. Lizzy konnte nicht begreifen, warum ich Leo nichts davon erzählte, aber sie wußte ja auch nicht, daß Lanas Kisten dort standen. Ich sagte ihr, ich hätte Angst, wenn wir es ihnen erzählten, würden sie uns die Dachkammer wegnehmen, und da Lizzy das auch nicht wollte, half sie mir beim Eimerleeren. Während wir den Eimer ans Ende der Dachkammer hievten und den Inhalt dann zum Fenster hinausgossen, dachte ich daran, daß Elena gerade im Wald irgend etwas Spannendes machte. Aber ich hatte versprochen, mich um den Eimer zu kümmern, und das Versprechen mußte ich halten.

Trotz Durga wurde es mit meinen Nerven nicht besser. Lanas schlechte Verfassung, Leos Abwesenheit, Elenas Geheimnis und die Filmrollen in der unteren Kiste – all das kam zusammen und machte es schlimmer. In kürzester Zeit konnten sie jetzt von den Zehen zum Nacken rasen – sie waren so gut in Form, daß sie einfach nach oben sausten wie guttrainierte Sprinter. Nachts nisteten sie sich fast immer unter meiner Kniescheibe ein, weshalb ich kaum schlafen konnte, und in der Regel standen sie morgens schon mit mir auf. Ich hatte Angst, das könnte der Anfang vom Ende meiner psychischen Gesundheit sein, aber Miss Thomas sagte, dafür seien die Nerven nicht stark genug.

Ich nahm Durga überallhin mit, entweder im Mantelfutter oder in einer alten schwarzen Handtasche, die ich von Lana borgte. Egal, wo ich war – wenn meine Nerven mich quälten, sagte ich, ich müsse zur Toilette, wo ich mich dann auf den Sitz setzte, Durga aufs Waschbecken stellte und die Hindi-Worte flüsterte. Manchmal besuchte ich Miss Thomas, um mir von ihrer Durga Unterstützung zu holen – sie war viel größer, viel solider, viel glänzender, und ich war mir sicher, daß sie mehr Kräfte besaß als meine Miniaturausgabe. Ich half Miss Thomas auch bei den Vögeln und verfolgte mit wachsendem Interesse Aphrodites Fortschritte. Ich hoffte immer noch auf Miss Thomas' Wunderbaren Lebensrettungstrank, und nachdem ich sie wiederholt darum gebeten hatte, bereitete sie mir schließlich einen zu. Es war nicht der gleiche Trank wie für Aphrodite; keine Pulvermischung, und Wasser war auch nicht erforderlich (was mich beunruhigte), aber Miss Thomas sagte, der Lebensrettungstrank für einen Vogel sei anders als der für einen Menschen. Meiner bestand aus Hafer- und Weizenflocken, Nüssen, Rosinen und orangenen und lilafarbenen Kügelchen, von denen Miss Thomas sagte, sie seien sehr wirkungsvoll. Sie packte die Mischung in eine braune Papiertüte und meinte, ich müsse sie gründlich schütteln, bevor ich etwas davon nahm. «Und nimm es nur, wenn's nicht anders geht», sagte sie. «Und auch dann nur eine knappe Handvoll. Die Mischung ist sehr stark.»

Also wanderte die braune Papiertüte mit Miss Thomas' starker Lebensrettungsmischung ins Mantelfutter, zu Durga. Ich brauchte sie nicht, bis wir Anfang April ein fürchterliches Unwetter hatten und es stundenlang regnete. Ich hörte, wie das Wasser in den Eimer pladderte, als ob ein Wasserhahn und nicht eine undichte Stelle im Dach wäre, und ich mußte alle zehn Minuten aufstehen, um nachzusehen. Meine Nerven reagierten sehr unwillig darauf, und als Durga mir in den Pausen keine Erleichterung verschaffen konnte, holte ich die braune Papiertüte hervor und nahm eine knappe Handvoll von der Mischung.

Ein paar Wochen später versuchte ich Lizzy damit zu helfen, als Garta sie verprügelte, weil sie die billigen schwarzen Stiefel ruiniert hatte. Ich fand Lizzy zitternd und zähneklappernd auf der Hintertreppe und wollte schon Lana davon erzählen, aber Lizzy flehte mich an, es nicht zu tun. Also nahm ich sie mit in mein Schlafzimmer und ließ mir die Stellen zeigen, wo Garta ihr weh getan hatte. Am Oberarm hatte sie zwei blaue Flecken, weil Garta sie gequetscht hatte, aber schlimmer noch war ihr Rücken, wo sich rechts von der Wirbelsäule, gleich beim Schulterblatt, eine etwa münzgroße lilabläuliche Beule wölbte wie ein kleiner Berg.

Ich holte die braune Papiertüte mit Miss Thomas' Lebensrettungstrank hervor und bot Lizzy eine Handvoll an.

«Was ist denn das?» fragte sie. «Pferdefutter?»

«Erinnerst du dich noch an Aphrodite? Das kleine Rotkehlchen? Miss Thomas hat ihr einen Lebensrettungstrank gemischt und sie gerettet. Und das hier ist die Mischung für Menschen. Sie sagt, es ist zur Beruhigung.»

«Ja, aber Miss Thomas ist doch verrückt», entgegnete Lizzy und beäugte die Mischung in meiner Hand.

«Sie ist nicht verrückt, Lizzy. Sie hat überhaupt nicht den Verstand verloren, wie wir immer gedacht haben. Sie hat nur gebetet.»

Lizzy nahm die Mischung, stopfte sie in den Mund und kaute bedächtig darauf herum, wobei sie mich die ganze Zeit anstarrte, als ob sie jeden Moment tot umfallen könnte. Dann legten wir uns auf mein Bett und warteten die Wirkung ab. Nach ein paar Minuten hörte Lizzy auf zu zittern, und als sie auch nicht mehr mit den Zähnen klapperte, schlug ich vor, einen Rachefeldzug zu planen. Es war an der Zeit, endlich ein für allemal mit Garta abzurechnen.

Uns beiden gefiel die Idee, Garta zu suggerieren, sie würde den Verstand verlieren. Das war um einiges besser als Löcher in die Sitzfläche ihrer Hosen zu schneiden. Wir wollten vor allem eins: Garta Angst einjagen. Während wir nach oben schauten und die kleinen, dünnen Risse in der Decke verfolgten, hatten wir eine Idee. Briefe. Wir würden Drohbriefe schreiben und sie ihr schikken – Briefe, die sie zu Tode erschreckten.

«Wir könnten zum Beispiel schreiben: ‹Nimm dich in acht, Garta. Wir kriegen dich›», meinte Lizzy. Selbst in dem dämmrigen Licht konnte ich ihre Augen funkeln sehen.

«Oder noch schlimmere Sachen», flüsterte ich. «Zum Beispiel ‹Nimm dich in acht, Garta. Wir bringen dich um.›»

Lizzy drehte den Kopf auf dem Kissen, und ihre Augen weiteten sich. «Ja, und dann können wir schreiben, *wie* wir sie umbringen.»

Während die Schatten auf meiner Wand von Grau in Schwarz übergingen, malten wir uns hundert verschiedene Todesarten aus, die wir Garta androhen konnten. Lizzy gefiel die Vorstellung, ihr Gift in den Frühstückskaffee zu mischen, während ich es besser fand, ihr bei lebendigem Leib die Haut abzuziehen, sie dann an langen Stöcken zu braten und den Hunden zu verfüttern. Aber wenn es etwas in der Richtung sein sollte, hielt Lizzy es für angemessener, ihr einen Stein über den Kopf zu schlagen, sie in kleine Stücke zu zersägen und dann den Hunden zu verfüttern. Wir überlegten, ob wir sie vorher foltern sollten, sie zum Beispiel an einem Seil mehrere Stunden zum Fenster hinaushängen, um sie schließlich auf den Asphalt plumpsen zu lassen. Oder ihr eine Schlinge um den Hals zu legen und sie gefesselt tagelang warten zu lassen, bis wir den Stuhl wegkickten. Die Möglichkeiten waren unbegrenzt.

Wir beschlossen, die Schreibmaschine aus dem Büro der Schulkrankenschwester zu nehmen – Mrs. Blanchards alte, sperrige Remington. Sie wurde kaum benutzt, und wir glaubten nicht, daß Garta schlau genug war dahinterzukommen. Wir sollten Handschuhe anziehen, meinte Lizzy, um auf dem Papier, den Briefmarken, den Umschlägen und auch auf Mrs. Blanchards Schreibmaschine keine Fingerabdrücke zu hinterlassen. Ich war froh, daß sie daran dachte, weil es mir nicht eingefallen wäre. Als Schreibpapier wollten wir braune Papiertüten nehmen. Wir konnten sie in kleine Zettel zerschneiden und darauf tippen. Das war eine gute Idee, weil weder Lizzy noch ich ein Vesperbrot mitnahmen, und braune Papiertüten hatte jeder. Als Briefumschläge wählten wir einfache weiße, die wir am nächsten Tag im Laden für neunundfünfzig Cents erstanden. Außerdem kauften wir auf dem Postamt Briefmarken – ein Dutzend für den Anfang.

Als ich Mrs. Blanchard fragte, ob wir ihre Schreibmaschine ausleihen dürften, war sie nicht gerade erfreut, rollte aber die alte Remington trotzdem hinter dem Schreibtisch hervor. Ich merkte, daß sie dauernd auf meine schwarzen Handschuhe starrte. Ich drehte ihr den Rücken zu, spannte das braune Papier ein und hackte mit dem Zeigefinger die Worte in die Tasten. GARTA, tippte ich, PASS AUF, WAS DU TUST – DU WIRST BEOBACHTET.

Lizzy und ich hatten beschlossen, unseren ersten Brief nicht allzu bedrohlich zu gestalten. Wenn wir nämlich gleich sagten, wir würden sie umbringen, konnten wir uns nicht mehr steigern. Wir hatten uns außerdem überlegt, wie wir unterzeichnen sollten, uns war aber nichts Zündendes eingefallen. Lizzy meinte EIN BEOBACHTER, aber ich fand das nicht so gut. Ich grübelte noch ein bißchen, und nach ein paar Sekunden hatte ich's.

Mit dem Zeigefinger tippte ich: DIE AUGEN GOTTES.

Ich bedankte mich bei Mrs. Blanchard und ging zur Toilette, wo Lizzy in einer der grauen Kabinen auf mich wartete. Mit unseren behandschuhten Händen falteten wir den braunen Zettel zusammen und steckten ihn in den Umschlag.

«Wir dürfen den Umschlag nicht ablecken», sagte Lizzy. «Vielleicht können sie sonst unsere Spucke identifizieren.»

Ich hatte noch nie etwas von Spucke- oder Zungenabdrücken gehört, aber ich wollte kein Risiko eingehen, also tunkten wir ein Stück Klopapier in die Toilette und befeuchteten damit den Umschlag und die Marke.

«Die Augen Gottes», flüsterte Lizzy. «Das ist gut, Maddie. Gefällt mir.»

Ich stopfte den Brief ins Mantelfutter zu Durga, wo er bis nach dem Abendessen blieb. Sobald es dunkel war, traf ich mich mit Lizzy an der Post. Als wir uns unbeobachtet fühlten, klappte sie mit ihrer behandschuhten Hand den Briefkasten auf, und ich warf den Umschlag hinein. Es war vermutlich der sauberste Brief, der je abgeschickt wurde.

Als Lizzy ihn zwei Tage später in Gartas Post entdeckte, brauchte sie wieder etwas von dem Lebensrettungstrank.

Sie blieb zum Abendessen, und als Lana gerade das Geschirr abgeräumt hatte, hämmerte Garta an die Vordertür. Ich merkte, wie Lizzy beim Klang ihrer Stimme erstarrte. Ich kniff sie unterm Tisch ins Bein. «Guck nicht so bedripst», flüsterte ich. «Tu so, als wär alles ganz normal.»

Garta stürmte ins Eßzimmer und knallte den Brief auf den Tisch. Lana sollte ihn lesen. «Die Augen Gottes», schnaubte sie. «Wer zum Teufel schreibt denn so was?» Sie trug einen übergroßen grünen Nylonparka, und ihr Gesicht war vom kalten Aprilwind gerötet. Sie zog Leos Stuhl ab, ließ sich darauf plumpsen und holte eine zerquetschte Schachtel Benson and Hedges aus der Rücktasche ihrer knappen Blue jeans.

Lana setzte sich an den Tisch, nahm unseren kleinen braunen

Zettel aus dem Umschlag und las ihn. «Ich weiß nicht», sagte sie, als sie fertig war. «Was denkst du?»

«Keinen Schimmer – außer vielleicht dieses Arschloch Jimmy Ringer von der Mensa. Der haßt mich, weil nicht er Chefkoch ist, sondern ich.» Sie schüttelte eine krumme Zigarette aus der Schachtel, strich sie gerade und zündete sie mit ihrem Glitzersteinfeuerzeug an. «‹Paß auf, was du tust, du wirst beobachtet›», sagte sie aufgebracht. «Was soll der Scheiß? ‹Die Augen Gottes›?»

Ich wagte es, Lizzy anzusehen. Sie wirkte ganz ruhig und gelassen. Daß Garta Jimmy Ringer verdächtigte, hatte ihre Nerven beruhigt.

Während sie beide die in Frage kommenden Leute durchgingen und Lana dauernd versuchte, Garta zu beruhigen, drückten Lizzy und ich uns unter dem Tisch die Hände. Alles war hervorragend gelaufen – und das allerbeste war, daß wir es noch mal machen konnten.

Ein paar Tage später schickten wir einen zweiten Brief. Mit dem Rücken zu Mrs. Blanchard hackte ich mit behandschuhten Zeigefingern die Wörter in die Maschine. EINE FALSCHE BEWEGUNG, UND ES PASSIERT WAS SCHLIMMES. Ich unterstrich das Wort SCHLIMMES und unterzeichnete wieder mit DIE AUGEN GOTTES.

«Warum hast du denn SCHLIMMES unterstrichen?» fragte Lizzy tadelnd, als ich ihr auf dem Klo den Zettel zeigte. Es machte sie nervös, die Drohung extra hervorzuheben. «Es reicht doch, wenn wir sagen, es passiert was Schlimmes.»

Wir versuchten, den Strich wegzuradieren, was aber nicht ging, also schickten wir den Brief so ab, spätabends. Wieder warteten wir zwei Tage, bis er in Gartas Post auftauchte. Als wir ihn nach der Schule ganz oben auf dem Stapel entdeckten, brauchte Lizzy wieder einen Lebensrettungstrank. Sie hatte Angst, diesmal könnte Garta dahinterkommen.

«Ganz bestimmt nicht», beruhigte ich sie, während wir durch

die matschigen Straßen trabten. «Sie überlegt sich bestimmt wieder, wer sie nicht leiden kann, und die Leute verdächtigt sie dann weiter.»

Sicherheitshalber blieb Lizzy zum Abendessen bei uns. Sie wollte nicht mit Garta allein in der Wohnung sein, wenn sie den Brief aufmachte. Erst als Lana das Geschirr gespült und alles in die Schränke geräumt hatte, erschien Garta an der Tür.

«Ich habe noch einen gekriegt», hörten wir sie zu Lana sagen. Sie folgte Lana durch den Flur ins Eßzimmer, wo sie den Umschlag auf den Tisch knallte. «Lies den mal.»

Während Lana den Zettel herausholte und las, setzte sich Garta wieder auf Leos Stuhl und zündete sich eine Zigarette an. Sie trug den grünen Nylonparka über ihrer weißen Mensakluft, die Haare immer noch unter einem schwarzen Haarnetz. Ich war nicht hundertprozentig sicher, aber ich glaubte zu bemerken, daß ihre Hände leicht zitterten. Sie war durcheinander – kein Zweifel.

Sie mußte unsere Blicke gespürt haben, denn sie sah erst mich an und dann Lizzy. «WAS GIBT'S DA ZU GLOTZEN?» kläffte sie.

«Nichts», sagte Lizzy. Ich kniff sie unterm Tisch ins Bein, um sie daran zu erinnern, daß sie so tun mußte, als wäre nichts.

«Was soll das heißen – eine falsche Bewegung?» schrie Garta. Sie steckte sich die Zigarette in den verkniffenen Mund und tat einen tiefen Zug. «Woher zum Teufel soll ich wissen, was 'ne falsche Bewegung ist? Und was heißt hier was Schlimmes?» wollte sie wissen, während sie den blaugrauen Rauch ausspuckte.

Lana bemühte sich, Gartas gereizte Nerven zu beruhigen. Mit der Handfläche strich sie ihr über den Arm. «Das ist bestimmt irgendein Kindskopf, der dir Angst einjagen will», sagte sie. Sie wollte Garta dazu bringen, die Drohungen einfach zu ignorieren und ganz normal weiterzumachen, aber Garta hielt genau das Gegenteil für angesagt. Sie verkündete entschlossen, sie werde sich bewaffnen, immer mit einer Knarre unterm Kopfkissen schlafen und nur noch mit einem Schnappmesser aus dem Haus gehen – bis Lana sie schließlich doch einigermaßen besänftigt hatte. Als sie aufstand, um Tee zu machen, rannten Lizzy und ich nach draußen ins Freie und den Hügel hinauf bis zu Miss Thomas' Wald, wo wir losprusteten.

«WAS SOLL DAS HEISSEN – EINE FALSCHE BEWEGUNG?» röhrte Lizzy, Gartas wütende Stimme nachahmend. Sie hielt sich die Seiten und rollte sich auf dem Boden, daß ihr die Tannennadeln in den Haaren steckenblieben.

«WIE ZUM TEUFEL SOLL ICH WISSEN, WAS EINE FALSCHE BEWEGUNG IST?» fügte ich hinzu, kugelte mich auf den Rücken und lachte an den Tannen vorbei in den sich rötenden Himmel.

Ich konnte richtig spüren, wie es Lizzy besserging – es half ihr zu wissen, daß sie Macht über Garta hatte, daß Garta nicht allmächtig war, daß ein kleiner Zettel sie aus dem Lot bringen konnte. Lach, dachte ich, während ich zusah, wie sie sich krümmte. Lach alles raus.

Etwa eine Woche später hielt endlich der Frühling Einzug. Überall tauchte grünes Gras auf, und zarte hellgrüne Heiligenscheine umgaben Büsche und Bäume. Die Luft roch nach frischer Erde und roten Hyazinthen, und wunderschöne gelbe Forsythien blühten an den Gehwegen. Der schmutzig-graue Himmel wurde heller und freundlicher, war mit weißen und lilafarbenen Schlieren durchsetzt. Weiches, saftiges Grün bedeckte Lizzys Lieblingswiese, und dorthin gingen wir jetzt meistens, nachdem Elena im Wald verschwunden war. Zum Wasserfall wanderten wir auch öfter. Dort setzten wir uns auf den Felsvorsprung und sahen zu, wie das kalte Quellwasser in den angeschwollenen Fluß stürzte.

Art gab uns ein ganzes Bündel Freikarten fürs Kino, und Ende April hatten Elena, Lizzy und ich sie verbraucht. Wenn er den Projektor einschaltete und der Lichtstrahl auf die Leinwand fiel, sahen Elena und ich einander an. Keine von uns konnte die silbernen Filmdosen in der untersten Kiste vergessen.

Lizzy und ich gingen wieder in die Speicherkammer, wo wir den Eimer leerten und energisch unsere Zeitungsaktion weitertrieben. Allein im April schnitt Lana mindestens sechs Artikel über Neger aus. Martin Luther King war ermordet worden, jeden Tag kam etwas über ihn, und Lana schnitt alles aus. Das inspirierte uns, ganze Abschnitte der Artikel abzuschreiben. Wir öffneten das Fenster, die linden Frühlingslüfte wehten herein, und während Lizzy vorlas, schrieb ich.

Mit der Zeit begannen wir große Teile der Titelseite zu lesen. So erfuhren wir außer über Schwarze über viele andere Themen etwas, zum Beispiel über Vietnam und über die Unruhen an den Universitäten. Dabei lasen wir auch einen Artikel über einen Mann namens Simon Wiesenthal, einen berühmten Nazijäger, der seit Ende des Zweiten Weltkriegs überall auf der Welt Nazis aufspürte.

«Meinst du, Minnie Harps Nazi ist einer von denen, die er sucht?» sagte ich und streckte meine nackten Beine auf dem schmutzigen Holzfußboden aus.

«Was meinst du?» sagte Lizzy. Ihre Augen weiteten sich, und sie lächelte.

Der Gedanke fesselte uns. «Ich wette, Simon Wiesenthal würde viel Geld für so einen Nazi zahlen. Sicher tausend Dollar oder so.»

«Mehr», meinte Lizzy. «Viel mehr.»

Wir kamen aber nicht so schnell wieder zu Minnie Harp, teils wegen des Regens, der eingesetzt hatte, aber vor allem wegen Lana. Etwas Seltsames ging mit ihr vor, und wir wußten nicht, was es zu bedeuten hatte. Wir verbrachten viel Zeit damit, sie durchs Badezimmergitter zu beobachten, um dahinterzukommen. Sie zitterte nicht mehr, krümmte sich kaum noch zusammen, und ihre Stimme klang auch nicht mehr zu hoch. Und sie schrieb nicht. Sie verbrachte die Nachmittage damit, ihre Schränke durchzugehen, alte Kleider auszusortieren und ihre Papiere in große Kartons zu packen. Als Elena sie fragte, was sie da mache, antwortete sie: «Frühjahrsputz», aber Elena bezweifelte das sehr. Wir sahen sie einen ganzen Koffer mit alten Kleidern vollpacken, und als sie ihn unters Bett schob, statt ihn in die Kammer zu stellen, begannen wir, uns richtige Sorgen zu machen.

Elena glaubte, Lana treffe Vorbereitungen, um von uns wegzugehen, doch als wir eines Abends mitkriegten, daß sie im Garten ihre Papiere verbrannte, hatte Elena noch viel schlimmere Befürchtungen. «Sie will sich umbringen, Maddie. Die Leute verbrennen immer ihre Briefe und ihre Papiere, bevor sie sich umbringen.» Wir stießen das Dachfenster auf und sahen schweigend zu, wie sie das prasselnde Feuer schürte und mit Papieren aus ihren Kartons fütterte. Sie trug einen dunkelblauen Rock und einen schwarzen Pullover, der bis über die Taille ging; die Haare hatte sie am Hinterkopf zu einem lockeren Knoten frisiert, und lange Strähnen wehten in der Frühlingsluft. Sie blickte nicht nach oben, kein einziges Mal, sondern starrte nur wie hypnotisiert ins Feuer.

Wir knieten auf dem staubigen Fußboden und schauten ihr zu, bis sie das letzte Blatt verbrannt hatte. «Meinst du, wir sind schuld?» flüsterte ich Elena zu.

«Weiß ich nicht, Maddie.» Sie sah mich durch die Dunkelheit an, und auf ihrer Stirn erschien eine tiefe Falte. «Wir können uns die Filme nicht ansehen, finde ich.» Ich schwöre, sie sah aus wie von Geistern gehetzt.

Am nächsten Morgen erzählte ich Lizzy alles. Wir beschlossen, Lana noch besser zu bewachen. Statt bei Shortys Tankstelle herumzuhängen oder zu Lizzys Lieblingswiese zu gehen, rannten wir künftig nach der Schule gleich nach Hause, um Lana im Auge zu behalten. Sie räumte weiter Schränke aus und packte Sachen weg, ohne ein einziges Mal zu zittern oder sich zusammenzukrümmen. Sie sah gar nicht aus wie jemand, der sich umbringen will, aber andererseits – was verstanden wir schon davon?

Als wieder ein Brief von Mimi kam, wußte ich nicht, was tun. Ich schob ihn in mein Mantelfutter und trug ihn drei Tage mit mir herum. Ich sagte mir, ich müßte ihn zurücklegen, weil Lana sonst etwas zustoßen könnte, aber meine Entschlossenheit bröckelte mit jedem Tag mehr. Es half auch nichts, daß ich das merkte – es fiel mir dadurch nur leichter, mich im Bad einzuschließen, als Lana einmal mit Harry draußen im Garten war, und Leos Taschenmesser unter die Klappe zu schieben. Ich stellte Durga auf die Toilette, um die bösen Geister abzuwehren, zog den Brief heraus und legte ihn auf meinen Schoß.

Lana,

es tut mir leid wegen unseres Telefongesprächs. Ich wollte Dir keine Vorschriften machen, aber ich glaube wirklich, Du solltest mit dem Anwaltsbüro reden. Ich sage nicht, Du sollst alte Wunden aufreißen, ich sage auch nicht, Du sollst alte Geschichten aufrühren. Red gar nicht über die Vergangenheit. Red über die Gegenwart. Mach da weiter, wo Du aufgehört hast – das ist es, was ich meine.

Es ist nicht zu spät. Es gibt genug Leute, die sich an dich erinnern.

Was hast Du in einer Kleinstadt namens Hamilton verloren? Ich konnte sie nicht mal auf der Landkarte finden. Du gehörst hierher, nach New York. Soviel weiß ich – Ich und Du, Lana, wir sind Städterinnen, frei und unabhängig, wir brauchen Anregung, nicht Isolation. Du wehrst Dich gegen mich, weil Du Angst hast. Aber Du kannst nicht bis an Dein Lebensende davonlaufen.

Bitte denk darüber nach.

Vielleicht willst Du Leo und Deine Kinder noch nicht hierher bringen. Vielleicht willst Du lieber allein kommen. Ich bin bis 1. Juni in New York. Danach bin ich am Sound. Dein Zimmer hab ich in beiden Wohnungen so gelassen. Teddys Zimmer am Sound auch. Mimi.

Ich steckte den Brief wieder in den Umschlag, klebte ihn zu und legte ihn zu der übrigen Post, ehe Lana mit Harry ins Haus zurückkam. Ich schlich durch die Küche und beobachtete von der hinteren Veranda aus, wie sie Harry auf der Schaukel anstieß. Wovor hatte sie Angst? Und was meinte Mimi mit: «Es ist nicht zu spät. Es gibt genug Leute, die sich an dich erinnern»? Vielleicht war sie tatsächlich ein Filmstar gewesen.

Ich sah zu, wie sie Harry anschubste, und fand sie wunderschön und lebendig. Das lange Haar floß ihr über den Rücken und wehte in der Frühlingsbrise, ihr graues Kleid glitt die schlanken Beine auf und ab. Ich fragte mich, ob sie sich wirklich nach New York sehnte. War das der Ort, wo sie sein wollte, wenn sie auf die Hügel starrte? Wahrscheinlich würde ich auf diese Fragen nie Antwort bekommen.

Als Lana den Brief in der Post entdeckte, schob sie ihn wieder unter die Obstschale. Ich mußte über vier Stunden warten und im Eßzimmer und im Bad herumlungern, je nachdem, wo sie gerade war, bis sie sich schließlich gegen zehn auf den Küchenhocker setzte und ihn las.

Sie las ihn zweimal, und dann zerriß sie ihn in winzige Schnipsel, die sie in den Abfalleimer warf. Ihr Atem wurde nicht unruhig, ihre Hände zitterten kein bißchen. Sie ging auch nicht verwirrt in der Küche auf und ab und suchte nach etwas, das nicht da war. Sie machte sich eine Tasse Tee, setzte sich auf den Hocker und trank. Lediglich die Fetzchen von Mimis Brief stopfte sie noch tiefer in den Abfalleimer – das diktierte ihr die in Fleisch und Blut übergegangene Geheimniskrämerei.

Als Leo nach Hause kam und sie in der Küche antraf, erwartete ich halb, sie würde ihm erzählen, daß Mimi wieder geschrieben hatte. Aber das tat sie nicht – sie erwähnte den Brief mit keinem Wort. Die beiden gingen hinauf ins Bett, und ich lauerte noch eine Weile vor dem Gitter für den Fall, daß Lana ihm in der Abgeschiedenheit des Schlafzimmers doch noch davon erzählen sollte, aber sie sagte nichts. Sie wechselten kaum ein Wort.

Da wußte ich, daß Lana sich innerlich verändert hatte. Ich wußte nicht, wie und warum, aber ich wußte, sie hatte sich verändert.

Als sie uns die nächste Folge der Geschichte vom Bären und der Spätzin erzählte, gab es für mich keinen Zweifel mehr. Eines Abends Ende April, als Leo nicht nach Hause gekommen war, schlug Harry vor, wir sollten mal wieder Geschichten erzählen. Wir saßen alle im Garten in den Korbsesseln, tranken Rootbeer mit Vanilleeis und bewunderten den kühl-blauen Himmel. Lana hatte keine besonders große Lust zum Geschichtenerzählen, aber da Harry so drängte, gab sie schließlich nach. Er machte den Anfang und erzählte von einem Jungen, der seinen Appetit nicht zügeln konnte und ganze Städte aufaß; Elena erzählte eine Geschichte von einem Mädchen, das die Schule abbrach und in einer Scheune lebte. Meine Geschichte handelte von einem Mädchen, das im Alter von elf Jahren auf mysteriöse Weise starb, und als man sie aufschnitt, um nachzusehen, woran sie gestorben war, fand man Tausende von schwarzen Käfern in ihren Adern.

Dann war Lana dran, was Harry laut verkündete. «Der Bär und die Spätzin», quietschte er. «Die Spätzin lag gerade unterm Schnee.» Lana wollte sich drücken und sagte, sie würde die Geschichte lieber für ein andermal aufsparen, wenn sie sich danach fühlte, aber wir beharrten darauf. Harry am lautesten. «Also gut, einverstanden», sagte sie schließlich. «Aber denkt dran – ihr habt es so gewollt.» Sie streckte die Beine aus, und während die Sonne unterging, erzählte sie uns die letzte Folge, was wir damals allerdings nicht wußten.

Die Spätzin lag unter dem Schnee, während über ihr im Baum der Spatz auf sie wartete. Es schneite die ganze Nacht hindurch, ohne Pause, und je länger der Spatz wartete, desto ärgerlicher wurde er, weil die

Spätzin nicht nach Hause kam, um ihm sein Essen zu bringen. Ein paarmal rief er zur Tür hinaus, sie solle sich beeilen, er sei hungrig, doch er bekam keine Antwort. Die Spätzin konnte ihn leise hören, und sie versuchte zwar, etwas zu rufen, aber ihre Stimme war zu schwach und wurde durch den Schnee noch gedämpft.

Als es dunkel wurde, begriff der Spatz schließlich, daß der Spätzin etwas zugestoßen sein mußte, und er machte sich auf die Suche nach ihr. Er befürchtete, sie überfordert zu haben. Sie könnte zusammengebrochen sein – was seine Situation sehr verschlechtert hätte. Wer hätte ihm dann sein Essen gebracht? Er gelobte, sie besser zu behandeln, wenn er sie fand, damit sie den Rest des Winters durchstand.

Aber er fand sie nicht, weder an diesem Abend noch während der nächsten Tage. Die Spätzin lag unter dem Schnee, der sich immer höher türmte, und kämpfte um ihr Leben. Sie hörte den Spatz nach ihr rufen und antwortete ihm auch, doch er hörte sie nicht. Ein paarmal tippelte er sogar über die Spätzin hinweg, ohne es zu merken.

Einige Tage später hörte sie, wie der Spatz sich mit einem anderen Vogel, einem Vogelweibchen, unterhielt. Die Spätzin fand nicht heraus, was für ein Vogel es war – sie wußte nur, es war kein Spatz. Das Vogelweibchen hatte sich verflogen, erzählte es dem Spatz. Es war von seinem Schwarm getrennt worden. Nun fragte es nach dem Weg, doch der Spatz meinte, es solle sich wegen des Flugs gen Süden keine Sorgen machen. «Bleib bei mir», sagte er. «Ich habe ein gemütliches, warmes Nest. Du brauchst diesen Winter nicht nach Süden zu fliegen. Ich weiß, wie man Nahrung beschafft. Wir machen das gemeinsam.» Das Vogelweibchen fror sehr und war hungrig und durstig, also nahm es das Angebot an. Die Spätzin hörte das alles mit und war tief gekränkt. Der Spatz hatte sie einfach vergessen.

Während der nächsten Woche lag die Spätzin unter der dicken Schneedecke und hörte den Spatz und das Vogelweibchen lachen und reden und Nahrung suchen. All das verletzte sie sehr.

Die Tage vergingen, und die Spätzin verlor die letzte Hoffnung. Der Spatz würde sie niemals finden. Er suchte sie ja gar nicht mehr. Er liebte sie nicht. Er liebte das Vogelweibchen. Aber als noch eine Woche verging und die Spätzin das Vogelweibchen nun allein Futter suchen hörte, während der Spatz im warmen Nest blieb, wußte sie, daß es doch nicht so war. Langsam, aber sicher begriff sie: Der Spatz taugte nichts. Er lockte Weibchen in sein Nest und brachte sie dazu, für ihn Nahrung zu suchen. Er liebte keins von ihnen, und er besaß keinen Funken Anstand. Die Spätzin sehnte sich nach dem Bären, nach seiner Freundlichkeit und Liebe, aber der hielt ja seinen Winterschlaf und würde erst im Frühjahr wieder aufwachen.

Die Spätzin betete, der Schnee möge schmelzen. Dieser kleine Hoffnungsschimmer hielt sie am Leben. Sie mußte die Sache mit dem Spatz klären. Sie konnte nicht sterben, ehe sie ihm nicht die Wahrheit ins Gesicht gesagt hatte. Sie mußte ihn entlarven, ihm die Meinung ins Gesicht sagen, und sie mußte das Vogelweibchen vor ihm warnen. Dieser Wunsch hielt sie am Leben, und nach vielen, vielen Tagen begann die Schneedecke schließlich zu schmelzen. Jeden Tag schmolz sie ein bißchen mehr, bis erst der Schnabel der Spätzin aus der vereisten Kruste hervorlugte, dann ihr Körper und schließlich ihre Füße, und als sie endlich mit den Flügeln schlagen konnte, war sie frei.

Sie schüttelte sich, und als erstes suchte sie sich ein paar Wurzeln. Sie brauchte Kraft, ehe sie dem Spatz gegenübertreten konnte. Sie grub so viele Wurzeln aus, wie sie nur finden konnte, und aß begierig, bis sie keinen Bissen mehr hinunterbrachte. Die Nacht verbrachte sie ganz friedlich schlafend in einem verlassenen Nest, das sie auf einem Nachbarbaum entdeckt hatte, und als sie am nächsten Morgen erwachte, schien ihr die Sonne in die Augen, und sie fühlte sich stark und selbstbewußt. Sie aß noch mehr Wurzeln, und dann flog sie eine Weile hin und her, um in Schwung zu kommen. Sie flog zum Nest des Spatzen hinauf. Der saß gerade mit dem Vogelweibchen beim Frühstück. Sie trat ganz nahe an den Tisch, und da stand sie nun, aufrecht und stolz. «Du hast mich ausgenutzt, damit ich für dich Futter suche», rief sie. «Du hast mich nicht geliebt. Du hast mich nur mitgenommen, weil du dir nicht selbst Futter suchen wolltest. Du bist faul und egoistisch und denkst, du bist etwas

Besseres als ich.» Und zu dem Vogelweibchen sagte sie, ihr werde es genauso ergehen. «Er hat kein Herz», sagte sie heftig. «Er benützt andere, und dann, wenn er sie nicht mehr braucht, wirft er sie weg. Er hat kein Gewissen.» Der Spatz erhob sich vom Tisch und packte seine Schaufel. «Raus hier», schrie er und drohte mit der Schaufel, doch die Spätzin rührte sich nicht vom Fleck.

«Komm mit mir, Vogelweibchen», flehte sie. «Wir brauchen ihn nicht. Wir können auch ohne ihn überleben. Er ist nichts als ein Lügner und Betrüger.»

«RAUS HIER, HABE ICH GESAGT», donnerte der Spatz.

Aber die Spätzin wich keinen Millimeter zurück. Als sie sagte, sie werde dem ganzen Wald von ihm erzählen, da konnte er sich nicht mehr beherrschen. Er nahm die Schaufel und schlug ihr damit auf den Kopf, immer wieder, bis sie zu Boden fiel. Sie war tot.

Tot, sagte Lana. Tot.

Sie hörte auf zu sprechen. Wir waren alle so verblüfft, daß keiner ein Wort sagte. Die Geräusche aus der Nachbarschaft schwappten zu uns, und plötzlich hörten wir in der Ferne einen ganzen Chor von Ochsenfröschen. Harry redete als erster wieder. Er rutschte von seinem Sessel und ging zu Lana. «Hat der Bär sie wieder gesund gemacht?» fragte er, die kleinen Augen feucht vor Verwirrung. Es war, als würde erst diese Kinderstimme Lana zurückholen, denn nachdem Harry die Frage gestellt hatte, sah sie mich und Elena hilflos an.

«Hat der Bär sie wieder gesund gemacht?» beharrte Harry.

«Natürlich, Harry», sagte Lana und fuhr ihm mit den Fingern durchs Haar. «Er hat sie im Frühling gefunden und in seine Höhle mitgenommen und sie wieder ganz gesund gemacht.» Sie warf Elena und mir einen eindringlichen Blick zu. «Und damit ist die Geschichte zu Ende.»

Und so war es auch. Wir hörten nie wieder eine Fortsetzung des Märchens vom Bären und der Spätzin.

Lana erhob sich von ihrem Sessel, sammelte die Gläser ein und stellte sie auf das Silbertablett, das Mimi ihr geschenkt hatte. «Also los, ihr drei», sagte sie, als wäre nichts geschehen. Sie sah zu Elena und mir herüber und forderte uns mit einer Kopfbewegung auf, ins Haus zu gehen. Aber wir waren immer noch wie gelähmt. Wir blieben in unseren Korbsesseln sitzen und sahen zu, wie sie das Tablett durch den Garten trug und sich dabei mit Harry unterhielt, der neben ihr herlief – als hätte sie nicht eben gerade die Spätzin tot auf dem Boden liegen lassen.

«Du hast recht, Maddie», flüsterte Elena mir später von ihrem Bett aus zu. «Lana hat sich wirklich verändert.» Sie rollte sich auf die Seite und stützte sich auf den Ellbogen. «Ich glaube, das kommt daher, daß sie jetzt das Gefühl hat, sie ist von Leo getrennt. Wir sind keine richtige Familie mehr.» Ihre bleiche Stirn legte sich in Falten, und ihre Mundwinkel sackten nach unten.

«Elena, ich muß dir was sagen.» Ich drehte mich ebenfalls auf die Seite und sah sie an.

«Was denn?»

«Ich muß es dir in deinem Bett sagen.»

Sie rückte ein Stück beiseite und schlug die Decke zurück, damit ich zu ihr krabbeln konnte. Ich war schon so lange nicht mehr bei ihr im Bett gewesen, daß es richtig tröstlich war, mich jetzt neben ihr auszustrecken. Ich kroch ganz tief unter die Decke und horchte, wie der Regen aufs Dach pladderte. Es war ein Geräusch, das ich eigentlich sehr mochte, aber wegen der undichten Stelle im Speicher machte es mich inzwischen nervös. Es goß ziemlich, und ich wußte, ich würde demnächst aufstehen und den Eimer leeren müssen. Eine halbe Stunde hatte ich nach meinen Schätzungen noch.

«Mimi hat Lana zwei Briefe geschrieben», flüsterte ich.

«Ehrlich?» Ich spürte Elenas Blick.

«Ich hab sie in der Post auf dem Fußboden gefunden, bevor Lana sie gesehen hat», sagte ich. Während Elena näherrückte, erzählte ich ihr von dem Anwaltsbüro, das Lana sprechen wollte, und daß Mimi geschrieben hatte, die Leute würden sich noch an sie erinnern. Dabei beobachtete ich die ganze Zeit Elenas Gesicht. Ihr Blick wanderte über die Decke und über die halb erleuchtete Wand draußen im Flur, während ihr Gehirn arbeitete. Als ich fertig war, drehte sie den Kopf auf dem Kissen, und unsere Blicke begegneten sich und verhakten sich ein paar Sekunden.

«Du willst unbedingt rausfinden, was mit ihr passiert ist, stimmt's, Maddie?»

Ich nickte und versuchte, ihrem ernsten Blick auszuweichen.

«Du hast dich auch sehr verändert, Maddie», flüsterte sie. Sie starrte mich noch eine Weile an. Es war, als hätte sie mich vorher noch nie richtig wahrgenommen, als hätte sie mich bisher nie als jemanden betrachtet, mit dem sie rechnen mußte.

«Du aber auch», sagte ich. Draußen fuhr ein Auto vorbei, die Scheinwerferlichter wanderten über die Wand und streiften uns wie ein flüchtiger Zauberstab, der uns mit etwas Unsichtbarem bestäubte.

«Wir haben uns alle verändert», meinte Elena. «Keiner von uns ist mehr wie letztes Jahr in Detroit. Leo ist anders geworden und du auch, und Lana verändert sich. Irgendwas wird mit uns passieren, glaube ich», sagte sie. *«Etwas Schlimmes.»*

Meine Nerven erhoben sich unter der Haut und begannen in alle Winkel meines Körpers zu rasen.

«Ich will, daß wir uns was geloben», flüsterte sie. «Egal, was passiert – wir wollen nie auseinandergehen.» Ihre Stimme klang dünn und zaghaft in der feuchten Luft.

«Okay», sagte ich. Das Wort war viel zu mickrig, um auszudrücken, wie wichtig mir die Sache war. Ich hätte gern Elenas Hand genommen, doch das fühlte sich nicht mehr richtig an – als wären wir zu alt und zu linkisch dafür geworden. Aber ich blieb bei ihr im Bett, wir lagen nebeneinander, und unsere Schultern berührten sich, während wir dem erbarmungslosen Regen lauschten.

«Elena», begann ich nach einer ganzen Weile. «Glaubst du, Leo war der Spatz, der Lana zusammengeschlagen hat?»

«Kann sein.»

«Aber ich hab immer gedacht, Leo ist der Bär.»

«Vielleicht ist er doch der Spatz», flüsterte sie. «Vielleicht ist das ihr Problem.»

«Du meinst, Leo hat sie zusammengeschlagen?» Der Schock durchzuckte mich wie ein elektrischer Schlag. Das konnte ich mir beim besten Willen nicht vorstellen.

«Keine Ahnung, Maddie. Ehrlich, keine Ahnung.»

Sie preßte die Hände gegen die Schläfen, als wollte sie den pulsierenden Strom ihrer Gedanken beruhigen. «Alles ist so durcheinander, Maddie.» Dann drehte sie sich um und schlief ein, aber ich konnte die ganze Nacht nicht richtig schlafen. Ich döste immer wieder ein und wachte schweißgebadet auf, und durch meine qualvollen Träume geisterten die merkwürdigsten Bilder – Leo mit Flügeln und einem Schnabel, mit dem er Lana die Augen aushackte; Leo, der mit einer riesigen schwarzen Schaufel auf Lana losging; und Leo, der Aphrodite aus ihrem Käfig in Miss Thomas' Vogelzimmer holte und ihr die Flügel ausriß.

Am nächsten Morgen schleppte ich Lizzy zu Minnie Harps Haus. Das hohe, vertrocknete Gras im Garten war jetzt braun und vermatscht. Das kahle Haus war ganz zu sehen und wirkte nach dem Winter noch ein bißchen verwahrloster und schutzloser als sonst. Mehrere Fensterläden hingen nur noch an einem einzigen Nagel, und ein paar Bretter hatten sich gelockert und waren seitlich vom Haus heruntergefallen, wo sie jetzt wie riesige, staksige Krücken lehnten. Vom Waldrand sahen wir, daß die Tulpen aus dem Boden sprossen, aber von Minnie war nichts zu sehen.

Wir forschten in dem erwachenden Wald nach Anzeichen für ein neuerliches Begräbnis, und da wir nichts entdecken konnten, begaben wir uns zur Feuerstelle, um nachzusehen, ob Minnie in letzter Zeit etwas verbrannt hatte. Mit einem Stock stocherten wir in der dunklen, zusammengebackenen Asche. Wir gruben sie um, damit wir sehen konnten, was darunter lag, und entdeckten tatsächlich kleine, nicht völlig verbrannte Verbandsfetzen. Ich wendete einen Klumpen nasser Blätter und legte dabei etwas bloß, was wie ein ganzer Verband aussah. Ich kratzte die Blätter ab, bückte mich und hob den Verband auf. Nachdem ich die Asche und die letzten Blätter abgeschüttelt hatte, hielt ich ihn hoch.

«Guck mal», sagte ich zu Lizzy. Es war der verbrannte Kragen eines Männerhemds.

«Der Nazi», flüsterte Lizzy. Wir schauten von dem Kragen zum Haus, und dann sahen wir einander an.

Daß ich seinen Hemdkragen in der Hand hielt, machte den Nazi irgendwie realer als der Anblick der Flaschen, die er angeblich ausgetrunken hatte.

«Vielleicht lebt er noch», sagte ich. Ein Schauder kroch mir den Rücken hoch, und wir standen wie erstarrt da, den Blick auf Minnie Harps arthritisches Haus gerichtet.

«Meinst du, er ist einer von den Nazis, hinter denen Simon Wiesenthal her ist?» sagte Lizzy.

Ich starrte auf den schmutzigen, durchweichten Hemdkragen zwischen meinen Fingern, und eine Gänsehaut lief mir über die Arme bis zum Nacken. «Wir müssen rausfinden, ob er noch lebt», sagte ich.

«Wie denn? Die Fenster sind doch alle mit Zeitungen zugeklebt.»

Ich fand, es müßte doch mindestens eine Stelle geben, wo Minnie Harps Zeitungen einen Riß oder ein Loch hatten. Das Papier war so alt, daß es einfach nicht anders sein konnte. Aber das war nur in Erfahrung zu bringen, indem wir alle Fenster kontrollierten. Die Vorstellung, so nah an das Haus ranzugehen, war uns beiden unheimlich. Aber es schien keine andere Möglichkeit zu geben.

Wir schlichen aufgeregt aus dem Wald und huschten von Baum zu Baum, bis wir uns schließlich hinter der großen Ulme am Ende des seitlich ans Haus grenzenden Rasens versteckten. Opernklänge strömten aus dem hinteren Teil des Hauses, eine hohe, luftige Arie. Ich deutete auf die Erkerfenster, die seitlich aus dem Haus hervorstanden, und schlug vor, zuerst einmal dort nachzusehen. Aber der Plan machte mir schrecklich angst. Im Schutz von Minnie Harps Wald von einem Baum herunterzuspringen, das ging ja noch – aber ihr verfallendes Haus anzurühren war etwas ganz anderes. Irgendwo in der Ferne hörte ich lautes, unheilverheißendes Hundegebell, wie eine Warnung, uns von dem Haus fernzuhalten. Als ich zum Himmel hinaufschaute und dort eine dicke, schwarzumrandete Wolke sah, wußte ich, es war besser, wir ließen es sein.

Lizzy war aber nicht so ängstlich, und auch ich konnte mich dann trotz meiner Angst nicht zurückhalten. Es war wie mit Lanas Notizbüchern: Wenn ich einmal etwas angefangen hatte, war ich nicht mehr zu bremsen. Das lag an meinen Nerven, das wußte ich. Langsam, aber sicher fraßen sie meine Moralzellen auf.

Ich folgte Lizzy hinter dem Baum hervor. Wir schlichen vorsichtig über die Wiese zu den Erkerfenstern, wo wir in dem vergilbten Papier nach Rissen und Löchern suchten. Manche Zeitungen stammten von 1948, aber Löcher hatten sie trotzdem keine.

Da hörten wir etwas, das wir nie vergessen sollten. Tief aus dem Innern von Minnie Harps Haus drang das unverkennbare Geräusch eines schlimmen, schleimigen Hustens, eindeutig von einem Mann. Wir hatten Minnie Harp noch nie husten hören, aber wir wußten, wie sie summte, und das hier war nicht das Husten einer Opernsängerin. Es war das Husten des Nazis.

Da standen wir nebeneinander, die Ohren ans Fenster gepreßt, und horchten gebannt, wie er seine groteske Krankheit herausbellte. Bis zu diesem Augenblick hatte ich nie so recht daran geglaubt, daß Minnie Harp tatsächlich einen Nazi versteckte. Erst seit wir den Hemdkragen gefunden hatten, schien es mir möglich, daß es mal einen Nazi gegeben hatte – ob er noch lebte, war eine andere Frage. Aber als ich jetzt diesen lungenzerfressenden Husten hörte, war ich überzeugt davon, daß der Nazi in Minnie Harps Haus lebte.

Von nun an durchforschten wir alle Seiten von Lanas *New York Times* nach weiteren Meldungen über Simon Wiesenthal und die untergetauchten Nazis. Wir schlichen bei jeder Gelegenheit durch Minnie Harps Garten, gingen von einem Fenster zum nächsten und suchten nach Rissen, um einen Blick auf den Nazi werfen zu können.

Wir hatten schon alle Fenster auf der linken Seite untersucht und wollten uns gerade an die Vorderseite wagen, da verlangte Lana plötzlich wieder mehr Aufmerksamkeit. Als Lizzy und ich eines Tages Ende April von der Schule nach Hause kamen, tobte sie gerade in der Küche herum. Wir betraten die hintere Veranda und sahen sie einen Topfdeckel quer durch den Raum pfeffern. Es folgten der Plastikteller und die Plastiktasse, die Harry immer fürs Mittagessen nahm, und die Milch- und Hühnersuppenreste spritzten über den Küchenfußboden. Dann nahm Lana einen Schwamm von der Spüle, kniete auf den Boden und wischte auf allen vieren die Sauerei auf. Dabei schimpfte sie vor sich hin, aber wir konnten kein Wort verstehen. Nachdem sie aus der Küche gegangen war, inspizierte ich den Abfalleimer, und da lag er – ein neuer Brief von Mimi, in winzige Schnipsel zerrissen, zwischen modrigen Bananenschalen und vergammeltem Kartoffelbrei.

Ich paßte beim Abendessen genau auf und merkte, daß Lana kaum einen Bissen anrührte. Doch ihre Stimme zitterte nicht – sie bebte vor Zorn.

«Was ist denn mit dir los?» fragte Elena sie, als sie Harry anbrüllte, weil ihm eine Nudel auf den Boden gefallen war.

«Ist euer Vater hier?» zeterte sie. «Habt ihr euren Vater hier am Tisch gesehen?» Ihr Gesicht war feuerrot, und ihre Augen sengten wie Laserkanonen.

Elena warf mir einen Blick zu, als wollte sie mir zuflüstern: «Ich hab's dir ja gesagt.» Aber ich wußte, was wirklich los war. Sicher war Lana sauer auf Leo, aber aus dem Gleichgewicht gebracht hatte sie Mimis Brief. Nach dem Essen verschwand sie nicht in ihrem Schreibzimmer, was ich eigentlich erwartet hatte, sondern machte die Wäsche. Ich beobachtete von der Kellertreppe aus, wie sie unsere Kleider in die Trommel packte, Waschpulver dazugab und die Maschine anstellte. Dann schrubbte sie auf Händen und Knien den Küchenfußboden. Sie knallte die Bürste so hart auf den Boden, daß ich befürchtete, sie könnte kaputtgehen. Anschließend holte sie den Staubsauger heraus und hetzte ihn über den Teppich im Wohnzimmer.

Kurz bevor die Sonne unterging, zog sie Harry nach draußen. Von der Verandatreppe aus sah sie zu, wie er im Sandkasten spielte. Ich setzte mich still neben sie, und ohne jeden ersichtlichen Grund wandte sie sich mir plötzlich zu und sagte: «Um deinetwillen hätte ich mir gewünscht, du wärst als Junge auf die Welt gekommen, Maddie. Jungen kriegen keine Kinder, deshalb gehört ihnen die Welt.» Sie blickte wieder zu Harry, der gerade einen Eimer Sand ins Gras kippte. «Mach das ja nicht noch mal, Harry, sonst spielst du nie wieder im Sandkasten.» Das waren Gartas Worte, dachte ich, nicht Lanas.

Nachdem sie Harry ins Bett gebracht hatte, beobachtete ich sie durch das Gitter im Bad weiter. Sie ging in ihr Schreibzimmer und begann wildentschlossen zu tippen – so wie sie auch schon die Wäsche gewaschen und den Fußboden geschrubbt hatte. Als Leo heimkam, hörte sie nicht auf. Im Gegenteil, sie tippte noch heftiger, und ihre Finger droschen noch schneller und härter auf die Tasten ein – als wollte sie sie für etwas bestrafen. Leo begrüßte sie, sie murmelte irgend etwas, und danach vergingen ganze fünfzehn Minuten, bis sie endlich ins Schlafzimmer kam.

Sie durchquerte den Raum mit schnellen Schritten und verschwand in der Kleiderkammer, wo ich sie in einer der neu gepackten Kisten kramen hörte. Als sie mit einem Stapel Papier wieder herauskam und zu ihrer Frisierkommode ging, machte Leo den Fehler, sie anzusprechen.

«Tut mir leid, daß ich beim Abendessen nicht da war», sagte er leise. Er saß auf der Bettkante und rollte seine weißen Hemdsärmel auf.

«Du hättest wenigstens anrufen können», schimpfte Lana, und ihre Stimme klang verbittert.

«Ich hab Therese gesagt, sie soll anrufen, aber sie hat es vermutlich vergessen.» Er setzte zu einem Lächeln an (als könnte das etwas nützen), aber seine Lippen kamen nicht weit.

«Ist es denn zuviel verlangt, Leo, einfach den Hörer –»

«Im Theater gibt's kein Telefon, La.» Er schob die aufgerollten Hemdsärmel über die Ellbogen, als bereite er sich auf einen Kampf mit ihr vor.

«Das ist keine Entschuldigung, Leo!» rief sie. «Nicht, wenn deine Frau und deine Kinder auf dich warten.»

Sie blitzte ihn wütend an. Er erwiderte ihren Blick und wußte nicht, was er sagen sollte, und dann brach es aus ihr heraus – ihre schreckliche, kochende Wut. Ihr Arm fegte über den Toilettentisch und warf die ganzen Parfumflaschen und Cremedosen herunter. Ein ohrenbetäubendes Geklirr zerriß die sanfte Abendstille.

Statt sich zu wehren, blieb Leo nur stumm sitzen und starrte blicklos auf seine abgetragenen schwarzen Schuhe.

«Sitz hier nicht so rum», schrie sie und stampfte mit dem Fuß auf. «Das hilft auch nichts.» Ihre Augen schleuderten Wutblitze.

«Was soll ich denn sagen?»

«Ich will, daß du dich entschuldigst», tobte sie. «Ich will, daß du deinen Kindern sagst, es tut dir leid, daß du nicht mal mehr die Zeit hast, mit ihnen zu essen.»

«Ich sag's ihnen morgen früh», brummelte er. Er ließ den

Kopf hängen, seufzte tief und sackte mit dem Entweichen der Luft immer mehr in sich zusammen.

«Ich will aber, daß du's ihnen noch heute abend sagst, Leo. Jetzt sofort. Ich will, daß du sagst, es tut dir leid – damit sie sich beim Einschlafen nicht wieder fragen müssen, ob ihr Vater sich überhaupt noch einen Furz für sie interessiert.»

«Ich hab gesagt, ich sag's ihnen morgen!» schrie er zurück.

Lana riß die oberste Schublade ihres Toilettentischs auf. «Du bringst mich um!»

«Und was soll ich bitte schön tun, Lana?» brüllte er. «Bis ans Ende meines Lebens im gottverdammten Wohnzimmer kleinen Mädchen Klavierunterricht geben? Das ist es doch, was du willst, oder? Du willst, daß ich mein Leben aufgebe, weil... *weil du denkst, ich hätte dir deins weggenommen.* Du denkst, es war meine Schuld, ich weiß es, aber wenn *du nicht so gottverdammt ungeduldig gewesen wärst, ... dann... wäre... es... nie... passiert.*»

Lana hörte auf zu atmen. Man konnte plötzlich die Luft im Zimmer spüren, als trüge sie Stiefel.

«Du Dreckskerl», zischte sie. Ihre Stimme rutschte in die tiefste Oktave. Sie drehte sich um, zerrte die Schublade aus der Halterung und schleuderte sie durchs Zimmer, obwohl sie so schwer war. Sie landete zwei Handbreit vor Leos Füßen. Lanas Unterröcke und Nachthemden segelten wie Fallschirme durch die Luft und landeten überall im Zimmer.

«Du konntest es nicht ertragen, wenn ich im Rampenlicht stand, stimmt's?» schrie sie. Ihre Augen wurden ganz schmal, und sie ging mit langsamen Schritten auf ihn zu. «Das konntest du nicht aushalten, stimmt's? Deshalb schleppst du mich in diese Kleinstadt und sagst, ich soll die Vergangenheit vergessen.»

Sein Rücken wurde ganz starr, und seine Fäuste verkrampften sich vor Zorn. «Du bist doch diejenige, die ihren Kindern nicht sagen will, daß –»

«Wag ja nicht, es auszusprechen, Leo», schrie sie. «Sag es –

und ich verlasse dich. Kapiert?» Sie schüttelte die Faust vor seinem Gesicht, und einen Augenblick lang dachte ich, sie würde ihn schlagen. Ich weiß, sie wollte es.

Als wäre in ihrem Inneren plötzlich ein Schalter umgelegt worden, trat sie einen Schritt zurück und riß erschrocken die Augen auf. «Sieh nur, was du aus mir gemacht hast», sagte sie entsetzt. Sie schlug sich selbst anklagend mit der Faust gegen die Brust. Das dumpfe Geräusch ihrer Faust auf der Haut ließ meinen Magen krampfen. «Sieh nur, wohin du mich gebracht hast.»

«Das hast du selbst getan», sagte er.

Lana schmiß ihren Stock gegen die Wand. «Dann werde ich es auch wieder rückgängig machen», rief sie wütend. «Ich werde den Anwalt anrufen.» Sie ging wieder zu ihrer Frisierkommode und stieß dabei mit dem Fuß gegen die heruntergefallenen Dosen und umgekippten Fläschchen.

Wie ein bedrohlicher Riese erhob sich Leo und folgte ihr durchs Zimmer. Sein Gesicht zerfiel wieder in die schrecklichen roten Teile.

Sie drehte sich zu ihm um und spuckte die Wörter regelrecht aus. «Du hast dein gottverdammtes Leben, warum soll ich nicht meins haben? Ich ruf den Anwalt an – *ich rufe sie alle an!*»

Leo hätte sie gern zum Schweigen gebracht: Er hob die Hand zu ihrem Mund, ließ sie wieder sinken und hob sie erneut. Irgend etwas hielt ihn zurück; dann packte er statt dessen ihre Handgelenke und zerrte sie nach unten. Lana wollte sich losmachen, und als er noch fester zugriff, öffnete sie den Mund. Wieder durchbohrte dieser schreckliche schrille Schrei die lautlose Nacht und ließ mein Herz erstarren. Wie eine Sirene drang er aus ihrer Seele, und als würde er tief in Leo ein Restchen Vernunft berühren, hielt er sofort inne. Er ließ Lanas Hände los, und ihr Schrei hörte so jäh auf, wie er eingesetzt hatte.

Aber der Schrei hatte Harry und Elena auf den Plan gerufen. Ich konnte sie im Flur stehen sehen, fest aneinandergeklammert.

«Entschuldige, La.» Leos Augen wurden feucht, und er senkte die Stimme zu einem zerknirschten Flüstern. «Das wollte ich nicht.»

Lana blickte ihn unverwandt an. Sie wurde ganz starr und schien sehr nah am Abgrund zu stehen. Ich hatte Angst, sie könnte wieder weinend zu Boden sinken, und Leo würde dann in die Knie gehen und sie wie ein Baby in den Armen wiegen. Ich weiß, sie kämpfte gegen diese Versuchung an – ich sah sie über ihre Stirn huschen und sich in ihrem Kiefer festsetzen. Es war das, was sie sonst immer tat; es war das, wozu diese furchtbaren Streitereien meistens führten. Aber diesmal nicht. Lana holte aus und schlug Leo hart ins Gesicht. «Ich werde nie vergessen, was du da gesagt hast, du Dreckskerl.»

Ich war mir ganz sicher, daß Lana wieder aus unserem Leben verschwinden würde. Alles wies darauf hin, daß sie gleich hinausstapfen, ins Auto steigen und davonbrausen würde. Aber vielleicht hielten Harry und Elena sie zurück – jedenfalls drehte sie sich um, ging in ihr Schreibzimmer und knallte die Tür hinter sich zu.

Leo blickte sich über die Schulter nach Elena und Harry um, ohne sich auch nur zu bewegen. «Bring Harry wieder ins Bett, Elena», sagte er laut. Seine Schultern fielen nach vorn, und er wandte sich von den beiden ab. Als Elena und Harry zögernd die Treppe hinuntertappten, ging Leo zur Tür von Lanas Schreibzimmer und klopfte leise. «La», sagte er. «Es tut mir sehr leid. Ich weiß nicht, warum ich das gesagt habe. Ich hab's nicht so gemeint.» Seine Stimme klang schwach und erschöpft, ja erstickt.

Keine Antwort. Nur irritierende Stille. Ich fragte mich, was es mit Leos Worten – *«Wenn du nicht so gottverdammt ungeduldig gewesen wärst, dann wäre es nie passiert»* – auf sich hatte, daß sie die Macht besaßen, Lana so zu verändern. Warum hatten sie Lana dazu gebracht, derart die Beherrschung zu verlieren? Ich wußte es nicht – aber ich wußte immerhin, es war nichts Simples. Ich wußte, es war ein dunkles und brodelndes Chaos.

Mein Kopf fühlte sich an, als würde er gleich platzen, also legte ich mich auf die kalten Kacheln und preßte die Hände gegen die Schläfen, wo es am stärksten pulsierte. War es wirklich Leo, der sie vor langer Zeit zusammengeschlagen hatte? Dieser entsetzliche Schrei, als er ihre Handgelenke nach unten gedrückt hatte – es war, als hätte Leo das schon oft getan.

Ich richtete mich auf und schaute durch das Gitter, um zu sehen, was aus den beiden geworden war. Leo war nicht mehr da, und die Tür zu Lanas Zimmer noch immer geschlossen. Ich hörte keine Stimmen, also nahm ich an, daß Leo ins College zurückgegangen war.

Als ich durch Elenas Zimmer schlich, schlief sie entweder oder tat so, als schliefe sie. Ich sprach sie nicht an. Meine Nerven befanden sich in einer dermaßen elenden Konfusion, daß ich gleich zu meiner Kommode ging und Durga unter den Wollsocken hervorangelte. Ich nahm sie mit ins Bett und wollte sie gerade auf meinen Bauch stellen.

«Was hast du da?» hörte ich Leo sagen.

Ich blickte mich in meinem dunklen Zimmer um und war schockiert, als ich ihn in der Ecke sitzen sah. Erstens hatte er mir einen Todesschrecken eingejagt, und zweitens hatte er Durga gesehen. Als er langsam vom Stuhl zu meinem Bett trat, stopfte ich sie tief unter meine Decke und legte mein Bein darüber.

«Maddie», sagte Leo und setzte sich zu mir. «Ich wollte dir sagen, es tut mir leid, daß ich in letzter Zeit öfter zum Abendessen nicht heimgekommen bin.» Ich wußte nicht, wie ich darauf reagieren sollte. Ich sah ihn nur an und beobachtete, wie sein Gesicht zuckte. «Ich konnte keinen Klavierunterricht mehr geben», flüsterte er. «Es ging einfach nicht mehr – nicht wegen Lana, sondern weil ich einfach nicht mehr konnte. Verstehst du das?» fragte er.

Ich nickte, und er berührte mein Gesicht mit den Fingerspitzen, wie er das immer bei Lana gemacht hatte. Er sagte mir gute

Nacht, und ich hörte, wie er die Treppe hinunter und dann aus der Haustür ging. Ich holte Durga wieder unter der Decke hervor und wollte sie gerade auf meinen Bauch stellen, als ich Elena flüstern hörte: «Ich hab dir ja gesagt, daß das passiert, Maddie. Zwischen den beiden wird es nie mehr so werden wie früher. Jetzt nicht mehr.» Sie wandte mir das Gesicht zu, und in der unscharfen Beleuchtung sah sie aus wie ein Gespenst.

Ich packte Durga wieder unter die Decke und hielt sie ganz fest.

«Zu wem würdest du gehen?» fragte Elena. «Zu Lana oder zu Leo?»

Ich dachte daran, wie Leo Lanas Handgelenke umklammert und wie entsetzt Lana ausgesehen hatte, als er gesagt hatte – *«Wenn du nicht so gottverdammt ungeduldig gewesen wärst, dann wäre es nie passiert.»*

«Ich würd mich für Lana entscheiden», sagte Elena. Sie zog ihre Decke höher und strich sich die langen Haare aus den Augen. «Und du?»

Ich starrte auf die tröstlichen Schatten an meiner Wand, und meine Augen wanderten langsam über das Muster der Fenster zu den Schatten der fast reglosen Äste. Ich wußte nicht, für wen ich mich entscheiden würde. Der Gedanke war zu furchtbar, und ich konnte sowieso nicht denken – ich hatte immer noch mörderische Kopfschmerzen. Sie hielten mich noch lange wach, und als Elena schließlich einschlief, nahm ich Durga mit in den Speicher, um sie auf Lanas Kisten zu stellen. Dann, als würde das helfen, als könnte es das Pochen in meinem Kopf beruhigen, schob ich die Hand durch die Klappen der untersten Kiste und berührte die silbernen Filmdosen.

16

Leo war nicht da, als ich am nächsten Morgen aufstand, aber Lana stand unten in der Küche und machte uns Frühstück. Sie sah uns nicht gleich an, wirkte aber nicht zittrig. Die Veränderung, die sie durchgemacht hatte, schien dauerhaft – sie hielt den Kopf hoch, und ihr Hals ragte stolz und trotzig aus dem blauen Leinenkleid.

«Ich will nicht, daß ihr zwei denkt, die Probleme zwischen Leo und mir hätten irgendwas mit euch zu tun», sagte sie. Sie drehte uns den Rücken zu und wendete mit energischen Bewegungen die Eier in der Pfanne. «Sie haben gar nichts mit euch zu tun. Tut mir leid, daß ihr was davon mitgekriegt habt.»

Wir sagten nichts. Wir verdrückten nur schweigend unsere Eier, und als wir fertig waren, gingen wir zur Hintertür hinaus und hofften, daß sie noch da wäre, wenn wir von der Schule zurückkamen.

An diesem Tag bekam ich kein Wort von dem mit, was Mrs. Devonshit sagte. Mein Hirn war wie vernagelt vor Angst, und die Nerven taten mir in den Adern weh. Ich wußte, daß etwas ganz Entscheidendes mit Lana passiert war, und das versetzte mich in Panik. Ich fragte mich bang, was sie jetzt tun würde, denn ich wußte, daß sie irgend etwas ausbrütete. Ich spürte es.

Elena war so mitgenommen, daß sie in der Pause einfach aus

der Schule verschwand. Als der Direktor mich fragte, wo sie hingegangen sei, sagte ich, das wisse ich nicht. Ich machte mir Sorgen und saß den ganzen Nachmittag in der Sonne und malte mit einem blauen Stift kleine Kreise in meine Hand. Als die Sonne dann hinter den Wolken verschwand, schloß ich mich in der Toilette ein, legte mich auf die kalten Fliesen und machte die Augen zu.

Bei Schulschluß schüttete es so, daß Lizzy und ich schnellstens nach Hause rennen mußten, um den Eimer auszuleeren. Ich hatte Angst, ins Haus zu gehen, weil ich befürchtete, Lana könnte weg sein, aber sie war im Keller und spielte mit Harry Verstecken. Lizzy und ich setzten uns eine Weile auf die oberste Stufe und hörten zu, wie Lana so tat, als wüßte sie nicht, wo Harry steckte. Sie hörte sich ganz normal an, also ließen wir sie in Ruhe, und während Lizzy nach oben in die Dachkammer rannte, um den Eimer auszuleeren, lungerte ich bei der Haustür herum, um den Postboten mit der *New York Times* abzufangen. Garta rief an und sagte, ich solle Lizzy nach Hause schicken. «Sie muß auf Jimmy aufpassen», sagte sie. «Ich muß zur Arbeit. SCHICK SIE SOFORT HEIM!»

Gleich darauf rief Leo an und wollte Lana sprechen. Ich brüllte die Kellertreppe hinunter, und Lana kam zur obersten Stufe und lehnte sich an unsere Wintermäntel und Jacken, die da hingen. «Frag ihn, was er will.»

«Sie möchte wissen, was du willst», sagte ich zu Leo.

«Gib sie mir schon, Maddie.» Er flüsterte ein leises «Herrgott» hinterher, und ich hörte ihn etwas Schweres auf seinen Schreibtisch knallen.

«Er möchte mit dir reden», sagte ich zu Lana und hielt ihr den Hörer hin.

Sie drückte fest die Augen zu, als betete sie um Geduld. «Frag ihn, was er will.»

Ich fragte ihn, was er wollte, und er sagte, ich solle ihm Lana geben. So ging es hin und her, bis Lana endlich den Hörer nahm.

«Geh nach unten und such Harry», sagte sie. «Er steckt unter der Treppe.»

Ich ging in den Keller und tat so, als wüßte ich nicht, wo Harry war. Ein paarmal stolperte ich an ihm vorbei, während er vor Spannung den Atem anhielt. Ich wollte, daß er seine Heimlichtuerei genoß. Als ich in den hinteren Teil des Kellers kam, stellte ich schockiert fest, daß Lana unsere Bühne abgebaut hatte. Die Apfelkisten waren säuberlich an der Wand aufgestapelt, die Requisiten, die wir gesammelt hatten, weggepackt, und der rote Samtvorhang lag zusammengefaltet in einer Plastikhülle. Auch die Garderobe existierte nicht mehr, und die meisten Stühle standen zusammengeklappt in der Ecke. Warum hatte Lana das getan, fragte ich mich. Es schien etwas auszudrücken. Vielleicht zeigte es ihre innere Verfassung. Sie schiebt uns weg, dachte ich. Oder sie geht bald. Warum sonst sollte sie alles abbauen? Es quälte mich, daß die Bühne fort war. Während ich mich zwischen den Apfelkisten und Stühlen versteckte, betrauerte ich den Verlust.

Als Lana endlich nach unten kam, bezog ich wieder meinen Posten an der Vordertreppe. Ich wartete auf den Postboten mit der *New York Times* – und hoffentlich auch mit einem Brief von Mimi. Wieder klingelte das Telefon, und mir blieb vor Schreck fast das Herz stehen. Es war Garta, das wußte ich. Ich hatte vergessen, Lizzy nach Hause zu schicken. Ich nahm ab, und ehe ich noch ein Hallo hervorbringen konnte, brüllte Garta bereits:

«WO ZUM TEUFEL STECKT LIZZY?»

«Ich hab vergessen –»

«SCHICK SIE SOFORT HEIM!»

Als Lizzy und ich die regennassen Straßen hinunterrannten, huschte die Welt an uns vorbei wie ein verschwommener Film; alle Farben verwischten sich, als wären sie in einen riesigen Wasserbehälter getunkt worden. Ich konnte meinen keuchenden Atem hören, als wäre er direkt an meinem Ohr, und auf einmal spürte ich tiefe Verzweiflung.

«Sei mir nicht böse, Lizzy», krächzte ich laut. «Ich sag ihr, daß es meine Schuld war.» Ich legte ihr die Hand auf den Arm, als könnte ich sie so versöhnen.

«Das glaubt sie dir nie», sagte Lizzy kühl. Sie rannte vor mir her, den Kopf gegen den Regen gesenkt.

Als wir den Absatz oben an der Treppe erreicht hatten, packte Garta Lizzy an den Schultern und zog sie in die Wohnung. Ich folgte ihnen auf den Fersen, war aber nicht fix genug. Die Tür fiel mir vor der Nase zu, und als nächstes hörte ich das Krachen des Schlosses. Ich trommelte mit beiden Fäusten gegen die Tür und rief Gartas Namen, aber ich konnte noch so laut rufen – meine Stimme kam nicht gegen Gartas Geschrei an.

«ICH VERLIER NOCH MEINEN JOB WEGEN DIR, DU DRECKSTÜCK!» brüllte sie drinnen in der Wohnung. Ich hörte einen dumpfen Schlag, von dem mir ganz übel wurde, weil er klang, als hätte sie Lizzy eine mit der Faust auf den Kopf verpaßt. Dann ein polterndes Krachen – Lizzy ging zu Boden und ruderte in ihrer Not haltsuchend mit Armen und Beinen auf dem Linoleum. Irgendwo in diesem ganzen Getümmel war plötzlich Lizzys leise, unverkennbare Stimme zu vernehmen. «Mom», keuchte sie, «Maddie hat's mir nicht gesagt.»

«Garta», schrie ich, gegen die Tür hämmernd. *«Das stimmt!»*

Irgend etwas donnerte gegen die Wand, und dann hörte ich Gartas stampfende Schritte, begleitet von Lizzys Gewimmer.

Ich trommelte noch heftiger gegen die Tür. «Bitte, Garta», heulte ich, den Salzgeschmack meiner Tränen im Mund. *«Biiiit-teeeee!»*

Jetzt trat Art aus dem Vorführraum in das düstere, graue Treppenhaus.

«Garta schlägt Lizzy wieder», rief ich. Er steckte sich die Zigarette in den Mund und kam sofort den Gang herunter. Als er vor der Tür stand, schlug er mit der Faust dagegen. «Garta», dröhnte er, «laß die Finger von ihr, sonst kannst du was erleben!»

Kurz darauf machte Garta die Tür auf und drängte sich an Art und mir vorbei.

«KÜMMER DICH UM DEINEN EIGENEN SCHEISS, ART», sagte sie. «GEH WIEDER DAHIN, WO DU HERGEKOMMEN BIST, KAPIERT?» Sie stürmte die Treppe hinunter, wobei ihr die Flüche wie Speere aus dem Mund drangen.

Art und ich stießen die Tür auf und sahen Lizzy in der Küche in einer Ecke kauern. Tomatensuppe lief ihr über die Haare und übers Gesicht. Die Schüssel lag umgekippt auf dem Boden neben ihren Beinen, und Gartas Quadratlatschen hatten die Suppe über das ganze Linoleum verschmiert. Jimmy hatte sich unter dem Tisch verkrochen; stumme Tränen liefen ihm übers Gesicht, und seine Fingerknöchel waren ganz weiß, so krampfhaft klammerte er sich an das Metalltischbein.

Am nächsten Morgen ging ich als erstes in Mrs. Blanchards Büro. Lizzy und ich hatten beschlossen, NOCH EINE FALSCHE BEWEGUNG, UND DEIN LEBEN IST IN GEFAHR zu schreiben, aber unter den momentanen Umständen fand ich, der Brief gehörte aufgepeppt. Ich hackte also mit meinen Zeigefingern folgende Botschaft in die Maschine: NOCH EINE FALSCHE BEWEGUNG, UND DU BIST TOT. Und unterschrieb mit DIE ZORNIGEN AUGEN GOTTES.

«Mußtest du unbedingt *tot* schreiben?» fragte mich Lizzy auf der Toilette, während sie unseren braunen Zettel zwischen ihren zitternden behandschuhten Fingern hielt. Das Wort *tot* erschreckte sie. «Ich hab gedacht, wir wollten schreiben, ‹dein Leben ist in Gefahr›.»

«Das ist das letzte Mal, daß wir Mrs. Blanchards Schreibmaschine benützen können. Sie weiß, daß ich da was Faules mache, deshalb gibt sie sie mir nicht mehr. Außerdem weiß sie, daß ich auf braunem Papier schreibe. Wenn Garta sie je fragen sollte –»

Der Gedanke war so unerträglich, daß Lizzy sich die Ohren zuhielt.

«Aber sie fragt bestimmt nicht», sagte ich und zog ihre Hände weg. «Außerdem würde Mrs. Blanchard dann sagen, ich sei's gewesen. Sie hat uns nie zusammen gesehen. Sie weiß überhaupt nicht, daß du was damit zu tun hast.»

Als ihr klar wurde, daß keine Spur zu ihr führte, beruhigte sich Lizzy wieder, und sie fand den Mut, Garta diese schwierige Botschaft zu schicken.

Als Garta zwei Tage später an unserem Eßtisch aufkreuzte, schluchzte sie. Sie zerrte unseren kleinen braunen Brief hervor und knallte ihn vor Lana auf den Tisch, während sie laut in den Ärmel ihrer grünen Nylonjacke schniefte.

«Das ist der schlimmste bisher. Schlimmer kann's eigentlich nicht kommen.» Sie drehte den Kopf und starrte zuerst Lizzy und dann mich mit haßerfüllten Augen an. Lizzy suchte ängstlich unter dem Tisch meine Hand, und wir zitterten gemeinsam, wobei unsere Knie leicht gegeneinanderstießen.

«Ich weiß jetzt, was 'ne falsche Bewegung ist», schluchzte Garta. Sie warf Lizzy und mir noch einen erbitterten Blick zu, und der winzige Hoffnungsschimmer, sie könnte vielleicht doch nicht herausbekommen haben, daß wir es gewesen waren, schwand.

«Was ist denn eine falsche Bewegung?» fragte Lana.

Lizzy drückte mir so fest die Hand, daß meine Fingerknochen knackten.

«Es hat was damit zu tun, wenn Lizzy und ich streiten», erklärte sie, während sie Lizzy mit unverhüllter Wut fixierte und mir zwischendurch einen brutalen Blick zuwarf. Ich hörte Lizzys Atem – sie keuchte, als säße ihr ein Elefant auf der Brust.

«Woher weißt du das?» fragte Lana. Ihr Blick flog von Garta zu Lizzy und wieder zurück.

«Weil der Brief gekommen ist, gleich nachdem Lizzy und ich wieder mal gestritten haben», heulte Garta. Sie wischte sich die Nase mit dem Handrücken, dann holte sie ihre Benson and Hedges aus der Manteltasche.

«Warum habt ihr euch gestritten?» wollte Lana wissen.

«Ich hab Maddie angerufen, sie soll Lizzy heimschicken, weil meine Schwester krank war», jammerte Garta. «Ich mußte wieder zur Arbeit, und Lizzy ist fast 'ne ganze Stunde nicht gekommen, und mich haben sie bei der Arbeit angeschissen.» Sie pulte mit ihren stumpfen Fingern eine Zigarette aus der Schachtel und steckte sie sich in den Mund.

Ich wartete viel zu ängstlich auf den Ausgang dieses Gesprächs, um gegen diese faustdicke Lüge zu protestieren, aber dann fragte Lana Lizzy: «Stimmt das?»

Lizzy nickte nicht und schüttelte auch nicht den Kopf: Sie brachte kein Wort heraus. Ihr Atem stockte, und sie starrte auf Garta.

«Maddie?» sagte Lana. Ich sah erst Garta an und dann meinen unberührten Pfirsichkuchen. Dann schaute ich wieder in Gartas verheultes Gesicht.

«Nein, es stimmt nicht», sagte ich. Meine Stimme war laut und zittrig. «Sie hat angerufen, und ich hab vergessen, es Lizzy zu sagen, weil Leo gleich hinterher angerufen hat, und dann hast du mich runter in den Keller geschickt, damit ich mit Harry spiele.»

Lana sah Garta an, und Garta sah mich an. Wäre Lana nicht dagewesen, hätte sie mir garantiert den Schädel eingeschlagen.

«Ist ja auch egal», sagte Garta und blies eine Rauchwolke in die Luft. «Spielt keine Rolle.»

Sie nahm unseren Zettel und las ihn vor. «Noch eine falsche Bewegung, und du bist tot. Die zornigen Augen Gottes.» Als Garta jetzt wieder die Tränen übers Gesicht liefen, stand Lana auf, um Taschentücher zu holen.

«Ich weiß auch, wer's ist», schluchzte Garta und schnaubte ihre Nase in das rosarote Kleenex.

«Wer denn?» fragte Lana.

Garta sah wieder uns an und bedachte mich dabei mit einem

besonders feindseligen Blick. Ich gelobte hoch und heilig, wenn das hier überstanden war, würde ich mich endgültig bessern.

«Wer?» fragte Lana noch mal.

«Art, vom Kino nebenan», heulte Garta. «Der alte Knacker, der den Projektor bedient. Der horcht immer, was bei uns vorgeht, der neugierige Arsch. Dauernd steckt er die Nase in andrer Leute Mist. Er denkt, ich weiß nicht, wo er diesen Augen-Gottes-Scheiß her hat. Bloß weil er Tag und Nacht in diesem Kabuff hockt und die ganzen Filme anglotzt und die ganzen Leute, die da drinsitzen – aber das heißt noch lang nicht, daß er die Augen Gottes hat.»

Garta weinte jetzt ganz offen, was eigentlich ein Schock war, aber ich war viel zu sehr damit beschäftigt, mich zu beglückwünschen, um groß darüber nachzudenken. Sie glaubte, es sei Art. Phantastisch, dachte ich. Von all den Leuten, die Garta kannten, wußte Art am besten, mit welch systematischer Grausamkeit sie Lizzy mißhandelte.

Ich wagte es, Lizzy anzusehen. Sie war so erleichtert wie noch nie – ihre Augen funkelten, und ihre Hände lagen ganz ruhig und entspannt auf dem Tisch. Ich stieß sie mit dem Ellbogen an, sie schubste zurück, und während Garta Art zur Hölle wünschte, gruben wir unsere Löffel genüßlich in den Pfirsichkuchen.

«Ich laß ihn verhaften», zeterte Garta. «Ich bring diese Dinger zur Polizei und laß ihn verhaften. Man kann doch nicht einfach so Leute bedrohen.»

Ich weiß nicht warum, aber ich hatte keine Angst, die Polizei könnte herausfinden, daß Lizzy und ich es waren und nicht Art. Irgendwie wußte ich, solange kein weiterer Brief auftauchte, würde nichts passieren.

Lizzy und ich zogen uns in die Dachkammer zurück. Diesmal lachten wir nicht, nicht richtig jedenfalls, denn auf einmal erschien uns alles zu real, zu ernst, um darüber zu lachen. Der Anlaß für die Briefe bestand weiter fort – Garta konnte Lizzy jederzeit wieder verprügeln. Wir konnten nur hoffen, daß die permanent im Vorführraum installierten Augen Gottes sie zurückhalten würden.

Lizzy und ich waren uns darüber einig, daß wir uns erst mal genug gerächt hatten, und am nächsten Tag holten wir die Umschläge, die Briefmarken und die braunen Papiertüten aus unseren Schließfächern. Nach der Schule schmuggelten wir die Sachen in meinem Mantelfutter aus dem Gebäude. Wir brachten sie zu Minnies Feuerstelle und warfen ein brennendes Streichholz darauf.

Während das Papier von den Flammen verzehrt wurde, hörten wir aus Minnie Harps Haus leise Opernklänge. Sie wehten mit den linden Frühlingslüften zu uns herüber und erinnerten uns daran, daß wir die vorderen Fenster und die rechten Seitenfenster noch nicht auf Ritzen in den Zeitungen untersucht hatten. Nachdem das Papier zu Asche verbrannt war, trampelten wir noch eine Weile darauf herum, und dann rannten wir von Baum zu Baum, über Minnies sprießenden grünen Rasen, um uns hinter der großen Ulme zu verstecken. Von dort konnten wir die Vorderseite des Hauses genau sehen. Links war ein dreiteiliges Erkerfenster, rechts die geschlossene Veranda und dazwischen die Eingangsveranda. Die Stufen sahen nicht allzu stabil aus, und zwischen zwei hohen, schmalen Fenstern mit geschlossenen Läden war eine große Holztür ohne jeden Anstrich.

«Komm, wir machen die Fensterläden auf», flüsterte ich, obwohl mir die Vorstellung, die Veranda zu betreten, mehr als unheimlich war.

«Die Veranda sieht ziemlich kaputt aus», sagte Lizzy. Sie sah tatsächlich kaputt aus, aber das konnte man vom ganzen Haus sagen, gab ich zu bedenken. «Und immerhin steht es noch», sagte ich.

Schließlich nickte Lizzy zustimmend, und als Minnies Oper eine akustische Klimax erreichte, rannten Lizzy und ich hinter dem Baum hervor und zur linken Seite der Veranda. Wir krochen langsam und vorsichtig hinauf. Die Bretter ächzten bedrohlich unter unseren Füßen. Zum Glück war der linke Fensterladen ganz am Ende der Veranda, also mußten wir nicht weit gehen. Ich dachte, er wäre bestimmt zugenagelt, aber er ließ sich öffnen, als ich daran zog, und enthüllte uns das erste Wunder – ein zeitungsloses Fenster. Die Scheibe war zwar dreckig, aber trotzdem konnten wir zum erstenmal in Minnie Harps Haus sehen. Die Treppe schien ziemlich vergammelt; das Holzgeländer war umgekippt und hing jetzt so wackelig über dem düsteren Flur, daß ein lauter Donnerschlag es bestimmt heruntergeholt hätte. Die Stufen hatten riesige Löcher, wo entweder das Holz sich in Staub aufgelöst hatte oder jemand aus Versehen durchgetreten war, und von den Wänden bröckelte der gelbliche Putz.

Da ging die Tür am anderen Ende des Flurs auf, und Minnie Harp erschien. Mir schnellte das Herz in die Kehle, wo es bummerte wie ein Schmiedehammer, und wir machten auf dem Absatz kehrt und flohen von der Veranda, sprangen aber nicht vom Rand, sondern stolperten die Stufen hinunter, ich vorneweg und Lizzy verzweifelt hinterher. Ihr rechter Fuß krachte durch die unterste Stufe, und sie hing fest. «Maddie!» schrie sie. Ich rannte zurück und zog ihren Fuß heraus, aber ihr neuer Schuh blieb irgendwo zwischen Sägemehl und morschen Brettern zurück. Jetzt lief sie vor mir her, und ich blickte zurück, um zu sehen, was aus Minnie Harp geworden war. Sie stand an dem dreckigen Fenster, reglos, den Blick fest auf mich gerichtet. Wenn sie ihr klagendes «Nnanggg» ausgestoßen oder drohend mit der Faust gegen die Scheibe geschlagen hätte oder wenn sie uns gefolgt wäre und die Frühlingsluft mit ihrem Kriegsgeheul erfüllt hätte, wäre mir das lieber gewesen. Aber sie stand nur still und stumm da – kein Klageruf, kein gar nichts, nur dieses verzweifelte, hilflose Glotzen. Ihr Blick durchdrang meine Gefühllosigkeit, und zum erstenmal, seit ich sie kannte, hatte ich Mitleid mit ihr.

Ich folgte Lizzy über den Rasen, in den Wald und hinaus auf

die Wiese. Wir rannten die Anhöhe hinauf, purzelten auf der anderen Seite hinunter und warfen uns atemlos ins zarte Gras.

«Ich hab meinen Schuh verloren», japste Lizzy. «Es war einer von meinen neuen. Dafür krieg ich's von meiner Mutter.» Sie zog ihr Hosenbein hoch, und wir inspizierten die lange Schnittwunde an ihrem Knöchel. Sie blutete ziemlich stark, und drum herum hatte sich ein großer blauer Fleck gebildet, der geschwollen war wie ein Ameisenhügel. «Die Wunde ist ihr schnuppe», sagte Lizzy, «aber der Schuh nicht.»

Wir überlegten, ob wir zu Minnie Harps Veranda zurückgehen sollten, aber dazu fehlte uns – vor allem mir – der Mut. Es hatte nur einen Augenblick gedauert, dieser Blickwechsel mit Minnie Harp, aber er ließ mich nicht mehr los. Als hätte unsere Tat eine besondere Dimension des Bösen, hinterließ die Erinnerung daran einen dunklen Fleck auf meinem Gewissen.

Wir verarzteten Lizzys Knöchel mit Alkohol und Pflaster und fanden ein abgelegtes Paar Schuhe von Elena, die Lizzy anziehen konnte, bis wir den Mut aufbrachten, zu Minnie Harp zurückzugehen. Garta würde es natürlich merken, das wußten wir. Wir konnten nur hoffen, daß die Augen Gottes sie davon abhielten, Lizzy wieder zu verprügeln.

Während ich an diesem Abend auf Lizzys Anruf wartete, hörte ich Lana und Leo in ihrem Zimmer streiten. Ich konnte nicht verstehen, was sie sagten, aber der scharfe und laute Ton sagte mir, daß es ein erbitterter Streit war. Ich stand nicht auf, um am Gitter zu horchen – die Verantwortung für ihre Schwierigkeiten lastete sowieso schon schwer genug auf mir. Ich war sicher, ich hatte dazu beigetragen, daß sie in diese schreckliche Situation geraten waren, und mit jedem ihrer lauten, schneidenden Worte spürte ich, wie unser altes Leben mehr zerfiel.

Ich hatte auch Minnie Harp geschädigt, merkte ich. Ich bekam ihr Gesicht nicht aus dem Kopf, und obwohl ich Durga bat, es mit ihren Händen zu löschen, lauerte es weiter in meinem Gewissen und trieb mich um. Obwohl wir den Nazi noch nicht gesehen hatten, war ich mir jetzt doch sicher, daß er im Haus lebte. Minnies jämmerlicher Gesichtsausdruck hatte es mir verraten. Ihre Augen, so verzweifelt, hatten mich angefleht, nicht näherzukommen, nicht die kostbare Mauer niederzureißen, die uns trennte.

Ich hatte auf Lana und Leo eingewirkt, und jetzt wirkten sie auf mich zurück. Ich hatte auf Minnie Harp eingewirkt, die nun ihrerseits auf mich zurückwirkte. Lizzy, Art und ich hatten Garta beeinflußt. Ich stellte mir ein riesiges Gewebe vor, eine endlos verwobene Kette von Menschen, die wechselseitig aufeinander einwirkten. Anscheinend konnte man nichts tun, was folgenlos blieb. Letzten Endes beeinflußte es immer irgend jemanden, irgendwo. Hier lebte ich in einer Kleinstadt, und ich hatte auf Mimi eingewirkt, Mimi auf Lana, die nun wiederum auf Leo einwirkte und infolgedessen auch auf mich, Elena und Harry. Wenn Garta jetzt Lizzy schlug, traf das Lizzy und mich und auch Art, der nicht einmal ahnte, daß er ein Teil von Gartas Beziehungsgewebe war. Ich stellte mir Millionen von Netzen vor, die alle Menschen auf der Welt miteinander verbanden, und der Gedanke, daß etwas, was ich tat, eines schönen Tages sogar auf jemanden in Indien einwirken konnte, wo Durga herkam, faszinierte mich sehr.

Ich hörte das Telefon klingeln. Ich rannte hinunter und nahm ab.

«Maddie», flüsterte Lizzy. «Sie hat nichts gemacht.» Lizzy seufzte, und ich hörte, daß sie sich in ihrem Schrank gegen etwas Quietschendes lehnte.

«Ist ja toll», sagte ich. Der scharfe Klang von Lanas Stimme drang durch die Fußbodengitter der Heizung zu mir herunter, und ich stopfte mir den Finger ins rechte Ohr, um sie nicht zu hören.

«Sie hat gesagt, dann kaufen wir halt ein neues Paar Schuhe», flüsterte Lizzy. «Ich hab gesagt, einer von den Jungen hätte mir den Schuh geklaut und in den Bach geschmissen.»

«Und sie hat nur gesagt, sie würde dir neue kaufen?» Ich setzte mich auf den Küchenhocker und ließ den Blick aus der Hintertür zu den trägen schwarzen Hügeln schweifen. Sie waren meine Glücksbringer, diese Hügel.

«Ja», flüsterte Lizzy.

Es waren die Augen Gottes, das war uns klar, die hoch oben im Vorführraum über alles wachten.

17

Das erdrückende Gewicht von Gartas Problemen half Lana, ihre eigenen leichter zu nehmen. Trotz der Schwierigkeiten mit Leo mobilisierte sie ihre Kräfte und startete eine neue Kampagne gegen Gartas brutales Regiment über Lizzy. Erneut wurden die Spezialmasken auf Gartas Gesicht aufgetragen, um die Furunkel in Schach zu halten, die sich langsam, aber sicher wieder gebildet hatten. Die Diät wurde aufgefrischt, und Lizzy fand Lanas Listen an Gartas Schlafzimmerspiegel. Wir nahmen es als gutes Zeichen – das letzte Mal, als Lana für Garta Listen geschrieben hatte, waren sie im Müll gelandet. Nun, da Lana sich erneut um Garta kümmerte und die Augen Gottes im Vorführraum installiert waren, fühlte sich Lizzy zum erstenmal sicher.

Wir gingen eine ganze Weile nicht mehr zu Minnie Harps Haus. Garta hielt ihr Versprechen und kaufte Lizzy ein neues Paar Schuhe, also brauchten wir uns wegen des Schuhs, der da in Minnies Verandatreppe steckengeblieben war, keine Sorgen zu machen. Lizzy fand, wir sollten wenigstens hingehen, um die letzten Fenster auf Risse in den Zeitungen zu untersuchen, aber ich hatte keine Lust. Das Bild von Minnie Harps Gesicht verfolgte mich immer noch.

Bald lenkte uns Leos Musical-Inszenierung von unseren eigenen Sorgen ab. In einer Woche sollte es losgehen, und da er Lana überredet hatte, die Kostüme zu schneidern, stand unser ganzer Haushalt kopf. Lana okkupierte mit ihren drei studentischen Helferinnen das gesamte Eßzimmer. Zwei Nähmaschinen standen auf dem Tisch, und überall hingen Kostüme – an den Stuhllehnen, am kleinen Geschirrschrank und an den Zimmertüren, von denen nur eine frei blieb. Die vier änderten und erneuerten Dutzende von Kostümen, Lana und die ältere Studentin an den Nähmaschinen, während die beiden anderen die Säume nähten und überall Knöpfe und Pailletten anbrachten. Leos zwanzigköpfiges Ensemble kam zu Anprobeterminen, und manchmal war das Haus so voll, daß die Leute auf der Vordertreppe warten mußten.

Ich begriff nicht, warum Lana sich mit Haut und Haaren für Leos Projekt hergeben konnte, wenn sie und Leo so schlecht miteinander zurechtkamen. Sie stürzte sich mit großem Enthusiasmus in die Arbeit und blieb auch dabei, obwohl sie und Leo kein Wort wechselten. Daß Lana so begeistert mitmachte, lag bestimmt an ihrer Liebe zum Theater und zu allem, was dazugehörte; mit Leo hatte es nichts zu tun, das wußte ich.

Ich freute mich auf Leos Stück, oder besser gesagt, darauf, daß es vorbei sein würde, denn offenbar konnten wir erst dann zu einem normalen Leben zurückkehren. Ich hegte große Hoffnungen, wir könnten alle wieder zusammenfinden und vielleicht sogar gemeinsam in die Ferien fahren oder Leos Familie in Lansing besuchen, aber Elena hielt das für sehr unwahrscheinlich.

«Es ist schon viel zuviel kaputt zwischen ihnen», sagte sie eines Abends von ihrem Bett aus.

«Aber Lana macht doch die ganzen Kostüme für ihn.»

«Das tut sie bloß, weil sie's ihm versprochen hat. Und sie ist auch nur so freundlich, weil die drei Mädchen dauernd da sind und weil die ganzen Schauspieler kommen. Das ist aber reine Schau. Glaub mir, zwischen den beiden hat sich nichts verändert, Maddie. Höchstens noch verschlimmert.»

Wir aßen noch zwei weitere Wochen in der Küche, entweder

auf dem Fußboden oder an der Anrichte, während Lana und ihr Team im Eßzimmer herumwerkelten und die Mahlzeiten zwischen Nähmaschinen und Kostümen zu sich nahmen.

Endlich kam der 15. Mai. Es war ein wunderschöner Sonntagabend, als Elena, Lizzy, Garta, Lana und ich mit den beiden Jungen den Herzinfarkthügel hinaufwanderten, alle in unseren besten Kleidern. Lana trug ein elegantes langes schwarzes Samtkleid mit rotem Mieder, und Elena hatte ein marineblaues an. Lizzy und ich trugen Kleider, die Lana extra für uns genäht hatte – meines war aus blaßgrauem Leinenstoff, Lizzys Kleid dunkellila. Wir nahmen unsere Plätze in der ersten Reihe ein und beobachteten, wie sich das Theater rasch füllte. Als ich mich umdrehte, entdeckte ich Barbara Lamb und ganz hinten Gus, allein. Viele unserer Klassenkameraden waren da, einschließlich Louis, der still zwischen seiner übergewichtigen Mutter und seiner rothaarigen Schwester saß – nur drei Reihen hinter mir. Ich bemühte mich, ihn nicht anzustarren, aber ich konnte nicht anders. Miss Thomas saß auf der anderen Seite des Gangs sechs Reihen weiter hinten, und als sie mich sah, warf sie die Arme in die Luft und begann wie wild zu winken, als würde sie einem Schiff signalisieren. Selbst Mrs. Devonshit war gekommen – sie saß zehn Reihen hinter uns, neben ihrem beunruhigend dürren Ehemann.

Ich studierte das Programm, das man uns in die Hand gedrückt hatte, und stellte mit Erstaunen fest, daß Leos Stück einen Namen hatte. *One Man's Life* hieß es, und unter dem Titel stand ein Zitat von einem Herrn namens Emmet Goodall: «Das beste Musical, das eine Universität je auf die Beine gestellt hat. Broadway-verdächtig!»

Eine kleine Band saß auf hölzernen Stühlen unterhalb der Bühne. Die Musiker stimmten ihre Instrumente, während Leo zwischen ihnen herumwuselte, hier ein paar Worte wechselte und da jemandem auf die Schulter klopfte. Er trug einen schwarzen Frack, den er extra für diesen Anlaß gekauft hatte. Er sah sehr elegant darin aus, ich konnte den Blick gar nicht von ihm wenden. Bob Hendrix streckte ein paarmal den Kopf durch den Vorhang und machte Leo schließlich ein Zeichen, hinter die Bühne zu kommen. Als Leo die Stufen hinaufging und über die Bühne eilte, merkte ich, daß Lanas Blick ihm nervös folgte.

Kurz darauf gingen die Lichter aus, und es wurde still im Saal. Leo erschien wieder vor dem Vorhang und hastete mit wehenden Frackschößen die Stufen hinunter. Ich sah genau zu, wie er seinen kleinen weißen Stock nahm und die Arme hob, wodurch die Schöße mit Schwung nach oben rutschten. Ich dachte daran, wie er die Arme so hoch über den Flügel erhoben hatte, und befürchtete, wenn sich die Arme wieder senkten, würden wir die gleiche Musik hören wie damals – Jazz. Elena kniff mich ins Bein, und wir linsten beide zu Lana hinüber. Wenn sie beunruhigt war, ließ sie es sich nicht anmerken.

Leos Arme senkten sich, und auf einmal war das Theater erfüllt mit den Klängen von «Meiling», der einzigen Nummer des Musicals, die Leo je für uns gespielt hatte. Der Vorhang teilte sich, langsam ging die Bühnenbeleuchtung an, und wir sahen einen alten Mann in dunkelgrünem Trenchcoat an einen schwarzen Laternenpfahl gelehnt. Rauch wirbelte um seine Füße, ein großer Mond hing im Hintergrund, und hinter dem Mann befand sich eine Häuserreihe mit weißen Lattenzäunen, schimmernd im bläulichen Licht.

Er begann ein Lied über die Vergangenheit zu singen, über die glorreichen Tage seines Lebens, während er zugleich traurige Tanzschritte vollführte. Seine Bewegungen waren steif, er stolperte zwischendurch und verlor das Gleichgewicht, kam öfter aus dem Takt und fiel zweimal hin. Das war aber alles Absicht und so gut gemacht, daß ich gebannt zuschaute.

Dann wurde das Licht schwächer, und der alte Mann stolperte zum seitlichen Bühnenrand, wo er sich gegen einen anderen schwarzen Laternenpfahl lehnte. Leos Musik nahm Tempo auf, und ein Scheinwerferstrahl fiel auf die Bühnenmitte. Dort stand ein junger Mann in engen schwarzen Hosen und einem fließenden dunklen Mantel. Er begann den Tanz des alten Mannes mit jugendlichem Elan zu wiederholen. Die Sprünge, die der Alte verpatzt hatte, vollführte der junge Mann jetzt voller Kraft und Eleganz. Die Drehungen, die den alten Mann hatten stürzen lassen, machte er so perfekt, daß es einem schier den Atem verschlug.

Als die Musik wieder langsamer wurde, drosselte auch der Tänzer sein Tempo, bis er sich schließlich wie im Traum zu bewegen begann. Der alte Mann löste sich aus dem Schatten und ging zu ihm, beide machten Seite an Seite die gleichen langsamen, träumerischen Tanzschritte, und dann blieben sie stehen und sanken zu Boden. Mit dem letzten Ton von «Meiling» wurde die Bühne dunkel, und das Publikum klatschte.

Ich sah Lana an. Die Spannung war aus ihrem Gesicht gewichen, und sie wirkte locker, ja, erleichtert.

Kurz herrschte Stille, ehe Leo wieder die Arme hob. Als er sie senkte, gingen auf der Bühne die Lichter an: Der alte Mann lehnte in einem gelben Lichtkegel an dem Laternenpfahl, während der jüngere mitten auf der Bühne stand, im grellweißen Scheinwerferlicht. Als der Alte die Geschichte seiner Jugend zu singen begann, erschienen mehrere junge Männer und Frauen in gedämpfteren Spotlights auf der Bühne. Sie tanzten langsam, unter einem transparenten Netz, als seien sie in einen Traum gehüllt. Das waren seine Schwestern und Brüder und die Frau, die er später heiraten sollte.

Ich hörte kleine Jazzeinsprengsel in Leos Musik, hier und da ein paar Töne. Es fiel nicht weiter auf, weil es ganz schnell vorbeiging, aber ich merkte es trotzdem, und Elena auch. Wir sahen beide vorsichtig Lana an, ob sie es hörte, aber sie zeigte keine Reaktion, sondern saß still da, den Blick fasziniert auf die Tänzer gerichtet, als sei sie völlig von ihnen gefesselt.

Die drei Schwestern verließen langsam ihre Lichtkegel und zogen ihren ältesten Bruder zur Bühnenmitte. Sie sangen abwechselnd ihre eigenen Songs, wobei sie um ihn herumwirbelten und tanzten. Die Musik war sehr fröhlich und lebendig, und soweit ich das beurteilen konnte, ohne jede jazzige Note. Als die beiden anderen Brüder aus ihren Kreisen sprangen und die Schwestern vertrieben, bekam die Musik, die bisher spielerisch und feminin gewesen war, eine dunklere, maskulinere Färbung, das Tempo zog an, und die Atmosphäre verdichtete sich. Aber erst als sie alle im Gleichtakt zu steppen begannen, hörte ich, wie sich der Jazz wieder in die Musik schlich. Er hielt sich etwa fünfzehn Takte lang im Vordergrund, verschwand dann wieder und brach erneut durch, als der Tanz einem Höhepunkt zustrebte, zog sich jedoch schnell wieder zurück.

Die Frau, die der junge Mann heiraten sollte, befreite sich aus dem Netz und trat nach vorn, während die Brüder sich in ihre gedämpften Scheinwerferkreise zurückzogen. Sie war barfuß, und das braune Haar floß ihr weich über die Schultern. Ihre Bewegungen waren ungestüm und kraftvoll, und sie schwang provozierend die Arme und wiegte die Hüften, während sie sang: *Sieh mich an. Schau nicht weg. Hier bin ich, sieh mich an, sieh mich an.* Der junge Mann war ganz gebannt und folgte ihr mit bewundernden Blikken.

Dann begann die Musik zu rasen, und ich hörte den Jazz. Er war deutlicher und klarer als bisher, aber nicht durchgängig, er kam und ging in kurzen Schüben, und ich fragte mich, ob Leo überhaupt gemerkt hatte, daß er da war.

«Er wird es tun, Maddie», flüsterte Elena mir zu.

Wir sahen Lana an. Sie hielt sich ein bißchen steif. Sie blickte aufmerksam nach vorn, eher verblüfft als wütend, aber trotzdem warf sie Leo einen bösen Blick zu. Ich wußte, später würde er etwas zu hören bekommen.

Der junge Mann begann auf die Frau zu reagieren, und als ihr Gesang und ihr Tanz miteinander verschmolzen, drang der Jazz immer weiter in die Musik, bis er schließlich die Vorherrschaft übernahm. Die beiden tanzten nun gemeinsam und eroberten die Bühne mit großen Sprüngen – und da veränderte sich die Musik. Es war nicht mehr so, daß der Jazz unter den traditionelleren Klängen irgendwo lauerte – es *war* Jazz. Nicht die Melodie, die Leo im Theater für uns gespielt hatte, auch nicht die, die er für Elena und Harry im Wohnzimmer gespielt hatte, aber es war Jazz, und er packte mich wieder auf die gleiche verrückte Art.

Ich schaute zu Leo. Er sah genauso aus, wie er ausgesehen hatte, als er den Jazz auf dem Klavier gespielt hatte, nur daß da jetzt kein Klavier war, sondern Luft. Sein Körper, ohne Musik so massig und ungelenk, gehörte wieder ihm. Er bewegte sich wie ein Besessener, wiegte sich hingebungsvoll im Takt, und seine Arme sausten auf und ab wie die Schwingen eines riesigen, eleganten Vogels.

Elena drückte meine Hand und flüsterte: «Da hast du's, Maddie», während Lizzy mir ins andere Ohr flüsterte: «Ist das Jazz?»

Wir alle sahen Lana an. Sie blickte nicht mehr zur Bühne. Sie schirmte mit der rechten Hand das Gesicht ab wie mit einer Sichtblende, als säße sie im grellen Sonnenlicht. Die Augen hatte sie fest geschlossen, und Daumen und Mittelfinger bearbeiteten ihre Schläfen, als würde sich in ihrem Kopf wieder diese grauenhafte Migräne ausbreiten.

Die schrecklichen Fragen kamen wieder – was war passiert, daß der Klang dieser Musik ein solches Entsetzen in ihr auslöste? Woran lag das, verdammt noch mal? Allen anderen im Theater gefiel die Musik – die Leute klopften den Rhythmus mit den Füßen, wackelten im Takt mit den Köpfen. Selbst Garta machte mit.

Als die Tänzer langsamer wurden, veränderte sich die Musik von neuem. Die beiden schlangen die Arme umeinander und tanzten langsam, die Blicke ineinander versenkt. Das Licht in der Bühnenmitte wurde schwächer, und ein Scheinwerfer beleuchtete die Seite der Bühne, wo der alte Mann gegen den Laternenpfahl lehnte. Als er den jungen Mann zärtlich im roten Schummerlicht tanzen sah, stimmte er einen langsamen, sentimentalen Song an. Lana nahm die Hand vom Gesicht und öffnete die Augen wieder. Sie strahlte keine Wut mehr aus. Sie blickte nicht zu Leo. Sie beobachtete die beiden Liebenden im wogenden Nebel, und Tränen stiegen ihr in die Augen.

Das Schlimmste ist überstanden, dachte ich. Ich wußte nicht, was jetzt zwischen Lana und Leo passieren würde, aber ich fragte mich, warum Leo das getan hatte – warum er den Jazz eingesetzt hatte, wenn er doch wußte, daß Lana eines Tages mit ihren Kindern im Theater sitzen und die Musik hören würde. Sie hatte soviel Mühe und Arbeit auf die Kostüme verwendet, und Leo hatte die ganze Zeit über gewußt, er würde den Jazz spielen. Ich fragte mich, ob nicht doch alles Leos Schuld war.

Während das Liebespaar reglos und eng umschlungen mitten auf der Bühne stand, wurde das Licht immer schwächer, bis es schließlich ganz erlosch. Die Stimme des alten Mannes war noch eine oder zwei Sekunden lang zu hören, und als sie verklang, herrschte einen Moment lang atemlose Stille – dann brach das Publikum in begeisterten Beifall aus. Weder Elena noch Lana klatschten. Lizzy und ich auch nicht. Garta und Harry applaudierten, aber sie hatten ja auch keine Ahnung, was gerade zwischen Lana und Leo vorgefallen war.

Als die Tänzer verschwunden waren, stieg der große Mond, beschienen von einem Scheinwerfer, höher und höher, bis er wie eine strahlende Leuchtscheibe in der Dunkelheit hing. Das Bühnenlicht ging wieder an, und in der Mitte der Bühne stand der junge Mann, umgeben von acht Frauen. Es war die Szene, die Elena und ich gesehen hatten, als wir an dem Morgen, nachdem Lana nach Syracuse gefahren war, die Theatertür geöffnet hatten. Die Schauspieler standen ganz still da, während die Lichter angingen und der alte Mann seinen Posten auf der Seite einnahm. Leos Arme schnellten nach oben, und als sie sich senkten, ertönte wieder Jazz. Und er schlich sich nicht vorsichtig ein wie vorhin – er explodierte geradezu. Hätte er Arme gehabt, dann hätte er glatt das Dach hochgewuchtet. Und als die Tänzer mit schnellen Tanzschritten und wild kreisenden Armbewegungen begannen, merkte ich voller Entsetzen, daß es die Melodie war, die Leo in unserem Wohnzimmer gespielt hatte. Nicht irgendeine Melodie, sondern Lanas Song, den er eigens für sie komponiert hatte. Für Lana war dies das Schlimmstmögliche, was er vor ihren Kindern oder sonst jemandem spielen konnte. Aber da war es – Lanas Song erklang im Theater, drang in die Luft, und das Publikum geriet in Ekstase. Die Zuhörer liebten diese elektrisierende Musik, sie liebten jeden Takt, jeden Ton.

Mein Herz hämmerte wild, und als ich mich umdrehte und das Entsetzen auf Elenas Gesicht sah, wußte ich, es stimmte. Lana packte ihren Stock und erhob sich. Sie nahm Harry bei der Hand und zwängte sich an Garta und Jimmy vorbei zum Seitengang. Sie sagte kein Wort – sie sah uns nicht einmal an. Alles ging ganz schnell: Sie zerrte Harry hinter sich her, und ihr Stock stieß geräuschvoll gegen die Sitze und stampfte auf den Boden. Ihre Flucht war rücksichtslos und hektisch, und wir sahen voller Schrecken zu, wie ihre dunkle Gestalt den Gang hinab und zur Tür hinaus eilte. Elena schoß hoch, drängte sich an uns allen vorbei und rannte ebenfalls den Gang hinunter. Da stand auch ich auf. Lizzy wollte mir folgen, aber Garta zog sie wieder auf ihren Platz. «Setz dich», zischte sie laut, während ich mich an ihr vorbeiquetschte und hinter Elena her sauste.

Ehe ich zur Tür hinauslief, drehte ich mich noch einmal um. Ich sah Leo am Flügel sitzen. Er selbst spielte diesen Song – eigenhändig spielte er ihn, von dem er Lana versprochen hatte, ihn nie vor ihren Kindern oder vor sonst jemandem zu spielen. Sein Kopf bewegte sich im Kreis, seine Beine gingen auf und ab wie Pumpenschwengel, und seine Hände rasten über die Tasten, als sei nur er dafür geschaffen, diese Melodie zu spielen. Zum erstenmal in meinem Leben haßte ich ihn.

Ich drehte mich um und stürzte aus dem Theater. Elena war schon halb den Herzinfarkthügel hinunter. Sie rannte mit halsbrecherischer Geschwindigkeit. Lana und Harry konnte ich nirgends entdecken, aber ich lief trotzdem los. Meine Füße schmerzten in den engen schwarzen Lackschuhen, die ich auf Lanas Geheiß angezogen hatte. Unten konnte ich immer noch keine Spur von Lana und Harry sehen. Ich rannte weiter, und als ich endlich in unsere Straße einbog, sah ich das hell erleuchtete Küchenfenster.

Ich torkelte keuchend die Verandatreppe hoch. Ich merkte gleich, daß das ganze Haus totenstill war – nur mein hechelnder Atem war zu hören. Ich ging durch den spärlich erleuchteten Flur, und mein Herz flatterte wie ein Vogel. Dann betrat ich das dunkle Eßzimmer, wo Elena zwischen Nähmaschinen und Stoffresten stumm am Tisch saß.

«Sie ist nicht da», sagte Elena. Sie sackte in sich zusammen, und ihre Ellbogen schlugen gegen den Tisch.

«Hast du in der Garage nachgeschaut?» fragte ich verzagt und legte meine verschwitzten Finger auf die Lehne von Leos Stuhl.

Das hatte sie nicht, also liefen wir hinaus. Das Auto stand da. Es war nicht benutzt worden, seit Lana das letzte Mal in die Stadt gefahren war, um Faden zu kaufen. Wir ließen uns schweigend auf der Hintertreppe nieder und blickten über den gespenstischen Rasen zu den trägen Hügeln in der Ferne.

«Sie ist wieder abgehauen», sagte Elena leise. Sie hob einen Zweig auf und grub damit kleine Rillen in die Erde. Dann stach sie ein paarmal mit dem Zweig in den Boden, wie zur Strafe, um ihn anschließend in die Dunkelheit zu schleudern, wo er mit einem leisen Kratzgeräusch auf dem Picknicktisch landete. «Leo ist ein mieser Typ», sagte sie, mit den Schuhabsätzen die Rillen nachziehend. «Ich weiß nicht, was mit ihm los ist, aber er ist einfach mies.»

«Er saß am Flügel, als ich gegangen bin», sagte ich.

«Ehrlich wahr?»

Ich nickte und schluckte den Kloß hinunter, der sich in meiner Kehle gebildet hatte. «Genau wie damals im Wohnzimmer.»

«Leo, du Arschloch», sagte sie bitter. Dann rief sie lauter: «LEO, DU ARSCHLOCH!» Ihre Stimme hallte in der klaren Frühlingsluft wider. Sie packte einen von Lanas Gartensteinen und warf ihn gegen die Garage, wo er mit einem lauten Knall gegen die Seitenwand schlug. Der Nachbarshund, immer wachsam, knurrte.

Wir saßen auf den Stufen, ohne jedes Zeitgefühl, halb darauf wartend, daß jemand kommen und uns abholen möge. Ich konnte mir gar nicht vorstellen, wie es Leo gehen würde, wenn er merkte, daß seine ganze Familie das Theater lange vor dem Schlußakt verlassen hatte. Wie würde die Hamiltoner Öffentlichkeit das aufnehmen – die Familie des Komponisten stürmt einfach davon und läßt ihn bei seiner ersten Musical-Inszenierung im Stich.

Als die kühle Frühlingsluft durch unsere dünnen Kleider drang, zogen wir uns ins Eßzimmer zurück, wo sich während der vergangenen Wochen der Großteil unseres Lebens abgespielt hatte. Es fühlte sich an, als sei eine große Party zu Ende gegangen – alle hatten sich verabschiedet, und wir mußten nun das Chaos aufräumen. Wir ließen uns auf unsere Stühle plumpsen und betrachteten die Bescherung.

«Es war alles für die Katz», sagte Elena und schubste ein Glas mit roten Pailletten schwungvoll quer über den Tisch. Es stieß gegen den kleinen Geschirrschrank und fiel zu Boden, ein glitzernder Regen. Elena legte die Füße auf den Tisch, zwischen die beiden Nähmaschinen, und kippelte mit dem Stuhl nach hinten. «Jetzt ist es wahrscheinlich gerade vorbei», sagte sie gravitätisch.

«Wahrscheinlich sind alle hinter dem Vorhang und feiern», sagte ich. Dabei stellte ich mir vor, wie die Leute vom Ensemble sich gegenseitig umarmten.

«Ich sag's ja gar nicht gern, Maddie, aber das Stück war wirklich gut. Obwohl er ihren Song gespielt hat. Ich fand es ganz toll.»

«Ich auch», sagte ich. «Sogar Garta hat es gefallen.»

Ein paar Minuten vergingen, und Elena schaute auf die Uhr. «Jetzt sind sie sicher wieder rausgekommen, und Leo sucht nach uns.» Bei dem Gedanken, daß er uns nicht finden würde, mußte sie lächeln.

Elena löschte das Küchenlicht und zündete eine Kerze an. «Ich möchte, daß er in ein dunkles Haus kommt.» Die Kerze warf ein gespenstisches Licht, und an der Wand erschienen gräßliche Schatten in Form riesiger Nähmaschinen. Als wir die Haustür hörten, blies Elena die Kerze aus, und wir hielten den Atem an. Im nächsten Augenblick erschien Leos Silhouette im Türrahmen, dunkel vor dem Hintergrund der Straßenbeleuchtung. Ich glaube nicht, daß er uns gleich sah, aber er spürte, daß wir da saßen; ich bin sicher, er hörte meinen Atem – er war so laut und gepreßt. Leo kam herein und setzte sich an den Tisch, übers Eck von Elena und mir, und lange sagte niemand ein Wort. Ich setzte mich zweimal anders hin, und Elena schluckte ein paarmal laut, während Leo die Hände auf dem Tisch faltete und uns durch die Dunkelheit anstarrte.

«Wo ist sie?» fragte er schließlich. Seine Stimme war tonlos, fast nur ein Flüstern.

Das Schweigen wurde immer dichter, bis ich es unerträglich fand. «Keine Ahnung», sagte ich. «Als wir rauskamen, war sie schon weg, aber das Auto ist noch da.»

«Hat sie Harry mitgenommen?» Er löste die Hände wieder und ließ sie vom Tisch gleiten.

Ich nickte, und der Wind fuhr durch die Bäume, wozu die Blätter sanft applaudierten, und Lana und Harry wurden immer weiter weggeblasen, dachte ich. Während ich auf meinem Stuhl herumzippelte, begannen Leos Knie unter dem Tisch auf und ab zu pumpen. «Ich möchte, daß ihr mit ins Theater kommt.» Seine Stimme klang dünn und erschöpft, als hätte er gerade ganz viel geschrien. «Es gibt Wein und Käse, und ich möchte, daß jemand von meiner Familie –»

«Das kannst du vergessen», sagte Elena, ihr Schweigen brechend. Sie schob ihren Stuhl zurück, als wollte sie aufstehen und aus dem Zimmer laufen.

«Ich brauche euch da», sagte er. Es kostete ihn große Überwindung, uns zu bitten – es klang, als hätte er einen dicken Keil im Mund und müßte drum herum reden.

«Das hättest du dir vorher überlegen müssen, Leo», sagte Elena. Sie schob ihren Stuhl noch weiter zurück und stand auf. «Mit dir würde ich nicht mal zu 'ner Beerdigung gehen.»

«Halt den Mund!» brüllte Leo. Seine laute Stimme klang in der Stille ganz schrill.

«Du kannst mich mal», flüsterte Elena leise. Sie drehte den Kopf ganz nach rechts, wie um den Fluchtweg zu berechnen.

«Jetzt hör mir mal gut zu, junge Lady. Du kapierst gar nichts. Du hast nicht die geringste Ahnung, was zwischen mir und deiner Mutter vorgeht. Hörst du? *Du weißt überhaupt nicht, wovon du redest!*» Seine Stimme klang angestrengt und heiser, und sie hallte wider wie eine Explosion.

«Warum erzählst du es uns dann nicht?» schrie Elena zurück. Sie umklammerte die Stuhllehne so fest, daß ich das unangenehme Geräusch hörte, wie sich ihre Finger ins Holz krallten.

«Es ist ihre Geschichte, verdammt noch mal», schrie Leo und fuhr sich heftig mit den Fingern durch die Haare. «Ich würde euch gern alles erzählen, aber wenn ich das mache, verzeiht sie mir nie.»

«Sie verzeiht dir auch so nie», gab Elena zurück.

Die Wahrheit hing schwer in der Luft, und eine ganze Weile sagte niemand etwas. Irgendwo in unserer Straße rief eine Frau nach ihrer Katze. «Tabbatha», flötete sie aus der Hintertür. «Komm, Tab-ba-tha.» Es verblüffte mich, daß nur ein paar Häuser weiter eine Frau nach ihrer Katze rufen konnte. Es schien, als müßte sich unser Schmerz doch mindestens über den ganzen Block erstrecken.

Leo legte die Hände wieder auf den Tisch und faltete sie

stumm. «Würdet ihr bitte beide mit mir zum Theater kommen», sagte er geduldig, ja sanft. «Die anderen warten auf mich.»

«Ich geh nicht mit!» schrie Elena. Sie nahm Lanas Nadelkissen und pfefferte es gegen die Wand, wo es mit einem leisen, metallenen Plingpling auf die roten Ziermünzen fiel.

«Bitte, Elena», flehte Leo. «Es ist mir sehr wichtig. Nur eine halbe Stunde, und danach nehmen wir das Auto und suchen Lana überall, so wie wir neulich nach dir gesucht haben.»

Ich glaube, Leos Anspielung auf unsere Scheunensuchaktion besänftigte Elena, denn jetzt erklärte sie sich widerstrebend bereit, eine halbe Stunde mit ihm ins Theater zu gehen. «Aber höchstens eine halbe Stunde. Und ich sage kein Wort.»

Leo war es egal, ob sie redete oder nicht. Er wollte uns nur zum Vorzeigen bei sich haben. Wir sagten alle drei kein Wort, während wir zum Campus und dann den Herzinfarkthügel hinauf schlichen. Wir gingen langsam, mit gesenkten Köpfen, während Leos Frackschöße in der Frühlingsluft auf und ab wippten.

«Wir sollen also für dich lügen?» fragte Elena.

«Ja, bitte», sagte er. «Dafür wäre ich euch sehr dankbar.»

Wir folgten ihm hinein und blieben an seiner Seite, während er den Leuten die Hände schüttelte und ihre Komplimente aufsog. Er vergaß nie, uns als seine Töchter vorzustellen. Er schob uns vor sich her, strich uns mit seinen großen Händen übers Haar und legte uns die Hand auf die Schultern. Ich mußte dauernd denken, wieviel besser er aussah in seinem Frack und wenn er den Leuten so die Hände schüttelte und sich bedankte, als wenn er in unserem früheren Wohnzimmer die kleinen Mädchen zum Klavierstuhl begleitet hatte.

Es dauerte eine ganze Stunde, bis wir wieder rauskamen, aber Elena gestand sie ihm gnädig zu. Die Party ging weiter, mit Bob Hendrix im Rampenlicht. Es machte Leo viel aus, so früh gehen zu müssen, aber er wußte, er mußte seine beiden Töchter nehmen und mit ihnen Frau und Sohn suchen gehen.

Wir vergewisserten uns erst noch einmal, daß Lana wirklich nicht zu Hause war, ehe wir ins Auto kletterten und die menschenleeren Straßen auf und ab fuhren. Wir hielten vor jedem Imbiß und jedem Restaurant in der Stadt, und Leo ging hinein, während Elena und ich im Auto warteten. Wir fanden sie nirgends, also fuhren wir aus Hamilton heraus und überprüften all die zwielichtigen Bars und Restaurants am Highway 12. Ich saß allein auf dem Rücksitz, und das Schweigen wuchs um mich wie eine Mauer. Ich konnte nicht reden, nicht einmal, wenn Elena sich umdrehte und mir etwas zuflüsterte. Meine Zunge fühlte sich an, als hätte mir gerade jemand eine Novocainspritze verpaßt, und meine Nerven verteilten sich über den ganzen Körper, rasten in die entlegensten Winkel.

«Sie ist längst weg», sagte Elena nach einer Weile. Wir befanden uns so weit außerhalb der Stadt, daß weit und breit kein Auto mehr in Sicht war. Nur die Staßenlaternen leisteten uns Gesellschaft – und der herrliche Nachthimmel, der sich über uns spannte wie ein paillettenfunkelndes Zelt.

«Wo kann sie denn hin sein ohne Auto?» sagte Leo. Er kurbelte sein Fenster halb herunter, als kriegte er nicht genug Luft, und die Frühlingsbrise wehte herein und hauchte mich an wie warmer Atem. Sie schien mit mir zu sprechen, mir zu sagen: «Sie ist nicht da draußen. Sie ist weit weg.»

Erst nach ein Uhr kehrte Leo schließlich um und fuhr nach Hause. Lana war inzwischen nicht zurückgekommen, und falls doch, so war sie wieder gegangen, denn das Haus war leer und stockdunkel. Während Leo Garta anrief, um sich zu erkundigen, ob Lana vielleicht bei ihr war, saßen Elena und ich im Eßzimmer bei den Nähmaschinen. Wir fürchteten uns vor der Morgendämmerung. Solange es dunkel war, kam es uns vor, als könnten wir uns verstecken, als gäbe es noch Hoffnung, daß sich die Dinge lösen würden. Dann fragte Leo bei Gus nach Lana. Aber dort war sie auch nicht. Also rief er den Sheriff an, wie an dem Abend, als

Elena abgehauen war. Ich überlegte, was der Sheriff wohl dachte, wenn er hörte, daß Leo jetzt auch noch die Frau und der Sohn abhanden gekommen waren.

Dann schickte Leo uns ins Bett. Er sagte Elena gute Nacht und kam anschließend leise in mein Zimmer, eine dunkle, riesige Silhouette im Frack. Er setzte sich zu mir auf die Bettkante und sah mich nur an, und die Lichtmuster vom Fenster fielen sanft auf sein Gesicht.

«Was ist?» fragte ich ihn. Meine Stimme war kaum hörbar, sie drang aus mir heraus wie aus dichtem Nebel.

«Tut mir leid wegen heute abend, Maddie. Ich hätte die Melodie nicht verwenden sollen.»

Ich blickte in seine bekümmerten blauen Augen und sah, daß sie feucht wurden. «Warum hast du's dann getan?»

«Ich weiß nicht, Maddie», sagte er leise. «Ich wollte sie einfach verwenden. Es ist die beste Musik, die ich je geschrieben habe, und ich fand, sie paßte unheimlich gut. Ohne sie wäre die Show nicht halb so gut gewesen.»

«Aber du hast doch gewußt, daß Lana kommt», sagte ich. «Sie hat die ganzen Kostüme genäht.»

Er ließ den Kopf hängen und legte die Hand auf meine Bettdecke. Ich spürte ihre verschwitzte Wärme. «Ich weiß, Maddie», flüsterte er. «Ich hab's nicht gemacht, um Lana weh zu tun. Ich weiß, das ist schwer zu verstehen, aber ich mußte es einfach tun.»

Ich verstand, was er meinte, weil ich mich ja auch oft getrieben fühlte, Lanas Notizbücher zu lesen, obwohl ich wußte, es war falsch. Ich hätte mich aber nie auf die Bühne gestellt und sie vor allen Leuten laut vorgelesen. Ich wußte, was Leo getan hatte, war etwas anderes: Immerhin war es seine Melodie, er hatte sie geschaffen, und natürlich wollte er sie spielen, aber es schien unverzeihlich, daß er Lana derart verletzte.

Keiner von uns schlief in dieser Nacht. Wir lauschten alle ins Dunkel, vom gleichen Angstgift gelähmt. Schließlich kroch ich zu

Elena ins Bett, und nach langem Schweigen flüsterte sie: «Jetzt haben wir den Salat, Maddie. So wird es von nun an immer sein.» Ich schloß fest die Augen, und in der gesprenkelten Dunkelheit spürte ich das feuerrote Pulsen der Kopfschmerzen. Ein Hammer markierte hinter meiner Stirn das Verstreichen der Zeit. Vielleicht würden Elena und ich nach Lansing kommen, um bei Leos Vater zu wohnen, dachte ich, oder vielleicht auch einfach hier bei Leo bleiben. Doch die Hammerschläge vertrieben diese Gedanken; ich lag reglos da und spürte, wie die Fluten meines Lebens immer weiter hinaus ins Meer wichen.

Etwa um sechs Uhr morgens hörten wir Lana kommen. Das Morgenlicht strömte schon durch Elenas Fenster und fiel in breiten goldenen Strahlen auf den Fußboden. Wir setzten uns im Bett auf und horchten, wie sie die Haustür öffnete und leise den Flur hinunterging. Sie schien Harry zu tragen, denn seine Schritte waren nicht zu hören. Lana brachte ihn in sein Zimmer, und als wir das schrille Pfeifen des Wasserkessels hörten, wußten wir, daß sie sich eine Tasse Tee machte – ein gutes Zeichen.

«Vielleicht verzeiht sie ihm ja», flüsterte ich Elena zu.

«Glaub ich nicht.» Sie ließ sich auf den Rücken fallen, und ich sah sie im Morgenlicht die Stirn runzeln.

Ich legte mich vorsichtig wieder neben sie, und wir lagen stocksteif da und horchten auf Lanas Geräusche. Sie hatte sich bestimmt an den Eßtisch gesetzt, um ihren Tee zu trinken, denn wir hörten sie nicht mehr. Als mein Kopf in der Stille zu dröhnen begann, stand ich auf. Ich ging zur Tür, um zu sehen, was mit Leo war.

«Er sitzt auf der Bettkante», flüsterte ich. Er hatte das Gesicht in den Händen vergraben, und das Morgenlicht fiel auf ihn.

«Er weiß doch, daß sie da ist», sagte Elena. «Aber er ist zu feige, um runterzugehen.»

Ich konnte ihm das nicht zum Vorwurf machen. Ich hätte Lana auch nicht unbedingt gegenübertreten wollen, nachdem ich gerade vor einem großen Publikum ihre Melodie gespielt hatte. Ich krabbelte wieder zu Elena ins Bett, und wir lauschten. Wo würden Lana und Leo wohl aufeinandertreffen? Im Schlafzimmer? Im Eßzimmer? Auf der Treppe?

Nach scheinbar endloser Zeit kam Lana schließlich die Treppe herauf. Ihre Schritte waren langsamer und schwerer als sonst. Sie hatte wohl am Herzinfarkthügel ihre Hüfte strapaziert, aber bestimmt war sie auch einfach erschöpft. Elena und ich standen auf und versteckten uns hinter der Tür, wo wir sie durch den Schlitz sehen konnten. Ich war verdutzt, daß sie noch ihre feinen Klamotten trug. Natürlich wußte ich, daß sie sich seit gestern abend nicht umgezogen hatte, aber es wirkte trotzdem merkwürdig, sie da frühmorgens in einem langen schwarzen Samtkleid die Treppe heraufkommen zu sehen. Als sie oben angekommen war, blieb sie stehen und legte sich die Hand aufs Herz. Wir sahen beide, Lana und Leo, aber sie konnten einander noch nicht sehen. Leo saß weiter auf der Bettkante, das Gesicht tief in den Händen vergraben.

Lana ging die letzten paar Meter bis zum Schlafzimmer und blieb in der Tür stehen, bis Leo aufblickte. Dann trat sie ein. Sie knallte die Tür so laut hinter sich zu, daß das ganze Haus zitterte.

Elena folgte mir ins Bad. Als ich mich vor das Gitter kauerte und sie zu mir winkte, war sie total perplex. Sie hatte nicht gewußt, daß dieses Gitter überhaupt existierte. Lana saß auf dem Sessel, gerade außerhalb unseres Blickfelds. Wir konnten ihre Knie und ihre Füße sehen, nicht aber ihr Gesicht. Leo hockte immer noch auf der Bettkante und zupfte jetzt nervös an einem schwarzen Faden, der von der Ärmelkante seines Jacketts herunterhing.

«Wo warst du?» fragte er.

«Wen kümmert's?» Ihre Stimme war nicht hoch und dünn, sondern tief und heiser.

«Wir haben dich überall gesucht. Wir haben mit dem Auto die ganze Gegend abgeklappert – den Campus, die Innenstadt. Wir sind über zehn Kilometer rausgefahren und haben in sämtlichen

Bars nachgesehen.» Er redete ganz schnell und lieferte die ganzen Informationen, als würde sein Verbrechen dadurch abgemildert.

«Es ist völlig gleichgültig, Leo», sagte sie. «Du hättest dir den Arm abhacken können, und es hätte auch nichts geändert.» Ihre Stimme klang so ruhig und beherrscht, daß es uns kalt überlief.

Er starrte sie mit blutunterlaufenen, gequälten Augen an. «Entschuldige, La», sagte er leise. «Ich hätt's dir sagen sollen.» Er wirkte so verloren und allein, wie er da im hellen Sonnenlicht saß.

«Entschuldigungen reichen nicht, Leo. Diesmal hilft das nichts.»

Er blickte sie an, und ich konnte fast sehen, wie ihm die Geduld ausging. «Was soll ich denn sonst noch sagen?» fragte er laut. «Ich habe *den Song* gespielt. Was soll ich dazu sagen? Das Theater steht noch, Herrgott noch mal, und du bist auch nicht tot. Was soll ich anderes sagen als: Es tut mir leid, daß ich diese blöde Melodie gespielt habe?»

«Nichts», erwiderte Lana scharf. «Es gibt nichts mehr zu sagen, Leo, *weil du schon alles gesagt hast.*»

Sie erhob sich und ging durchs Zimmer, um sich auf einen Sessel ihm gegenüber zu setzen. Sie beugte sich vor und sprach so leise, daß es richtig unheimlich war. «Ich habe in den vergangenen acht Stunden sehr viel nachgedacht, Leo, und ich glaube, ich habe endlich kapiert, was hier vor sich geht.» Ihr leiser Tonfall hatte etwas Beängstigendes. Er überdeckte die eiskalte Wut, und ich sah, wie er Leo unter die Haut ging. «Es ärgert mich maßlos, daß du mir noch vor ein paar Wochen gesagt hast, ich solle nicht mit dem Anwalt sprechen. Du hast gesagt, wir hätten damals ein Abkommen geschlossen, und du wolltest nicht, daß ich an die Vergangenheit rühre – und die ganze Zeit über hast du da droben im Theater mit deinen Tänzern diese Melodie eingeübt, Leo – die Melodie, über die wir beide ein Abkommen getroffen haben, von der du mir versprochen hattest, du würdest sie nie vor mir oder meinen Kindern spielen. Wir hatten uns darauf geeinigt, das Vergangenheit sein zu lassen, genau wie den Anwalt. Und wir müssen uns nicht fragen warum – weil wir genau wissen warum, Leo. Wir wissen warum. Ich brauche dir auch nicht zu sagen, was es für mich bedeutet hat, diese Melodie gestern abend zu hören. Du weißt das nur zu genau.»

«Es ist meine Musik, Herrgott noch mal», gab er zurück, «und ich habe neun Jahre lang keine einzige Note gespielt, Lana. *Neun beschissene Jahre.* Wir sollten das überwunden haben – wir sollten das längst überwunden haben. Neun Jahre sind eine verdammt lange Zeit. Es ist nur eine Melodie, eine Abfolge von Tönen. Es ist kein Vorschlaghammer, Lana. Kein Gift. Es ist meine Musik, also darf ich sie auch verwenden.»

«Ich weiß, es ist deine Musik. Das verstehe ich, und ich hoffe, du wirst verstehen, wenn ich sage, es ist mein Leben.» Ihre Stimme wurde jetzt lauter, der hauchdünne Schleier scheinbarer Ruhe von ihrer Wut zerrissen.

«Was soll das heißen?»

«Es heißt folgendes», sagte sie und beugte sich näher zu ihm. «Unser Abkommen existiert nicht mehr. Du hast es gebrochen. Ich schreibe nicht mehr. Ich mache überhaupt nichts mehr, außer daß ich in einem beschissenen Kaff lebe und drei Kinder großziehe. Ich sehe dich so gut wie nie, und jetzt erfahre ich, daß du in deiner Abwesenheit dein Versprechen mir gegenüber gebrochen hast. Du wußtest, was das für uns bedeutet, also kann ich daraus nur den Schluß ziehen, daß du alles hier beenden möchtest.»

Etwas Unsichtbares schoß Leos Rückgrat hoch und ließ seinen Kopf zurückschnellen. «Das stimmt nicht, La», verteidigte er sich. «Ich möchte nur, daß wir die Vergangenheit endlich hinter uns lassen. Du bist nicht die einzige, die damit leben muß, verdammt. Ich muß auch damit leben, Tag für Tag. Ich kann nicht darüber reden – aber erinnern muß ich mich trotzdem. Ich kann unseren Kindern nicht davon erzählen. Ich kann meine Musik nicht spielen, und ich darf nicht mal einen richtigen Job annehmen. Es hängt mir zum Hals raus, Lana, und ich will doch eigentlich die ganze Zeit nur eins: daß wir es endlich hinter uns lassen.»

«Du möchtest hinter dir lassen, was *dir* paßt, Leo», schrie Lana. «Ich darf ja auch nicht tun, was *ich* möchte. Ich soll mit niemandem reden – ich darf noch nicht mal darüber nachdenken. Ich soll ein Buch schreiben, das ich nie habe schreiben wollen. Dir bin ich völlig egal. Du hast mich da, wo du mich haben wolltest – *ich bin die Frau*: eine unterwürfige, gezähmte Frau, die kein eigenes Leben hat, die kocht und putzt und die blöde Wäsche macht.»

Er starrte sie aufgebracht an. «Du denkst, es war meine Schuld, stimmt's, Lana? Ja, du glaubst wirklich, es war alles meine Schuld, und du willst mich bis an mein Lebensende dafür büßen lassen. Du willst, daß ich putze und koche und diese idiotischen Klavierstunden gebe – DU WILLST, DASS ICH DIE FRAU BIN, VERDAMMT NOCH MAL!» brüllte er.

Lana erwiderte seinen Blick, ohne mit der Wimper zu zucken, ohne zu atmen.

«Verdammt, La – gib's doch zu!» schrie er. «Gib zu, daß du mich verantwortlich machst. Gib zu, daß du glaubst, es war alles meine Schuld.»

Sie warf ihm aus funkelnden Augen einen bösen Blick zu. Dann spuckte sie die Wörter aus wie Gift: *«Wenn du nicht ein so maßloses Ego hättest, wäre es nie passiert!»* Ihre Stimme war laut und schneidend, wie ein eisiger Wind, und als sie aufstand, mit schnellen Schritten zur Tür ging und sie hinter sich zuknallte, wußten wir, das waren ihre Schlußworte.

Leo fiel die Kinnlade herunter, als hätte Lana ihm eine Ohrfeige verpaßt. All die Jahre hatte diese Einsicht in ihrem Herzen gegärt, und nun verbreitete sich das Gift ihrer Anklage im ganzen Zimmer; zäh und tödlich drang es in jeden Winkel. Lana machte ihn verantwortlich. Für alles.

Ich taumelte zur Badewanne und lehnte mich an das kühle

Porzellan, bis ich wieder aufstehen konnte. Elena schaffte es bis zum Fenster, wo sie auf dem Sims in sich zusammensackte.

Ihr Blick wanderte unruhig über die Badezimmerwand, und ich sah förmlich, wie ihr Hirn mahlte. «Es war alles seine Schuld», flüsterte sie.

«Meinst du, er war wirklich der Spatz?» fragte ich leise. Wieder setzte der schreckliche Puls vorn in meinem Schädel ein, im Sekundentakt, wie eine tickende Uhr. «Meinst du, sie nimmt jetzt das Auto und fährt weg?»

«Ich weiß nicht.»

Panik überkam uns, und wir rannten die Treppe hinunter, um zu sehen, wohin sie gegangen war. Aber statt die Einfahrt hinunterzufahren, stand sie in ihrem schwarzen Samtgewand in der Küche und machte Pfannkuchen.

«Guten Morgen», sagte sie, während sie einen Pfannkuchen wendete. «Tut mir leid, daß ich gestern aus dem Theater gelaufen bin.» Sie drehte sich um und sah uns an. Ihre Augen flammten. «Ich hoffe, hier war alles in Ordnung», sagte sie.

Wir nickten beide.

Stumm sahen wir zu, wie sie die Nähmaschinen an den Platz schob, wo Leo immer saß, und dann, als wäre er nicht da, für sich selbst, Elena, Harry und mich den Tisch deckte. Als wir uns hinsetzten, hörten wir ihn die Treppe herunterpoltern und zur Vordertür hinausggehen. Da kamen Lana die Tränen. Als die Tür ins Schloß fiel, rollten sie lautlos über ihr Gesicht, und sie ging nicht weg und versuchte auch nicht, die Tränen vor uns zu verbergen. Sie ließ sie einfach über die Wangen laufen und auf ihren Pfannkuchen tropfen, während sie weiteraß, ohne einen Ton von sich zu geben.

Die nächsten drei Tage saß ich in Mrs. Devonshits Klasse, ohne überhaupt zu merken, daß ich da war. Wenn sie mich aufrief, hatte ich keine Ahnung, was sie gerade gefragt hatte. Ich sagte immer nur: «Das weiß ich nicht», und zuckte die Achseln.

Meine Nerven fühlten sich fett und faul an, wenn sie durch meine Adern krochen – sie waren ganz benommen. Trotzdem quälten sie mich schrecklich. Ich fragte ziemlich oft, ob ich austreten könne, und nahm Durga mit auf die Toilette, wo ich sie aufs Waschbecken stellte und die Hinduworte flüsterte.

Nachts war es mir so gut wie unmöglich zu schlafen. Im Haus herrschte eine derartige Spannung, daß man es richtig knistern hörte. Lana übernachtete auf dem Sofa oder bei Harry im Zimmer, und wir wußten nie, ob Leo überhaupt nach Hause kam. Er blieb oft über Nacht in seinem Büro, und wenn er heimkam, schlief er angezogen unter einer kleinen beigen Afghandecke. Lana und Leo redeten nicht miteinander – sie konnten sich nicht mal im selben Raum aufhalten. Ich weiß nicht, wo Leo seine Mahlzeiten zu sich nahm, ich weiß nur, zu Hause war es nicht. Er arbeitete weiter an den Musical-Aufführungen, und obwohl Lana meinte, wir sollten uns das Stück ruhig ansehen, taten wir es nicht.

Vier Tage später folgte die nächste Katastrophe. Als die Schule aus war, verschwand Elena wie üblich und ging zu ihrem Treffpunkt hinterm Colgate Inn, wo sie meiner Meinung nach mehr tat, als nur ein paar Zigaretten zu rauchen. Weil es nach Regen aussah, gingen Lizzy und ich nach Hause, um in der Nähe des Speichereimers zu sein. Als wir das Haus betraten, wußte ich gleich, daß etwas nicht stimmte. Es war zu still, und die Luft lastete schwer.

«Sie ist weg», sagte ich zu Lizzy. Ich spürte Panik in mir hochsteigen. Wir gingen langsam den Flur hinunter ins Eßzimmer. Mir fiel auf, daß die Nähmaschinen weggeräumt waren und das Geschirr gespült in den Ständer geschichtet war.

«Maddie», hörte ich Lana sagen. Ich wandte den Kopf und sah sie mit Harry auf dem Sofa sitzen. «Wo ist Elena?» fragte sie.

«Bei ihren Freunden», antwortete ich. «Was machst du?» Irgend etwas war nicht normal an der Art, wie sie da so still auf dem Sofa saß, während Harry malte.

«Geh sie doch bitte suchen und bring sie her», sagte Lana. «Ich möchte mit euch beiden reden. Ich muß euch was sagen.»

Lizzy und ich sausten, so schnell wir konnten, zum Colgate Inn, wo wir aber feststellen mußten, daß Elena schon weg war. Wir machten kehrt und rannten zur Wiese hinauf. Wir ignorierten sämtliche Vorsichtsmaßnahmen und liefen mit rudernden Ellbogen quer darüber hinweg. Der Himmel war strahlend blau, die Wiese von einem so satten Grün – ich konnte mir gar nicht vorstellen, daß der Tag schlecht enden würde. Aber mein rasender Pulsschlag sagte etwas anderes: Es ist vorbei, es ist vorbei, schien er zu hämmern.

Der matschige Waldboden zeigte uns Elenas frische Fußspuren. An der Entfernung zwischen den Abdrücken konnten wir erkennen, daß sie im Eiltempo gerannt sein mußte. Wir überlegten nicht, wohin sie wohl gelaufen war und was sie da tat. Wir kamen gar nicht auf die Idee, daß wir auf ihr Geheimnis stoßen könnten – im Augenblick wollten wir sie nur finden und zu Lana bringen.

Plötzlich hörten die Spuren auf. Lizzy und ich blickten uns um. Zwischen den Bäumen stand ein alter Schrottwagen. Es war ein schwarzer Chevy, total verrostet und voller Dellen. Er hatte keine Vordertüren mehr, und die Windschutzscheibe war so voller feiner Risse, daß man nicht durchsehen konnte. Wir näherten uns langsam, um herauszufinden, ob Elena darin saß oder nicht. Wir huschten zu einer Seite und schauten auf die Vordersitze. Sie waren völlig zerfetzt – gelbes Polstermaterial quoll aus den steifen schwarzen Rissen, und auf dem Boden neben dem verrosteten Gaspedal lag ein halbes Lenkrad; die andere Hälfte steckte im Armaturenbrett, da, wo früher mal das Radio gewesen war. Wir schlichen weiter, und unsere Finger kratzten über die bröckelnde, rostige Farbe, als wir versuchten, durch das Rückfenster in den Wagen zu spähen. Es war so dreckig, daß wir das Gesicht gegen die Scheibe pressen mußten. Wir kniffen die Augen zusammen, um besser sehen zu können, und da, auf dem Rücksitz, lag Elena und unter ihr ein Junge. Ihre Münder waren miteinander verschmolzen, ihre Hüften rieben sich aneinander, und ihr Atem war so außer Kontrolle, daß sie uns selbst jetzt nicht bemerkten, obwohl wir direkt an die Scheibe gepreßt dastanden.

«Elena!» rief ich und klopfte ans Fenster.

Sie schoß hoch und fuhr mit schreckverzerrtem Gesicht herum. «Maddie!» schrie sie. Der Junge rappelte sich ebenfalls hoch, Augen und Mund weit aufgerissen. Während er hektisch sein Hemd zuzuknöpfen versuchte, wich alles Leben aus mir. Es war Louis. Louis Bartalucci. Ich zuckte zurück. Meine Füße klebten im Matsch. «Lana will, daß du heimkommst», rief ich viel zu laut. Ich wartete keinen Moment länger, sondern machte auf dem Absatz kehrt und raste durch den Wald davon. Ich hörte ihre Stimmen wie im Traum, und mein Herz klopfte so wild, daß es bis in die Ohren dröhnte. Es spielte keine Rolle, daß ich Louis eigentlich gar nicht kannte, daß ich ihn aus den Augen verloren hatte; es spielte keine Rolle, daß auch er von mir so gut wie gar nichts wußte. Was zählte, war, daß Elena ihn mir weggenommen hatte.

Sie holte mich ein, als ich halb über die Wiese war, und Lizzy kam gleich hinter ihr. «Was ist denn mit dir los?» schrie sie. Sie zerrte an meiner Jacke, aber statt stehenzubleiben, schlüpfte ich einfach aus den Ärmeln und ließ die Jacke auf die matschige Wiese fallen. «Herrgott, Maddie», brüllte Elena. «Was ist denn los?»

Ich wußte nicht, was das war mit Elena und den Jungen, die ich mochte, aber jedesmal, wenn so etwas geschah, verschlug es mir die Sprache. Es berührte etwas in meinem tiefsten Inneren, etwas Dunkles, Elementares, jenseits gewöhnlicher Eifersucht.

Wir rannten schweigend den Hügel hinunter, und sobald unser Haus in Sichtweite kam, mußte ich wieder an Lana denken. Beim Gedanken daran, was sie uns wohl sagen wollte, rumorten meine Nerven in der Magengrube. Wir durchquerten den Garten, stiegen langsam die Verandastufen hinauf und gingen in die Küche, wo der Wind sanft die Vorhänge bauschte. Lana war im Eßzimmer und stellte die Stühle zurecht. Sie hatte den Tisch für einen gemütlichen Nachmittagstee gedeckt – Mimis Service mit heißer Schokolade und Marshmallows, ein Teller mit Schokoladenkeksen in der Mitte. Wortlos setzten wir uns auf unsere Plätze. Die überraschende Förmlichkeit beunruhigte uns, und wir spürten den großen Unterschied zwischen diesem Nachmittagstee und allen bisherigen.

Lana nahm ebenfalls Platz und reichte uns die Kekse. Sie trug eine champagnerfarbene Bluse mit perlenverziertem Kragen und einen langen, geradegeschnittenen gelbbraunen Rock. Ihr dunkles Haar hatte sie zu einem lockeren Knoten frisiert, den sie hastig mit Haarnadeln zusammengesteckt hatte, und die Strähnen, die ihr entgangen waren, hingen ihr auf die Schultern. Sie war blaß. Feine blaue Äderchen wölbten sich an ihren Schläfen.

«Ich wollte mit euch reden», sagte sie feierlich. Ich bemerkte eine Spur Lippenstift auf ihrem Mund.

Wir nickten zaghaft.

Sie blickte auf den Tisch, auf ihre Finger, die über die huppelige Oberfläche eines Kekses tasteten. Dann sah sie uns an. «Leo und ich haben einen Punkt erreicht, an dem wir uns nicht mehr einigen können, wie wir weitermachen wollen. Es tut mir leid, daß ihr das miterleben müßt. Ich habe es nicht so gewollt.» Sie schob ihren Teller weg und legte die Hände auf den Tisch. «Ihr werdet älter, und eines Tages werdet ihr erwachsene Frauen sein. Ich sage euch das nur ungern, aber ihr werdet es nicht leicht haben. Frauen werden nicht so ernst genommen wie Männer, und was Frauen mit ihrem Leben machen, gilt im allgemeinen als weniger wichtig als das, was Männer tun.»

Eine frische Brise wehte durchs Eßzimmer, blähte die Vorhänge wie Ballons und blies Lana eine Haarsträhne ins Gesicht, die sie mit einer leichten Handbewegung wegstrich. Ihre Stimmung schien sich durch diesen Lufthauch zu verändern, ihr Gesicht verfinsterte sich, sie runzelte die Stirn, als wäre eine dunkle

Wolke aufgezogen, und wir wußten, das Schlimmste stand noch bevor.

«Ich habe früher ein völlig anderes Leben geführt als jetzt», fuhr sie fort. «Mein Leben ist nicht so, wie es sein sollte. Ich bin zu viel mehr fähig.» Sie unterbrach sich und trank einen Schluck Tee, als würde sie sich zur Stärkung einen Whiskey genehmigen, und einen Moment lang ruhte ihr Blick auf dem Löffel, der sie verzerrt widerspiegelte. Dann blickte sie auf. «Es fällt mir sehr schwer, euch das zu sagen, aber ich muß mein Leben in Ordnung bringen, und das bedeutet, daß ich eine Weile von hier weggehen werde.»

Die Worte *eine Weile von hier weggehen* schlugen über mir zusammen wie eine Welle. «Wohin denn?» fragte ich. In der Stille klang meine Stimme viel zu laut.

«Nach New York.»

«Können wir mitkommen?» fragte Elena. Ich merkte an ihrem kieksigen Tonfall, daß Panik in ihr hochstieg.

Lana fuhr mit der Hand durch die Luft, als wollte sie uns zum Schweigen bringen. «Ich kann euch nicht einen Monat vor den Sommerferien aus der Schule nehmen.»

«Das stört uns aber nicht», warf ich schnell ein.

«Ja, ist doch schnuppe», sagte Elena.

Lizzy verfolgte alles mit offenem Mund und blickte mit großen schwarzen Augen von mir zu Elena und dann über den Tisch zu Lana.

«Das geht nicht», beharrte Lana. «Ihr müßt erst das Schuljahr abschließen.» Sie bemühte sich um einen vernünftigen und ruhigen Ton, als würde sie einen kurzen Urlaub ankündigen, aber untergründig stieg die Spannung in ihrer Stimme wie ein Fieberthermometer.

Elena lehnte sich trotzig zurück. «Ich bleib nicht hier!» rief sie, und ihre Knie schrappten von unten gegen den Tisch.

«Wenn die Schule vorbei ist, könnt ihr nach New York kommen und mich besuchen», sagte Lana laut.

Ich registrierte sofort, daß sie *mich besuchen* sagte, nicht *zu mir kommen*, und meine Nerven galoppierten wie wilde Stiere in mir herum.

«Weiß Leo, daß du fortgehst?» schrie Elena.

«Ich hab's ihm heute nachmittag gesagt», erklärte Lana. Sie warf trotzig den Kopf zurück.

«Und er hält dich nicht zurück?»

«Ich habe mich entschieden, Elena. Was soll er da machen?» sagte sie. «Ich bin eine erwachsene Frau.»

Stumme Tränen rannen aus Elenas Augen. «Warum mußt du denn jetzt fort? Warum kannst du nicht warten, bis die Schule vorbei ist?»

«Tut mir leid, mein Schatz», sagte Lana leise, «aber die Dinge haben sich so zugespitzt, daß ich nicht bleiben kann.» Sie griff über den Tisch und streichelte mit den Fingern Elenas Hand. Sie versprach ihr, wir könnten nach New York kommen, sobald die Schule vorbei sei, das dauere ja nur noch einen Monat. Sie sagte, sie habe Gus hier einquartiert, bis Leos Musical vorbei sei, und danach werde Leo dann wieder genug Zeit haben, uns zu versorgen. «Wie früher», sagte sie.

Wieder kam ein Windstoß, diesmal so heftig, daß die Vase mit roten Tulpen umfiel, die Lana auf den Fenstersims gestellt hatte. Das Geräusch schien sie aufzuwecken und an das zu erinnern, was bevorstand. Sie müsse in ein paar Minuten los, um den Bus zu kriegen, der um zehn nach vier nach New York gehe, sagte sie. Sie wollte, daß wir sie und Harry in die Stadt begleiteten.

Es kam mir ganz unmöglich vor, daß wir sie in ein paar Minuten einfach so gehen lassen sollten. Sie verläßt uns, sagte ich mir, aber irgendwie wollte es mir nicht in den Kopf. Als ich die gepackten Koffer in Harrys Zimmer sah, wurde es ein bißchen realer, aber ich handelte und redete noch immer wie im Traum.

Wir begleiteten sie zu dem Drugstore in der Innenstadt, vor dem der Bus hielt. Lana trug den einen Koffer, während Elena,

Lizzy und ich uns mit dem anderen abwechselten. Der strahlendblaue Himmel über uns war eine Lüge und die warme Sonne nichts als Schwindel. Der Verkehr rauschte verschwommen an mir vorbei, und die Leute schwebten um mich herum, als hätten sie keinerlei Beziehung zu mir. Trotzdem ärgerte es mich, daß sie einfach weitergingen und die Autos weiterfuhren, als wäre nichts passiert. Lana geht weg. Seht ihr das denn nicht? Meine Mutter verläßt uns. Aber die Leute machten einfach weiter wie immer, wie Lanas Meer. «Es kommt und geht und kommt und geht», hatte sie damals zu mir gesagt, «und es ist ihm egal, wer geboren wird und wer gestorben ist oder gerade stirbt.»

Ich zockelte hinter ihr her und beobachtete, wie ihr Stock auf den Boden klopfte und sich vorwärtsbewegte. Wie konnte es sein, daß Elena und ich Lana an einem sonnigen Tag im Mai zu einem Bus begleiteten, der sie uns entführen würde? In einem fernen Winkel meines Kopfes tauchte ein Gedanke auf und trieb dort wie ein toter Fisch. Alles, was uns je passiert war, sagte dieser Gedanke, hatte auf diesen einen Moment hingesteuert, als wäre unser ganzes bisheriges Leben nur das Vorspiel für diese Schlußszene gewesen.

Als wir am Drugstore ankamen, ging Lana hinein, um die Fahrkarten zu kaufen, während Elena, Lizzy und ich draußen auf dem Gehweg bei den Koffern warteten. Ich starrte auf die Uhr auf der anderen Straßenseite, deren Sekundenzeiger sich stetig im Kreis drehte. Es war genau vier Uhr.

Lana kam mit den Fahrkarten heraus, und nachdem sie sie dem Busfahrer gezeigt hatte, warf er die Koffer in das Gepäckfach und knallte die Tür zu. Der Knall klang sehr endgültig. Der Fahrer ging die Stufen hinauf, schwang sich auf den Fahrersitz und wartete, daß Lana sich von uns verabschiedete. Lana kniete auf den warmen Gehweg und umarmte zuerst Elena, dann Lizzy, dann mich, und schließlich bildeten wir vier einen riesigen verschlungenen Knoten. Lana küßte uns auf die Wangen und versicherte uns immer wieder, es sei ja nicht für immer. «Es ist nur ein Monat, nur ein Monat», wiederholte sie gebetsmühlenartig. Als der Busfahrer hupte, riß sie sich von uns los und stand auf. Sie nahm Harry auf den Arm und warf uns einen letzten wehmütigen Blick zu, ehe sie dann schnell die Stufen hinaufging und am Fenster wieder auftauchte. Sie und Harry winkten uns, Harry preßte zum Scherz die Nase und die Lippen gegen die Scheibe, während Lana den Arm aus dem Fenster streckte. Sie winkten weiter, als der Bus losfuhr, und winkten vermutlich noch immer, als er uns längst traurig und allein auf dem Gehweg zurückgelassen hatte.

Die Tränen kamen mir erst spätabends, nachdem Gus uns ins Bett geschickt hatte. Elena bat mich, bei ihr zu schlafen, aber ich konnte nicht. Ich fühlte mich von ihr betrogen, und obwohl ich mich nach dem Trost ihrer Gegenwart sehnte, war mein düsterer Trotz stärker.

Leo war noch nicht von seiner Aufführung nach Hause gekommen, und Lana hatte auch nicht angerufen. Ich hatte erwartet, sie würde sich wenigstens melden, und als das Telefon nicht klingelte, war ich unglaublich enttäuscht. Sie ruft uns nicht mal an, dachte ich. Dabei war das doch das Mindeste, was sie tun konnte. Ich konnte nicht schlafen. Würde Lana bei Mimi wohnen? Und wenn nicht – wo dann? Warum hatte sie nicht einfach Leo gezwungen, hier auszuziehen? überlegte ich. Vielleicht wollte sie ja allein nach New York fahren. Vielleicht wollte sie uns alle los sein.

Als Leo spätabends heimkam, trat er an Elenas Bett. Er flüsterte ihr etwas ins Ohr, aber sie antwortete nicht. Er zog ihr die Decke über die Schultern, küßte sie aufs Ohr und flüsterte wieder etwas, was ich nicht verstehen konnte. Als er in mein Zimmer kam, tat ich so, als würde ich schlafen. Ich wußte nicht, wie ich mich Leo gegenüber verhalten sollte, jetzt, da Lana weg war, aber nachdem er mich aufs Ohr geküßt hatte und wieder gegangen war, wischte ich den Kuß schnell mit einem Zipfel der Bettdecke weg.

Die Tränen flossen mir aus den Augen wie warmes Blut aus einer Wunde. Ich wollte nicht, daß mich jemand hörte, also schlich ich in die Dachkammer, hockte mich neben Lanas Kisten und schniefte in den Ärmel meines Nachthemds. Ich stellte Durga neben mich, als könnte sie meinen Kummer mildern. Ich dachte an Lanas Notizbuch, beschloß aber, jetzt nichts zu lesen. In der momentanen Situation ging das einfach nicht. Ich wollte es mir einfach nur ansehen, in der Schachtel, und vielleicht nachzählen, wie viele verschlossene Notizbücher noch darunter lagen. Ich stellte Durga etwas höher, schob die Finger unter die Klappe der Kiste, zog sie auf und schaute hinein. Sie war leer; kein Schnipselchen Papier lag mehr darin. Lana hatte die Notizbücher mitgenommen. Sie hatte sie in den Koffer gepackt, den wir mit viel Mühe hinter ihr hergeschleppt hatten. Die Filme! dachte ich mit Panik im Herzen. Schnell schob ich die Kisten weg und steckte meine Hand in die unterste. Als meine Finger die kalten Silberdosen berührten, war ich erleichtert. Wenigstens die hatte Lana nicht mitgenommen. Ich zerrte die Klappen auseinander und starrte auf die Dosen, und als ein Lufthauch die Windharfe am Nachbarhaus klimpern ließ, fragte ich mich, wie lange es wohl noch dauern würde, bis die Augen Gottes darauf fielen.

18

In der folgenden Woche rief Lana ein paarmal an, wenn auch für meinen Geschmack längst nicht oft genug. Ich fand, sie sollte jeden Tag anrufen, aber sie meinte, das sei zu teuer. Sie hatte sowieso kein Telefon und mußte fünf Stockwerke hinuntersteigen, um dann zwei Straßen weiter eine Telefonzelle zu benutzen, was bedeutete, daß wir sie nie anrufen konnten. Sie sagte, sie sei nicht bei Mimi, habe sie aber schon einmal besucht. Lana wohnte in einer kleinen Wohnung in Greenwich Village, mit einem Zimmer, einer Mini-Küche und einem winzigen Bad ohne Wanne, nur mit Dusche. Die Wohnung war nicht möbliert, bis auf eine Matratze, die der Vermieter ihr netterweise geliehen hatte, und einen kaputten Sessel, einem Fundstück von der Straße. Wir konnten uns nicht erklären, weshalb sie da wohnen wollte, aber sie behauptete, sie fühle sich wohl. Harry hingegen fiel es schwer, sich an die Großstadt und den ganzen Lärm zu gewöhnen, aber Lana meinte, das werde sich bestimmt bald geben.

Wenn wir sie fragten, was sie mache, sagte sie: «Ich bringe mein Leben in Ordnung.» Und wenn Elena fragte: «Hast du einen Job?», antwortete sie jedesmal: «Nein, noch nicht, aber ich suche.»

Sie hörte sich nie besonders gut an. Ihre Stimme war manchmal zu hoch und zu dünn, und an anderen Tagen war sie leise und zittrig. Eine Woche, nachdem sie weggefahren war, warf eine Migräne sie nieder, und sie konnte kaum sprechen. Wir brauchten nicht viel Phantasie, um uns vorzustellen, wie sie in der dunklen, leeren Wohnung auf der Matratze lag und Harry still neben ihr sein Malbuch ausmalte.

«Fehlt dir Leo?» fragte ich sie einmal, und sie antwortete: «Manchmal.»

Aber sie weigerte sich, mit ihm zu sprechen, also mußten Elena und ich ihm immer berichten, was sie gesagt hatte. Er war jetzt viel häufiger zu Hause, seit die Musical-Aufführungen zu Ende waren, zeigte sich allerdings nicht besonders umgänglich – zumindest anfangs. Sein Gesicht war oft zerfurcht, und manchmal redete er kaum. Lana erwähnte er nur ganz selten, aber er sagte häufig Sachen wie «Wir sind immer noch eine Familie» oder «Das kommt schon alles wieder ins Lot», und er ging mit uns Eis essen und fuhr uns, wohin wir wollten. Auch Lizzy nahm er immer ganz selbstverständlich mit. Das war das einzige, worum Lana ihn ausdrücklich gebeten hatte, und er hielt sich daran.

Den Haushalt vernachlässigte er eher, doch das sagten wir Lana nicht. Aber er ließ uns abends nicht mehr allein – kein einziges Mal. Statt dessen saß er immer am Klavier und komponierte – und manches davon hätte Lana bestimmt nicht gefallen. Ihren Song spielte er nie wieder, jedenfalls nicht in Lizzys und meiner Gegenwart, aber wenn Elena nicht da war, spielte er Jazz. Elena verbrachte sowieso eigentlich kaum noch Zeit mit uns, sondern stahl sich so oft wie möglich zu dem alten schwarzen Auto davon, wo sie und Louis einander auf dem vergammelten Rücksitz umschlangen. Mir fiel es immer noch schwer, mit ihr zu reden, und wenn sie weg war und ich an die beiden dachte, tat mir das Herz weh.

Ohne Lizzy wäre ich bestimmt in tiefe Depressionen versunken. Wir steckten die ganze Zeit zusammen und versuchten, zumindest oberflächlich so weiterzumachen wie bisher. Wir gingen zu Lizzys Lieblingswiese, wo wir, auf dem Rücken liegend und mit hinter dem Kopf verschränkten Händen, hinauf in den blauen Himmel schauten und uns auf den Tag freuten, an dem wir mit dem Greyhound nach New York fahren würden.

Wir verwendeten viel Zeit darauf, die *New York Times* durchzugehen und Artikel über Nazis zu suchen, und wir leerten weiterhin den Eimer, wenn es regnete, was jetzt zum Glück viel seltener vorkam. Wir überprüften auch noch ein paar von Minnie Harps Fenstern, was gar nicht so einfach ging – jetzt, da es wärmer war, kam Minnie oft ins Freie, kümmerte sich um ihre Tulpen oder begrub die Flaschen, die sich im Lauf des Winters angesammelt hatten. Wir beobachteten sie von unserem Baumsitz aus und hofften, daß sie zur Abwechslung mal etwas Neues tun würde, begriffen aber bald, daß ihr Repertoire ziemlich klein war – sie versorgte die Tulpen, begrub Flaschen und verbrannte Verbandsmaterial. Bald wußten wir über ihre Aktivitäten im Freien bestens Bescheid. Was uns jetzt interessierte, war das Hausinnere – das heißt, der Nazi.

Weder Lizzy noch ich hatten den Mut, das Haus zu betreten. Aber wir wußten, daß es irgendwann dazu kommen würde. Wir hegten wenig Hoffnung, bei den letzten Fenstern irgendwelche Risse im Zeitungspapier zu entdecken. Eine Frau wie Minnie Harp, die so besessen davon war, alles zu verstecken, investierte bestimmt viel Zeit in die Instandhaltung ihres wichtigsten Sichtschutzes. Außerdem – selbst wenn wir eine Ritze entdeckten, hieß das ja noch lange nicht, daß der Nazi dann direkt vor unserer Nase saß.

Als Leo eines Tages mit einem Fernsehapparat nach Hause kam, ersparte uns das die Qual, konkrete Pläne wegen Minnie Harp zu schmieden. Der Kauf des Fernsehers war auch so ein Trotzakt von Leo, aber einer, über den wir uns alle freuten. Anfangs blieb sogar Elena zu Hause, und eine Weile hielt der Apparat tatsächlich die Restfamilie zusammen.

Zumindest waren wir immer alle da, wenn Lana anrief. Es

schien ihr nie besonders gut zu gehen. Ihre Stimme war zwar nicht durchweg zu hoch, aber sie hörte sich immer so müde an, als würde sie nachts überhaupt kein Auge mehr zutun. Wir machten uns Sorgen um sie, vor allem Leo, aber er war auch derjenige, der ihr am wenigsten helfen konnte.

«Warum fährst du nicht einfach hin und holst sie?» fragte Elena ihn eines Abends.

«Sie will doch nichts mehr mit mir zu tun haben», sagte er. «Sie würde sich bestimmt nie von mir zwingen lassen, nach Hause zu kommen – das wäre das allerletzte.»

Das leuchtete uns ein. Wir wußten ja, daß Lana glaubte, er hätte sie gezwungen, in einer Kleinstadt zu leben, aber es war trotzdem kein Trost. Offenbar konnten wir nichts anderes tun als abwarten, bis Lana getan hatte, was sie tun mußte. Es machte meine Nerven verrückt, trieb Elena noch öfter in den Fond des Schrottautos und veranlaßte Leo, abends oft im dunklen Wohnzimmer zu sitzen und Jack Daniel's zu trinken – eine ebensolche Neuigkeit in unserem Schrumpfhaushalt wie der Fernseher. Manchmal, wenn ich nicht schlafen konnte, ging ich nach unten und setzte mich zu ihm in die dunkle Stille. Wir redeten kaum (wir wußten ja, was uns bedrückte), aber an einem Abend Ende Mai sagte Leo etwas zu mir, was mir nicht mehr aus dem Kopf gehen sollte. Er sagte: «Ich habe Angst, sie bringt sich um.»

Auf diesen Gedanken war ich bisher nicht gekommen, und ich bedauerte es, daß Leo mich darauf gebracht hatte. Es war eine zusätzliche Belastung, auf die ich gern verzichtet hätte, denn jetzt hatte ich etwas Konkretes, was mir angst machte. Statt mir vorzustellen, wie Lana durch die Dunkelheit geisterte, fürchtete ich jetzt, sie könnte zu viele Migräne-Tabletten schlucken oder aus dem Fenster ihrer Wohnung im fünften Stock springen. «Vielleicht schneidet sie sich die Pulsadern auf», sagte Elena von ihrem Bett aus. «Oder sie steckt den Kopf in den Gasofen.» Es war das ungeeignetste Gesprächsthema für abends im Bett, aber der Gedanke beflügelte unsere Phantasie, und wenn manchmal mehrere Tage nacheinander kein Telefonanruf kam, konnten wir an nichts anderes mehr denken.

Bald darauf begannen Lizzy und ich, Pläne für einen Einbruch bei Minnie Harp zu schmieden. Die Vorstellung, ihren Nazi zu entlarven und ihn Simon Wiesenthal zu übergeben, wurde immer unwiderstehlicher.

Lizzy wollte ihn gefangennehmen, aber ich fand den Vorschlag nicht besonders gut.

«Wie sollen wir das denn machen?» fragte ich sie droben im Speicher.

«Wir fesseln ihn einfach», sagte sie. Sie hatte die Beine über die Armlehnen des roten Sessels gelegt, die Hände hinterm Kopf verschränkt, und ihr Blick wanderte über die dunkle Decke.

«Und was machen wir mit Minnie? Sie steht doch nicht rum und schaut zu, wie wir den Nazi fesseln. Sie ist ja vielleicht nicht ganz normal, aber das würde sie dann doch nicht tun.» Ich lag auf dem kühlen Fußboden und hatte die Füße auf den Fenstersims gelegt.

«Wir schlagen sie mit den Taschenlampen bewußtlos», schlug Lizzy vor. Der Gedanke ließ sie nicht einmal zusammenzucken.

Obwohl mir die Vorstellung, Minnie einfach bewußtlos zu schlagen, besser gefiel, als ihr im Dunkeln zu begegnen, wußte ich doch, daß wir das nicht tun konnten. «Das würde uns aber in ziemliche Schwierigkeiten bringen», erklärte ich. Dann fragte ich sie, was wir denn mit dem Nazi anfangen sollten, nachdem wir ihn gefesselt und Minnie zusammengeschlagen hatten, und Lizzy sagte, wir würden ihn einfach ins Freie zerren und die Polizei rufen. Ich sagte, das ginge nicht. «Man kann nicht einfach alte Frauen zusammenschlagen und Männer fesseln.»

Ich schlug folgendes vor: Wir würden uns nachts in Minnies Haus schleichen, wenn wir wußten, daß sie schlief. Mit Lanas alter Kamera und dem Blitzlichtgerät konnten wir Fotos von dem Nazi machen, die Bilder entwickeln lassen und an Simon Wiesenthal schicken. Wir würden ihm aber erst sagen, wo der Nazi steckte, wenn er uns das Geld geschickt hatte. Lizzy fürchtete, das könnte zu langwierig sein, da Simon Wiesenthal in Österreich lebte, aber ich meinte, wenn wir es gleich machten, würde es nicht länger als einen Monat dauern. «Wir könnten alles noch vor den Ferien erledigen», sagte ich. Das war Lizzy zwar immer noch nicht schnell genug, aber schließlich stimmte sie meinem Vorschlag doch zu.

Die folgende Woche verbrachten wir damit, Minnie Harps Haus daraufhin zu inspizieren, wie wir am besten einbrechen konnten. Es gab zwei Eingänge, beide auf der rechten Seite des Hauses – die Seitentür, durch die Minnie gewöhnlich aus und ein ging, und die Kellerluke, durch die sie gekommen war, als ich sie das erste Mal gesehen hatte. Ich plädierte dafür, den Eingang zu nehmen, den Minnie selbst benutzte – die Vorstellung, durch den Keller zu gehen, war mir mehr als unheimlich –, doch als wir die Tür eines Nachmittags überprüften, war sie abgeschlossen. Die Kellerluke hingegen war halb aus den Angeln, und wir würden nur ein bißchen daran rütteln müssen, um sie zu öffnen. Wenn wir ins Haus kommen wollten, blieb offensichtlich nur der Weg durch diese Luke und durch Minnies Keller.

Wir beschlossen, daß Lizzy die Taschenlampe halten sollte, während ich die Fotos machte. Lizzy neigte mehr als ich dazu, in Panik zu geraten. «Du hast die besseren Nerven», meinte sie, was angesichts meiner Probleme in dieser Hinsicht ein Witz war.

Wir staubten Lanas Kamera ab, und um uns zu vergewissern, daß sie funktionierte, kauften wir eine Rolle Film und machten vom Wald aus ein paar Bilder von Minnies Haus. Das Geld für den Film und fürs Entwickeln klaute ich aus Leos Brieftasche, und dann brauchte ich noch ein bißchen mehr, um Blitzlichter zu kaufen. Im ganzen nahm ich zehn Dollar. Das war wieder eine Sünde, aber ich dachte, wenn Simon Wiesenthal uns das Geld schickte, konnte ich meine Schulden ja zurückzahlen.

In der Nacht, in der wir in Minnie Harps Gruselhaus einbrechen wollten, stand der Vollmond am Himmel. Das hatten wir nicht einkalkuliert, aber als ich den Mond am Himmel leuchten sah, hoffte ich, daß es ein gutes Omen war. Ganz sicher konnte ich allerdings nicht sein, denn eigentlich war der Vollmond ja für Gelübde da und kein Glücksbringer. Trotzdem nahm ich ihn dafür.

Um ein Uhr nachts klingelte Lanas kleiner Wecker unter meinem Kopfkissen. Das Schrillen war ohrenbetäubend. Ich stellte ihn ab und weckte Lizzy. Aufgeregt kletterten wir aus dem Bett, zogen schnell unsere Nachthemden aus und schlüpften in die Kleider, die wir für diesen Anlaß ausgewählt hatten: schwarze Hosen, schwarzer Pullover und schwarze Schuhe.

«Willst du's auch wirklich machen?» fragte ich Lizzy flüsternd, während ich den Pullover über den Kopf zog.

«Ja – und du?» erwiderte sie. Ihre Hand erstarrte am Reißverschluß, und wir blickten uns durch die Dunkelheit an. Ich glaube, wir hofften jede für sich, die andere würde aussteigen, aber wir sagten beide nichts. Wir waren schon zu weit gegangen.

«Also los», sagte Lizzy schließlich.

Wir holten die Taschenlampen unterm Bett hervor, und ich hängte mir die Kamera um den Hals. Ich hatte gar nicht gewußt, wie laut unsere Fußböden und Treppen knarrten und ächzten, bis ich und Lizzy versuchten, nach unten zu schleichen. Es war schon ein Wunder, daß wir Leo und Elena nicht aufweckten.

Wir gingen durch die Hintertür und rannten den Hügel hinunter. Grillen und Frösche erfüllten die Luft mit ihrem nächtlichen Gesang, der mir plötzlich ganz bedrohlich vorkam. Wir schlichen in den Wald, wo die Bäume dastanden wie große, dunkle Väter – sie wiegten sich im Wind und warnten uns mit ihrem Ästeschütteln, ja nicht weiterzugehen. Das Knacken der trockenen Zweige unter unseren Füßen klang eher nach brechenden Knochen als nach Holz.

Wir ließen den Wald hinter uns und huschten über Minnie

Harps dunklen Rasen, wobei unsere Füße immer wieder in abgestorbenen Grasbüscheln hängenblieben. Die Fensterläden schlugen gegen die Mauer, wie um Protest einzulegen, und die verrosteten Dachrinnen schrappten an der Hauswand, als riefen sie Nein-nein. Wir schlichen leise an der Vorderveranda vorbei und waren froh, daß wir wenigstens nicht über den Flur mußten – durch den offenen Fensterladen konnten wir vor der bröckelnden Gipswand die gespenstischen Umrisse des schiefhängenden Treppengeländers sehen.

Bei der Kellerluke auf der rechten Seite des Hauses blieben wir stehen. Wir keuchten beide gefährlich laut, deshalb beugten wir uns erst mal vor und versuchten, ruhig durchzuatmen. Mir klopfte das Herz bis zum Hals. Trotzdem bückte ich mich und packte den Metallgriff auf meiner Seite der Luke. Lizzy ergriff den anderen, und langsam zogen wir die Luke hoch und legten sie ins Gras. Bis auf ein zähes Quietschen ging das alles ziemlich leise vonstatten. Nun gähnten uns Zementstufen entgegen, die ganz mit nassem altem Laub bedeckt waren. Ich ging voraus, mein Blitzgerät wie ein Schwert vor mich haltend. Lizzy blieb dicht hinter mir; ich spürte ihren Atem am Ohr. Dann erreichten wir die Tür am Fuß der Treppe, und nachdem wir lange zitternd davorgestanden hatten, lehnten wir uns dagegen und drückten. Das Schloß gab sofort nach, wenn auch nicht ganz geräuschlos. Die Tür knirschte in den alten Angeln, und als wir sie aufdrückten, knarzte und stöhnte sie und gab ein langes, unschlüssiges Jaulen von sich. Wir konnten nur hoffen, daß Minnie und ihr Nazi es nicht gehört hatten.

Der Keller war das reinste Gruselkabinett. Mit unseren Taschenlampen leuchteten wir ihn Stück für Stück ab – die Wände waren huppelig und schief, und die Decke bestand aus speckigen schwarzen Querbalken und rostigen alten Rohren, die zum Teil recht wackelig über unseren Köpfen schwebten. Überall versperrten Zeitungsstapel den Weg, manche höher als ich, aber viele waren umgekippt wie riesige Dominoreihen. Von den Balken hingen alte Mäntel und Kleider, zwischen denen wir hindurchmußten. Mehr oder weniger kaputte Möbel – Stühle, Tische, Bettgestelle, Kommoden – lagen kreuz und quer übereinander und formten ein sehr merkwürdiges Gebilde. Es sah aus, als hätten Minnie Harp und ihr Nazi jahrelang einfach alles die Treppe hinuntergeworfen. In einer Ecke standen ausrangierte Geschirrspülen und Waschmaschinen, und verrostete Motoren und ölige Metallteile stapelten sich auf einem verstaubten Holztisch, über den unzählige schwarze Ameisen krabbelten.

Ein ekelhafter Gestank hing in der Luft wie dichter, stickiger Rauch. Es roch nach Moder, nach abgestandener, staubiger Luft, nach feuchtem Stoff und Papier, nach vollgesogenem Holz und schimmligem Zement – vor allem aber nach verfaulendem Essen, als würden in den alten Spülen irgendwelche Fleisch- und Knochenreste verwesen.

Wir gingen um die Ecke und sahen die Kellertreppe. Oben befand sich eine verschlossene Tür, in die lauter wellige Linien eingekratzt waren, als hätten Minnie und der Nazi hier unten ein krallenbewehrtes Lebewesen eingesperrt. Ich wußte nicht, ob mein Herz stark genug sein würde, das durchzuhalten. Es wummerte und pochte und rappelte so wild, daß ich Angst hatte, es könnte durch die Rippen springen und auf den Boden fallen.

Ich weiß nicht, was uns die Treppe hochtrieb. Es war ein Alptraum. Die Stufen knarrten und stöhnten, und ich befürchtete schon, sie würden unser Gewicht gar nicht tragen können und wir würden einbrechen und in eine Finsternis stürzen, die ich mir lieber gar nicht vorstellen wollte. Vorsichtig mieden wir die kaputten Stufen und gingen im Gleichschritt, um die Geräusche auf ein Minimum zu reduzieren. Trotzdem knarzte und ächzte es unüberhörbar in der Grabesstille. Je näher wir dem Treppenende kamen, desto penetranter stank es nach verfaulendem Fleisch, und ich konnte nicht mehr durch die Nase atmen, nur noch durch den

Mund, aber dann schmeckte ich den Gestank. Lizzy vergrub ihre Nase im Ärmel ihres dunklen Pullovers.

Der Türabsatz oben war so vermodert und so klein, daß wir hintereinander stehen mußten. Dicht neben uns auf beiden Seiten hingen alte Mäntel, stinkend und staubig. Ich beleuchtete mit meiner Taschenlampe den abgegriffenen Türgriff und hob zweimal die Hand, ließ sie aber wieder sinken.

«Tu's, Maddie!» flüsterte mir Lizzy ins Ohr.

Ich hob langsam die Hand, berührte den Türknauf, holte tief Luft und drehte. Er gab mit einem fast unhörbaren Klicken nach. Sofort schlug uns ein grauenvoller Geruch entgegen. Er ging von dem Zimmer aus, in das wir jetzt kamen, oder von einem Nebenzimmer – ein widerlicher, würgender Gestank nach verrottendem Fleisch. Als ich die Tür langsam öffnete, gab sie ein lautes, durchdringendes Quietschen von sich, das gar nicht aufhören wollte. Mein Herz bummerte panisch gegen die Rippen. Ich hielt inne, und auf einmal war alles wieder so still, daß wir das Gefühl hatten, wir könnten die Ameisen über den Fußboden marschieren hören.

Die Tür führte in einen stockfinsteren, völlig lichtlosen Raum. Wir leuchteten mit den Taschenlampen nach rechts und sahen eine kleine Nische, vielleicht ein Wandschrank, wo sich noch mehr Zeitungen und kaputte Möbel drängten. An der Rückwand stand ein wackeliger Tisch mit lauter Creme- und Make-up-Töpfchen, Haarspraydosen, Nagellackfläschchen und Parfumflaschen. Wir hielten den Strahl der Taschenlampe eine Weile darauf – wie kamen all diese Flaschen und Dosen ins Haus?

Noch immer war nichts zu hören, also gingen wir weiter und leuchteten nach links. Wir sahen ein paar kleine Tische, auf denen Lampen, Bücher und Aschenbecher voller filterloser Kippen standen. Mein Lichtstrahl wanderte über Minnie Harps alten Plattenspieler und ihre Sammlung lädierter Opernplatten, und mein Herz raste wieder los. Lizzy klammerte sich an mich und drückte meinen Arm. Ihr Atem klang wie ein Tornado in meinem Ohr.

War das Minnies Zimmer? überlegte ich zitternd. Würden wir in dieser schrecklichen Finsternis gleich mit ihr zusammenstoßen? Langsam gingen wir weiter. Der Lichtschein unserer Taschenlampen glitt über einen dunkelblauen Sessel und einen langen, schmalen Tisch. Auf diesem Tisch stand eine Flasche Seagram's Seven, daneben lag ein Bündel verschmutztes Verbandsmaterial, so wie Minnie es immer in ihrer Feuerstelle verbrannte. Außerdem saß da noch eine alte Puppe ohne Arme, die Haare ein verfilzter Pelz, das rosarote Kleid voller Flecken.

Da hörten wir das erste Geräusch – das Quietschen von Bettfedern. In der Stille klang es ohrenbetäubend. Wir gingen weiter, und plötzlich erschien in unserem Lichtstrahl ein Bett – *das Bett*. Mir blieb das Herz stehen, und ich bekam kaum Luft. Es war die Matratze, die Minnie aus dem Keller gezerrt hatte, dünn und mit schwarzen Streifen, und am Fuß der Matratze lag zusammengeknüllt ein gelbliches Leinentuch. Die Bettfedern wimmerten weiter, und als mein Lichtstrahl auf zwei bandagierte Füße fiel, stockte mir der Atem. Sie waren eingewickelt wie die einer Mumie, voller Eiter- und Blutflecken, und sie bewegten sich langsam und ruckartig von der Matratze in Richtung Fußboden. Ich fuhr mit dem Lichtstrahl ein Stück weiter nach oben, und als ich die weißen, behaarten Beine sah, war mir klar, diese Beine gehörten nicht Minnie Harp – so wenig, wie sie mir gehörten. Sie gehörten dem Nazi. Mein Herz stolperte und stockte, meine Lungen versagten den Dienst.

Er trug einen dunklen Morgenmantel, der offenstand. Das Licht beschien seine grauen Boxershorts und seine dünnen, vertrockneten Beine. Beim Versuch aufzustehen, stützte er sich mit der Hand auf den Tisch mit der Flasche Seagram's Seven und der armlosen Puppe. Er war offensichtlich gelähmt. Der Tisch wakkelte gefährlich unter seinem Gewicht. Die Flasche und die Puppe fielen zu Boden, und das Splittern des Glases war das lauteste Geräusch, das ich je gehört hatte. Mein zitternder Lichtstrahl kroch den ausgemergelten Körper hoch, über die graue eingesunkene Brust, und erreichte schließlich das Gesicht. Der Mann sah fürchterlich aus: häßlich, grotesk – die reinste Horrorfratze. Er glotzte wild aus einem einzigen, milchig trüben Auge – auf dem anderen war ein Verband, durch den eine gelbliche Flüssigkeit sickerte. Die Lippen waren grau und so aufgesprungen, daß sie ganz zerfetzt aussahen, die Haare fettig weiß und schulterlang. Der Bart hing weit über die Brust und maß sicher dreißig Zentimeter. Der Mann stöhnte, als schmerzte ihn das Licht, und sein Atem rasselte und schnorchelte, als hätten seine Lungen ein Loch. Er begann zu husten, ein schreckliches, schleimiges, schwerkrankes Husten. Lizzy und ich wichen zurück. Der Mann torkelte vorwärts, die zitternden Arme ausgestreckt, den Mund weit geöffnet, so daß schwarze Zähne sichtbar wurden, und das Zahnfleisch war so vereitert, daß es an Hüttenkäse erinnerte.

Lizzy schnappte meine Taschenlampe, und ich hielt mir die Kamera vors Auge. Ich drückte auf den Knopf – der Blitz explodierte in der Dunkelheit wie eine Bombe. Als besäße das Licht dunkle Kräfte, stürzte der Nazi zu Boden, und in dem grausigen Dunkel klang der polternde Aufprall seines gebrechlichen Körpers wirklich jammervoll. Lizzy richtete den Lichtstrahl auf ihn, und da lag er zwischen den Scherben der zerbrochenen Flasche. Er versuchte verzweifelt, irgendwo, irgendwie Halt zu finden. Ich nahm wieder die Kamera, und gerade als ich auf den Auslöser drücken wollte, erschien Minnie wie eine Fledermaus aus dem Dunkel. Sie flog auf uns zu, die Arme hoch erhoben, und der Laut, der aus ihrem Mund kam, klang wie ein Urschrei, geradezu unmenschlich. Es war nicht ihr übliches «Nnnannnggg», eher ein tiefes, bedrohliches Knurren, ein «Arrrrggg», das rasch in einen gellenden Schrei überging.

Wir waren starr vor Schreck. Wir drehten um, rannten die Treppe hinunter und Zeitungsstapel umstoßend durch den Keller, angetrieben von diesem unmenschlichen Schrei. Wir sausten die

Zementstufen hinauf und in die Nacht hinaus, über Minnie Harps dunklen, verwilderten Rasen und quer durch den Wald. Wir blieben erst stehen, als wir die Wiese erreicht hatten. Dort plumpsten wir ins Gras und hielten uns die Seiten, husteten den Verwesungsgestank aus Mund und Nase und atmeten gierig die frische, kühle Nachtluft.

«Lieber Gott», japste Lizzy, «lieber Gott, lieber Gott!»

Wir lagen auf dem Rücken im taufeuchten Gras, blickten hinauf in den makellosen Himmel und ließen die Stille über uns hinwegfluten.

«Lieber Gott», wiederholte Lizzy. «Lieber Gott.»

Ich brachte kein Wort heraus. Das schreckliche Gesicht des Nazis und Minnie Harps furchtbarer Schrei machten mich stumm. Beide verfolgten mich den ganzen Weg den Hügel hinauf und bis nach Hause. Ich lag stundenlang wie erstarrt im Bett und blickte zur Decke, während Lizzy unruhig neben mir schlief. Meine Nerven wagten kaum zu atmen. Als ich schließlich irgendwann nach vier Uhr einschlief, erschienen mir das groteske Gesicht des Nazis und Minnies entsetzlicher Schrei im Traum.

Am nächsten Morgen, als ich im hellen Sonnenlicht aufwachte, wußte ich, daß ich nie wieder so sein würde wie früher. Ich hatte etwas gesehen, was nicht für meine Augen bestimmt war, etwas völlig Unbegreifliches. Als Lizzy erwachte, sahen wir uns an und schlossen dann ganz fest die Augen. Ich glaube, wir wünschten beide, wir könnten es ungeschehen machen.

«Lieber Gott», flüsterte Lizzy und kroch tiefer unter die Bettdecke.

«Sie hätte uns bestimmt umgebracht», sagte ich. Ich drehte mich auf den Bauch und preßte den Kopf ins Kissen.

«Hast du eigentlich richtig fotografiert?» fragte Lizzy. Darüber hatten wir beide gestern nacht gar nicht mehr nachdenken wollen.

«Ich glaub schon», sagte ich, aber sicher war ich mir nicht.

Nach der Schule brachten wir den Film zum Drugstore und bestellten jeweils zwei Abzüge bei George. Den restlichen Nachmittag verbrachten wir in der Dachkammer, wo wir ein paar Bücher aus der Bibliothek durchgingen und Fotos von untergetauchten Nazis studierten, um zu überprüfen, ob einer von ihnen aussah wie Minnie Harps Nazi. Der Anblick dieser Männer half uns irgendwie, das, was wir getan hatten, nicht mehr ganz so schlimm zu finden, aber wir konnten nicht richtig sagen, welcher Minnie Harps Nazi war; er war inzwischen gut zwanzig Jahre älter und so behaart und ausgemergelt, daß es unmöglich war, sein Gesicht mit einem der anderen in Einklang zu bringen.

Als die Fotos fünf Tage später aus dem Labor zurückkamen, hatten wir ein fast perfektes Bild des Nazis. Sein gesundes Auge war weit aufgerissen, der Mund ebenfalls, während er seinen Husten herausbellte, und der Arm war starr ausgestreckt. Ich konnte das Bild nicht lange ansehen – es war zu schrecklich. Schnell schob ich es unter das rote Sesselpolster.

In einem der Bücher fanden wir Simon Wiesenthals Adresse. Falls man Informationen über den Aufenthaltsort irgendeines untergetauchten Nazis besaß, sollte man an das Dokumentationszentrum, Salztorgasse 6-IV-5, 1010 Österreich, schreiben. Ich mußte das Geld für die Briefmarke und den Umschlag wieder aus Leos Brieftasche klauen, aber ich war optimistisch, daß ich es bald zurückgeben konnte. Wir schrieben einen kurzen Brief, befestigten das Foto mit einer Büroklammer daran und steckten alles in den Umschlag. *Wir haben einen Nazi entdeckt, der im Madison County im Staat New York lebt,* schrieben wir. *Hier ist sein Foto. Bitte, lassen Sie uns wissen, ob er zu denen gehört, die Sie suchen.* Wir gaben noch unsere Adresse an und unterzeichneten mit L und M. Das Geld sprachen wir nicht an – wir fanden es besser, erst einmal zu warten, bis Wiesenthal antwortete. Wenn er schrieb, er sei an dem Fall interessiert, wollten wir ihn bitten, uns fünftausend Dollar zu schicken, und ihm dann erst die Adresse geben.

Während wir auf eine Antwort von Simon Wiesenthal warteten, schien es Lana immer besser zu gehen. Nach einer Weile hörte sie sich sogar ein bißchen zu vergnügt an. Anscheinend kam sie blendend ohne uns zurecht. Sie vermißte uns nicht mehr genug und wirkte so glücklich wie schon lange nicht mehr, was uns allen weh tat, besonders Leo. Elena wußte allmählich schon nicht mehr so richtig, warum sie Leo eigentlich so haßte, und begann an Lana zu zweifeln.

«Vielleicht hat er sie ja vertrieben», sagte sie eines Abends auf der hinteren Veranda zu mir. «Aber er tut jedenfalls nichts, um sie von hier fernzuhalten.» Mit bloßen Füßen kickte sie ein paar von Lanas Gartensteinen aus dem Blumenbeet, so daß sie über den Rasen flogen. «Sie kommt nicht wieder», sagte sie. Ihre Worte schienen in der warmen Luft zu hängen wie unglückverheißende Gewitterwolken.

Elena stand auf, ging hinüber zu unserem alten Picknicktisch und legte sich der Länge nach darauf. «Sie holt uns auch nicht zu sich», sagte sie verbittert. «Sie zwingt uns bestimmt, bei Leo zu bleiben.»

Ich folgte ihr leise, bis ich mit den Knien gegen den Picknicktisch stieß. «Woher willst du das wissen?» fragte ich sie. Dabei berührte ich ihre nackte Schulter mit den Fingerspitzen.

«Denkst du etwa, sie will uns bei sich haben?» rief sie. Sie zerrte einen trockenen Zweig unter dem Rücken hervor und begann ihn in kleine Stückchen zu zerpflücken, die sie dann auf die Korbsessel warf. «Dann würden wir nämlich alles über sie erfahren. Und du glaubst ja wohl selbst nicht, daß sie das will.» Elena drehte den Kopf und schaute mich an, und ich sah ihre Augen im Licht. Ein eisiger Schauer lief mir über den Rücken – Elenas Augen sahen genauso aus wie Lanas.

Als Elena mit ihrer Vermutung, daß Lana nicht zurückkommen würde, recht zu behalten schien, vereinbarten wir, uns gegenseitig unsere Lana-Geheimnisse zu erzählen. An mein erstes konnte ich mich eigentlich gar nicht mehr erinnern, es war schon zu lange her, aber das mit den Männern und daß sie mir nicht so wichtig sein würden, hatte ich nicht vergessen.

«Ich erinnere mich nur an das letzte, das sie mir erzählt hat, und das hat eigentlich nichts mit ihr zu tun», gestand ich.

«Ich tausche es gegen meins.»

Ich nickte, und Elena schlug vor, wir sollten in die Dachkammer gehen. Ich weiß nicht warum – Lana war nun wirklich nicht in Hörweite, und Leo hatte gerade angefangen, drunten auf dem Klavier etwas Trauriges zu spielen. Ich folgte ihr trotzdem, und wir setzten uns bei den Kisten auf den Fußboden. «Du fängst an, Maddie, weil deins nichts mit Lana zu tun hat.»

Als ich da in der Stille der Dachkammer saß, wurde mir auf einmal klar, wie wenig mir Lanas Geheimnisse jetzt noch bedeuteten. Es quälte mich im Grunde gar nicht, mich von ihnen zu trennen, ganz anders als noch vor einem Jahr. Ich flüsterte Elena das Geheimnis nicht einmal ins Ohr. Ich sprach es einfach laut aus, so daß es womöglich ewig in der Luft herumschwebte. «Sie hat gesagt, Männer würden für mich nicht das Wichtigste sein», sagte ich. Den Rest – daß ich einmal etwas Großartiges mit meinem Leben tun würde – behielt ich für mich.

«Das hat sie gesagt?» Elena runzelte verwirrt die Stirn, als wäre das gar kein richtiges Lana-Geheimnis. Ich nickte. «Das ist aber ein blödes Geheimnis», meinte sie.

«Sie hat das gesagt, als Andrew deinen Namen in den Baum geritzt hat und nicht meinen.»

«Das tut mir immer noch leid, Maddie.»

Es war albern, aber ich spürte, wie mir die Tränen kamen. «Louis mochte ich auch», flüsterte ich. Ich hatte das gar nicht sagen wollen. Es war mir einfach so herausgerutscht. Ich hatte nicht einmal gewußt, daß es mich noch beschäftigte.

«Redest du deshalb nicht mehr mit mir, Maddie?»

Wieder überkam mich dieses schreckliche Gefühl der Lähmung, und ich war unfähig zu sprechen. Ich konnte nur den Kopf senken und gegen die Tränen ankämpfen.

«Ich hab nicht gewußt, daß du ihn magst, Maddie. Wenn ich das gewußt hätte, dann hätte ich nichts mit ihm angefangen.»

Ich glaubte ihr nicht, freute mich aber, daß sie sich mit mir gutstellen wollte. Trotzdem traten mir die Tränen in die Augen und liefen mir stumm über die Wangen. Ich drückte das Gesicht in den Schoß und preßte die Augen gegen die Kniescheiben.

Elenas Hand kam wie aus dem Nichts und berührte vorsichtig meine Schulter. «Ich erzähl dir zwei Lana-Geheimnisse», sagte sie. «Einverstanden?»

Als ich *zwei Lana-Geheimnisse* hörte, schmolz mein Kummer dahin, und ich hob den Kopf. Elena räusperte sich: «Sie hat eine Stahlplatte in der Hüfte. Die Ärzte mußten sie einsetzen, um die Hüfte zu retten», flüsterte sie. «Die Hüfte war nicht einfach gebrochen, sondern in lauter kleine Stücke zerschmettert, und ein paar davon sind immer noch drin. Deshalb tut es manchmal so weh», erklärte sie und drückte meine Hand. «Und deshalb konnte sie auch nicht mehr tanzen.»

Mich schauderte, wenn ich daran dachte, was für ein gewalttätiger Akt wohl der Grund dafür gewesen war, und ohne jede Vorwarnung explodierte plötzlich ein Bild in meinem Kopf – wie Leo brutal mit dem stumpfen Ende einer Schaufel auf Lanas Hüfte einschlug.

«Soll ich dir das andere auch noch erzählen?» fragte Elena.

«Ja», antwortete ich.

«Ich weiß nicht, was mit ihr passiert ist», sagte sie, «aber ich weiß, es war am 10. Mai 1959 in New York.» Sie schwieg einen Augenblick. «Vier Monate später sind wir dann nach Detroit gezogen.»

Ich bekam am ganzen Körper eine Gänsehaut, und dann hob

ich den Kopf und sah Elena an. «Und damals haben sie und Leo einander versprochen, das alles Vergangenheit sein zu lassen?» sagte ich.

Elena nickte. «Ja, ich glaube, damals haben sie ihr Abkommen getroffen.»

Langsam begriff ich ein bißchen mehr. All die kleinen Geheimnisse aus Lanas Leben begannen sich zusammenzufügen. Ich begriff, daß Lanas Geschichte nicht form- und zeitlos war, sondern daß es eine genaue unveränderliche Abfolge der Ereignisse gab. Es war am 10. Mai 1959 passiert, in New York, und vier Monate später waren wir nach Detroit gezogen.

Ich wollte Elenas momentane Offenheit ausnützen, also griff ich in die Schachtel und holte zwei der silbernen Filmdosen heraus. Ich reichte ihr eine, wir holten die Filmrollen heraus und drehten sie in den Händen.

«Ich wüßte ja zu gern, was da drauf ist», sagte ich. Ich sah, wie Elenas Augen sich weiteten.

«Ich weiß nicht recht», flüsterte sie.

Während wir mit den Fingern über die Rillen fuhren und den Film von allen Seiten betrachteten, hämmerte Leo drunten auf die Tasten und schickte etwas Düsteres, Rasendes zu uns empor, das sich mit meinem Herzschlag vermischte, ja, ihn regelrecht in seinen Rhythmus zwang. Als der richtige Augenblick gekommen schien, schlug ich vor, wir könnten doch ein paar Rollen zu Art in den Vorführraum mitnehmen und sie uns dann auf der Leinwand ansehen. Ich flüsterte ganz leise, sah Elena jedoch ihr schlechtes Gewissen an der Nasenspitze an.

Sie warf mir einen Blick zu. Der Schreck ließ ihre Augen ein paarmal zucken. Da wußte ich, der momentane Zauber war verflogen. «Wir hätten uns die Geheimnisse nicht erzählen sollen», sagte sie. Ihre Stimme war voller Panik, und sie starrte auf den Film. «Wir haben uns ihre Geheimnisse erzählt, und jetzt machen wir mit ihrem Film rum», sagte sie. Dann ließ sie die Rolle in die offene

Silberdose fallen, als wäre sie verseucht, und legte schnell den Dekkel darauf.

«Meine Güte, Elena», sagte ich. «Es ist doch nicht so, daß Lana krank wäre. Sie ist in New York, und es geht ihr gut. Stimmt's?» Bei dem Gedanken, daß Lana ohne uns glücklich und zufrieden war, packte mich die kalte Wut, und ich zog das Klebeband von der Filmrolle, entrollte ein Stück und warf es Elena auf den Schoß. Sie zuckte zusammen, als hätte ich ihr eine Schlange zugeworfen. Sie wich ein Stück zurück und stieß gegen den Eimer, daß das Wasser hin und her schwappte.

«Ich weiß, Maddie», flüsterte sie geräuschvoll. «Aber deshalb können wir uns noch lange nicht ihre Filme ansehen.» Sie sah entsetzt zu, wie ich noch mehr Film abrollte, und mit jeder neuen Schlaufe wuchs ihre Angst.

«Warum nicht?» fragte ich und betrachtete das schwarze Filmband.

«Es geht einfach nicht, Maddie. Jetzt nicht.» Sie hielt meine Hand fest, damit ich nicht noch mehr Film abwickeln konnte. «Wenn Lana uns was noch Schlimmeres antut, dann ja, aber jetzt noch nicht.» Leo hörte auf, Klavier zu spielen, und plötzlich konnte ich das stetige Sommerlied der Grillen draußen hören. Ich hielt inne und blickte Elena in die Augen – sie waren voller Angst.

«Weißt du, was auf den Filmen ist, Elena?»

Sie schaute mich lange an, und ich sah förmlich ihre Gedanken rasen. «Nein», flüsterte sie schließlich, «aber ich hab Angst, es ist was Schlimmes.» Ein Schauder kroch mir den Rücken hoch, und ich sah plötzlich ein Bild vor mir – Lana in Mimis Bordell, wie sie gebieterisch über Mr. Larkin stand und ihn auf den blanken Hintern klatschte. Ich betrachtete den Filmstreifen auf meinem Schoß und spürte, wie mein Magen sich verkrampfte. Ich rollte den Film wieder auf, legte ihn vorsichtig in die Silberdose zurück und drückte den Deckel zu. Elena setzte sich neben mich, streckte die Beine auf dem schmutzigen Fußboden aus, und während wir schweigend dasaßen, eingelullt vom Zirpen der Grillen, wußte ich, daß es nur eine Frage der Zeit war, bis wir uns Lanas Film anschauen würden. Ich brauchte nur zu warten.

Das schreckliche Foto von Minnie Harps Nazi kam zwei Wochen, nachdem wir es abgeschickt hatten, mit dem Vermerk ADRESSE UNVOLLSTÄNDIG wieder zurück. Zum Glück fanden Lizzy und ich den Brief, bevor er Leo in die Hände fiel. Wir nahmen ihn mit hinauf in die Dachkammer und steckten ihn unter das rote Polster, zu dem anderen Abzug, und die beiden Bilder glühten dort wie Feuer. Während das Foto durch Österreich geirrt war, hatte ich dauernd daran gedacht, und jetzt, da es wieder hier war, versetzte es mich in schreckliche Unruhe. Die Vorstellung, daß der Nazi in Minnie Harps Haus lebte und stinkend vor sich hin faulte, hielt mich nachts wach, und was ich auch tat – ich wurde das grausige Bild nicht los, es verfolgte mich überallhin.

Was sollten wir jetzt mit dem Nazi anfangen? Er konnte doch unmöglich weiter heimlich bei Minnie Harp leben. Nicht jetzt, da wir ihn aufgespürt hatten. Ich mußte jemandem davon erzählen. Es drängte mich, irgend jemandem – am besten einem Erwachsenen – mitzuteilen, daß er existierte. Leo oder Gus oder sogar Mrs. Devonshit.

«Wir müssen es jemand erzählen», sagte ich im Garten zu Lizzy.

Sie ließ sich in einen Korbsessel fallen und grub die Fersen ins sonnenwarme Gras. «Aber wem?» fragte sie.

«Leo.» Ich vermutete, daß er mehr über die Nazis wußte als Gus oder Mrs. Devonshit.

«Ja, aber dann werden wir ausgeschimpft, weil wir da unten waren», sagte Lizzy. «Und wenn meine Mom es hört, dann –»

«Aber er ist ein Nazi», unterbrach ich sie. «Wer würde denn schimpfen, weil wir einen Nazi gefunden haben?» Lizzy dachte darüber nach, während ihr Blick über den Dachfirst zum strahlendblauen Himmel wanderte. Ihr behagte es auch nicht, daß sie sich mit dem Nazi beschäftigen mußte, das merkte ich daran, wie sie die Stirn runzelte.

«Okay», sagte sie schließlich.

Wir warteten, bis Elena nach dem Abendessen vom Tisch aufstand und durch die Hintertür verschwand, ehe wir mit Leo redeten. Er wußte nicht recht, was er sagen sollte, als wir ihm das Foto in die Hand drückten.

«Wer ist das?» fragte er und legte das Bild auf den Tisch.

«Das ist Minnie Harps Nazi», sagte ich.

Leo kannte Minnie Harp nicht, hatte aber schon von ihr gehört. Lizzy setzte sich auf Lanas Stuhl, während ich neben Leo stand. Wir versuchten, ihm ganz ruhig die Details zu erzählen. So gut wir konnten, beschrieben wir, in welch grauenhaftem Zustand sich das Haus befand, und während draußen langsam der Abend dämmerte, näherten wir uns vorsichtig der Frage, wie wir an das Nazi-Foto gekommen waren.

«Simon Wiesenthal sucht Nazis», sagte ich. «Deshalb haben wir ein Bild von Minnie Harps Nazi gemacht und es ihm geschickt.»

Leo schwieg. Sein Kiefer klappte leicht nach unten, und er starrte uns an, als hätte er uns noch nie gesehen.

«Wir sind vor ein paar Wochen in ihr Haus gegangen und haben das Foto gemacht», sagte ich. Ich trat ein wenig zurück und umklammerte mit meinen verschwitzten Händen Leos Stuhllehne.

«Ihr wart in Minnie Harps Haus?» fragte Leo. Er war entsetzt. Dann drehte er den Kopf und starrte mich unverwandt an. Ich merkte gleich, ich hätte lieber lügen und behaupten sollen, wir hätten den Nazi auf Minnies Rasen fotografiert.

«Die Tür war offen», log ich. «Wir sind einfach reingegangen und haben ihn geknipst. Es hat keine Minute gedauert, stimmt's, Lizzy?»

Lizzy nickte. «Er hat unheimlich gestunken, und seine Füße waren eingewickelt wie bei 'ner Mumie», sagte sie. Mit zitternden Fingern berührte sie den Rand des Fotos, und ihre Augen wanderten nervös zwischen Leo und mir hin und her.

«Er kann nicht mal gehen», ergänzte ich. «Nachdem wir das Bild gemacht hatten, ist er hingefallen.»

Wir wollten beide, daß Leo alles über den Nazi erfuhr, also erzählten wir abwechselnd, und die Worte kamen so schnell aus uns herausgeschossen, daß Leo gar nichts sagen konnte. Wir erzählten ihm vom Gesicht des Nazis, wie seine Augen aussahen, und daß sein Mund ganz vereitert war; und wir versuchten, den widerlichen Gestank in Minnie Harps Haus und ihren durchdringenden Schrei zu beschreiben.

Leo fühlte sich spürbar unwohl bei der ganzen Sache, aber die Details, die wir auftischten, faszinierten ihn doch. Er bat uns sogar, ein paar Einzelheiten ein zweites Mal zu erzählen, damit er sich alles merken konnte. Nachdem wir fertig waren, saß er noch eine Weile sprachlos im dämmrigen Licht am Eßtisch. Er blickte hinaus in den Garten, wo die letzten Schatten über den Rasen krochen. Als es im Zimmer fast dunkel war, schob er den Stuhl zurück und ging in die Küche. Dort rief er den Sheriff an und sagte, er möge doch mal zu Minnie Harps Haus fahren und sich dort umschauen. «Offenbar lebt in dem Haus ein kranker alter Mann», sagte er. Der Sheriff fragte ihn anscheinend, woher er das wisse, denn Leo antwortete: «Meine Tochter hat ihn gesehen.» Ich fragte mich, was der Sheriff jetzt wohl von Leos Familie hielt. Seine dreizehnjährige Tochter war durchgebrannt, seine Frau und sein Sohn ebenfalls, und jetzt hatte seine jüngste Tochter in Minnie Harps Haus einen kranken alten Nazi entdeckt.

Am nächsten Morgen liefen Lizzy und ich den taunassen Hügel hinunter, durch Minnies Waldstück und über ihren Rasen, wo wir uns ins hohe Gras legten und auf den Sheriff warteten. Die

Zikaden lärmten in den Büschen, und riesige Wattewolken schwebten träge am Himmel.

Irgendwann, nachdem die Rathausuhr acht geschlagen hatte, bog ein Polizeiauto in Minnies mit Unkraut überwucherte Einfahrt. Der Sheriff kam nicht persönlich, sondern hatte Hilfssheriff Keezner geschickt. Keezner war noch ziemlich jung, Anfang dreißig vielleicht, und ganz dick. Er hatte einen Bürstenhaarschnitt, und seine schwarzen Schuhe waren so blankgewienert, daß sie in der Sonne glänzten, als er aus dem Wagen stieg. Wir schlichen hinüber zur Einfahrt, wo wir bis zu den Knien im Unkraut standen.

Der Mann klopfte schüchtern an die Tür. Er hatte ja keine Ahnung, was ihn da drinnen erwartete. Gleich darauf öffnete Minnie die Tür einen Spaltbreit und linste mit einem Auge heraus. Der Polizist sagte ein paar Worte zu ihr, dann zog er seine Dienstmarke aus der Manteltasche und hielt sie ihr unter die Nase. Es war kaum zu fassen, aber Minnie öffnete tatsächlich die Tür, um ihn einzulassen.

«Wahrscheinlich wird ihm gleich kotzübel», sagte Lizzy. Das glaubte ich auch, aber ansonsten hatte ich keine Ahnung, was sich da drinnen abspielte. Irgendwie stellte ich mir vor, der Sheriff oder Leo würden Simon Wiesenthal oder einen seiner Helfer kontaktieren. Dann würden sie den Nazi vermutlich ins Gefängnis einliefern. Und wie sollten wir jetzt an unser Geld kommen? Ich konnte nur hoffen, daß sich irgend jemand um unsere Belohnung kümmern würde. Jedenfalls war ich sehr stolz. Lizzy und ich hatten etwas Tolles geleistet. Ich mußte immer denken: erst elf Jahre alt, und schon einen Nazi gefangen.

Als endlich die Tür wieder aufging, trat der Hilfssheriff allein aus Minnies dunkler Gruft. Zuerst schnaubte er die Nase in ein weißes Taschentuch, das er gar nicht schnell genug aus der Tasche ziehen konnte. Entweder blies er den Gestank heraus, oder er weinte. Jedenfalls wirkte er ziemlich erschüttert. Er ging an uns vorbei und stolperte zu seinem Wagen. Noch ehe wir ihn fragen konnten, was passiert war, fuhr er in einem Affenzahn aus der Einfahrt.

Wir waren schockiert. Er hatte kein Wort mit uns gewechselt. Als wären wir gar nicht dagewesen. «Warum hat er nichts gesagt?» fragte ich Lizzy. Wir blickten ihm nach, wie er mit dem Wagen in die Straße einbog und davonschoß.

«Er hat 'nen Schock.»

Wir starrten dem entschwindenden Wagen nach, bis er außer Sichtweite war. Dann ließen wir uns ins Unkraut fallen, und nachdem wir beschlossen hatten, die Schule zu schwänzen, beobachteten wir eine Stunde lang schweigend Minnie Harps Seitentür, für den Fall, daß sie herauskam. Lizzy befürchtete, Minnie könnte den Nazi heimlich abtransportieren, aber ich wußte, daß er dafür viel zu krank war. Wir warteten endlos, im feuchten Unkraut versteckt. Und je höher die Morgensonne stieg, desto stärker wurde das Übelkeitsgefühl in meinem Magen.

«Und wenn er gar kein Nazi war?» sagte ich. Ich drückte das Unkraut von meinem Gesicht weg und sah Lizzy an.

«Dann müssen wir abhauen», antwortete sie ganz ernst. Ihre schwarzen Augen glitzerten ängstlich, und in meinem Kopf begann es schmerzhaft zu pochen.

«Wohin denn?»

«Vielleicht nach Kanada.» Sie legte die Arme vor die Augen, als müßte sie sich gegen grelles Sonnenlicht schützen, und klopfte nervös mit dem Fuß auf das Gras.

Nach dem Abendessen rief der Sheriff Leo an, und wir drängten uns an ihn, weil wir unbedingt erfahren wollten, was passiert war – obwohl wir es *gleichzeitig* gar nicht wissen wollten. Leo sagte fast nichts, ein paarmal «Aha» und «Ich verstehe», aber nichts Richtiges. Sein Gesicht zerfiel immer mehr, und auf seiner Stirn erschienen tiefe rote Furchen. Nachdem er aufgelegt hatte, ging er ins Eßzimmer, setzte sich an den Tisch und starrte aus dem Fenster hinaus in das schwindende Licht.

«Setzt euch», sagte er. Seine Augen funkelten vor Zorn, und als ich zum Tisch ging, empfand ich eine lähmende Angst. Sie begann in meinem Kopf, breitete sich in meiner Brust aus und strahlte von da in Arme und Beine, die furchtbar zu zittern begannen. Ich sah Lizzy an und merkte, daß ihre Augen ganz starr waren und ihre Beine wie Gummi wabbelten. Wir setzten uns hin und richteten unseren bebenden Blick nicht auf Leo, sondern auf die Spitzentischdecke, die Mimi irgendwann Lana geschenkt hatte.

«Der Mann ist kein Nazi», begann Leo. Er klopfte mit den Knöcheln auf den Tisch, bis wir ihn ansahen. «Er ist Minnie Harps Freund.» Er schwieg, und während seine blauen Augen unsere Gesichter musterten, rutschte mein Herz in den Magen, wo es zuckte wie ein gestrandeter Fisch. «Er hat Diabetes, und außerdem hatte er einen Schlaganfall», fuhr Leo etwas lauter fort, «und seit vielen Jahren hat sie versucht, ihn selbst zu pflegen. Sie hatte Angst, ihn ins Krankenhaus zu bringen, weil sie ihn nicht verlieren wollte. Jetzt müssen sie ihn wegholen, und er wird nie wieder heimkommen können.»

Eine ganze Weile sagte Leo nichts. In der Stille hörte ich die Rathausuhr schlagen – sieben nicht endenwollende Schläge –, und ein paar Fliegen surrten wie verrückt gegen die Fensterscheibe, was meine Nerven fast zur Raserei trieb.

«Ihr seid in das Haus eingebrochen», sagte Leo schließlich. «Der Sheriff hat das kaputte Schloß gesehen.» Das ärgerte ihn am meisten: daß ich in Minnie Harps Haus eingebrochen war und gelogen hatte.

Wir waren in das Haus einer alten Frau eingebrochen und hatten ihr trauriges Geheimnis aufgedeckt. Lizzy tastete unter dem Tisch nach meiner Hand, während Leo uns erklärte, was wir Schreckliches angerichtet hatten. Von all den Sünden, die ich begangen hatte, war diese vermutlich die schlimmste, und wenn ich daran dachte, wie der Himmel mir das heimzahlen würde, schwand mir fast das Bewußtsein.

Um den Himmel möglicherweise noch umzustimmen, entschuldigte ich mich bei Leo. Der hörte eine Weile zu, aber als es unerträglich wurde, legte er mir die Hand auf den Mund. Er nehme meine Entschuldigung an, sagte er, aber ich würde trotzdem bis zum Schluß des Schuljahrs Hausarrest kriegen, und Lizzy dürfe bis dahin auch nicht mehr kommen. Er schickte Lizzy nach Hause, und ich verbrachte die nächste Stunde damit, ihn anzuflehen, Garta nichts zu erzählen. Als es draußen vor den Eßzimmerfenstern ganz dunkel geworden war, erklärte er sich schließlich damit einverstanden, und als er auch noch versprach, Elena und Lana nichts davon zu erzählen, schlang ich die Arme um ihn und drückte mich an ihn.

Am nächsten Tag starrte ich in der Schule die ganze Zeit wie benommen aus dem Fenster. Als der Unterricht endlich vorbei war, begleitete ich Lizzy zum Kino und ging dann sofort nach Hause. Ich aß den ganzen Tag lang keinen Bissen. Ich fühlte mich krank, als hätten meine Nerven Fieber. Ich hatte Minnie Harp den Mann weggenommen. Mir wurde ganz schlecht, wenn ich daran dachte, aber ich konnte nicht damit aufhören – die Gedanken drehten sich in meinem Kopf wie Mühlräder. Ich holte Durga heraus und stellte sie auf meinen Bauch, ohne recht zu wissen, was sie für mich tun könnte. Ich betrachtete ihre Arme und überlegte, worum ich sie bitten könnte. Eigentlich konnte ich sie nur um eines bitten – und dieser Wunsch war unerfüllbar: daß sie Minnie Harp ihren Mann zurückgab.

War es das, was passierte, wenn man die Wahrheit aufdeckte, ein Geheimnis enthüllte? Irgend etwas an der ganzen Sache schien mich zu warnen, mich von Lanas Geheimnissen fernzuhalten, nicht weiter darin herumzubohren. Was würde ich schon herausfinden? Noch eine Tragödie? Würde es wieder keinen Nazi geben, nur einen kranken alten Mann?

19

Die letzten beiden Schulwochen verliefen sehr ruhig. Leo ließ sich bis zum Schluß nicht erweichen, das Strafmaß abzumildern. Ich mußte abends zu Hause bleiben, und Lizzy durfte keinen Fuß über unsere Schwelle setzen. Immerhin erlaubte er uns, miteinander zu telefonieren, aber ich konnte das Ende meiner Strafe und den Schuljahresschluß kaum erwarten. Ich wollte neben Elena im Bus sitzen, aus dem Fenster sehen und warten, bis endlich New York auftauchte.

Allerdings machte ich mir keine allzu großen Hoffnungen, denn Lana rief abends kaum noch an. Sie meldete sich höchstens einmal in der Woche, und ihre Anrufe waren immer so kurz, daß sich das Reden kaum lohnte. Wenn Elena und ich Lana daran erinnerten, daß wir zu ihr kommen würden, sobald das Schuljahr vorbei war, sagte sie jedesmal: «Ja, natürlich», aber es klang immer ziemlich lau und wenig konkret.

«Sie soll bloß nicht anrufen und sagen, wir können nicht kommen», sagte Elena manchmal im nächtlichen Dunkel. «Wenn sie das tut, ist es aus.»

Auf alle Fälle packten Elena und ich zwei Tage vor Schulschluß unsere Kleider in die braunen Koffer, die wir seit dem letzten Sommer nicht mehr benutzt hatten; und obwohl Garta noch nicht gesagt hatte, Lizzy könne mitkommen, packte Lizzy heimlich einen von Gus' alten Koffern. Wir stopften alles hinein, was wir brauchten, und wenn wir uns die Zähne putzen oder die Haare bürsten wollten, mußten wir immer erst einen der Koffer aufmachen. Für uns war das eine Art Versicherung dagegen, daß Lana es sich anders überlegte.

Leo erließ mir dann doch die letzten Tage meiner Strafe und erlaubte, daß Lizzy wieder zu uns kam. Wir gingen sofort auf den Speicher, wo wir aus dem Fenster schauten, ohne viel zu reden. Wir lauschten den Sommergeräuschen: surrende Ventilatoren, Fernsehapparate, spielende Kinder. Wir befürchteten beide, Garta würde Lizzy nicht mitkommen lassen. Es ängstigte mich, mir vorzustellen, was mit Lizzy passieren konnte, wenn ich wegfuhr. Auch Lizzy konnte nachts nicht schlafen, wenn sie daran dachte.

«Was ist mit Lizzy?» fragte ich Lana am Abend vor unserer geplanten Abreise. «Garta hat immer noch nicht gesagt, daß sie mitfahren kann. Rufst du sie mal an?» Ich drückte die Augen fest zu und preßte den Rücken gegen die Anrichte, als könnte ich Lana so dazu bringen, ja zu sagen.

«Ich werd mal sehen, Maddie.» Sie seufzte tief. Dann sagte sie nur noch: «Gib mir jetzt bitte Leo.»

Ich reichte Leo den Hörer, und während er in der Küche stand und mit Lana redete, warteten Lizzy, Elena und ich aufgeregt im Eßzimmer. Draußen war es schon stockdunkel, aus dem undichten schwarzen Himmel wirbelte feiner Sprühregen. Es war auch ziemlich kühl, und als ein kalter Windstoß durchs Fenster fuhr, stand Elena auf und knallte es zu.

«Ruft Lana meine Mom an?» fragte Lizzy leise. Ich nickte, und sie entspannte sich ein bißchen.

«Sie sagt bestimmt, wir können nicht kommen», flüsterte Elena. Sie klopfte nervös mit den Knöcheln gegen die Fensterscheibe und starrte hinaus auf den dunklen, tristen Rasen. «Und er muß es uns dann ausrichten.» Sie drehte sich um und lehnte sich mit dem Rücken gegen die kalte, feuchte Scheibe.

Als Leo auflegte und zu uns kam, wußten wir, Elena hatte recht gehabt. Sein Gesicht hing schlaff herunter, und seine Schultern waren nach vorn gesackt.

«Sie hat gesagt, wir können nicht kommen, stimmt's?» sagte Elena. Alles an ihr spannte sich an; ich hatte das Gefühl, daß sie gleich platzen würde.

«Sie braucht noch eine Woche», sagte Leo leise. Er wirkte richtig entkräftet, wie er da im Türrahmen stand. «Sie meint, nächste Woche hätte sie viel zu tun. Sie braucht noch Zeit, um Matratzen für euch zu beschaffen.»

«Wen interessieren die blöden Matratzen!» zeterte Elena. Sie warf Leos Stuhl um und fegte den Obstkorb vom Eßtisch, so daß die Äpfel und Orangen wie Bomben auf dem Fußboden aufschlugen.

«Sie hat nur gesagt, sie braucht noch eine Woche, Elena», sagte Leo etwas lauter.

«Ja, und in einer Woche sagt sie dann, sie braucht noch eine. Das weiß ich genau», rief Elena. «Weil sie uns nämlich gar nicht dahaben will.»

Leo versicherte ihr, das stimme nicht, aber seine Worte hatten wenig Überzeugungskraft. Ich glaube, er wußte selbst nicht so ganz, ob Lana uns dahaben wollte. Er versuchte uns zu besänftigen, indem er uns ein Eis spendierte, aber selbst ein Schoko-Vanille-Becher schaffte es nicht, lindernd auf die erneut aufgerissene Lana-Wunde einzuwirken.

«Sie wird uns nie kommen lassen, Maddie», sagte Elena an diesem Abend im Bett. Sie lag auf dem Rücken und bummerte mit dem Knie schnell und rhythmisch gegen die Wand. Es klang wie der Herzschlag eines aus der Puste geratenen Riesen. «Sie hat ein neues Leben», sagte sie verbittert. «Jetzt führt sie das Leben, das sie immer wollte. Wahrscheinlich hat sie die ganzen Jahre nur darauf gewartet, daß Leo irgendeinen Scheiß baut, damit sie 'nen Vorwand hat, um hier abzuhauen.»

«Das stimmt nicht», sagte ich. Ich dachte daran, wie oft Lizzy und ich Lana durchs Badezimmergitter still vor sich hinleiden gesehen hatten. «Es ist einfach so gekommen. Sie hat das nicht geplant.»

«Ich hab nicht gesagt, sie hätte es geplant.» Elena stützte sich auf die Ellbogen. «Ich hab gesagt, sie hat die ganzen Jahren darauf gewartet, daß Leo Scheiße baut. Das ist ein Unterschied, falls du das nicht merkst.» Ich hörte sie mit dem Knie gegen die Wand donnern. «Mir reicht's jetzt», sagte sie. Sie schlug die Decke zurück und schoß aus dem Bett, eine weiße Flamme in der Dunkelheit. Sie kam in mein Zimmer und steuerte direkt auf die Speichertür zu. «Mir reicht's», wiederholte sie. «Ich hab jetzt lange genug gewartet.»

«Was ist denn los?» fragte ich, obwohl ich es genau wußte. Elena öffnete die Tür, und als sie nicht einmal stehenblieb, um sich gegen die Gespenster zu wappnen, wußte ich, ihre Wut hatte die Oberhand gewonnen. Endlich, dachte ich, während ich ihr in die Dachkammer folgte. Endlich. An einen Balken gelehnt, sah ich mit einer gewissen Befriedigung zu, wie Elena die Kiste mit den Filmen aufriß. Sie griff hinein und holte fünf silberne Dosen heraus.

«Was hast du vor?» fragte ich. Ich fürchtete schon, sie würde die Dosen in ihrem Zorn einfach aus dem Fenster schleudern.

«Ich werde mir diese Filme ansehen. Was hast du denn gedacht? Du bittest Art, sie uns zu zeigen.» Sie warf die Haare über die Schulter und griff wieder in die Kiste, um fünf weitere Dosen herauszufischen.

«Dann sieht Lizzy sie aber auch», sagte ich und trat näher heran. «Art ist ihr Freund.»

Elena gab mir fünf Dosen. «Das ist mir scheißegal – und wenn Garta, Gus und die ganze Stadt zugucken. Wenn Lana uns hierläßt, dann will ich sehen, was auf diesen Filmen ist.» Sie holte noch mehr Behälter heraus und stopfte sie unter ihr weißes Nachthemd. «Pack sie unter dein Nachthemd, Maddie», sagte sie. «Wir bringen sie raus.»

Während Leo im Wohnzimmer Klavier spielte, rannten wir die Treppe hinunter, gingen leise zur Vordertür hinaus, flitzten ums Haus herum und stapelten die Dosen in drei Reihen unter der hinteren Veranda. Ich blickte zum Himmel – er war pechschwarz, keine Spur von Mond und Sternen. «Und wenn's regnet?» fragte ich. Elena sah ebenfalls zum leeren Himmel hoch, rannte die Stufen hinauf und öffnete lautlos die Hintertür. Drinnen grabschte sie Lanas grünen Regenmantel vom Haken, und wir wickelten die Dosen sorgfältig darin ein.

«Und wenn Lana jetzt was ganz Schlimmes zustößt?» fragte ich Elena, als wir wieder oben waren.

«Dann geschieht es ihr recht», sagte sie.

Am nächsten Morgen schlangen wir unser Frühstück hinunter, und nachdem Leo aus dem Haus gegangen war, rief ich Lizzy an, weil wir sie brauchten, um die Filme in die Schule zu transportieren. Ich sagte, sie solle sich im Garten mit uns treffen. Es sei dringend, erklärte ich, ohne den Grund anzugeben. Ich sagte nur, daß wir sie brauchten.

Wir warteten draußen auf der Veranda – etwa fünf Minuten saßen wir da, bis Lizzy endlich um die Ecke kam. Sie war völlig außer Atem und konnte gerade noch «Was ist denn passiert?» keuchen, dann mußte sie sich vorbeugen und nach Luft schnappen. Wir zogen Lanas grünen Regenmantel unter der Veranda hervor, und als wir ihn auseinanderschlugen, wußte Lizzy nicht, was sie davon halten sollte.

«Das sind Filme», erklärte Elena. «Lanas Filme, und wir möchten, daß du Art fragst, ob er sie uns zeigen kann.» Ich merkte, daß ihre Wut im Schlaf nicht nachgelassen hatte.

«Wo habt ihr denn die her?» wollte Lizzy wissen. Sie kniete sich in das taufeuchte Gras und machte eine Dose auf. Während sie mit dem Finger über die feinen Rillen fuhr, wurden ihre Augen größer und größer.

«Wir haben sie in einer Kiste gefunden», sagte ich.

Wir nahmen jede fünf Dosen und zogen los. In der Schule packten wir sie ganz hinten in unsere Fächer, und dann warteten wir – stundenlang.

Der Tag war eine Folter. Es war heiß, und außerdem verbrachte Mrs. Devonshit eine ganze Stunde damit, uns von Bauxit und Aluminium zu erzählen, als würde uns das interessieren. Die letzte Stunde war die schlimmste. Am großen Zeiger der Uhr schien ein Bleigewicht zu hängen. Er kroch unglaublich langsam von der Sieben zur Acht, brauchte zehn Minuten, um zur Neun zu gelangen, fünfzehn Minuten bis zur Zehn, und dann dauerte es eine halbe Stunde, bis er endlich die Zwölf erreichte.

Als wir die Klingel hörten, fegte ich als erste los. Wir trafen uns auf dem Flur, holten die Filmdosen aus der Tiefe unserer Fächer, und dann rannten wir durch die stickigen Straßen zum Kino, die Treppe hinauf und den dunklen, schmuddeligen Flur zum Vorführraum entlang.

Die Augen Gottes saßen dort, rauchten eine Camel ohne Filter und tranken eine Tasse Kaffee aus der grauen Thermosflasche. Es war so heiß hier oben, daß Art der Schweiß in Strömen aus den kurzen, silbergrauen Bürstenhaaren lief und seitlich übers Gesicht rann. Er kam uns entgegen und starrte auf die fünfzehn Filmdosen in unseren verschwitzten Händen. «Das ist aber viel Film, was ihr da habt.» Er nahm meine oberste Dose, klickte sie auf und nahm die dicke Rolle Film heraus. «Was ist denn drauf?» fragte er, während er die Rolle inspizierte.

«Das wissen wir nicht», sagte ich. «Wir haben sie zu Hause im Keller gefunden.»

Die Augen Gottes interessierten sich nicht dafür, wo wir sie gefunden hatten. Art sagte nur, wir sollten uns unten ins Kino setzen, während er den Film einlegte. «Dauert höchstens ein paar Minuten.»

Wir rannten die Hintertreppe hinunter, marschierten den leeren Gang entlang und setzten uns in der fünften Reihe von vorn auf die mittleren Plätze. Es war schwül hier im Saal, unsere nackten Beine klebten an den roten Samtsitzen, aber ich zitterte trotzdem. Jetzt, da wir den Film tatsächlich anschauen würden, bekam ich Angst. Ich fürchtete, Lana könnte danach noch schlechter dastehen als sowieso schon.

«Was machen wir, wenn die Filme ganz schrecklich sind?» fragte ich Elena leise.

«Dann wissen wir wenigstens die Wahrheit», antwortete sie. Sie rutschte noch tiefer in den Sitz, und ich merkte, daß sie die Augen nicht ruhig halten konnte. Ihr Blick schweifte durchs ganze Kino – zur Decke, die Wände hinunter, über die roten Vorhänge rechts und links der Leinwand. «Die Wahrheit ist immer das beste, Maddie.»

Lizzy und ich sahen uns an. Wir teilten diese Meinung nicht unbedingt, zumal seit der Geschichte mit Minnie Harp, und plötzlich hatte ich schreckliche Angst davor, was die Wahrheit uns antun könnte. Sie würde uns vielleicht noch weiter auseinanderbringen oder einen nicht mehr zu überbrückenden Abgrund aufreißen. Nein, die Wahrheit war nicht immer das beste. Manchmal war sie das Schlimmste auf der ganzen Welt.

Als ich schon kurz davor war, aus dem Kino zu laufen, hinaus in den warmen Nachmittag, gingen die Lichter aus, und die Augen Gottes sprachen. «Okay», sagte Art, «dann wollen wir mal sehen, was wir da haben.» Ich drehte mich um und sah Art neben dem Projektor stehen, die linke Hand auf den Apparat gestützt wie auf einem guten Freund.

Ein Surren durchbrach die Stille, und dann fiel der Lichtstrahl auf die Leinwand. Jazz ertönte, zuerst nur aus der Ferne, doch bald war das ganze Kino von der temperamentvollen, elektrisierenden Musik erfüllt. Elena nahm meine Hand und drückte sie, und Lizzy grub ihren Ellbogen in meine Seite. Diese Musik, wenn sie auch noch so lebendig und vergnügt klingen mochte, erfüllte uns mit Schrecken. Ein Bild erschien auf der Leinwand, und plötzlich sahen wir eine Hausfassade: rote Türen und eine rote Markise mit der großen schwarzen Aufschrift SAMMYS CLUB. Links, gleich neben dem Eingang, befand sich ein Glaskasten mit einem Plakat. LANA LAMAR stand da über einem phantastischen Bild von Lana: Sie trug ein ärmelloses rotes Paillettenkleid und stellte die Füße in den roten hochhackigen Schuhen energisch ein Stück weit auseinander. Ihr rotgeschminkter Mund klaffte weit geöffnet hinter einem großen runden Mikrofon, das sie in der linken Hand hielt. Die rechte streckte sie himmelwärts. Ihre Haare waren kurz und stufig geschnitten, woran ich mich vage erinnern konnte, und in ihren Augen funkelten kleine Lichtpunkte, als hätte jemand sie mit kosmischem Staub betupft. Um sie herum lauter kleine Kreise, in denen die Musiker abgebildet waren, Leo am größten. Er war der einzige Weiße. Er saß am Klavier, und seine Hände auf den Tasten waren ganz verwischt.

Plötzlich stand Lana im Scheinwerferlicht mitten auf einer großen hölzernen Bühne. Hinter ihr die Band, Leo links in seinem eigenen weißen Lichtkegel. Lana trug jetzt ein schwarzes Pailettenkleid und dunkle hochhackige Schuhe, und ihr Mund war verführerisch rot geschminkt. Während sie laut in ein rundes Mikrofon sang – *«He don't treat me right, not even at night when I fall to the floor on my knees»* –, wippte Leo vor und zurück, wie immer, wenn er Klavier spielte. Aber aller Aufmerksamkeit war auf Lana gerichtet. Sie sah hinreißend aus mit ihrer schimmernden Haut und den provozierend unter dem schwarzen Kleid wogenden Brüsten. Am fesselndsten jedoch war ihre Stimme. Es war die Stimme einer Negerin – voll und flexibel, klagend und durchdringend in den höheren Registern. Wie seltsam das klang, wie unpassend – diese kräftige, geschmeidige Stimme, die da aus Lana herauskam. Es war, als würde eine Schwarze hinterm Vorhang stehen, während Lana nur die entsprechenden Mundbewegungen machte.

Sie tanzte, wie ich es mir nie hätte vorstellen können: Ihre Hüften und Schultern bebten und kreisten, ihre Füße steppten auf dem Holzfußboden. Sie nahm das Mikrofon aus dem Ständer und ließ sich auf die Knie fallen, warf den Kopf nach hinten, und ihre weiße Kehle vibrierte. Auf Knien, einen Arm zum Publikum hin ausgestreckt, schmetterte sie die Worte *«And he ain't gonna see my face no more, no more, no more, no more, no more.»* Während ihre Stimme beim letzten *more* auf einer hohen Note verharrte, verschwanden Ton und Bild. Plötzlich tanzten weiße Flecken über die Leinwand. Lizzy, Elena und ich drehten uns um und blickten aufgeregt zu den Augen Gottes im Vorführraum hoch. «Es kommt noch mehr», versicherte Art. «Das war nur die erste Rolle.» Wir sahen uns an. Es war schwierig – die ganze Zeit über hatten wir unsere Mutter als Lana die Schriftstellerin erlebt, und nun sahen wir sie auf der Bühne als Sexgöttin, als Bluessängerin, als lockende Sirene. «Lieber Gott», flüsterte Elena. Lizzy strich sich die Haare aus dem verschwitzten Gesicht und seufzte laut. Ich sagte nichts, spürte aber förmlich meine hervorgequollenen Augen.

Dann erschien auf der Leinwand ein junger Mann. Er war groß und dünn und dunkelhaarig und trug einen dunkelblauen Anzug mit weißem Hemd und einer schmalen roten Krawatte. Er stand in einem spärlich beleuchteten Flur, ein Mikrofon in der Hand, während sich im Hintergrund schwarze und weiße Männer drängten. Sie trugen dunkle Anzüge, rauchten Zigaretten und führten gedämpfte Gespräche.

«Wir befinden uns hier hinter der Bühne von Sammys Club in Harlem», sagte der Mann. Er drehte sich um und ging langsam den Flur hinunter, gefolgt von der schwankenden Kamera. «Wir sind auf dem Weg zur Garderobe, um mit Lana Lamar zu reden.»

Die Leinwand wurde einen Augenblick schwarz, und dann erschien Lana, nicht die Sängerin, sondern die Lana, die wir kannten. Sie saß in ihrer Garderobe, in einem dunkelblauen Sessel, den Rücken zum Spiegel, der von einem Dutzend weißer Glühbirnen eingerahmt war. Sie trug eine weiße Bluse und schwarze Hosen, und hinter ihr im Spiegel sah man Leute durch eine Tür kommen und gehen. Der Mann saß ihr gegenüber auf einem Hocker, und nach einem Augenblick hielt er ihr das Mikrofon unter das Kinn.

«Es heißt, Sie haben in einem Bordell angefangen.» Lizzy, Elena und ich zuckten zusammen – aber noch schockierter waren wir, als Lana zustimmte. «Ja», sagte sie, «meine Mutter hat jahrelang ein Bordell in Harlem geführt, bis sie verhaftet wurde.» Wir sahen uns an und rissen sperrangelweit den Mund auf.

«Es kursieren Gerüchte, daß Sie halb schwarz sind», sagte der Mann. «Ich habe beide Versionen gehört – daß Ihre Mutter Negerin war und Ihr Vater weiß, und daß Ihr Vater Neger war und Ihre Mutter weiß. Welche Version stimmt denn nun?»

«Meine Eltern waren beide weiß», sagte Lana. «Meinen Vater habe ich allerdings nie gekannt.» Sie lächelte leise. «Ich bin von einer Negerin namens Effy aufgezogen worden.» Sie blickte nach unten, zuerst auf ihren Schoß, dann auf den Fußboden. Jahre waren vergangen, seit Mimi Effy ins Bordell gesteckt hatte, und weitere Jahre, seit Effy erschossen worden war, und es quälte sie immer noch. Man konnte sehen, wie sich die Last der Trauer schwer auf ihre Schultern senkte.

Der Mann beugte sich vor und hielt das Mikrofon ein bißchen näher an Lanas Mund. «Sie werden oft als Drachenlady bezeichnet», sagte er. «Was empfinden Sie dabei?»

Lana blickte auf und lächelte ihn an, und hinter ihrem Rücken im Spiegel sah ich Leo hereinkommen. Er sagte etwas zu einer älteren Frau, die am Bügeln war. Sie deutete auf Lana. Als Leo auf sie zuging, wurde die Leinwand dunkel, und wieder flirrten weiße Punkte darüber.

«Es ist noch mehr da», rief Art zu uns herunter.

Was dann kam, sollte ich nie vergessen: völlig unbearbeitete, ungeschnittene Aufnahmen, wie Art uns erklärte, und zwar von einer Lana, die wir bisher weder gehört noch gesehen hatten – und die wir uns auch nie hätten vorstellen können.

Sie erschien auf der Leinwand, am Rand von Sammys Bühne auf einem Hocker sitzend, ein Mikrofon in der Hand und grellweiß angestrahlt. Sie trug schwarze Hosen und eine weiße Bluse, deren Ärmel sie bis über die Ellbogen aufgerollt hatte. Ihr Gesicht war schweißnaß, und die Augen funkelten, wie ich das noch nie bei ihr gesehen hatte. Sie redete mit einer lärmenden Menschenmenge, die sich in Sammys kleinem Club drängte – die Leute standen in die Eingänge gequetscht, andere auf Stühlen, manche sogar auf Tischen. Über hundert Menschen hatten sich hier versammelt, Schwarze und Weiße. Die Menge schien zu vibrieren wie ein einziger großer, lebender Körper. Manche Leute applaudierten Lana, andere schrien gegen sie an. Man spürte richtig, wie es kochte und brodelte.

«Es gibt immer noch Sklaverei in Amerika», rief Lana. «Wir haben sie zwar vor hundert Jahren abgeschafft, aber verschwunden ist sie nie. Jeden Tag, jede Stunde, jede Sekunde in unserem Leben sind wir in dieses Spiel von Minderwertigkeit und Überlegenheit verwickelt – Weiße und Schwarze gleichermaßen. Wir müssen damit aufhören. Es geht schon viel zu lange so.»

An ein paar Stellen wurde Beifall geklatscht, andernorts wurde protestiert. Lana stand auf und trat ganz vorne an den Bühnenrand, wo sie eine Weile wartete, bis sich der Tumult etwas legte.

«Das findet alles nur in unseren Köpfen statt», rief sie laut. «Weiße sind nicht überlegen, und Neger sind nicht minderwertig. Mit unseren Genen hat das nicht das geringste zu tun!»

An manchen Stellen krümmte und wand sich die Menge wie Gliedmaßen eines Ungeheuers, aus dessen Schlund schrecklich große, entstellte Worte drangen: *Erzähl das doch den Niggern. Hau ab, du blöde Sau. Wer hat dich überhaupt gefragt?* Lana ließ den Blick über die Menge schweifen, als wollte sie abschätzen, wie groß die Explosionsgefahr war. Sie stand aufrecht und entschlossen da und paßte genau auf.

So ging es lange – die Kamera wanderte hin und her, wie ein

Schwenkventilator: von Lana, die leidenschaftlich und mit eindringlichen, flammenden Blicken sprach, zu den erhitzten Gesichtern in der Menge, deren Münder sich haßerfüllt und schnell bewegten, und weiter zu anderen im Publikum, die Lana so heftig applaudierten, daß ihre Hände auf dem Bild ganz verschwommen waren. Lanas Stimme ging im Lärm unter und tauchte wieder auf, ein einsames, schmerzliches Lied mitten in diesem Durcheinander aus Empörung und tosender Zustimmung. Hinter Lana standen zwei Staffeleien mit riesigen Fotos, die kurz ins Bild kamen und wieder verschwanden. Es waren Fotos von aufgeschnittenen menschlichen Brustpartien, die eine weiß, die andere schwarz. Die Lungen waren entfernt, so daß man die Herzen sehen konnte – und diese Herzen waren genau gleich groß, hatten genau die gleiche Farbe. Dann übertönte plötzlich eine eisige Stimme den ganzen Tumult. «Holt diese Scheißnutte von der Bühne», rief die Stimme. «Holt sie runter!» Plötzlich geriet die Kamera ins Wanken und fuhr hinauf zu den schwarzen Balken und chaotisch über die Decke, als wäre sie an einem steuerlosen Flugzeug befestigt. Dann schwenkte sie die Wand hinunter und ruhte einen Moment lang auf einem älteren Mann, der mit den Fäusten wütend auf die Bühne einhämmerte. Gleich darauf teilte sich die Menge, zwei kräftige Männer erschienen und zerrten ihn weg. Noch einmal war seine Stimme zu hören, die gellend schrie: «Holt diese Scheißnutte von der Bühne!»

Als die Kamera sich beruhigt hatte, sagte Lana: «Es gibt keine angeborene Minderwertigkeit aufgrund der Hautfarbe – das ist eine Erfindung der Weißen», und wieder schwenkte die Kamera ruhelos hin und her, als verfolge sie einen Wettkampf. Es wirkte alles fast wie eine Art Sport, wie eine perverse Form des Amusements, als wären all diese Menschen gekommen, um Lana anzuglotzen und sie Dinge sagen zu hören, die sonst niemand aussprach.

Ein weißer Blitz zuckte über die Leinwand, und dann erschien eine schwarze Menschenmenge. Die Leute drängten sich um Lana, die am Bühnenrand auf und ab ging. «Im Namen aller Weißen», rief sie, «entschuldige ich mich bei jedem einzelnen von euch für das, was euch angetan worden ist.»

Viele applaudierten, aber hier und da wallte Wut auf. Manche riefen: «Dafür ist es zu spät. *Deine Scheiß-Entschuldigung ist für'n Arsch!*» Andere klatschten einfach. Dann begannen die Leute, untereinander zu streiten, und sofort entstand ein Riesendurcheinander. Die Menge teilte sich in zwei Fraktionen – die einen begeistert, die anderen aufgebracht –, und an manchen Stellen schwoll der Zorn wie eine Flutwelle. Sofort erschienen wieder die beiden Rausschmeißer und drängten alle zurück, was die Stimmung nur noch mehr anheizte. Die Kamera schwenkte zur vordersten Reihe, weil dort der Tumult am größten war, sie fuhr über den Fußboden, über abgetragene, staubige Schuhe, dann wieder hoch zur Decke, an den Scheinwerfern vorbei, wodurch die Leinwand plötzlich blendend weiß wurde. Lana war nirgends zu sehen – doch auf einmal hörten wir ihre Stimme. Sie erhob sich über dem Getümmel wie wohltönender Gesang, die Stimme der Vernunft mitten im Wahnsinn. «Bitte – ihr macht es nur noch schlimmer», rief sie. «Laßt sie einfach in Ruhe. Bitte, laßt sie in Ruhe.»

Wieder wurde die Leinwand einen Moment lang weiß, dann sahen wir eine neue Menschenmenge, und es ging weiter, eine wirbelnde, schwindelerregende Sequenz von Filmclips, Lana redete, die Menge reagierte – bis wir schließlich das Gefühl hatten, es handle sich tatsächlich um ein Spiel, bei dem es Lanas Aufgabe war, provozierende Sachen zu sagen, während die anderen entsprechend darauf antworten mußten. Die Kamera fuhr unermüdlich hin und her, vor und zurück, und hielt alles fest. «Nehmt eure Stiefel vom Rücken der Neger, oder sie tun es selbst», sagte sie, und wieder wurde sie von einer Flut der Bestätigung und des Protests überschwemmt.

Lanas unglaubliche Augen, ein dunkles Mündermeer – immer wieder. Eine Menschenmenge nach der anderen. Neger und Weiße. Jubel und Empörung – manche riefen «Amen», andere wünschten sie zur Hölle. Augenblicke der Stille, Augenblicke intensivster, unverhüllter Gefühle, die wogende Menge, die beiden kräftigen Männer, die immer wieder auftauchten, die Menge zurückdrängten, für Ordnung sorgten. Und Lanas Augen, immer wieder Lanas Augen – Fenster einer flammenden Seele. Immer weiter, vor und zurück, immer wieder, dieser hitzige, hektische Tanz, bis ich kaum noch Luft bekam.

Als die Leinwand schließlich weiß wurde und wir oben den Film in der Spule flappen hörten, spürte ich ein Rumoren in der Magengrube und einen dumpfen Schmerz hinter der Stirn. Die Bilder liefen in meinem Kopf weiter, als wären sie auf die Innenseite meiner Lider tätowiert. Irgendwie empfand ich ein stechendes Unbehagen an der ganzen Sache; ich spürte, daß Lana für diese Leute eine Kuriosität war – diese Weiße, die sang wie eine Negerin und komische Sachen sagte, die niemand je von einer Frau gehört hatte. Es wirkte alles wie eine Zirkusnummer, eine öffentliche Darbietung, bei der Lana die Hauptattraktion war – ein Phänomen, ein Freak, und für manche sonst nichts.

Wir drehten uns um und blickten hinauf zu den Augen Gottes. Art stand neben dem Projektor und konnte den Blick nicht von der weißen Leinwand wenden. Erst als er merkte, daß wir ihn anschauten, schien er aufzuwachen. Er drehte sich zum Projektor um und stellte ihn ab.

«Das waren vier Rollen. Mehr kann ich euch heute nachmittag nicht zeigen», rief er zu uns herunter. «Vielleicht können wir uns morgen noch was ansehen.»

Er machte das Licht im Kino an, und Lizzy, Elena und ich sahen uns endlich an. «Mein Gott!» sagte Lizzy. Ich konnte gar nicht richtig reden. Wir wischten uns mit den Handrücken den

Schweiß von der Stirn und zogen unsere feuchten Shorts von den klebrig verschwitzten Beinen. Uns war ganz schwindlig, als hätte uns jemand eins mit dem Schlagstock über den Kopf gegeben. Wir stolperten den Gang hinunter und schlichen leise die Hintertreppe hinauf zum Projektionsraum, wo Art unsere Filme an diesen grauen Projektorarmen zurückspulte.

Die Augen Gottes blickten uns über die Schulter an. «Wer war das?»

«Unsere Mutter», sagte Elena. Ich glaubte, eine Spur von Stolz in ihrer Stimme zu entdecken, aber ich war mir nicht sicher.

Der Schweiß lief Art übers Gesicht, und seine Augen röteten sich. «Ganz schön mutig.»

Elena, Lizzy und ich sahen uns an. Es überlief uns kalt. Das Ganze war irgendwie unheimlich; es war beunruhigend und hinterließ einen unauslöschlichen Eindruck.

Art behielt die Filme und versprach, uns morgen mehr zu zeigen. Wir bedankten uns und gingen wie benommen die Treppe hinunter, hinaus in den Spätnachmittag. Wir waren noch nicht an der nächsten Querstraße angelangt, als der Himmel sich öffnete und es zu schütten begann. Blitze zuckten, und dann durchbrach ein Donnerschlag die Stille.

«Das mußte ja so kommen», sagte Elena, und wir rasten die Straße entlang.

Wir schauten einander an. Lanas Rache, dachten wir. Elena überholte uns und sprintete die Straße hinunter. Wir legten gleichfalls einen Zahn zu, als könnten wir, indem wir das Tempo steigerten, aus unserer schuldbeladenen Haut heraus. Der Regen prasselte auf uns nieder wie kleine strafende Faustschläge und erfüllte unsere Herzen mit Furcht. Was hatten wir nur angerichtet?

Wir eilten hinter Elena ins Haus und die Vordertreppe hinauf, verschwanden sofort im Speicher, schlossen die Tür hinter uns und ließen uns auf den schmutzigen Fußboden fallen, wo wir erst einmal nach Luft schnappten. Es war unglaublich stickig hier oben, also riß Elena das Fenster auf. Gerade als sie rückwärts in den roten Sessel plumpste, zuckte ein Blitz über den Himmel und fuhr in die fernen Hügel.

Der Regen kam durchs Dach und platschte in den Eimer, ein unangenehmes Geräusch, aber passend zu meinem wilden Herzrasen. Lizzy streckte sich zwischen den Kisten und einem verrosteten Bettgestell aus, und ich kauerte mich unter die Balken, so daß das grobe, splittrige Holz mich am Hinterkopf pikte.

«Ich wette, Lana ist wegen Effy so geworden», flüsterte Lizzy. Obwohl es in der Dachkammer so drückend heiß war, klapperte sie mit den Zähnen.

Elena warf mir einen wütenden Blick zu, der aber gleich milder wurde. Spielte es jetzt noch eine Rolle, ob Lizzy etwas von Effy wußte oder nicht?

Wir hockten eine Weile schweigend herum, bis Lizzy wieder zu reden begann. «Deshalb hat Gus Lana gekannt», flüsterte sie. «Sie hatte bestimmt von ihr gehört.»

Ich dachte an den Tag von Barbara Lambs Begrüßungsparty, als Lana in Barbaras heiße Waschküche getreten war, wo Lizzy und Gus saßen. Nachdem Lana ihr die Hand gereicht hatte, hatte Gus gefragt: «Kenne ich Sie?», als hätte sie Lana schon einmal irgendwo gesehen.

Wir sahen einander an, und obwohl keine von uns etwas sagte, war uns klar, daß Lanas Engagement für Garta mehr mit Lizzy als mit Garta selbst zu tun hatte.

«Aber wir wissen immer noch nicht, was mit Lana passiert ist», sagte ich.

Der Gedanke daran schnitt uns wie ein scharfes Messer ins Herz, und schweigend lauschten wir dem Regen, der aufs Dach prasselte, und sahen den Wolken zu, die finster über den Himmel rasten.

Als Leo nach Hause kam, gingen wir ins Eßzimmer, aßen die

Käsemakkaroni, die er für uns zubereitete, und sagten kein Wort. Er dachte, wir seien böse auf Lana, weil sie abgesagt hatte, also ließ er uns in Ruhe. Aber wir sahen ihn die ganze Zeit an. Wir konnten nicht anders. Wo war er gewesen, als Lana auf dieser Bühne stand? fragten wir uns. Und was hatte er davon gehalten? Ich vermutete, daß es ihm nicht gepaßt hatte.

Leo schaute immer wieder hoch, weil er unsere Blicke spürte. «Was gibt's?» fragte er schließlich. Wir stocherten mit den Gabeln in unseren Nudeln. «Es ist nicht meine Schuld», sagte er. «Es war Lanas Entscheidung.» Er meinte, daß wir nicht nach New York kommen sollten, aber es klang, als spräche er von dem Film.

«Warum hat Lana das getan, Elena?» fragte ich, als wir wieder in der Dachkammer saßen. Ich flüsterte, und trotzdem war es zu laut. Anscheinend konnten wir gar nicht leise genug darüber reden.

«Ich weiß nicht, Maddie», sagte sie. Sie warf ihre feuchten Haare über die Schulter und grub das Kinn zwischen die angezogenen Knie. «Aber es ist schon sehr merkwürdig.»

«Ich hätte nie gedacht, daß sie so was tut», sagte ich. Das stimmte – ich konnte mir nicht vorstellen, daß die Lana, die ich kannte, so erregt vor einer feindseligen Menschenmenge sprechen könnte.

«Sie ist nicht mehr derselbe Mensch, Maddie», flüsterte Elena. «Sie war noch ganz jung, als das passiert ist.»

Ich rutschte ein bißchen näher zu ihr, wobei ich mit den Händen über den staubigen Fußboden kroch. «Meinst du, sie war verrückt?» flüsterte ich verzagt. Ich konnte diesen Gedanken einfach nicht abschütteln. Immer wieder sah ich Lana vor mir, wie sie sich bei diesen Negern für alle Weißen entschuldigte.

«Nein, sie war nicht verrückt, Maddie.» Ihr Blick ruhte in der Ferne, und ihre Stimme klang verträumt, als wären ihre Gedanken gar nicht hier, sondern bei Lanas Filmen. «Sie war sehr leidenschaftlich, und alles, was sie da gesagt hat, stimmt. Art hat recht – sie war ganz schön mutig.»

«Aber was ist mit ihr passiert?» fragte ich leise. «Sie ist doch jetzt überhaupt nicht mehr so.» Ich dachte daran, wie ihre Hände immer gezittert hatten und wie sie oft keine Luft mehr bekommen hatte, wenn sie nur am Tisch saß.

«Ich weiß es nicht, Maddie», flüsterte Elena.

Sie legte mir ihren staubigen Finger auf die Lippen. «Red nicht mehr drüber.»

«Du weißt es echt nicht?» fragte ich.

Sie schüttelte den Kopf, und ich glaubte ihr. Was hatte sie noch zu verlieren – wir hatten bereits vier Rollen von Lanas Filmen gesehen, wir hatten all unsere Mondgelübde gebrochen, und ich wußte, wir würden nie wieder etwas beim Mond schwören. Ich wußte auch, daß wir nie wieder Münzen in den Schwanenteich werfen und dabei etwas geloben würden. Es fühlte sich an, als hätte ich eine Linie überschritten, hinter der ich nie wieder zurückkäme.

In dieser Nacht schliefen wir beide in Elenas Bett. Wir wuschen uns nicht und zogen auch keine frischen Sachen an. Wir krochen einfach unter die Decke und lagen in der Dunkelheit, verdreckt, entwurzelt und verloren.

«Wir werden schon noch rausfinden, was mit ihr passiert ist, Maddie», sagte Elena. Ihre Augen wanderten über die häßliche rosarote Tapete und blieben an der Stelle hängen, die sich nach dem Trocknen abgelöst hatte.

«Ich weiß», sagte ich. «Aber was ist, wenn es uns alle auseinanderbringt?»

«Wir könnten zu Opa nach Lansing ziehen», flüsterte Elena. «Oder wir bleiben einfach hier bei Leo. So übel ist es doch nicht. Aber egal, was kommt – du und ich, wir halten zusammen, okay?»

«Okay», sagte ich.

Sie drückte meine Hand, wie sie es früher immer gemacht hatte, ehe wir in diese Hügel gezogen waren und alles auseinandergebrochen war. Hand in Hand schliefen wir ein, während klagende Töne von Leos Klavier zu uns heraufschwebten und der Regen draußen zu einem feinen Nieseln wurde und schließlich ganz aufhörte.

20

An den nächsten beiden Tagen zeigte uns Art die übrigen Filme. Wir sahen Lana auf der Leinwand singen und tanzen, in glitzernden Kostümen, mit Blumen im Haar, während Leo an ihrer Seite wie ein Wahnsinniger das Klavier bearbeitete. Lana wurde in ihrer Garderobe interviewt, auf der Straße, in kleinen, muffigen Büros und auf und hinter Sammys Bühne. Bei diesen Gelegenheiten trug sie immer den gleichen schwarzen Anzug mit weißer Bluse und manchmal eine schmale schwarze Krawatte. Wenn sie vor Publikum sprach, sagte sie jedesmal etwas anderes; ihre Reden entwickelten sich ständig weiter. Es schien, als suche sie nach den richtigen Worten, um die Leute zu erreichen. Sie probierte immer wieder etwas anderes aus, etwas Neues. Vermutlich glaubte sie, wenn sie nicht aufgab, würde sie eines Tages schon auf die wirksamen Zauberworte stoßen. Sie hatte sich keine leichte Aufgabe gestellt. Ständig gab es Tumulte und gewalttätige Übergriffe.

Ein paar Tage später rief Lana an und sprach mit Leo. Elena und ich waren mit Lizzy am Schwanenteich. Wir lagen im Gras und blickten in den strahlenden Himmel. Daß wir Lanas Notizbücher gelesen und ihre Filme gesehen hatten, hatte uns zusammengeschweißt. Es war, als hätten wir ihretwegen eine Allianz gebildet. Wir würden ihre Geheimnisse aufdecken, sie aber ganz für uns behalten. Und wir würden herausfinden, was mit ihr passiert war, egal wie. Es war eine Art stummer Pakt, und während wir so die Tage vertrödelten, konnten wir kaum an etwas anderes denken.

«Lana möchte, daß ihr übermorgen kommt», teilte uns Leo mit, als wir nach Hause kamen. Er saß im Dämmerlicht am Eßzimmertisch und starrte zwischen den wehenden Vorhängen hindurch in unseren Garten hinaus, wo sich der Korbsessel, in dem Lana immer gesessen hatte, weiß und einsam von den Hügeln im Hintergrund abhob.

«Lizzy auch?» fragte ich.

«Garta sagt, es ist okay», antwortete Leo.

Wir sahen uns an und wurden ganz aufgeregt. Wir fahren, dachte ich. Endlich fahren wir.

Elena ging leise zu Leos Stuhl und legte die Finger auf die Lehne. «Wie lange können wir bei ihr bleiben?»

«Das hat sie nicht gesagt, Elena», erwiderte Leo leise. «Sie hat gesagt, ihr würdet sehen.»

Lizzy fragte ihn, ob er mitkäme, und er sagte, er sei nicht eingeladen. Ich fühlte einen Stich im Herzen. Leo ging ins dunkle Wohnzimmer, um den Fernseher anzumachen. Das Licht flikkerte über sein Gesicht, und als er einen Schluck Whiskey aus der Flasche neben seinem Sessel trank, glaubte ich ein unterdrücktes Schluchzen zu hören. Er setzte sich anders hin, wie um unseren Blicken zu entkommen, und als er zu uns herüberschaute, spürte ich die ganze Last seiner Traurigkeit.

An diesem Abend packten Lizzy, Elena und ich noch einmal endgültig unsere Koffer, und den nächsten Morgen verbrachten wir oben auf dem Herzinfarkthügel. Obwohl Elena es nicht zugeben wollte, hatte auch sie die grünen Hügel mittlerweile ins Herz geschlossen. Sie wollte sie noch einmal richtig angucken, für den Fall, daß wir nicht zurückkamen. Nachmittags schleppte Lizzy uns zu ihrer Lieblingswiese, von der aus wir endlos weit sehen konnten. Anschließend gingen wir zu dem Versteck hinter der Tankstelle, und Elena zündete sich eine Zigarette an und ließ Lizzy und mich ein paarmal daran ziehen. Danach gingen wir über die Straße und die Treppen zum Vorführraum hinauf, um uns von den Augen Gottes zu verabschieden.

«Wir fahren morgen nach New York», sagte Elena. «Lana hat uns eingeladen.»

«Aber ihr kommt doch wieder, oder?» Als wir sagten, vielleicht nicht, machte er fast so ein trauriges Gesicht wie Leo. Er reichte uns die Hand mit dem krummen Finger, und nachdem Elena und ich sie geschüttelt hatten, schlang Lizzy ihm die Arme um den Hals. «Ich bleib noch ein bißchen hier», flüsterte sie. Art schloß die Augen, und ich wußte, er würde sie mehr vermissen, als er sagen konnte.

Elena und ich ließen die beiden allein und gingen hinaus auf die Straße. Es hatte wieder zu regnen begonnen. Elena meinte, sie müsse sich noch von Louis verabschieden. Ich vermutete, daß ihre Umarmung diesmal noch leidenschaftlicher ausfallen würde als normalerweise. Da ich nichts mit mir anzufangen wußte, zog ich Lanas grünen Regenmantel über und ging zu Miss Thomas, um ihr auf Wiedersehen zu sagen. Ich half ihr die Vögel füttern, und als ich ihr erzählte, Lana habe endlich gesagt, wir sollten kommen, meinte sie nur: «Halleluja.» Auf meine Bitte mischte sie mir eine Extraportion ihres Lebensrettungstranks, die sie in eine große braune Papiertüte packte. «Aber nimm nur davon, wenn's gar nicht anders geht», sagte sie ernst. «Ich hab ihn diesmal sehr stark gemacht.» Dann setzten wir uns vor die echte Durga und sprachen die Hindi-Worte, während der Regen über die Fenster rann und von der Dachkante tropfte.

Als ich am nächsten Morgen aufwachte, lag Durga zwischen mir und Elena. Vier ihrer Arme steckten unter Elenas Hand. Ich zog sie vorsichtig heraus und stopfte sie unter mein Bett, für den Fall, daß Elena aufwachte. Während ich so im blassen Morgenlicht lag und auf den blauen Himmel mit den Wolken hinausschaute, wurde mir klar, daß sich unser Leben wieder einmal veränderte. Heute fahren wir, sagte ich mir. Vielleicht schlafe ich nie wieder in diesem Bett; vielleicht blicke ich nie wieder in diesen quecksilbrigen Himmel. Diese grünen Hügel, die ich inzwischen so liebe, sind dann nur noch Erinnerung, und mein Vater, der Mann, der mich erzogen hat, wird vielleicht nie mehr mit uns zusammenwohnen.

Kurz darauf wachte Elena auf. Sie mußte das gleiche gedacht haben wie ich, denn als wir uns gemeinsam wuschen, sagte sie kein Wort. Auch beim Frühstück mit Leo waren wir schweigsam.

Gegen Mittag fuhr Leo uns mit den Koffern zum Drugstore. Der Bus war noch nicht da, aber Lizzy, Garta und Jimmy waren schon dabei, Lizzys Fahrkarte zu kaufen. Während Leo in den Drugstore ging, um unsere Karten zu holen, standen Elena und ich auf dem heißen Gehweg, und ich verabschiedete mich im stillen von Shortys Tankstelle, vom Kino und vom Blue Bird Restaurant auf der anderen Straßenseite.

Gleich darauf fuhr der Bus vor, und nachdem der Fahrer unsere Koffer ins Gepäckfach bugsiert hatte, legte Leo uns sanft die Hände auf die Schultern.

«Also», sagte er, «ich glaube, wir müssen uns jetzt verabschieden.» In seiner Kehle saß ein Kloß, den er verzweifelt hinunterzuschlucken versuchte. «Sagt Lana viele Grüße, und ruft mich heute abend an, wenn ihr angekommen seid. Okay?»

Elena nickte, und Leo nahm sie in die Arme. «Wir sehen uns wieder, Leo», hörte ich sie flüstern.

«Das hoffe ich auch», flüsterte er zurück.

Als er mich umarmte, wünschte ich mir, er würde nie wieder loslassen. Ich umschlang seinen Hals. «Leo», sagte ich.

«Nimm's nicht zu schwer, Maddie», flüsterte er mir ins Ohr. «Mach dir nicht zu viele Gedanken. Du bist erst elf. Und paß gut auf Lizzy auf.»

Ich nickte und schaute zu, wie er Lizzy umarmte. «Paß gut auf Maddie auf», flüsterte er ihr zu.

Garta umarmte uns ebenfalls – wenn man das so nennen konnte. Sie öffnete und schloß ganz schnell die Arme, wie bei einer Pflichtübung. Das wirkte so mechanisch und so offensichtlich alles andere als herzlich, daß wir später alle darüber kicherten.

Wir kletterten in den Bus, drängten uns in eine leere Sitzbank, preßten die Gesichter gegen die Scheibe und winkten Leo, Garta und Jimmy zu. «GRÜSST MIR DEN BROADWAY!» schrie Garta.

«Darauf haben sie da nur gewartet», flüsterte Elena. Als der Bus endlich losfuhr, sahen wir sie immer kleiner werden. Sie wirkten wie eine Familie, mußte ich denken, und als mir klarwurde, daß wir Leo mit Garta allein gelassen hatten, wurde mir leicht übel.

«Das wär doch komisch, wenn meine Mutter Don verlassen und Leo heiraten würde», sagte Lizzy. Sie drückte immer noch das Gesicht ans Fenster.

«Das passiert bestimmt nicht», sagte Elena und warf Lizzy einen entsetzten Blick zu. Wir stellten uns das Szenario einen Moment lang vor, dann prusteten wir alle drei los.

«KOMM SOFORT HER, LEO», ahmte Lizzy Garta nach. «UND SPIEL MIR WAS SCHÖNES AUF DEM SCHEISS-KLAVIER VOR!»

Wir konnten uns kaum halten vor Lachen, und alle Leute im Bus drehten sich nach uns um.

Sobald wir aus der Stadt heraus waren, gingen wir nach hinten, wo eine ältere Frau mit schwarzgefärbten Haaren eine Chesterfield nach der anderen paffte. Wir nisteten uns dort ein, und Elena zündete sich eine Winston an, die wir gemeinsam bis zum Filter rauchten. Während die Hügel draußen vorbeiglitten, überlegten wir, was uns wohl in New York erwartete. Wir würden doch hoffentlich Mimi kennenlernen. Es sah nämlich so aus, als könnten wir nur über sie herausfinden, was mit Lana passiert war. Wir zählten darauf, daß sie ihr großes Mundwerk aufmachen und uns alles erzählen würde.

Hinter Binghamton schlief ich an Elenas Schulter ein, und als ich wieder aufwachte, war es schon fast dunkel. Ich lag allein auf dem Rücksitz, Elenas Pullover zusammengeknautscht unter meinem Kopf. Mein Herz begann sofort wie wild zu schlagen. Ich schreckte hoch und sah Elena und Lizzy in der Reihe vor mir sitzen und noch eine Zigarette rauchen.

«Wo sind wir?» fragte ich augenreibend.

«Etwa fünfzehn Kilometer vor New York», antwortete Elena.

Das brachte mich völlig aus dem Konzept. Ich hatte gar keine Zeit gehabt, mich darauf vorzubereiten. Ich drückte meine Wange gegen die kalte Fensterscheibe und starrte auf den hellen Schimmer am Himmel vor uns. Ich war gerade noch rechtzeitig wieder wach geworden. Ich hätte ja auch erst im Busbahnhof aufwachen können. Dann hätte ich die Einfahrt in die City und die Überquerung der George-Washington-Brücke verpaßt. Aber trotzdem war ich sauer.

Ich schaute aus dem Fenster, während wir an den Bäumen vorbeisausten, den Blick immer auf den hellen Lichtschimmer gerichtet, der Manhattan umgab wie ein Heiligenschein. Ich konnte noch nichts sehen, aber ich spürte die Stadt da draußen, als hätte sie ein schlagendes Herz. Elena und Lizzy sahen jetzt auch aus dem Fenster und warteten darauf, daß die Spitzen der Wolkenkratzer auftauchten. Nachdem ich noch ein paar Minuten die vorbeifliegenden Bäume beobachtet hatte, erschien plötzlich Manhattan in unserem Blickfeld. Wir konnten einen Teil der George-Washington-Brücke sehen, die sich über den Fluß spannte. Der Bus bog um ein paar Kurven, und dann überquerten wir die Brücke auf der oberen Etage. Die Beklommenheit von vorhin wich andächtigem Staunen. Etwas so Lebendiges wie Manhattan hatte ich noch nie gesehen. Es thronte in der Ferne wie ein Riese mit

Millionen hellfunkelnder Augen. Eine ungeheure Energie ging davon aus, und sie packte uns und zog uns hinein.

Atemlos preßten wir die Gesichter gegen die Scheibe. Jedes Gebäude, an dem wir vorbeifuhren, jedes Licht, jeder Mensch, den wir sahen, versetzte uns in Begeisterung. Es war ein Gefühl, als hätte diese Stadt tausend Münder und eine Million Herzen, die alle gleichzeitig redeten und atmeten und pulsierten. Hier lebt Lana, dachte ich, und mitten in dieser wunderbaren, brodelnden Stadt würden wir sie wiedersehen.

Der Bus bog ab, fuhr in einem ziemlichen Tempo die Ninth Avenue hinunter und dann nach links in die Zweiundvierzigste Straße, wo der Verkehr so dicht war, wie ich das noch nie gesehen hatte. Überall flitzten gelbe Taxis; ein ungeduldiges Hupkonzert erfüllte die Luft, die Leute hasteten durch die sommerlichen Straßen, als seien sie ausnahmslos zu spät dran. Schließlich fuhr der Bus in die unterirdische Busstation ein.

«Wehe, wenn sie nicht da ist!» sagte Elena. Wir sahen uns an und fröstelten.

«Sie ist bestimmt da», sagte ich.

Wir standen auf, strichen unsere zerknitterten Hosen glatt und stopften unsere weißen Blusen hinein. Elena fuhr sich schnell mit den Fingern durch die Haare, während Lizzy ihren Pferdeschwanz festzurrte. Ich zog meinen roten Pullover aus und band ihn mir um die Taille. Es war sehr heiß, und ich spürte, wie mir ein paar Schweißtropfen den Rücken hinunterkullerten.

Kaum aus dem Bus ausgestiegen, waren wir von unzähligen Menschen umgeben, die wie Ameisen durch die Ein- und Ausgänge wuselten. Wir holten schnell unsere Koffer und schlossen uns dann dem Strom an, der zu Ausgang 6 drängte. Es dauerte nicht lange, bis wir Lana entdeckten. Sie stand mit Harry ziemlich weit vorn in dem Menschenknäuel, das sich hinter der Sperre gebildet hatte. Aber ohne Harry hätte ich sie wahrscheinlich gar nicht gleich erkannt. Sie hatte sich die Haare abschneiden lassen –

sie waren jetzt etwa kinnlang, mit Seitenscheitel. Nicht genau wie in den Filmen, aber doch so ähnlich, daß ich erschrak. Sie trug dunkelblaue Hosen mit Nadelstreifen und eine weiße Bluse mit aufgerollten Ärmeln. Bisher hatten wir sie nur in den Filmen Hosen tragen sehen.

Kurz vor ihr blieben wir stehen. Die Leute schoben und drängelten, wir schauten Lana an, sie starrte uns an. Es dauerte nur ein paar Sekunden, aber wir zögerten alle. Wir wußten nicht mehr, wer sie war. Sie sah ganz anders aus, als wir sie kannten, und wir spürten, daß sie sich verändert hatte. Auch sie schien sich nicht ganz sicher, was sie von uns halten sollte – als wären wir in der Zwischenzeit zu Phantasiegespinsten geworden, die nun plötzlich vor ihren Augen Gestalt angenommen hatten. Sie sah gut aus. Ihre Wangen waren gerötet, und ihre Augen leuchteten, als ob hinter ihnen zwei warme Kerzen brennen würden.

«Na, wie geht's euch dreien?» fragte sie schließlich. Sie kam nicht auf uns zu und breitete auch nicht die Arme aus. Sie stand einfach da, und Harry klammerte sich an ihr rechtes Bein.

«Gut», antwortete Elena, aber ihre Stimme klang piepsig, und sie schlug sich mit dem Koffer gegen die Knie. «Du hast dir die Haare abgeschnitten.» Ich merkte an ihrem Tonfall, daß es sie störte.

«Ja», sagte Lana und faßte sich mit der Hand an den Kopf. «Ich hatte genug von den langen Zotteln. Gefällt es euch?»

Wir nickten, obwohl wir uns nicht sicher waren. Die Frisur sah schick aus, aber was hatte sie zu bedeuten?

«Kommt her», sagte sie schließlich und breitete endlich die Arme aus.

Elena stellte ihren Koffer ab und rannte als erste auf sie zu, Lizzy und ich hinterher. Wir warfen uns ihr in die Arme. Sie duftete so wunderbar nach Gardenien, als hätte sie eine Blume in der Herzgegend befestigt, und ihre Umarmung fühlte sich kräftig und beschützend an.

«Maddie, Elena und Lizzy», flüsterte sie, als würde sie uns gerade erst taufen. Sie küßte uns auf die Köpfe und atmete unseren Geruch ein. «Ihr habt mir so gefehlt.»

Wir nahmen die Rolltreppe zur Hauptebene, wo es so voll war, daß man kaum vorwärts kam. Lana bahnte uns den Weg zur Straße, und wir stiegen in ein gelbes Taxi – das erste Taxi, mit dem Elena, Lizzy und ich je gefahren waren.

Lana sagte: «Ecke Bleecker und Elfte Straße», und der Wagen fuhr los, die Ninth Avenue hinunter. Die Gerüche der sommerlichen Straßen drangen durch die offenen Fenster, die Lichter und Geräusche überfluteten uns. Während ich mit Augen, Nase und Ohren alles gierig aufsog, geriet ich in einen richtigen Rausch. Es war ähnlich wie in Miss Thomas' Zirkuszimmer mit all den beweglichen Objekten, die tanzten und sangen und herumschwirrten, in diesem Raum der nimmer endenden Klänge und Bewegungen – nur noch besser, noch großartiger. «Ist das nicht toll?» wollte ich sagen. *«Ist das nicht ganz, ganz toll?»*

«Hier bist du aufgewachsen?» fragte Lizzy, und Lana nickte. Wir konnten uns das einfach nicht vorstellen. Kein Wunder, daß sie unsere stillen, menschenleeren Straßen haßte. Kein Wunder, daß die Hügel ihr nichts bedeuteten. Sie war in diese Umgebung hineingeboren worden. Vermutlich hatte Mimi recht – sie gehörte hierher.

Lana wohnte in der Elften Straße, im fünften Stock eines roten Backsteinhauses. Wir kletterten die Treppen hoch, mühsam unsere Koffer schleppend. Harry lief vorneweg. Im dritten Stock begegneten wir zwei alten Schwestern, die im vierten Stock wohnten. Die eine beugte sich zu Harry hinunter und küßte ihn auf die Wange, die andere faßte Lana am Arm. «Das sind meine drei Töchter», stellte Lana uns vor. «Lizzy, Elena und Maddie.» Wir grüßten höflich, und dann sah ich Lizzy an. Ihre großen schwarzen Augen weiteten sich, wie früher – bevor Garta sie so häufig verprügelt hatte.

Als wir endlich oben angekommen waren, steckte Harry stolz den Schlüssel in die Tür und schloß auf. Dann griff er mit seiner kleinen Hand hinein, um das Licht anzuknipsen, und hielt uns allen die Tür auf, bis wir in der Wohnung waren. Wir brauchten nicht lang, um sie zu besichtigen – es gab nur ein großes Zimmer, ein kleines Bad und eine Küche hinter einer offenen Falttür. Vier große Fenster gingen auf die Straße hinaus, und die Rollos aus weißem Reispapier, die Lana angebracht hatte, waren halb hochgezogen und wehten im Luftzug. Die Wände waren weiß und kahl, bis auf ein paar Fotos. Sie waren mit Reißnägeln an der Wand befestigt, über den Kissen, die auf Lanas und Harrys Matratze lagen.

Neben der Matratze, auf der sie und Harry schliefen, lagen noch zwei weitere auf dem Holzfußboden – eine doppelte für Lizzy und mich, und eine schmale für Elena, alle mit weißen Laken und Decken. Im Fenster stand ein Gardenientopf. Der intensive Geruch erfüllte das ganze Zimmer. Neben dem großen Wandschrank befand sich ein blauer Holzstuhl mit einer halbkaputten Lehne. Ihre Notizbücher hatte Lana bestimmt in den Wandschrank gepackt, dachte ich, denn im Zimmer selbst waren sie nirgends zu sehen. Außer den Matratzen und dem Stuhl gab es hier nichts.

Elena, Lizzy und ich legten uns auf unsere Matratzen und blickten uns um. Die weißen Reispapierrollos bewegten sich träge in der heißen Sommerluft. Umgeben von den weißen Wänden, dem weißen Bettzeug und dem Duft der Gardenien, hatte ich das Gefühl, im warmen Blütenkelch einer großen Blume zu liegen. Ich war mir nicht sicher, aber es fühlte sich an, als könnte es mir hier gefallen.

Als Lana mit Harry ins Bad ging, huschte ich durchs Zimmer und machte die Schranktür auf. Ich wollte wissen, wo sie die Notizbücher verstaut hatte. Als erstes inspizierte ich das obere Brett. Dort hatte Lana ihre Unterwäsche, ihre Strümpfe und Harrys Klamotten untergebracht. Ihre Kleider hingen an der Stange, eng zusammengepreßt, und sie hatte noch ein paar Nachthemden darüber gelegt. Ich kniete mich hin, um den hinteren Teil des Schranks zu untersuchen, aber noch ehe meine Knie den Boden berührten, spürte ich Elena und Lizzy hinter mir.

«Was machst du da?» flüsterte Elena.

«Ich suche die Notizbücher.» Nachdem ich es gesagt hatte, fiel mir ein, daß Lizzy ja gar nicht wußte, daß es mehrere gab, aber das spielte jetzt eigentlich keine Rolle mehr.

«Mach Platz», sagte Elena. Ich rückte ein Stück, und die beiden kauerten sich neben mich. Wir senkten alle die Köpfe und spähten an Lanas Schuhen vorbei in den hinteren Teil des Schranks. Ich sah als erste die silbernen Filmdosen – sie waren ganz in die Ecke gequetscht, noch hinter Lanas Koffer.

«Filme», flüsterte ich. Eine Welle der Angst überschwemmte mich bei dem Gedanken, Lana könnte wieder solche Reden halten.

«Wie viele?» fragte Elena.

Ich kroch nach hinten und schob den Koffer beiseite, um die Dosen zählen zu können. «Sechs Stück.»

«O Gott», wisperte Elena. «Sie tut's wieder.»

Wir bekamen alle Angst.

Da hörten wir die Badezimmertür gehen. Blitzschnell machten wir den Schrank wieder zu und verteilten uns im Zimmer. Wir waren aber längst nicht fix genug, denn als Lana aus der Tür kam, sah sie uns noch auseinanderstieben.

«Was ist denn hier los?» Wir starrten sie nur an und sagten nichts. Lana pflanzte sich vor Elena auf. «Was habt ihr angestellt, Elena?»

«Gar nichts», antwortete Elena. Sie rollte die Augen und seufzte.

Lana schaute sich im Zimmer um, ob irgend etwas am falschen Platz war, dann wanderte ihr Blick zu Lizzy und schließlich zu mir. «Was geht hier vor, Maddie?»

Ich sah Elena an. Sie starrte auf ihre Sandalen und schnippte an der Silberschnalle herum.

«Maddie», sagte Lana. «Erklär mir, was hier los ist.» Ihr Blick durchbohrte mich.

Ich schaute zur Schranktür und bemerkte Lanas weißen Büstenhalter am Türgriff. «Elena hat deinen BH anprobiert», sagte ich. Elena sah auf, und Lanas Blick wanderte von mir zu Elena und dann zu dem BH am Türknauf.

«Stimmt das?» fragte sie Elena.

Elena nickte brav, doch dann machte sie den Fehler, mich anzusehen – wir prusteten los, und Lizzy fing auch an zu kichern.

«Ich weiß, ihr führt irgendwas im Schilde», sagte sie. «Merkt euch eins – ich bin nicht dumm.» Sie war nicht richtig böse, nur ein bißchen verärgert, ließ sich aber nicht die Laune verderben. Sie stopfte Harry das Hemd in die Hose, und wir versuchten, mit dem Gekicher aufzuhören, wurden aber von immer neuen Anfällen geschüttelt. Irgendwie befreite das unsere Seelen von der durch die Filmdosen ausgelösten Angst.

«Wir sind heute abend mit Mimi verabredet», sagte Lana, nachdem sie Harry die Haare gekämmt hatte. «Sie lädt uns in ein Restaurant ein.»

Bei dem Wort *Mimi* durchfuhr mich ein elektrischer Schock. Elena, Lizzy und ich sahen uns an, aufgeregt und stumm. Endlich würden wir Mimi kennenlernen, und obwohl wir es nicht aussprachen, hegten wir doch alle dieselbe Hoffnung – daß Mimi irgendwie den Mund aufmachen und uns alles erzählen würde.

Ehe wir Mimi trafen, riefen wir von der Telefonzelle aus Leo an. Elena, Lizzy, Harry und ich quetschten uns alle in die Zelle, verschwitzt und mit klebrigen Armen und Beinen, während Lana draußen an der Glaswand lehnte und auf uns wartete. Als erste redete Elena mit Leo, dann war ich dran. Ich schilderte ihm meine Eindrücke von New York City in einem einzigen, endlosen Satz. Er sagte, er freue sich, daß es mir so gut gefalle. Er habe gedacht, ich würde es von allen am wenigsten gut finden, aber ich glaube, so ganz glücklich machte ihn meine Begeisterung nicht. Er hatte darauf gezählt, daß ich mir nichts aus New York machen und mich für seine grünen Hügel einsetzen würde. Dann sagte er, ich solle Lizzy den Hörer geben, denn Garta und Jimmy seien bei ihm: Sie schauten sich gerade einen John-Wayne-Film an und wollten unbedingt mit Lizzy reden.

Elena und ich mußten uns nicht anstrengen, um zu hören, was Garta sagte. Wir hätten wahrscheinlich draußen auf dem Gehweg stehen können und trotzdem noch jedes Wort verstanden.

«ALLES IN ORDNUNG?» brüllte Garta.

«Ja», antwortete Lizzy.

«HAST DU SCHON DEIN GANZES GELD AUSGEGEBEN?»

«Nein.»

«SEI LIEBER SPARSAM – ICH SCHICK DIR NÄMLICH KEINS MEHR!»

Lizzy kniff die Augen zusammen, und einen Moment lang schwiegen beide. «Mom», flüsterte sie dann zögernd, «wenn Lana hierbleibt und Maddie und Elena auch, dann will ich auch bleiben.» Ich konnte an ihrem Gesicht ablesen, daß sie ihren ganzen Mut zusammennehmen mußte, um das zu sagen.

«WER SAGT DENN, DASS LANA DICH WILL?» schrie Garta.

Lizzy leckte sich nervös die Lippen, und ehe sie weiterredete, umschloß sie die Sprechmuschel mit der Hand und drückte sich an die Scheibe. «Sie hat gesagt, ich sei ihre Tochter», flüsterte sie.

«MEINETWEGEN – ABER DU BIST NICHT IHRE TOCHTER, ALSO SCHLAG DIR DAS AUS DEINEM BLÖDEN SPATZENHIRN.»

Lizzy holte tief Luft und sagte den schwierigsten Satz ihres

Lebens: «Ich möchte trotzdem bei Lana bleiben.» Danach schloß sie fest die Augen, und ihr Atem wurde so hektisch, daß ich richtig spürte, wie heftig ihr Herz pochte.

Garta atmete laut durch. «LEO WILL MIT LANA REDEN, HOL SIE AN DEN APPARAT, DU BLÖDES MISTSTÜCK!»

Lizzy und ich blieben vor der Telefonzelle stehen, weil wir hören wollten, was Lana sagte, aber wegen des Verkehrslärms konnten wir kein Wort verstehen. Nach ein paar Minuten zogen wir uns in den Eingang eines geschlossenen Geschäfts zurück, lehnten uns gegen die Fensterschutzgitter und warteten auf Lana. Die Unruhe stieg in uns hoch wie Rauch. Lizzys Blick wanderte die diesige Straße hinunter, bis zu den fernen Wassern des Hudson, wo stumm ein paar Schiffe vorbeizogen. Ihre Lippen bewegten sich tonlos, und als sie den Kopf zurücklegte und in den nebligen Himmel schaute, wußte ich, daß sie gerade ein Gebet gesprochen hatte. Sie führte ihre Lippen ganz nahe an mein Ohr, und ich spürte ihren warmen Atem. «Hast du auch solchen Bammel?» fragte sie. Ich nickte und sah die Angst in ihren Augen. Ganz verschwommen begriff ich, daß diese Reise für Lizzy eine noch tiefere und entscheidendere Bedeutung hatte als für mich. Für mich war das Wichtigste, daß ich in Lanas Arme laufen konnte. Das galt auch für Lizzy, aber bei ihr war es außerdem eine verzweifelte Flucht vor Garta. Deshalb machte Lanas unsicheres Leben ihr noch mehr angst als mir, und mich ängstigte es schon zur Genüge.

«Du läßt mich nicht im Stich, Maddie, versprochen?» flüsterte sie mir ins Ohr. Ihre Stimme war so leise, doch sie kam direkt aus ihrem Herzen, wie ein schwacher, süßer Windhauch.

«Nein, Lizzy», sagte ich.

Wir trafen Mimi an einem kleinen Blumenladen, nur ein paar Querstraßen von der Telefonzelle entfernt. Ein gelbes Taxi hielt an der Ecke, das hintere Fenster wurde heruntergekurbelt. «Lana», rief Mimi und streckte den Kopf heraus, «komm, wir nehmen gleich dieses Taxi.» Sie hatte einen mir unbekannten Akzent. «Herein mit euch, Kinder», rief sie uns zu. Sie trug ein apricotfarbenes, bis zum Hals zugeknöpftes Kostüm, und ihr Haar war genauso, wie Lana es in ihrem Notizbuch beschrieben hatte – schwarz gefärbt und so festgesprayt, daß selbst ein Tornado es nicht aus der Form gebracht hätte. Ihr Gesicht war alt und so faltig, daß sie aussah wie hundert. Sie versuchte, das mit einer hellbraunen Creme und einer beigefarbenen Puderschicht zu übertünchen, aber es war trotzdem nicht zu übersehen. Die Augenlider hatte sie mit zwei verschiedenen blauen Lidschatten bemalt, bis an die nachgezogenen Brauen, und sie trug einen Lippenstift, der wie rosarote Kaugummikugeln aussah.

Lana schob uns zu dem Taxi und öffnete die Tür. «Benehmt euch», flüsterte sie noch und preßte uns den Daumen in den Rükken. Mimi machte Platz, und Lizzy, Elena und ich krabbelten in den Wagen, wobei Lizzy neben Mimi landete. Lana setzte sich mit Harry auf den Beifahrersitz, und sobald sie die Tür zugeknallt hatte, befahl Mimi sehr laut: «Sechzigste Straße Ecke Park Avenue», und das Taxi schoß los. Es herrschte ziemlich viel Verkehr, und die Luft stank nach Abgasen. Der Himmel war fast schwarz, als hätte sich der Mief nach oben verzogen und ihn verdunkelt.

Mimi streckte die Hand über Lizzy hinweg und tätschelte Elenas Bein, wobei ihre beigen Nylonstrümpfe knisternd aneinanderrieben. «Du mußt Elena sein», sagte sie laut. Sie redete fast so laut wie Garta. «Sie sieht eher dir ähnlich als Leo», rief sie zu Lana nach vorn. «Gott sei Dank.» Sie umklammerte die Lehne des Vordersitzes und zog sich hoch. «Harry sieht aus wie Leo, aber wir mögen ihn trotzdem.»

«Mimi», sagte Lana betont kühl. Es klang wie eine Warnung.

Mimi lehnte sich wieder in ihrem Sitz zurück und wandte sich mir zu. «Du mußt Maddie sein», sagte sie und tätschelte nun mein Knie. «Die sieht dir am ähnlichsten von allen», schrie sie in

Lanas Richtung. Sie verhielt sich, als könnten wir entweder nicht hören oder nicht sprechen, als wären wir nur Fotos oder so etwas.

Lana wandte den Kopf und blickte zu Lizzy. «Mimi, das ist Lizzy», sagte sie.

Jetzt endlich schenkte Mimi auch Lizzy Beachtung. «Hallo, Miss Lizzy», sagte sie. Sie lächelte, wodurch ein blendend weißes Gebiß sichtbar wurde. «Du bist bestimmt Maddies kleine Freundin.» Lizzy wich zurück und drückte sich enger an Elena.

«Wie gefällt euch denn Lanas neue Frisur?» fuhr Mimi ohne Pause fort. Elena und ich wollten beide etwas sagen, doch sie ließ uns gar nicht zu Wort kommen. «Ich finde es jammerschade, diese wunderschönen langen Locken, und sie schneidet sie einfach ab. Demnächst wird sie sowieso grau werden, und dann tut's ihr leid.»

Daraufhin verfielen alle in unbehagliches Schweigen. Mimi blickte aus dem offenen Fenster auf die verstopfte Straße und legte den Finger ans Kinn. Ich bemerkte ihren riesigen Diamantring. Er war so groß wie ein M & M und funkelte wie ein Stern. Sie hat ihr Geld mit Negerhuren verdient, dachte ich, mit Mädchen wie Lizzy.

Elena kniff mich ins Bein, und als ich sie anschaute, verdrehte sie die Augen erst zu Mimi hin, dann zur Decke, und klapperte mit den Lidern. Lizzy beugte sich über Elena hinweg zu mir und flüsterte: «Elena hat deinen BH anprobiert», und wir fingen alle wieder an zu kichern.

Mimi wandte den Kopf und sah uns an. «Worüber lachen sie denn?» fragte sie Lana.

«Weiß ich nicht», antwortete Lana. «Sie haben ihre Geheimnisse.» Sie blickte Mimi über die Schulter an und rollte nun ihrerseits mit den Augen.

Mimi meinte nur: «Von wem sie das wohl haben!» Und wir konnten uns kaum noch halten vor Lachen.

Irgendwie gewannen wir damit Mimis Herz, denn von nun

an redete sie direkt mit uns, nicht mehr über Lana. Wir litten alle unter derselben Sache – Lanas Heimlichtuerei.

Wir fuhren bis zur Park Avenue und gingen dann in ein vornehmes Restaurant namens *Chez Antoinette*. Alle Tische waren mit weißem Linnen gedeckt, und auf jedem stand eine kleine Vase mit roten Rosen. Der Fußboden war mit schwarzem Marmor gefliest, und rosarote Steinsäulen erhoben sich aus ihm wie schlanke Bäume. Die Gerichte auf der Speisekarte kannten wir alle nicht, also bestellte Lana für uns.

Ein dünner, dunkelhaariger Kellner brachte jedem eine Schale mit einer fürchterlichen kalten Suppe, und während wir aßen, begann Mimi, an Lanas Kleid herumzukritteln. «So ein billiges Fähnchen», sagte sie leise. «Wo hast du das denn her? Vom Wühltisch bei Macy's?»

«Sehr witzig, Mimi», sagte Lana. Sie schloß die Augen und fuhr sich mit der Serviette über die feuchte Stirn.

«Ich nehme euch einfach alle mit zu Bloomingdale's und kaufe euch ein paar Kleider. Die Mädchen sehen auch aus, als könnten sie was Neues zum Anziehen gebrauchen», meinte sie. «Elena», fügte sie flüsternd hinzu, «stütz dich nicht mit den Ellbogen auf. Nicht hier.»

Elena nahm die Ellbogen sofort herunter, und während ich meine ebenfalls unauffällig vom Tisch gleiten ließ, dachte ich wieder daran, daß diese Frau früher ein Bordell geführt hatte und daß sie schrieb wie eine Zweitkläßlerin.

«Wir brauchen keine neuen Sachen», erklärte Lana. «Und außerdem – du hast doch gar kein Geld, Mimi.»

«Ich bekomme eine Pension», entgegnete Mimi ärgerlich.

«Bei deinem Gewerbe gibt's keine Pension», beharrte Lana.

«Was für einen Beruf hattest du denn, Mimi?» fragte Elena. Lizzy und ich versetzten ihr unter dem Tisch einen Tritt.

Lana errötete leicht, als Mimi antwortete: «Kosmetik. Haare und Make-up.»

Die Stimmung verschlechterte sich zusehends. Als Lana aufs Klo ging, versuchte Elena, wenigstens noch ein bißchen etwas herauszuschlagen. Sie beugte sich über den Tisch und fragte Mimi: «Was ist mit Lana passiert?»

Mimi blickte über die Schulter, um sich zu vergewissern, daß Lana noch nicht zurückkam. Als sie sich uns wieder zuwandte und mit glänzenden Augen zu erzählen anhob, sah ich Lana aus der Toilette treten.

«Lana kommt», flüsterte ich.

Mimi nahm die Hände vom Tisch und lehnte sich auf ihrem Stuhl zurück. Wir schwiegen alle. Lana merkte gleich, daß irgend etwas vorgefallen war. Wir waren zu still, und sosehr wir uns auch bemühten – wir machten allesamt ganz schuldbewußte Gesichter, besonders Mimi.

«Was geht hier vor?» fragte Lana. Da niemand antwortete, wandte sie sich an Elena. «Was hast du angestellt, Elena?» wollte sie wissen.

«Nichts», sagte Elena.

Lanas Blick glitt über mich und Lizzy hinweg und blieb an Mimi hängen. «Was ist los, Mimi?» fragte sie.

Mimi erwiderte ihren Blick unbewegt. «Setz dich, Lana», sagte sie. «Mach kein Theater. Es ist überhaupt nichts los. Wir haben nur über Leo gesprochen. Die Mädchen wollten wissen, wie es weitergehen soll. Sie sind schließlich nicht dumm. Sie sehen doch genau, daß deine Wohnung nicht groß genug ist für euch alle und daß sie auf Dauer nicht dableiben können.»

Lana glaubte ihr und ließ sich auf ihren Stuhl fallen. Das Thema Leo deprimierte sie. «Ich weiß», sagte sie matt. «Die Wohnung ist zu klein, aber ich hab keine Ahnung, was wir tun sollen. Ich muß es mit Leo besprechen, aber –» Panik breitete sich über ihre Gesicht. Sie schwieg einen Moment, dann fuhr sie sich mit den Fingern nervös über die Stirn und musterte Mimi mit zusammengekniffenen Augen. «Ich möchte jetzt nicht darüber reden, Mimi.»

Ihre Stimme klang hart und angespannt. «Die Mädchen sind noch keine sechs Stunden hier. Können wir nicht wenigstens den ersten Abend genießen, ohne gleich all das ansprechen zu müssen?»

Mimi nickte und tätschelte Lanas Hand, und die Spannung hob sich vom Tisch wie Morgennebel.

Als wir das Restaurant verließen, war der Himmel voller jagender schwarzer Wolken, aber Mimi bestand darauf, daß wir zum Central Park fuhren. Wir nahmen wieder ein Taxi, und während Mimi und Lana langsam die breiten Gehwege entlangschlenderten und sich leise unterhielten, rannten Elena, Lizzy, Harry und ich vor ihnen her. Wir wußten nicht, worüber sie redeten, aber nach Lanas gequältem Gesichtsausdruck zu urteilen, hatte Mimi das Gespräch wieder auf Leo gebracht.

Es ging mir langsam unter die Haut, die ganze Sache mit Lana und Leo und was aus uns werden sollte, und als ich von Lanas düsterem Gesicht zu den rußschwarzen Wolken hinaufschaute, spürte ich, wie mein dünner Schutzpanzer dahinschmolz. Als hätte jemand einen Schalter betätigt, wachten plötzlich meine Nerven auf – es war ein so unerwarteter Schock, daß ich mich auf die Knie fallen ließ. In ihrer Panik rasten die Nerven ins Herz und in die Lungen, und ich bekam kaum noch Luft. Es war wie in der Nacht, als Lizzy und ich die Tür zu Minnie Harps Haus aufgedrückt hatten und uns diese undurchdringliche Dunkelheit entgegengeschlagen war – obwohl jetzt doch gar nichts wirklich Beängstigendes geschah. Ich kniete im weichen grünen Gras, und über mir ragten riesige alte Bäume in den Himmel.

«Was ist denn los, Maddie?» fragte mich Lana und half mir auf die Füße. «Was ist passiert?»

«Nichts», sagte ich, aber sie konnte mir an den Augen ablesen, daß ich log. Sie waren riesengroß und quollen hervor, das spürte ich, und ich konnte sie nicht ruhig halten. Ich riß mich los und rannte weg, und als ich Lizzy eingeholt hatte, trabte ich keuchend wie eine Asthmatikerin neben ihr her. Ich wollte, ich hätte Durga bei mir gehabt. Da fiel mir ein, daß sie unter meinem Bett lag. Was sollte ich nur anfangen? Der Lebensrettungstrank half nicht viel ohne Durga, und sonst hatte ich nichts.

«Was willst du tun, Maddie?» flüsterte Elena. Sie blickte über die Schulter, um sich zu vergewissern, daß Lana uns nicht hören konnte. «Möchtest du hierbleiben, oder gehst du zu Leo zurück?»

Ihre Frage brachte mich noch mehr aus dem Gleichgewicht. Ich sah die bevölkerten Parkbänke und Spazierwege, und meine Nerven stürmten wieder los, die reinste Invasion. Drüben auf der Straße brodelte der Verkehr und erfüllte die Luft mit tosendem Chaos, der Himmel wurde immer bedrohlicher, und ich spürte einen faustgroßen Knoten in meinem Herzen.

«Weiß ich nicht.»

«Ich glaube, ich will hierbleiben», wisperte Elena. «Wenn sie uns überhaupt läßt. Ich finde es hier besser. Wir gehören hierher, nicht in die Hügel.»

Ich sehnte mich nach den friedlichen grünen Hügeln. «Vielleicht versöhnen sie sich ja wieder», meinte ich. Das war die einzige Lösung, die ich mir im Moment vorstellen mochte.

«Glaub ich nicht», antwortete Elena.

Bald darauf verließen wir den Park. Mimi lud uns in ihre Wohnung ein, doch Lana lehnte ab, und wir fuhren mit dem Taxi zum Greenwich Village.

Oben in der Wohnung legten wir uns nebeneinander auf unsere Matratzen, Elena, Lizzy und ich. Wir blickten mit hinter den Köpfen verschränkten Händen zur Decke und horchten mit halbem Ohr auf Harrys niedliche Kinderstimme. Lana badete ihn, und er sang *«The itsy bitsy spider climbed up the waterspout.»* Nach einer Weile flüsterte Lizzy: «Elena hat deinen BH anprobiert», und sie und Elena prusteten wieder los, doch ich stand so unter der Terrorherrschaft meiner Nerven, daß ich nicht einmal lächeln konnte.

«Was ist denn mit dir los?» fragte Lizzy, weil ich normalerweise am lautesten lachte.

«Ja, was ist los?» meinte Elena. Sie zog ihre Sandale vom rechten Fuß und warf sie nach mir. Der Schuh landete auf meinem Bauch, aber ich konnte nur stumm darauf glotzen.

Ich hatte nur einen Wunsch: wegzulaufen, aber ich konnte ja nirgends hin. Ich sehnte mich nach der Dachkammer, nach dem Schutz des roten Polstersessels, wo ich das Fenster aufmachen und zu den stillen, ewiggleichen Hügeln schauen konnte. Ich sehnte mich nach Leos Klavierspiel, das vom Wohnzimmer zu mir heraufdrang, nach dem Geklapper von Lanas Schreibmaschine in der trägen Nachtluft. Ich wollte den sanften Lufthauch auf der Haut spüren und hören, wie die Blätter hoch in den Bäumen raschelnd applaudierten. Ich hätte so schrecklich gern gehört, wie die Kinder im Nachbargarten Fangen spielten und wie aus den Fenstern das Fernseh-Konservengelächter schepperte. Ich wollte den Nachbarshund bellen hören, wollte mitkriegen, wie jemand nach Einbruch der Dunkelheit ins Haus gerufen wurde.

Die Geräusche vor Lanas Fenstern waren nicht so eindeutig. Sie waren ein undefinierbares Gemisch, nur ab und zu vom verzweifelten Jaulen einer Krankenwagensirene durchbrochen.

«Lana», rief Elena. «Maddie ist wieder ganz komisch.»

«Stimmt nicht», protestierte ich. «Ich hab bloß Kopfschmerzen.» Das stimmte – zu allem hämmerte es auch noch furchtbar in meinem Kopf.

Als Lana schließlich die Lichter ausknipste und ins Bett ging, kamen meine Nerven heraus wie ein Rudel Wölfe. Lizzy und Elena schliefen gleich ein, und während ich darauf wartete, daß Lanas Atemzüge ruhig und regelmäßig wurden, horchte ich auf das leise Rascheln der Reispapierrollos, die sich sanft in der Brise bewegten. Mein Blick wanderte über die fremden Wände, blieb an den neuen Lichtmustern hängen und landete schließlich immer wieder bei der Schranktür, wo die silbernen Filmdosen inzwischen ein Eigenleben angenommen hatten. Als wären sie radioaktiv, spürte ich, wie sie im Schrank atmeten und Helligkeit verstrahlten.

Ich holte den Lebensrettungstrank hervor und schüttete mir drei Handvoll auf den Bauch. Ich hatte überhaupt keinen Appetit, und es fiel mir sehr schwer, das Zeug nach und nach zu kauen und hinunterzuschlucken. Die Nerven krabbelten in meinem Magen herum und legten überall kleine Feuer, deren Flammen so hoch schlugen, daß sie mir das Herz versengten.

Als ich den Lebensrettungstrank hinuntergewürgt hatte, pochte es noch mehr in meinem Kopf, und mir wurde so schlecht, daß ich Angst hatte, ich müßte gleich kotzen. Meine Nerven dachten gar nicht daran, sich zu beruhigen. Sie waren völlig außer Rand und Band.

Jäh erfüllte ein Blitzstrahl das Zimmer mit seinem geisterhaften Licht, dann zerriß ein Donnerschlag die Stille. Den ganzen Abend hatte sich dieses Unwetter angekündigt, aber als ich es jetzt draußen schütten hörte, überrollte mich eine neue Panikwelle. Der Eimer, fiel mir plötzlich ein. Ich hatte vergessen, Leo von dem Eimer in der Dachkammer zu erzählen. Vielleicht regnete es jetzt ja auch droben in den Hügeln, und wenn es genauso goß wie hier, gab es für die Küchendecke keine Hoffnung mehr. Sie würde durchkrachen, und Leo würde mich erschlagen.

Übelkeit stieg in mir hoch, und ich rannte quer durchs Zimmer, stieß die Badezimmertür auf und ließ mich vor dem Klo auf die Knie fallen, gerade noch rechtzeitig, bevor sich mein Magen explosionsartig entleerte. Der Regen trommelte aufs Dach, und ich übergab mich noch einmal und dann noch einmal, ehe ich auf den dunklen, kalten Fliesen zusammensackte. Tränen liefen mir aus den Augen, und jämmerliche Klagelaute drangen tief aus meinem Innern. Ich fühlte mich in Stücke gerissen, in meinem Kopf drehte sich alles. Dämpfe und Nebel waberten durch die Dunkelheit. Der Eimer lief über, und Lana hielt hinter unserem Rücken auf irgendwelchen Bühnen Reden, und wir wußten immer noch nicht, was mit ihr passiert war.

Ich preßte die Augen gegen die Kniescheiben und stopfte den

Saum meines Nachthemds in den Mund, aber es half alles nichts. Etwas, das stärker war als ich, hatte mir jede Kontrolle entrissen; ich war machtlos gegenüber meinem Schmerz. Meine Augen brannten von den Tränen, und mein Schluchzen wurde so laut, daß ich die Wasserhähne aufdrehte, um es zu übertönen. Ich richtete den Blick ganz fest auf die kalten Metallrohre unter dem Waschbecken und sprach schluchzend die Hindi-Worte. *«Namo arihantanum»*, sagte ich. *«Namo siddhanum. Namo ovajjyanum.»*

Ich habe keine Ahnung, wie lange Lana in der Tür stand und mich beobachtete – jedenfalls lange genug, daß sich der Schock bereits sehr deutlich auf ihrem Gesicht abzeichnete. «Maddie», stöhnte sie. Sie stellte die Wasserhähne ab und kniete sich dann neben mich. «Was sagst du da?» fragte sie. «Was sind das für... *Wörter*?» Das Gebet hatte ihr Angst eingejagt, so wie mir, als ich es das erste Mal von Miss Thomas gehört hatte.

Ich blickte in ihre glühenden Augen und sagte es ihr. «Meine Nerven», schluchzte ich. «Meine Nerven sind so schlimm.» Ich mußte es ihr einfach sagen.

«Welche Nerven, mein Schatz?» Ihre Hände streichelten mein Gesicht, und sie ließ mich nicht aus den Augen.

«Sie sind so schlimm, weil ich Durga zu Hause gelassen habe», weinte ich. Ich versuchte, mich zu beherrschen, aber es ging nicht. Die Tränen strömten aus mir heraus, als hätte ich den Stöpsel zu einem Faß ohne Boden entfernt.

Lana klappte den Klodeckel herunter, schob mir die Hände unter die Achseln und hievte mich hoch. Dann kniete sie sich vor mich und suchte mit den Augen mein Gesicht ab wie mit Scheinwerfern. Sie war völlig konsterniert. Sie hatte keine Ahnung, was los war, und ich glaube, ein paar Sekunden lang dachte sie, ich hätte den Verstand verloren.

«Wovon redest du, Maddie?» rief sie. «Wer ist Durga, und was bedeuten diese Wörter?»

«Miss Thomas hat mir Durga gegeben, für meine Nerven»,

wimmerte ich, «aber ich hab sie unter meinem Bett gelassen, und jetzt sind meine Nerven einfach überall.» Ich fühlte sie durch mich hindurchrasen wie wilde Pferde.

«Miss Thomas hat dir diese Wörter beigebracht?» wollte Lana wissen. Sie strich mir dabei hektisch mit den Daumen über die Wangen, um meine Tränen wegzuwischen.

«Das sind Hindi-Wörter», schluchzte ich, «aber sie helfen nichts ohne Durga und ihre Arme.»

«Ihre Arme?» fragte Lana. Sie kapierte überhaupt nichts mehr.

«Sie hat acht», jammerte ich. Da fiel mir die Dachkammer ein und die unmittelbar bevorstehende Katastrophe in der Küche. Wieder überflutete mich eine Angstwelle. «Der Eimer!» rief ich.

«Welcher Eimer?» fragte Lana und kam noch näher.

«Das Dach im Speicher hat ein großes Loch», heulte ich, «und Leo weiß nichts davon.» Ich umklammerte meinen Bauch und beugte mich vor. Als ich Lana anschaute, merkte ich, daß sie ganz durcheinander war. Sie kannte mich nicht mehr, und sie konnte ja nicht ahnen, was ich alles getan hatte. Ihre Geheimnisse fegten durch mich hindurch wie ein Wirbelwind – Mimi, das Bordell, Effy, die Filme –, und ich verlor völlig den Kopf.

«Warum hast du die Filme?» fragte ich weinend.

«Welche Filme?» fragte sie zurück. Ihre Daumen bearbeiteten immer noch meine Wangen.

«Die ganz hinten im Schrank», sagte ich und preßte die Arme gegen meinen kribbeligen Magen.

«Mimi hat sie für mich aufbewahrt, von früher», erklärte Lana. Eine Wolke überschattete ihr Gesicht.

«Du gehst nicht mehr auf diese Bühne?»

Auf ihrem Gesicht stand blankes Entsetzen. «Welche Bühne, Maddie?» Der harte und angespannte Klang ihrer Stimme erschreckte mich, und ihr eisiger Blick drang durch mein Elend und holte mich zurück. Das Schluchzen blieb mir in der Kehle stecken.

Ich verstummte. Unsere Blicke begegneten sich, und ich begann zu zittern. Hätte ich das doch nie gesagt! Es war mir einfach herausgerutscht, und nun konnte ich es nicht mehr zurückholen, nie wieder, und ich wußte, nichts würde mehr so sein wie vorher. Mein Magen bäumte sich erneut auf, ich beugte mich vor und kotzte in das kleine Waschbecken.

Lana erhob sich und riß die Badezimmertür auf. Elena und Lizzy standen fröstelnd im Dunkel davor. Ich krümmte mich und sah sie an, und mein Herz flatterte wie eine Motte.

«Was habt ihr getan, Elena?» schrie Lana.

«Nichts», sagte Elena trotzig. Sie wich zurück, und Lizzy ebenfalls, aber selbst in der Dunkelheit konnte ich sehen, daß Elena jämmerlich blaß wurde.

Lana folgte ihr mit wehendem Nachthemd durchs Zimmer. «Verdammt noch mal, Elena, ihr habt irgend etwas ausgefressen, und ich will wissen, was.»

Elena stolperte über die Matratze und setzte sich hin. Lizzy tat es ihr nach. Ich sah durch die offenen Fenster, wie es schüttete. Die Reispapierrollos wehten im Wind.

«Wie kommt es, daß Maddie von diesen Filmen weiß?» schrie Lana. Ein Blitz ließ ihr wütendes Gesicht gespenstisch bleich aufleuchten.

«Sie sind in deinem Schrank», brüllte Elena. Ihre Finger zerrten aneinander, und sie zippelte wild mit den Beinen.

«Warum weiß Maddie von der Bühne, Elena?» hakte Lana nach. Ihre Stimme klang heiser und rauh. Sie machte einen Schritt auf Elena zu. Ich befürchtete, sie würde sie ins Gesicht schlagen. Aber sie packte sie nur am Kinn und riß es nach oben. «Wie kommt es, daß sie davon weiß, Elena?»

Sie grub den Daumen in Elenas Kinn, und ich hörte Elenas dünne, bebende Stimme: «Wir haben deine Filme gesehen.» Sie riß vor Angst die Augen auf.

«Was sonst noch?» wollte Lana wissen.

Elena wandte den Blick von Lana ab und fixierte mich. Ich spürte meine Schuld, als würde sie mit Fangarmen nach meiner Kehle greifen und sie zudrücken. Es waren nicht nur Elenas Sünden – es waren auch meine. Ich richtete mich auf, stolperte durchs Zimmer und sank neben Elena auf die Matratze. Elena erstarrte, und als sie auch noch von mir abrückte, rebellierte mein Magen erneut.

«Wir haben eins deiner Notizbücher gelesen», sagte ich. Meine Stimme war hoch und flach und noch halb erstickt vom vielen Weinen.

Lana starrte uns fassungslos an. «Was habt ihr gelesen?» Sie wirkte schockiert und verletzt, ja, sie schien sich verraten zu fühlen.

«Über Mimi und ihr Bordell und über Effy», sagte ich leise. Ich wußte nicht, wie mir diese Worte über die Lippen kamen. Meine Kehle war wie zugeschnürt, und mein Herz zuckte, als wollte es sich losreißen.

Da ging etwas durch Lana hindurch – eine Schockwelle, ein dunkles, unsichtbares Messer, ich weiß nicht, was. Sie richtete sich auf und taumelte zu ihrer Matratze, auf der Harry noch immer seelenruhig schlief. Sie beugte sich vor und knipste mit zitternden Händen die Lampe an. Wir folgten ihr alle mit den Blicken, als sie zum Schrank ging, eine schwarze Hose und eine weiße Bluse herausholte, die Sachen über den Arm legte und im Bad verschwand.

Elena warf mir einen tödlichen Blick zu. «Du kannst aber deinen dummen Mund nicht halten», sagte sie.

Ich blickte zu Lizzy. Sie starrte auf ihre nackten Füße.

«Ich hab ihr doch nicht erzählt, daß wir die Filme gesehen haben», flüsterte ich. Das war eine jämmerliche Verteidigung, aber ich wußte nicht, was ich sonst hätte sagen können.

«Wir haben alles gehört, Maddie», zischte Elena. «Du hast sie gefragt, ob sie noch auf die Bühne geht.» Sie durchbohrte mich mit Blicken, und ich drehte mich weg.

Ich fühlte mich von allen guten Geistern verlassen und fror schrecklich. Elena verstand nicht, was mit mir passiert war. Und Lizzy genausowenig. Sie hatten eben beide keine Ahnung von Nerven und davon, was sie anrichten konnten. «Ich war am Überschnappen», flüsterte ich, als könnte das etwas helfen.

«Du *bist* übergeschnappt», sagte Elena voller Ekel. «Du bist genau wie Lana. Kleine Lana», sagte sie. «Kleine Kotz-Lana.»

Sie stand auf und ging zu ihrer Matratze, warf sich darauf und zog sich die Decke über den Kopf. Lizzy kroch ebenfalls wieder ins Bett, während ich zitternd am Rand der Matratze sitzen blieb. Ich hörte wieder den Regen und dachte an den Eimer. «Bestimmt kommt die Küchendecke runter», wisperte ich, aber weder Lizzy noch Elena redeten mit mir.

Lana öffnete die Badezimmertür und trat ins Zimmer. Sie trug jetzt die Hose und die Bluse, und nachdem sie ihr Nachthemd in den Schrank geworfen hatte, schlüpfte sie in ein Paar Schuhe und schnappte sich ihren schwarzen Regenschirm.

«Ich geh noch mal raus», sagte sie streng und voll unterdrückter Wut. Sie riß die Wohnungstür auf, knallte sie hinter sich zu und ging die Treppe hinunter. Ich hörte ihre Schritte über zwei Stockwerke, und bald darauf fiel die Haustür ins Schloß.

Ich krabbelte über die Matratze, um aus dem Fenster zu schauen. Drunten kam Lanas Schirm vorbei. Sie überquerte mit eiligen Schritten die Straße, ging bis zur nächsten Querstraße und betrat die Telefonzelle an der Ecke. Ich beobachtete, wie sie mit dem Schirm kämpfte, und als sie endlich den Hörer abnahm, drehte sie sich nicht um, wie ich es eigentlich erwartet hatte – sie blickte in Richtung Wohnung, und ich spürte fast, wie ihre Augen zwischen den vier Fenstern hin und her wanderten.

«Sie ist zur Telefonzelle gegangen», sagte ich. «Bestimmt ruft sie Leo an.»

Einen Moment lang sagte niemand etwas, dann schob Lizzy sich neben mich ans Fenster.

«Wo?» fragte sie.

Ich deutete auf die Telefonzelle an der Ecke, und Lizzy kniff die Augen zusammen, um in dem Regen genauer sehen zu können.

«Wahrscheinlich sagt sie ihm, daß sie uns wieder heimschickt», murmelte sie.

Das brachte Elena in Bewegung. Sie warf ihre Decke zurück und kniete sich ebenfalls ans Fenster. Ihre Augen suchten die Straßen ab, und als sie Lana in der Telefonzelle entdeckte, fiel der Schatten der Angst auf ihr Gesicht.

«Sicher setzt sie uns morgen wieder in den Bus», sagte sie. Sie strich die langen Haare über die Schultern zurück und beugte sich so weit aus dem Fenster, daß es ihr ins Gesicht regnete. «Mir ist das egal, Maddie», sagte sie. «Es ist sowieso besser, sie weiß es. Wir können schließlich nicht bis an unser Lebensende so tun, als hätten wir keine Ahnung von ihr. Also – wen juckt's?» rief sie hinaus in die Nacht.

«Ja», stimmte Lizzy zu. «Wen juckt's?»

Es juckte uns alle, aber wir konnten es besser ertragen, wenn wir uns trotzig zusammenschlossen. Es vereinte uns wieder, nachdem wir schon das Gefühl gehabt hatten, jetzt wäre es vorbei mit unserer Freundschaft.

«Dann wohnen wir halt weiter in den Hügeln», rief Elena hinaus in die Nacht. *«Na und?»*

«Ja, na und?» schrie Lizzy und beugte sich aus dem Fenster.

«Ist doch scheißegal!» schrie ich, aber von meiner Stimme war nicht viel übrig.

Elena zündete sich eine Zigarette an, und während wir sie kreisen ließen und den Rauch aus dem Fenster bliesen, beobachteten wir Lana. Ihr Gespräch dauerte länger als eine halbe Stunde, und als sie endlich auflegte, kam sie nicht gleich nach Hause – sie überquerte die Straße und ging weiter fort. Erst eine Viertelstunde später kehrte sie zurück. Wir hörten den zornigen Rhythmus ihrer Schritte auf der Treppe und das heftige Klopfen ihres Stocks. Sie stützte sich schwer auf, als wären ihr unsere Vergehen auf die Hüfte geschlagen. Dann öffnete sie die Tür, klatschnaß und außer Atem.

«Du hast also das Rauchen angefangen, Elena», sagte sie, während sie ihre nassen Schuhe abstreifte. «Sehr schön, wirklich sehr schön.» Sie warf Elena einen bösen Blick zu und ging dann in die Küche. Elena sagte nichts. Sie saß nur auf ihrer Matratze und starrte zurück.

Lana rubbelte sich die Haare mit einem Handtuch trocken und stellte den Wasserkessel auf den Herd. Dann trat sie hinter die Schranktür, um ihre nassen Kleider auszuziehen. Als sie wieder auftauchte, trug sie eine graue Hose und eine andere weiße Bluse. Sie begab sich erneut in die Küche, holte mit ziemlichem Geklapper ein paar Tassen aus dem Schrank, stellte sie mit flinken, fast beiläufigen Handbewegungen auf die kleine Anrichte und warf Teebeutel hinein.

Als der Kessel pfiff, nahm sie ihn von der Platte und goß Wasser in sämtliche Tassen, wobei ziemlich viel danebenschwappte. Sie holte ein kleines Tablett hervor, stieß damit die Tür des Küchenschranks zu und klatschte es auf die Anrichte. Dann knallte sie die Tassen mit heißem Tee darauf, trug das Tablett quer durchs Zimmer zu den Matratzen und stellte es dort ab. Wir beobachteten ihre Hände. Sie zitterten nicht – sie zuckten nicht einmal. Ihr Gesicht war käseweiß, und als sie das Gewicht auf ihre kranke Hüfte verlagerte, zog sie eine Grimasse. Sie schob Harry beiseite, um mehr Platz zu haben, ließ sich dann auf die Matratze fallen und streckte die Beine aus.

«Kommt her», sagte sie mit lauter, unbewegter Stimme. Wir starrten sie nur an. «Na, kommt schon», wiederholte sie, «kommt und trinkt euren Tee.»

Es war schwierig, ihr Gesicht zu deuten. Es schien widerstreitende Gefühle auszudrücken: Müdigkeit und gequälte Trauer, aber auch strahlende Wärme. Die Furche zwischen ihren Augenbrauen wurde tiefer, doch dann lächelte sie uns zaghaft an. Ich spürte, daß etwas in ihr brodelte, als rauschte unter ihrer Haut ein schneller, quirliger Fluß.

«Kommt jetzt», befahl sie.

Schließlich stand ich auf, ging schweigend zu ihr und ließ mich aufs untere Ende der Matratze sinken. Lizzy setzte sich neben mich, und endlich stand auch Elena auf und kam ganz leise zu uns. Lana zog die Beine an, stopfte sich ein Kissen hinter den Kopf, strich sich die feuchten Haare aus der Stirn und trank nachdenklich einen kräftigen Schluck Tee. Eine Weile schwiegen wir alle, doch dann stellte sich Lana ihre Tasse auf den Bauch und begann endlich zu reden. «Meiner Meinung nach seid ihr ja noch zu jung dafür, daß ich euch erzähle, was mit mir passiert ist, aber Leo hat gesagt, ich soll es tun. Und es sieht ja auch so aus, als hätte ich keine andere Wahl.» Ein leises Lächeln erschien auf ihren Lippen, verschwand aber gleich wieder. «Ich hatte gehofft, ich könnte warten, bis ihr noch ein Stück älter wärt, aber –» Sie unterbrach sich, trank einen weiteren Schluck Tee, und als sie die Tasse absetzte, zerriß wieder ein Blitzstrahl den Himmel, und ein Donnerschlag durchbrach die Stille. «Elena», sagte sie, «gib mir eine von deinen Zigaretten.»

Elena ging zu ihrer Matratze und holte die Winston aus dem Koffer. Sie reichte sie Lana, und nachdem diese sich eine genommen hatte, zündete Elena sie ihr an. Lana inhalierte ein paarmal tief und beobachtete, wie sich der blaugraue Rauch in der Luft verteilte. «Ihr wißt also, daß ich Sängerin und Tänzerin war und in einem Etablissement namens Sammys Club aufgetreten bin», begann sie. Mit dem Fuß klopfte sie einen nervösen Rhythmus auf die Matratze.

Wir nickten.

«Und ihr wißt, daß Leo ebenfalls dort gearbeitet hat.»

Wieder nickten wir, und Lana blickte eine Weile in ihre Teetasse, wobei ihre Augenpartie ganz hart wurde. Als sie aufschaute, war ihr Blick unermeßlich tief und gequält, daß ich wegsehen mußte. «Ich werde euch erzählen, was mit mir passiert ist», sagte sie ernst, «aber ich erzähle es nur ein einziges Mal. Danach will ich nie wieder darüber sprechen. Habt ihr mich verstanden?»

Wir nickten auch diesmal. Lana musterte uns aufmerksam, dann schaute sie aus dem Fenster. Es regnete noch immer, und der Wind zerrte an den empfindlichen Rollos. Eine Minute verging, vielleicht noch mehr, eine quälend lange Zeitspanne. Wir hingen atemlos an ihrem Gesicht und warteten. Und dann begann sie zu sprechen.

«Es war am 10. Mai 1959», begann sie leise. Sie war in ihrer Garderobe in Sammys Club gewesen, einem kleinen Raum mit schmutzigweißen Wänden und grauem Zementfußboden. An einer Wand stand ein Frisiertisch, an der anderen der Ständer mit ihren Kostümen, und am gegenüberliegenden Ende des Zimmers befand sich ein großes Fenster, das auf eine kleine Gasse hinausging. Sie hängte ihren schwarzen Anzug an den Ständer, zwischen die Kostüme, damit Leo ihn nicht bemerkte. Nach der Show wollte sie eine Rede halten, und Leo sollte erst davon erfahren, wenn es gar nicht mehr anders ging.

Sie setzte sich in den blauen Sessel vor ihrem Frisiertisch und zündete sich eine von Irenes Pall Mall-Zigaretten an. Irene war Lanas Friseuse und eine Kettenraucherin – sie hatte in jeder Garderobe eine Schachtel Zigaretten deponiert. Gerade in diesem Augenblick streckte Irene den Kopf zur Tür herein. «Du hast noch 'ne halbe Stunde, Baby», sagte sie. Ein gelber Bleistift steckte hinter ihrem dunklen Ohr, und ihre krisseligen Haare waren unter einem roten Turban verstaut.

«Okay», meinte Lana mit einem Blick auf die Uhr.

«Sie stehen die ganze Straße runter, Sugar. Weiße und Neger. Noch mehr als gestern. Du mußt heute besonders schön singen, Kindchen.»

Sie kommen, um die weiße Lady zu hören, die wie eine Negerin singt, dachte Lana. Sie wußte, eine große Sängerin war sie nicht; sie war nicht annähernd so gut wie einige der Negerinnen, die im Apollo sangen, aber die Leute standen trotzdem Schlange, um sie zu sehen. Sie wollten miterleben, was nach der Show vor sich ging, wenn sie ihre Reden hielt und das Publikum aufputschte. Darüber machte sie sich keine Illusionen. Vielleicht war das ja ihr Glück. Die Zeiten hatten sich geändert. Es gab kaum noch Jazzclubs. Mimis Club war vor fast zehn Jahren eingegangen, und Sammy konnte auch nur überleben, weil sie an den Wochenenden auftrat. Alles war im Wandel begriffen. Etwas Neues lag in der Luft, und sie war sich nicht sicher, ob es ihr gefiel.

Sie warf die Zigarette aus dem Fenster, setzte sich an den Frisiertisch und zündete sich gleich noch eine an. Sie konnte die Menschenmenge draußen hören. Das Stimmengewirr wurde immer lauter, und sie fragte sich, was wohl heute los sein würde. Gestern abend hatte an einem der mittleren Tische ein Weißer gesessen, und nach zwei Songs hatte er gebrüllt: «Überlaß doch den Niggerscheiß den Niggern!» Spears, der Rausschmeißer, hatte ihn hinausbefördert – aber trotzdem.

Sie war nicht sicher, warum, aber weiße Männer konnten es nicht ertragen, wenn eine Frau versuchte, ihnen die Richtung zu weisen. In gewisser Weise war es das gleiche, wie wenn ein Neger ihnen vorschreiben wollte, was sie tun sollten.

Sie schlüpfte mit dem Fuß in den schwarzen Strumpf und rollte ihn hoch. Warum machte sie eigentlich immer weiter? Sie lächelte, als sie daran dachte, wie jemand sie gefragt hatte, warum sie sich so für die Neger einsetze. «In einem früheren Leben war ich Sklavin», hatte sie geantwortet. Der Mann hatte gelacht, aber wenn sie an ihre Kindheit dachte, wußte sie, daß es stimmte.

Leo kam herein und setzte sich auf den kleinen Stuhl ihr gegenüber. Er trug ein weißes Hemd und eine schwarze Weste. Seine Beine begannen bereits energisch zu zucken und zu arbeiten. «Heute abend wird's gerammelt voll, La», sagte er. Er klopfte eine von Irenes Zigaretten aus der Schachtel und zündete sie mit einem goldenen Feuerzeug an, das er aus seiner Tasche fischte. Sein Blick fiel auf den schwarzen Anzug an Lanas Kostümständer. Sie hatte ihn nicht gut genug versteckt – der Ärmel guckte hervor. Leos Rücken wurde starr.

«Du willst also heute abend wieder raus», sagte er und zupfte an dem Anzug.

«Ich hab's vor», antwortete sie. Sie zog den anderen Strumpf über und rollte ihn das Bein hoch.

Leo stand auf und fuhr sich mit den Fingern durch die braunen Locken. «Mein Gott, La», sagte er, «ich kann's nicht glauben.» Er ging vor dem Kostümständer auf und ab, und seine blauen Augen füllten sich mit Gift. «Das nimmt einfach überhand!» rief er.

Lana erhob sich, ging mit steifen Schritten an ihm vorbei und nahm ein lilafarbenes Kleid mit schwarzen Pailletten von dem Ständer hinter ihm. «Du verdienst eine Menge Geld hier, Leo», sagte sie streng. «Wenn ich keine Reden halten würde, wären wir wahrscheinlich beide längst arbeitslos.»

«Scheiß drauf – meinst du etwa, das interessiert mich?» brüllte er.

Sie sah ihn nur an und hob die Augenbrauen. Ja, das meine ich, sagte ihr Blick. Er würde nie begreifen. Nie. Ich hätte ihn nicht heiraten sollen, dachte sie. Ich hätte überhaupt nicht heiraten sollen. Eine Frau wie ich sollte niemals heiraten.

Sie ging zur Tür und öffnete sie einen Spaltbreit. «Irene», rief sie. «Ich bin soweit.»

Leo trat hinter sie, zog die Tür wieder zu und versperrte ihr mit dem Arm den Weg. «Das muß aufhören, Lana», sagte er. Die Zigarette klemmte zwischen seinen Lippen, und er kniff ein Auge zu wegen des Rauches.

«Warum?» entgegnete sie.

Er nahm die Zigarette aus dem Mund. «Weil das nicht deine Sache ist», brüllte er. «Deshalb.»

Er zeigte mit der Zigarette auf sie. Lana nahm sie ihm aus der Hand und steckte sie sich in den Mund. Dann tauchte sie unter seinem Arm weg und setzte sich wieder an den Frisiertisch. «Warum?» rief sie. «Weil ich eine Frau bin?»

«Ja, genau», schrie er und ging hinter ihr her. «Weil du eine Frau bist, und noch dazu eine verdammt schöne, Herrgott noch mal, Lana. Meinst du denn, diese Männer im Publikum hören dir zu? Ich werd dir sagen, was die tun. Sie malen sich aus, wie toll es wäre, wenn sie dich dort auf der Bühne aufs Kreuz legen könnten – das ist es, woran sie denken, La. Glaub mir. Es ist eine dreckige Sache, für die du dich da hergibst.»

«Ich trage einen Anzug», sagte sie. Ihre Blicke begegneten sich einen Moment, und obwohl Lana es nicht zugeben wollte, wußte sie, daß er in gewisser Weise recht hatte – die Männer hörten ihr bestimmt oft nicht zu, sondern hingen ganz anderen Phantasien nach.

Leo räumte eine Ecke auf ihrem Frisiertisch frei und setzte sich zu ihr. «Es ist ernst», sagte er. «Du kannst ja nicht mal mehr unbehelligt durch den Flur hier gehen wegen deiner Aktivitäten. Ich muß dich jeden Abend hin und zurück begleiten, weil es zu gefährlich für dich ist, diesen gottverdammten Flur entlangzugehen! Das ist doch kein Leben, Lana. Das ist nicht das Leben, das ich mir für uns wünsche. Warum machst du immer weiter? Niemand bittet dich darum. Kein Mensch brüllt draußen auf der Straße deinen Namen. Niemand würde es groß merken, wenn du aufhören würdest.»

Sie starrte ihn mit schmalen Augen und zusammengekniffenem Mund an. «Ich mache das, weil es mir wichtig ist!» schrie sie. Sie schlug sich dabei mit der Faust auf die Brust, und Leo wandte sich wütend ab.

Irene streckte den Kopf zur Tür herein. «Fertig, Baby?»

Lana nickte, und Leo stürmte aus der Garderobe. Bevor er die Tür zuknallte, rief er noch: «Ich werde nicht auf dich warten!»

«Als würde er das je tun», seufzte Lana.

«Er macht sich Sorgen um dich», sagte Irene.

«Er macht sich noch um ganz andere Sachen Sorgen. Zum Beispiel darum, daß ich bekannter bin als er.»

Ihre Blicke begegneten sich in wortlosem Einverständnis im Spiegel, und Irene nickte. Im Nebenzimmer hörten sie ein paar von den Musikern ihre Instrumente stimmen und lachen. Der Geräuschpegel im Club stieg wie in einem brodelnden Kochtopf. «Heut abend ist schwer was los da draußen, Baby. Du mußt tanzen wie ein Tornado.»

Lana lächelte und streifte drei goldene Reifen über jeden Arm.

Als sie fertig war, begleitete Irene sie den Flur hinunter. Lana wartete hinter der Bühne und zog den Vorhang ein bißchen beiseite, um das Publikum sehen zu können. Es waren hauptsächlich Weiße. Schade. Schwarze Zuhörer waren ihr lieber – sie waren lockerer, und dann lief es besser. Die meisten Musiker waren schon auf der Bühne, stimmten ihre Instrumente und kippten den ersten Drink. Auch Leo saß hinter dem Flügel, die Ärmel aufgerollt, sein Glas in der Hand. Er unterhielt sich mit Louie, dem Schlagzeuger, und Bertie, dem Saxophonspieler. Er lachte, und das störte Lana. Es gefiel ihr nicht, wie er belustigt mit der Hand auf den Flügel schlug. Sie fragte sich, was er heute abend wohl tun würde, um sich zu rächen. Leo war ein wunderbarer Mensch, aber er hatte die schlechte Angewohnheit, einem immer alles heimzahlen zu wollen.

In der Menge entdeckte sie Sammy, der Hände schüttelte, Drinks verteilte und Leute an ihre Plätze führte. Sie suchte nach Spears. Er stand in der Ecke bei der Tür und redete mit einer weißen Frau, die ein schulterfreies Kleid trug. Er fliegt viel zu sehr auf weiße Frauen, dachte sie wieder einmal. Sie würde nachher ein Wörtchen mit ihm reden müssen.

Die Lichter im Saal wurden schwächer, und die Bühnenbeleuchtung ging an. Die Musiker nahmen ihre Plätze ein, Sammy sprang auf die Bühne, zupfte seine dünne schwarze Krawatte zurecht. Er sah so alt aus wie ein Mensch aus einer anderen, sanfteren Zeit. Er packte das Mikrofon und zog es zu sich her. Der runde Sockel wippte zwischen seinen Füßen. «Willkommen in Sammys Club», rief er. «Wir bieten Ihnen heute eine heiße Nacht hier in Harlem. Die *Black Notes* sind bei uns...»

Lana fragte sich, wie lange sich der Club noch halten würde, wie lang sie alle noch von der Vergangenheit zehren konnten. Sie richtete sich auf und pumpte mit den Armen, um ihre Atmung in Schwung zu bringen. Sie wartete auf Sammys oft gehörte Ansage – «und hier ist Lana Lamar, die einzige weiße Lady, die den Blues singen kann» –, dann teilte sie den Vorhang und betrat mit energischen Schritten die Bühne. Tosender Applaus brach los. Sammy zog sich zurück, und Lana schritt zum Mikrofon und nahm es vom Ständer.

«Hallo, wie geht's?» sagte sie laut. Als die Zuhörer klatschten und johlten, spürte sie, wie sich die Muskeln um ihren Mund zu jenem Lächeln strafften, das Effy ihr einst beigebracht hatte. «Danke, daß Sie alle den weiten Weg nach Harlem gemacht haben!» Sie drehte sich um und nickte den Musikern zu, wobei sie sorgfältig jeden Blickkontakt mit Leo mied. «Wir werden Ihnen heute abend ein paar großartige Songs bieten», verkündete sie. «Und wir beginnen mit einem meiner Lieblingsstücke, einem Song von George Gershwin – ‹Let's Call the Whole Thing Off›.»

Das Publikum applaudierte wieder, und während sie das Mikrofon wieder zurücksteckte, machten sich die Musiker bereit. Die Lichter im Saal erloschen, Lanas Spot blendete auf.

«Und eins und zwei und –» gab Leo vor.

«You say eether and I say eyther», sang Lana. *«You say neether, and I say nyther...»*

Leo war zu schnell. Sie warf ihm einen Blick über die Schulter zu, ohne das Lächeln von ihren Lippen zu lassen, aber er ignorierte sie einfach. Also drehte sie sich wieder um und suchte im Publikum nach gefährlichen, unbewegten Gesichtern. Ein Mann fiel ihr besonders auf. Er saß ganz allein an einem der vorderen Tische und betrachtete sie mit teilnahmslosem Blick. Er war groß und dünn, wohl Anfang sechzig, mit grauem Schnurrbart und schmalen Lippen. Am auffallendsten war, daß er einfach nur dasaß und sie anschaute. Er bewegte sich überhaupt nicht zur Musik. Es war, als hörte er sie gar nicht. Er hockte auf seinem Stuhl, und einmal verzog er einen Mundwinkel zu einem schiefen Lächeln. Daraufhin wandte Lana den Blick von ihm ab.

Leo verzögerte jetzt das Tempo, also mußte sie sich wieder umdrehen und ihn anfunkeln. Er lächelte ihr amüsiert zu und blinzelte. Du Mistkerl, dachte sie.

Auch bei den nächsten beiden Nummern – «A Sailboat in the Moonlight» und «How Could You?» – ärgerte er sie mit seinen Tempolaunen, doch als dann die vierte Nummer drankam, «Rockin' My Baby Home», der Song, den er für Elena geschrieben hatte, hörte er mit dem Unsinn auf. Er spielte den Song genau richtig, traktierte leidenschaftlich das Klavier und wiegte sich vor und zurück, wie er es immer tat, während Lana tanzte. Die Zuschauer rasten vor Begeisterung. Dafür waren sie gekommen – um zu sehen, wie sie wirbelte und vibrierte, um zu hören, wie sie mit ihrer Fackelstimme das Haus in Brand steckte.

Sie suchte Leos Blick, aber es stimmte nicht zwischen ihnen. Keine Ekstase – nur feindseliges Schweigen. Sie war bereit, es zu brechen. Leo nicht. Er drosch auf das Piano ein. Seine Finger bearbeiteten die Tasten wie kräftige Hämmerchen.

Nach dem ersten Set ging Leo zur Bar und bestellte sich einen doppelten Whiskey. Also mußte Spears Lana durch den langen, dunklen Flur begleiten, was ihn nicht sonderlich entzückte, denn er schien endlich Fortschritte bei der Frau im schulterfreien Kleid zu machen. Aber Sammy wollte nicht, daß Lana allein zu ihrer Garderobe ging, schon gar nicht nach dem Vorfall von gestern abend. Wenn nur die Telefone und die Toiletten woanders wären, dachte Lana.

Spears ging mit ihr den Korridor hinunter und überprüfte auch noch die Garderobe, ehe er sie verließ. «Keiner hier, Lana, nur Irene», sagte er. Als er ging, verschloß er die Tür hinter sich. Irene saß beim Fenster, die Füße auf dem Fensterbrett, und rauchte eine Zigarette. «Ihr seid ganz schön heiß heut abend», sagte sie.

Lana setzte sich vor den Toilettentisch und rubbelte sich die Haare mit dem weißen Handtuch, das Irene für sie bereitgelegt hatte. Leo kam sonst meistens auch herunter, und während Irene Lana frisierte, unterhielten sie sich dann darüber, wie es bis jetzt gelaufen war und welche Songs sie im zweiten Set bringen wollten. Aber Leo kam nicht, und er schickte auch Spears nicht. Irene mußte sie zur Bühne zurückbegleiten.

Leo war angetrunken, als sie mit dem zweiten Set begannen. Lana sah, daß er sich ein Glas Whiskey mitgebracht und auf den Flügel gestellt hatte. Sie beschloß, ihm nach der Show zu sagen, er solle doch endlich erwachsen werden.

Sie begannen wie immer mit «I Love You, Yes I Do» und «I'm Getting Old Before My Time». Dann scherte Leo wieder aus der Routineabfolge aus und spielte zwei Songs von Jelly Roll Morton. Lana warf ihm wütende Blicke zu, aber er beachtete sie nicht. Anschließend spielte er noch zwei seiner eigenen Kompositionen, zwei schnelle Nummern nacheinander. Er ließ Lana kaum Atem holen. Dann beendete er den Set mit dem schwierigsten Stück, das er komponiert hatte. Es war sein Lieblingssong, und er hatte ihn für sie geschrieben, kurz nachdem sie sich kennengelernt hatten. «Where Blue Begins» hieß der Song, und er enthielt mehr Klavier-Riffs als alle anderen Stücke. Er war nicht nur lang, sondern auch schnell und hektisch und für Lana die mit Abstand anstrengendste Tanznummer. Es war ihr letzter Song für diesen Abend, also beugte sie sich Leo und dem Publikum und gab alles. Am Schluß kniete sie, die Linke nach oben ausgestreckt. Die Lichter gingen aus, das Publikum pfiff und klatschte hingerissen – in dem kleinen

Raum klang der Beifall ohrenbetäubend. Lana verbeugte sich, und nachdem sie den Musikern applaudiert hatte, ging sie hinter die Bühne und wartete, daß jemand kam und sie zur Garderobe begleitete.

Sie lehnte sich an die Wand und atmete tief durch. Das Publikum klatschte immer noch, und als sie hörte, daß die Band wieder zu spielen anfing, beschloß sie, trotzdem nicht wieder hinauszugehen. Das kann er vergessen, dachte sie. Sie spähte durch den Vorhang auf die Bühne. Sammy hatte die Bühnenbeleuchtung wieder aufgezogen; der Spot ruhte jetzt auf Leo, der wie ein Irrer auf dem Flügel herumtobte. Seine Haare waren klatschnaß, der Schweiß lief ihm in Strömen übers Gesicht. Soll er ruhig mal seinen Platz an der Sonne haben, dachte Lana. Unsere Tage in diesem Gewerbe sind ohnehin gezählt. An die Wand gelehnt, wartete sie auf ihn, doch als er mit dieser Nummer fertig war, ging er sofort zur nächsten über. Bei der dritten hatte Lana genug. Sie zog den Vorhang ein Stück auseinander und suchte den Raum nach Sammy oder Spears ab, konnte jedoch keinen von beiden entdecken. Der Raum war gerammelt voll, dunkel, verqualmt. Aber sie sah den Mann mit dem schiefen Halblächeln. Er saß immer noch da, die leeren Augen auf Leo geheftet.

Sie trat hinaus auf den Flur. Er war leer, bis auf einen Weißen, der gerade telefonierte. Er war jung, vielleicht Mitte zwanzig, und flehte seine Freundin oder Ehefrau an, nicht böse zu sein, weil er jetzt erst anrief. Seinetwegen brauchte sie sich keine Sorgen zu machen, befand Lana. Aber sie hatte trotzdem Bedenken, denn der Flur machte etwa auf halber Strecke eine leichte Biegung, und von ihrem Standort aus konnte sie nicht genau sehen, was dahinter war. Sie blickte auf ihre Armbanduhr – Irene war schon weg.

«Hey», rief sie dem jungen Mann zu, «ist da hinten noch jemand außer dir?»

Der Mann drehte sich um, guckte und schüttelte den Kopf.

«Vor ein paar Minuten waren Leute am Hintereingang, aber die sind weg. Warum – suchen Sie jemanden?»

«Nein», antwortete Lana.

Als sie hörte, wie Leo das vierte Stück begann, ging sie los. Ihr Herz schlug unruhig, aber sie ermahnte sich, nicht so albern zu sein. Andererseits – sie wußte genau, warum sie nicht mehr ohne Begleitung durch den Korridor gehen sollte. Es hatte zu viele Zwischenfälle gegeben. Sie versuchte, nicht daran zu denken. Schritt für Schritt bewegte sie sich vorwärts, die Hand an der Wand. Ihr Herz hämmerte. Vielleicht hat Leo ja recht, dachte sie. Das ist kein Leben. Ich kann nicht mal ohne Angst einen Flur entlanggehen. Sie holte tief Luft und schluckte. Du hast schon Schlimmeres überstanden als einen dunklen Korridor, sagte sie sich, aber irgend etwas machte ihr schrecklich angst. Als sie an dem jungen Mann vorbei war und sah, daß hinter der Biegung niemand lauerte, atmete sie erleichtert auf. Die Hintertür war zu, das war beruhigend. Zwar nicht verriegelt, aber immerhin stand sie nicht offen. Doch sie mußte noch ein ganzes Stück zurücklegen, an acht Türen vorbei. Noch hatte sie es nicht geschafft. Sie hielt den Atem an. Die ersten drei Türen. Bevor sie weiterging, zog sie die Schuhe aus. Nichts verkündet die Ankunft einer Frau deutlicher als klackende Pfennigabsätze auf Beton.

Sie ging an der vierten Tür vorbei, an der fünften. Ihr Herz pochte laut. Dieses Leben ist eine Folter, dachte sie. Dann hatte sie die sechste und die siebte Tür passiert, war in ihre Garderobe geschlüpft und hatte die Tür hinter sich abgeschlossen.

Sie sah hinter dem Kostümständer nach, um sich zu vergewissern, daß niemand im Raum war, ehe sie den Reißverschluß ihres Kleides öffnete und es zu Boden gleiten ließ. Sie holte den schwarzen Anzug hervor und legte ihn über die Stuhllehne. Sie würde ihn anziehen, sobald die Band zu spielen aufhörte.

Da sah sie Irenes Pall Mall-Schachtel auf dem Frisiertisch liegen. Sie zündete sich eine an und ließ sich in den dunkelblauen

Sessel sinken. Als sie sich das Knie rieb, merkte sie, daß die Band zu spielen aufgehört hatte. Sie horchte auf den fernen Applaus, auf den kein neuer Einsatz der Band folgte. Die Vorstellung, daß Leo demnächst durch die Tür kommen würde, entzückte sie wenig. Sicher war er besoffen, und dann ging alles wieder von vorne los.

Sie drehte sich mit dem Sessel herum und begann, ihre Haare zu lösen. Als erstes nahm sie die drei Irisblüten heraus. Sie würden sich halten, wenn sie sie ins Wasser stellte. So konnte sie sie am Dienstag noch einmal verwenden. Sie hörte die Bandmitglieder draußen im Flur und versuchte sich gegen Leos betrunkene Arroganz zu wappnen. Einer der Männer brauchte offenbar frische Luft, denn jemand öffnete die Hintertür. Lana legte die Iris neben den Aschenbecher, in dem ihre Zigarette vor sich hin glomm, und als sie in den Spiegel schaute, sah sie, wie die Tür hinter ihr aufsprang. Sie hörte es auch – ein kurzes Krachen. Panik durchzuckte sie. Erschrocken hob sie das lilafarbene Kleid hoch und hielt es vor sich. Sie hatte mit Leo gerechnet – aber vier oder fünf Neger stürzten herein. Zuerst dachte sie, Spears sei mit ein paar Freunden gekommen, um nach ihr zu sehen. Sie rief sogar seinen Namen. «Spears», rief sie, aber es war nicht Spears. Die Männer gingen so schnell auf sie los, daß sie gar nicht richtig sehen konnte, wie viele es waren. Sie sprang auf, doch noch ehe sie schreien konnte, legte sich eine Hand von hinten auf ihren Mund, drückte sie auf den Sessel und riß ihr brutal den Kopf zurück. Sie wollte sehen, wer es war, aber er hielt sie so fest, daß sie den Kopf nicht drehen konnte. Die anderen packten sie. Sie trat wild nach ihnen, schlug mit den Armen um sich und erwischte den, der die Anweisungen blaffte – den Wortführer. «Haltet ihr die Arme fest», zischte er, und jäh wurden ihre Arme nach hinten gezerrt; es fühlte sich an, als würden sie aus den Schultergelenken gerissen. Der Wortführer hatte keine Vorderzähne – sein Mund war ein brüllendes schwarzes Loch und sein eines Auge mit gelbem Eiter verkrustet. Angst schoß durch ihren Körper wie ein tödliches Gift – ihre Augen quollen hervor, ihr Herz raste, und sie konnte nicht schnell genug durch die Nase atmen. Sie hatte das Gefühl, ersticken zu müssen. Was geht hier vor, was geht hier vor? Herrgott noch mal, hört sofort auf, wollte sie schreien, aber heraus kam nur ein jämmerliches Winseln, mehr nicht.

Ein großer, magerer Neger mit zernarbtem Gesicht bewachte die Tür. Alle paar Sekunden rief er hektisch: «Macht schon, Mann. *Macht schon*», während der Wortführer seine Befehle bellte. «Packt ihre Beine», schrie er, wobei er einen der Männer nach vorne schob. «Die Beine!» Ein anderer Neger kam von hinten herum, packte Lanas strampelnde Beine und klemmte sie unter seine Arme. Seine Hände zitterten unkontrollierbar, und Lana sah abgrundtiefe Angst in seinen Augen. Er war nicht älter als neunzehn oder zwanzig. Ein Auge schien blind, und sein Schädel war kahlgeschoren. Kannte sie ihn, kannte sie ihn? fragte sie sich verzweifelt. Aber die Angst war so übermächtig, daß sie nicht nachdenken konnte.

Die Männer hoben sie hoch, und der Wortführer kickte den Sessel weg. Lana schrie gellend, aber hinter der Hand des Mannes drang nur ein erstickter Laut hervor. Was sie hörte, war Leo, der auf dem Klavier ihren Song spielte: «Where Blue Begins», aufsteigende und absteigende Notensequenzen, eine furchtbare, unvergeßliche Hintergrundmusik. Sie kickte heftig mit den Beinen und ruckte wild mit dem Oberkörper, als könnte sie sich so aus dem eisernen Griff der Männer befreien. Der Typ, der ihre Arme festhielt, riß sie so brutal nach hinten, daß die rechte Schulter splitterte. Sein dunkles Gesicht verzerrte sich zu einer widerlichen Fratze, die Narbe auf seiner Wange zuckte. Der Schmerz zerriß sie schier. Die Männer schleppten sie durch den Raum, über ihr schwankte die schwarze Zimmerdecke, und der Wortführer brüllte: «Beeilt euch, verdammte Scheiße», während der lange Dünne an der Tür immer wieder jaulte: «Macht schon, macht schon, *Herrgott noch mal, macht endlich voran!*»

Das kann nicht wahr sein, schrie es in Lanas Kopf. Wörter, Wörter, die durch ihr Hirn rasten. Das kann nicht sein, das kann nicht sein. Es kann nicht sein. Aufhören. Aufhören. Aufhören. Verdammt noch mal – AUFHÖREN, und dazu hämmerte Leos Klavier im Hintergrund seinen bösen, gemeinen, häßlichen Rhythmus.

Der Mann, der ihre Beine umklammerte, lockerte eine Sekunde lang seinen Griff, und Lana trat mit aller Kraft nach ihm und traf ihn mit der Ferse in die Seite. «Komm her, Mann, hilf mir!» rief er dem Wortführer zu.

«Brich ihr einfach die Knochen», schrie der. Schweißperlen liefen über sein schwarzes Gesicht. «Mr. Williams sagt, wir sollen ihr die Beine brechen.»

«Wie denn?» schrie der Mann, der ihre Beine hielt. Er war furchtbar nervös, sein Kopf zuckte, und seine Beine wollten ihn kaum tragen.

«Reiß sie auseinander, Scheiße noch mal!» schrie der Wortführer und schlug den Angsthasen ins Gesicht.

«Aber erst machen wir's mit ihr», mischte sich der Typ ein, der ihr den Mund zuhielt. Sie hatte ihn immer noch nicht gesehen, aber seine Hand drückte so fest gegen ihren Kiefer, daß sie seine Fingerknochen spürte. Der, der ihre Arme umklammerte, sagte: «Ja, ich will doch keine mit gebrochenen Beinen!», worauf der Wortführer lachte. Der mit der Hand auf ihrem Mund lachte ebenfalls. Ein wildes, irres, ekelhaftes Lachen.

Vor Lanas Augen legte sich ein schwarzer Schleier. Helft mir, helft mir, schrie sie innerlich – Wörter, lauter Wörter – aufhören, warum, Gott, oh, Leo. Sie bekam keine Luft, und in ihrer Schulter brannte es wie Feuer. Die Männer schleppten sie am Fenster vorbei und warfen sie dann auf den Fußboden, daß ihr Kopf auf den Beton knallte. Sie zappelte und zuckte wie ein Fisch im Netz. Und sie schrie, sie schrie sich die Kehle wund, aber der Mann, der ihr den Mund zuhielt, ließ nicht locker. Niemand konnte ihre Schreie hören – sie wurden in ihren Körper zurückgepreßt, wo sie bis tief in die Seele widerhallten.

Lana schwieg. Ein paar Minuten saß sie wie gelähmt da, den Mund leicht geöffnet, mit flackerndem Blick, als spielte sich das alles vor ihrem inneren Auge noch einmal ab. Wir saßen nur da und beobachteten, wie das Grauen an ihr vorüberzog.

«Du zuerst, Junge», sagte der Wortführer zu dem Mann bei ihren Beinen. Aber der wollte nicht.

«Nein, du!» sagte er. Seine Lippen zitterten, der Schweiß lief ihm über die Stirn und tropfte auf Lanas zerfetzte schwarze Strümpfe.

Der Wortführer holte aus und verpaßte ihm noch eine Ohrfeige. «Mach schon», brüllte er. «Mach schon, du Arsch!»

Dann packte er Lanas Beine, riß sie auseinander und drückte das rechte mit seinem Knie auf den Boden, während er das linke mit den Händen festhielt. Der Angsthase trat einen Schritt zurück und öffnete mit bebenden Händen seinen Hosenschlitz, während der Typ, der ihr den Mund zuhielt, mit der anderen Hand zupackte und ihr die Unterwäsche vom Leib riß. «Scheiße noch mal, Beeilung, Beeilung!» rief der Schmieresteher immer wieder, ein grotesker Kontrapunkt zu Leos gespenstischem Klavierspiel. Der andere riß ihre Arme so weit nach hinten, daß er ihr die linke Schulter auskugelte. Der Schmerz war unerträglich, und ein grausiges Stöhnen drang aus ihrem Mund.

«Halt die Fresse», fauchte der Typ, der ihr den Mund zuhielt, und trat ihr mit der Schuhspitze gegen den Kopf, bis die schwarzen Rohre an der Decke über ihr ganz unscharf wurden.

«Ey, nicht, Mann», schrie der Angsthase. Der Wortführer gab ihm mit einer ruckartigen Kopfbewegung ein Zeichen. «Mach schon!» schrie er. Der Angsthase kniete sich zwischen ihren Beinen auf den Fußboden und stieß in sie hinein. Er hielt die Augen geschlossen, stützte sich mit den Armen ab und warf den Kopf ganz nach hinten. Der Mann, der ihr den Mund zuhielt, feuerte ihn an. «Fick sie, Mann, fick sie», skandierte er wie besessen. «Fick sie durch, Junge. Zeig's ihr, Mann, zeig's der Fotze. Zeig's der Fotze.» Das hielt den Angsthasen bei der Stange – sein Gesicht verzerrte sich abwechselnd vor Schmerz und vor Lust, sein Kopf wippte vor und zurück. In Lana bäumte sich alles auf. Mein Gott, o mein Gott, nein, nein, neeeiiiin, schrie sie. Jedesmal, wenn er zustieß, knirschte ihr Rückgrat auf dem Beton. Ihre Beine und ihre Schultern schmerzten unsäglich. Es war so grotesk, so unsagbar widerlich, so ekelerregend und unmenschlich, so dreckig und bestialisch und letztlich so unbegreiflich – sie fühlte, wie ihr Kopf explodierte. «Zeig's der Nutte, Junge», schrie der Wortführer. «Zeig's ihr. Gib's ihr richtig. Fick die weiße Nutte. Fick sie.» Lana sah ihn hinter der Schulter des Angsthasen. Er lauerte da wie eine Horrormaske – eine eisige, verfaulte Fratze. Sein Mund ein schwarzes Loch, und aus dem Auge triefte gelber Eiter. Sie bekam keine Luft mehr, sie erstickte, ihre Lungen brannten in der schmerzenden Brust. Sie wollte sich bewegen, sich wehren, kratzen, beißen, morden, aber drei Männer hielten sie fest. Sie schwiegen jetzt alle. Nur Lanas erstickte Schreie waren noch zu hören, kläglich und leise, überdeckt durch das Keuchen – und dazu Leos Klavierspiel, Lanas Song.

Es gelang ihr, eine Hand freizubekommen, und sie krallte sie dem Angsthasen ins Gesicht, kratzte ihm direkt unter dem kaputten Auge die Haut auf. Der Mann, der ihr den Mund zuhielt, trat wieder gegen ihren Kopf, der Angsthase schrie: «Nicht treten, Mann, was hab ich dir gesagt, nicht treten!» Er sprang auf, und nachdem er alles wieder in die Hose gestopft hatte, tauschte er den Platz mit dem Mann, der ihr den Mund zuhielt, und der Schmieresteher schrie wieder: «Beeilt euch, Scheiße noch mal, beeilt euch!» Während die Männer die Plätze wechselten, stieß Lana einen langen, schrillen Schrei aus, aber Leos fanatisches Klavierspiel übertönte ihn, und er verhallte ungehört.

Den nächsten Mann sollte sie nie vergessen. Er war weiß. Er hatte eine Narbe auf der Nase und fettiges blondes Haar, das ihm über die Augen hing – gemeine, sengende Augen. Er riß sich die Hosen herunter, als könnte es ihm nicht schnell genug gehen. Er ließ sich zwischen ihren Schenkeln nieder, und wieder riß ihr der Wortführer die Beine auseinander. Während der Mann in sie eindrang, legte er sich auf sie, so daß sein Gesicht kaum eine Handbreit von ihrem entfernt war. Sein Atem stank nach Rum. «Ich fick dich», zischte er mit zusammengebissenen Zähnen, wobei ihm die Spucke aus dem Mund floß. «Ich fick dich, ich fick dich, ich fick dich», ächzte er im Takt zu seinen brutalen Stößen. Er riß ihren Büstenhalter weg, packte ihre Brüste und biß sie, daß sie bluteten, während er immer wieder in ihren Körper hineinstieß, grunzend, erbarmungslos. Lana spürte, wie der Wahnsinn sie überschwemmte – etwas, das sie bisher nicht gekannt hatte, wurde in ihr aufgerührt. Der Schmerz zwischen ihren Beinen raubte ihr fast die Besinnung, ihr Rücken schrappte über den harten Fußboden, ihr Schädel fühlte sich an, als würde er in zwei Hälften gespalten. Und diese Wörter – aufhören, Hilfe, Gott, Leo! –, sie drehten sich in ihrem Kopf wie ein Karussell. Sie sah die Narbe an seiner Nase, die irren Augen, das debile Grinsen, und sie wollte ihn umbringen, seinen Körper in Stücke reißen, ihn mit dem Auto überfahren, bis er nur noch ein blutiger Fleischklumpen war. Sein Atem explodierte, als er mit widerlicher, brutaler Lust zum Höhepunkt kam, dann ließ er sich erschlafft auf sie fallen, doch da brüllte schon der Schmieresteher: «Okay, steh auf. Beeil dich, verdammte Scheiße!» Der Weiße hievte sich auf die Knie, ballte die rechte Hand zur Faust und schlug sie auf den Kiefer. Dann knallte er ihr die Linke gegen die Schläfe.

Sie verlor das Bewußtsein, wie lange, wußte sie nicht, und als sie wieder zu sich kam, hatten ihr die Männer die Unterwäsche in den Mund gestopft und die Hände mit ihrem Büstenhalter hinter dem Rücken gefesselt. Der Wortführer lag jetzt auf ihr. Aber er drang nicht wirklich in sie ein. Er tat nur so – sie spürte sein schlaffes Glied an der Innenseite ihres Oberschenkels. Dennoch wollte sie ihn kastrieren, ihm mit einer Axt den Kopf abhacken, seinen häßlichen, dämonischen Schädel gegen eine Steinmauer schlagen und dann mit spitzen Absätzen sein Gehirn zertrampeln. Als er seine Farce beendet und seinen Schlappschwanz in die dreckige graue Hose gepackt hatte, drehten die Männer sie auf den Bauch, der weiße Typ trat ihr auf die Wirbelsäule, ein anderer drückte sein Knie gegen ihren Hinterkopf. Bitteres Dunkel löschte alles aus, und Lana verlor wieder das Bewußtsein – das letzte, was sie hörte, war Leos wunderbares Piano-Riff am Ende von «Where Blue Begins». Immer wieder hörte sie diese Stelle, ein Lied des Teufels, tief aus einer dunklen, rußigen Hölle. *«Bei dir zu sein, das ist wie eine Reise zu einem fernen Zauberort – ja, dorthin, wo der Blues beginnt.»* Hier beginnt der Blues, hatte sie damals gedacht.

Lana schloß die Augen und schluckte. Dann redete sie weiter. Vier Männer hatten sie vergewaltigt, erzählte sie uns ruhig – drei Neger und ein Weißer. Sie rissen ihr die Kleider vom Leib und hielten sie fest, um sie dann einer nach dem anderen zu vergewaltigen. Sie sagten widerliche Sachen zu ihr, Wörter, die sie nicht laut aussprechen konnte, und die ganze Zeit ertönte dazu der Song, den Leo für sie geschrieben hatte. Und bevor sie ganz mit ihr fertig waren, verlor sie wieder die Besinnung. Die Männer traten ihr gegen den Kopf und das Rückgrat, und sie wurde ohnmächtig.

Als sie wieder erwacht war, kniete der Mann, der ihre Arme festgehalten hatte, zwischen ihren Beinen und knöpfte sich zu. Er hatte Blut an den Händen, und als er das merkte, versuchte er hektisch, es an dem dreckigen Fußboden abzuwischen. An der Unterwäsche, die sie ihr in den Mund gestopft hatten, schmeckte Lana ihr eigenes Blut. Sie hörte den Wortführer sagen: «Jetzt brechen wir ihr die Beine», aber sie konnte die Gesichter nicht mehr richtig erkennen. Der Schmerz schob sich wie eine dunkle Trennwand dazwischen. Der Schmerz und das Grauen. Ihr Bewußtsein war aus dem Hier und Jetzt geflohen und in eine schwarze Tiefe abgetaucht.

«Wie denn?» fragte der Angsthase. Er hielt wieder ihre Beine fest.

«Zieh sie auseinander!» brüllte der Wortführer.

Der Angsthase schüttelte den Kopf. Er brachte es nicht über sich.

Die Tür ging auf, und Lana hatte einen genügend klaren Moment, um einen älteren weißen Mann im Türrahmen stehen sehen zu können. Es war der Kerl, der an dem vorderen Tisch gesessen hatte. Sie erkannte ihn an den schmalen Lippen, an dem dünnen grauen Schnurrbart. Er sagte so etwas wie, nun hätte sie ja ihre Nigger gehabt, aber sie bekam es nicht genau mit. Sie war zu weit weg. Der Mann verzog das Gesicht zu diesem schiefen Grinsen, die Lippen ein roter Schlitz, die Zähne kleine weiße Grabsteine.

Der Weiße mit der Narbe an der Nase schob den Angsthasen beiseite und packte ihr rechtes Bein. Der Wortführer ergriff das andere, und sie zogen sie auseinander wie einen Wunschknochen. Einer trat ein paarmal brutal gegen ihre rechte Hüfte, damit sie leichter brach, und dann fiel sie wieder in Ohnmacht.

Lana schwieg. Wir konnten den Blick nicht von ihr wenden. Wir saßen wie gelähmt am Rand der Matratze und starrten auf ihr erschöpftes, bleiches Gesicht. Tränen drangen aus ihren Augen und liefen ihr stumm über die Wangen. Sie wischte sie mit dem Handrücken weg, als seien sie ihr lästig.

Wir sprachen lange kein Wort, und nur der Himmel draußen vor den offenen Fenstern grummelte wie ein leicht verstimmter Magen. Der Regen hatte sich in ein sanftes Nieseln verwandelt, und die Blitze waren nur noch ein helles Wetterleuchten in der Ferne. Wir wußten nicht, was wir sagen sollten – ich jedenfalls wußte es nicht. Da, wo ich jetzt war, bedeuteten Worte nichts. Den anderen ging es genauso. Es war die schrecklichste Geschichte, die ich je gehört hatte, und ich wußte, daß alles in Wirklichkeit noch viel entsetzlicher gewesen war.

Lana saß allein an der Wand, als würde ihre Erfahrung sie für immer von denen trennen, die dieses Grauen nicht kennengelernt hatten. Instinktiv krochen wir näher zu ihr. Ich paßte gut auf, daß ich ihre Hüfte nicht berührte – sie schien schwarzen Nebel zu verströmen, also legte ich meine Hand lieber auf Lanas Bein. Lizzy kauerte hinter mir und berührte Lanas Fuß, Elena nahm ihre Hand. Es war ein komischer Anblick, aber irgendwie fühlte es sich richtig an.

Endlich schlug Lana die Augen auf. Sie sah uns nacheinander an und blickte dann auf ihre Hände.

«Und was ist dann passiert?» flüsterte Elena. Es fiel ihr schwer, diese Frage zu stellen, aber trotzdem – hätte sie nicht gefragt, dann hätte ich es getan.

Lana wischte die letzte Träne weg und zündete sich noch eine von Elenas Zigaretten an. Dann erzählte sie uns, sie sei im Beth Israel Hospital wieder aufgewacht, in einem Einzelzimmer, das Mimi ihr besorgt hatte. Sie lag von den Beinen bis zu den Rippen in Gips. Beide Schultern waren gebrochen, sie hatte drei Schädelbrüche davongetragen, der Unterkiefer war gesplittert, und die Bänder und Sehnen zwischen den Beinen waren größtenteils gerissen.

Ich versuchte verzweifelt, mich zu entsinnen, wie Lana verbunden und eingegipst im Krankenhausbett gelegen hatte, aber da war nichts, kein Erinnerungsfünkchen. «Ich weiß das gar nicht mehr», sagte ich leise. Meine Stimme erschreckte mich – sie klang, als käme sie aus einem Grab.

«Ihr habt mich gar nicht besucht», sagte Lana und zog an ihrer Zigarette. «Wir hatten eine Kinderfrau für euch, und dann hat Leo euch für eine Weile zu Opa gebracht.»

Auch davon wußte ich nichts mehr, während Elena meinte, sie

könne sich daran erinnern. Sie nannte ein paar Höhepunkte dieses ausgedehnten Aufenthalts bei unserem Großvater – eines Abends hatte er uns zu einer Riesenradfahrt eingeladen, und ein andermal hatte er Elena und mich in einen alten Kinderwagen gepackt und die Straße auf und ab kutschiert. Daran konnte ich mich auch erinnern, aber daß Lana nicht dabeigewesen war, hatte ich vergessen.

Sie habe über vier Monate im Krankenhaus gelegen, sagte sie. Ihre Hüfte wurde zweimal operiert, und an der Innenseite ihrer Schenkel wurden ebenfalls mehrere Operationen vorgenommen. Mimi hatte für die besten Chirurgen gesorgt, deshalb konnte Lana später wieder einigermaßen gehen. «Aber ich wußte, ich würde nie wieder tanzen können», sagte sie. «Anfangs machte ich mir noch Hoffnungen, aber es stand gar nicht zur Debatte. Ich habe auch nie wieder richtig gesungen. Ich hab's versucht, aber es ging nicht. Ich konnte die Musik nicht mehr ertragen.»

Leo wollte nicht, daß sie je wieder öffentlich auftrat, erzählte sie uns. Er war strikt dagegen. Er wollte sie von New York wegbringen, weg von den Rassenkonflikten und weg von Mimi, die sich ausmalte, Lana könnte eine Nationalheldin werden wie Betsy Ross oder Florence Nightingale oder auch Amelia Earhart. Es schien Mimi gar nicht zu interessieren, wofür oder wogegen sich Lana eingesetzt hatte – sie fand alles anziehend, was leuchtete und glänzte – wie eine Motte das Licht.

Als Lana das erste Mal im Krankenhaus spazierengehen durfte, flehte Leo sie an, New York zu verlassen. Lana ging mit winzigen Trippelschritten, gestützt von Leo, über die asphaltierten Wege, die in der feuchten Augusthitze dampften. Sie trug einen weißen Krankenhausmorgenrock und rosarote Slipper, die Mimi für sie gekauft hatte. Ihr Haar war gewachsen, aber immer noch knabenhaft kurz. In den Bäumen regte sich kein Blatt, es war brütend heiß, aber Lana war froh, endlich einmal aus dem Krankenhaus herauszukommen. Seit über drei Monaten war sie nur den Krankenhausflur auf und ab gegangen. In der Ferne konnte sie den Straßenverkehr hören, aber er schien aus einer anderen Welt zu kommen, einer Welt, von der sie sich nie so weit hatte entfernen wollen. Die meisten Leute, denen sie begegneten, arbeiteten im Krankenhaus. Alle trugen Weiß und sahen ungefährlich, ja gütig aus.

«Ich möchte dich von hier wegbringen, La», sagte Leo sanft. Er legte den Arm um sie und umschloß mit der anderen Hand ihren Ellbogen.

«Und was soll ich dann machen?» Sie fuhr sich mit den Fingern durch die Haare, und ihr Daumen blieb am verkrusteten Rand einer langen Narbe hängen.

«Was du willst, La», sagte er. «Du kannst tun, was du willst.»

«Ich kann nicht als Hausfrau leben. Ich brauche Arbeit, Leo. Ich arbeite seit meinem siebten Lebensjahr.» Aber eigentlich konnte sie sich nicht vorstellen, überhaupt etwas zu machen. Es war schon anstrengend genug, diesen Weg entlangzugehen, ohne auch nur an Arbeit zu denken.

Obwohl es ein extrem heißer Augusttag war, fröstelte sie immer wieder. Wie gierige Haifische tauchten die bösen Erinnerungen an die Oberfläche. Sie klammerte sich an Leos Arm. «Es kommt wieder», flüsterte sie. Angst vor der Angst überschwemmte sie, und Leo führte sie vorsichtig zur nächsten Parkbank. Sie preßte die Hand auf ihr heftig pochendes Herz und atmete tief die schwüle Luft ein. Ihr Herz kam jetzt oft so ins Rasen, und sie wunderte sich manchmal, daß es noch nicht aufgegeben hatte.

Sie sah zwei junge Krankenschwestern vorbeigehen, die sorglos ihre Handtaschen in der Hitze des Spätnachmittags schwangen und fröhlich plauderten. «Ich bin nicht mehr wie früher», flüsterte sie verbittert. «Ich bin nicht mehr die, die ich war.» Jeden Tag sagte sie das. Es war wie eine Art finstere Losung geworden, fast ein Gebet.

Leo nahm sie in die Arme und drückte sie lange an sich. Sie versuchte sich vorzustellen, sie würde auf eine Bühne gehen und vor ein großes Publikum treten. Schon der Gedanke war ihr zuviel. Sie konnte kaum glauben, daß sie das je getan hatte.

«Ich bin nicht mehr dieselbe», wiederholte sie verzweifelt. «Ich bin nicht mehr die, die ich war.» Die Angst klebte zäh an ihrem Herzen, wie Teer.

«Sch-sch, La», sagte Leo. «Ich bin ja da, Baby. Ich bin bei dir. Es wird schon wieder. Es wird schon, La.»

Sie blickte hinauf in die Bäume, und als die Blätter leise raschelten, wurde ihr bange. Alles quälte sie – jedes laute oder jähe Geräusch, alles, was sich abrupt oder schnell bewegte, ob Vögel, Autos oder Menschen, versetzte sie in Angst. Selbst das Klopfen ihres eigenen Herzens erschreckte sie manchmal. Panik ergriff sie und nistete sich in ihr ein, manchmal für mehrere Stunden, manchmal tagelang. Diese Panik kam scheinbar aus dem Nichts, und oft löste sie sich dann genauso schnell wieder in Luft auf. Das war das Schwierige daran – sie hatte keinerlei Kontrolle darüber, und das beunruhigte sie am meisten. Sie hatte Angst vor der Angst.

Der Gedanke, von New York wegzugehen, ängstigte sie, der Gedanke, hierzubleiben, genauso. Trotzdem konnte sie sich nicht vorstellen, einfach wegzugehen. Sie hatte noch nie woanders gelebt. New York gehörte ihr, hier kannte sie sich aus – aber Leo glaubte, sie sei hier nicht sicher.

«Du brauchst nur die Straße runterzugehen, La, dann kommt irgendein Irrer daher, der deine Reden gehört hat, und nennt dich Niggernutte, und das war's dann.» Er schaute weg und ließ seinen Blick über den Parkplatz schweifen, wo die Sonne auf hundert gleißende Autodächer hinunterbrannte.

Als Leo sagte: «Und das war's dann», begannen ihre Gedanken wieder panisch zu kreisen. Früher hatte sie sich davor gefürchtet, daß ihr jemand etwas antun könnte, aber jetzt, nachdem es passiert war, war Furcht nicht mehr das richtige Wort. Grauen war zutreffender. Eiskaltes Grauen.

«Was soll ich nun tun, Leo? Ich kann doch nicht den ganzen Tag herumsitzen. Ich habe immer noch die gleichen Gefühle und Überzeugungen wie... *vorher.*»

Leo sah sie mit offenem Mund an. Sie hatten noch gar nicht darüber gesprochen, wie sie das jetzt alles sah. Irgendwie hatte Leo angenommen, das Schockerlebnis hätte sie den Schwarzen entfremdet und ihr Herz gegen sie gewandt. «Stimmt das, La?» fragte er.

Ein ganzer Trupp Schwestern ging an ihnen vorbei – die Tagschicht wurde abgelöst –, und ein säuerlicher Krankenhausgeruch schien sie zu umwehen. Die Sirene eines Krankenwagens jaulte auf, und sofort begannen Lanas Hände zu zittern. Auch darüber hatte sie keine Kontrolle. Immer, wenn die Panik kam, fing sie an zu zittern, ob sie wollte oder nicht. «Ich möchte dir das nicht immer wieder sagen müssen, Leo – es waren zwei weiße Männer dabei. Was der eine Weiße gemacht hat ...» Sie konnte den Satz nicht zu Ende sprechen. Ihre Stimme ließ sie einfach im Stich.

Leo streichelte ihren Handrücken. «La», sagte er leise. «Es waren keine weißen Männer dabei.»

Sie entzog ihm ihre Hand und legte sie in den Schoß. «Leo», sagte sie ernst. «Ich bin vielleicht nicht dieselbe wie früher, aber ich weiß, was ich gesehen habe. Ich war schließlich dabei, verdammt noch mal! Ich habe die beiden Weißen mit eigenen Augen gesehen.»

Sie sah ihn gequält an, während er sie mit feuchten Augen musterte.

«La», sagt er und nahm wieder ihre Hand. «Du *wolltest* diese beiden weißen Männer sehen, weil du es nicht ertragen konntest, daß Schwarze dir so was antun. Du hast sie dir eingebildet, La. Du hast sie dir eingebildet, Baby.»

Sie wandte ihm abrupt den Rücken zu. Wie oft hatte man ihr jetzt schon gesagt, sie hätte sich diese beiden weißen Männer nur eingebildet. Die Polizisten hatten es behauptet, die Anwälte, dann die Ärzte, und jetzt vertrat auch Leo diese Meinung. Alle suggerierten ihr, sie sei übergeschnappt. Aber sie konnte sich sehr genau an die Männer erinnern. Wie könnte sie je die Brutalität dieses Weißen vergessen – sie war für alle Ewigkeit in ihre Seele eingebrannt. Mimi war die einzige, die ihr glaubte, aber wenn sie das Leo erzählte, winkte er nur ab: «Mimi würde selbst Scheiße fressen, wenn du sie ihr auf einem Teller servierst – sie ist plemplem, Lana. Die Frau hat zwanzig Jahre lang ein Bordell geführt!»

«Ich *habe* diese Männer gesehen, Leo.» Sie biß die Zähne zusammen und ballte die Fäuste im Schoß. «Ich habe die rosarote Narbe auf der Nase dieses Mannes gesehen. Sein Gesicht war so nah an meinem, wie es nur geht. Verdammt – ich habe sie gesehen! *Wie oft soll ich dir das noch sagen?*»

Sie schlug mit der Faust auf die Banklehne, und Leo rückte ein Stückchen näher an sie heran. Er legte ihr seine warme Hand auf die Schulter. «Sie haben aber keine weißen Männer gefunden, La», flüsterte er besänftigend. «Sie haben nur drei von den vier Schwarzen dingfest gemacht. Du warst nicht wirklich in der Lage, genau zu registrieren, was vorging. Selbst die drei Schwarzen haben gesagt, es seien keine Weißen dabeigewesen.»

Lana drehte sich um und blickte ihm fest in die Augen. «Ich weiß genau, was ich gesehen habe, Leo. Der ältere Mann, der in der vorderen Reihe saß – er hatte sie angeheuert. Ich sage dir, er hatte sie dafür gedungen. Und sie haben ihn gedeckt, weil er weiß ist.»

Leo sah sie an. Seine Augen schmolzen fast vor Mitleid. «La, ich weiß, daß du denkst, du hättest sie gesehen, aber das stimmt nicht. Du hast sie dir eingebildet. Das ist ja auch völlig verständlich.»

Sie konnte nicht weiter darüber sprechen. Sie stand auf und humpelte davon, als könnte sie vor all dem davonlaufen. Leo eilte hinter ihr her und faßte sie am Ellbogen, um sie zu stützen. «Okay, okay, La», sagte er leise. «Vielleicht irre ich mich ja. Vielleicht haben sie die Weißen wirklich gedeckt.»

Sie sah ihm an, daß er nicht meinte, was er sagte. «Behandle mich nicht so gönnerhaft, Leo. Ich bin zwar nicht ich selbst, aber ich bin noch lange kein Kind!»

An diesem Abend trafen sie im Krankenhauszimmer ihr Abkommen. Während der Ventilator unermüdlich auf dem Nachttisch surrte und der Schweiß ihre Kleider durchtränkte, machte Leo Lana seinen Vorschlag. «Schreib alles auf, La. Schreib Bücher, die die Leute lesen können. Damit kannst du viel mehr Menschen erreichen als von der Bühne herab.»

Lana saß eine Weile da und ließ sich den Gedanken durch den Kopf gehen. Während ihr Blick über die Gemälde und Fotos wanderte, die Mimi für sie aufgehängt hatte, versprach ihr Leo, sie werde nie zu Hause sitzen und kochen müssen, sie könne schreiben, ihr ganzes Leben lang, wenn sie wolle. «Ich helfe dir, unsere Kinder großzuziehen», sagte er leise. Er bat sie nur um eines – er wollte noch ein Kind, einen Sohn.

Sie stimmte zu, obwohl sie wußte, daß das noch eine Weile dauern würde. Mit jemandem zu schlafen war geradezu unausdenklich. Es würde noch sehr viel Zeit brauchen, bis diese bitteren Ekelgefühle verschwanden. Aber sie war einverstanden, es in etwa einem Jahr zu versuchen, wenn er ihr seinerseits etwas versprach: niemals mehr in ihrer Gegenwart oder in Gegenwart der Kinder Jazz zu spielen, vor allem nicht ihr Stück, weil sie es nicht ertragen konnte, je wieder auch nur eine Note davon zu hören.

«Natürlich», flüsterte Leo. «Das würde ich nie tun, La. Nie.» Trotz der Hitze überlief es ihn kalt, wenn er nur daran dachte.

Lana hatte damals schon Angst, daß er sein Versprechen nicht halten würde. «Ich kenne die Menschen, Leo. Es hat keinen Sinn, etwas zu unterdrücken. Vor allem Leidenschaften kann man nicht einfach abschalten. Ich habe Angst, daß es uns wieder einholt.»

Er legte ihr den Finger auf die Lippen, um sie zum Schweigen zu bringen. «Nein, das wird es nicht, Baby», sagte er leise. «Wie könnte ich diese Musik je wieder spielen, nach allem, was –»

Er schloß sie in die Arme und wiederholte immer wieder dieselben Worte. Sie kamen von Herzen, das wußte sie. Trotzdem glaubte sie ihm nicht ganz. Sie hatte das Gefühl, daß die Versuchung irgendwo, irgendwann wiederkommen würde, aber sie konnte jetzt nicht mehr darüber nachdenken. Der Gedanke brachte das schmale Fundament, auf dem sie stand, ins Wanken, also ließ sie es.

«Und ich will nicht, daß Maddie und Elena davon erfahren», flüsterte sie. «Oder erst viel später. Erst, wenn ich die Sache los bin. Ich meine das sehr ernst, Leo. Es ist mir ernster, als ich dir sagen kann.»

«Okay, La», murmelte er. «Wir werden es ihnen nicht sagen, bis du soweit bist. Wir fangen noch mal ganz von vorne an. Wir lassen alles hinter uns. Wir gehen von hier weg und beginnen ein neues Leben. Wir trennen uns von Mimi und Sammy und von allen hier und ändern unser ganzes Leben», sagte er. Er berührte ihr Gesicht mit seinen warmen Fingerspitzen. «Ich liebe dich, La, ich liebe dich mehr als alles auf der Welt.»

Ihre Hände zitterten, und Leo nahm sie zwischen seine, hielt sie lange fest und rieb sie, als könnte das die Dämonen vertreiben.

Jetzt schwieg Lana und sah uns an. Sie schluckte, und als sie den Finger auf die Lippen legte, wußte ich, sie würde nicht mehr weitererzählen. «Das war unser Abkommen», sagte sie. «Es ist lange her.»

Wir konnten nicht sprechen. Es war ein komisches Gefühl, daß ich, als das alles passierte, schon gelebt hatte, ohne auch nur das geringste davon mitzubekommen. Und jetzt war alles heraus, an der Luft, und dort konnte es herumgeistern und fliegen, wohin es wollte, ohne daß es irgendwelche Folgen hatte. Es war aus Lanas eigenem Mund gekommen, und was immer sie über ihre Vergangenheit gesagt hatte, hatte höchstens noch die Macht, sie zu heilen.

«Was passiert jetzt?» fragte Elena leise.

Lana musterte uns alle drei. «Ich weiß es nicht», sagte sie. «Ich weiß es wirklich nicht.» Sie schaute auf den kleinen Wecker neben ihrer Matratze. Es war Viertel vor vier. «Das Problem werden wir heute nacht nicht mehr lösen», sagte sie.

«Was hast du eigentlich die ganze Zeit hier gemacht?» fragte ich sie.

Sie sah mich an und tätschelte meinen Arm. «Das erzähl ich euch morgen früh, mein Schatz», sagte sie. «Jetzt nicht mehr. Ich habe genug geredet. Morgen erzähl ich's euch.»

Sie stellte den Aschenbecher auf den Fußboden, stand auf und schlug die Decke zurück. «Und jetzt huschhusch ins Körbchen.» Wir wollten uns nicht von ihr trennen und sie sich nicht von uns, also krochen wir alle unter ihre Decke und schoben Harry so weit an die Wand, wie es ging. Lana lag zwischen mir und Lizzy, Elena auf der anderen Seite neben mir. Ich merkte, daß sie nicht ihr Nachthemd angezogen hatte, und wollte schon etwas sagen, bis mir einfiel, daß Elena und ich vor einer Woche auch in unseren dreckigen Kleidern geschlafen hatten. Manchmal mußte das anscheinend sein.

Lana knipste das Licht aus, und gut zwanzig Minuten lagen wir alle schweigend da. Draußen grummelte immer noch ein ferner Donner, und hier und da blitzte Wetterleuchten auf. Das Gewitter hatte die Luft abgekühlt, eine frische Brise zupfte an den Reispapierrollos. Das Geräusch tröstete mich.

Ich weiß nicht, wie sie das machten, aber Elena und Lizzy schliefen ein. Ich konnte lange nicht schlafen. Meine Gedanken hielten mich wach, und meine Nerven kribbelten. Ich konnte nicht stilliegen.

«Was ist, Maddie?» fragte Lana leise.

«Meine Nerven», sagte ich. «Sie sitzen unter meinen Kniescheiben.»

Lana dachte kurz nach und schien dann zu dem Schluß zu kommen, daß meine Nerven für halb fünf Uhr morgens ein zu schwieriges Thema waren. «Leg deine Beine über meinen Bauch, und ich reib dir die Knie», flüsterte sie.

Ich bezweifelte, daß das viel helfen würde, aber ich tat es trotzdem. Meine Füße landeten auf Lizzys Magen, mein Kopf an Elenas Arm. «Wenn ich nicht schlafen kann, dann lieg ich im Bett und versuche, nicht an mich selbst zu denken», flüsterte Lana. «Ich denke daran, wie groß die Welt ist und daß mehr Menschen auf ihr wohnen, als ich mir vorstellen kann. Ich sage mir: Jetzt, genau in dieser Sekunde, wird irgendwo ein Kind geboren. Die Mutter hat gerade seinen ersten Schrei gehört. Und ich sehe sie vor mir, irgendwo in einem Zimmer. Ich bin bei ihnen, und dann denke ich, genau in dieser Sekunde wird irgendwo anders auch ein Kind geboren. In Südamerika oder in China. Und jetzt, genau in diesem Moment, küßt ein Junge das erste Mal ein Mädchen, irgendwo auf dieser Welt, und sie haben Herzklopfen wie verrückt. In Rußland vielleicht oder in Frankreich. Ich gehe in die Zimmer oder stehe draußen auf der Straße, und ich sehe ihnen zu. Jemand wird geboren, und dann, genau jetzt, stirbt irgendwo jemand, und jemand anderes weint.»

«Und jemand ist gerade hingefallen», sagte ich leise, «zum Beispiel in Indien oder in Lansing. Und jetzt ist er wieder aufgestanden.»

«Irgend jemand, irgendwo», flüsterte sie.

21

Ich schlief erst nach fünf ein, die Beine über Lanas Bauch. Knapp vier Stunden später wachte Harry auf. Lana ging mit ihm ins Bad, während Elena, Lizzy und ich noch unter der Decke blieben. Kaum hatten wir den Schlaf abgeschüttelt, erschienen Lanas Bilder wieder. Wir sahen einander hilflos an. Irgendwie war es besser gewesen, bevor wir wirklich Bescheid gewußt hatten – die Wahrheit war so düster und grauenvoll, daß sie auf unseren Herzen lastete wie ein Elefant.

«Kapierst du, wie Leo diesen Song spielen konnte?» flüsterte Elena. Sie zog die Decke bis unters Kinn und kniff die Augen zusammen, weil ihr ein feiner Sonnenstrahl aufs Gesicht fiel.

«Nein», wisperte ich. Ich spürte, wie Lizzy neben mir fröstelte.

«Maddie – weißt du noch, wie Leo nach Syracuse gekommen ist, um Lana abzuholen, und wie Lana zu ihm gesagt hat: ‹Du bist damals zu spät gekommen, und jetzt kommst du wieder zu spät.›»

Ein Schauder überlief mich, als ich daran dachte, wohin Leo zu spät gekommen war.

Ich war froh, daß wenigstens die Sonne schien und der Himmel seidig blau war. Ein paar bauschige Wolken hingen noch dort oben, aber sie hatten ihre dunkle Macht verloren. Es war schon warm – ich spürte richtig, wie die Hitze draußen von den Gehwegen hochstieg.

Lana kam mit Harry aus dem Bad, und wir folgten ihr schweigend mit den Augen. Sie suchte Harrys graues T-Shirt und wühlte in den Kleiderstapeln, als wäre es ein Morgen wie jeder andere. Uns kam das ganz merkwürdig vor. Wie konnte sie nach allem, was mit ihr geschehen war, in der Wohnung herumlaufen und etwas so Kleines und Unbedeutendes wie ein graues T-Shirt suchen? Für uns war das alles erst gestern nacht passiert.

Als sie Harry angezogen hatte, ging sie zur Telefonzelle hinunter. Vom Fenster aus sahen wir sie zwei Anrufe machen. Zehn Minuten später kam sie zurück. Wir würden ein paar Tage bei Mimi am Long Island Sound verbringen, teilte sie uns mit. Wir waren erleichtert, aus der Stadt herauszukommen. Die Aussicht, jetzt die ganze Zeit in Lanas stickiger kleiner Wohnung herumzusitzen, war alles andere als verlockend.

Mimi holte uns kurz nach zehn in einem dunkelblauen Cadillac ab. Sie trug ein weißes Sommerkleid und beige Sandalen und sah eigentlich ganz normal aus, obwohl ihre schwarzgefärbten Haare immer noch starr wie Stroh hochtoupiert waren. Und sie hatte soviel blauen Lidschatten aufgelegt, daß ich mich fragte, wie sie überhaupt die Augen offenhalten konnte.

Mimi ahnte nicht, was in der vergangenen Nacht vorgefallen war. Eine Weile versuchte sie, mit uns dreien ein Gespräch anzufangen, aber wir konnten alle nicht richtig reden; wir waren tief in Gedanken und versuchten, ein bißchen Ordnung in unser neues Wissen zu bekommen. Immer wieder sahen wir Lana an, um uns zu vergewissern, daß es ihr gutging. Wir dachten, das, was sie uns in der Nacht erzählt hatte, müßte ganz oben in ihrem Kopf schwimmen wie Öl und sich alle paar Minuten bemerkbar machen, aber sie wirkte ganz entspannt, als sei es ihr gelungen, alles wieder in eine Schublade ganz hinten in ihrem Bewußtsein zu packen.

Als Mimi unser Schweigen da hinten auf dem Rücksitz zu blöd wurde, wollte sie uns eine Geschichte erzählen, die sie mit den

Worten einleitete: «Als ich noch im Kosmetikgeschäft war...» Da unterbrach Lana sie.

«Die Mädchen wissen, daß du ein Bordell geführt hast, Mimi.»

«Oh», war alles, was Mimi dazu sagte. Wir sahen im Rückspiegel, wie ihr Blick vom schmorenden Asphalt zu unseren Gesichtern wanderte.

«Sie wissen alles», fügte Lana hinzu. «Ich hab's ihnen gestern abend erzählt.»

Mimi nickte nur und sagte nichts mehr. In Gedanken ging sie wohl auch in jene Zeit zurück. Sie umklammerte das mit Leder bezogene Lenkrad, den Blick auf die Straße gerichtet, und fuhr weiter.

Elena und ich hätten nicht ahnen können, wieviel Geld Mimi mit ihrem Bordell verdient hatte, bis wir das Haus sahen. Es war ein wunderschönes, weitläufiges, schindelverkleidetes Haus mit zwei Etagen, genau in der richtigen Entfernung vom Strand: weit genug weg, daß man nicht das Gefühl hatte, gleich im Meer zu sitzen, und nah genug dran, daß man von der Eingangstür aus gerufen werden konnte, wenn man am Wasser saß. Es hatte eine kleine Kuppel zwischen zwei Giebeln und eine hübsche geschlossene Veranda mit Blick aufs Wasser. Auf der Veranda standen zwei alte, verwitterte Hollywoodschaukeln, die in der frischen Meeresbrise leise knarzten.

Mimi hatte das Haus innen üppig ausgestattet: teure Orientteppiche und Mahagonimöbel, dazu weiße Polstersessel und Diwane. Auf drei Seiten befanden sich riesige Erkerfenster, und aus allen konnte man aufs Meer hinausschauen. Das Haus war unglaublich elegant, aber ich konnte trotzdem nicht vergessen, woher das Geld stammte. Effy hat für ein paar von diesen Sachen bezahlt, dachte ich. Sie hat Mr. Larkin auf den rosaroten Arsch geklatscht, damit Mimi auf einem weißen Sofa sitzen und aufs Meer hinausblicken kann.

An den Wänden im Eßzimmer hingen überall Fotos von Lana und Teddy, vor allem von Lana. Anscheinend hatte Mimi für jede Phase in Lanas Leben ein Foto ausgewählt. Lana beim Schwimmen im Meer. Lana auf der Schaukel, Lana im Bett, Lana bei ihren Auftritten in Mimis Club, manchmal allein, manchmal mit Effy.

Wir stiegen die Treppen zum Obergeschoß hinauf. Lanas und Teddys Zimmer hatte Mimi unberührt gelassen. Sie wirkten wie Schreine, Denkmäler einer anderen, vergangenen Zeit.

Lana ging kurz in Mimis Büro, das ebenfalls im Obergeschoß lag. Es sah ähnlich aus wie das Büro in Mimis Bordell, das Lana in ihrem Notizbuch beschrieben hatte: dicke Samtvorhänge an den Fenstern zum Sound und in der Mitte des Raums ein übergroßer Mahagonischreibtisch, der aussah wie der Schreibtisch eines Riesen.

Als Lana zum Telefon ging und wählte, schloß Mimi die Tür hinter ihr. Sie führte uns hinunter ins Wohnzimmer, wo wir durch das große Fenster die Wellen des Ozeans sehen konnten. Wir setzten uns auf das weiße Sofa und studierten die Fotos an der Wand, vor allem die von Effy und Lana. Die enge Beziehung zwischen den beiden war so deutlich zu sehen, als würde ein feines Gewebe sie verbinden.

Mimi kam aus der Küche. Sie trug ein silbernes Tablett mit vier Gläsern Limonade, das sie auf dem langen Couchtisch abstellte. Wir bedienten uns, setzten uns dann brav wieder hin und blickten hinaus aufs Meer. Lanas Qualen hatten sich auf unsere Zungen gelegt und uns zum Schweigen gebracht.

Ein alter Mann und ein seltsamer Junge, der nicht älter als acht war, gingen draußen den Strand entlang. Der Junge war dünn, fast ein Gerippe, und seine Knie und Ellbogen sahen aus wie Knoten. Sein Schädel war kahl und seine Brust so eingesunken, daß die Rippen wie dicke Finger herausragten. Er lief unsicher vor dem alten Mann her, patschte ins Wasser und flappte ungeschickt mit den Armen wie ein großer, betrunkener Vogel. Der Ozean brachte ihn außer Rand und Band, und als ich länger hinschaute, begriff ich, daß der Junge krank war. Der alte Mann blieb stehen und beobachtete den Jungen, als hätte die Begegnung zwischen diesem dürren Kind und dem Meer etwas Magisches, etwas, das er sich genau einprägen wollte. Er erinnerte mich an die Augen Gottes.

«Das sind Howard und sein Großvater», sagte Mimi, erleichtert, daß sich endlich ein Gesprächsstoff anbot. «In zwei Tagen muß Howard zurück ins Krankenhaus. Er hat Leukämie und wird bald sterben. Er ist sehr nett, aber seine Mutter –» Sie verdrehte die Augen. «Saracyn-*tia*. Nennt sie ja nicht Saracyn-*thia*, sonst haut sie euch nämlich den Hintern blau.»

Ich schaute hinaus auf den Ozean, zu dem kahlköpfigen kleinen Jungen, der plötzlich ganz tragisch aussah. Aber Mimi war so lustig und unterhaltsam, daß ich gar nicht lange über ihn nachdenken konnte. «Die Großmutter ist auch so 'ne Nummer für sich. Sie nennt mich immer Mimilein, als wäre ich ihre beste Freundin. Sie heißt Hora – ich nenne sie natürlich Horror. Sie beschwert sich ständig über Schleimbeutelentzündungen in den Armen und Arthritis in den Beinen. Ich würde ihr am liebsten beides abhacken, dann hätten wir nämlich unsere Ruhe. Und auf einer Wange hat sie eine Warze, auf der ein ganzer Rasen wächst, und wenn ich zu ihr sage: ‹Hora, wann läßt du dir endlich diese Warze entfernen›, antwortet sie: ‹Das ist der einzige Schönheitsfleck, den ich noch habe.› Ein Schönheitsfleck à la Attila der Hunnenkönig, sage ich dann immer, aber Hora kapiert so was nicht.»

Endlich kam Lana nach unten. Es war warm und drückend, und Mimi schlug vor, wir sollten doch unsere Schwimmsachen anziehen und den Nachmittag am Strand verbringen. Wir hatten keine Badeanzüge dabei, aber Mimi hatte noch ein paar alte von Lana, die sie seit Jahren auf dem Speicher in Plastiktüten aufbewahrte, als hätte sie schon die ganze Zeit gewußt, daß dieser Tag einst kommen würde. Sie besaß sogar noch eine alte Badehose von Teddy, die Harry zwar noch etwas zu groß war, aber er zog sie trotzdem an und schlug sie einfach an der Taille ein paarmal um. Lana gab sie den Badeanzug, den sie getragen hatte, als sie das letzte Mal am Sound gewesen war – ein schwarzer Zweiteiler mit schmalen Schulterstrapsen und einem gerafften Unterteil.

Wir freuten uns darauf, uns in Sand und Wasser zu tummeln. Das war weit weg von der Garderobe mit dem Zementfußboden und der schwarzen Decke, in der Lana die schrecklichsten Augenblicke ihres Lebens verbracht hatte. Es war, als würden unsere Gedanken und Herzen dort als Geiseln festgehalten, und der Strand, der Himmel und die Sonne eröffneten uns Fluchtwege. Wir rannten hinunter zum Wasser, wo wir unsere verbrannten Füße kühlten. Die Wellen waren wunderbar – nicht so hoch, daß sie uns Angst eingejagt hätten, aber auch nicht so mickrig, daß wir enttäuscht gewesen wären, sondern genau richtig, und zwei Stunden lang taten Elena, Lizzy und ich nichts anderes, als uns von ihnen treiben zu lassen und alles andere zu vergessen. Ihr Wogen und Schäumen und Schieben und Ziehen wusch unsere Herzensqualen weg.

Um die Mittagszeit picknickten wir auf einer blaugrünen Decke. Während die Wellen ans Ufer schwappten, bissen wir genüßlich in Mimis üppige Schinken-und-Käse-Sandwiches und mampften die knusprigen Brezeln, die sie uns servierte. Die Möwen glitten durch die Luft und schlugen mit den Flügeln einen seidenen Refrain, der blaue Himmel spannte sich über uns, wie im Paradies. Bis mir Lanas Geschichte wieder einfiel.

Mein Blick fiel auf ihre rechte Hüfte, wo gleich unter dem schwarzen Badeanzug diese lila Narbe lag, wie ein Stück dunkles Hanfseil auf der hellen Haut. Ich beobachtete, wie Lana zu Harry flitzte und ihm die nasse rote Badehose hochzog. Elena und Lizzy folgten ihr ebenfalls mit ihren Blicken. Es war, als hätte das knirschende Geräusch beim Brezelkauen unsere Gedanken wieder auf das gelenkt, was mit Lana passiert war. Ich bemühte mich, nicht daran zu denken, aber meine Phantasie wollte nicht lockerlassen. Es war die schlimmste Sorte innerer Bilder, schlimmer, als wenn ich mir vorgestellt hatte, Leo würde mit einer Schaufel auf Lanas Hüfte einschlagen, denn ich wußte ja, es stimmte – es war tatsächlich passiert. In einer Nacht vor fast zehn Jahren waren vier schwarze Männer und ein weißer Mann in Lanas Garderobe eingedrungen und hatten ihre Hüfte und ihr ganzes Leben zertrümmert.

Ich wollte Lanas Narbe ansehen, sie endlich berühren. Ich wußte, wir hatten versprochen, keine weiteren Fragen zu stellen, aber irgendwie fand ich es etwas anderes, wenn ich sie darum bat, die Narbe sehen zu dürfen. Es war eine Narbe, und da waren eigentlich gar keine Fragen nötig – man konnte sie betrachten und anfassen, ohne ein Wort zu sagen. Als Mimi ins Haus ging, um für uns Eis am Stil zu holen, fragte ich Lana, ob wir ihre Narbe sehen könnten. Sie erstarrte kurz und runzelte die Stirn, und einen Augenblick lang sah es aus, als hätte sie ganz vergessen, was sie uns gestern nacht erzählt hatte. Sie sah Lizzy und Elena an, die sie ihrerseits erwartungsvoll anblickten. Nach einer Weile sagte sie: «Na gut, meinetwegen.»

Sie legte sich auf die rechte Hüfte und schob ganz langsam ihr schwarzes Unterteil ein Stück nach unten, bis die dicke Zickzacklinie ihrer Narbe zur Gänze sichtbar wurde. Wir krochen näher, um sie genau sehen zu können, und folgten mit den Augen der krakeligen Linie. Mich gruselte bei der Vorstellung, daß darunter kleine Knochensplitter wie Treibholz herumschwammen. Elena mußte denselben Gedanken gehabt haben, denn sie spuckte ihre Brezel aus und vergrub sie im Sand.

«Dürfen wir sie anfassen?» fragte ich leise. Meine Finger sehnten sich danach, sie zu berühren, als könnte ich dadurch die Wunde für immer heilen. Als Lana nickte, krabbelten wir noch näher. Vorsichtig legten wir die Finger auf die Narbe und strichen immer wieder über die huppelige Oberfläche.

Bald darauf legten Lana, Elena, Lizzy und ich uns auf die Decke, um zu schlafen, während Mimi mit Harry am Strand auf und ab ging und Muscheln suchte. Wir kuschelten uns an Lana und berührten sie von allen Seiten, als wäre es unsere Aufgabe, sie zusammenzuhalten. Das letzte, was ich hörte, war Harrys begeistertes Quietschen, dann fiel ich in einen tiefen Schlaf, fast ein Koma. Da waren keine Träume, nur dunkle, leere Räume, in denen sich nichts rührte. Es war, als hätte jemand einen Besen genommen und alles leergefegt.

Eine Stunde später wachten wir wieder auf, weil Mimi laut «Lana!» rief. Wir schlugen die Augen auf und kamen langsam wieder zu uns, stützten uns auf die Ellbogen hoch und blinzelten in die Sonne. Zuerst sah ich Mimi. Sie stand auf der Veranda und hatte eine weiße Schürze umgebunden. Und dann sah ich Leo. Er stand etwa fünf oder sechs Meter von der Veranda entfernt, die weißen Hemdsärmel bis über die Ellbogen aufgerollt, die schwarzen Hosen feucht und zerknittert von der Fahrt durch die Hitze. Er stand einfach vor dem blauen Himmel, die Hände in den Taschen, und schaute zu uns herüber. Er hat die Melodie gespielt, dachte ich. Und jetzt, da ich wußte, warum Lana sie nicht hören konnte, wußte ich nicht mehr, was ich von ihm halten sollte.

Lana sah ihn auch und flüsterte seinen Namen. «Leo», sagte sie, als sei er ihr gerade erst wieder eingefallen. Sie setzte sich auf und rieb sich den Sand von Armen und Beinen, während Leo immer noch wie angewurzelt dastand, als wartete er darauf, daß jemand kommen und ihn abholen würde.

«Bleibt hier.» Lana stand auf und ging auf ihn zu, wobei sie ein weißes Handtuch um ihre Hüfte schlang. Ihr Stock stach beim Gehen in den Sand. Leo kam ihr entgegen, die Hände immer noch in den Taschen. Er war so weit weg, daß ich sein Gesicht nicht richtig sehen konnte, aber irgendwie wußte ich, es war wieder in die schrecklichen Teile zerfallen.

Als sie endlich beieinander waren, umarmten sie sich nicht,

wie Elena, Lizzy und ich gehofft hatten. Sie blieben stehen, als hätte jemand eine Linie in den Sand gezogen, die sie nicht überschreiten durften. Leo streckte nur die Hand aus und berührte Lanas kurzgeschnittenes Haar. Sie redeten eine Weile miteinander, aber wir konnten kein Wort verstehen. Dann kamen sie nicht etwa zu uns, sondern gingen hinunter zum Wasser. Leo zog Schuhe und Socken aus. Sie entfernten sich von uns und gingen in einem solchen Abstand nebeneinanderher, daß Elena und ich mühelos dazwischen gepaßt hätten.

Mimi gesellte sich zu uns, setzte sich neben die Decke und vergrub ihre bloßen Füße im feuchten Sand. Wir schauten alle Lana und Leo nach, wie sie den Strand entlanggingen und immer kleiner wurden, als würden sie langsam, aber sicher entschwinden. Mimi bohrte die Füße noch tiefer in den Sand und sagte: «Lana hat euch also gestern alles erzählt, was?»

Wir nickten, und plötzlich war alles wieder so schrecklich schwer und lähmend, und die düster grauen Gefühle drückten uns auf die Brust.

«Ist es nicht toll, daß man sie gefunden hat?»

«Daß man wen gefunden hat?» fragte Elena. Sie richtete sich auf, und wir rückten alle instinktiv näher an Mimi heran – ein Geheimnis war nach wie vor eine große Attraktion, und der Impuls aufzupassen, daß es nicht in die Luft entfleuchte, immer noch sehr stark.

«Die anderen Männer», sagte Mimi leise. Ihr Kopf zuckte nach rechts, als fröstele sie bei der Erwähnung dieser Männer.

«Welche Männer?» fragte Elena. Sie ließ den Sand fallen, den sie gerade durch ihre Finger hatte rinnen lassen, und kam auf Knien angekrochen. Lana hatte nichts von anderen Männern gesagt. Kein Wort.

Mimi beugte sich vor. «Sie haben herausgefunden, wer die weißen Männer waren. Lana hatte sie sich nicht eingebildet, wie alle immer sagten. Ich habe ihr natürlich die ganze Zeit geglaubt.

Sylvester Williams hieß der ältere, und der junge war ein Typ namens Matt Bates, ein mieser kleiner Schläger aus der Bronx», flüsterte sie laut.

«Wie haben sie die gefunden?» fragte Elena.

Mit weit aufgerissenen Augen und offenen Mündern starrten wir Mimi an, die sich nervös nach Lana und Leo umschaute. Sie hatten inzwischen wieder kehrt gemacht und waren zwar noch außer Hörweite, kamen aber schnell näher. «Der Anwalt hat festgestellt, daß das Beweismaterial gegen die weißen Männer unterschlagen wurde», sagte Mimi rasch, «und jetzt ist es wieder ausgegraben worden.»

Sie schwieg und holte tief Luft, wobei sie sich mit der Hand Luft zufächelte. Lanas Anwalt habe sich vor ein paar Monaten gemeldet, erzählte sie. Daraufhin hatte sie unsere alte Nummer in Detroit angerufen und erfahren, daß sie abgemeldet war. Sie hatte es über den Opa in Lansing versucht, aber der wollte ihr unsere neue Nummer nicht geben. Ich hatte nicht gewußt, daß Lana und Leo unsere Telefonnummern nie hatten registrieren lassen, seit sie von New York weggegangen waren. Mimi hatte zu Opa gesagt, es sei dringend, und er hatte ihr wenigstens Lanas Adresse gegeben. Daraufhin schrieb sie Lana, der Anwalt wolle sie sprechen. Lana hatte Mimi angerufen und ihr gesagt, sie wolle mit niemandem sprechen. Mimi hatte das dem Anwalt weitergegeben, der dann seinerseits Lanas Adresse haben wollte, um sich persönlich mit ihr in Verbindung zu setzen, aber Mimi hatte sie nicht herausgerückt.

«Ich konnte das nicht tun, weil Lana mir nie verziehen hätte», erklärte sie. «Also habe ich ihr noch mal geschrieben, und als sie nicht antwortete, habe ich das dem Anwalt gesagt, und er teilte mir schließlich mit, sie hätten herausgefunden, wer die weißen Männer waren. Ich habe also Lana noch einen Brief geschrieben und ihr das erzählt, und dann hat sie endlich mit dem Anwalt gesprochen. Er sagte, der ältere Typ hätte die Neger dafür bezahlt, sie zu vergewaltigen. Und den Schläger aus der Bronx hatte er auch angeheuert. Sie waren alle Häftlinge von Rikers Island, die auf Bewährung draußen waren. Stellt euch das mal vor!»

Der Wirbelwind fegte durch meine Adern wie schon so oft, und meine Nerven zerrten an mir. Ich dachte plötzlich an den Nachmittag, als Lizzy und ich in die Küche gekommen waren und Lana gerade einen Topfdeckel und Harrys Eßgeschirr durch die Gegend schleuderte, so daß die ganzen Suppenreste über den Boden spritzten. Ich hatte einen Verdacht gehabt und im Abfall gewühlt, wo ich prompt Mimis letzten Brief in winzigen Fetzchen gefunden hatte. Damals hatten wir gemerkt, daß sich irgend etwas Grundsätzliches verändert hatte. Lana hatte aufgehört zu zittern, ihre Stimme hatte anders geklungen, und ihre Beziehung zu Leo war deutlich distanzierter geworden. Unsere Bühne im Keller hatte Lana auch abgebaut, und bald darauf hatte sie uns die letzte Folge der Geschichte vom Bären und der Spätzin erzählt, in der der Spatz die Spätzin mit einer Schaufel über den Kopf geschlagen hatte und sie tot liegengeblieben war.

In meinem Kopf verzog sich wieder eine Nebelschwade, und ein bißchen mehr Licht drang herein. Sie hatten also die beiden weißen Männer gefunden. Lana hatte sie sich nicht eingebildet. Das Wissen, daß die vier Schwarzen nicht einfach so über sie hergefallen waren, mußte ihr Selbstbewußtsein wieder gestärkt haben. Daß alles tatsächlich so gewesen war, wie sie es erlebt und wahrgenommen hatte, mußte ihr neue Kraft gegeben haben. Es hatte ihr den Mut gegeben, sich zu wehren, worum Leo sie so oft gebeten hatte. Ich fragte mich, warum sie uns das in der vergangenen Nacht nicht gesagt hatte. Eigentlich wäre das doch angebracht gewesen, wo sie uns doch sonst alles erzählt hatte.

«Warum hat sie uns das nicht gesagt?» flüsterte ich Mimi zu.

Mimi blickte zum Wasser. Lana und Leo waren jetzt so nahe, daß sie uns hören konnten, also wollte sie nichts mehr sagen. Das sah ich an den tiefen Falten um ihre Augen und ihren Mund. Sie lehnte sich zurück. Ihr Gesicht war rot und angespannt, ihre

Augen zuckten unruhig. Kein Wunder, daß Lana uns von ihr ferngehalten hatte. Zehn Minuten allein mit ihr – und sie hätte alles ausgeplaudert.

Leo und Lana kamen zu unserer Decke. Ich merkte an Leos fahlem, erschöpftem Gesicht, daß Lana ihm etwas davon erzählt hatte. Er ließ sich auf die Knie sinken und schloß mich, Elena und Lizzy in die Arme. Einen Augenblick lang vergaßen wir seine Rolle in dem ganzen Konflikt und spürten nur sein verzweifeltes Verlangen, sich trotz der verkrampften Atmosphäre, die durch Mimis Feindseligkeit und Lanas Gleichgültigkeit erzeugt wurde, erwünscht zu fühlen. Wir warfen uns in seine kräftigen Arme, und als er sie um uns legte und an uns schnupperte, merkte ich, eigentlich umarmte er Lana – diese warme, zärtliche Geste war für sie bestimmt.

Wir machten auf der Decke Platz für ihn, Lana setzte sich neben Mimi, und alle schwiegen betreten. Der Gedanke, daß sie diese weißen Männer gefunden hatten, arbeitete in unseren Köpfen und saß zwischen uns wie ein fettes Rhinozeros, aber niemand sprach darüber. Wir starrten hinauf zum Himmel, der langsam weiß wurde, und lauschten dem Rauschen der Wellen, wie sie eine nach der anderen ans Ufer schlugen. Hätte uns jemand beobachtet, wäre er wohl zu dem Schluß gekommen, wir seien eine Familie von Taubstummen.

Das Abendessen an Mimis elegantem Eßtisch war nicht viel besser. Wir sagten, das Geschirr sei wunderschön, und Elena meinte, das Tischtuch erinnere sie an das bei uns zu Hause. Wir lobten Mimis Kochkunst, und als auch dieses Thema erschöpft war, redeten wir darüber, wie angenehm es sei, das Meer zu hören und die ständige Brise zu fühlen. Danach gab es nichts mehr zu sagen. Wir konnten nicht über Leos Musical sprechen, weil er da Jazz gespielt hatte, und wir konnten auch nicht über Lanas Aktivitäten reden. Unter normalen Bedingungen hätten Elena, Lizzy und ich uns überlegen können, was wir in den Ferien alles unternehmen wollten, aber da das direkt zu der Frage führte, wie Lana und Leo den Sommer verbringen würden, was auch das kein Gesprächsstoff.

Nach dem Essen krabbelten mir die Nerven bereits wieder im Nacken herum, und Leo war kurz davor, in unseren Kombi zu steigen und nach Hamilton zurückzufahren. Er deutete es an, aber Mimi war immerhin so freundlich, ihn zu bitten, doch bis zum nächsten Morgen zu bleiben. Wir waren alle so darauf aus, diese verkrampfte Situation endlich zu beenden, daß wir auf Mimis Frage hin, ob wir noch Nachtisch wollten, sofort versicherten, wir seien plumpssatt und würden lieber bis später warten.

Während Mimi Harry in ein Schaumbad steckte, gingen wir auf die Veranda und setzten uns in die Hollywoodschaukeln, Elena und Lana in die eine, Leo, Lizzy und ich in die andere. Die Spannung zwischen Lana und Leo war mit Händen zu greifen. Irgend etwas würde noch heute abend zwischen ihnen passieren, soviel wußte ich. Ich wußte nicht, wo – ob am Strand, hier auf der Veranda, in ihrem Zimmer –, aber daß etwas bevorstand, war mir klar. Ich spürte es, als hätte es Fingernägel und würde mich kratzen.

Als es Zeit fürs Bett war, wählte Elena Teddys früheres Zimmer im oberen Stockwerk, wo sie ordentlich herumschnüffeln würde, das wußte ich. Lizzy und ich bekamen Lanas altes Zimmer, da es zwei Einzelbetten hatte. Sobald Lana die Tür hinter sich zugemacht hatte, inspizierten wir den Raum, zogen alle Schubladen auf und betatschten alles. ·Besonders ergiebig war es nicht – ein paar alte Steppschuhe von Lana, ein Notizbuch mit Zeitungsausschnitten über Jazzmusiker und ein ganzes Bündel mit alten Tickets.

Ich fand allerdings etwas, was ich behielt. Auf der Kommode stand ein kleines Foto von Effy und Lana, auf dem Lana nicht älter als zehn war. Effy trug ein wunderschönes, schimmerndes Kleid mit einem weißen Ansteckbukett. Eine Hand hatte sie in die Hüfte gestemmt, und das Kinn streckte sie leicht vor. Lana stand hinter ihr und betrachtete sie mit großen, feuchten Augen voller unendlicher Bewunderung.

Ich holte das Foto aus dem Rahmen und steckte es unter mein Kissen.

Wir krochen unter die frischbezogenen Decken in unseren getrennten Betten. Das Rauschen der Wellen schwappte über uns hinweg, und durch das offene Fenster fiel der Lichtschein von Mimis Verandalampe.

«Was mit Lana passiert ist, war ja wirklich schlimm», wisperte Lizzy.

Das Wort *schlimm* schien so mickrig, so absolut unangemessen. Wir waren das erste Mal allein, seit Lana uns ihre Geschichte erzählt hatte, und nun erschien es uns unmöglich, darüber zu reden, es überhaupt irgendwie anzusprechen. Als würden unsere kleinen Worte irgendwie das unfaßbare und unaussprechliche Grauen abschwächen.

«Was wird aus mir, wenn Leo hierherzieht, Maddie?» fragte mich Lizzy.

Ich dachte an Lanas drittes Geheimnis – daß Männer für mich nie so wichtig sein würden und daß ich etwas Großartiges mit meinem Leben machen würde. Ich hatte Angst, ich könnte womöglich das gleiche tun müssen wie sie, und als mir die einzige Vorahnung meines bisherigen Lebens einfiel, überlief es mich kalt. Diese Vorahnung hatte ich letzten Sommer gehabt, im Bad, als ich versuchte, meine Nerven mit warmem Wasser zu beruhigen. Eine Katze hatte draußen im Garten geschrien, und das Licht im Bad hatte geflackert, und da hatte ich gedacht, daß ich diejenige sein würde, die Lizzy vor Garta retten würde. Ich wußte nicht, warum, aber das Gefühl kam jetzt wieder, und es fühlte sich an, als hätte es Wurzeln, die bis tief in meinen Magen reichten.

«Lana und ich, wir geben dich nicht her», sagte ich. Irgendwie war ich mir da ganz sicher.

Lizzy zog die Decke bis unters Kinn und blickte durch das offene Fenster hinaus auf die dunklen Wogen des Ozeans, die mit langen, glatten Fingern ans Ufer griffen und dann wieder zurückwichen.

«Gute Nacht», sagte ich.

Eingelullt von den Wellen und dem Gedanken, daß Lana sie nicht im Stich lassen würde, schlief Lizzy ein, und ich blieb, wie immer, allein zurück, umgeben von den seltsamen neuen Schatten. Ich hörte Lana und Leo im Zimmer unter mir. Ihre Stimmen drangen zu mir herauf, nicht durch den Kamin und auch nicht durch die Heizungsgitter im Fußboden, sondern durch die offenen Fenster. Ich konnte nicht verstehen, was sie sagten, aber ich hörte, daß Lanas Stimme nicht so schrill und scharf war wie sonst immer nachts – nein, ihre Stimme war anders: es war die, die ich in ihren Filmen gehört hatte.

Es dauerte nicht lange, bis ich aufstand und Mimis knarrende Treppe hinunterschlich, um zu horchen. Ich hielt es einfach nicht aus, nicht zu wissen, was sie redeten, zumal ihre Entscheidungen so tiefgreifende Auswirkungen auf mein eigenes Leben hatten. Ich hörte, daß Mimi in ihrem Zimmer, das ein paar Türen weiter lag, auf und ab ging, aber Mimi kümmerte mich nicht. Sie hatte im Verlauf ihres Lebens bestimmt an Hunderten von Türen gelauscht.

Zum Glück befand sich unter dem Türknauf ein kleines Schlüsselloch. Mein Posten war nicht annähernd so gut wie der Besenschrank in Detroit oder das Badezimmergitter in Hamilton, aber wenn ich das rechte Auge zukniff und mein linkes ganz nahe ans Schlüsselloch hielt, konnte ich die beiden im Zimmer sehen.

Die weißen Vorhänge flatterten am offenen Fenster, und der Ozean kräuselte sich in der diesigen Ferne. Lana saß auf der Bettkante, während Leo im Zimmer herumschoß wie ein wildgewordener Panzer.

«Warum hast du mir das nicht gesagt?» flüsterte er laut.

«Du weißt es seit Monaten. Mußtest du mich dermaßen quälen?» zischte er. «Mein Gott, La.» Sein Hemd war halb aus der Hose gerutscht, und seine Haare standen in die Luft, als wäre er schon mindestens hundertmal mit seinen dicken Fingern hindurchgefahren.

«Ich wollte zuerst die Details erfahren, ehe ich mit jemandem darüber rede!» entgegnete sie aufgebracht. «Ich hatte gehofft, daß ich die beiden kriege, aber es geht nicht. Die Sache ist verjährt.» Das war sehr bitter für sie. Einen Augenblick lang sah es aus, als würde sie anfangen zu weinen.

«Die ganze Zeit, die du hier warst, hast du dich damit beschäftigt, und ich hatte keine Ahnung davon. Du hättest mir wenigstens was davon erzählen können, Lana. Herrgott noch mal – wer bin ich denn für dich?» Ich sah nicht nur, sondern spürte regelrecht, wie sich hinter seinen Augen die Wut zusammenbraute.

Lana rückte verkrampft noch näher an die Bettkante. Ihre Ruhe war dahin. «Du hast mir eingeredet, ich hätte diese weißen Männer nur in meiner Phantasie gesehen, Leo. Du hast mir suggeriert, ich würde den Verstand verlieren. Weißt du, wie sich so was anfühlt, verdammt? Kannst du dir das vorstellen?»

Er blieb vor ihr stehen. Seine Augen funkelten eisig blau. «Ich hab einfach gedacht, du hättest sie dir eingebildet. Wie oft soll ich dir das noch sagen, Lana! Warum kannst du das nicht akzeptieren, in Gottes Namen?» Er starrte sie mit offenem Mund an, und seine Schultern waren so verspannt, daß sie fast bis zu den Ohren hinaufrutschten.

Lana sah ihn an. Zwischen ihren Augen ging ein glühender Strahl hin und her. «Weißt du, wie das war, all die Jahre – zu wissen, daß ich sie gesehen habe, und von dir immer wieder nur zu hören, daß ich sie mir eingebildet hätte? Kannst du dir das vorstellen? Ach, die dumme Kleine», sagte Lana verbittert, «da ist sie von ein paar Negern zusammengeschlagen und vergewaltigt worden, und sie sieht weiße Männer.»

«La», flüsterte er heftig, «bitte hör auf.»

«Du wolltest mich klein haben, Leo», rief sie. «Ich glaube manchmal, du warst froh, daß es passiert ist. Es hat mich untengehalten, und das wolltest du, weil du nicht glaubst, daß Frauen etwas leisten können. Du denkst, sie sind nur dazu da, gevögelt zu werden.»

Diese Worte brachten alles zum Stillstand. Sie hingen in der Luft wie Widerhaken. Leo erstarrte fassungslos. «Du bist grausam, Lana», sagte er leise. Lana sah ihn mit harten, bitteren Augen an, bis er sich schließlich von ihr abwandte und zum Fenster ging, wo ein frischer Luftzug hereinwehte. Ich spürte, daß diese Worte all die Jahre in ihrem Herzen geschwelt hatten und daß sie nun aus irgendeinem Grund das Gefühl gehabt hatte, sie endlich aussprechen zu können.

Sie schwiegen lange, nur das Rauschen des Ozeans erfüllte den Raum. Leo stand auf die Arme gestützt am Fenster, während Lana ausdruckslos auf den Fußboden starrte. Dann holte Leo tief Luft und drehte sich um. «Wovon hast du denn hier gelebt, Lana?» fragte er kalt. Als sie wegschaute, ohne ihm zu antworten, sagte er: «Was machst du – nimmst du Mimis Blutgeld?»

«Ich habe einen Job», sagte sie abweisend. «Als was?» fragte er. Sie starrte weiter auf den Fußboden, und Röte kroch über ihre Wangen. *«Als was?»*

Da sah sie ihn an. «Ich singe ein paar Abende in der Woche in einem Jazzclub.» Sie sagte das so sachlich, daß die Wirkung noch schockierender war.

Leo und ich waren beide gleich perplex. *«Du singst in einem Jazzclub?»* rief er. Er konnte es nicht glauben. Das war vermutlich das letzte, was er erwartet hatte.

Sie nickte höflich, fast bescheiden.

Ich sah, wie ihn eine Wahnsinnswut ergriff – sie fegte wie ein Unwetter durch seine Augen und packte dann bebend seine Fäuste. Er blickte entsetzt seine Hände an, als gehörten sie ihm gar nicht, und stopfte sie tief in die Taschen, wo ich unter dem dünnen Leinenstoff sehen konnte, wie sie sich ballten und wieder entkrampften, als würden sie atmen.

«Du hast mich verlassen, weil ich diesen gottverdammten Song gespielt habe, und dann haust du hierher ab und singst in einem Jazzclub.» Das überstieg sein Fassungsvermögen. «Ich spiele diese Musik und habe ein scheißschlechtes Gewissen, und du warst die ganze Zeit hier und hast gesungen. Das hättest du mir sagen können, verdammt noch mal. *Du hättest es mir sagen können.*»

Als Lana nicht antwortete, übermannte ihn die Raserei ganz und gar. Die Adern an seinen Schläfen traten hervor, und die Sehnen an seinem Hals spannten sich wie Stricke. Er ging auf Lana los, die Fäuste an der Seite geballt, und einen Moment lang hatte ich Angst, er würde sie schlagen.

Lana fuhr zurück, und als sie den Mund aufmachte, erwartete ich diesen entsetzlichen Schrei, aber es kam nur ein unterdrücktes Ächzen heraus. Leo wandte sich ab, noch ehe er bei ihr war, und donnerte mit den Fäusten gegen Mimis weiße Wand. Ein kleines gerahmtes Foto von Effy und Lana fiel auf den Boden und zersplitterte in tausend Scherben. Lanas Blick flog von den Glassplittern zu Leos rotangelaufenem, verzerrtem Gesicht.

«Ich will die Kinder», schrie er. «Es ist mir scheißegal, was du mit deinem Leben machst, aber ich will die Kinder.»

Als hätte er einen Sprung gemacht und all die anderen Sätze ausgelassen, die eigentlich vor diesem hätten kommen sollen, starrte Lana ihn fassungslos an. Der Mund blieb ihr offenstehen, und die Röte auf ihren Wangen wich einer tödlichen Blässe. «Bist du deshalb gekommen?»

«Du bist keine gute Mutter», tobte Leo. «Du hast uns verlassen, und jetzt nehme ich sie mit. Du hast sie nicht verdient.»

Es machte mir angst, wie schnell sie an diesem furchtbaren Punkt angelangt waren. Sie redeten nicht darüber, ob sie wieder zusammenkommen könnten, diese Möglichkeit erwähnten sie gar nicht. Das Thema wurde einfach übergangen, als stünde es nicht zur Debatte. Statt dessen gingen sie gleich daran, uns auseinanderzureißen.

Lana sah ihn an, und ihr Blick strahlte eine Eiseskälte aus. «Du kriegst sie nicht!» schrie sie.

All die Gewalttätigkeit, die sich in seinem massigen Körper aufgestaut hatte, kam plötzlich zum Ausbruch – ein vom Irrsinn geschüttelter Goliath. Er drehte sich blitzschnell um, und mit einer einzigen Bewegung kippte er Mimis Frisierkommode um. Sie stürzte krachend auf den Holzfußboden, die Parfumflaschen und Cremedöschen flogen wirr durchs Zimmer. Voller Entsetzen sah Lana zu, wie er Mimis eleganten Schaukelstuhl ergriff und gegen die Wand schleuderte, daß er zersplitterte. Als er dann wie ein Tornado auf eine kleine Kommode losging, wachte Lana plötzlich auf und stellte sich ihm in den Weg. «Leo», flehte sie. «Bitte, hör auf.» Sie weinte. Wie Regentropfen liefen die Tränen über ihre Wangen.

Als ich Mimis Schritte in dem schwacherleuchteten Flur hörte, schoß ich hoch und flitzte ins dunkle Wohnzimmer. Das Branden der Wellen war eins mit dem Tosen in meinem Herzen. Als ich dann die Treppe hinaufrannte, hörte ich Bruchstücke von Leos wütenden Worten – verstehen konnte ich keine Silbe. Ich verschwand schnell in meinem Zimmer. Eigentlich hatte ich erwartet, daß Lizzy wach sein würde, aber sie schlief. Ich kroch unter die Decke, wickelte mich ein wie eine Mumie und blickte hinaus auf den dunklen Ozean mit seinen rollenden Wellen. Mein Atem ging keuchend, aber ich hielt die Luft an, um Lanas und Leos Stimmen hören zu können. Ich verstand kein Wort, ich hörte nur einen Murmelchor – Leos Tenor, Lanas Sopran und Mimis tiefen Alt. Ich konnte mich nicht einmal dazu bringen, mir zu überlegen, was sie wohl sagten.

Meine Arme und Beine zitterten unter der Decke. Ich hatte Angst – Angst vor Lana, vor Leo, vor dem, was sie tun würden, vor der Vergangenheit, vor der Gegenwart, vor der Zukunft. Was für furchtbare Dinge lauerten im Dunkeln auf uns?

Dann hörte ich die Haustür ins Schloß fallen. Ich lief schnell ans Fenster und sah gerade noch, wie Leo über den dunklen Sand zur Einfahrt stürmte. Er öffnete die Autotür und stieg ein. Ich hörte, wie er den Motor anließ und rasant aus der Einfahrt herausfuhr. Der Wagen schoß davon, die Reifen quietschten auf dem nassen Asphalt, und dann hörte ich wieder die Wellen – das niemals endende Branden der Wellen.

Ich sehnte mich nach dem Anblick der fernen, dauerhaften Hügel. Ich wollte den Geruch der Erde, nicht den des Meeres, das Zirpen der Grillen und das Summen der Insekten in den Büschen, nicht das Rauschen des Ozeans. Ich wollte mich in meinem eigenen Bett neben Lizzy ausstrecken und zusehen, wie die Schatten des hohen Fensters wie alte Freunde über die Wand krochen. Ich wünschte mir, Lizzy und ich könnten weiter darüber spekulieren, was mit Lana passiert war. Ich merkte, daß ich mir im Grunde nur eines wünschte: *nicht* zu wissen, was ihr tatsächlich zugestoßen war. Es war zu viel und zu schrecklich – schlimmer, als ich es mir überhaupt vorstellen konnte.

Die Türen, von denen ich mir so sehnlich gewünscht hatte, sie sollten sich öffnen, hätte ich nun am liebsten wieder geschlossen. Was dahinter lag, war nichts, was ich wirklich wissen wollte. Es war zu quälend, zu häßlich und erfüllte mich mit namenloser Angst – es zeigte mir, daß den Menschen schreckliche Dinge zustoßen können: Unaussprechliches, Undenkbares.

Ich versuchte, den Wellen zuzusehen, weil ich hoffte, sie würden mich vielleicht in Trance versetzen, konnte aber nur an das denken, was Lana über das Meer gesagt hatte: «Es kommt und geht und kommt und geht», hatte sie gesagt, «wie die Sonne und der Mond, und es ist ihm egal, wer geboren wird und wer gestorben ist oder gerade stirbt. Alles geht einfach weiter und weiter.»

Es ängstigte mich, dies zu denken, aber ich wußte irgendwie, daß es stimmte. In jener Nacht im Mai, als die Männer in Lanas Garderobe eingedrungen waren, hatte der Ozean nicht zu rauschen aufgehört. Die Wellen waren weiter ans Ufer gerollt, immer weiter, endlos.

Ich wälzte mich hin und her, die Nerven krabbelten wie Ameisen in mir herum, und mein Blick wanderte irritiert über die unbekannten Wände. Ich versuchte an das zu denken, was Lana in der vergangenen Nacht zu mir gesagt hatte. Jetzt wird gerade irgendwo jemand geboren, sagte ich mir. Genau in diesem Augenblick wird jemand geboren, irgendwo. Und jetzt ist irgendwo jemand gestorben, und jemand weint. Und jemand ist zusammengeschlagen worden und liegt ganz allein auf dem kalten Zementfußboden. Und jemand wird in den Rücken gestochen, und jemand zückt ein Messer, in Rußland vielleicht oder in Spanien. Irgendwo streiten sich ein Mann und eine Frau erbittert, gerade jetzt, und sie streiten darüber, wer recht hat und wer nicht. Ein Mann und eine Frau haben sich gerade geküßt, vielleicht in Hongkong, sie umarmen sich und vergessen alles um sich herum. Und ständig werden Kinder geboren. Eins, zwei, drei. Immer mehr, die ganze Zeit, noch eins, noch zwei. Und jetzt ist jemand in den Kopf geschossen worden, und das Blut fließt auf den Boden. Und jemand schreit. Irgendwo. In China, in Indien, in Brasilien.

Als fiele genau in diesem Augenblick eine Axt vom Himmel herab, brach mein Leben auseinander, genau hier, in diesem Augenblick, an dieser willkürlichen Gabelung. Ich fand mich von meiner Vergangenheit abgeschnitten, und der schwierige Weg bis hierher war in eine andere Zeit verbannt, fast schon in ein früheres Leben. Es schien, als würden alle Sünden, die ich im vergangenen Jahr angehäuft hatte, von den Wellen des Ozeans weggetragen, außer der, die ich an Minnie Harp begangen hatte. Diese Sünde würde ich trotz allem weiter mit mir herumtragen müssen.

Anscheinend waren die Hügel nur ein Zwischenstop gewesen, ein kurzer Aufenthalt auf unserem Weg zu einem anderen Ziel. Ein sicherer Ort, wo Lana und Leo sich entzweien konnten, sonst nichts. Und was nun geschehen würde, das wußte ich nicht. Es sah aus, als gäbe es keine Chance, daß Lana und Leo je wieder zusammenfinden würden, aber ich konnte nicht darüber nachdenken – es brachte mein Herz in Gefahr.

Ich kroch zu Lizzy ins Bett und schaute zu, wie sich ihre Brust im Rhythmus des Meeres sanft hob und senkte. Ich schob meine Beine unter ihre und drückte ihre Hand, als könnte ich mich an ihr festhalten. Sie war wie ein Anker für mich, denn gerade jetzt hatte ich dieses furchtbare Gefühl, daß wir alle durchs Leben stolpern, mit nichts als einer kleinen Taschenlampe, die uns im Dunkeln leuchtet.

22

Das erste, was ich beim Aufwachen am nächsten Morgen hörte, war die Melodie des Ozeans. Es dauerte eine Weile, bis ich begriff, was es war, und dann erst fiel mir alles übrige ein. Die Erkenntnis traf mich als schmerzlicher Stich, der wie ein Blitzstrahl durch meinen Magen fuhr.

Ich merkte, daß ich mich noch immer an Lizzy klammerte; meine Beine waren mit ihren verschlungen, mein Arm lag unter ihrem Rücken, mein Oberkörper halb auf ihrem, und mein Kopf ruhte schwer auf ihrer rechten Schulter. Ich zog den Arm unter ihr hervor und blickte hinaus aufs Meer. Fast erwartete ich, am Strand lauter angespülte Leichen zu sehen. Aber da war nichts als die klare, geschwungene Wasserlinie.

Sobald ich Mimi in der Küche klappern hörte, rüttelte ich Lizzy wach, ging dann über den Flur, um Elena zu wecken, und als die beiden nebeneinander auf meinem Bett saßen, erzählte ich ihnen vom vergangenen Abend.

«Lana singt in einem Jazzclub», begann ich.

Sie waren beide sprachlos.

«Gestern abend hat sie es Leo erzählt», sagte ich. «Dann hat Leo mit der Faust gegen die Wand geschlagen, daß es ein Loch gab. Er sagte, es sei ihm scheißegal, was sie mit ihrem Leben macht, aber er würde uns behalten.» Eine unerwartete Träne lief mir über die Wange und in den Mund. «Lana hat gesagt, er würde uns nicht kriegen, und dann hat er die Kommode umgeschmissen.»

«Er hat die Kommode *umgeschmissen?*» fragte Elena.

Ich versuchte zu beschreiben, welch schrecklicher Haß aus Leos flammenden Blicken geschossen war und wie böse die Adern an seinen Schläfen gepocht hatten und wie die Sehnen an seinem Hals zu Stricken angeschwollen waren, aber es gelang mir nicht. Also führte ich Lizzy und Elena nach unten, um ihnen die Delle in der Wand und die Bruchstücke von Mimis Schaukelstuhl zu zeigen. Sie waren gebührend beeindruckt.

Wir fanden Lana drunten am Wasser. Sie trug ein weißes Kleid, einen Strohhut und eine dunkle Sonnenbrille und sah aus wie ein trauriger Filmstar. Wir setzten uns zu ihr in den Sand und warteten darauf, daß sie etwas sagte. Ich wußte nicht mehr, was ich von ihr halten sollte – sowenig wie von Leo.

«Leo ist gestern abend wieder abgefahren», sagte sie schließlich. Sie rückte den Sonnenhut gerade, schob die Brille zurecht und lächelte leise, obwohl sie es gar nicht wollte, das wußten wir.

«Kommt er wieder?» fragte Elena.

Lana ließ ihren Blick auf uns ruhen, als spürte sie plötzlich unsere neue Bedeutung in ihrem Leben. Wir waren nicht mehr drei kleine Mädchen, vor denen die Wahrheit geleugnet werden mußte. Ob sie wollte oder nicht – wir waren ein eigenständiger Faktor geworden.

«Ich glaube nicht, aber wir werden ja sehen.» Sie legte den einen Arm um Lizzy und mich, den anderen um Elena. Da saßen wir zu viert, gruben die Füße in den feuchten Sand und blickten hinaus auf das ruhelose Meer.

Im Verlauf der nächsten Stunde, während die Sonne immer höher stieg, erzählte uns Lana, wie es ihr seit ihrer Ankunft in New York ergangen war. Sie erzählte alles, woran sie sich erinnerte, sprach offen und ohne Stocken, fast ohne Atem zu holen, von ihrer Rückkehr ins Leben. Die Schleusen hatten sich endlich geöffnet.

Sie war nicht weggegangen, weil Leo Jazz gespielt hatte. Jedenfalls nicht nur deshalb. Es hatte ihr den letzten Anstoß gegeben, aber was sie zum Handeln veranlaßt hatte, war das Wissen, daß tatsächlich alles so geschehen war, wie sie gesagt hatte – daß da wirklich zwei weiße Männer gewesen waren. Das war der Wendepunkt gewesen, an dem ihr Weg nicht mehr ins Dunkel, sondern ins Licht geführt hatte. Plötzlich hatte sie den Mut gehabt.

Es dauerte eine Weile, aber schließlich suchte sie Mimi auf. Es war kein problemloses Wiedersehen. Mimi wollte sofort wieder ihr Leben in die Hand nehmen – sie redete ständig davon, Lana solle wieder singen und ihre Karriere in Angriff nehmen. Sie machte ganz konkrete Pläne und rief die entsprechenden Leute an, aber Lana konnte sich das alles absolut nicht vorstellen.

Sie stritten heftig und lautstark in Mimis Wohnung in der Park Avenue. Lana hatte das Gefühl, nie weggegangen zu sein, nie ein anderes Leben geführt zu haben. Es dauerte ziemlich lange, aber schließlich gelang es Mimi, sie wenigstens dazu zu überreden, in die Clubs mitzugehen und ein paar ihrer alten Freunde zu treffen. Mehr brachte Lana nicht über sich. Ihr blieb fast das Herz stehen, wenn sie die verrauchten Räume betrat, in denen ungehemmt und wild der Jazz erklang. Es machte alles wieder lebendig, aber jenseits der Panik, unter dem Grauen jener einen Nacht, lagen die Erinnerungen an all die anderen Nächte, die sie in solchen Clubs verbracht hatte. Und der Jazz, das spürte sie jetzt, konnte auch diese Erinnerungen freilegen.

Als erstes schleppte Mimi sie zu Sammy. Er war inzwischen ein alter Mann und hatte nicht mehr seinen eigenen Club, sondern arbeitete als Barkeeper in einem kleinen Club in Harlem. Er war es dann auch, der sie wieder auf die Bühne holte. Er und Mimi. Lana war entsetzt, als er sagte, sie solle doch wieder singen. «Wie soll ich das denn machen?» fragte sie.

«Geh einfach nach oben und mach den Mund auf», meinte Mimi.

An diesem Abend schaffte sie es noch nicht. Es war schon eine große Leistung für sie, einfach im Publikum zu sitzen und zuzuhören.

Mimi nahm sie immer wieder mit, bis Sammy eines Abends auf die Bühne ging und sie einfach ankündigte. «Wir haben heute abend Lana Lamar unter uns, Leute.» Als die Musiker und ein paar Leute im Publikum aufstanden und sie mit enthusiastischem Beifall begrüßten, fand sie sich plötzlich auf dem Weg zur Bühne wieder. Bei der letzten Stufe zitterten ihr die Knie dermaßen, daß ihre Hosenbeine schlotterten. Ihr Herz rappelte, als wollte es sich losreißen, und sie keuchte wie ein schwitzender Hund.

Die Band begann mit ihrem Lieblingssong – «Let's Call the Whole Thing Off» –, und sie hatte solche Angst davor, was aus ihrem Mund kommen würde, daß sie ihren Einsatz verpaßte. Sie kam sich vor wie die Spätzin, die nicht mehr für den Bären singen konnte. Ihre Hände bebten wie der Nordwind, und einen Moment lang hatte sie das Gefühl, ohnmächtig zu werden; aber die Zuhörer waren so begeistert, sie da oben auf der Bühne zu sehen, daß sie für sie singen wollte.

Als sie schließlich den Mund aufmachte, kam ihre Stimme – nicht so kräftig wie früher zwar, aber immer noch voll, und zu ihrer eigenen Überraschung sang sie noch immer mit der Stimme einer Schwarzen. Sie hatte diese Stimme fast zehn Jahre lang nicht gehört. Fast zehn ganze Jahre.

Mimi nahm sie in andere Clubs mit, wo sie andere alte Freunde traf, und fast immer ging sie schließlich auf die Bühne und sang den einen oder anderen Song. Langsam gewöhnte sie sich wieder daran. Es machte ihr sogar Spaß – ja, manchmal geriet sie wieder richtig in Ekstase. Nach einer Weile hatte sie das Gefühl, daß sie mit jeder Note ihr Leben zurückeroberte. Stück für Stück gewann sie es für sich zurück.

Als sie begann, regelmäßig in einem kleinen Club in Harlem zu singen, öffnete sich ihr die Welt neu. Es war wie ein Erwachen nach einem langen, qualvollen Schlaf. Leute, die sie von früher kannten, kamen in den Club, nachdem sie von ihrer Rückkehr erfahren hatten. Sie kamen alle, ob schwarz, ob weiß, Leute, an die sie sich kaum erinnerte oder die sie nie gekannt hatte oder die von ihr gehört hatten und nun sehen wollten, wie sie war. Oft blieben sie nach der Show noch da und redeten, tauschten Ideen aus, entwickelten neue und gruben alte aus. Sie wollten wissen, was Lana dachte, nachdem sie so lange fort gewesen war.

Hin und wieder zitterten ihre Hände, und ihre Stimme hatte nicht immer genug Kraft. Als wir wissen wollten, warum, meinte sie, von ihrer Erfahrung sei etwas übriggeblieben, wogegen sie machtlos war, und immer, wenn die Angst sie übermannte, verlor sie die Stimme, und ihre Hände begannen zu zittern.

Als Elena sie nach Leo fragte, gab sie zu, daß es ihr schwerfiel, ihm zu verzeihen. «Was kannst du ihm denn nicht verzeihen?» fragten wir. Und sie sagte: «Er hatte nicht genug Vertrauen zu mir.» Offenbar hatte Lana auch kein Vertrauen mehr zu ihm, aber das sagte ich nicht.

Am Abend gingen wir in den Jazzclub, um sie singen zu hören. Wir fuhren mit Mimis Cadillac in die City, redeten alle durcheinander und verströmten eine derartige Energie, daß der Wagen geglüht haben muß. Zum erstenmal in meinem Leben fühlte ich mich normal, wie alle anderen, ein Mädchen, das mit seiner Großmutter zu einem Club fuhr, um seine Mutter singen zu hören. Das bedeutete mir mehr, als ich sagen kann.

Kurz nach acht waren wir da, und während Lana sich in der Garderobe zurechtmachte, setzten wir uns an zwei der vorderen Tische und warteten. Es war ein kleiner, verrauchter Raum mit einem dunklen, staubigen Fußboden, aber er wirkte sicher und heimelig, ein Ort, wo jemand wie Lana genesen konnte. Zu meinem Erstaunen füllte sich der Saal innerhalb einer Stunde bis auf den letzten Platz – es kamen vor allem Schwarze, aber auch ein paar Weiße waren unter den Gästen.

Ich fragte mich, wo Leo jetzt wohl steckte und was gestern abend noch zwischen ihm und Lana vorgefallen war. In der allgemeinen Aufregung hatte ich ihn ganz vergessen, aber jetzt mußte ich an ihn denken, und die Sehnsucht nach ihm durchbohrte mich innerlich. Ich wollte ihn hierhaben. Ich war nicht böse auf ihn, merkte ich. Ich wußte, er hatte genausowenig Schuld an allem wie Lana. Es war nicht so einfach. Ich wußte zwar nicht genau, wie es war, aber soviel hatte ich immerhin begriffen.

Als Lana auf die Bühne trat, waren Lizzy, Elena und ich ganz überrascht. Kein Glitzerkleid, keine hochhackigen Schuhe. Auch keine Blumen im Haar. Sie trug ein schlichtes schwarzes Kleid und schwarze Pumps. Ich hätte nicht gedacht, daß sie ihren Stock benutzen würde, um auf die Bühne zu kommen, aber sie tat es.

Auch ihr Gesang traf mich unvorbereitet. Zwar hatte ich sie in den Filmen singen hören, aber das war nicht das gleiche – es war ja nie wirklich sie gewesen. Aber jetzt stand die Lana, die ich kannte, auf der Bühne; die Frau, die ich unzählige Nachmittage beobachtet hatte – und sie sang mit einer so wunderschönen Stimme, daß ich sprachlos war. Ich empfand eine so tiefe Liebe und einen so überwältigenden Stolz, daß es mich fast zerriß. Wie hatte sie eine so herrliche Stimme über Jahre hinweg verbergen, wie so lange ohne Töne leben können!

Als sie mit dem ersten Song fertig war, sprang Elena auf und klatschte wild. Lizzy und ich erhoben uns ebenfalls und applaudierten, bis uns die Hände weh taten. Bravo, Lana, dachte ich. Bravo.

Der Rest des Abends verging in einem Nebel von Qualm und blauem Licht, und Lanas funkelnde Stimme übertönte alles. Sie war gestürzt, ja, aber sie hatte sich wieder erhoben – wie ein Phoenix aus der schweren, schwarzen Asche. «Sie ist meine Mutter!» wollte ich laut rufen. «Sie ist meine Mutter!»

Als sich am Ende alle auf der Bühne verneigten und wir Lana schon im Triumphzug nach Hause bringen wollten, trat der alte schwarze Trompeter ans Mikrofon. Er kniff die Augen zusammen und schirmte sie mit der Hand gegen die Scheinwerfer ab. «Bist du das da hinten, Leo?» rief er.

Der Name traf mich wie ein Blitz. Ich fuhr herum, Mimi, Lizzy und Elena fuhren herum – und da stand er, an die Bar gelehnt. Ich weiß nicht, ob es an Lanas Stimme lag oder an ihrem Anblick auf der Bühne – jedenfalls konnte ich an seinen feuchten Augen sehen, wie bewegt er war.

«Er sieht gut aus», flüsterte Lizzy.

Er sah aus, als stünde er unter einem Bann.

Wir schauten Lana an. Ihr Blick flog kurz zu Leo, doch dann guckte sie gleich wieder weg. Eine hitzige Röte kroch ihre Kehle hoch, und ich sah, daß ihre Hände kaum merklich zitterten. Ein paar Sekunden später begegneten sich ihre Blicke wieder, über die vielen Köpfe hinweg. Die Spannung zwischen ihnen war für alle spürbar.

«Komm rauf, Leo!» rief der Trompeter. Das Publikum klatschte. Leo zögerte. Aber als sich dann auch der Pianist erhob und mit einer Geste zu verstehen gab, der Flügel gehöre nun Leo, da konnte er nicht anders – er mußte auf die Bühne. Während er den Raum durchquerte, hielten Elena, Lizzy und ich uns unterm Tisch fest an den Händen.

Als Leo am Flügel Platz nahm, schien ein Schatten auf Lanas Gesicht zu fallen. Aber Leo begann trotzdem. Er spielte den ersten Song, den sie je gemeinsam vorgetragen hatten – «Salty Papa Blues». Lanas Stimme zitterte, doch schon bei der zweiten Strophe wurde sie ganz ruhig.

Es war fast mehr, als ich verkraften konnte – sie so zusammen zu sehen, Lana singend, Leo am Flügel. Wieviel besser war es doch, daß die Musik endlich herausströmen konnte, daß sie den Raum füllte und unsere Herzen aufgehen ließ.

Leo spielte noch zwei Songs, und der zweite war einer von der mitreißenden Sorte. Es war nicht der, den er für Lana geschrieben und in den schlimmsten Augenblicken ihres Lebens gespielt hatte, aber ganz ähnlich, ein jagender Rhythmus, der einem sofort in die Beine fuhr – und das ganze Publikum ging mit. Leo bearbeitete das Klavier, wie ich es noch nie erlebt hatte – als hätte er all die Jahre seine Kraft aufgespart, um heute abend so spielen zu können. Und Lana begann sich erst langsam, dann immer heftiger im Rhythmus zu wiegen.

Ich hätte den beiden ewig zusehen können. Es war wie ein Wunder, ein Wunder, für das ich unendlich dankbar war.

Als Lana das Lied auf Knien und mit zum Publikum ausgestreckten Armen beendete, brach der ganze Club in frenetischen Beifall aus. Anschließend drängten viele Zuhörer vor zur Bühne. Die Lichter gingen an, und während die Band zusammenpackte, kam Lana nach unten, um mit den Leuten zu reden. Leo ging hinüber zum Seitenvorhang, wo er und der alte Trompeter sich eine Flasche Seagram's Seven teilten und zusahen, wie Lana immer lebendiger wurde.

Die Leute wollten wissen, was mit ihr passiert war. Sie erzählte ihnen die Wahrheit – was Lizzy, Elena und ich kaum fassen konnten. «Aber jetzt bin ich wieder da», sagte sie. «Ich bin wieder da.» Als alle begeistert applaudierten, spürte ich, dies war der schönste Augenblick in Lanas Leben. Durch den Schmerz und die Qual war sie zu einer von ihnen geworden. Endlich war sie zu einer von ihnen geworden.

Während der nächsten Stunde beantwortete sie Fragen, schließlich sogar über Mikrofon, damit jeder sie hören konnte. Die Leute wollten erfahren, was sie jetzt vorhatte (das wisse sie noch nicht, antwortete sie) und was sie nach dieser langen Abwesenheit so dachte. Es war ganz anders als früher – keine Spannung, keine Reden. Alles war anders, nachdem sie von drei schwarzen Männern und einem weißen Mann vergewaltigt worden war und nun ohne Verbitterung, ohne Vorwürfe zu ihnen zurückgekommen war.

Ich hörte ihr zu und registrierte fasziniert die Verwandlung, die sie innerhalb eines Monats durchgemacht hatte. Was war in ihr vorgegangen, welche wundersame Kraft hatte sie geheilt? Ich wußte, sie würde niemals zu den grünen Hügeln von Hamilton zurückkehren, nie wieder Wochen und Monate in ihrem Zimmer sitzen. Sie war keine Schriftstellerin, begriff ich. Sie war etwas anderes – was, das wußte ich nicht so recht, aber sie war etwas ganz anderes.

Als sich die Menge schließlich zerstreute und Lana die Bühne verließ, machten Lizzy und ich uns auf die Suche nach Leo. Er war verschwunden. Wir suchten ihn überall und drängten uns zwischen den noch verbliebenen Gästen hindurch, aber er war nirgends. Gerade jetzt, da sie vielleicht endlich miteinander reden konnten, machte er sich aus dem Staub.

Während der ganzen Fahrt zurück zum Long Island Sound lastete dieser Gedanke wie eine bleischwere Decke auf mir. Wir saßen alle mit Lana auf dem Rücksitz und plapperten aufgeregt durcheinander, aber irgendwo in meinem Hinterkopf nagte Leos Abwesenheit. Immer wieder sah ich die leere Stelle am Vorhang vor mir, wo er zuvor mit dem Trompeter gestanden hatte. Das quälte mich schrecklich.

«Wo ist Leo?» erkundigte ich mich schließlich bei Lana.

«Jemand hat mir gesagt, er sei gegangen.» Sie blickte durch die Scheibe in die vorbeisausende Dunkelheit.

Als wir in Mimis Einfahrt bogen, stand Leos Wagen da. Das Haus war jedoch stockfinster.

«Was – sitzt er im Dunkeln?» fragte Mimi.

«Ich weiß nicht», meinte Lana.

«Er hat oft ohne Licht im Wohnzimmer gesessen, als Lana weg war», flüsterte Elena.

Es schien Lichtjahre her zu sein, daß Leo und ich uns manchmal im Wohnzimmer getroffen und stumm beieinandergesessen hatten.

Mimi parkte den Wagen, und wir gingen leise über den Sand und die Verandastufen hinauf. Da saß Leo ganz ruhig und gelassen in der Hollywoodschaukel. Leider scheuchte Mimi uns ins Haus, ehe Lana und Leo auch nur ein Wort wechseln konnten, und schickte uns ins Bett.

Lizzy schlief sofort ein, aber ich mußte unbedingt herausbekommen, wie es mit Lana und Leo weitergehen würde. Sobald ich hörte, wie sich die Tür zu ihrem Zimmer schloß, schlich ich die Treppe hinunter und linste durchs Schlüsselloch. Ich konnte Leo wieder am Fenster stehen sehen. Die weißen Vorhänge umwehten ihn sanft. Lana saß auf der Bettkante. Es war, als hätten sie das Zimmer nie verlassen, als wäre nicht inzwischen ein ganzer Tag vergangen.

«Du warst sehr gut heute abend», sagte Leo vorsichtig. Er drehte sich nicht um. «Ich glaube, ich begreife allmählich, was es dir bedeutet, mit den Leuten zu reden. Ich habe das früher nie so recht kapiert.» Seine unerwarteten Worte nahmen ein wenig die Spannung aus der Atmosphäre; ich verspürte plötzlich eine riesengroße Erleichterung. «Ich weiß nicht, warum ich damals nie geblieben bin, um dir zuzuhören. Ich weiß nicht, was ich mir dabei gedacht habe.»

Es dauerte lange, bis Lana antwortete. Doch dann sagte sie: «Danke.» Nach einer kurzen Pause fuhr sie fort: «Tut mir leid, daß ich dir deine Musik weggenommen habe, Leo. Ich weiß auch nicht, was ich mir dabei gedacht habe.»

Er stützte sich schwer auf die Arme, während Lana unverwandt auf den Fußboden starrte.

«Was machen wir denn jetzt?» fragte er leise.

«Ich weiß nicht», erwiderte Lana.

Wieder vergingen ein paar Minuten ohne ein Wort. Es schien, als wären die Sekunden zerbrechlich wie Glas, als würden die nächsten Worte über ihr Schicksal entscheiden. Beide fürchteten, wenn sie das Falsche sagten, zerschlügen sie alles. Das Verhängnis lauerte über ihnen wie ein Vogel mit riesigen Schwingen.

Doch dann ging Leo stumm auf Lana zu und blieb vor ihr stehen. Ihre nackten Füße waren keinen halben Meter voneinander entfernt. Ihre Augen begegneten sich, wandten sich ab und begegneten sich wieder. In ihren Blicken erkannte ich den Wunsch, mit all dem aufzuhören, einfach damit aufzuhören. Ich begriff, daß da immer noch etwas Lebendiges und Elementares war. Trotz gebrochener Versprechen und bitterer Enttäuschungen war etwas geblieben – etwas, das nicht aus dem Kopf kam, sondern aus dem Herzen.

Leo sank langsam auf die Knie. Er legte den Kopf in Lanas Schoß, drückte sein Gesicht an ihren Bauch und schlang die Arme um sie, wie er es draußen am Strand so gern getan hätte. «La», sagte er mit erstickter Stimme, «ich habe immer nur dich geliebt.»

Sie kniff kurz die Augen zu, als wäre dies von all den Dingen, die er hätte sagen können, das schwierigste. Eine Weile blieb sie so sitzen und blickte auf seinen Kopf hinunter, dann legte sie schließlich die Arme um ihn und strich mit den Händen langsam über seinen Rücken. Ihre Lider schlossen sich flatternd, und Leo streckte die Hand aus und berührte ihr Gesicht mit den Fingerspitzen, wie er es früher immer getan hatte. Das schien sie an den Leo zu erinnern, den sie fast vergessen hatte, denn als sie die Augen jetzt wieder aufschlug, waren sie ganz sanft. Beide suchten jetzt mit ihrem Blick, was sie verloren hatten: die Hoffnung, einander wiederzufinden, zu verschmelzen und alles zu überwinden, um endlich wieder ganz zu werden.

«Was möchtest du, Lana?» fragte er leise.

«Ich brauche Zeit», entgegnete sie.

«Willst du, daß ich nach New York komme?»

Sie sah ihn lange an, ehe sie antwortete. «Wir werden sehen, Leo.»

«Gefällt es den Mädchen hier?» flüsterte er.

«Ich glaube, ja.»

«Was ist mit Lizzy?»

«Ich will sie hierbehalten.»

Leo schaute sie einen Moment lang an, und als er seine Lippen auf ihren Mund drückte, verließ ich meinen Schlüssellochposten und ging Mimis knarrende Treppe hinauf in Lanas altes Zimmer. Ich schlüpfte unter die Decke, zog sie bis unters Kinn und schaute hinaus auf den rauschenden Ozean. Lizzy schlief tief und fest, aber ich sagte es ihr trotzdem. «Wir behalten dich.»

Ich hörte unter meinem Kissen etwas knistern. Als ich drunterfaßte, fand ich Elenas Winstons und ein Päckchen Streichhölzer in Zellophan. Ich klopfte eine Zigarette aus der Packung, zündete sie an und blies den Rauch aus dem Fenster, wo er sich im nächtlichen Dunst verlor. Bisher hatte ich mein Leben mit einem Mann und einer Frau verbracht, die ihre Leidenschaften unterdrückt und sich ein unerträgliches Schweigen auferlegt hatten. Aber das war jetzt vorbei. Das Abkommen, das sie vor so langer Zeit getroffen hatten, war unwirksam geworden.

Ich wußte nicht, was nun passieren würde, tröstete mich aber mit dem Gedanken, daß das, was war, nicht wiederkehren konnte. Ich war froh, daß es überstanden war.

Ich spürte, wie die Mauern, die meinen Kopf verstellt hatten, zusammenbrachen; ich fühlte, wie die dunklen Nebel wichen, so wie der Rauch meiner Zigarette, der durchs Fenster entschwand, und etwas tief in meiner Brust tat sich auf und atmete zum erstenmal. Ich spürte, wie das Leben in mir erwachte – das Leben in seiner ganzen Schönheit und mit all seinem Grauen.

Irgendwo wird gerade jemand geboren, dachte ich. In Polen, in Rußland, in Tibet. Und gerade jetzt, in diesem Augenblick, ist jemand gestorben, und jemand weint. Und jemand wird erschossen. Und noch jemand. In New York, in China. Und in diesem Moment umarmen sich ein Mann und eine Frau in einem dunklen

Zimmer und überwinden die Einsamkeit. In Ungarn, in Afrika, am Long Island Sound. Und jetzt, gerade jetzt, geht irgendwo die Sonne auf, und woanders geht sie unter.

Ich blickte wieder aus dem Fenster und sah Howard und den alten Mann mit schnellen Schritten über den dunklen Sand gehen. Howard vorneweg, aufs Meer zu. Immer wieder blickte er über die Schulter, als befürchtete er, jemand könnte ihm folgen, doch als er das Wasser an den Füßen spürte, vergaß er alles. Er rannte los, ruderte ungeschickt mit den Armen, und die Fluten brachen sich an seiner mageren, nackten Brust. Der alte Mann stand am Rand und sah ihm zu. Das war etwas, was die Augen Gottes tun konnten – ein sterbenskrankes Kind am Abend vor seinem Abschied von der Welt zum Strand begleiten. Ich wünschte mir sehnlichst, irgendwo im Himmel wäre ein Vorführraum, von dem aus die Augen Gottes uns alle beobachteten.

Eine dicke Frau in einem weißen Kleid kam angelaufen. Bestimmt die Mutter, Saracyntia. «HOWARD», brüllte sie. «KOMM SOFORT AUS DEM WASSER, UND AB INS BETT!» Sie klang genau wie Garta – mich gruselte richtig.

Howard tappte in Richtung Strand, blieb stehen und sah wieder hinaus aufs weite Meer. «Ich bin der König der Wellen!» rief er der Frau zu. Er streckte die Arme aus und tat, als würde er die Wogen an sich ziehen. Dann schob er sie mit seinen dünnen Armen wieder weg.

«HOWARD!» zeterte die Frau und stampfte mit dem Fuß auf. «KOMM SOFORT AUS DEM WASSER. VERDAMMT NOCH MAL, RAUS DA!»

Der alte Mann sah einfach nur zu, wie Howard wieder ins Meer stolperte. Als das Wasser ihm bis zum Bauch ging, blieb der Junge stehen und drehte sich um. Er schlang die dürren Arme um seine eingesunkene Brust, um sich gegen die Kälte zu schützen, während eine Welle nach der anderen über ihn hinwegrollte. Zitternd und mit klappernden Zähnen stand er da und trotzte den schäumenden Wellen. «Ich bin ein Fels in der Brandung!» rief er seiner Mutter zu. «Ein Fels in der Brandung!»

Die Frau rannte ins Wasser, um ihn zu holen, und ich wandte mich ab. Als ihre gellende Stimme Howards quiekende Lebenslust übertönte, krabbelte ich zu Lizzy ins Bett, legte den Kopf auf ihre Brust und horchte auf das kräftige Pochen ihres Herzens.

Ohne es zu wollen, weckte ich sie auf. «Was ist los, Maddie?» fragte sie leise.

Ich spürte die Tränen hinter meinen Augen, und meine Kehle war ganz trocken. Ich konnte es nicht in Worte fassen, aber ich hätte ihr gern gesagt, daß wir alle ein bißchen wie Howard waren: wankende Felsen in der Brandung.

Starke Frauen

Starke Frauen, freche Bücher – scharfsinnige Geschichten mit viel Witz aus einer exotischen Welt: dem Frauenalltag.

Amanda Aizpuriete
Laß mir das Meer
Liebesgedichte
64 Seiten. Pappband
«Nichts ist gestelzt, gekünstelt in diesen Gedichten. Man spürt in jeder Zeile eine so sprachsichere Fähigkeit im unverstellten Bekenntnis, daß gerade das Subjektivste als etwas tief Gesellschaftliches verstanden werden kann.» *Süddeutsche Zeitung*

Lisa Alther
Fünf Minuten im Himmel
Roman
416 Seiten. Gebunden
Die Geschichte einer eigenwilligen Frau, die die Hoffnung auf eine erfüllende Beziehung nicht aufgibt.
Eine besondere Frau *Roman*
(rororo neue frau 13410)
Schlechter als morgen, besser als gestern *Roman*
(rororo neue frau 5942)

Pia Frankenberg
Die Kellner & ich *Roman*
(rororo 13778)
Erzählt wird die Geschichte von Thea Goldmann, einem frechen, altklugen, rebellischen Kind, das während des Wirtschaftswunders auf der Wunderseite aufwächst.

Felicitas Hoppe
Picknick der Friseure
Geschichten
96 Seiten. Pappband
Zwanzig Geschichten: komisch, absurd, manchmal bitterböse, von atemberaubender Phantasie.

3623/1

rororo Unterhaltung

Kathy Lette
Mein Bett gehört mir *Roman*
320 Seiten. Gebunden
Eine australische Lebenskünstlerin, hoffnungslos verliebt, folgt ihrem Auserwählten nach London. Aus Lust und Liebe wird eine gar nicht nette Katastrophe.
Die Sushi-Schwestern *Stories*
(rororo 13598)

Francine Prose
Jäger und Sammler *Roman*
(rororo 13793)
Martha ist unzufrieden mit ihrem Job und trauert einer mißglückten Liebesbeziehung nach. Während eines Wochenendurlaubs trifft sie mit einer Gruppe von New-Age-Frauen zusammen, die eine geheimnisvolle, archaische Zeremonie abhalten... Eine geistreiche, witzige Gesellschaftssatire.

Romane und Erzählungen

Peter Høeg
Fräulein Smillas Gespür für Schnee *Roman*
(rororo 13599)
Fräulein Smilla verfolgt die Spuren eines Mörders bis ins Eismeer Grönlands. «Eine aberwitzige Verbindung von Thriller und hoher Literatur.» *Der Spiegel*

Denis Belloc
Suzanne *Roman*
(rororo 13797)
«Suzanne» ist die Geschichte von Bellocs Mutter: Das Schicksal eines Armeleutekinds in schlechten Zeiten. «Denis Belloc ist der Shootingstar der französischen Literatur.» *Tempo*

Ray Loriga
Vom Himmel gefallen *Roman*
(rororo 13903)
Ray Loriga, Jahrgang 1967, lebt in Madrid. In seinem mit Bitterkeit und schwarzem Humor getränkten Roman verfolgen Polizei und Medienmeute einen jugendlichen Killer quer durch Spanien.

Andre Dubus
Ehebruch und anderes *Vier Novellen*
(rororo 13744)
Stimmen vom Mond *Roman*
(rororo 12446)
Sie leben jetzt in Texas *Short Stories*
(rororo 13925)
Zehn klassische Short Stories von Andre Dubus über Menschen, die versuchen, mit aufrechtem Gang das Leben zu bewältigen. «Seine Geschichten sind bewegend und tief empfunden.» *John Irving*

rororo Literatur

Daniel Douglas Wissmann
Dillingers Luftschiff *Roman*
(rororo 13923)
«Dillingers Luftschiff» ist eine romantische Liebesgeschichte und zugleich eine verrückte Komödie voll schrägem Witz, unbekümmert um die Grenzen zwischen Literatur und Unterhaltung.

Michael Frayn
Sonnenlandung *Roman*
(rororo 13920)
«Spritziges, fesselndes, zum Nachdenken anregendes Lesefutter. Kaum ein Roman macht so viel Spaß wie dieser.» *The Times*

Radek Knapp
Franio *Erzählungen*
(rororo 13760)
Die Erzählungen von Radek Knapp wurden als bestes Debüt des Jahres mit dem «aspekte»-Literaturpreis des ZDF ausgezeichnet. «Dieser Autor hat Witz, Pfiff, Humor!»
Marcel Reich-Ranicki

3287/3

Lebensläufe

Charlotte Chandler
Ich, Fellini *Mit einem Vorwort von Billy Wilder*
(rororo 13774)
«Ich habe nur ein Leben, und das habe ich dir erzählt. Dies ist mein Testament, denn mehr habe ich nicht zu sagen.» *F. Fellini zu C. Chandler*

Werner Fuld
Walter Benjamin
(rororo 12675)
«Ein Versuch, der angesichts der Bedeutung Benjamins wohl längst überfällig war.» *Die Presse, Wien*

Bernard Gavoty
Chopin
(rororo 12706)
«Ich selbst bin immer noch Pole genug, um gegen Chopin den Rest der Musik hinzugeben.» *Friedrich Nietzsche*

Virginia Harrard
Sieben Jahre Fülle *Leben mit Chagall*
(rororo 12364)

Ulrike Leonhardt
Prinz von Baden genannt Kaspar Hauser
(rororo 13039)
«Ulrike Leonhardt scheint das Geheimnis um Kaspar Hauser endgültig gelüftet zu haben.»
Süddeutsche Zeitung

Linde Salber
Tausendundeine Frau *Die Geschichte der Anaïs Nin*
(rororo 13921)
«Mit leiser Ironie, einem lebhaften Temperament und großem analytischen Feingefühl.» *FAZ*

rororo Biographien

Donald A. Prater
Ein klingendes Glas. Das Leben Rainer Maria Rilkes
(rororo 12497)
In diesem Buch wird «ein Mosaik zusammengetragen, das als die genaueste Biographie gelten kann, die heute über Rilke zu schreiben möglich ist». *Neue Zürcher Zeitung*

Carola Stern
Der Text meines Herzens *Das Leben der Rahel Varnhagen*
(rororo 13901)
«Ich möchte mir Flügel wünschen» *Das Leben der Dorothea Schlegel*
336 Seiten. Gebunden

«Das Leben eines jeden Menschen ist ein von Gotteshand geschriebenes Märchen.» Hans Christian Andersen

3285/4

Literatur für KopfHörer

Wer nicht lesen will, kann hören - eine Auswahl von Rowohlt's Hörcassetten:

Simone de Beauvoir
Eine gebrochene Frau
Erika Pluhar liest
2 Toncassetten im Schuber
(66012)

Wolfgang Borchert
Erzählungen
Marius Müller-Westernhagen liest
Die Hundeblume. Nachts schlafen die Ratten noch. Die Küchenuhr. Schischyphusch
1 Toncassette im Schuber
(66011)

Albert Camus
Der Fremde
Bruno Ganz liest
3 Toncassetten im Schuber
(66024)

Truman Capote
Frühstück bei Tiffany
Ingrid Andree liest
3 Toncassetten im Schuber
(66023)

Roald Dahl
Küßchen, Küßchen!
Eva Mattes liest
Die Wirtin. Der Weg zum Himmel. Mrs. Bixby und der Mantel des Obersten
1 Toncassette im Schuber
(66001)

Louise Erdrich
Liebeszauber
Elisabeth Trissenaar liest
Die größten Angler der Welt
2 Toncassetten im Schuber
(66013)

Elke Heidenreich
Kolonien der Liebe
Elke Heidenreich liest
1 Toncassette im Schuber
(66030)

Jean-Paul Sartre
Die Kindheit des Chefs
Christian Brückner liest
3 Toncassetten im Schuber
(66014)

Henry Miller
Lachen, Liebe, Nächte
Hans Michael Rehberg liest
Astrologisches Frikassee
2 Toncassetten im Schuber
(66010)

Vladimir Nabokov
Der Zauberer
Armin Müller-Stahl liest
2 Toncassetten im Schuber
(66005)

Kurt Tucholsky
Schloß Gripsholm
Uwe Friedrichsen liest
4 Toncassetten im Schuber
(66006)

rororo Toncassetten werden produziert von Bernd Liebner. Ein Gesamtverzeichnis der Reihe finden Sie in der *Rowohlt Revue*. Jedes Vierteljahr neu. Kostenlos in Ihrer Buchhandlung.

rororo

3298/1